Japanese Corporate Law
(Fourth Edition)

作者简介

田中亘

东京大学社会科学研究所商法学教授。1996年毕业于东京大学法学部，同年成为该学部助理，后担任成蹊大学法学部专任讲师及助理教授、东京大学社会科学研究所副教授，自2015年起担任现职。著作包括《日本的公开收购》（有斐阁2016年版，合编）、《公司法（第5版）》（有斐阁2021年版，合著）、《以数字理解公司法（第2版）》（有斐阁2021年版，编著）、《估值的理论与实务》（日本经济新闻出版社2021年版，合编）、《公司与股东间契约的理论与实务》（有斐阁2021年版，合编）、《企业法学的分析方法》（东京大学出版社2024年版，独著）等。

译者简介

王万旭

大连大学法学院副教授，日本北海道大学法学博士。研究领域为公司法、破产法。主要著作有：《商法前沿问题研究》（中国社会出版社2018年版，合著）、《公司法人格否认制度研究》（法律出版社2022年版，独著）。迄今在中外学术期刊发表高水平学术论文十余篇。

会社法（第四版）

Japanese
Corporate Law
(Fourth Edition)

日本公司法
（第四版）

〔日〕田中亘 /著　　王万旭 /译

著作权合同登记号　图字：01-2025-2997
图书在版编目(CIP)数据

日本公司法／(日)田中亘著；王万旭译. -- 4版.
北京：北京大学出版社，2025.8. -- ISBN 978-7-301
-36451-2

Ⅰ.D931.322.9
中国国家版本馆CIP数据核字第2025KJ4042号

Kaisha-ho [Corporate Law] the Fourth Edition, Written by Wataru TANAKA
Copyright ⓒ 2023 Wataru TANAKA
Original Japanese language edition published by UNIVERSITY OF TOKYO PRESS/9784130323970
Simplified Chinese translation copyright ⓒ Peking University Press,2025
All rights Reserved

书　　　名	日本公司法（第四版） RIBEN GONGSIFA（DI-SI BAN）
著作责任者	〔日〕田中亘　著　王万旭　译
责任编辑	任翔宇　方尔埼
标准书号	ISBN 978-7-301-36451-2
出版发行	北京大学出版社
地　　　址	北京市海淀区成府路205号　100871
网　　　址	http://www.pup.cn　http://www.yandayuanzhao.com
电子邮箱	编辑部 yandayuanzhao@pup.cn　总编室 zpup@pup.cn
新浪微博	@北京大学出版社　@北大出版社燕大元照法律图书
电　　　话	邮购部 010-62752015　发行部 010-62750672 编辑部 010-62117788
印　刷　者	北京中科印刷有限公司
经　销　者	新华书店
	650毫米×980毫米　16开本　45.5印张　817千字 2025年8月第1版　2025年8月第1次印刷
定　　　价	179.00元

未经许可，不得以任何方式复制或抄袭本书之部分或全部内容。
版权所有，侵权必究
举报电话：010-62752024　电子邮箱：fd@pup.cn
图书如有印装质量问题，请与出版部联系，电话：010-62756370

目　录

中文版序言　　1
第四版序言　　1
初版序言　　1
专栏一览　　1
凡例　　1

第一编　总　论

第1章　绪论——公司和公司法　　003
第1节　何为公司　　004
- ■1　公司的意义　　004
- ■2　作为营利企业代表的公司——尤其是股份公司　　005

第2节　股份公司——基本构造、特征以及法的课题　　006
- ■1　总论　　006
- ■2　民事合伙的共同事业　　007
- ■3　股份公司的共同事业　　007
- ■4　股份公司的特征　　010
- ■5　股份公司法的课题　　015

第3节　份额公司　　021
- ■1　意义　　021
- ■2　份额公司的特征　　021
- ■3　社员的责任和份额公司的种类　　021

第4节　公司法的法源以及构造　　022

■	1 公司法的法源	022
■	2 公司法的历史	023
■	3 公司法的构造和本书的构成	024

第2章 公司法总则 　　　　　　　　　　　　　　027

第1节 公司的基本概念 　　　　　　　　　　　028
■ 1 社团法人性 　　　　　　　　　　　　　　028
■ 2 营利性以及商人性 　　　　　　　　　　　031

第2节 公司的营业场所（总公司、分公司）以及住所 　033
■ 1 公司的营业场所（总公司、分公司） 　　　033
■ 2 公司的住所 　　　　　　　　　　　　　　033

第3节 公司的商号 　　　　　　　　　　　　　033
■ 1 总论 　　　　　　　　　　　　　　　　　033
■ 2 关于商号的规定 　　　　　　　　　　　　034

第4节 公司的使用人 　　　　　　　　　　　　036

第5节 公司的登记 　　　　　　　　　　　　　039
■ 1 总论 　　　　　　　　　　　　　　　　　039
■ 2 应当登记的场合 　　　　　　　　　　　　039
■ 3 登记事项的公示 　　　　　　　　　　　　040
■ 4 登记的效力 　　　　　　　　　　　　　　040

第6节 公司的公告 　　　　　　　　　　　　　042

第7节 子公司、母公司等 　　　　　　　　　　043
■ 1 总论 　　　　　　　　　　　　　　　　　043
■ 2 子公司、母公司的定义 　　　　　　　　　044
★■ 3 与母公司、子公司相关联的概念 　　　　　046

第8节 公司诉讼、公司非讼 　　　　　　　　　047
■ 1 公司诉讼 　　　　　　　　　　　　　　　047
★■ 2 公司非讼 　　　　　　　　　　　　　　　048

第二编 股份公司

第3章 股份和股东 　　　　　　　　　　　　　　055

第1节 股份和股东 　　　　　　　　　　　　　056

- 1 总论 056
- 2 股东的权利 059
- 3 股东的义务与责任——股东有限责任的原则 067
- 4 股东地位的评价 068
- 5 关于股份内容的特别规定 070
- 6 类别股份 072
- 7 股东平等的原则 079
- 8 关于行使股东权的利益提供 081
- 9 股份的评价 083

第 2 节 股份自由转让原则以及转让限制 087

- 1 总论 087
- 2 股份自由转让原则 087
- 3 以章程限制股份转让 087
- 4 以合同限制股份转让 092
- 5 以法律规定限制股份转让 093

第 3 节 股份的转让、担保化和权利行使的方式 093

- 1 总论 093
- 2 非股票发行公司的股份(转账股除外)转让和权利行使方式 094
- 3 股票发行公司的股份转让和权利行使方式 095
- 4 股东名册 099
- 5 股份转账制度——上市股份的转让和权利行使方法 104
- 6 股份的担保化 107

第 4 节 特殊股份持有形态 110

- 1 总论 110
- 2 股份的共有 111
- 3 属于信托财产的股份 112

第 5 节 投资单位的调整 115

- 1 总论 115
- 2 股份的合并、拆分 115
- 3 无偿配股 118
- 4 小数的处理 119
- 5 单位股制度 119

第 4 章 机　　关 121

第1节 总论 122
- 1 意义 122
- 2 各机关的意义、作用 124
- 3 机关设计的规则 129
- 4 企业治理(公司治理) 132

第2节 股东大会 134
- 1 概论 134
- 2 召集 139
- 3 股东提案权 146
- 4 股东的表决权 150
- 5 股东大会的议事、表决 164
- 6 股东大会决议瑕疵诉讼 172

第3节 董事、董事会 185
- 1 总论——业务执行的决策以及执行业务 185
- 2 董事 186
- 3 董事会设置公司(提名委员会等设置公司除外)的业务执行决策及业务执行 199
- 4 非董事会设置公司的业务决策以及业务执行 214
- 5 利益对立时的规制 215
- 6 董事的义务与责任 232

第4节 会计参与 252
- 1 意义 252
- 2 选任、任期终了以及与股份公司之间的关系 252
- 3 职务权限 253
- 4 义务以及责任 254

第5节 监事、监事会 254
- 1 概说 254
- 2 选任、任期终了以及与股份公司之间的关系 255
- 3 监事的职务权限 258
- 4 监事会 262
- 5 监事的义务与责任 264
- 6 非监事设置公司(委员会型公司除外)股东的监察权 265

第6节 会计监察人 266

- 1 意义 266
- 2 选任、任期终了以及与股份公司的关系 266
- 3 职务权限 268
- 4 会计监察人的义务与责任 269

第 7 节　审计等委员会设置公司　270
- 1 概说 270
- 2 董事 272
- 3 审计等委员会 275
- 4 董事会 278

第 8 节　提名委员会等设置公司　282
- 1 概说 282
- 2 董事 285
- 3 董事会 286
- 4 提名委员会等(提名委员会、审计委员会、薪酬委员会) 287
- 5 执行官、首席执行官 291

第 9 节　管理人员的责任以及责任追究等的法律规定　293
- 1 概说 293
- 2 任务懈怠责任 294
- 3 股东为保证公司业务的适正性所享有的权利 300
- 4 管理人员等的第三人责任 316
- 5 补偿协议以及管理人员等赔偿责任保险合同(D&O 保险) 323

第 5 章　会计核算　329

第 1 节　概论　330
- 1 规范核算的目的 330
- 2 公司会计核算的法规依据 330

第 2 节　会计账簿、财务报表等　332
- 1 概论 332
- 2 会计账簿 332
- 3 财务报表 334
- 4 编制财务报表的基础 338
- 5 收入、费用、资产、负债的解说 344
- 6 事业报告 350
- 7 附属明细表 350

- 8 其他会计资料 351
- 第3节 会计决算组织程序 352
  - 1 概说 352
  - 2 决算报表等的编制、审计以及董事会认可 352
  - 3 向股东提供 354
  - 4 向利益相关者公开 355
- 第4节 股东分红 356
  - 1 概说 356
  - 2 盈余分配 357
  - 3 股份回购 360
  - 4 可分配盈余的限制 368
- 第5节 股东权益科目间的计数调整 387
  - 1 意义 387
  - 2 减少注册资本额 388
  - 3 减少股本溢价 391
  - 4 结转盈余公积(盈余公积金转入资本或者资本公积) 392
  - 5 盈余公积的其他处分(盈余公积金科目间的计数变动) 392
  - 6 弥补亏损 393
  - 7 资不抵债及其解除手段 395
- 第6节 股东等的调查权限 398
  - 1 概说 398
  - 2 会计账簿等阅览请求权 398

第6章 融　　资 401
- 第1节 概说 402
- 第2节 募集股份的发行等 405
  - 1 概说 405
  - 2 募集事项的决定 412
  - 3 募集股份的认购 419
  - 4 履行出资等 422
  - 5 募集股份的发行等的生效 426
  - 6 募集股份的发行等的阻止 430
  - 7 发行新股、处分自有股份效力之诉 436
  - 8 相关人员的责任 444

第3节　新股预约权　446

- 1　概说　446
- 2　新股预约权的发行　448
- 3　新股预约权的管理、转让等　454
- 4　新股预约权的行使　457
- 5　新股预约权的消灭　458
- 6　针对违法、不当发行新股预约权的措施　458

第4节　公司债　460

- 1　概说　460
- 2　公司债的发行、流通、偿还　464
- 3　公司债管理人　468
- ★ 4　公司债管理辅助人　475
- 5　公司债的债权人会议　477

第7章　公司设立　481

第1节　概说　482

- 1　意义　482
- 2　发起设立和募集设立　482

第2节　发起人　483

- 1　意义　483
- 2　发起人的作用及公司法的课题　483
- 3　发起人合伙　483

第3节　发起设立　484

- 1　概说　484
- 2　制作公司章程　485
- 3　出资(股东的确定以及公司财产的形成)　489
- 4　设立时管理人员等的选任以及设立手续的调查　493
- 5　变态设立事项　494
- 6　设立登记、股份公司的成立　499

★第4节　募集设立　500

- 1　意义　500
- 2　制作章程、认证、变更　500
- 3　设立时发行股份的认购人　500
- 4　缴纳股款　501

- 5 创立大会、设立时董事等的选任、设立手续的调查 502
- 6 设立登记、股份公司成立 504

第5节 设立中的公司 505
- 1 意义以及问题所在 505
- 2 设立公司本身所必要的行为 506
- 3 营业行为 506
- 4 开业准备行为 506
- 5 为设立公司所必要的行为 508
- 6 总结 509

第6节 设立责任 509
- 1 概说 509
- 2 对成立后公司的责任 509
- 3 对第三人责任 511
- 4 疑似发起人的责任 511

第7节 设立的无效 511
- 1 意义 511
- 2 设立的无效事由 511
- 3 无效之诉的手续 512
- 4 肯定判决的效果 512

第8节 公司的不成立 513

第8章 章程的变更 515

第1节 概说 516

第2节 章程变更的手续 516
- 1 原则 516
- 2 章程变更手续的特别规定 516

第9章 收购、经营者集中、重组 519

第1节 收购、经营者集中、重组的意义和方式 520
- 1 收购 520
- 2 经营者集中 523
- 3 重组 523

第2节 股份收购 524
- 1 概说 524

- 2 要约收购 525
- 3 以第三人定向增资进行的收购 529
- 4 现金收购 530
- 5 目标公司董事的义务 537

第3节 公司重组——合并、分立、股份交换、股份转移以及股份交付 539
- 1 公司重组的意义 539
- 2 公司重组的手续 551
- 3 公司重组无效之诉 583

第4节 营业的转让等 588
- 1 概说 588
- 2 全部或者部分重要营业的转让 588
- 3 有关营业转让等的其他行为 592
- 4 对营业转让等的规制 593
- 5 事后设立 593
- 6 营业转让时的法律关系 594

第5节 恶意收购与防御措施 598
- 1 概说 598
- 2 董事会采取防御措施的案例 599
- 3 事前警告型防御措施 602
- 4 获得股东大会同意发动的对抗措施的合法性
  ——富留得客沙司事件 604
- 5 富留得客沙司事件后的案例展开 607

第10章 解散、清算、倒产 611

第1节 解散 612
- 1 意义 612
- 2 解散事由 612
- 3 休眠公司的"视为解散" 615
- 4 解散后的股份公司的存续 616

第2节 清算（普通清算） 616
- 1 概说 616
- 2 清算股份公司的机关 617
- 3 清算事务 620

■ 4　清算的终了　　　　　　　　　　　　622
　第 3 节　倒产　　　　　　　　　　　　　　623
　　■ 1　概说　　　　　　　　　　　　　　　623
　　■ 2　清算型倒产程序　　　　　　　　　　625
　　■ 3　重建型倒产程序　　　　　　　　　　629

第三编　份额公司、国际公司法

第 11 章　份额公司、组织形式变更　　　635
　第 1 节　份额公司　　　　　　　　　　　　636
　　■ 1　意义以及特征　　　　　　　　　　　636
　　■ 2　设立　　　　　　　　　　　　　　　637
　　■ 3　社员　　　　　　　　　　　　　　　639
　　■ 4　管理　　　　　　　　　　　　　　　641
　　■ 5　会计核算等　　　　　　　　　　　　643
　　■ 6　社员的加入以及退出　　　　　　　　646
　　■ 7　公司债的发行　　　　　　　　　　　649
　　■ 8　章程变更、份额公司种类的变更　　　649
　　■ 9　公司重组、营业转让等　　　　　　　650
　　■ 10　解散、清算　　　　　　　　　　　　652
　第 2 节　组织形式变更　　　　　　　　　　653
　　■ 1　意义　　　　　　　　　　　　　　　653
　　■ 2　组织形式变更的程序　　　　　　　　653
　　■ 3　组织形式变更的无效　　　　　　　　654

第 12 章　外国公司、国际公司法　　　　　655
　第 1 节　外国公司　　　　　　　　　　　　656
　　■ 1　意义　　　　　　　　　　　　　　　656
　　■ 2　外国公司的认可　　　　　　　　　　656
　第 2 节　国际公司法　　　　　　　　　　　656
　　■ 1　概说　　　　　　　　　　　　　　　656
　　■ 2　具有涉外性质的公司法上的纠纷解决规则　657
　　■ 3　绝对性强行法规　　　　　　　　　　659

第3节　日本《公司法》对外国公司的规定　661
- 1　概说　661
- 2　针对在日本从事持续交易的外国公司的规制　661
- 3　疑似外国公司　662

卷末附录　665
事项索引　667
译后记　685

中文版序言

日本现行商法起步于1899年制定的《商法》，史称明治32年《商法》，其第二编规定了公司制度。在日本公司制度百余年的发展历程中，2005年《公司法》的制定是最具标志性的重大事件。在这次修改中，公司制度从《商法》第二编的"公司编"中独立出来，并与《有限公司法》《商事特例法》等法规进行整合，以单行法典的形式呈现于世。本次《公司法》的制定具有极为深远的影响，它不仅为日本打造了一部全新的《公司法》，也奠定了日本公司法的基本格局。

2005年《公司法》实施以后，日本经济界普遍反映，日本企业的收益率低下、股价低迷，出现以上问题的根本原因在于日本企业的治理结构欠佳，故要求《公司法》强化公司治理的呼声高涨。顺应这一呼声，日本自2010年开始对《公司法》进行又一轮的修改，修改后的法案历时4年得以通过。2014年的《公司法》对公司治理作出了诸多修改与创新，最具代表性的当属审计等委员会制度的创设，以及外部董事设置的严格化。本法最新一轮的修改发生在2019年，其中，外部董事制度的修改(上市公司等外部董事的强制设置义务、外部董事执行业务的特例、公司补偿以及董事责任保险的完善等)已于2021年3月1日起正式实施；股东大会资料的电子化提供措施也于2023年3月起正式实施。

有学者评价，从2005年制定《公司法》到2014年以及2019年两次对《公司法》进行修改，经过了三次立法活动、近15年的时间，宣告了日本《公司法》立法现代化改革的完成。从《公司法》修改的立法资料以及学界的总结可以看出，日本《公司法》立法现代化改革所遵循的立法指导原则包括三个，即"放松管制""事前规制"与"精细化立法"。至于是否达成了这一立法目的，尚需时间的检验。

与日本的《公司法》立法现代化改革遥相呼应，我国《公司法》立法近年也发生了翻天覆地的变化。1993年首部《公司法》问世，2005年《公司法》修订时吸纳了当时域外先进的公司法制度。随着改革开放的深化以及国内外经济形势的深刻变化，2019年我国启动了对《公司法》的修改，2021年12月20日召开的十三届全国人大常委会第三十二次会议第一次审议了《公司法》修订草案。2023年12月29日《公司法》修订的完成，标志着我国《公司法》进入了全新的时代。

在本次《公司法》修订中，立法者依然对当今世界的先进公司制度持开放态度，并结合本国国情进行了诸多制度创新。例如，新增了"公司登记"，落实了股东出资的催缴与股东失权制度，引入折中授权资本制，新增了监事会设置的自主选择，规定了董事、高管侵权连带赔偿责任以及股东权益保护和控股股东义务等。本次《公司法》修订所涉及的内容极为丰富，体现了立法者对于解决公司实践中的热点问题、建立完善公司法制的决心。但是，也有观点认为，纵观本次修订，很难清晰地捕捉到本次《公司法》的修改理念与整体思路，难免让人或多或少地产生一种杂乱无序的感受。但不论如何，本次《公司法》修订延续了"寻求先进性"的理念，同时反映了立法者基于本国国情"寻求独特性"的努力。

日本《公司法》起初深受德国法的影响，明治32年《商法》由德国学者起草，且草案由德语写成。第二次世界大战以后，日本转而追随美国，引入了诸多美国法的具体制度，2005年日本《公司法》制定时，美国法的影响更是达到顶点。但是，这并不意味着日本《公司法》全盘接受了美国的制度，学说以及判例仍然在诸多领域坚守传统的要件事实论的判断路径。对于追求立法先进性而进行大量法律移植的我国而言，这样的坚守同样值得我们借鉴。此外，由于受到美国法的影响，日本的立法者以及学界表现出对"效率性"的追捧以及轻视资本维持的倾向。其实，对"效率性"的理解，不应局限于短期的交易行为，而应建立在股东、利益相关人对公司的长期信赖之上；资本维持亦然，立法不能以鼓励创业为名损害整个社会的商业信用。对我国而言，日本《公司法》的经验与教训都具有参考意义。

田中亘教授的《日本公司法（第四版）》以日本现行《公司法》条文为基础，体系性地介绍了日本《公司法》的全貌，全面反映了日本2019年《公司法》修改以来的最新理论以及判例发展前沿，可谓日本"最新公司法教科书"。本书特设"专栏"部分，对公司法重要领域的理论与判例实务前沿进行深入阐述，有助于深耕公司法的读者进阶。我相信，本书的出版不仅能向读者展现日本《公司法》的全貌与最新立法成果，更能推动我国《公司法》的改革与完善。

是为序！

叶林
中国人民大学法学院教授
2025年5月于北京

第四版序言

　　本书自第三版发行以来,大约经过了两年时间。在此期间,日本虽未进行新的《公司法》修改,但令和元年(2019年)日本《公司法》修改时创设的股东大会资料的电子化提供措施,将于2023年3月份的股东大会开始实施,事关《公司法》的重要判例以及实务也在发展。鉴于此,本书进行改订以期反映以上变化。

　　关于本书的特征以及研习者如何进行阅读,请参照《初版序言》。期待本书能为众多研习者及实务界人士所接受,为理解日本《公司法》发挥作用。

　　与前三版一样,第四版的发行得到了东京大学出版会山田秀树先生的大力支持,在此表示感谢。

田中亘

2023年2月

初版序言

本书系笔者在全面理解日本《公司法》的基础之上展开解说的概说书。

在本书的叙述上,笔者力求使初学者也能够充分理解日本《公司法》各项制度的旨趣以及内容。为了达成这一目标,笔者在必要的限度内,融入了通常的公司法概说书所不予介绍的众多内容。例如,在介绍股份公司会计核算的第五章中,笔者针对复式记账的基本规则,结合设例进行解说。这样做的理由在于:关于会计核算的《公司法》的各项规定系以会计准则为前提,若欠缺一定的会计知识,就无法充分理解会计核算的旨趣及内容。

另外,本书对于现代公司组织所处的社会与经济动向,根据论述所需,主要以专栏的方式予以解说。例如,上市公司中的股东与董事会的构成以及近年来所发生的变化。这是因为,除了理解公司制度的精神,对于作为法律规制对象的公司实态的知识同样不可或缺。

对于和公司法制度相关的社会科学(主要为经济学)的各项概念(比如股东的集体行为问题、代理问题、股东有限责任产生的道德风险问题等),本书在有助于理解该项制度精神的必要限度内也予以解说。如2013年发行的『数字でわかる会社法』(《以数字理解公司法》,田中亘编著,饭田秀综等著,有斐阁出版)序章中所言,这些社会科学概念对于清晰理解公司所处的各种利害关系大有裨益,也是法律实务人员、法律学者应当具备的知识。

对于跨越复数章节主题的特别重要的概念,笔者不厌其烦地多次解说,并相互参照关联章节[如,以"→页(2)"的方式引用]。为了增加制度概要的理解可视性,本书使用了诸多图表。

以上所下的工夫,都是为了便于初学公司法的本科生以及法科大学院生通读并理解本书的内容。同时,对于公司法的重要论点,本书以判例为中心进行了广泛涉猎,尤其对于难解的论点,本书除了设立专栏进行详细论述,还面向有兴趣的读者介绍了相关参考文献。因此，本书除了适合法科大学院毕业生等具有公司法学习经验的人进阶，对从事公司法务的实务人员以及公司法研究者也具有一定的价值。

在章节设计上，从第一章开始往后读有利于理解公司法的全貌。故章节的顺序安排并非基于《公司法》的条文，而是出于方便学习的考量。因此，推荐读者从开始顺次阅读下去。当然，也有一部分内容由于主题的关系出现较早，而内容又有很强的技术性，对初学者而言理解上有一定的难度。对于这部分内容，本书将作出"初学者跳过此部分，待读到第○章后再行返回阅读"的提示，请按照提示阅读。

即便没有如上提示，对于读者感到难解的地方，建议作出标记后往下进行，待进展到一定程度后再行返回阅读。这并不限于公司法，一个法律所规范的事项往往相互关联，不管从哪里开始学习，不掌握整体的精神往往无法充分理解该事项的内涵。常有这样的现象：初读之下令人感到绝望的内容，通读一遍后再行阅读顿感释怀。

本书中多次登场的专栏，其囊括众多内容，但大方向上分为以下三种：(1)对文中介绍的内容（法律上的论点等）作进一步说明；(2)对理解公司法制度有益的社会、经济动向的解说；(3)较本书内容具有发展性问题的论述。

笔者建议读者初读本书时跳过专栏，待再读时重点关注（但本书多次引用的专栏，建议提前阅读）。其实，笔者认为，专栏中属于(3)以外的部分，对深入理解本书的内容大有帮助，建议初读时不要跳过。另外，作为读者，建议各位经常思考法律上的论点，了解社会、经济的实态，以便达致精进。对此，对属于(3)的专栏（专栏主题后面附★表示），建议初学者暂行跳过，待再读本书时（或者随着公司法学习的深入）再行挑战。

说一下读者在阅读本书时需要留意的几点（不限于本书，读其他法律书籍亦如此）：

第一，六法时常置于手边，对本书引用的条文，要实际翻看法条进行确认。法律人虽不必死记法律条文，但若不清楚条文的大致内容及其所处的位置，将无法展开法律论。不花工夫翻阅法条，这些知识终将无法掌握。

第二，对于重要判例，不应满足于本书的概要说明，而应当对照判例集，亲自确认：该判例基于何种案件作出，案件最终如何解决？可以说，法律条文只有在适用于具体案件时方能理解其内容。因此，研读面向初学者的研习教材固然好，但在此之前，先行阅读大量判例更为重要。本书对于《公司法判例百选（第3版）》以及《商法判例集（第6版）》（均为有斐阁出版）中登载的判例,标注了判例编码,建议读者至少选择其一,有条件的将二者一并置于案头,待读到本书引用的相关判例时,可以实际确认其内容。

在本书发行之际,由衷感谢恩师神田秀树先生的师恩。本书在执笔之际,东京大学大学院法学政治学研究科助教行冈睦彦、肋田将典通读了原稿,除了订正误记之处,还在内容上提出了诸多宝贵意见。此外,东京大学出版会的山田秀树先生自本书企划阶段就给予关照,提出了诸多建议。在此一并表示感谢。

田中亘
2016 年 8 月

【第二版追记】第二版改订时,不仅专栏,书中记述的包含拔高内容的项目也附★表示。建议初学者首次阅读本书时,先行跳过带★的部分,待深入学习后再返回阅读。

专栏一览

■ 第1章　绪论——公司和公司法
1-1　作为日常用语的"社员"——公司中雇员的地位
1-2　经济社会中的公司
1-3　公众公司(非公众公司)和公众型(非公众型)公司
1-4　企业家的实态
1-5　关于股份流通的留意事项
1-6　效率性的判断基准
1-7　集体行为问题
1-8　股东间协议
1-9　《公司法》上的公司以外的"公司"
1-10　公司和税法
1-11　有限公司

■ 第2章　公司法总则
2-1　一人公司、没有股东的股份公司
2-2　法人格否认的法理和诉讼、执行程序★
2-3　经理的意义★
2-4　代理商★
2-5　围绕908条1款以及表见规定的解释问题★
2-6　电子公告★
2-7　子公司化的优势、缺陷

第 3 章　股份和股东

- 3-1　谁是股份公司的股东？
- 3-2　共益权的性质
- 3-3　母公司社员对子公司的权利行使★
- 3-4　股东权的滥用
- 3-5　股东有限责任的意义和问题
- 3-6　优先股的各种形态★
- 3-7　复数表决权股份★
- 3-8　附全部回购条款类别股的利用方法★
- 3-9　类别股的利用事例★
- 3-10　股东优待制度
- 3-11　适当范围的利益提供★
- 3-12　DCF法的概略
- 3-13　有关股份评价方法之选择的判例★
- 3-14　作为有价证券的股票★
- 3-15　《公司法》128条的解释★
- 3-16　未完成名义变更的股份受让人的处理——与未完成转让承认的场合相比较
- 3-17　遗忘股的法律问题★
- 3-18　股东名册查阅请求的拒绝事由与表决权征集战★
- 3-19　转账股份继承时的权利关系★
- 3-20　限制转让股份的让与担保设定
- 3-21　利用信托进行股份投资的一例——股份投资信托
- 3-22　关于股份合并的法律修改
- 3-23　违法、不公正的股份拆分的停止、无效★

第 4 章　机关

- 4-1　何为机关★
- 4-2　非董事会设置公司和董事会设置公司
- 4-3　管理人员、管理人员等以及任意职位
- 4-4　上市公司的机关设计
- 4-5　企业治理的课题
- 4-6　定期股东大会为何在6月召开？★

4-7　上市公司股东大会的现状与课题
4-8　全员出席大会、召集程序的省略
4-9　股东大会召集人
4-10　议题和议案★
4-11　股东大会资料的电子化提供
4-12　股东提案权
4-13　相互持股
4-14　股东大会会场上股东提案的书面投票的处理
4-15　机构投资者行使表决权的方法
4-16　关于章程限制代理人资格的问题★
4-17　关于表决权征集★
4-18　关于股东间表决权拘束协议的问题★
4-19　线上股东大会（虚拟股东大会）
4-20　关于动议★
4-21　"总会屋"
4-22　相反议案的表决方法★
4-23　非公众公司诉讼的实情
4-24　违反表决权征集规定的表决权征集和决议撤销事由★
4-25　起诉期限的限制和主张撤销事由之间的关系
4-26　关于瑕疵连锁的论点★
4-27　可否基于股东大会决议瑕疵诉讼实施临时停止处分★
4-28　董事、董事会法制的课题
4-29　选任、解任与选举、解聘的法律性质★
4-30　上市公司董事人数的削减——意义与课题
4-31　关于当选的管理人员人数的解释问题★
4-32　公司进入破产程序和董事的地位
4-33　上市公司的传统董事会构造与外部董事
4-34　执行业务的意义——与外部性要件的关系★
4-35　选任、解任与选举、解聘
4-36　特别董事
4-37　经营模式与监督模式
4-38　有瑕疵的董事会决议的效力★
4-39　代表和代理

4-40　代表董事(经营者)选举的现状与课题

4-41　"重大过失视为恶意"的判例法理

4-42　董事会设置公司中非业务执行董事的权限

4-43　名义与归属

4-44　利益冲突交易的范围

4-45　母子公司间交易的规定

4-46　股权薪酬及其规定★

4-47　董事(经营者)薪酬的实态、课题以及法律的对应

4-48　认可违反《公司法》361条仍可继续受领的判决★

4-49　忠实义务的意义——同质说和异质说

4-50　慈善活动、企业的社会责任、可持续性经营以及政治献金★

4-51　经营判断原则

4-52　违反法令和过失★

4-53　信赖权的适用

4-54　内部治理体系的内容

4-55　员工的辞职劝诱、公司的机会★

4-56　违反法令时的任务懈怠责任之要件★

4-57　得到批准的竞业

4-58　利益冲突交易与董事的责任★

4-59　会计参与

4-60　监事制度的现状与课题

4-61　追究董事责任的诉讼实务★

4-62　监察辅助使用人的利用状况

4-63　合法性监督和妥当性监督

4-64　任意监察

4-65　会计监察人的行为规范

4-66　审计等委员会设置公司的普及

4-67　委员会型公司中应由董事会亲自执行的事项与可委任于董事(执行董事)的事项

4-68　日本企业治理的实态与提名委员会等设置公司

4-69　提名委员会等设置公司董事任期的旨趣★

4-70　任务懈怠责任以外的管理人员等的责任之免除、限定★

4-71　责任限定契约(事前的责任限定)的旨趣以及利用状况

4-72　股东代表诉讼
4-73　代表诉讼对象的"责任"范围
4-74　公司辅助参加到代表诉讼的被告一方★
4-75　代表诉讼中的证据收集★
4-76　多重代表诉讼制度★
4-77　满足持股要件的时间点
4-78　《公司法》429条1款的宗旨以及存在意义★
4-79　股东的"第三人"性
4-80　实施"无法履行的交易"的董事责任问题★
4-81　事实上的董事
4-82　补偿协议★
4-83　管理人员等赔偿责任保险合同(D&O保险)★

■ 第5章　会计核算

5-1　公认会计惯例
5-2　公司法会计核算以外的会计规则★
5-3　有关会计核算的法律规定与簿记规则
5-4　资产评估方法的事例★
5-5　递延资产★
5-6　会计上的收入、费用和现金流量
5-7　以数据电文形式提供财务报表等★
5-8　决算公告
5-9　有关盈余分配的管制放松措施
5-10　盈余分配等的决定机关
5-11　股份回购的经济意义
5-12　市场交易
5-13　违法回购股份的法律效果★
5-14　"资本金"的意义
5-15　最低注册资本制度及其废除
5-16　利润与公积金的关系
5-17　"分配盈余的基础"和"转入"的含义
5-18　可分配盈余的计算方法
5-19　《公司法》458条的旨趣

- 5-20 可分配盈余额的调整科目 ★
- 5-21 违反可分配盈余额规制行为的效力 ★
- 5-22 财源规制和公司债权人的利益
- 5-23 减资的意义
- 5-24 "损害债权人利益的可能性"的解释 ★
- 5-25 资不抵债公司的股份价值
- 5-26 公司资不抵债和董事的义务
- 5-27 作为查阅请求对象的"会计账簿或者相关资料"的意思 ★

■ 第6章 融资

- 6-1 资金筹措的方法——理论与实际
- 6-2 《金融商品交易法》上的公开发行规制
- 6-3 用语的整理
- 6-4 股东配股、公募、第三人定向增资配股——募集股份的发行等的类型
- 6-5 授权资本制度的沿革 ★
- 6-6 类别股发行公司募集事项的决定 ★
- 6-7 非公众公司发行募集股份等的规则变迁
- 6-8 公众公司决定股款缴纳金额的方式
- 6-9 伴随控制权变动的股东大会决议 ★
- 6-10 以他人名义认购股份时的法律关系 ★
- 6-11 资本充实原则 ★
- 6-12 债转股交易(DES) ★
- 6-13 认购出资保证金
- 6-14 虚假出资规定的变迁和现行法的解释问题 ★
- 6-15 违反法令与董事违反勤勉义务、忠实义务 ★
- 6-16 募集股份发行等的状况和有利发行性的判断 ★
- 6-17 控制权之争下的募集发行股份等 ★
- 6-18 公众公司发行新股的瑕疵和交易安全
- 6-19 公众公司发行新股违法性之争的处理方式——判例的立场及其评价
- 6-20 股东参加的新股发行无效之诉 ★
- 6-21 新股发行或者处分自有股份的不存在事由 ★

6-22　违法有利发行的责任★
6-23　附新股预约权公司债
6-24　新股预约权的行使条件
6-25　非公众公司行使条件的委任与变更委任★
6-26　无偿分配新股预约权的利用方式
6-27　附新股预约权公司债的转让★
6-28　自有新股预约权★
6-29　公司债的意义★
6-30　特殊的公司债★
6-31　分期发行★
6-32　不设置管理人的公司债及其管理
6-33　日本公司债管理人的实际情况与公司法的立场
6-34　公司债本息的减免
6-35　《公司法》710条2款的"损失"的意义★

■ 第7章　公司设立
7-1　准则主义与核准主义
7-2　解释上的相对记载事项★
7-3　章程的实例、章程模板
7-4　权利股的转让
7-5　发起设立中股款保管证明制度的废除★
7-6　银行借贷虚假出资的效力★
7-7　不接受检查员调查的受让财产之效力★
7-8　类别创立大会
7-9　发起人实施权限外行为的效果
7-10　公司的不存在

■ 第9章　收购、经营者集中、重组
9-1　收购、经营者集中、重组、M&A
9-2　收购、经营者集中与协同效应
9-3　尽职调查和声明保证条款
9-4　交易保护条款(Deal Protection)★
9-5　强制要约收购制度的是与非

9-6　MBO(Management Buyout)、公正性担保措施
9-7　第三人定向增资与交易所的规制 ★
9-8　现金收购的需求
9-9　两阶段式收购及其方式
9-10　现金收购与正当的事业目的 ★
9-11　目标公司董事义务的内容 ★
9-12　公司重组的用语
9-13　公司重组手段的多样化 ★
9-14　《公司法》第五编规定的体例
9-15　公司重组对价的柔性化
9-16　公司分立中权利义务承继的法律性质 ★
9-17　《公司法》下的"人的分立"
9-18　上市公司的全资子公司化、公正性担保措施
9-19　控股公司
9-20　股份交付制度的创设
9-21　"差损"的意思以及资不抵债公司的重组 ★
9-22　公司重组或者现金收购作为系列交易(两段式收购)之一部分的场合 ★
9-23　独立当事公司间 M&A 交易的"公正的价格" ★
9-24　利害关系当事人之间交易的手续公正性审查 ★
9-25　使用市场股价计算"应有价格"
9-26　两段式收购和"公正的价格" ★
9-27　"缺少变现性"的是与非 ★
9-28　公司重组的阻止 ★
9-29　公司分立中的"履行债务的预期"
9-30　针对欺诈性公司分立的措施
9-31　公司分立与劳动者
9-32　公司重组的会计处理 ★
9-33　公司重组的税务 ★
9-34　决议撤销之诉与公司重组无效之诉的关系
9-35　公司重组条件的不公正与对管理人员等的责任追究
9-36　营业与事业
9-37　未得到股东大会承认的营业转让

9-38　营业转让与公司分立的比较
9-39　事后设立与检查员调查★
9-40　债务承担的用语
9-41　日本放送事件裁定的"四个类型"
9-42　企业价值研究会和收购防御措施
9-43　美国"股权方案"和事前警告型防御措施
9-44　收购防御措施、独立外部董事、特别委员会

■ **第 10 章　解散、清算、倒产**
10-1　解散和不当劳动行为★
10-2　被排除在公司经营之外的少数派股东保护及其自卫措施
10-3　股东参加的解散之诉★
10-4　解散后不按《公司法》进行清算、解散以外的清算
10-5　特别清算的特征及其利用情形
10-6　有关清算公司破产的规定
10-7　再生程序中股东地位的实际情况

■ **第 11 章　份额公司、组织形式变更**
11-1　份额公司的利用状况
11-2　执行业务社员的薪酬
11-3　未履行出资社员的退出与出资义务、份额返还请求权★

■ **第 12 章　外国公司、国际公司法**
12-1　公司的从属法以及法律问题的定性★
12-2　是否为绝对性强行法规的事例——公司债管理人的强制设置★
12-3　针对疑似外国公司的规定

凡　例

■1　关于表记法

为了避免冗长,本书使用以下简略表述:

(1)股份公司与公司

在第二编(股份公司)中,文章脉络上明确指代股份公司而仅写为"公司"的不在少数。本编中,每个部分开头表述为"股份公司"的,以后指代该股份公司时就记为"公司"。

(2)记载、记录

本书中,条文表述为"记载或者记录"的,大多为"记载"。

(3)非○公司

公司法上对"○公司"(公众公司、董事会设置公司、股票发行公司等)进行定义的,当表述"不是○公司"时,使用"非○公司"(非公众公司、非董事会设置公司、非股票发行公司等)的用法。

(4)委员会型公司

本书将审计等委员会与提名委员会等设置公司合称为"委员会型公司"。

■2　文献的引用方法

全书频繁引用的文献,以■3所示的略称表示。仅在某章节中引用的文献,以"著者(刊行年份)○页"的形式引用。

■3　本书使用的简称

□1　法令、会计准则、自主规制等

(1)法令

公司(或者仅为条序)　　《公司法》(2005年法律第86号):除了避免

与其他法令混同而有必要表述的情形,仅引用条序。对于法律修改前的条文,将对应修改时期相应表述为"2014 年修改前〇条""令和元年修改前〇条"(以下的其他法令亦同)。

整 备 法	关于公司法施行后相关法律整备等的法律(平成 17 年法律第87号)
施 行 令	《公司法施行令》
会 则	《公司法施行规则》
计 则	《公司核算规则》
电 子 则	《电子公告规则》
商	《商法》
民	《民法》
一 般 法 人	《关于一般社团法人及一般财团法人的法律》
信 托	《信托法》
担 信	《附担保公司债信托法》
转 账	《关于公司债、股份等转账的法律》
商 登	《商业登记法》
金 商	《金融商品交易法》
金 商 令	《金融商品交易法施行令》
公 开 府 令	《关于企业内容等公开的内阁府令》
委 任 状 府 令	《关于上市股份表决权征集的内阁府令》
独 禁	《关于禁止私人独占及确保公正交易的法律》
民 诉	《民事诉讼法》
非 讼	《非讼事件程序法》
民 执	《民事执行法》
民 保	《民事保全法》
破	《破产法》
民 再	《民事再生法》
会 更	《公司更生法》
法 税	《法人税法》

※ 本书图表中,有的地方以简略方式标记法律条序。例如,《公司法》299 条 2 款 1 项记为"299②一"。

※ 本书的法令以 2023 年 4 月 1 日当天施行的法令为准。

(2) 会计准则、会计基准

企　　　　会	企业会计准则(企业会计审议会)
企　会　注　解	企业会计准则注解(企业会计审议会)
企业结合会计准则	关于企业结合的会计准则(企业会计准则委员会、企业会计准则第21号)
金融商品会计准则	关于金融商品的会计准则(企业会计准则委员会、企业会计准则第10号)
金融商品实务指南	关于金融商品会计的实务指南(会计制度委员会报告第14号)
减　损　会　计　准　则	关于固定资产减损的会计准则(企业会计审议会)
库　存　股　会　计　准　则	关于减少库存股及公积金的会计准则(企业会计准则委员会、企业会计准则第1号)
净　资　产　会　计　准　则	关于资产负债表净资产部分表示的会计准则(企业会计准则委员会、企业会计准则第1号)
新股预约权会计准则	关于新股预约权等的会计准则(企业会计准则委员会、企业会计准则第8号)

※ 包括以上会计准则在内的各种会计准则收录于日本注册会计师协会、企业会计准则委员会编：《会计监察六法》(日本注册会计师协会出版局每年度出版)。

(3) 交易所等的自主规制

东证上市规程	东京证券交易所·有价证券上市规程[参照：卷末附录■1(3)]。
CG　准　则	东京证券交易所(东证)"公司治理准则"(2021年6月版)[参照：卷末附录■1(1)]。

□2 判例集、文献

(1) 判例集、杂志、判例数据库

民　　　集	大审院民事判例集　最高法院民事判例集
高　　　民	高等法院民事判例集
民　　　录	大审院民事判决录
下　　　民	下级法院民事判例集
集　　　民	最高法院判例集民事

判　　时	判例时报
裁　　时	裁判所时报
判　　夕	判例タイムズ
劳 民 集	劳动关系民事裁判例集
金　　判	金融、商事判例
金　　法	旬刊金融法务事情
最判解民	最高法院判例解说民事篇
资料版商事	资料版商事法务
WLJPCA	ウェストロー・ジャパン
商　　事	旬刊商事法务
LEX/DB	LEX/DB 互联网（TKC 法律信息数据库）

(2) 判例解说

百　　选　　神作裕之、藤田友敬、加藤贵仁编：《会社法判例百選（第 4 版）》（有斐阁，2021）

商　　判　　山下友信、神田秀树编：《商法判例集（第 8 版）》（有斐阁，2020）

商法百选　　神作裕之、藤田友敬编：《商法判例百選》（有斐阁，2019）

民法判例Ⅲ　水野纪子、大村敦志编：《民法判例百選Ⅲ（第 2 版）》（有斐阁，2018）

现状与课题　岩原绅作、小松岳志编：《会社法施行 5 年　理論と実務の現状と課題》（有斐阁，2011）

(3) 教科书、体系书、学习用教材等

伊　藤　等　伊藤靖史、大杉谦一、田中亘、松井秀征：《会社法（第 5 版）》（有斐阁，2021）

江　　头　　江头宪治郎：《株式会社法（第 8 版）》（有斐阁，2021）

大隅、今井　大隅健一郎、今井宏《会社法論（第 3 版）上卷、中卷》（有斐阁，1991/1992）

神　　田　　神田秀树：《会社法（第 24 版）》（弘文堂，2022）

铃木、竹内　铃木竹雄、竹内昭夫：《会社法（第 3 版）》（有斐阁，1994）

龙田、前田　龙田节、前田雅弘：《会社法大要（第 3 版）》（有斐阁，2022）

前　　田　　前田庸：《会社法入門（第 13 版）》（有斐阁，2018）

类 型 别　　东京地方裁判所商事法务研究会：《類型別会社訴訟（第 3

	版)Ⅰ・Ⅱ》(判例タイムズ社,2011)
VM	落合诚一编,中东正文、久保田安彦、田中亘、后藤元、得津晶著:《会社法 Visual Materials》(有斐阁,2011)
事　例	伊藤靖史、伊藤雄司、大杉谦一、齐藤真纪、田中亘、松井秀征:《事例で考える会社法(第 2 版)》(有斐阁,2015)
数字でわかる	田中亘编著,饭田秀综、久保田安彦、小出笃、后藤元、白井正和、松中学、森田果著:《数字でわかる会社法(第 2 版)》(有斐阁,2021)
论　究	田中亘、白井正和、久保田修平、内田修平编:《論究会社法——会社判例の理論と実務》(有斐阁,2020)

(4) 公司法草案负责人的解说等

立案担当	相泽哲编著:《立案担当者による新・会社法の解説》(別冊商事法務 295 号,2006)
立案担当省令	相泽哲编著:《立案担当者による新会社法関係法務省令の解説》(別冊商事法務 300 号,2006)
论点解说	相泽哲、叶玉匡美、郡谷大辅编著:《論点解説新・会社法》(商事法務,2006)
一问一答	坂本三郎:《一問一答　平成 26 年改正会社法(第 2 版)》(商事法務,2015)
立案担当26年	坂本三郎编著:《立案担当者による平成 26 年改正会社法の解説》(別冊商事法務 393 号,2015)
一问一答令和元年	竹林俊宪编著:《一問一答　令和元年改正会社法》(商事法務,2020)
立案担当令和元年	竹林俊宪等:《一問一答　令和元年改正会社法の解説》,別冊商事法務编辑部编:《令和元年改正会社法②—立案担当者・研究者による解説と実務対応》(別冊商事法務 454 号,2020)
立案担当省令令和元年	渡边谕等:《会社法施行規則の一部を改正する省令の解説—令和 2 年法務省令第 52 号》別冊商事法務编辑部编:《令和元年改正会社法③—立案担当者による省令解説、省令新旧対照表、パブリック・コメント、実務対応 Q&A》(別冊商事法務 461 号,2021)

(5)判例评释

コ　ン　メ	江头宪治郎、森本滋编集代表:《会社法コンメンタール（全 22 卷+補卷 1 卷)》(商事法务,2008~2021)
逐　　　条	酒卷俊雄、龙田节编集代表:《遂条解说会社法(全 9 卷+補卷 1 卷予定)》(中央经济社,2008~)
基本コンメ	奥岛孝康、落合诚一、浜田道代编:《新基本法コンメンタール会社法（第 2 版)（全 3 卷)》(日本评论社,2015~2016)
新　注　会	上柳克郎、鸿常夫、竹内昭夫编集代表:《新版注释会社法（全 15 卷+補卷 4 卷)》(有斐阁,1985~2000)

第一编 总 论

第1章 绪论——公司和公司法

第2章 公司法总则

第1章
绪论——公司和公司法

- 第1节 何为公司
- 第2节 股份公司——基本构造、特征以及法的课题
- 第3节 份额公司
- 第4节 公司法的法源以及构造

在开始公司法的解说之前,首先,对"何为公司"以及公司在经济社会中的地位进行说明(第1节)。其次,针对在4个类别的公司中占据极其重要地位、本书以大半篇幅进行说明的股份公司,在说明其基本构造和特征的基础上,论述与此相关的法的课题(第2节)。再次,简单介绍股份公司以外的公司(份额公司)的特征(第3节)。最后,对有关公司的法制构造以及历史进行解说(第4节)。

第1节 何为公司

■ 1 公司的意义

所谓公司,是指以营利为目的的社团法人。所谓社团法人,是指赋予人的集合(团体)以法人格而存在(构成团体的人称为成员)。另外,因事业活动产生收益,并将其分配给成员的,谓之营利(以上定义详见第2章第1节)。在现行法上,存在股份公司、无限公司、两合公司以及合同公司4种类型的公司(《公司法》2条1项。以下,《公司法》条文原则上仅引用条文序号)。后3种类型的公司总称为"份额公司"(575条)。股份公司的成员称为"股东",而份额公司的成员称为"社员"(→专栏1-1)。在利润分配上,股东主要以盈余分配的形式(105条1款1项,453条)、社员主要以收益分配的形式(621条)参与公司的利润分配。

> ▶▶▶ **专栏1-1 作为日常用语的"社员"——公司中雇员的地位**
>
> 在日本,说到"社员",多指公司的雇员。但是,在法律上,雇员(公司法传统上称为"使用人"。参见《公司法》第一编第三章第一节10条以下)不是公司的成员,其不过是与公司签订契约(劳动合同)的一个人而已。在这点上,雇员与公司的客户、向公司提供贷款的金融机构没有区别。
>
> 在日本,特别是上市公司,比起股东,正式雇员(指与公司签订无固定期限劳动合同者,也称"正式社员")更加受到重视。这似乎与公司法

不太相符：公司法上股东为股份公司的成员，并赋予其控制公司经营的种种权利（最重要的权利是通过股东大会选举董事）。应该怎么看待这个问题？例如，公司法是否应当赋予一定数量的正式雇员以公司成员的地位和权利［类似提案参见：伊丹（2000）］？这是关涉公司法基础的重要论点。

笔者认为，公司法赋予股东或者说仅赋予股东以公司成员的地位和权利，是具有一定合理性的。如果法律赋予雇员等其他关系人以公司成员的地位与权利，会导致股东对业务执行董事控制的弱化。因此，笔者基本上持否定态度［田中，（2014）76—80页］。需要强调的是，对各位读者（特别是刚开始学习公司法的各位年轻大学生）来说，即使雇员不是法律意义上的公司成员，但在实际的公司活动中，雇员是不可或缺的存在。因此，要真正理解有关公司的组织运营、管理等法律制度，除公司法外，劳动法的学习也是必不可少的。

■ 2 作为营利企业代表的公司——尤其是股份公司

公司作为一种营利企业的形态得到最为广泛的利用（所谓企业，相比于法律用语来说，更多用于日常用语或者经济用语，商法学上多定义为从事持续性、组织性事业活动的经济主体）。特别是股份公司，其在经济社会中占据极其重要的地位。各位读者熟知的日本的大企业，几乎无一例外地采取股份公司形态。中小企业采取个人企业（不采取法人形态的个人经营者）等其他组织形态的虽不在少数，比重上仍然是股份公司最大（→专栏1-2）。

▶▶▶ 专栏1-2　经济社会中的公司

2020年度的税务统计结果显示，股份公司数量为2568109家［含特例有限公司（→专栏1-11）］，占整个法人总数的92.1%。无限公司、两合公司、合同公司的数目分别为3352家、12967家和133890家。就是说，公司以外的法人（一般社团法人、一般财团法人等）数目为70419家［国税厅（2022）168页第11表之1］。

股份公司中，发行的股份在金融商品交易所（金商2条16项）交易的公司称为上市公司。截至2022年5月末，在日本证券交易所集团（旗下拥有东京证券交易所、大阪证券交易所）上市的公司数量为3822家［日本证券交易所集团（2022）］。从国际视角看，日本的大企业存在明显的上市倾向。在日本销售额前500强的企业中,约7成是上市公司[宫岛(2013)25页]。

接下来看一下中小企业。根据中小企业的实际调查(令和3年确报·令和2年决算实际业绩),符合《中小企业法》2条定义的中小企业有3311142家,其中法人企业1729178家。这些法人企业的具体明细虽无进一步的数据,但据推测大部分为股份公司。相比之下,个人企业的数目为1581964家[中小企业厅(2022)统计表1.(1)]。另外,法人企业的职员数以及销售额的合计分别为26734304人以及545兆688亿日元,个人企业则分别仅为4059935人以及22兆7118亿日元[中小企业厅(2022)统计表1.(1),3.(1)]。因此,即使在中小企业中,股份公司的比重也是很大的。

第2节 股份公司——基本构造、特征以及法的课题

■ 1 总论

为什么公司特别是股份公司在经济社会中被广泛利用? 一个重要的原因在于,作为复数人共同经营事业的组织形态,股份公司相比于其他企业组织形态具有得天独厚的优势(因存在只有一名股东的股份公司,故股份公司并非必然被用于经营共同事业。但若经营共同事业,则股份公司可发挥其优势)。

本节为了说明以上事项,将结合同样作为经营共同事业的组织形态——民事合伙制度(民667条以下),对股份公司的组织形态特征进行解说。另外,作为背景知识,附带对股份公司的基本构造以及设立进行简单介绍。这样的安排意在使读者进入本书第二编的详细介绍之前,获得对股份公司的初步印象。

以下简单设例予以说明。

▶▶▶ **事例1-1**

大学同级生A、B、C三人决定共同开发、销售用于智能手机的游戏应用软件。A有软件公司的工作经历,故A负责软件开发;B有志成为漫画家,故B负责原画、剧本的制作;C从经营学部毕业后就职于银行,

> 故 C 主要负责财务方面。三人约定:经营方面的重要决定需要三人协商,并最终采取多数决的方式决定。事业所需的必要资金由三人各自出资 100 万日元,其余向银行借贷。另外,三人预定,租赁 C 的叔父所有的楼房的一个房间作为营业场所,并且雇佣 A 的学弟约 10 人作为开发软件人员以及事务员。

■ 2 民事合伙的共同事业

如事例 1-1 所示的共同事业,采用民事合伙的方式亦可经营。此时,A、B、C 签订合伙协议,各自出资 100 万日元(民 667 条 1 款)。A、B、C 作为成员执行合伙事务(民 670 条)。A、B、C 为了合伙事务与第三人签订的合同(例如和银行签订的借款合同,和职员签订的雇佣合同)的效力归属于全体成员(全体成员承担合同债务,民 675 条)。另外,A、B、C 各自的出资以及执行合伙事务取得的财产权(例如楼房一个房间的租赁权)构成合伙财产,归合伙成员共有(民 668 条)。

■ 3 股份公司的共同事业

(1)股份公司的设立

A、B、C 也可以用股份公司的形式经营事例 1-1 的共同事业。股份公司是法人(3 条),因此需要按照《公司法》规定的程序(25 条以下)设立。在此,除了对设立股份公司的主要事项予以说明,对股份公司的基本构造也给予适当说明(设立程序的详细说明需要以对公司法其他制度的理解为前提,详见本书第 7 章)。另外,设立程序分为发起设立和募集设立(25 条 1 款),本书以操作简单且实务上广为利用的发起设立为例予以说明。

(2)制作章程

要设立股份公司,首先要由 A、B、C 作为发起人制作公司章程(26 条 1 款)。发起人即筹划设立公司、成为公司最初股东之人(详见第 7 章第 2 节)。

章程相当于民事合伙的合伙协议,是股份公司的最高自主规范。章程必须记载或记录公司的目的、商号(名称见 6 条 1 款)等设立公司的基本事项[27 条、37 条。因章程可以书面形式或者数据电文(电脑保存的数据文件)形式制作,相应地,法律上称为"记载或记录"]。章程只要不违反法律,就可以规定有关股份公司的其他事项(29 条)。

在事例 1-1 中,公司的目的为"经营应用软件的开发、销售以及相关事业";商号为"ABC 应用软件股份公司"。

(3)股份与股东、出资的履行

发起人应当决定设立时向各发起人发行的股份数,以及各发起人认缴的出资(向公司支付财产,32 条 1 款)。

股份公司是社团法人(→第 1 章第 1 节■1),因此存在成员。社团法人的成员通常称为"社员"(575 条 1 款,一般法人 10 条等),股份公司的成员则称为"股东",股份公司股东的地位称为股份。在股份公司中,各个股东权利的大小基本上可以用该股东持有的股份数(持股比例)除以公司已发行的股份数(已发行股份)的比例来表示[→第 1 章第 2 节■4(5)]。

在事例 1-1 中,假设 A、B、C 每人认缴出资 100 万日元后各自取得 1000 股股份。也就是说,每人认缴等额的出资,则在成立后的公司中三人享有同等的权利。A、B、C 在认缴出资后(约定以出资成为发行股份公司股东的行为称为"认缴"),应当不迟延地履行出资义务(支付 100 万日元的现金,34 条)。另外,以上出资以及伴随的股份的发行,亦可在公司成立后再实施(募集发行股份→第 6 章第 2 节)。

(4)董事等的选举、组织机构的选择

(a)董事的选举

基本而言,股份公司是股东选举董事并委任其经营管理公司的组织[→第 1 章第 2 节■4(7)。当然,股东自身也可成为董事]。董事由公司成立后的股东大会(有表决权的全体股东构成的会议组织)选举(329 条 1 款),最初的董事即设立时董事由发起人选举(38 条 1 款)。在事例 1-1 中,假设 A、B、C 选举自己为设立时董事。

(b)机关设计

所谓机关,是指从事股份公司经营管理、规定于《公司法》第二编第四章(295 条以下)的人或会议组织(→第 4 章第 1 节)。

在股份公司中,股东大会和董事这两个机关是必设的。除此以外,股份公司可以通过章程设置董事会、监事会等机关(326 条 2 款)。是否设置这些机关,基本上取决于各公司的选择,但《公司法》对某些股份公司课予一定的机关设置义务(→第 4 章第 1 节)。

根据机关设置的不同,公司经营管理的样态也呈现出明显的差别。因此,发起人需要判断:采取何种组织构造才是最适合的。在事例 1-1 中,A、B、C 认为,互相信赖的三个友人设立的公司没有必要采取复杂的组织形态,故只设置了股东大会和董事。

(c)公众公司与非公众公司

A、B、C如欲选择如上的简易组织形态,就需要以章程规定公司发行的股份为限制转让,即受让股份需要公司承认(参照107条1款1项。这样的公司本书称为"非公众公司")。因为,股份公司是不限制其所发行的(全部或者部分)股份进行转让的(公众公司,2条5项),法律强制性要求设置董事会(327条1款1项)以及其他机关(→第4章第1节■3)。这样,是成为公众公司还是非公众公司,就成为决定股份公司组织构造的重要选择。

在事例1-1中,A、B、C重视彼此间的信赖关系,为了防止不受欢迎的人成为新股东,就以章程规定了限制股份转让(成为非公众公司→专栏1-3)。

▶▶▶ **专栏1-3 公众公司(非公众公司)和公众型(非公众型)公司**

读者朋友是否注意到,公司法上的公众公司和日常用语所说的"公众公司(或者公众企业)"有所差异呢？日常用语的"公众公司"是指上市公司等发行股票并广泛流通的公司,而《公司法》只要不以章程限制全部或者一部分股份转让,即使股票没有实际流通也叫公众公司[2条5项。此条文的表述有些难懂,意思是,如果对一部分股份不限制转让,即使限制其他股份转让的也可成为公众公司。另外,"一部分"股份的限制转让,在发行类别股的公司中是可能的→第3章第1节■6(2)(c)]。本书为了避免用语的混乱,遵循公司法的定义,使用"公众公司"这一用语。根据定义,把不是公众公司的股份公司称为"非公众公司"。为了区别于实务,将股份广泛流通的公司称为"公众型公司",股份未广泛流通的公司称为"非公众型公司"(也称"封闭型公司")。

(5)代表人的规定

股份公司必须设置不少于一名的代表人(法定代表人,也称代表权人)。法定代表人享有实施公司业务的一切裁判上以及裁判外行为的权限(349条4款)。例如,法定代表人可以为了公司利益从银行借款、租赁办公室、以及雇佣职员等。法定代表人为了公司利益所为的行为,其效力原则上及于公司(349条5款,与代理相同,法定代表人代表公司的行为需要"显名"。例如,法定代表人C以"ABC应用软件股份公司董事长C"的名义与对方签订合同,就是"显名")。

股份公司原则上从董事中选举法定代表人,称为"代表董事"(指名委员会等设置公司是例外,本章为了简化说明不予提及)。在不设董事会的股份公司(本书称"非董事会设置公司")中,原则上各董事当然成为代表董事(349 条 1 款本文、2 款);而在董事会设置公司(设置董事会的股份公司或者依公司法规定必须设置董事会的股份公司,2 条 7 款)中,根据董事会的决议从董事中选举代表董事(362 条 3 款)。公司设立时,设立时的董事需要从全体董事中再选出设立时代表董事(47 条 1 款)。

在事例 1-1 中,根据非董事会设置公司的原则(349 条 1 款本文、2 款),A、B、C 三人分别就任代表董事。

(6)设立登记、股份公司成立

公司履行了以上设立手续,就可于总公司所在地(以章程规定,27 条 3 项)申请设立登记(911 条 1 款,代表人为之)。股份公司于设立登记时成为法人(3 条)成立(49 条)。

▶▶▶ **专栏1-4 企业家的实态**

事例 1-1 是笔者为了说明公司法的问题而虚构的事例。然而,今日活跃于国际经济舞台的大多数知名公司,也如事例 1-1 描述的那样,是由少数青年企业家(Entrepreneur)创立起来的(创立之初并不限于股份公司,也有个人企业或民事合伙)。例如,索尼的前身东京通信工业株式会社就是由其创立者井深大跟几位友人一起,在东京日本桥的"白木屋"3 楼的一间小房间内,从制造短波播放接收机开始的[井深(2012)50—52 页]。另外,美国的苹果公司,是由史蒂夫·乔布斯和好友斯蒂夫·沃兹尼亚克(McIntosh 的开发者)一起,以小车库为据点手工制作电脑开始的[アイザックソン(2012)]。因此,笔者向读者朋友强烈推荐公司创业者传记这类书籍。这不单单是读物本身有趣,通过书中主人公的经历,可以更深刻地理解现实中是如何经营管理企业的。

4 股份公司的特征

(1)总论

在 ■3 中,对股份公司的设立方法以及基本构造进行了说明。接下来,将结合民法上的合伙制度来说明股份公司的特征(包括后述的份额公司在内,各组织体间的比较参见图表 1-1)。在以下论述的特征中,第一到第六个特征[→(2)—(7)]主要体现了以多数人的出资持续性经营大规模共同事业的优势,第七个特征[→(8)]则适用于以股份公司的形式从事各种类型的事业活动。

图表 1-1　各种类型的公司以及民事合伙的特征

	股份公司	份额公司			民法上的合伙
		无限公司	两合公司	合同公司	
法人格	有				无
成员的责任	有限责任	无限责任	无限责任+有限责任	有限责任	无限责任
资本的维持	有	不完全			不完全
成员地位的转让	原则上自由	原则上需要其他成员的同意			原则上需要其他成员的同意
成员的地位	原则上取决于持股比例	取决于公司章程			取决于合伙协议
经营机构与成员的分离	分离	未分离			未分离

(2)法人格

股份公司的第一个特征,是其(其他种类的公司亦同)具有法人格,即以自己的名义享有权利并承担义务的资格(3条)。而民事合伙因不具有法人格,不能以自己的名义成为合同的当事人,也不拥有财产权。出资以及其他合伙财产在法律上并不属于合伙所有,而是属于合伙成员共有(民668条),故不动产所有权等可以登记的财产权也无法以合伙名义登记。若以全体合伙成员的名义进行共有登记,也可起到对外公示的效果(该财产属于民事合伙),但在合伙成员人数增加至多人的情况下,这种登记就显得非常烦琐。当然,以代表成员等特定成员的名义登记也是可行的,但存在该成员将登记财产伪装成自己所有进而转卖于第三人,或者该成员的债权人将登记财产查封的风险。

对此,作为法人的股份公司可以通过法定代表人或者个别授予代理权的雇员等,为了公司利益签订合同的方式成为合同的当事人。此外,公司自身享有财产权人身份,可以将财产登记在自己名下。由此看来,特别是成员人数众多、事业规模大的企业(可登记的财产多),采用股份公司的形式相比于合伙更具有优势。

(3) 资本的维持

股份公司的第二个特征,是通过禁止股东退出公司,以确保出资财产(也称资本)用于公司持续经营。

民事合伙则不同。合伙成员在合伙协议没有约定期限时,原则上可以随时退伙(民 678 条 1 款)。并且,即使合伙协议约定期限,当出现不得已的事由时也可退伙(民 678 条 2 款)。另外,成员的死亡或破产等也成为退伙事由(民 679 条)。如此一来,合伙成员退伙时,其他成员要返还其出资份额,应当将合伙财产的一部分返还给该退伙成员(民 681 条 1 款)。并且在解释上,合伙成员的债权人可以通过强制执行该成员的出资份额(作为成员的地位)使该成员退伙,进而在返还的财产上得到清偿[份额公司规定(609 条、611 条 7 款)的类推适用。中田(2021)583 页,中野、下村(2021)811 页注 4]。这样的退伙和返还出资,尤其是因返还出资而出售用于合伙经营的财产,会给合伙经营的持续带来困难。

相比于民事合伙,股份公司的股东无法退出公司并得到返还出资。只有在例外情况下,例如公司作出对股东利益有重大影响的行为时(例如,变更章程限制股份转让),持反对意见的股东有权请求公司以合理价格收购自己持有的股份[股份回购请求权→第 3 章第 1 节■2(3)]。这在实质上相当于退出公司和返还出资。但是,只要股份公司不实施类似的行为,股东即使出现不得已的事由也无权请求退出公司并返还出资。另外,股东的债权人即使冻结或查封股份,也无法强制股东退出公司并从返还的出资中得到清偿[作为强制执行财产的变价处理,可以将股份拍卖或变卖给第三人,从所得款项中受偿。民执 167 条。中野、下村(2021)802 页]。

企业要持续地从事大规模事业,就需要长期的资本维持(确保出资财产可以被持续地用于企业经营)。股份公司原则上通过禁止退出公司和返还出资,实现资本的维持。

(4) 成员地位的自由让渡

股份公司的第三个特征,是成员地位即股份的让渡可能性(股份的自由让渡性)。

在民事合伙上,让渡合伙成员的地位需要其他成员的一致同意(理论来源于让渡契约上的地位须经其他契约当事人同意的民法一般原则)。相比而言,股东可以自由转让其持有的股份(127 条)。

需要强调的是,如前所述[→■3(4)(c)],股份公司可以通过章程限制股份的转让(107 条 1 款 1 项)。但是,当股东请求公司同意限制转让股份的转让而公司不予批准时,股东可以请求公司指定该股份的收购人(138条2项)。其结果是,股东要么将股份转让给当初的意定方,要么转让给公司指定的收购人(→第3章第2节■3)。

如前所述[→(3)],因为股东原则上不能从公司中退出,作为股东回收投资的制度回应,法律对股份的自由让渡予以保障(若没有收回投资的途径,则普通投资者不会考虑向公司投资)。故此,股份公司在实现资本维持的同时,可以集中多数人的出资从事持续性事业。

(5)成员的地位细分为等额单位

股份公司的第四个特征,表现为股东的地位细分为等额单位——股份。股东权利的大小基本上体现为持股比例这样的单纯数值。

在民事合伙的场合下,各个成员的权利依合伙协议的内容而定。例如,分配合伙利益时,合伙协议未约定分配比例的,依出资额;合伙协议也可以作出不同约定(民674条1款)。成员是否享有执行合伙事务的权利也视合伙协议而定(参照民670条2款)。如此一来,成员权利的大小要依据非公开的合伙协议内容而定,这导致外部关系人难以评价合伙成员地位的价值,进而影响成员地位的流通性(因无法评价成员地位的经济价值,故难以出现购买其地位者)。

相比而言,股份公司股东权利的大小原则上可以根据该股东持有的股份数(已发行股份数)占公司已发行股份总额的比例来确定。例如,公司分配盈余(453条。→第5章第4节■2)时,股东享有以其持股比例分配财产的权利(454条3款)。另外,在股东大会上,股东原则上每股享有一个表决权(一股一表决权原则。308条1款)。如此,股东权利的大小以持股比例这样的单纯数值表示(所谓权利内容的"标准化"),外部关系人容易对股份价值作出评价,进而促进股份的流通。需要说明的是,股份公司可以依据章程的规定,发行权利内容不同的股份(类别股份。108条→第3章第1节■6)。这时,各个股东权利内容的大小就不能用持股比例这样单纯的数值表示。但是,这样的类别股份需要登记(911条3款7项),外部关系人原则上可以通过其他方法对股份价值作出判断。

▶▶▶ 专栏1-5 关于股份流通的留意事项

对于实际的股份流通,即使在法律上保障其自由让渡或者权利内容的标准化也是不够的。实现投资者自由买卖股份需要存在完备的市场。这样的市场由金融商品交易所(通常称为证券交易所)提供,在此进行的交易除了需要遵循交易所的规则,也涉及《金融商品交易法》(以下简称《金商法》)的规制(交易对象的股份称为上市股份,发行上市股份的公司称为上市公司)。外部关系人要评价股份的价值,就不能仅仅了解股东权利的内容,还必须知悉股份发行公司具有多少价值[企业价值。→第 3 章第 1 节■9(2)]。为此,需要公示公司的经营以及财产状况。公司法虽然设置了一定的信息披露规则(→第 5 章第 3 节■4),但于评价企业价值时则未必充分,更为详细的信息披露规则需要《金商法》以及各交易所的规则来设定。受这些规则调整的上市公司在日本有 3800 家左右(→专栏 1-2),数量上遥遥领先的非上市公司的股份则基本上不流通。本节■4(4)(5)所说明的,并非指全部股份已在社会上广泛流通的情形,而仅指具备股份流通制度基础的股份公司而已。

(6)成员的有限责任

股份公司的第五个特征,是股东对公司债务仅负有限的责任(股东的有限责任)。

在民事合伙上,成员对合伙债务负无限责任[民法原则上适用按份债务(民 675 条),因商行为产生的债务则属于连带债务]。对此,股份公司的股东对公司债务负有以认缴出资额(应出资额)为限的责任(104 条)。实际上,股东在认缴出资时已全额履行出资(34 条 1 款、208 条),因此,成为股东后原则上已不再对公司债务承担任何责任。

股东的有限责任从构造上适合多数投资者集中投资开展事业的情形。如果没有有限责任规定,普通投资者不但会在公司倒闭时失去投资,甚至会因为担心摊上巨额的个人债务而对股份投资犹豫不决(有限责任的长处需要进一步严密地探讨,→专栏 3-5)。

(7)所有与经营的分离

股份公司的第六个特征,是公司的经营机构与作为成员的股东之间的分离。

在民事合伙上,合伙事务通常由各个成员实施(民 670 条)。对此,股份公司原则上由股东选举董事(329 条 1 款)来经营管理公司。除了变更公司章程(466 条)等特别重要的事项需要由股东大会表决[→第 4 章第 2 节■1(2)(c)],对于其他的公司业务,董事(董事会设置公司为董事会)拥有决定权限(348 条 2 款、362 条 2 款 1 项)。根据董事(会)的决定执行公司业务也正是董事之所以被赋予权利的意义所在(348条1款、363条1款)。此外,董事也可以将执行公司业务的部分权限委托给雇员(职员),实际上多数公司的日常业务如向顾客销售商品等,都是由接受委托的公司雇员实施的。

这样,公司的经营机构从作为成员的股东处分离,叫作"所有和经营的分离"。这样的机构设置,使拥有财产而无经营才能者也可以作为股东,通过选举经营专家为董事来经营事业。与此同时,有经营才能但无财产者也可以作为董事参与经营,从而以获得报酬的形式参与公司的利润分配。

(8)对应多样企业形态的柔性制度设计

以上说明的股份公司的特征,其优势在于集中多数投资者的资金经营大规模的共同事业。同时,现行《公司法》也针对小规模、非公众型的企业(→专栏1-3),进行了柔性的制度设计。

例如,在事例1-1中,A、B、C基于相互信任而共同开展事业,为了对应这样的需求,法律许可以公司章程限制股份的转让(107条1款1项)。此外,在董事会设置公司中,公司的经营基本上委任于董事会,股东大会的表决事项限于法律规定或章程约定(295条2款);在非董事会设置公司中,因股东大会可以对公司的任何事项进行表决(同条1款),股东就可以直接决定公司的各种事务。

进一步讲,以适合这种小规模、非公众型企业的组织形态(非公众公司且非董事会设置公司)设立的公司,在将来可以广泛吸收大众投资并扩大经营规模时,可以通过股东大会决议变更公司章程(466条→第8章),成为大规模的公众型公司(公众公司且董事会设置公司)。

这样,为了适应多样的企业形态,对其组织、运营以及管理规则进行柔性设计,是现今股份公司的一大特征。

■ 5 股份公司法的课题

(1)总论

■4中说明的股份公司的各种特征有利于促进企业活动和经济的发展。但是,从反面看,也可能成为公司关系人之间利益冲突的原因。解决这些利益冲突或者防患于未然,就成为公司法的重要课题。

(2)董事、管理层和股东间的利益冲突

股份公司是由股东大会选举董事经营公司的组织[→■4(7)]。这样,公司经营的实权势必会集中到董事尤其是以代表董事为首的执行公司业务的董事手中[执行业务董事(2条15项1号)。相当于日常用语的"管理层"]。其结果是,可能会发生执行业务董事滥用权力侵害公司以及股东利益之事[此类问题在经济学上被称为"代理问题"。数字でわかる80—81页(田中亘)]。例如,代表董事以对自己有利的条件与公司进行交易,给公司带来损害(→第4章第3节■5□3)。

因此,公司法设计了调整董事、管理层行为规范的各种制度。股东大会具有的选举以及解聘董事的权限,就是最基本的制度构造(329条1款、339条1款)。此外,代表性的制度还有:专事监视、监督董事会、监事的机关,董事以及其他管理人员的义务、责任,股东代表公司追究管理人员责任(股东代表诉讼。847条)制度等(参见第4章)。

(3)股东间的利益冲突

(a)资本多数决制度的意义和问题点

股东大会以多数决进行决策(309条)。股东的表决权大小取决于持有股份数量的多寡[308条1款→■4(5)]。这样,不以人数而以股份数量为基准实行多数决的制度,称为资本多数决。根据这个规则,持股数量多的股东(多数派股东)就可以左右股东大会的决定,进而达到最终控制公司经营的目的。一般而言,越是持股数量多的股东,其与公司的利益关系就越大(盈余分配额取决于持股数量。454条3款),因而这类股东具有为了公司利益而不惜花费时间与金钱的强烈动机。赋予此类股东多数表决权,一般而言具有合理性[→第4章第2节■4□1(1)]。

然而,从相反方面看,当股东间产生利益冲突时,资本多数决制度对少数派股东不利。如果多数派股东选举自己为董事,将近乎全部的公司收益以董事报酬的方式(股东大会决议的方式。361条1款)支付给自己,对公司盈余(股东大会决议的方式。454条1款)几乎不做分配,少数派股东就可能从公司经营中被排除出去。

(b)公司法的对策

因此,公司法在承认资本多数决的基础上,赋予少数派股东以一定权利[单独股东权和少数股东权。→第3章第1节■2(2)]。此外,公司法也允许股东依章程规定,对资本多数决进行修正,赋予少数派股东一定的经营公司的控制权。例如,如果发行附选举董事权的类别股份,少数派股东也可选举一定数量的董事[108条1款9项→第3章第1节■6(2)(g)],即以章程自治[→■5(6)]解决股东间的利益冲突。另外,根据股东间关于股东权的行使方法、解决纠纷方法等的合意(股东间契约),也可达到少数派股东自卫的效果(→专栏1-8)。

(4)股东和债权人之间的利益冲突

股东只对公司债务承担有限责任[104条→■4(6)]。这在有利于集中公众投资的同时,也会催生股东为了自身利益而牺牲债权人(本书称为"公司债权人"或仅称"债权人")利益的动机。例如,当公司债务大于资产额且无法清偿面临倒闭时,如果不进行任何规制,那么,股东就可能选择在清偿期到来之前将公司资产全部以盈余分配的方式(453条、454条)分配给股东,公司债权人则一无所剩。

面对这样的危险,公司债权人可以采取各种方法进行自卫。例如,在与公司交易时,常采取的方法包括:要求公司执行业务董事和主要股东作出保证(民446条以下);要求公司、主要股东以及执行业务董事提供个人财产担保(民369条等)。但是,对于小规模债权人来说,这样的自卫并不现实;对非契约债权人(以侵权行为债权人为代表,即公司侵权行为的受害人)来说,这样的自卫也不可能。

因此,公司法设置了保护债权人利益的一系列规制,尤其是限制公司向股东分配盈余的分配可能额规制最为重要(461条→第5章第4节■4)。当发生公司侵害债权人利益的行为时,债权人可以对此提出异议(债权人异议程序。449条、789条)。另外,还存在董事等其他管理人员对债权人承担损害赔偿责任的情形[429条1款→第4章第9节■4□2]。

(5)理想的公司法

如上所述,公司法为了处理董事、经营者与股东之间,股东之间以及股东与债权人之间的利益冲突,设置了各种各样的规制。需要留意的是,这些规制既存在优点(便利),也存在缺点(费用)。

例如,公司法规定:董事应当为了公司的利益忠于职守(355条),当董事怠于履行职责给公司造成损失时,需要赔偿由此造成的损害(423条1款)。这种义务和责任的存在使投资者可以放心地进行投资,这对公司事业乃至社会经济的发展有重要意义。但是,如果这种义务和责任过于严苛,则会造成公司经营萎缩或者经营人才断档,反而不利于维护公司以及股东的利益。

因此,一部理想的公司法,必须权衡规制的便利和费用:在便利超过费用的限度内——效率性限度内,实施规制(→专栏1-6)。

▶▶▶ **专栏 1-6　效率性的判断基准**

效率性,是指便利减除费用后所余的部分(纯便利)尽可能大。笔者认为,理想的公司法必须是效率性的法律制度。因此,效率性应当作为公司法立法的指导性原则。解释论上,在尊重条文原意的前提下,应尽可能实现法律解释的效率性。

对此,也许存在以下见解:效率性是理想公司法的唯一判断准则吗?其他考虑因素例如公平正义(或者公平正义才是唯一准则)不重要吗?笔者不赞成这样的见解。第一,从公平正义的观点出发的规范(例如:不得欺诈、胁迫、侵占等),究其根源,无非是规范广泛普及于社会而增加社会的效率性,进而得以正当化[田中(2021)167—168 页。参照:榊、饭田(2014)78—80 页]。第二,如果存在效率性以外的法律规范(即使考虑到规范广泛普及于社会的效果),这就意味着,即便费用高过便利,但因其是法律加给每个人的义务,因而这种规范得以正当化。然而,在公司法领域,笔者认为这样的情况是不存在的[数字でわかる10—11 页(田中亘),田中(2016)56 页]。

当然,本书作为公司法的入门书籍,是以法律法规和判例解说为中心的,故关于理想公司法的个人见解限制在最小范围内。因此,对读者来说,不意味着与笔者持不同见解而就此停止阅读。笔者认为,即使不以效率性作为理想公司法的唯一判断基准,也必须承认,法律规制伴随着费用,要实现最佳的公司法规制,就必须综合考量便利和费用这两方面。现实的法律规定或者法律解释正是遵循以上的比较考量进行的。在公司法的学习中,希望各位读者能时常保持这样的视角。

(6)强行法规和章程自治

(a)肯定章程自治的议论

下面结合理想公司法的应有姿态的相关问题,对章程自治的范围问题稍加赘言。如前所述,法律规制中既有便利也有费用,而怎样的法律规制(例如,关于董事的义务与责任的规定)对公司产生多大的便利和费用,则要因公司而异。这样的话,法律不一概加以规定,而是根据各个公司的情况来设置适合自己的规定似乎更好。有人认为,如果是这样,就应该承认公司法是任意法规,并且公司可以通过章程对其予以变更(章程自治)。

(b)否定章程自治的议论

针对无限制地承认章程自治的立场,可能存在以下反论。

首先,在公司法中,存在保护公司以外的第三人(特别是债权人)利益的规定[→■5(5)]。这样的规定难以通过章程随意修正。

其次,关于董事、管理层的规定[→■5(2)]以及股东间关系的规定[→■5(3)]乃公司内部关系的规定,承认章程自治似乎可行。但是,第一,变更章程可以通过股东大会决议(多数决。466条、309条2款11项)实现,但若无限制地承认章程变更,则对多数派股东有利而显然对少数派股东不利,总体上看章程变更无效率。第二,包括章程变更议案在内,因股东大会的议案由董事提出,不排除董事提出有利于自己而有损于公司、股东利益的变更章程议案。当然,变更章程需要股东大会表决(即股东以多数决同意。466条)。问题是,如多数上市公司那样,当股份由多数投资者分散持有时,因各个股东的持股比例小,其可能不会花费充足的时间与金钱去研究董事的提案是否对公司和股东有利(集体行为问题→专栏1-7)。此外,在公司间相互持有对方股份的情况下(相互持股),各公司的股东大会有可能作出有利于执行业务董事的决议(→专栏4-13)。从这些问题看出,如果无限制地承认章程自治,必然会带来有利于董事而不利于公司、股东利益的情况。从总体看,这些非效率性的议案可能被提出并得以通过。

> ▶▶▶ **专栏1-7 集体行为问题**
>
> 个别股东在探讨股东大会议案上所花费的时间与金钱原则上由自己负担,而当公司因此作出适当的意思决定时,受益的则不仅限于该股东,公司甚至全部股东都将得到实惠。其结果是,大多数股东缺乏认真参与议案讨论的动机。这样的问题称为集体行为问题(或曰"搭便车")。集体行为问题往往制约了公司章程自治的效果。

最后,承认无限制的章程自治,会导致调整公司关系的法律内容因公司不同而差异巨大。这时,受让股份成为新股东者可能会受到预料之外的章程规定束缚,最终导致整个社会风险的增加(此亦为非效率性的主要原因)。

(c)公司法的现状和课题

现行公司法针对有关股份公司的各种事项,在承认章程自治的同时(多数规定允许章程"另行规定"),也考虑到(b)所述的伴随章程自治的问题点,设置了很多无法以章程加以变更的规定(强行规定)。在董事、业务执行董事的规则调整以及股东间关系上,公司法大多在一定程度上承认章程自治,同时加以限制。例如,公司可以限定(或免责)董事以及其他管理人员的责任,但限定的内容要受法律制约(425—427 条)。

此时,公众公司和非公众公司在允许章程自治的范围上存在的差异,是公司法的一大特征。例如,公众公司必须设置董事会(327 条 1 款 1 项),而非公众公司则为任意设置。此外,诸如附董事选举权类别股份(108 条 1 款 9 项)、不同股东不同待遇的规定(109 条 2 款),也仅存在于非公众公司的制度构造中。如此,公众公司较非公众公司而言,章程自治的范围要狭窄。这也说明,公众公司的股份原则上流通广泛且分散,若不对章程自治进行限制,前述集体行为问题(→专栏 1-7)以及股份受让人被预料之外的章程束缚等问题将会变得深刻起来。

需要强调的是,即使是公众公司,也存在选择适合自身组织机构的需求。因此,强行法规存在抑制这种需求的可能性。例如,前述管理人员的责任限制规定(425—427 条),以前并没有被允许,2002 年《商法》修改时才得以承认。附董事选举权类别股份(108 条 1 款 9 项)也是《公司法》制定时首次承认的。可以说,公司法的规定绝不是一成不变的。章程自治放宽到何种程度,哪里要以法律加以规制,需要随着经济、社会环境的变化进行不断的探讨[关于强行法规的意义和问题点,参照:神田、藤田(1998)462—469 页;田中(2000)1617—1667 页]。

▶▶▶ **专栏 1-8 股东间协议**

与章程自治的边界问题相关联,应了解一下类似章程却又不同于章程的股东间协议。复数的股东(未必限于公司的全体股东)之间有时会对公司的组织、运营等各种事项,不以章程而以协议的形式加以规定。此为股东间协议。例如,两个以上企业为了共同开展事业,共同出资设立股份公司时(实务上,以这种目的设立的公司称为合资公司),设立之际以股东间协议的方式对股份转让的方法以及表决权行使方法进行约定,是实务中常见的方法[田中、森·滨田松本法律事务所(2021),コンメ(1)246-252 页(武井一浩)]。

章程与股东间协议的区别在于:违反章程会影响公司的行为,而违反股东间协议仅发生协议当事人之间的债务不履行(民415条等),公司行为的效力一般不受影响[例如,约束表决权协议→第4章第2节■4□2(6)]。此外,章程当然地约束所有股东,而股东间协议仅约束协议当事人,并不约束协议以外的当事人。通过以上区别可以认为,因违反公司法强行法规而无法在章程中规定的事项,也可以通过股东间协议加以约定[例如,限制股份转让协议→第3章第3节■4(2)]。

第3节 份额公司

■1 意义

《公司法》除了股份公司,还规定了无限公司、两合公司以及合同公司三种公司形态(2条1项)。这三种公司合称份额公司(575条)。份额公司的成员称为社员,社员的地位称为份额。

■2 份额公司的特征

份额公司和股份公司一样,是法人(社团法人。3条)。但份额公司并不具有第2节所述的股份公司的很多特征,其更类似于民法上的合伙。具体如下(股份公司和民事合伙比较的图表参照:图表1-1):

(1)资本的维持不完整。社员的退出事由(606条、607条)与合伙成员的退伙事由(民678条、679条)几乎完全相同,社员的债权人也可以冻结该社员的份额,使该社员退出进而从返还的财产中受偿(609条、611条7款)。

(2)社员地位(份额)的让渡原则上需要其他社员的同意(585条)。与限制转让股份[→第3章第2节■3(5)]一样,份额转让未得到承认的话,无权请求指定购买人。

(3)社员地位(权利、义务)的内容(执行公司事务的权利义务、利润分配比例等)原则上根据章程而定(参照590条、591条、622条)。

(4)社员亲自执行公司事务(590条、591条)。即成员与经营机构未分离。

(5)社员的责任,见下面的说明。

■3 社员的责任和份额公司的种类

在份额公司中,根据社员对公司债务所负的责任,分为无限公司、两合公司以及合同公司 3 种。社员的责任内容可以章程规定（576 条 1 款 5 项）。

无限公司中，全体社员对公司债务负无限责任（576 条 2 款）。就是说，当公司债权人无法从公司财产中得到全额清偿时，社员要对公司债务承担连带清偿责任（580 条 1 款）。

两合公司中，一部分社员对公司债务负无限责任，其他社员负有限责任，即以出资额为限清偿公司债务（580 条 2 款、576 条 3 款）。

合同公司中，全体社员对公司债务负有限责任（576 条 4 款）。

关于份额公司的具体规定，见本书第 11 章的解说。

▶▶▶ 专栏 1-9　《公司法》上的公司以外的"公司"

在以上介绍的股份公司以及份额公司以外，还存在着含有"公司"名称的组织。保险公司采用的组织形态之一的相互公司（《保险业法》18 条以下）就是其中一例。但是，其并不是《公司法》上的公司（2 条 1 款），本书也不涉及这样的组织。

作为《公司法》上特别规定的公司以外的组织，外国公司是一个典型。所谓外国公司，是指依据外国的法令设立的、与公司同类或者类似于公司的法人以及其他外国团体（2 条 2 项→第 12 章第 1 节）。《公司法》上单称"公司"时，原则上仅指《公司法》上的公司（2 条 1 款），有时以特别规定包含外国公司（5 条等）。

另外，《公司法施行规则》将公司（含外国公司）、合伙（含外国的合伙）以及其他类似的事业团体定义为"公司等"（会则 2 条 3 款 2 项）。"公司等"主要用于定义子公司（2 条 3 项、会则 3 条 1 款）以及母公司（2 条 4 项，会则 3 条 2 款→第 2 章第 7 节■2）。

第 4 节　公司法的法源以及构造

■ 1　公司法的法源

（1）实质意义上的公司法和形式意义上的公司法

讲学上，将有关公司设立、组织、运营以及管理的法称为实质意义上的公司法。那么，在现行法之下存在哪些法令呢（讲学上称为公司法的法源）？代表性的法源是 2005 年制定的《公司法》（2005 年法律第 86 号）。为了与实质意义上的公司法相区别，也称"形式意义上的公司法"。

《公司法》第 1 条规定:"公司设立、组织、运营以及管理,除了其他法律有特别规定,依据本法的规定。"从这个条文规定可以看出,除了形式意义上的公司法,还存在有关"公司设立、组织、运营以及管理"的法律(实质意义上的公司法)。这样的法律有:《金融商品交易法》,《劳动合同法》《工会法》等劳动法制[包含调整公司与雇员(劳动者)之间即公司组织、运营或管理关系],《公司更生法》《民事再生法》等倒产法制(调整因债务过多而难以为继的公司的组织、运营、管理)等。

(2)本书涉及的法令

因为本书定位于大学法学院以及法科大学院的教育课程,因此,在实质意义上的公司法中,特别关注与形式意义上的公司法及其相关的政令规章[包括《公司法施行令》(施行令)《公司法施行规则》(会则)《公司计算细则》(计则)]并进行说明(因此,本书单称公司法时,仅指形式意义上的公司法)。其他法律,除了与公司法关联特别密切[有关公司债、股份等转账的法律(《转账法》)、一部分倒产法制]的,基本不予以涉及。

然而,对现实公司的组织、管理以及运营来说,公司法以外的法律尤其是金商法和劳动法制更为重要。希望读者通过大学的讲授以及通读概说书,对这些法律知识进行深化理解。

▶▶▶ **专栏 1-10 公司和税法**

法人税法以及其他税法直接对征税关系进行规定,故很难称其为实质意义上的公司法。但是,税法实际上对公司运营、管理的方式存在很大影响。因为,公司要实现同样的经济效果,势必会选择税务负担小的行为(例如,选择现金收购的方法→专栏 9-15)。读者如果在将来以律师身份从事公司法务,就一定要对税法有深入的了解。

■ **2 公司法的历史**

(1)公司法制定前

在日本,最初的统一的《公司法》始于明治 23 年(1890 年颁布,1893 年施行)的旧《商法》。需要强调的是,从明治初年开始,随着个别单行法(《国立银行法》等)的实施,实际上已经承认了实质意义上的公司组织的设立[コンメ(1)7 页(江头宪治郎)]。

明治 32 年(1899 年),取代旧《商法》制定了现行《商法》,在第二编中规定了公司制度。其后,在 2005 年《公司法》单独立法之前,《商法》历经多次修改(本书称"2005 年修改前《商法》",条文以"前商○条"表示)。此外,昭和 13 年(1938 年)制定的《有限公司法》创设了有限公司,即小规模且非公众型、但全体成员享受有限责任的公司形态(→专栏 1-11)。昭和 49 年(1974 年),为了应对股份公司规模的特殊情况,制定了《关于股份公司监察等商法特例的法律》(《监察等特例法》)。

(2)《公司法》的制定

平成 17 年(2005 年),作为调整公司行为的单行法,《公司法》制定问世(2006 年 5 月施行)。相应的,前《商法》第二编被删除的同时,《有限公司法》以及《监察等特例法》也被《公司法》吸收而废除。2014 年,为了回应《公司法》施行后出现的各种问题,进行了较大规模的《公司法》修改。

▶▶▶ **专栏 1-11　有限公司**

以往的股份公司制度是以大规模的公众型公司为前提制定的,有些方面未必适合于小规模、非公众型企业。因此,法律创设了以非公众型的组织机构为基本,全体社员享受有限责任的公司形态——有限公司。然而,随着股份公司制度向有利于非公众型企业的方向倾斜发展[→第 1 章第 2 节 ■4(8)],2005 年《公司法》制定时吸收了从前的有限公司,《有限公司法》被废除(《公司法》上非董事会设置公司就是对有限公司的组织结构反复推敲的产物。在 2005 年《公司法》修改前的商法时代,股份公司全部为董事会设置公司)。据此,从前的有限公司(旧有限公司)在法律上成为股份公司(整备法 2 条 1 款)。需要注意的是,为了避免给经营的持续性带来影响,公司的商号在继续使用"有限公司"的同时(同法 3 条),继续适用废除前的《有限公司法》的多数规定(同法第一章第二节)。这类公司称为"特例有限公司"。特例有限公司可以依据章程变更为普通的股份公司(同法 45 条、46 条)。关于特例有限公司的法律问题,参见:福岛(2022)。

■ 3　公司法的构造和本书的构成

现行《公司法》由第一编"总则"、第二编"股份公司"、第三编"份额公司"、第四编"公司债"、第五编"重组、合并、分立、股份交换、股份转移以及股份交付"、第六编"外国公司"、第七编"杂则"、第八编"罚则"共八编组成。

本书考虑到教学上的因素,并没有严格遵循《公司法》的章节构成,而是对其顺序做适当调整。首先,在第一编中,对公司以及公司法做基本说明以后,对不同类型公司的共通规定做出说明(第2章)。然后,在第二编中,对股份和股东(第3章),机关(第4章),会计核算(第5章),融资(第6章),公司设立(第7章),章程的变更(第8章),收购、经营者集中、重组(第9章),解散、清算、倒产(第10章)进行说明。第三编对份额公司及其组织形式变更(第11章),外国公司、国际公司法(第12章)进行说明。

关于公司法各项规定的说明,除了文末的条文索引,请参照本书开头的对应表。

第 2 章
公司法总则

- 第 1 节　公司的基本概念
- 第 2 节　公司的营业场所(总公司、分公司)以及住所
- 第 3 节　公司的商号
- 第 4 节　公司的使用人
- 第 5 节　公司的登记
- 第 6 节　公司的公告
- 第 7 节　子公司、母公司等
- 第 8 节　公司诉讼、公司非讼

本章对各种类型公司(股份公司、无限公司、两合公司、合同公司)共通的公司法规则进行解说。第一，第 1 节对作为公司基本概念的社团法人性、营利性以及商人性相关概念予以论述。第二，对公司的营业场所以及住所(第 2 节)、商号(第 3 节)、雇员(第 4 节)、登记(第 5 节)、公告(第 6 节)、母公司与子公司(第 7 节)以及公司诉讼与非讼(第 8 节)进行解说。

第 1 节　公司的基本概念

■ 1　社团法人性

(1)总则

公司是法人。《公司法》第 3 条明确规定公司是法人。法人分为赋予人(成员)的集合以法人格(权利能力)的社团法人，和赋予财产的集合以法人格的财团法人。在成员上，因股份公司存在股东，份额公司存在社员，故公司是社团法人。并且，公司的成员(股东或者社员)可以是一人，实际上这样的公司(称为"一人公司")为数不少。所谓社团法人，是针对人的集合，赋予其构成要素——个人以独立的法人格。因此，集合的构成要素数目即便为"一"也未尝不可。

▶▶▶ 专栏 2-1　一人公司、没有股东的股份公司
　　以往，因为社团是人的集合，故法律基于此立场规定公司的成员必须是复数。但是，只要公司遵守法律规定进行经营管理，即使成员为一人，也未必会发生问题。并且，实务上也存在为享受有限责任以及税法优惠等而设立一人公司的需求。因此，首先是股份公司，昭和 13 年(1938 年)商法修改时允许了一人公司的存在；其次是份额公司，2005 年《公司法》制定时修改了从前的社员为一人时的法定解散事由(前商 94 条 4 项)，承认了一人公司的法律地位("欠缺社员"即无社员成为新的解散事由。641 条 4 项)。
　　此外，股份公司与份额公司不同，欠缺股东并不会成为公司法定解

散事由(471条)。因此,单看法条,即使公司成立后没有股东似乎也在允许之列。实际上,如果公司取得全部自有股份后将其注销(155条、178条),就成为没有股东的公司,但并不存在对此明令禁止的规定。然而,股份公司是以营利为目的,即创造利润并分配给股东,如果持续处于欠缺股东的状况,则显然超出了公司法的立法预期。因此,当欠缺股东时,公司应当与此同时或者至少于其后及时发行新股以产生新的股东。在公司倒产进行重建时,大多采用回购全部已发行股、注销、发行新股同时进行的方法。

(2)公司的权利能力

法人在章程的目的范围内享有权利、承担义务(具有权利能力。民34条)。此规定也适用于作为法人一般法规制对象的公司,故公司的权利能力需要受到章程目的(27条1项、576条1款1项)的制约。因此,公司的代表人为了公司利益从事章程目的以外的行为,其法律效果不归属于公司。

但是,作为营利法人的公司,通常情况下会与多数人进行各种交易,如果其行为因章程目的以外而无效的话,势必会有损交易安全[公司的目的属于登记事项(911条3款1项),原则上任何人都可以阅览,但在与公司交易时每次都确认其目的范围则过于烦琐,并且也不容易判断其行为是否属于目的范围以内]。并且,这样会造成人们回避与公司进行交易,最终有损公司以及股东的利益。因此,应当对章程中公司的目的范围进行尽可能宽泛的解释。

从判例的立场来看,为实现公司目的所必要的行为,即使不包含在章程记载的目的范围以内,也应解释为目的范围内的行为;并且,对于是否属于实现公司目的所必要的行为,并非看现实是否需要,而是立足于章程记载本身,进行客观、抽象的判断[最判昭和27.2.15民集6卷2号77页(百选1,商判1-2)]。例如,以"不动产的保存和运营增值"为目的的公司,其出卖自有的不动产房屋,既然是为财产的运营增值而出卖该财产,在具体案件中,不论该房屋出卖行为实际上是否是为了公司利益采取的必要行为,都应认定为目的范围以内的行为(前引最判昭和27.2.15)。遵循这样的判例解释,现今已经几乎不存在以超过目的范围为由认定公司行为无效的情形了。

需要注意的是,即使存在判例解释,某种行为是否属于公司目的范围内仍然存在争议,这就存在危害交易安全的风险。因此,一些有力的学说认为,在立法论上,应当废除对营利法人公司以目的限制权利能力的做法[百选Ⅰ解说(北村雅史)]。

(3)法人格否认的法理

(a)意义

法人格否认的法理,只指法人格被滥用于规避法律上,或者法人格完全成为躯壳时,在具体的事案中,否认公司与其成员或者其他公司之间独立法人格的法理。这样的处理仅限于特定事案,并不产生面向将来的全面否定效力。法人格否认的法理虽然在公司法上没有明文规定,却是很早以前就被判例承认的。

(b)适用事例

请看一则肯定法人格否认的法理的先例判决:

> ▶▶▶ **事例 2-1**
>
> X 将店铺租赁给 Y 股份公司。Y 公司以销售电器产品为业,其实质不过是为了节税目的而设立的股份公司,实质上与其代表董事 A 的个人企业无异。X 也认为自己与"A 电器店"进行交易。其后,X 以不支付租金为由,请求 A 返还租赁物时,A 立了限期内返还店铺的字据。然而,所定期限到来后 A 仍未返还租赁物,于是 X 以 A 为被告提起返还租赁物之诉。在法院的调解下,双方达成了返还租赁物的和解协议。和解后,A 所代表的 Y 公司主张:和解的一方当事人为 A,因此 Y 公司使用的部分不予返还。X 遂再次以 Y 公司为被告提起返还租赁物之诉。

最高法院对事例 2-1 作出了以下论述:法人格的赋予,是针对值得赋予其权利主体地位的社会团体,基于法技术而为的,"在法人格完全成为躯壳的场合,以及诸如为了规避法律适用而被滥用的场合,承认其法人格,对照法人格的本来目的而言是不被允许的,应该否认其法人格"。在本件事例中,法院认为,Y 公司与其背后存在的 A 个人并无差异,因此否定了 A 和 Y 公司在法人格上的差别,X 与 A 之间成立的返还店铺和解协议也应理解为 Y 公司的行为。基于此,法院认可了 X 对 Y 公司的请求[最判昭和 44.2.27 民集 23 卷 2 号 511 页(百选 3,商判 1-4)]。

适用法人格否认的法理的案例为数很多[コンメ(1)90—125 页(后藤元)]。例如,公司大量负债濒临倒闭时,公司代表人通过设立新公司,将原公司财产全部转移至新公司(原公司的债务不予继承)进而继续原公司的业务时,法院有时会以法人格滥用为由否定新公司和原公司法人格的差异,判决新公司对原公司债务承担责任(最判昭和48.10.26民集27卷9号1240页)。

需要注意的是,有学者指出,法人格否认的法理除了其要件具有不明确性(例如,"法人格完全成为躯壳的场合",具体指怎样的情形),在肯定法人格否认的案件中,也存在不适用该法理,而是通过个别法规范的适用以及合同解释等得到妥当解决的情况[江头(1980)]。例如,在事例2-1中,作为当事人的合理意思解释,将案件的法律关系解释为A为了Y公司的利益(代表Y公司)向X作出返还店铺的约定即可。但是,在当下这个承认公司自由设立的时代,针对法人格的不当利用问题,有时个别法律规范无法对其作出妥善处理,故作为一般法理的法人格否认就存在适用的空间[学说的详细议论参照:コンメ(1)96—98页(后藤元)]。

> ▶▶▶ ★专栏2-2 法人格否认的法理和诉讼、执行程序
>
> 判例基于维护诉讼程序以及强制执行程序的明确性、安定性的立场,否定了法人格否认的既判力与执行力的扩张(最判昭和53.9.14民集125号57页)。因此,对A公司持有债务名义(确定判决等)的债权人,就不能以否定A公司与B公司之间法人格的差异为由,基于该债务名义请求对B公司交付执行文书(民执33条,前引最判昭和53.9.14)。对此,当债权人基于对A公司的债务名义强制执行A公司营业场所的财产时,B公司以该财产已经转让给自己为由提起第三人异议之诉时(民执38条),法院可以否认B公司的法人格并驳回该起诉[最判平成17.7.15民集59卷6号1742页(商判1-5)]。在后一种情况下,法院判决依据的是实体法,即B公司妨碍执行对象财产的转让和移交(民执38条1款),而并非A公司债务名义的执行力扩张至B公司[松下(2016)13页]。

■ 2 营利性以及商人性

(1)营利性

公司是以营利为目的的法人。这里的营利,是指通过对外的事业活动获取利润,并将此分配给成员。

2005年《公司法》修改前的商法时代,曾明文规定:公司是"以营利为目

的的社团法人"(前商52条2款),《公司法》则不存在这样的规定。但是,在现行《公司法》中,公司股东以公司存续时盈余分配(105条1款1项、453条),公司解散、清算时剩余财产分配(105条1款2项、504条)的形式,参与公司盈利的分配。股份公司原则上可以根据章程,发行限制盈余以及剩余财产分配权利的股份,但不得全部剥夺股东的以上权利(105条2款)。此外,份额公司的社员也享有分配公司利润(621条)以及剩余财产(666条)的权利。因此,在现行法之下,将公司理解为以营利为目的并无不可。

事实上,公司以营利为目的,并不意味着禁止公司从事一般社会观念上、一定范围内的非营利性活动,例如对慈善事业的捐赠。在判例上,政治捐款也被认为属于公司目的的范围之内[最大判昭和45.6.24民集24卷6号625页(百选2,商判1-3)→专栏4-50]。

(2)商人性

(a)意义

公司以之为业从事的行为(例如,商品的销售)以及为了其事业从事的行为(例如,事业资金的借贷),称为商行为(5条)。因此,公司作为以自己名义从事商行为者,符合商法上商人的规定[商4条1款。最判平成20.2.22民集62卷2号576页(商法百选29,商判1-1)]。

公司作为商人,并且其行为属于商行为的效果,在于对商法相关规定的适用(详细参照:《商法》总则、商行为)。例如,商人在其营业范围内从事为了他人利益的行为时,即使未特别约定报酬,也得以请求一定的报酬(商512条。以无偿委任为原则的民648条的特则)。此外,数人因商行为负担的债务,为连带债务(商511条1款,民427条的特则)。

(b)商行为的推定

商人的行为,推定为为了其营业而从事的行为(商503条2款)。另外,现行法上将公司以外的商人的经营活动称为"营业",公司的经营活动称为"事业",二者可做相同理解。前引最判平成20.2.22→专栏9-36)。因公司是商人,公司的行为得推定为为了其事业而从事的商行为(5条、商503条2款),对此有争议的一方应当举证证明该行为与公司事业无关联[前引最判平成20.2.22。公司对个人的借贷,即使其基于公司代表人与该个人的情谊,也不能认为与公司的事业无关,故对该借贷债权适用商事消灭时效(2017年修改前《商法》522条,现行法已废除)]。

第 2 节　公司的营业场所（总公司、分公司）以及住所

■1　公司的营业场所（总公司、分公司）

(1)公司的营业场所

营业场所，是指作为公司以及其他商人营业活动据点的场所。在法律上，营业场所的意义除了确定债务履行的场所(商 516 条)，还构成确定普通诉讼管辖的基础(民诉 4 条 4 款)。

(2)总公司、分公司

一般而言，当商人拥有两个以上营业场所时，统括其全部营业的营业场所称为总公司(正确地说，为了区别于后述"形式上的总公司"，称为"实质上的总公司")，其他营业场所称为分公司。

另外，公司应当以章程确定总公司的所在地(27 条 3 项、576 条 1 款 3 项)，并且登记总公司(以及分公司)的所在场所(911 条 3 款 3 项、912 条 3 项、914 条 3 项)。这样确定的总公司称为"形式上的总公司"，形式上的总公司与实质上的总公司有时并不一致。

公司法上的总公司(以及分公司)连结着各种法律效果。这里的"总公司"究竟是指实质上的总公司还是形式上的总公司，应当对照各个规定并考察其旨趣而定，从法律关系的明确性考量，多数是指形式上的总公司。例如，在确定公司的住所(4 条→■2)、专属诉讼管辖(835 条 1 款、848 条等)、登记管辖(911 条 1 款、912 条、913 条、914 条)、各种资料的置备场所(31 条 1 款、125 条 1 款等)时，"总公司"即指形式上的总公司[コンメ(1)129—130 页(江头宪治郎)]。

■2　公司的住所

公司以其总公司所在地为住所(4 条)。

第 3 节　公司的商号

■1　总论

所谓商号，是指商人表示自己的营业而使用的名称。公司以其名称为商号(6 条 1 款)。商号以章程规定(27 条 2 项、576 条 1 款 2 项)。公司根据种类不

同,应当在其商号中使用"股份公司""无限公司""两合公司""合同公司"等文字(6条2款)。此外,不得使用可能使他人误认公司类型的文字[同条3款。参照:978条1项(罚金)]。另外,非公司者(商事个人、公司以外的法人等)不得在其名称或商号中使用可能被误认为公司的文字(7条、978条2项)。

商事个人经营复数营业时,各个营业可以拥有不同的商号。商号仅在随营业一起或者废止营业时才可以转让给他人(商15条1款)。相比而言,公司的商号只有一个(章程规定的名称),不得将此转让给他人。实际上,例如,B公司受让A公司的全部营业时,通过变更公司章程(466条、637条),将其商号变更为与A公司相同的商号,等于事实上继承了A公司的商号。

■ 2 关于商号的规定

(1)总论

关于商号,公司法上设置了若干与商事个人(商12—14条)共通的规定(8条、9条)。

(2)禁止以不正当目的使用商号等

任何人都不得以不正当目的使用可能使他人误认主体的名称或商号(8条1款)。违反该规定致使营业上的利益被侵害或者可能被侵害的公司,可以请求违反者停止侵害或者采取防止侵害措施(同条2款。也可请求民709条的损害赔偿)。此外还存在罚金制裁(978条3项)。

"不正当目的"是指实施不正当活动的积极的意思(知财高判平成19.6.13判时2036号117页)。典型的如以使顾客产生误认为目的,使用与其他公司相同或者类似的商号或名称。此外,以上述目的使用其他公司商号以外的名称(店铺名、品牌名等),也构成违反《公司法》8条的情形[コンメ(1)139页(行泽一人)]。这样的行为可能受到《反不正当竞争法》的限制(同法2条1款1项、2项,3条—5条。基于同法3条的停止命令的案例,例如最判昭和58.10.7民集37卷8号1082页),但同法的保护对象限定为"使用者间广泛认识"(同法2条1款1项)或者"知名"(同条1款2项)的商品标识,而《公司法》8条将不具有周知性、知名性的商号、名称也纳入保护范围。

需要强调的是,判断是否违反《公司法》8条,需要认定商号、名称使用者具有不正当的目的。也就是说,即使某人(Y)使用了与其他公司(X公司)相同或者类似的商号、名称,也不能直接认定违反该条。例如,前引知财高判平成19.6.13中,法院认为,Y的活动经历、引用以及知名度都明显在X公司之上,故难以认定Y具有将自己的事业与X公司混同误认的主观目的,遂否定了 Y 的"不正当目的"。

(3)商号出借的责任

(a)意义

允许他人使用自己的商号从事事业或者营业的行为,称为商号出借("事业"与"营业"的区别在于行为主体,故可做相同理解)。商号出借主要发生在借用人利用出借人的信用、评价,实施有利于自身经营的情形之下。法律并不禁止这样的行为,但为保护交易相对方而设置了一定的规制。即,商号出借人对误认自己为业主而与借用人进行交易者,与借用人承担连带清偿责任[9条(商号出借人为公司时),商14条(公司以外者)]。

交易相对方即使对误认出借人为业主存在过失,出借人也应承担责任。但是,判例认为,交易相对方存在重大过失时,视为恶意,出借人不承担商号出借责任[最判昭和41.1.27民集20卷1号111页(商法百选12)。"重大过失视为恶意"的解释,在商法与公司法的多数规定上共通。→专栏4-41]。

(b)商号出借人的责任扩张

在判例上,商号出借责任(9条、商14条)除了特殊情形,只限于借用人的事业、营业与出借人同种的情形[最判昭和43.6.13民集22卷6号1171页(商法百选13)]。需要注意的是,即使不同种的事业、营业,当存在足以使交易相对方误认出借人为业主的特殊情形时,将发生商号出借责任。在前引最判昭和43.6.13判决中,Y在终止电器制品营业时,Y之前的雇员A得到Y的许可,在Y的原店铺使用Y的印章,并使用与从前同一商号经营食材用品。在这里,法院认定存在"特殊情形",判决Y承担责任。还有类似案例,例如,Y将其商号出借给A,A并没有将此用于营业,而是用于其他交易(票据交易),Y对此默认时,法院类推适用商号出借的规定,判决Y承担责任[最判昭和55.7.15判时982号144页(商法百选11,商判1-6)]。

商号出借规定有时存在类推适用。例如,虽然没有许可他人使用自己的商号,但为了保护交易相对方的利益,在追究作出误认的外观或相关人员责任时,类推适用该责任规定。存在以下判例:在Y公司经营的购物中心的楼上,Z租赁Y的店面经营宠物商店。Z对顾客X负有债务(债务不履行的损害赔偿责任)。法院认为,Z的店面外有标识Y商标的巨大招牌,招牌处并没有标示出租店面字样,则类推适用商号出借规定,判决Y对X的债务承担责任[最判平成7.11.30民集49卷9号2972页(商法百选14,商判1-7)。肯定类推适用的案例参照:大阪高判平成28.10.13金判1512号8页]。

第4节 公司的使用人

(1)总论

公司的使用人,是指在公司的指挥、监督下经营事业活动者,也即日常用语中所说的雇员。公司的使用人是公司的业务执行者[本书称为"公司业务执行者"。股份公司是业务执行董事(2条15项1号)或执行董事(418条),份额公司是执行业务社员(590条)],可以将执行公司业务的部分权限进行委托,在其指挥、监督下行使职权。使用人虽不是公司的机关,实际上却是公司日常营业活动的中坚力量。例如,经营大规模制造业的股份公司,代表董事及其他业务执行董事几乎不亲自制造、销售制品,日常从事以上业务的便是公司使用人。

《公司法》总则(第一编)中,规定了关于特定种类使用人(经理及其他)的权限、义务以及交易安全保护的若干规则(10条—15条。基本上和《商法》的"商业使用人"一致)。此外,在公司法的各项规定中,存在有关使用人的相关规定(2条15项、335条2款等)。即便如此,调整公司与其雇员关系的除了民法,主要是劳动法,公司法的调整极为有限。本节对《公司法》总则的相关规则进行说明。

(2)经理

(a)意义

公司的经理,是指对总公司以及分公司的事业拥有概括性权限、由公司聘任的使用人(10条、11条1款。关于经理的意义,存在不同学说,这里依传统见解。详细参照专栏2-3)。是否聘任经理,由公司决定。

经理分为统括总公司与分公司全部业务的经理,以及分别负责总公司或者分公司业务的经理[基本コンメ(1)59页(山下友信)]。关于经理的聘任以及解聘,董事会设置公司由董事会决议(362条4款3项),非董事会设置公司由董事的过半数(348条2款、3款1项)决定。份额公司原则上由社员的过半数决定,也可由章程另行规定(591条2款)。

经理的聘任、职务终了(代理权的消灭)属于公司登记事项(918条)。

(b)权限

经理有权(概括性代理权)代表公司实施与营业相关的一切诉讼上或者诉讼外的行为(11条1款)。经理的权限在条文上可能并不明了,一般以受聘的总公司或分公司为单位,在其事业范围内予以认可[基本コンメ(1)60

页(山下)]。例如,某分公司经理,仅在该分公司事业范围内享有概括性代理权。统括总公司与分公司全部业务的经理,除了不得从事公司法规定专属于董事的行为[召集股东大会(296条3款)等],其权限几乎可以匹敌代表董事(349条4款)。

作为概括性权限的一环,经理可以聘任以及解聘其他使用人(11条2款)。公司对经理的代理权限制不得对抗善意第三人(同条3款)。

(c)经理的义务

经理不经公司许可,不得从事以下行为:①自己营业;②自己或为了第三人利益从事属于公司事业的交易(竞业交易);③成为其他公司或公司以外的商人的使用人;④成为其他公司董事、执行董事或业务执行社员(12条1款)。此义务要宽于股份公司董事、执行董事的竞业禁止义务(只禁止②。356条1款1项、365条、419条2款)。这样规定的目的在于经理应当尽全力服务于雇主的理念(称为"精力集中义务")。当然,此规定是任意法规,可以根据与公司的合意,免除经理的全部或一部分义务。

当经理违反竞业禁止义务(12条1款)时,其由此得到的利益推定为公司受到的损害(12条2款)。这样规定的目的在于方便公司举证其受到的损害,以防止经理的竞业行为。

(d)表见经理

具有总公司或分公司业务主管人员(分公司经理等)外观的使用人(称为"表见经理"),在该总公司或分公司业务上,视为拥有实施一切诉讼外行为的权限(13条本文)。但是,相对方恶意(重大过失也包含在内。→专栏4-41)的不在此限(同条但书)。本规定与表见代表董事的规定(354条)相同,其主旨都在于保护相对方对公司职衔的信赖。

判断一个行为是否与总公司或者分公司的事业有关,需要根据该行为的性质做抽象性、客观性判断,至于诸如是否根据具体情况保护公司利益、是否遵守了公司内部规定等情况,在所不问。例如,信用金库(银行亦同)的分公司经理开出以自己为收款人的支票,即使违反职务规程没有在对应账户存入资金,其行为也被认为是该分公司的业务行为,根据表见经理的规定,信用金库需要对支票受让人承担责任[最判昭和54.5.1判时931号112页(商法百选25,商判1-12)]。

> ★专栏 2-3　经理的意义
>
> 关于经理的意义,学说存在对立。传统的见解如前文(2)(a)所述。近来,有力学说认为,被聘任为总公司或分公司主管人员者称为经理,而不问是否拥有概括性权限。例如,虽被聘任为分公司经理,但并未被公司赋予经营的概括性权限者,依传统见解,其并不是经理,只能构成表见经理(参照 13 条)。而根据近来的见解,其被称为"权限受到限制的经理"(参照 11 条 3 款)。不管依据何种见解,善意第三人都会受到保护,可以说这种议论缺乏实际意义。判例(前引最判昭和 54.5.1)上,将未被赋予概括性权限的分公司经理定位为表见经理,系采传统见解的立场[学说的详细状况参照:基本コンメ(1)60 页(山下友信)]。

(3)接受某种或特定事项委任的使用人

接受公司业务上某种或特定事项委任的使用人,具有行使与营业相关的一切诉讼外行为的权限(14 条 1 款)。即使公司对其代理权加以限制,其限制也不能对抗善意第三人(同条 2 款)。需要注意的是,第三人存在重大过失时视为恶意,公司得以免除责任[最判平成 2.2.22 民集 159 号 169 页(商法百选 26,商判 1-13)]。

本条(商 25 条亦同)是鉴于商事交易反复性、集团性的性质,为了保护交易的顺畅和安全而规定的高于《民法》100 条保护的制度。根据本条,因使用人的行为有权向公司追究责任者必须主张、举证:①该使用人接受公司委任处理某种或特定事项;②该行为外观上属于前述事项范围内,但不必证明该事项已被授予代理权。例如,作为经营商社业务的公司服装部负责人,该使用人在担任西装布料的推销或签约事务时,即使在签订销售合同上没有得到公司授权,也符合本条 1 款"接受某种或特定事项委任的"使用人之规定,对于其为了公司利益签订的西装布料销售合同,公司需要向善意的相对方承担责任(前引最判平成 2.2.22)。

代表人以外的业务执行董事、执行董事在接受委托的事项范围内,为了公司利益的行为,可以类推适用本条规定。

(4)以物品销售等为目的的店铺的使用人

以物品的销售、租赁以及其他类似行为为目的的店铺的使用人,视为拥有店铺内物品的销售、租赁代理权。但是,相对方为恶意的不在此限(15 条)。这样的规定,将使百货公司的顾客不必担心哪个店员具有代理权,从而可以放心购物。

▶▶▶ ★专栏2-4　代理商
　　在公司法上,称商业使用人以外为了公司利益代理(代替公司为法律行为)或中介(斡旋公司与他人之间的法律行为)公司日常营业交易者为代理商,并对此设置了若干规定(代理商的通知义务参照:16条,竞业禁止义务参照:17条,接受销售通知权限参照:18条,合同解除参照:19条,代理商的留置权参照:20条)。代理商的典型如,为了保险公司利益、具有与第三人签订保险合同权限的保险代理店。

第5节　公司的登记

■ 1　总论

为了公示有关公司的一定事项,公司法创设了公司登记制度。根据公司法规定,应当登记的事项依当事人申请或法院书记员的委托,依照《商业登记法》的规定,在公司营业场所(总公司或分公司)所在辖区的登记机关(商登1条之三)提供的商业簿(商登6条)上进行登记(907条)。

■ 2　应当登记的场合

(1)依当事人(公司)的申请登记

设立公司时,必须在其总公司所在地进行设立登记(911条—914条)。在设立登记上,应当根据公司类型进行规定事项的登记[911条3款(股份公司)、912条(无限公司)、913条(两合公司)、914条(合同公司)]。公司成立后,前述事项发生变更时,应当在一定期限内,在总公司所在地进行变更登记(915条)。

发生公司管理人员等受到停止执行职务的临时处分等(917条),公司组织机构变更、合并以及其他重组,或者进行解散等某些行为的,也要在总公司所在地进行登记。

在2019年《公司法》修改前,公司开设分公司或者分公司搬迁时,应当在分公司所在地进行一定事项的登记(分公司登记制度。2019年修改前930条—932条)。但是,随着互联网的普及,检索公司变得容易,利用登记信息服务获得必要信息也成为可能。故分公司登记制度逐渐失去了存在的意义,同年的《公司法》修改便废除了这项制度。

(2)依委托的登记

当发生某些公司诉讼时,法院的书记员应当依职权且不迟延地委托总公司所在地的登记机关进行该诉讼事项的登记(937条)。有关特别清算的某些诉讼亦然(938条)。

■3 登记事项的公示

任何人都可以在支付手续费后,请求登记机关交付记载于登记簿上事项的证明材料(登记事项证明书。商登10条)。此外,基于以电子通信回路提供登记信息的相关法律,也可以利用互联网上的登记信息服务[→卷末附录■2(4)]。商业登记信息的利用实态可参见:船津(2022)。

■4 登记的效力

(1)商业登记的消极效力、积极效力

(a)总论

根据《公司法》规定,应当登记的事项,非经登记不得对抗善意的第三人(908条1款前段。与规定公司以外商人的商9条1款具有相同主旨)。这称为商业登记的消极效力。与此相反,登记后,只要不存在第三人以正当理由不知道存在登记的情形,公司就可以以登记事项对抗该第三人(908条1款后段。与规定公司以外商人的商9条1款后段具有相同主旨)。这称为商业登记的积极效力。

(b)消极效力

例如,股份公司的代表董事离职时,公司在没有进行离职变更登记的期间,不得以该离职对抗第三人。因此,在此期间内,该(原)代表董事代表公司与第三人签订合同时,只要第三人对离职出于善意,公司就不能免除对第三人的合同责任(908条1款前段)。

(c)积极效力

另一方面,公司在离职登记后,该(原)代表董事与第三人签订合同时,只要第三人有正当理由不知道该离职登记,公司对该第三人承担责任(908条1款后段)。这里的"正当理由",是指因自然灾害等导致登记机关关闭以及交通阻碍等客观性障碍,致使无法阅览登记的情形。判例上,只要第三人处于可以阅览登记的状态,就不成立"正当理由"[最判昭和52.12.23判时880号78页(商法百选7)→专栏2-5]。此外,908条1款后段作为《民法》表见规定(民109条、110条、112条)的特则,可以排除适用该《民法》规定。因此,在以上事例中,即便第三人对代表董事的离职善意无过失,第三人也不能适用或类推适用《民法》112条(权限消灭后的表见代理)从而受到保护[最判昭和49.3.22民集2号368页(商法百选6,商判1-14)→专栏2-5]。这样规定的目的在于,公司日常与多数人进行交易,以登记作为基准可以使法律关系划一且明确。

但是,在上述事例中,公司许可离职的代表董事继续使用看似公司代表人的职衔(董事长等)时,根据表见代表董事的规定(354条),公司需要对善意第三人承担责任(同条是908条1款后段的特则,无"正当理由"也适用)。

▶▶▶ ★专栏2-5 围绕908条1款以及表见规定的解释问题

针对上文介绍的判例(前引最判昭和49.3.22),有见解认为,即使在公司登记后,也不应当排除适用民法的表见规定[浜田(1979)193—195页]。此见解认为《公司法》908条1款并不是民法表见规定的特则,二者是不同层次的问题,故称为"异次元说"。理由在于,法律无法要求第三人每次交易时都确认登记情况。但是,如果承认表见规定的适用,只要公司不将代表人离职通知交易相对方,就有可能被追究表见责任,对公司而言风险过大。特别是在由互联网提供登记信息查询的今日,要求第三人确认登记事项已经不能算苛刻,因此,笔者支持判例的立场。

采判例立场的话,如何理解第三人得到例外保护的要件——"正当理由",就成为重要的问题。大阪高判昭和52.3.20判时862号82页列举了以下场合:①存在本文所述的客观性障碍,②与公司之间每天重复同样的交易,公司突然进行代表人更换的变更登记,"无法要求相对方重新调查登记"。在其上诉审的前引最判昭和52.12.23判决中,并没有采用原审的判断标准,而仅以该事件中第三人"处于可以阅览登记簿的状态"为由,否定了"正当理由"。因此,在②的场合,判例采取了不认可存在"正当理由"的立场[商法百选7解说(船津广司)]。

(2)不实商业登记的责任

以故意或过失进行了不实事项登记者,不能以该事项不实为由对抗善意第三人(908条2款。商9条2款亦同)。如此规定,是为了保护因不实登记产生的外观信赖。例如,股份公司将实际上不是代表董事的人登记为代表董事,该人代表公司与第三人签订合同时,只要第三人对此为善意,公司就无法免除合同责任。此外,公司聘任某人为代表董事并进行了就任登记,其后,选举代表董事的董事会决议因存在瑕疵而无效,或者(作为代表董事地位前提的)选举董事决议无效或被撤销,该人自始非代表董事时,与前述责任相同。

依本规定,直接申请登记的公司不能对抗善意第三人。除此以外的协助进行不实登记者,有时会基于本规定的类推适用,让其对第三人承担责任(将在"管理人员等责任"处介绍)。不是公司代表人且在无权限的状态下进行了不实登记,公司对该不实登记的实现起到了推动作用,或者明知该不实登记的存在却未采取纠正措施的,应当承担责任(最判昭和 55.9.11 民集 34 卷 5 号 717 页。采取适当的纠正措施免除了公司责任的事例,参照:东京地判平成 28.3.29 金法 2050 号 83 页)。

第 6 节 公司的公告

公司法上,公司为了将各种事项通知利害关系人,就需要进行公告(124 条 3 款、181 条 2 款、201 条 4 款等)。公司可以在章程中规定以下公告方法:①在政府公报上登载,②在有关时事的日报上登载,③电子公告(→专栏 2-6)。尤其是在没有章程规定的情况下,通常采取①作为公告的方法(同条 4 款)。公告方法是登记事项(911 条 3 款 27 项—29 项、912 条 8 项—10 项、913 条 10 项—12 项、914 条 9 项—11 项)。

▶▶▶ ★专栏 2-6　电子公告

电子公告是 2004 年《商法》修改时新设的公告方法,是指以电磁的方法向不特定多数人提供信息的措施,并采取法务省令(会则 222 条、223 条)规定内容的方法(2 条 34 项),即登载于互联网主页(公告主页)的方法。利害关系人如果养成定期阅览主页的习惯,相比于不每日确认就会错过信息的政府公报和日报,这种公告方法可以说很有效[政府公报在发刊后的一定期间内也可以在主页阅览。→卷末附录■2(5)(a)]。

进行电子公告时,必须在不同公告方式所对应的期间内持续进行(940 条 1 款)。但是,因服务器故障等原因发生短期中断时,满足一定要件则不影响公告的效力(参照:同条 3 款)。为了证明电子公告合法进行,需要由法务大臣处登记的调查机关实施调查[941 条,电子则。不接受调查将被处以罚则(976条35项),但并不意味着电子公告自身无效]。法务省为了利害关系人的方便,开设了检索各公司电子公告的网页[法务省电子公告系统→卷末附录■2(5)(b)]。

第7节 子公司、母公司等

■1 总论

现代社会的公司并不限于单独开展营业,拥有复数子公司、以集团公司的形式开展营业的不在少数。公司法针对公司(从子公司的角度看为母公司)与其子公司的关系,设置了多样的规定(→图表2-1)。本书将在相应章节对这些规定进行说明,在此之前,先说明子公司与母公司的定义(→■2)。关于子公司与母公司的相关概念,本书在此预先进行说明(→■3)。对初学者来说,可以跳过这部分,待研读到具体规定时返回阅读即可。

图表2-1 母子公司、企业集团的规定与本书的介绍

规制的概要	本书的相应章节
母公司股东保护的规定	
母公司股东对子公司的资料阅览等请求	专栏3-3
子公司的监督义务、集团内部治理	244页(6)
多重代表诉讼等	310页□3
子公司与其少数派股东保护的规定	
存在控股股东的上市公司治理	专栏4-33(d)
母子公司间交易的规定	专栏4-45
子公司的全资子公司化	专栏9-18
母子公司、企业集团的财务核算规定	
合并财务报表	351页(1)
子公司取得母公司股份的规制	367页□5

> ▶▶▶ **专栏 2-7　子公司化的优势、缺陷**
> 　　某种业务不由公司亲自实施，而是通过设立子公司来完成（实务上称为"子公司化"）的理由，可以列举为：根据不同营业进行业绩的适度评价；经营判断、决策的机动性；不同营业的最佳内部组织、劳动条件的构筑；以有限责任实现风险分散（子公司为股份公司、合同公司时）等[土岐、边见（2014）104—105 页（辻拓一郎、柴田坚太郎、渡边和之）]。此外，经济学上也有意见认为，赋予子公司管理人员权限会带来激励效果[伊藤、林田（1997）]。与此同时，子公司化也会带来诸如难以监督管理、业务重复等缺陷[土岐、边见（2014）104—105 页（辻等）]。公司应当在充分考虑这些优势、缺陷的情况下，决定是否采取子公司化。

■ 2　子公司、母公司的定义

（1）子公司

　　子公司是指公司支配或控制其他公司等经营的情形下，该"其他公司等"称为子公司（2 条 3 项，会则 3 条 1 款→图表 2-2）。这里的"公司等"是指公司（含外国公司）、合伙（含在外国相当于合伙的组织）以及其他类似的营业组织（会则 2 条 3 款 2 项）。就是说，即使不属于 2 条 1 项的"公司"，也可能成为公司法上的"子公司"。

　　公司"支配或控制其他公司等经营的情形"，是指"支配或控制该其他公司等的财务以及经营方针时"，会则 3 条 3 款加以规定的场合：①当公司（含其子公司或子法人）持有其他公司等超过 50% 表决权时，原则上该"其他公司等"成为该公司的子公司（会则 3 条 3 款 1 项。图表 2-2 所列的公司 A、B、C 等）。②在①以外的场合，当满足会则 3 条 3 款 2 项或 3 项的要件时，也成为子公司。例如，公司在损益计算*上持有其他公司等的 40% 以上表决权，且该"其他公司等"的过半数董事由自己的使用人占据时，该"其他公司等"就成为该公司的子公司（会则 3 条 3 款 2 项 2 号。图表 2-2 公司 B 等满足要件的场合）。

　　这里的"损益计算"，是指损益归属自己之意。例如，甲公司的股份名义

---

* 日文原文表述为"自己的计算"。——译者注

上归第三人所有,当乙公司与该第三人之间达成协议,约定甲公司的损益归属于乙公司(第三人从甲公司分配盈余时须交付于乙公司等)时,乙公司即在"自己的计算"上持有甲公司的股份(以及该股份的表决权)。

此外,以公司的子公司、子法人等(参照:会则 3 条 3 款 1 项)持股(间接持有),也视为该公司的"损益计算"(参照:会则 3 条 3 款 1 项)。其结果是,比如,某公司的子公司的子公司(以此类推)也成为该公司的子公司(图表 2-2 的公司 C 等)。另外,与公司的子公司所持份额相加之和超过表决权 50% 的公司等(图表 2-2 的公司 D 等),也成为该公司的子公司。

图表 2-2 子公司的定义

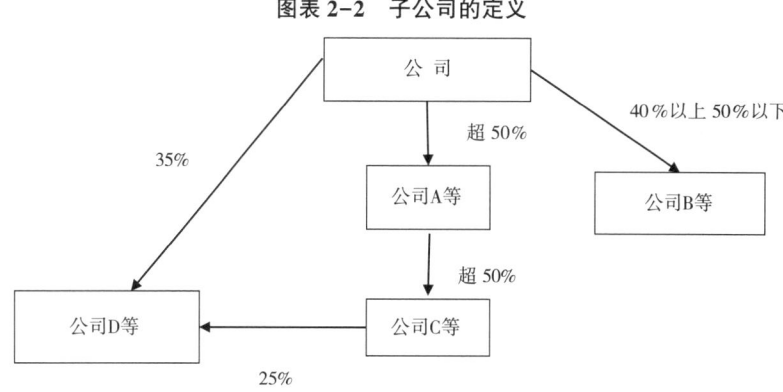

* 箭头(→)表示表决权的所属关系(根据实际而非名义计算)。

* "公司 A 等""公司 C 等""公司 D 等"原则上为"公司"的子公司(会则 3 条 3 款 1 号)。"公司 B 等"满足会则 3 条 3 款 2 项 1-3 号的任一要件的,成为"公司"的子公司。

(2)母公司

公司支配、控制其他公司的经营(财务以及经营方针的决定)时,该公司(2 条 4 项、会则 3 条 2 款)称为母公司。"支配、控制财务以及经营方针的决定",其意思与子公司的场合相同(同条 3 款)。

这样,公司法上的"母公司"仅指支配、控制其他公司经营的公司。原因在于,公司法为了调整与股份公司的关系而专门设置了关于母公司的规定(31 条 3 款、125 条 4 款、442 条 4 款等。但是,135 条 1 款是例外,同款的"母公司"包含支配、控制股份公司以外的公司等的经营之情形。会则 3 条 4 款)。

★■ 3 与母公司、子公司相关联的概念

(1)子公司等、母公司等

(a)子公司等

公司法上的子公司,是指其经营被其他公司支配、控制的公司等(2条2项、会则3条1款)。此外,加上公司以外的主体(例如,外国公司),合称"子公司等"(2条3项之二)。

(b)母公司等

公司法上的母公司,是指支配、控制其他公司经营的公司等(2条4项、会则3条2款)。此外,加上"公司等"以外的主体(除法人外),合称"母公司等"(2条4项之二、会则3条之二2款)。例如,自然人X以"损益计算"持有A股份公司表决权的50%以上时,X不是A公司的母公司,而是A公司的"母公司等"。

在讲学上,将事实上控制其他公司经营的人称为控股股东。在无法严格符合公司法上"母公司等"的要件时,有时会采取这样的称谓。

(2)全资子公司、全资母公司,全资子公司等、全资母公司等,最终全资母公司等

(a)全资子公司、全资母公司

某股份公司(例如图表2-3的A公司)的全资子公司,是指持有该公司全部已发行股份的公司(例如图表2-3的B公司。会则218条之三1款)。当某公司加上其全资子公司所有的份额后,持有其他公司全部已发行股份时,该"其他公司"视为该公司的全资子公司(同条2款)。在图表2-3中,A公司加上其间接持有的份额,就持有B、C、D公司的全部已发行股份,B、C、D公司就成为A公司的全资子公司。

某股份公司加上其全资子公司(含依会则218条之三2款视为全资子公司的股份公司)所有的份额后,持有其他股份公司全部已发行股份时,该公司称为"其他公司"的全资母公司(847条之二1款,会则218条之三)。在图表2-3中,A公司是B、C、D公司的全资母公司。

(b)全资子公司等、全资母公司等

某股份公司的全资子公司等,是指持有全部该股份公司已发行股份或份额的法人(不限于股份公司。847条之三2款2项。与全资子公司的定义相同,包含间接持有的份额)。例如,在图表2-3中,假设C为股份公司以外的法人(C法人),其他皆为股份公司。这里,C法人不是B公司的全资子公司

(完全子公司只能为股份公司),而是 B 公司的全资子公司等。此外,C 法人视为 A 公司的全资子公司等,D 公司视为 A 公司与 B 公司的全资子公司等(同款)。

图表 2-3　全资子公司、全资母公司,全资子公司等、全资母公司等

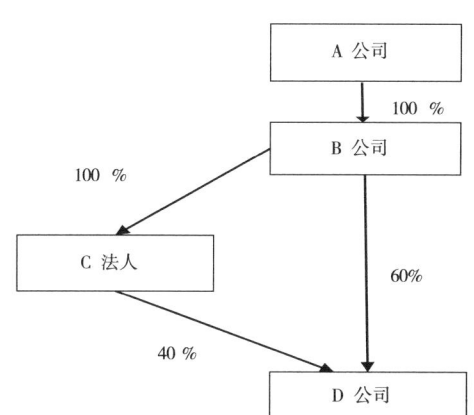

*　箭头↓表示股份(股份公司以外的法人为份额)的所属关系(数值为持股比例)。

某股份公司的全资母公司等,是指:①该公司的全资母公司,或者②其他股份公司加上其全资子公司等间接持有的份额后,持有该股份公司全部已发行股份(①除外。同条 2 款、3 款)。在上一段事例(C 为股份公司以外的法人)中,A 公司不是 C 法人以及 D 公司的全资母公司(全资母公司只能为股份公司),根据②,A 公司是 C 法人以及 D 公司的全资母公司等。

(c)最终全资母公司等

股份公司的最终全资母公司等,是指该股份公司的全资母公司等,且在此之上再没有全资母公司等的情形(847 条之三 1 款)。即,处于"全资母公司等"关系顶点的股份公司。在图表 2-3 中,A 公司是 D 公司的最终全资母公司等。B 公司是 D 公司的全资母公司,但不是最终全资母公司等。因为 B 公司还存在其全资母公司(A 公司)。

第 8 节　公司诉讼、公司非讼

■ 1　公司诉讼

(1)总论

《公司法》第七编第二章(828 条—867 条)规定了有关公司的各种特别

诉讼(公司诉讼)。这些诉讼属于民事诉讼的一种,基本上受《民事诉讼法》的调整,存在《公司法》上特则的,则优先适用《公司法》规定。初学者也可以在学习到一定程度以后,再返回本节重新阅读。

★(2)关于公司组织的诉讼、公司组织行为无效之诉

在公司诉讼中,《公司法》第七编第二章第一节(828条—846条)规定的各种诉讼称为"关于公司组织的诉讼"(834条)。这些诉讼的共通之处在于,都是围绕公司组织行为(例如,设立公司、变更为其他类型的公司、与其他公司合并、发行股份产生新股东等)的效力之诉。此外,在这类诉讼中,828条1款各项规定的各种诉讼称为"公司组织行为的无效之诉"(→图表2-4)。这类诉讼将根据诉讼类型的不同,在本书相应章节予以说明。这些诉讼的共同特征可以总结如下:

关于公司组织的诉讼在①被告的法定(公司为被告。834条),②专属管辖(总公司所在地的地方法院专属管辖。835条),③肯定判决的对世效力(838条)上具有共通的特征。

关于公司组织行为的无效之诉,除了上述①—③,在④形成之诉,⑤上诉期间受到限制(828条1款各项),⑥原告主体资格法定(828条2款各项),⑦肯定判决的非溯及性(仅面向将来发生判决效力。839条)上具有共通的特征。在关于公司组织的诉讼中,对公司组织行为的无效之诉以外的诉讼,有的符合前述④—⑦的特征,也有的不符合(因诉讼类型而异)。例如,股东大会决议撤销之诉(831条)符合④⑤⑥的特征,但不符合⑦的特征。

(3)其他公司诉讼

《公司法》第七编第二章第一节之二以下(846条之二—867条)规定了关于公司组织的诉讼以外的各种类型的公司诉讼。这些诉讼将在本书对应的章节进行说明。

★■ 2 公司非讼

民事诉讼是指法院通过确定实体法上的权利义务以解决私人之间纠纷的程序,在此目的之外利用诉讼程序的,称为非讼。

第2章 公司法总则 049

图表2-4 公司组织之诉

	诉讼目的	诉讼性质	起诉期间	原告	被告	胜诉判决的对世效力	胜诉判决的溯及力	本书的相应章节
公司组织行为的无效之诉（828①各项）	设立无效（828①一）	形成之诉	2年（828①一）	股东等[注1]/社员等[注2]（828②一）	设立的公司（834一）	有（838）	不溯及（839）	511页第7节，638页（4）（a）
	新股发行的无效（828①二）		6个月，非公众公司1年（828①二-四）	股东等（828②二、三）				436页□2
	处分自有股份的无效（828①三）			股东等，新股预约权人（828②四）	股份公司（834二-五）			442页□3
	发行新股预约权的无效（828①四）			股东等，破产管理人，不承认减资的债权人（828②五）				459页（3）
	减少资本金的无效（828①五）							391页（3）
	组织形式变更的无效（828①六）		6个月（828①五-十三）	股东等社员等，破产管理人，不承认减资的债权人（828②六-十三）	组织形式变更后的公司（834六）			654页■3
	重组（吸收合并，新设合并，吸收分立，新设分立，股份交换，股份转移，股份交付）的无效（828①七-十三）				公司（834七-十二之二）			583页■3

（续表）

	诉讼目的	诉讼性质	起诉期间	原告	被告	胜诉判决的对世效力	胜诉判决的溯及力	本书的相应章节
公司组织行为无效之诉以外的有关公司组织之诉	新股发行不存在的确认（829一）	确认之诉	无限制	具有确认利益的一般人（民事诉讼法原则）	股份公司（834十三~十七）	有（838）	溯及（不适用839）	442页□4
	处分自有股份不存在的确认（829二）							460页（4）
	发行新股预约不存在的确认（829三）							178页□3
	股东大会等决议不存在的确认[注3]（830①）							173页□2
	股东大会等决议无效（830②）							638页（b）
公司组织之诉	股东大会等决议的撤销（831）	形成之诉	3个月（831①）	股东等[注4]＋因撤销成为股东等的人（831①）				
	份额公司设立的撤销（832）		2年（832）	社员、债权人（832）	份额公司（+社员）（834十八、十九）		不溯及（839）	613页（7）
	股份公司的解散（833①）		无限制	10%表决权或持股股东（833①）	股份公司（834二十）		不溯及（解散的性质决定）	652页（2）
	份额公司的解散（833②）			社员（833②）	份额公司（834二十一）			

[注1]股东等=股东、董事、监事、执行董事、清算人（828②一）。
[注2]社员等=社员、清算人（828②一）。
[注3]股东大会等=股东大会、类别股东大会、创立大会、类别创立大会（830①）。
[注4]创立大会或类别创立大会的场合，为股东等、设立时股东、类别时董事、设立时监事（831①）。

公司法上设置了若干处理公司非讼事件(公司非讼)的规定。例如,法院在确定反对股东的股份回购请求价格(117条、470条、786条等)时,基于合理裁量,确定股份的公正收购价格[最决平成23.4.19民集65卷3号1311页(百选84,商判Ⅰ-176,乐天对TBS事件)],这并非诉讼而是归属于非讼。关于公司非讼,除了《公司法》第七编第三章(868条—906条),还受《非讼事件程序法》调整。因这些规定属于民事程序法领域,本书予以省略。关于各种公司非讼程序,参照:大竹等(2020)。

第二编　股份公司

第3章　股份和股东

第4章　机关

第5章　会计核算

第6章　融资

第7章　公司设立

第8章　章程的变更

第9章　收购、经营者集中、重组

第10章　解散、清算、倒产

第 3 章
股份和股东

- 第 1 节 股份和股东
- 第 2 节 股份自由转让原则以及转让限制
- 第 3 节 股份的转让、担保化和权利行使的方式
- 第 4 节 特殊股份持有形态
- 第 5 节 投资单位的调整

本章对作为股份公司成员的股东以及表征成员资格的股份进行详细介绍(第1节)。另外,在介绍股份转让及权利行使方式(第2节、第3节)后,将对共有、信托等特殊股份持有形态,以及股份的合并、拆分等投资单位的调整方法(第5节)进行介绍。

第1节 股份和股东

■1 总论

股份公司是社团法人,存在成员。社团法人的成员一般称为社员,股份公司的成员又被特别地称为股东。股份公司成员的资格(地位)称为股份。

要成为某个股份公司的股东,主要有两种方法。第一种方法是出资,即向公司缴纳财产,相应地获得公司发行的股份。出资分为公司设立时和公司成立后。第二种方法是继受取得其他股东持有的股份。继受取得又分为以转让等方式个别继受取得,与发生继承与合并等一般继承时作为继承财产的一部分而取得股份的场合。

股份公司的特征,是成员即股东的地位可以用股份表示,即采取细分化的等额单位的形态。例如,已发行股份数1万股的公司,持有2000股的股东对公司拥有五分之一的份额。因为,该股东拥有股东大会五分之一的表决权,在盈余分配时可以得到总盈余金额的五分之一。此外,如果该股东从持有股份中将1000股转让于他人,该股东和受让股东就各自持有公司十分之一的份额。

需要注意的是,以上所述只是原则。股份公司可以根据章程规定,发行两种以上不同类别的股份。例如,某类别的股东不享有表决权,但可以优先于其他类别股份的股东分配盈余。这样的公司中,对于持有2000股(已发行股份1万股)的股东而言,就不能单纯地说"对公司拥有五分之一的份额"。这样,公司可以在法律允许的范围内,对股东的权利内容作出一定的区别对待。

本节中,首先,在对股东的权利、义务(责任)予以说明后(→■2、■3),对股东的地位稍做理论性考察(→■4)。其次,针对以章程设置股份内容的特别规定(→■5)以及类别股份制度(→■6)进行说明。再次,对股东平等原则(→■7)以及关于股东等行使权利时的利益提供(→■8)进行说明。最后,介绍股份的评价方法(→■9)。

▶▶▶ **专栏 3-1 谁是股份公司的股东?**

　　股份公司的应然状态并不仅仅在于赋予股东以法定权利,也取决于股东的构成。在此,以日本的上市公司为中心,对以上问题(股份的持有构造)从历史的视角做一概观[详细参照:宫岛(2013),宫岛、斋藤(2020)]。

(a) 个人占据优势的股份持有构造(二十世纪五十年代左右)

　　第二次世界大战前的上市公司,股份的持有呈两极分化之势,即股份高度分散的公司,与被称为"财阀"、股份集中于特定一族的公司。这是因为,随着战后财阀的解体以及证券民主化的措施,财阀持有的股份被再分配给以雇员、本地居民为首的个人,其结果是,形成了以个人为中心的股份持有构造。根据日本全国证券交易所每年度实施的"股份持有状况调查",1950年度(昭和25年)"个人、其他"持有上市公司61.3%的股份[全国证券交易所(2021)1-22款]。

(b) 稳定股东占据优势的股份持有构造(高速成长期~1990年前段)

　　其后,在经济高速成长期,上市公司为了满足其旺盛的资金需求而重复增资,其大量发行的股份主要被以其他上市公司为首的事业法人等、银行[都市银行(都银)、地方银行(地银)等,信托银行除外]以及保险公司持有。1970年左右,这些主体持有的股份超过上市公司股份总数的50%(以市场价格为基础→图表3-1)。传统上,事业法人、银行以及保险公司与其说追求股份投资的利益,毋宁说,是为了维持与强化和公司之间的交易关系而持有其发行之股份。这一面更为突出。因此,体现在股东大会上,为了不损害彼此的交易关系,这些股东具有赞成公司(董事会)提案的倾向(实务上,称这类股东为"稳定股东")。上市公司方面,持有这些稳定股东(公司居多)发行的股份、形成所谓相互持股(→专栏4-13)的商业习惯已然普及。如此,稳定股东持有上市公司半数以上股份的构造一直持续到二十世纪九十年代中期。

(c) 机构投资者占据优势的股份持有构造(二十世纪九十年代后期至今)

　　稳定股东占据优势的股份持有构造发生变化的契机出现在1990年代中期的银行危机。因泡沫经济破灭而招致巨额不良债权的银行为了改善财务体制,将有风险的上市公司股份售出。事业法人也随着与银行之间解除相互持股而出售了相当一部分持股。这些股份主要被国内外的机构投资者(投资信托委托机构以及投资顾问机构等、以运作他人资金为业的机构。机构投资者运作的股份为信托银行所有的居多→专栏3-21)所持有。最近,国内外机构投资者的持股比例(大体上根据"股份分布状况调查"中的"外国法人等"和"信托银行"的持股比率的合计计算,也包括生命损害保险。)超过50%(→图表3-1)。需要注意的是,机构投资者特别是外国机构投资者的持股,倾向于向知名度高的大规模上市公司集中。中小规模的上市公司中,机构投资者的持股比例低下,业务执行董事、事业法人、银行等稳定股东持股超过半数的依然很多[田中(2013)31页]。

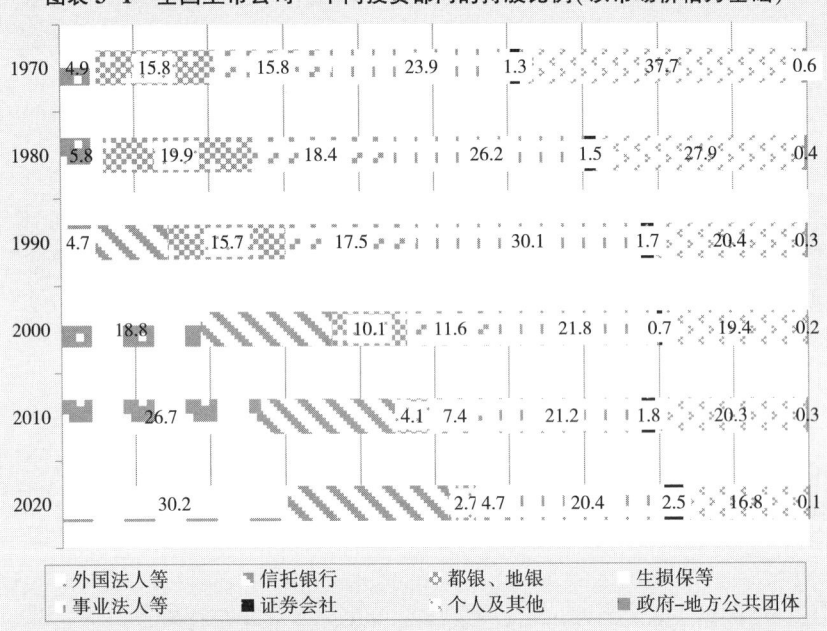

图表 3-1　全国上市公司·不同投资部门的持股比例(以市场价格为基础)

* 表中持股比例为各年度末的持股比例。表中"生损保等"为"人寿保险公司""损害保险公司"及"其他金融机关"的持股比例合计。另外,1970年度、1980年度"信托银行"的持有份额与"都银、地银"的持有份额进行合算。以上数据出自全国证券交易所:《2021年度股份分布状况调查(资料编)》2—5项(https://www.jpx.co.jp/markets/statistics-examination/01.html)。

(d)持股的分散、集中

与以上问题状况不同,上市公司的股份集中于特定的人(母公司、所有人经营者等。即是否存在可以单独支配公司经营的支配股东),还是被多数股东分散持有,对股份公司具有重要影响。日本的上市公司当中,直接或间接持有三分之一以上表决权的股东的比例占2成左右[宫岛等(2011)293—294页]。这个比例与亚洲以及欧洲各国(英国除外)相比,处于相当低的水平。从国际上看,日本和英国、美国类似,具有持股分散的特征[持股结构的美、英、德、韩比较研究,参见:宫岛、斋藤(2022)图表6]。

■ 2　股东的权利

股东对公司享有各种权利。对这些权利的详细说明可参照本书相应章节,这里对以下问题进行论述:股东权利大体分为自益权与共益权;单独股东权与少数股东权。此外,对于本章中经常出现的股份回购请求权,此处对其程序予以说明。

(1)自益权与共益权

(a)自益权

股东从公司接受经济利益的权利称为自益权。自益权的中心是接受盈余分配的权利(105条1款1项、453条)。此外,公司解散、清算时,股东享有剩余财产分配请求权(105条1款2项、502条),即接受公司全部债务清偿后剩余财产分配的权利。公司根据章程规定,可以发行限制上述权利的股份,但不允许全部剥夺之(105条2款)。这样规定体现了股份公司的营利目的,即《公司法》在制度设计上,充分考虑到公司对外经济活动中产生的利益并将其分配给成员(股东)。需要注意的是,这些权利本身只是抽象的权利,只有公司在分配盈余以及决定解散时才成为具体的请求权。

(b)共益权

股东参与公司经营或者监督、纠正公司经营的权利称为共益权(主要的共益权→图表3-2)。股东原则上通过股东大会参与公司经营(295条),因此,股东大会上的表决权(105条1款3项、308条)是共益权的核心。此外,作为与表决权相关的共益权,还有股东大会上的质询权(314条)、提案权(303—305条)、股东大会召集权(297条)等。

图表 3-2　主要共益权及其行使要件[注1]

	持有表决权数、股份数要件	持股期间要件[注2]	对应的共益权
单独股东权		无	表决权(308①),议案提案权(304),非董事会设置公司股东议题提案权、议案的要领记载请求权(303①、305①本文),公司组织行为无效之诉、股东大会决议撤销之诉提起权(828、831),各种行为的停止请求权(171之三、179之七、182之三、210、247、784之二、796之二、805之二、816之五),各种资料的阅览等请求权(→图表3-3),董事会召集请求权(监事设置公司以及委员会型公司除外。367①)
		行使前6个月	责任追究等之诉(股东代表诉讼)提起权(847),董事、执行董事的违法行为停止请求权(360、422)
少数股东权	全体股东表决权的1%以上或者已发行股份[注3]的1%以上	行使前6个月	股东对最终全资母公司等的特定责任追究之诉(847之三)
	全体股东表决权的1%以上或者300个以上表决权	行使前6个月	董事会设置公司股东的议题提案权、议案要领记载请求权(303②、305①但书)
	全体股东表决权的1%以上	行使前6个月	股东大会检查员的选任请求权(306)
	全体股东表决权的3%以上或者已发行股份[注3]的3%以上	无	会计账簿阅览等请求权(433→图表3-3)、检查员选任请求权(358)
	全体股东表决权的3%以上或者已发行股份的3%以上	行使前6个月	管理人员、清算人解任之诉提起权(854、479②)
	全体股东表决权的3%以上	无	免除管理人员责任异议权(426⑦)
	全体股东表决权的3%以上	行使前6个月	股东大会召集权(297)

(续表)

持有表决权数、股份数要件	持股期间要件[注2]	对应的共益权
全体股东表决权的10%以上或者已发行股份[注3]的10%以上	无	解散请求权(833①)

[注1]要件可以通过公司章程放宽(不可加重)。
[注2]非公众公司没有持股期间要件(847条2项等)。
[注3]已发行股份中没有不包含本公司股份(433条1款、847条之三1款、833条1款)。

共益权还包含股东监督公司经营、必要时纠正的权利(监督纠正权)。例如,各种诉讼的提起权(828条、831条、847条等)、各种书面材料等的查阅请求权(→图表3-3)。

图表3-3 各种资料等的阅览等请求权

资料等的内容		阅览等请求权人(主要行使要件)[注1][注2]	备注
公司章程(31)		发起人(公司成立前)、股东、债权人(营业时间内随时)、母公司社员(经法院许可)	
股东名册(125)		股东、债权人(营业时间内随时,存在拒绝事由)、母公司社员(经法院许可)	新股预约权登记簿(252),公司债务登记簿(684、会则167)亦同
证明代理权的书面材料等(310⑦⑧)		有权行使表决权的股东(营业时间内随时,存在拒绝事由)	
会议记录	股东大会会议记录(318)	股东、债权人(营业时间内随时)、母公司社员(经法院许可)	类别股东大会会议记录亦同(325)
	董事会会议记录(371)	股东(监事设置公司、委员会型公司:经法院许可;其他公司:营业时间内随时)、债权人、母公司社员(经法院许可)	

(续表)

资料等的内容		阅览等请求权人(主要行使要件)[注1][注2]	备注
	监事会会议记录(394)	股东、债权人、母公司社员(经法院许可)	委员会型公司的委员会会议记录亦同(399之十一、413)
会计核算的资料等	财务报表等(442)	股东、债权人(营业时间内随时),母公司社员(经法院许可)	
	会计账簿(433)	持有全体股东表决权3%以上或者已发行股份3%以上的股东(营业时间内随时,存在拒绝事由)、母公司社员(经法院许可)	债权人无此权利(保护商业秘密)
股份合并、附全部回购条款类别股的回购、股份等出售请求相关材料等	事前披露资料等(171之二、179之五、182之二)	股东[注3](营业时间内随时)	
	事后披露资料等(173之二、179之十、182之六)	股东或者生效日为股东者[注3](营业时间内随时)	包括被现金收购对象
公司重组相关资料等	事前披露资料等(782、794、803、816之二)	股东、债权人(营业时间内随时)	与该重组无利害关系的债权人无此权利[注4]
	事后披露资料等(791、801、811、815、816之十)		

[注1]"母公司社员"是指母公司(2条4项)的股东及其他社员(31条3项)。

[注2]"债权人"包括新股预约权人(立案担当66页)。

[注3]请求出售股份等的场合,为出售股东等(事前披露)或者取得股份之日为出售股东等的人(事后披露)。

[注4]正如股份转移全资子公司的新股预约权人以外的债权人那样,对该重组无利害关系的债权人无权请求阅览等(803条3款等)。

▶▶▶ **专栏 3-2　共益权的性质**

以往,共益权与其说是股东享有的"权利",不如说是为了公司乃至全体股东利益而应当行使的"权限",主张共益权特殊性(一身专属等)的见解占据有力立场[松田(1942)]。但是,时至今日,共益权与自益权同样都是为了股东自身利益而行使的观点[铃木(1971)]却得到普遍支持。例如,在最大判昭和 45.7.15 民集 24 卷 7 号 804 页(商判Ⅰ-21)中,最高法院认可了股东大会决议撤销之诉(831 条)因原告股东死亡而由其继承人继承。在判决理由中,明确采用了上述的一般性立场。

(2)单独股东权和少数股东权

(a)总论

股东的权利,大致可以分为单独股东权和少数股东权。单独股东权,是指只要持有一股股份就可以行使的权利(但是,单位未满股份、某些权利受到限制的类别股的股东除外。此外,有时需要以持股经过一定期间为行使权利的要件)。少数股东权,是指股东行使权利需要拥有一定数量的表决权,或者全体股东表决权中一定比例的表决权抑或已发行股份中一定比例的股份的权利。

自益权一般为单独股东权(454 条 3 款、504 条 3 款等)。关于共益权,首先,表决权是单独股东权(308 条),其他共益权则分为单独股东权和少数股东权(→图表 3-2)。将某个共益权设定为单独股东权还是少数股东权,以及假使设定为少数股东权,其行使要件严格到何种程度,牵涉到微妙的政策判断问题。如果过于广泛地承认单独股东权,有可能会被个别股东滥用,进而损害到公司甚至其他股东的利益。相反,如果将过多权利设定为少数股东权并课以严格的要件,则会因为多数派股东以及董事滥用权利,使得少数派股东失去自我保护的手段,最终导致少数派投资者的绝迹。《公司法》规定股东代表诉讼提起权(847 条)、停止请求权(210 条、360 条)等为单独股东权;规定股东大会召集权(297 条)以及管理人员解聘之诉提起权(854 条)等为少数股东权(→图表 3-2)。但是,这样的规定并不是逻辑上的必然结果,只是上述政策判断的阶段性结论,今后立法出现变动也并不为奇。

(b)关于行使要件的留意点

对于图表 3-2 所示的共益权,其详细情况会在本书的相应章节进行论述,这里仅指出三点一般性问题(→专栏 3-3、专栏 3-4):第一,共益权的行使要件可以通过章程缓和,但不得加重(例如,参照303条2款)。第二,关于持有表决权、股份数的要件,若复数的股东共同行使权利,各股东可以将其持有的表决权、股份数进行加算。第三,非公众公司对大多数的共益权并不要求6个月期间的持股要件(例如,847条2款)。这是因为,非公众公司的股份转让需要得到公司的批准,对于公司来说,此举可以防止某些人通过取得股份并行使共益权进而扰乱公司的滥用行为。

▶▶▶ ★专栏3-3　母公司社员对子公司的权利行使

股份公司的股东享有的共益权原则上仅及于公司自身,当公司分公司化(→专栏2-7)并将业务的一部分转移到子公司时,股东对该子公司就无法行使共益权。学说上称这种情形为"股东权的缩减"。股东行使共益权对公司和其他股东而言并不总会带来利益,因此,不能当然地说股东权的缩减就不好。但是,考虑到公司董事以及多数派股东为了限制少数派股东行使共益权而为分公司化的可能性,是否可以通过分公司化缩减股东权并交由公司判断,则不能一概而论。

因此,《公司法》针对共益权中的某些权利,规定当公司存在母公司时,母公司社员[母公司的股东以及其他社员(31条3款)。因为母公司并不限于股份公司,故称为"母公司社员"而不是"母公司股东"]也可以行使。但是,同股东的共益权相比,母公司股东的共益权行使要件会受到限制。例如,关于各种书面材料等的阅览请求权,母公司社员只有得到法院的许可才可以行使(→图表3-3)。此外,在一定限定要件之下,公司的母公司股东可以提起针对该公司董事等的责任追及之诉(多重代表诉讼。847条之二、847条之三)。

▶▶▶ 专栏3-4　股东权的滥用

包含少数股东权在内的股东权既然是权利的一种,其滥用当然不被允许(民1条3款)。在最高法院的判例上,存在这样的事例,即以报刊订购名义从公司巧取费用的"总会屋"(→专栏4-2)股东,针对公司取消订购,向公司请求阅览以及复制股东名册(参照125条2款。本件诉讼在当时尚不存在规定拒绝申请事由的同条3款)。原审认为,该请求"并不是为了确保股东的权利,而是为了达到让公司继续支付前述报刊订购费用而进行的骚扰,或者是对公司取消订购行为的报复"。最高法院在此基础上认为,该请求"应当说是滥用权利,不应当得到允许"(最判平成2.4.17金判867号14页)。此外,作为股东提案权(303条—305条)被认定为权利滥用的案例,可以参照东京高平判平成27.5.19金判1473号26页的"HOYA事件"[百选28。以扰乱公司为目的,提出100个以上的股东提案权。2019年《公司法》修改时,这类提案被明文限制(305条4款)]。另外,也存在公司相关诉权的行使被认定为权利滥用的判例[最判昭和53.7.10民集32卷5号888页(商判Ⅰ-91)系旧有限公司的事例,控制公司的社员将所持份额转让给第三人(受让人)三年后,提起股东大会表决不存在的确认之诉。法院认为,该诉权的行使对受让人明显缺少诚信,属于滥用诉权,驳回起诉]。

★(3)股份回购请求权

(a)意义

股份回购请求权是指股东在一定情况下可以请求公司以公正的价格收购自己持有的股份的权利。该权利大致分为以下两种情况:①当公司实施对股东利益带来重大影响的行为时,反对股东的股份回购请求权;②单位未满股东的股份回购请求权。另外,初学者如果对以下内容存在理解困难,可以在读到本节6后返回阅读。

①的股份回购请求权分为:a 营业转让等场合,b 公司合并、分立、股份交换、股份转移(合称"公司重组")场合,c 股份合并场合(182条之四。限于因合并成为少数的股份的股东),d 股份转让限制的场合(116条1款1项2项),e 股份上附全部回购条款的场合(116条1款2项),f 实施某些可能对某个类别股份的股东带来损害的行为时,以章程排除类别股东大会表决的场合(116条1款3项)。在反对股东的股份回购请求权中,本章对后面将要说明的c—e的程序(116条、117条)予以概说。a、b在第9章进行说明,②在第5节加以介绍。

(b)有权请求回购的股东

当公司实施《公司法》116条1款各项的行为时,反对股东可以行使股份回购请求权(116条1款)。这里的"反对股东"是指需要股东大会(包含类别股东大会)表决时,①在股东大会召开之前向公司通知反对之意,并且②在股东大会上投了反对票(116条2款1项1号)。对于①的要件,其宗旨在于给予公司以机会,也就是说,如果过多的股份回购请求权得以行使,就会危及公司的财产基础,因此,公司董事需要事先预测股东提出怎样的请求,有时会根据情况取消该提案。

需要注意的是,当股东在股东大会无法行使表决权时(限制表决权股份的股东等),即使不满足以上要件也可行使股份回购请求权(116条2款1项2号)。该行为不需要股东大会表决时亦同(同款2项)。

(c)程序

当公司实施《公司法》116条1款规定的行为时,为了给予股东行使股份回购请求权的机会,公司应当在行为发生效力之日(效力发生日。116条3款)的20日以前,将实施该行为的意思向股东发出通知或公告(116条3款、4款)。反对股东必须在同条5款规定的期间内行使股份回购请求权。股票发行公司则必须在行使时提示股票(同条6款。对于发行股票的公司,股东请求支付回购的股票价款时,需要同时交付股票。117条7款)。反对股东一旦行使了回购请求权,非经公司同意不得撤回(116条7款)。这样规定的初衷在于防止投机行为,即股东在请求公司回购股份后因股价上涨而撤回回购请求。此外,公司中止了导致股份回购请求原因的行为时,回购请求也同时失效(同条8款)。

回购价格原则上由反对股东和公司之间协议(117条1款)约定,无法达成协议的,反对股东或公司可在一定期间内提出申请,由法院裁定回购价格(同条2款)。期间内没有提出申请的,反对股东可以撤回回购请求(同条3款)。即使法院没有裁定价格,公司也必须于回购原因行为生效之日起60日后,支付年6%的利息(117条4款)。这样规定是为了防止公司以拖延支付利息为目的妨碍正当定价。需要强调的是,这样规定的结果可能导致反对股东以获得利息为目的请求回购股份。因此,公司在法院裁定价格前,可以向反对股东支付自己认为公正价格的金额(先行支付。同条5款)。公司向股东先行支付的金额部分,将在其后免除利息(参照民492条)。

股份回购于请求股份回购的原因行为生效之日起生效(117条6款)。股份回购一旦生效,反对股东即丧失其股东地位。但是,公司只要不履行其回购价款支付义务,反对股东就有权作为公司的债权人,行使各种资料的阅览等请求权(图表3-3)。即便反对股东接受先行支付,但就回购价格未与公司达成一致,或者回购价格的裁判未予确定,反对股东的支付价款请求权就不消灭,其仍然有权作为公司债权人查阅公司的各种资料(最判令和3.7.5民集75卷7号3392页[判决中,法院认可了股份合并中请求公司回购小数股份的股东(182条之四)在先行支付之后的股东名册阅览请求])。

■ 3　股东的义务与责任——股东有限责任的原则

股东的责任以其持有股份的认缴价格为限,超过部分则不对公司以及公司债权人承担责任(104条),这称为股东有限责任的原则。事实上,出资成为股东,在股份发行生效前就必须向公司全额支付认缴的出资款(参照:34条、36条、63条、208条、281条),成为股东后,就不再对公司承担出资义务。

现在假设股份公司解散(471条)进入清算程序(475条以下)。公司的债务是1亿日元,资产全部变现后只有6000万日元。此时,6000万日元对公司债权人按债权比例分配,针对差额4000万日元,股东不承担责任,此部分损失由公司债权人承担。

股东有限责任的优势在于从多数投资者处募集资金,实施大规模的经营活动(→专栏3-5)。

▶▶▶ **专栏3-5　股东有限责任的意义和问题**

股东有限责任的意义(长处)如本文所述。但是,限定股东的责任,一方面确实会促进投资活动,另一方面,则由公司债权人承担相应的损失,最终不利于公司融资。因此,从整体看,公司的融资成本是否会减少并不明确。要使股东有限责任成为对公司有意义的制度,就应当体现出这项制度为社会带来的便利大于费用,即增加效率性(专栏1-6)。

股东有限责任具有的便利之一是,公司倒闭时由公司债权人负担一部分损失,来激励债权人监督公司的经营。这比起无限责任之下专门由股东监督经营,社会整体的监督成本减小。特别是所有和经营分离,并且股份由多数投资者分散持有的上市公司,并不能当然地期待股东监督管理层的效果(专栏1-7)。相比之下,向上市公司融资的银行则可以通过判断可否融资实现有效的监督。关于股东有限责任的便利还存在多种观点[参照:藤田(2002)数字でわかる41—43页(后藤元)]。

另一方面,股东有限责任也存在制度成本(缺点)。例如,公司为了股东的利益,可能牺牲公司债权人的利益过度地进行高风险(非效率)的投资。如果是公司的合同债权人,作为合同的条件,可以要求公司提供担保或者股东个人提供保证进行"自卫",但对于侵权行为债权人(公司侵权行为的受害人)来说,这样的自卫显然不可能。因此,有学说认为,对于侵权行为债权人,股东应当负无限责任[Hansmann and Kraakman(1991)。另参照:田中(2011)162页]。现行公司法虽然没有采用这样的见解,如本书后述,《公司法》仍在不同状况下规定了对公司债权人保护的措施,如分配可能额的规制、债权人异议程序、管理人员的第三人责任(429条1款)等。

■ 4 股东地位的评价

(1)股东的特征——与债权人比较

(a)股东与债权人

在这里,为了更深入地理解股东,需要和债权人做个比较。在对股份公司提供资金者当中,既有对公司出资成为股东者,也有向公司提供借贷成为债权人者。此外,公司的雇员以及交易相对方,也是对公司享有工资债权或销售合同价款债权的债权人。那么,股东和债权人的差异在哪里呢?

(b)权利内容的不确定性

第一个区别是债权人的权利。尤其从公司接受经济利益的内容上,债权人的权利通常由合同规定具体内容,而股东则不是(未确定)。向公司贷款的债权人,其本金及利息的偿还期限以及利率等权利内容由借款合同具体约定。相比而言,股东有权从公司分配盈余(105条1款1项),但何时分配、分配多少金额,则无法以合同预先约定,这些事项是由股东大会表决事后确定的(454条。若满足一定要件,也可以由董事会确定。459条1款4项)。如果没有以上表决,股东就无法请求公司进行任何盈余分配。另一方面,如果经过表决,股东可以但仅能就表决通过的金额取得盈余分配[存在法定上限。→下文(c)]。

(c)劣后性

第二个区别是,股东从公司接受经济利益的权利一般要劣后于债权人,最明显的体现就是公司解散、清算时(471条、475条)。这时,公司首先要向债权人清偿,只有在清偿后尚有财产时才可以向股东分配(剩余财产分配。502条)。此外,即使在公司存续中对股东进行分配(例如盈余分配),也要受《公司法》规定的分配可能额(461条、462条)限制。大体来说,公司的资产减去负债(债务)的差额(纯资产额)如果低于公司资本金与准备金(445条)的合计,公司就不得向股东分配盈余以及其他利润(即使超过资本金与准备金的合计,也不是总能进行分配,这里不过多涉及)。并且,资本金与准备金额不得为负。因此,只要公司资产不大于负债额,股东就不得接受财产分配。

(d)作为剩余权人的股东

根据不确定性与劣后性特征,股东从公司取得的份额基本上为"资产额减去以合同预先确定的债权人的份额(对公司而言为债务额)后的余额"。当公司的资产额小于负债额时,股东分配不到任何利润;相反,如果资产额大于负债额并且增加,股东相应的份额就会变大。在经济学上,称这样的股东地位为"公司的剩余权人"。

(e)对公司经营的控制

第三个区别是,股东可以通过行使共益权控制公司经营,尤其是股东在股东大会行使表决权(308 条 1 款)选举、解聘董事(329 条 1 款、339 条 1 款)。经营公司基本上属于董事的职责,可以说,股东通过选举、解聘董事,间接控制公司的经营。因此,股东有时也称为公司的"实质所有人"。

(2)为何赋予股东控制权,这真的是理想状态吗?

(a)赋予剩余权人以控制权的合理性

那么,为什么赋予股东而不是债权人对公司经营的控制权?为什么选举、解聘董事是股东的权利,而不是雇员以及其他债权人的权利?对此,可以认为,为了增加社会财富而必然进行效率性经营。因为,作为剩余权人的股东之份额为资产减去负债后的全部余额,所以,股东具有增加公司资产的强烈动机(激励)。相比于股东,债权人只要确保自己的份额得到清偿即可,对公司资产是否增加并不关心。

现在,假设存在一个资产为 3 亿日元、负债为 2 亿日元的公司。公司按部就班持续经营的话,在债务履行期到来之前,资产与负债不发生变化,债务确定得以清偿。现在公司有个新的计划,若实施该计划,清偿期到来时公司资产有 99% 的概率达到 100 亿日元,1% 的概率成为 1 亿日元。可以认为该计划对社会有益而应当实施(这样思考是否真正恰当,需要进行严密的探讨。为了说明问题,姑且认为恰当以便使话题得以进行)。若由股东控制公司的话,新计划会确定得以实施。但是,若由债权人控制公司的话,无论公司资产如何增加,债权人的应得部分都不会发生变化。此时,即使自己的债权无法清偿的概率为 1%,其也不会同意新计划的实施。

(b)问题的复杂化

需要注意的是,社会现实比起前述设例要复杂得多,公司也不能总如股东所期待的那样经营。第一,股东承担有限责任,故其有可能从事对自己有利而无益于社会的行为。改变一下前述设例,假设公司资产1亿日元、负债2亿日元,若实施新计划,在清偿期到来时,99%的概率资产为零,1%的概率达到3亿日元。债权人认为新计划对社会无益不应实施,而股东期望新计划得以实施。因为,股东是有限责任,公司处于资不抵债状态下,资产无论如何减少也与其无关。针对这些问题,《公司法》以管理人员等对公司债权人承担损害赔偿责任(429条1款)的形式,进行一定的对应。

第二,即使暂时忽略公司陷入资不抵债的可能性,是否可以断言"债权人的取得份额事先由合同确定"?对于向公司输入原材料的交易相对方来说,现在的输入部分确实可以由合同确定其价款,但是,交易通常不限于单次而是持续性的。这样一来,将来的交易次数以及价款金额并不能由合同完全确定。此外,上市公司的正式雇员也期待与公司之间存在长期、稳定的雇佣合同,但在签订入职合同时,并不能事先确定将来的工资以及奖金。

人们在签订合同时,即使可以事先预想到以后可能发生的事并以合同来应对,但此种应对也存在界限。因此,合同具有不完备(此为经济学用语)的一面。此时,雇员以及交易相对方的份额可以在其后通过与公司间交涉重新确定,但公司经营成功,其份额增加;经营失败,其份额减少。在此意义上,可以说,不仅是股东,雇员以及交易相对方在某种程度上都是公司的剩余权人。并且,当这些份额不能以合同确定时,股东期待的公司经营的理想状态就无法明了。因为,股东可以通过控制公司经营,使其取得的份额增加,而雇员以及交易相对方的份额相应减少,总体来看,社会整体的财富减少。

(3)对现实问题的重要性

以上所述不仅限于理论,在现实中也具有重要意义。例如,当有人欲全部收购上市公司股份时,现有股东出于高额的收购价格而同意收购。然而,因预见到收购后的限制加薪以及人员调整,公司雇员反对收购。此时,董事可否对本次收购行使"防卫对策"?因本书为公司法的入门书籍,对此类问题无法进行深入探讨。但是,希望读者记住,"股东控制公司经营"这一公司法原则具有一定的经济合理性,但不是绝对正确的政策[此处论述的问题,详见:田中(2007a),田中(2020)]。

■ 5 关于股份内容的特别规定

(1)特别规定的内容

股份公司可以章程对其发行的全部股份的内容做如下(a)~(c)的规定

(107条1款。关于登记,911条3款7项)。尤其是股份的限制转让[→下文(a)],在实践中被广泛利用。

(a)限制转让

以转让方式取得股份的,需要公司的承认(107条1款1项)。关于以章程限制股份转让,将在后面详细说明。对全部或者一部分已发行股份未予限制转让的股份公司,称作"公众公司"(2条5项)。若存在"一部分"未限制转让的股份,即使其他股份限制转让,也成为公众公司。此外,"一部分"限制转让,可发生于类别股发行公司)。不是公众公司的股份公司,即全部已发行股份为限制转让股份的公司,本书称为"非公众公司"。

(b)回购请求权

公司章程可以规定,股东可以请求公司回购其股份(107条1款2项)。

(c)回购条款

回购条款是指以发生一定事由为条件,公司可从股东处回购该股份的约定(107条1款3项)。附回购请求权股的股东,可以选择是否让公司回购其持有股份;但存在回购条款的,股东没有选择权。

与其说回购请求权和回购条款是对已发行的全部股份之内容做的规定,毋宁说,在发行类别股的公司中,这样的规定比较常见。详细介绍见本书后述。

(2)进行特别规定的方法

要实施《公司法》107条1款规定的内容,就必须以公司章程规定同条2款各项所规定的事项。

股份公司以变更章程(466条)限制股份转让的,考虑到对现有股东回收投资带来重大影响和公司对章程自治的广泛认可,需要较变更普通章程所需的股东大会特别决议(466条、309条2款11项)更为严格的决议(特殊决议)。具体而言,需要半数以上可行使表决权的股东,且该股东(等于可行使表决权的股东)所持表决权的三分之二以上通过[309条3款1项(要件可以通过章程加重)]。此外,赋予反对股东以股份回购请求权(116条1款1项)。

公司通过变更章程规定回购条款时,相当于强制性剥夺股东的地位,因此,需要全体股东的同意(110条)。规定回购请求权可以通过股东大会的特别决议(466条、309条2款11项)作出。

■6 类别股份

(1)概论

(a)意义

在股东当中,既有对支配公司经营抱有强烈意愿者,也有以通过盈余分配获得经济利益为主要目的而对公司经营漠不关心者。公司法考虑到这样的多种需求,认可公司针对一定的事项,发行两种以上内容不同的股份(类别股份。108条)。发行两种以上类别股份的公司称为"类别股份发行公司"(2条13项。登记见:911条3款7项)。

(b)类别股份的发行

公司要发行类别股份,需要以章程规定发行股份内容的具体事项(108条2款)。需要注意的是,除了某些重要事项,章程可以只规定内容的纲要,具体内容待实际发行时由股东大会或董事会规定即可(同条3款、会则20条1款)。这样规定是为了保障类别股份发行的机动性。另外,通过章程的变更,可以变更已发行股份的内容,但这会给持有该股份的股东带来意想不到的损害,需要对此加以限制,后文详述。

(2)各种类别股份

股份公司可以发行何种内容不同的类别股份,《公司法》108条1款对此有规定,公司也可以发行复数事项组合的类别股份(→专栏3-9)。以下对这些事项予以说明。另外,初学者可以跳过本节(6),待研习到相当阶段(大致读到第6章)再回头阅读此部分。

(a)盈余分配、剩余财产分配

公司在分配盈余以及剩余财产时,可以发行内容不同的两种以上类别股份(108条1款2项)。此时,应当以章程规定关于分配盈余以及剩余财产的处理方法(108条2款1项、2项。参照:同条3款、会则20条1款1项、2项)。

实务上经常利用的是优先股,即优先于其他股份分配盈余的股份。例如,公司发行优先股和普通股两种股票,优先股在盈余分配上优先于普通股每股10日元(在类别股发行公司中,"普通股"通常作为其他类别股权利内容的参照标准)。优先股的股东(优先股东)既然是股东,只要公司未决定分配盈余(453条、454条),就不得请求公司支付盈余分配利润。另一方面,如果公司决定分配利润,在规定的优先分配金额上(上例中的10日元),应当首先对优先股东进行分配,此后普通股东才得接受分配。相反,公司也可以发行限制分红的类别股。

>>> ★专栏 3-6 优先股的各种形态
发行优先股时,在盈余分配的内容上,除了每股的优先分配金额,还可以通过章程规定参加型、非参加型,累积型、非累积型的区别等事项。这里的"参加型",是指优先股东在接受优先分配后,就剩余的盈余分配额,与普通股东以相同条件接受分配的股份。与此相对应,超过规定的优先分配金额后不予分配的,称为"非参加型"。此外,"累积型",是指在某个会计年度未全额分配规定的优先股款时,不足额转入下一会计年度,反之称为"非累积型"。非参加型且累积型优先股因其股权收益较为固定,在经济性质上接近公司债。

(b)表决权限制
公司可以根据章程,针对可在股东大会上行使表决权的事项,发行内容不同的两种以上类别的股份(108 条 1 款 3 项。章程应当规定的事项,见同条 2 款 3 项、3 款,会则 20 条 1 款 3 项)。例如,公司发行两种股份,其中一种股份(普通股)享有公司全部表决权,另一种股份(限制表决权股)对管理人员的选聘决议(329 条 1 款)没有表决权。公司也可以发行对股东大会一切表决事项均无表决权的股份(无表决权股)。

发行限制表决权股,常见的例子包括对公司经营不太关心的投资者、法律限制持股一定规模以上的金融机关(独禁 11 条等)。这类股份在表决权被限制的同时,多在盈余分配以及剩余财产分配上享有优先权(108 条 1 款 1 项、2 项),但这并不是法律的要求。公司法上,也可以发行限制表决权且无优先权的股份。这样的股份在现实中是否存在则另当别论。

>>> ★专栏 3-7 复数表决权股份
公司法只认可"针对可在股东大会上行使表决权的事项",发行内容不同的两种以上类别的股份。例如,类似"A 种股 1 股 1 表决权,B 种股 1 股 10 表决权"这样的规定(称为"复数表决权股",对此承认的欧美国家很多)。事实上,《公司法》允许存在因类别不同而有所差异的单位股份数(188 条 1 款、3 款)。因此,比如在盈余分配权利上,发行两种差别极小的股份,规定"A 类股 10 股 1 单位,B 类股 1 股 1 单位",则在实

> 质上等于创设了复数表决权股。如果创业者的能力对公司业绩影响重大,让创业者拥有大量表决权也会得到其他股东(投资者)的同意。采用实质上复数表决权股结构的上市公司事例以及复数表决权股的意义、问题点,参照:太田等(2017),田中(2017b)。

在公众公司(2条5项),当限制表决权股数量超过已发行股份数的二分之一时,公司必须采取措施(发行新股等)使之减至二分之一以下(115条)。在多数投资者成为股东的公众公司,这样的措施可以在某种程度上抑制经营者利用限制表决权股,以少数投资控制公司。

(c) 转让限制

转让限制,可以对已发行的全部股份之内容进行规定,发行类别股的公司,也可以就某个类别的股份内容进行同样规定(108条1款4项)。公司法上称"转让限制股"(2条17款)时,包含两者。类别股发行公司发行的类别股中,即使有一种为非限制转让股,公司即可称为公众公司(2条5项)。

(d) 回购请求权、回购条款

回购请求权以及回购条款与转让限制一样,可以针对已发行的全部股份为对象进行规定,类别股发行公司也可以就某个类别的股份做同样规定(108条1款5项、6项)。公司法上称"附回购请求权股"(2条18项)或者"附回购条款股"(2条19项)时,包含两者。

要发行附回购请求权股,须以章程规定回购请求权的行使期间,取得对价的种类、内容等事项(108条2款5项、107条2款2项。参照:108条3款、会则20条1款5项)。在类别股发行公司,可以规定以交付其他股份来支付对价(108条2款5项2号)。回购请求权股的取得程序参照:166条、167条。

要发行附回购条款股,须以章程规定取得事由,取得对价的种类、内容等事项(108条2款6项、107条2款3项。参照:108条3款、会则20条1款6项)。在类别股发行公司,可以规定以交付其他类别股份来支付对价(108条2款6项2号)。另外,也可以规定仅取得附回购条款类别股的一部分(108条2款6项1号、107条2款3项3号),此时,有力意见认为,取得方式必须遵循持股比例或抽选等股东平等原则[109条1款。→コンメ(3)56页(山下友信)]。附回购条款股的取得程序参照:168~170条。

(e) 全部回购条款

公司可以根据章程,以股东大会决议的形式回购自己发行的全部股份

(108条1款7项。章程应当规定的事项,参照:同条2款3项、7项,会则20条1款7项)。这称为"附全部回购条款类别股"(171条1款),是2005年公司法首次承认发行的类别股(→专栏3-8)。

▶▶▶ ★**专栏3-8　附全部回购条款类别股的利用方法**

在制定公司法草案过程中,附全部回购条款类别股制度作为旨在重建陷入资不抵债公司的需要,创设了以股东大会决议无偿取得公司已发行全部股份的制度[利用此目的的事例参照:福冈高判平成26.6.27金判1462号18页(商判Ⅰ-39)]。

事实上,成立后的《公司法》并没有以资不抵债作为公司全部回购的要件,并且,也可以以有偿方式回购。因此,附全部回购条款类别股的利用并不限于资不抵债公司,特别作为现金收购的手段(向少数派股东交付货币使其退出公司)被广泛利用(结合其他利用方法的现金收购,参照:第9章第2节4的详细解说)。

公司要取得所有附全部回购条款类别股,就要根据股东大会的特别决议,决定取得对价的内容以及数额、取得日期等事项(171条、309条2款3项)。对决议通过的回购对价不满的股东,可以请求法院裁定其价格(172条1款)。与反对股东的股份回购请求权(116条2款)一样,股东向法院提起申诉,需要事先通知公司其反对全部回购的意思表示,且在股东大会上反对该决议(172条1款1项)。但是,在股东大会上不能行使表决权的股东除外(同款2项)。例如,无表决权股的股东、股东大会基准日(124条)后取得股份的股东(东京地决平成25.9.17金判1427号54页)等。关于价格决定的问题,第9章第3节以下会详细解说。另外,关于利息支付以及临时支付制度,参照:172条4款、5款。

当公司全部回购股份违反法令或章程,可能因此损害股东利益时,股东可以请求法院停止全部回购行为(171条之三)。为了保障股东获得相关信息,必要时给予股东申请法院裁定价格以及停止回购的机会,公司必须在回购日前20日向股东通知或公告全部回购的意思(172条2款、3款)。此外,必须将记载有关全部回购事项的书面材料等在一定期间置备于总公司,供股东阅览(事前披露。171条之二、会则33条之二)。

公司于回购日期取得所有附全部回购条款类别股(173条)。公司必须于取得后一定期间内,将记载全部回购事项的书面材料置备于总公司,以供股东阅览(事后披露。173条之二、会则33条之三)。

(f)否决权

公司可以根据章程发行如下股份,即对全部或部分应在股东大会或董事会上进行表决的事项,除了该决议,还需要通过以类别股股东为成员的类别股东大会决议(108条1款8项。关于以章程规定的事项,参照:同条2款8项、3款,会则20条1款8项)。因这样的类别股股东对该表决事项拥有所谓的"否决权",这样的股份一般称为"附否决权股"。

(g)附董事选举权类别股

非公众公司可以发行规定如下事项的股份,即在以类别股东为成员的类别股东大会上,选举董事或监事(108条1款9项。以章程规定的事项,见同条2款9项、会则19条)。例如,发行A种股和B种股两种类别的股份,在各自的股东大会上选举两名董事,称为"附董事选举权类别股"。这种股份在合资公司以及风投企业上利用较广。

这种类别股的发行只限于指名委员会等设置公司以外的非公众公司(108条1款但书)。这样规定是为了防止公众公司经营者滥用控制权。

▶▶▶ ★专栏3-9 类别股的利用事例

在这里,设定具体的场景来说明类别股的利用方法。

现在,假设企业家得到投资人(风险投资:VC)的出资,设立股份公司开始营业。发行的类别股份中,企业家持A种股,VC持B种股。为了吸引VC的出资,可以考虑如下安排:当公司经营不善时,VC可优先于企业家回收投资。在此目的之下,设定B种股在剩余财产分配上优先于A种股(108条1款2项)。此外,企业家的出资额以及持股数少于VC,但其要确保对公司经营的主导权。这时,可以考虑采用附董事选举权类别股,即规定,A种股的类别股东大会选举三名董事,B种股的类别股东大会选举两名董事(同款9项)。需要注意的是,这样的制度安排可能导致董事会决议无法实现VC的愿望。作为预防方案,可以针对B种股,赋予其对某些董事会决议事项的否决权(同款8项)。

公司将来的目标是上市,假设上市后不需要以上类别股的制度安排,只发行没有任何特别规定的普通股。对此,可以将A种股和B种股设定为以公司决定上市为回购事由的附回购条款股(108条1款6项),回购对价(同条2款6项2号)按普通股即可。在公司顺利上市后,企业家和 VC 就可以将普通股在市场售出，获得风险投资收益。

风投企业的类别股以及股东间协议的实务参照：田中、森·滨田松本法律事务所(2021)第 3 章(棚桥元等)。

★(3)不同类别股份的不同处理

股份公司在①股份的合并、拆分(180 条 2 款 3 项、183 条 2 款 3 项)，②无偿发行股份、新股预约权(186 条 1 款 3 项、278 条 1 款 4 项)，③以配股的形式发行股份、新股预约权(202 条 1 款 1 项、241 条 1 款 1 项)，④以合并、股份交换、股份转移、股份交付的方式向股东交付对价(749 条 2 款、753 条 3 款、768 条 2 款、773 条 3 款)上，可以实行对不同类别股份的不同处理。

例如，发行非参加型优先股和普通股两种类别股的公司，可以只针对普通股，将从前的 2 股合并为 1 股(参照：180 条 2 款 3 项)。此时，如果优先股也实行股份合并，则优先股股东应当得到的优先分配金额将会减半，这是不合理的。实际上，如果在股东大会上表决通过优先股合并，则优先股股东何去何从就成为问题。

(4)类别股东大会——类别股东间的利益调整

(a)意义

类别股东大会，是指以某类别股份的股东为成员的会议组织。类别股东大会的决议分为基于章程规定的场合(任意类别股东大会)与基于法律规定的场合(法定类别股东大会)(321 条)。前者如附否决权类别股以及附董事选举权类别股，后者如后叙述[→(b)—(d)]。关于表决要件和程序，参照：324 条、325 条。

《公司法》上将股东大会分为：以享有表决权的所有股东为成员的股东大会，和以某些类别股的股东为成员的类别股东大会。注意，在没有特别规定的情况下(例如，116 条 2 款 1 项)，前者不包含后者。例如，限制表决权股，其充其量为限制"可以在股东大会行使表决权的事项"(108 条 1 款 3 项)，限制表决权股的股东在类别股东大会上拥有完全的表决权。

(b)法定类别股东大会——某些行为可能损及类别股股东利益的场合

类别股发行公司实施一定的章程变更，股份合并、拆分，公司分立等《公司法》322 条列举的行为，可能损及某些类别股股东利益时，如果没有该类别股东大会的特别决议(324 条 2 款的决议)予以批准，其行为无效(322 条 1 款、324 条 2 款 4 项)。

例如,通过变更章程削减优先股的盈余分配金额,这相当于变更股份的内容(322条1款1项2号),可能损害优先股股东的利益。因此,需要股东大会关于变更章程的特别决议(466条、309条2款11项),并且得到该优先类别股东大会的承认。前例中优先股2股合并为1股时,需要股东大会关于股份合并的特别决议(466条、309条2款11项),并且得到该优先股类别股东大会的承认(322条1款2项),故优先股股东可以否决不合理的股份合并。

(c)章程对法定类别股东大会的排除

法定类别股东大会是保护类别股东免受公司行为侵害的制度,同时,如何判断"可能带来损害"并不明确。有批判意见认为,实务中,在重大事项上经常召开类别股东大会,导致各类别股东对《公司法》322条1款各项的行为拥有事实上的否决权。因此,在某些类别股的内容上,可以章程排除322条1款所需的类别股东大会决议(322条2款、4款),相应地,赋予该类别股股东以股份回购请求权(116条1款3项。同项仅涵盖了322条1款2项至6项的行为,这是因为,同款7项以下的公司重组行为,反对股东不论是否受到损害,均可行使股份回购请求权)。

但是,公司以章程变更(对类别股东利益带来重大影响的)《公司法》322条1款1项时,不得排除类别股东大会(322条3款但书)。

(d)关于某些重大变更的特则

对已发行股份的权利内容加以重大变更的场合,存在特别的规制。

①对某类股份附加转让限制时,需要该类股份的类别股东大会的特殊决议(称为"324条3款决议")的承认(111条2款1项、2项、3项,324条3款1项),且反对股东享有股份回购请求权(116条1款2项)。此时,变更章程的股东大会决议原则上以特别决议做出即可(466条、309条2款11项)。类别股发行公司对已发行的所有类别的股份附转让限制时,需要各类别股对应的类别股东大会的特殊决议,股东大会的决议以特别决议做出即可(参照309条3款)。

②某类股份附全部回购条款时,需要以该类股份的类别股东为成员的类别股东大会的特别决议(111条2款1项、2项、3项,324条2款1项),且反对股东享有股份回购请求权(116条1款2项)。

③在某类股份上附回购条款时,需要该类别股东的全员同意(111条1款),而不采取多数决的形式(此时与①一样,变更章程的股东大会决议以特别决议做出即可。参照:110条)。至于②和③为何存在差异,与以平等条件

全部回购某类股份的附全部回购条款股(参照:171条2款)相比,附回购条款股允许仅回购部分股份(108条2款6项1号、107条2款3项3号),其结果是在该类别股东间产生了不同的待遇(依股东平等原则,部分股份的回购采取抽签的方法),故需要课以更为严格的规制。

7 股东平等的原则

(1)意义

股份公司应当根据股东所持股份的内容以及数量,平等地对待所有股东(109条1款),称为"股东平等的原则"。

该原则要求根据"各股份的内容"进行平等对待,故发行类别股的公司因股份内容存在差异,类别股东间的不同待遇并不违反以上原则。此外,股东的平等并不是人数的平等,而是根据其"持股数量"的平等。持有的股份数量越多,股东大会上的表决权越大(308条1款),得到的盈余分配额也相应增加(454条3款)。

请看一则被认可的违反股东平等原则的事例:

> ▶▶▶ **事例3-1**
> Y股份公司因经营业绩恶化,公司董事决定当期会计年度不分配盈余,但遭到大股东X的反对。于是,Y公司为了得到X的支持,以支付X每月80万日元,年中岁尾50万日元为条件,得到了Y在定期股东大会上对不分配盈余议案的赞成票。其后,因Y公司拒绝支付约定的金额,X提起诉讼,请求Y履行合同。问:X的请求是否会得到认可?

如果X的起诉得到认可,就等于事实上只对大股东X进行了盈余分配。最高法院在以事例3-1为原型的事件中,认为,该约定"违反股东平等的原则,依据商法293条本文(当时的公司法454条3款)的规定认定无效"[最判昭和45.11.24 民集24卷12号1963页(商判Ⅰ-26)]。此外,这样的支付相当于在股东行使权利上提供利益(120条),在今天成为刑事处罚的对象(970条1款。本件判决的当时,尚未制定《公司法》120条前身的商法294条之二)。

(2)为何需要股东平等原则?

以往,股东平等的原则被认为是"基于正义、衡平的理念而当然适用于所有团体的原则"。但是,正义抑或公平的内容是模糊的,该原则到底发挥着怎样的社会功能,则需要进一步的分析。

股东平等原则的功能在于"提高股份投资收益的预测可能性,进而促进股份投资"。如果不存在该原则,像事例3-1那样,多数派股东若超过持股比例得到公司的盈余分配,就可能导致其他股东无法从股份投资中得到收益。即使不到这种地步,也很难预测股份投资的收益。另外,股份投资时公司不存在多数派股东,后因大量取得股份而出现多数派股东时,可能出现其他股东的持股价值急剧下降的情形。股东平等的原则具有减轻以上风险、促进股份投资的功能。

(3)股东平等原则的界限

股东平等的原则具有(2)所述的合理性,但若过于严格遵循该原则,就会造成实际上的不合理。例如,对出席股东大会的股东发放礼品,可能会在缺席大会的股东以及书面行使表决权的股东(参照298条1款3项)之间出现差别待遇。但是,对大会当天特意赶赴会场的股东,在没有超出社会礼仪的范围内赠送礼品,并不能认定为违法。

现今的有力学说认为,股东平等的原则也并非绝对,(如《宪法》14条的平等原则)并不完全禁止在合理理由基础上做出一定的区分。至于何种程度的区分被容许,则是非常困难的问题(→专栏3-10)。特别是关于收购防卫与股东平等原则的问题,本书后面将详细论述。

▶▶▶ **专栏3-10　股东优待制度**

大多数上市公司会在每个会计年度的一定时期,向股东交付金钱或物品,例如利用公司服务的招待券。这属于对股东的赠与而非分配盈余(453条),因此,不需要得到股东大会的批准(454条),也不是严格按照持股数量分配(例如,持股数1000股以下的股东购物券5张,1万股以下的股东购物券10张)。即便如此,大多数学说认为,该制度具有促进股份投资(尤其是以优待制度为目的的个人投资)的合理目的且金额较少,制度内容一定程度上被周知而不会给股东带来无法预测的损害,故并不违反股东平等的原则。关于股东优待制度的法律问题,参照松井(2008)。

★(4)不同股东不同待遇的规定

在非公众公司,关于分配盈余的权利、分配剩余财产的权利以及表决权,可以章程对不同股东作出不同的规定(109条2款)。这是法律明文承认的股东平等原则的例外。

相比于不同类别股份(108条1款)间存在不同权利内容的规定,《公司法》109条2款则承认与持有股份类别无关的、属人的特别规定。例如,特定股东的持有股份为复数表决权,或者各个股东在股东大会上享有"一人一票表决权"。

法律认可以上事项仅适用于非公众公司,除了非公众公司相对宽泛的章程自治这样的一般性理由,非公众公司重视股东个性(例如没有某个股东则事业无法进行)也是重要的理由。公司变更章程规定以上内容时,需要股东大会的特殊决议(309条4款)。事实上,并非经过股东大会的特殊决议就可以规定任何内容,不基于合理的理由就对不同股东给予不同待遇,目的缺乏正当性或者手段缺乏必要性或相当性的,变更章程决议将因构成违反平等原则而无效[东京地立川支判平成25.9.25金判1518号54页(商判Ⅰ-27。与管理层对立的特定股东的表决权以及受领盈余权被缩减1%的变更章程决议被认定无效)]。

不同股东不同待遇的规定不同于类别股份,在公司法第二编、第五编的适用上,待遇不同的股东视为类别股东(109条3款)。例如,召开以该股东为成员的"类别股东大会"。

■ 8 关于行使股东权的利益提供

(1)旨趣

股份公司不得以本公司或其子公司的财产,在股东权利的行使上向他人提供财产上的利益[利益提供的禁止。120条1项。另外,也包含一部分非股东者(847条之二9款的适格旧股东)。因此,同条的标题为"关于股东等权利行使的利益提供"]。例如,公司请求股东在股东大会上赞成公司(董事会)的提案,作为回报,向该股东提供金钱(前引最判昭和45.11.24),根据本条将被禁止。这样规定的目的在于防止经营者为了自身利益操纵股东权的行使而浪费公司财产,确保公司经营的公正性、健全性。

利益提供禁止的规定是为了根绝"总会屋"(→专栏4-2),该规定于昭和56年商法修改时被引进,但规制的适用并不限于针对"总会屋"的利益提供。例如,在股东大会上,公司(董事会)和股东提出对立的提案时,公司向普通股东"打招呼"要求其赞成公司的提案,并约定对书面行使表决权(书面投票。参照:298条1款3项)的股东提供商品券时,即构成对股东行使权利的利益提供[东京地判平成19.12.6判夕1258号69页(百选31,商判Ⅰ-

81,茉丽特事件)]。

(2)本条的要件

只要在股东权的行使上(行使与不行使)提供利益就符合该条,并不限制对象(不限于股东)。例如,为了防止不受公司欢迎的人行使股东权,向他人提供受让该股东股份的对价的行为,就符合本条的利益提供[最判平成18.4.10民集60卷4号1273页(百选12,商判Ⅰ-131,蛇之目缝纫机工业事件)]。

利益提供只要是公司或其子公司所为(损益归属自身),以何者名义在所不问,但利益提供是公司或其子公司以外者所为的话,则不符合本条要件。例如,在股东大会提案的股东,请求其他股东赞成该提案,作为对价,以自己的财产相赠,就不为本条所禁止。

公司向特定股东无偿或以显著少额的对价提供利益时,推定为向股东提供利益(120条2款)。此外,公司取得一定的对价后向股东提供利益,只要被认定为在股东权的行使上提供利益,一般认为符合该条要件[逐条(2)176页(冈田昌浩)]。的确,鉴于存在其他交易相对方却与"总会屋"交易这一情形,以上解释具有合理性,但若机械地做一般性解释,就可能阻碍公司的正常营业活动。因此,笔者认为,出于公司经营的公正性、健全性考量,必须限制本条的适用范围,只有"不适当的利益提供"才符合该条的要件(→专栏3-11)。

▶▶▶ ★专栏3-11　适当范围的利益提供

例如,向出席股东大会的股东赠送礼品,形式上符合对股东权(股东大会的出席权)行使的利益提供,但礼品的价值只要不超过社会常识,就不能理解为违反120条[逐条(2)179页(岗田)]。

此外,当公司和第三人进行资本与业务合作时,有时会对该第三人的股东权(表决权等)行使方式达成一定的合意[参照:田中、森·滨田松本法律事务所(2021)第2章18页(石绵学、内田修平、福田刚、芝村佳奈)]。考虑到资本与业务合作的顺利实施,就不应当直接认定符合本条的要件。只有当第三人为了公司经营者的利益行使股东权,作为对价,公司向该第三人提供过度有利的资本与业务合作条件的,才应当解释为违反本条的利益提供。限制本条的适用范围的立法论,参照:松中、边(2022)。

(3)违反本条的效果

(a)民事责任

①违反本条接受利益者,应当向公司或其子公司返还该利益(120条3款。无过失责任)。②提供利益的董事、执行董事(会则21条)与公司连带支付所提供利益金额,能够证明履行职务时未怠于谨慎注意的除外(同条4款)。②的责任无全体股东同意不得免除(同条5款)。①和②的责任都可以成为股东代表诉讼(847条1款)的对象。

(b)刑事责任

①违反20条提供利益者(970条1款),②知情并接受利益者(同条2款),处以刑事处罚。③仅要求提供利益者,与②处以同等处罚(同条3款)。④以胁迫犯②③之罪的,加重处罚(同条4款)。⑤接受不正当请托收受财产利益,要求或约定利益提供者,处以更重的刑罚(968条。请求"总会屋"妨碍普通股东发言,构成不正当请托。最决昭和44.10.16刑集23卷10号1359页)。

■ 9 股份的评价

(1)评价的必要性

在公司法上,存在很多必须由法院决定股份价值的情况,例如,裁定请求回购的股份价格、限制转让股份的出让价格等。像上市公司那样,股份存在市场价格的,法院可以据此评价股价。然而,市场价格在多大程度上可以客观反映股价,存在着意见分歧。在裁定股份收购价格的最高法院判例上,当存在市场价格时,原则上据此评价股价具有合理性,但"市场价格无法反映企业客观价值"时,则属于例外情形[最决平成23.4.19民集65卷3号1311页(百选84,商判Ⅰ-176,乐天对TBS事件)。有关法院利用市场价格评价股份价值的意义,参见:饭田(2015)]。此外,大多数非上市公司不存在市场股价。如果无法依据市场价格,则法院如何评价股份的价值?

(2)DCF法

思考股份的评价方法时,从源头上对"股份为什么具有价值"进行反思是有益的。说到底,是因为公司通过营业活动获取利益,并将此分配给股东。因此,通过预测公司将来的收益[专门用语称为"自由现金流"(FCF)。FCF,是指从公司的现金收入中减去工资、投资等经营所必要的现金支出后的余额。→专栏5-6],在此金额的基础上乘以适当(考虑投资风险)的折现率,求出该公司的现在价值(企业价值)。然后,从现在价值中减去公司负债额,得出股东价值(除以已发行股份数,得出每股价值)。这样的方法可以说是理论上最为合理的评价方法,称为"折现现金流法"[DCF法→专栏3-12。采用DCF法的最近的判例,参照:东京高决平成22.5.24金判1345号12页(嘉娜宝事件),东京高决平成28.9.14判夕1433号134页]。

▶▶▶ **专栏3-12　DCF法的概略**

某股份公司(为了简化事实关系,假设负债为零)预计今后每个会计年度要赚取每股C日元的自由现金流,因此,此公司每股的价值若以C+C+C+……=∞(日元)计算的话,当然不正确。理由在于,第一,现在马上得到的1日元,与一年后得到的1日元价值不同。前者可以马上用于消费周转,后者则必须等待一年。故后者的价值要低于前者(10年后得到的1日元价值更低)。第二,将来得到的金额充其量是预想(期待值),实际得到的金额会有出入(风险),这也是价值下降的要因。这是因为人们普遍具有回避风险的倾向,即在获利相同的情况下,偏好稳妥的倾向。现在假设存在一种彩票,50%的概率中2000万日元大奖,50%的概率不中(零日元)。我想读者不会以1000万日元购买该彩票,而只会以更低的价格购买吧。如果彩票会以25%的概率中4000万日元大奖,75%的概率不中的话,价格会更低。

像这样,因为将来的FCF价值取决于两个要因,即①得到现金流需要时间,②实际得到的金额有出入(风险),故有必要对此价值予以折扣。现在,假设每年的折现率为r(例如7%),则评价时点该股份的价值(现在价值)评价为:

$$\frac{C}{1+r} + \frac{c}{(1+r)^2} + \frac{c}{(1+r)^3} + \cdots = \frac{c}{r}$$

在实务上,先对今后数个会计年度的FCF进行具体预测,然后,假设预测的最后一个会计年度的FCF额在其后仍将得以持续,从而进行在此之后的评价。此外,折现率为无风险资产的利率加上股份投资风险带来的溢价之和,但适当的溢价(以及折现率)是多少,存在争议[前引东京高决平成22.5.24→(2)也存在争议]。

以DCF法进行企业价值评价的详细论述,参照:铃木(2018),铃木、田中(2021)。裁判上的股份价值评价参照:江头(2011),数字でわかる第2章(久保田安彦)。

(3) DCF 法以外的股份评价方法

作为股份价值的评价方法，在 DCF 法以外，还存在分配还原方式、收益还原方式、比照类似公司方式、净资产额方式等[详细参照：日本公认会计士协会(2013)38—80 页，数字でわかる16—21 页(久保田)]。

其中，分配还原方式，是指先预测将来向股东支付的分配额，再将此金额用反映股份投资风险的折现率进行折现，算出每股股份的价值。在这种方式当中，假设将来的分配额以一定比例增加的，称作戈登模型。收益还原方式，是指将相当于一股的利益，除以一定的资本还原率(相当于 DCF 法的折现率)，得出一股的价值，也称为 DCF 法的简易版。比照类似公司方式，是指先选定与评价对象公司在营业内容等方面相类似的上市公司股份，调查其市场价格与该上市公司每股纯利润以及纯资产额的倍数关系，并将此套用到评价对象公司以推定股份价值的方法。净资产额方式，是指以评价对象公司每股的净资产额(持有资产减去负债后的金额)作为其股份价值的方法。其中，以列入资产负债表(→第 5 章)的金额(账面价格)评价持有资产的，称为账面价格净资产额方式；重新对时价进行评价的，称为时价净资产额方式。

(4) 股份评价的法院案例

在实际的案例中，大多同时使用几个评价方法进行股份评价[DCF 法与净资产额法以 3∶7 的比例并用的事例，参见：福冈高决平成 21.5.15 金判 1320 号 20 页；DCF 法、净资产法以及分配还原法以 0.35∶0.3∶0.3 的比例加权平均的事例，参见：东京地决平成 26.9.26 金判 1463 号 44 页；收益还原法与分配还原法以 8∶2 的比例并用的事例，参见：大阪地决平成 25.1.31 判时 2185 号 142 页(百选 17，商判Ⅰ-37)。学说上，有力学说认为，DCF 法是理论上最为合理的评价方法，故对其他方法(包括与 DCF 法并用)持批判立场(数字でわかる24—27 页(久保田)]。但是，使用 DCF 法时，预测将来的 FCF 以及决定适当的折现率存在困难，评价需要专业知识，尤其对于无法承担高额专家鉴定费的中小规模公司来说，法院使用 DCF 法以外的评价方法也不能一概加以否定(→专栏 3-13)。

▶▶▶ ★专栏 3-13　有关股份评价方法之选择的判例

日本最高法院在(《公司法》制定前)非上市公司是否以特别有利的发行价格(相当于《公司法》199 条 3 款规定的"特别有利的出资金额"，即相比于公正的价格而言显著过低的价格)发行新股(相当于《公司法》199 条规定的募集发行)存在争议的事件中，基于以下理由，即"关于非上市公司股价的计算……存在多种评价方法,至于哪种场合使用怎样的评价方法,并没有明确的判断标准",认为,非上市公司"基于客观资料可以确定合理的计算方法"时,只要没有特别的情况,就不认为是特别有利的发行价格。在该案件中,股份发行公司的董事会基于注册会计师的股份价值评价(使用分配还原方法)确定了发行价格,因该价格的计算方法可以认为是大致合理的,故不构成特别有利的新股发行价格[最判平成27.2.19民集69卷1号51页(百选21,商判Ⅰ-60,アートネイチャー事件)]。可以说,关于股份的评价,判例并不强制使用特定的计算方法,而是承认评价者的裁量。

需要指出的是,分配还原方法的前提是假设公司将自由现金流全部用于盈余分配,以此算出的股份价值与DCF法的结果一致。前引最判平成27.2.19判决使用的分配还原方法并没有预测FCF,仅原封不动地使用了公司过去的实际分配数据评价股份价值(此方法称为"实际分配还原方法")。实际分配还原方法不考虑公司盈余内部留存的情况,因此,难以称得上为合理的计算方法[久保田(2015)20—21页;铃木、田中(2021)144—148页]。在该案件中,企业持续经营的前景成疑,且以时价评价资产时显示资不抵债。换言之,有时无法使用其他计算方法或使用其他方法算出的股价为零。故使用实际分配还原方法有其合理之处,但不应当认为最高法院无视以上特殊情况而一般性地承认其合理性。今后,围绕"大致合理的计算方法",在评价者的计算方法选择上,法院的司法审查可及范围受到关注。

其后,最高法院在针对吸收合并的股份回购请求价格裁定案件中,认为:"关于非上市公司的股份价格计算,存在多种评价方法,至于什么场合使用怎样的评价方法,要取决于法院的合理裁量。"在非讼案件中,并不强制使用特定的评价方法,允许各个法院自行裁量[最决平成27.3.26民集69卷2号365页(百选88,商判Ⅰ-38)]。本案认可了收益还原法,但结论上,终审裁定认为,原裁定认定的缺少变现性有误,遂裁定折现前的价格为"公正的价格"。

法院评价股份价值的理想模式参照:江头[2011(初出1983)],宍户(1990),宍户(1991),久保田、汤原(2019a),久保田、汤原(2019b),铃木、田中(2021)第5章(田中亘)。

第 2 节　股份自由转让原则以及转让限制

■ 1　总论

股份以自由转让为原则,根据章程、合同或法律规定可以限制其转让。本节在阐述股份自由转让原则后(→■2),对以章程、合同或法律规定限制其转让作出说明(→■3—■5)。

■ 2　股份自由转让原则

股东可以转让其持有的股份(股份自由转让原则。127条)。股东在公司存续过程中,除附回购请求权股的股东以及行使股份回购请求权的场合,原则上无权请求返还出资。因此,投资的回收原则上依赖于股份的转让。对出资返还的限制与股份自由转让原则,一方面确保了公司的财产基础,另一方面保障了股东投资的回收,是合理的构造。

此外,如果某公司的股份广为流通,成为多数投资者交易以及分析对象的话,该股份就可以期待以适当的市场价格出售,即以公司将来折现现金流(FCF)的折现价格计算出的企业价值反映市场价格。此时,公司以提高企业价值(效率性)的形式经营,既可以提高股份的市场价值,又可以为现在的股东带来利益。例如,假设存在这样的投资机会,即可以期待高收益率,但实际获利在几年以后。如果股份不能转让,股东就不会考虑向遥远的将来(甚至在自己死后)才产生利益的企业投资。相反,如果股东所持股份可以较高的市场价格,即反映将来收益性的市场价格出售的话,其通常会支持这样长期获利的事业。如此,股份的流通性提升,会促使有权控制公司经营的股东之利益与公司利益达成一致,进而促进公司经营的效率性[详细参照:田中(2017a)]。

■ 3　以章程限制股份转让

(1)意义

一般而言,股份自由转让具有合理性。然而,在某些情况下,有的公司更注重股东间的信赖关系,因此,存在将不受欢迎者排除在外的实际需求。故而公司法允许公司通过章程限制股份转让,即股份转让需要取得公司的承认(同意。107条1款1项、108条1款4项。此外,条文使用"以转让取得……"

的表现方式,以下称"转让承认"),称为"以章程限制股份转让"。股份的限制转让在非公众公司中广泛利用。以章程限制转让的股份,称为限制转让股(2条17项)。关于发行限制转让股的方法以及已发行股份附限制转让的方法,前已所述。

(2)转让的承认机关

限制转让股份的转让承认机关,原则上,在设置董事会的公司(2条7款)为董事会,在未设置董事会的公司为股东大会(139条1款),但可以章程另行规定(同款但书)。例如,在设置董事会的公司,承认机关可以是股东大会,也可以是代表董事[也有意见认为,应当在解释上对承认机关的主体范围做出限制,但这并不合理。田中、森·滨田松本法律事务所(2021)272—274页(饭田秀综)]。

(3)视为承认的规定

在一定的场合,公司可以根据章程,规定某些股份的转让视为已得到公司的承认(107条2款1项2号、108条2款4项)。例如,股东之间的股份转让、未满一定数额的股份转让,视为已得到公司的承认,即股东进行这些转让时不必取得公司的承认。

(4)限制转让的公示

以章程限制股份转让的,需要登记(911条3款7项),发行股票的公司需要在股票上予以记载(216条3项)。若没有登记,则公司不能对抗善意受让人(908条1款)。虽然登记但没有记载于股票上的,同样不能对抗善意第三人(相当于908条1款后段的"有正当理由不知道其登记的")。

(5)限制转让股的转让方法

下面介绍限制转让股的承认程序(→图表3-4)。要点在于,虽为限制转让股,但最终在于确保股份转让的途径,即股东当初意定的受让人,还是公司指定的购买人或公司自身。

(a)转让等承认请求

欲转让限制转让股的股东,可以请求公司决定是否承认该转让(136条)。其实,股东可以不请求承认而为转让,转让即在当事人之间产生效力。此时,法律承认取得者(受让人)请求公司予以承认的权利(137条1款),但受让人的请求原则上必须与股东名册上的股东共同为之[同条2款。发行股票公司等例外(会则24条)]。否则,当股份未转让却出现假冒的受让人时,真正的股东利益可能会受到损害。以《公司法》136条、137条实施的请求,合称为"转让等承认请求"(138条),为请求者,称为"转让等承认请求者"(139条2款)。

图表 3-4 请求同意转让等手续的流程

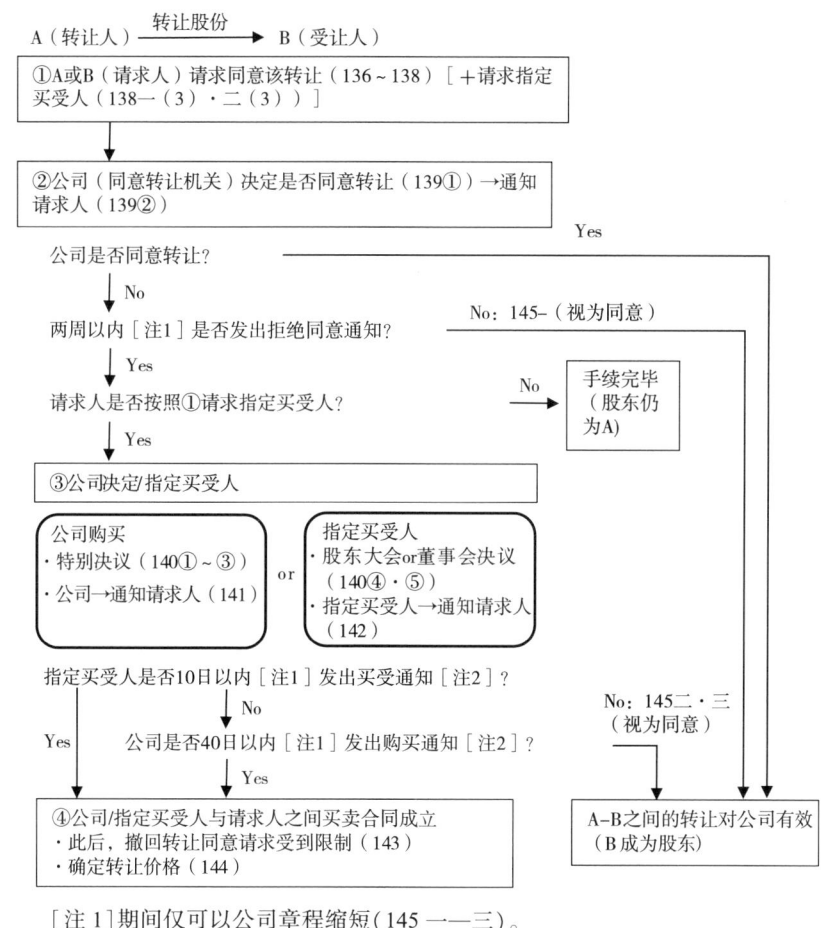

[注1]期间仅可以公司章程缩短(145一—三)。
[注2]通知时需要交付提存证明(141②、142②、145三,会则26一、二)。

转让等承认请求必须明确请求对象的股份种类、数量以及受让人(138条1项1号,2项1号、2号),公司不承认该转让时,股东可以请求公司或公司指定的收购人收购该股份(以下称为"指定收购人请求"。同条1项3号、2项3号)。接受承认请求的公司必须决定是否承认并通知股东(139条)。公司在2周以内不通知的,视为承认该转让(145条1项。通知期间仅可以章程缩短)。公司承认转让的,股份转让在受让人与公司之间产生效力。

(b) 公司不承认转让的场合

公司不同意转让的,当转让等承认请求者未请求指定收购人时,公司仅发出不承认转让通知即可(此时,程序终了,股东恢复到转让前的状态)。相反,转让等承认请求者请求公司指定收购人时,公司必须自行购买该股份(140条1款)或者另行指定收购人(同条4款)。公司也可以部分指定收购人,剩余部分由公司自行购买(同款)。

公司收购股份时,需要股东大会的特别决议(同条2款、309条2款1项)。此时,转让等承认请求者(该股份的卖主)不得行使表决权(140条3款)。这是为了防止公司以高价收购自己股份而损害其他股东利益,与公司从特定人处收购自己股份的规制相同。对于收购人的指定,董事会设置公司需要董事会决议,非董事会设置公司需要股东大会的特别决议,也可以章程另行规定(同条5款、309条2款1项)。

公司自身收购股份时,需要在139条2款规定的拒绝承认通知之日起40天以内(因必须召开股东大会,故期间稍长)通知请求股东(141条1款、145条2项)。公司指定收购人时,需要在发出拒绝承认通知之日起10日以内,由指定收购人发出收购通知(142条1款、145条2项)。通知时,必须将每股对应的纯资产额乘以收购股份数计算出的金额提存,并交付相关的证明材料(141条2款、142条2款、会则25条)。未按照以上规定发出通知的,视为公司同意转让(145条2项、3项、会则26条1项、2项)。

(c) 公司或指定收购人的股份收购

公司或指定收购人发出合法的收购通知时,在以上主体和转让等承认请求者之间,成立了价格未定的买卖合同。其后,转让等承认请求者未得到以上主体批准的,不得撤回请求(143条)。买卖价格由当事人间协商确定(144条1款、7款),无法达成协议的,经当事人在一定期间内申请,可由法院裁定收购价格(同条2款~4款、7款)。未申请的,收购价格为每股对应的纯资产额乘以收购股份数计算出的金额(同条5款、7款)。收购通知时提存的金额(141条2款、142条2款)冲抵收购价款(144条6款、7款)。

(6) 限制转让股的法律问题

(a) 未经承认之转让的法律效果

股东在未得到公司承认而转让股份时,在当事人之间产生转让效力[例如,转让人不得请求受让人返还股票。最判昭和48.6.15民集27卷6号700页(百选16、商判Ⅰ-36)]。问题是转让对公司的效力,限制转让股已转让而未请求公司批准时,公司应当如何处理?

▶▶▶ **事例 3-2**
　　A 公司章程规定，股份的转让需要董事会的批准。A 公司的股东 X 将其持有的全部股份转让给 B，X、B 均未请求 A 公司批准该股份转让。A 公司的代表董事 Y 认为 X 已经不是公司股东，故未向 X 发出股东大会召集通知，不承认 X 出席股东大会的资格。

　　最高法院对于未得到公司批准的股份转让，认为："在转让当事人之间有效，对公司不产生效力，但公司有义务将转让人作为股东对待。"（最判昭和 63.3.15 判时 1273 号 124 页）站在这个立场上，Y 的措施是违法的[参照：与事例 3-2 同类案件中，承认了 Y 的任务懈怠责任的最判平成 9.9.9 判时 1618 号 138 页，以及发回重审的大阪高判平成 11.6.17 判时 1717 号 144 页（商判Ⅰ-59）]。

　　对此，有学说认为，未请求公司批准的股份转让人已经不值得作为股东受到法律保护，因此，公司可以将转让人作为股东对待，但不是义务。但是，将裁量权交给公司（董事、董事会），则被滥用的危险很大。在事例 3-2 原型的前引最判平成 9.9.9 中，股东分为 X·B 派和 Y 派且呈对立之势，Y 排除了 X 出席股东大会的资格。因此，判例的立场应当得到支持（此外，与变更股东名册的场合相比→专栏 3-16）。

　　(b) 未经承认的股份转让在与公司间关系上有效的场合

　　以章程限制股份转让的目的，在于排除对公司而言不受欢迎的人，最终保护的是转让人以外的股东的利益。因此，一人公司（只存在一名股东的公司）的股东在转让其持有股份时，因不必考虑其他股东的利益保护，即便没有承认机关的批准，其转让与公司间的关系仍为有效[最判平成 5.3.30 民集 47 卷 4 号 3439 页（商判Ⅰ-35）]。一人公司以外的公司，在得到转让人以外的全体股东同意的场合亦同（最判平成 9.3.27 民集 51 卷 3 号 1628 页，东京高判平成 2.11.29 判时 1374 号 112 页）。

　　(7) 对一般继承人的出售请求

　　以公司章程限制股份转让，只限于以"转让"的方式取得股份时，需要公司的承认，而以继承以及公司合并等一般继承的方式取得限制转让股的，并不需要公司的承认（参照：134 条 4 项。因公司分立继受取得限制转让股的，不构成一般继承，应当与普通继承一样，需要公司的承认。→专栏 9-16）。但是，若一般继承人不受公司欢迎的话，其他股东亦会考虑将该人排除出去。因此,若以章程进行规定,公司就可以向限制转让股的一般继承人请求出售该股份(174条~177条)。因继承产生股份共有的,公司可以根据176条1款规定,向共同继承人中的一人请求出售其共有份额[东京高决平成24.11.28资料版商事356号30页(驳回上诉、上诉申请不受理,最决平成25.10.10商事法务2013号50页)]。

■ 4　以合同限制股份转让

(1)意义

有时可以通过股东间协议对股份转让加以一定的限制。例如,两个企业共同出资设立公司,通过该公司实施共同事业的(称为合资事业,以此目的设立的公司实务上称为"合资公司"),通常会在合资企业合同中附加优先购买权条款。根据该条款,当事企业一方(称为A公司)打算出售合资公司的股份时,必须通知另一方企业(称为B公司),得到通知的B公司被赋予优先购买该股份的权利。违反合同将股份出售给第三人时,因为合同的相对性原则,转让自身是有效的,A公司需要对B公司负债务不履行之债(民415条)。根据民法420条,也可以预先约定损害赔偿的金额(东京地判平成23.6.7判时2134号68页)。

(2)以合同限制股份转让的有效性

以合同限制股份转让,也可以通过变更章程,即根据股东大会的多数决进行规定(466条、309条2款11项),故反对股东也受到拘束,且效力及于章程变更后取得股份者。因此,为了顾及反对股东的利益,并防止对股份取得者带来不测的损害,限制转让的内容需要在某种程度上以法律进行统一规定。为此,公司法对以章程限制股份转让的方法设置了详细的规制(136条以下),而不承认在此以外的其他方式。相比而言,以合同限制股份转让,其拘束力仅及于合同当事人之间,根据契约自由原则,股东之间的各种形式的约定基本上都被允许[神田(1995)8页;田中、森·滨田松本法律事务所(2021)282—285页(饭田秀综)]。

但是,需要注意两点:

第一,以合同限制股份转让,当明显制约股东回收投资的机会时,可能会以违反公序良俗(民90条)为由被认定为无效。当然,只要当事人在了解合同内容的情况下同意转让限制,以此为由认定无效则属例外。司法案例中经常出现的职工持股制度就是例子。所谓职工持股制度,是指以提振职工士气和增加福利为目的,由职工接受公司资金援助,通过职工持股会(通常采取以职工为成员的民法上合伙形态)对本公司股份投资的制度安排[百选18解说(前田雅弘),太田等(2022)]。职工持股通常会以合同约定,职工在离职时须将所持股份以取得价格转让给职工持股会或公司指定的收购人。因转让价格与取得价格等额,即使持股期间股价上升,职工也无法获得利益(资本收益)。因此,有学说主张,这样的制度安排不利于职工而应归于无效,但判例倾向于广泛承认合同的自由性[最判平成 7.4.25 民集 175 号 91 页(百选18,商判Ⅰ-45)];[最判平成21.2.17判时2038号144页(商判Ⅰ-46)]。

第二,股份转让需要公司(代表董事或董事会)同意型的限制转让,有可能出现只承认对董事或经营者认可者的转让(所谓"经营者选择股东"),从而带来被经营者支配利用的风险。因此,根据缔结合同的状况以及内容不同,有时会因违反公司法理念而无效[事例8,490—492页(田中亘)]。

★(3)以合同限制增持股份

公司与特定股东之间可以签订合同,约定该股东不经公司同意,不得增持一定数量的股份[维持现状条款。上市公司的利用状况参见:田中、森·滨田松本法律事务所(2021)129—135页,143页(石绵学等)]。这样的合同一般认定有效,但被董事、管理层出于自保目的滥用的,其效力应受到限制[以美国法为参考的解释论参见:田中、森·滨田松本法律事务所(2021)354—365页(白井正和)]。

■ 5 以法律规定限制股份转让

公司法上有几处对股份转让加以限制,关于这些规定,将在对应的章节予以说明(股票发行前的股份转让,子公司取得母公司股份的禁止)。

第3节 股份的转让、担保化和权利行使的方式

■ 1 总论

股份可以通过转让在不特定的人之间流通,故股份公司需要一整套制度,以便把握股东的现状,并为其行使权利提供便利。本节将介绍股份转让(含担保化)和权利行使的方式。首先,为了理解本节的说明,列举以下关键词:股票、转账制度、股东名册。

(1)股票以及转账制度

以往,所有的股份公司都被课以发行股票的义务,股份的转让需要交付

股票。从历史上看,股票具有易于流通的功能,即使看不见的无形权利的股票通过证券(纸质)这种可视的存在进入流通领域。但是,上市公司以外的公司,因股份的流通并不频繁,故很多公司并未认识到发行股票的必要性,违法不发行股票的不在少数,这也成为日后发生纠纷的原因。另一方面,上市公司随着信息技术的发展,以转账方式转让股份成为国际上的主流,此时,关于股票的强制规定即证券的发行、保管、转移,以及可能带来的遗失、被盗,显现出的弊端被放大。

根据2004年的商法修改,公司可以以章程规定不发行股票。《公司法》进一步规定,公司只有在章程规定的情况下才可以发行股票(214条)。此外,上市公司方面,随着2009年1月《关于公司债、股份等的转账的法律》的施行,股票被废止,上市股份的转让全部通过前述法律规定的转账制度进行。

以章程规定发行股票的公司,称为"股票发行公司"(117条7款。关于登记,911条3款10项)。不是股票发行公司的股份公司,本书称为"非股票发行公司"。

(2)股东名册

股份公司为了把握、管理现有股东,必须制作记载、记录股东姓名、名称以及住所、持股数量等信息的股东名册(121条)。股份转让要对抗公司,原则上(转账制度利用公司例外)由受让人请求公司将自己的名字记载于股东名册(→■2、■3)。这样规定是为了对时常变动的股东的权利行使做圆滑的处理。

(3)说明的顺序

在本节中,首先,分别针对非股票发行公司(转账制度利用公司除外)(→■2)和股票发行公司(→■3),对股份转让和股东权利行使的方式予以概说。其次,在对有关股东名册的规则稍做详细说明后(→■4),对转账股的转让和权利行使方式予以解说(→■5)。最后,对股份的担保化手段进行说明(→■6)。

■ 2 非股票发行公司的股份(转账股除外)转让和权利行使方式

非股票发行公司的股份(转账股除外)依民法的一般原则,以当事人的意思表示(契约)进行转让。但是,该转让要对抗公司以及其他第三人,就必须请求公司(133条1款)将受让人的姓名、名称以及住所记载、记录于股东名册(130条1款)。这称为"股东名册的名义变更"(→图表3-5)。在未进行名义变更期间,公司原则上视记载、记录于股东名册者(称为"股东名册上的股东"或者"名义股东")为股东。此外,在股份双重转让或被查封、冻结的场合,受让人若未进行名义变更,则不得对抗第二受让人以及查封、冻结债权人。

图表 3-5 不发行股票公司的股份(转账股除外)转让

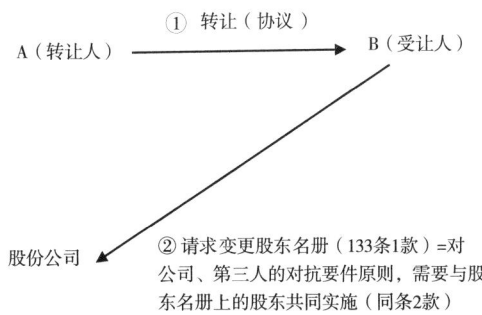

股份受让人请求公司进行股东名册的名义变更时,原则上需要和该股东或其一般继承人(名义股东死亡时的继承人)共同为之(133 条 2 款)。否则,出现假冒受让股份并请求变更名义者时,有可能损害真正股东的利益。名义股东不配合变更股东名义时,受让人可以对名义股东提起诉讼,得到确定判决后,可以单独请求公司变更名义(会则 22 条 1 款 1 项。作为例外,受让人可以单独请求变更名义的,参照:同款各项)。

3 股票发行公司的股份转让和权利行使方式

(1)转让的方式——交付股票

在股票发行公司(214 条、117 条 7 款)的股份转让上,不交付股票则不生效(128 条 1 款。不但对公司,转让的当事人之间也不生效)。股票发行后,股份的权利就会"附着"于股票这样的证券(纸质)之上。故要转让股份,就必须一起转让股票(→图表 3-6)。具有这样性质的股票,属于有价证券的一种(→专栏 3-14)。

图表 3-6 发行股票公司的股份转让

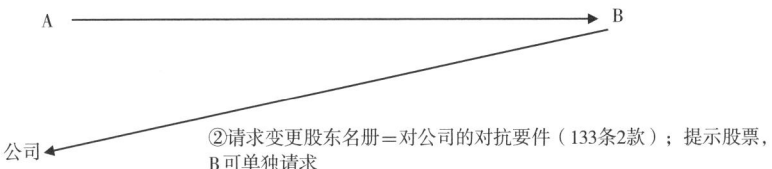

> ★专栏 3-14　作为有价证券的股票

在讲学上,将体现财产权利的证券,特别是其权利的转移必须交付该证券的票证,称为有价证券(《民法》第三编第一章第七节,参照:《民法》520条之二,520条之十三)。有价证券的一般性规定体现在《民法》520条之二以下,而股票是为保证股东顺利地持续行使权利而设定的特则。尤其是依据民法的原则,有价证券的持有人行使权利时需要提示证券(民520条之九,520条之十八,520条之二十),但股票发行公司的股东若在受让股份时向公司提示股票并请求变更股东名册,其后行使权利就无须每次都向公司提示股票。

(2) 对抗公司——股东名册的名义变更

交付股票作为股份转让的效力要件的同时,也是对公司以外的第三人之对抗要件。但是,转让要对抗公司,就需要变更股东名册(130条2款)。与非股票发行公司不同的是,受让人只要向公司提示股票就可以单独请求公司进行名义更换,不需要和名义股东共同为之(133条2款,会则22条2款1项)。这是因为股票的占有人推定为合法权利人的缘故(131条1款),只要公司不能证明受让人非真实权利人,就不得拒绝名义变更请求。另一方面,公司在受让人提示股票后进行名义变更的,即使其不是真正的股东(例如偷盗者),只要不存在恶意或者重大过失,公司可以免责(参照:民520条之二十、520条之十八、520条之十。另,参照:《票据法》40条3款)。这里,要证明公司存在"恶意或者重大过失",需要满足两个条件:第一,公司知道或者轻易知悉该人不是股东,第二,公司还应对此加以证明。因股票持有人推定为该股票的真实股东,即便公司知道该持有人不是真正的权利人,但由于无法证明,公司此时不得不进行股东名册的变更,此时,不能追究公司的责任[久保田(2018)37页]。

鉴于以上情况,公司非恶意或者重大过失对股票持有人进行股东名册变更的,其后,公司将此人(名义股东)作为股东对待即可。需要强调的是,股东名册变更后,公司(因上述事由)构成恶意或者重大过失的,公司不得再将该名义股东作为股东对待[久保田(2018)37页,东京地判令和3.12.20金判1645号49页]。

(3) 权利行使的方式

(a) 原则

受让人一旦向公司提示股票请求变更股东名册,其后的权利行使(出席股东大会以及接受盈余分配等)就没有必要每次都向公司提示股票。

★(b)例外

但是,股份合并等需要以原股票置换新股票或交付其他财产时,必须向公司提交股票(219条1款)。此时,原股票于公司规定的股票提交日(同条1款)无效(同条3款)。需要注意的是,即便原股票无效,未提交股票的股东并不当然丧失股东地位,该股东将无效股票(原股票)提交给公司之前,公司有权拒绝向该股东交付新股票(同条2款)。此外,受领了股票发行公司的股份,但未于提交股票日前请求公司变更股东名册的人,若可证明已向公司提交原股票且于股票提交日前受领了股份的,则有权请求公司变更股东名册[最判昭和60.3.7民集39卷2号107页(百选AP5,商判Ⅰ-30)]。

(4)善意取得

股票的占有者推定为真正权利人(131条1款),因此,从股票的占有者处取得股票的受让人,只要不存在恶意、重大过失,就善意取得该股票(同条2款)。这是因为,股票作为有价证券,其交易安全的保护在动产(民192条)之上。即使股票被盗或遗失,原股东也没有恢复原状请求权(对比民193条)。

(5)关于股票发行的各项规则

(a)股票发行的时期

股票发行公司在发行股份后,原则上应当不迟延地发行相应的股票(215条1款;参照:2款、3款)。但是,当股票发行公司为非公众公司时,没有股东请求就可以不发行股票(同条4款)。原因在于,非公众公司的股份转让不频繁,缺少必须发行股票的必要性。此外,即便是公众公司,股东也不希望在没有转让意思的情况下发行股票(存在丢失、被盗的风险)。因此,股东可以向公司申请不持有股票,此时,公司在该股东请求之前可以不发行股票(股票不持有制度。217条)。

(b)股票的记载事项

股票上应当记载:股票发行公司的商号、该股票对应的股份数、当章程限制转让时其意旨、类别股份发行公司中该股票对应的股份类别以及内容、股票号码,并由代表人署名(216条)。股票上没有必要记载作为持有人的股东姓名。

(c)股票的成立时期

股票在法律上何时成立,是判例以及学说上存在争议的问题。先看下面设例。

▶▶▶ **事例 3-3**

X是Y公司的发起人之一，认缴了一定数量的设立时发行股份，成为Y公司的股东。Y公司制作了相应的X持股部分的股票并邮送至X处，邮送途中被A盗取。A假冒其为Y公司的股东，将窃取的股票转让给善意、无重大过失的Z。问：X和Z谁是Y公司的股东？

判例认为，股票只有在制作并交付股东后，才成为法律意义上的股票[最判昭和40.11.16民集19卷8号1970页（百选23，商判Ⅰ-33）]。依此立场，事例3-3中公司并未向X交付，故股票并未成立，Z不过买了一堆废纸而已（股东仍为X）。在学说中，也有意见认为，这样的立场会有害于流通安全，股票应在作成时（在证券上记载必要事项，代表人署名时）成立。根据这个见解，事例3-3中股票已经成立，善意、无重大过失取得该股票的Z已经善意取得了该股份（131条2款）。相反地，X在自己无法支配、管理的地方发生了丢失、被盗而失去权利。关于上市公司，因2009年以后股票被废止，故现今发生问题的仅限于非上市公司。因此，判例中阐述的法理即非上市公司流通安全保护之必要性不足，应保护原股东利益，这一立场应当得到支持（江头181页注2）。

（d）股票发行前的股份转让效力：原则

股票发行前，股份尚未"附着"于股票，故股份的转让不适用必须发行股票的有价证券法理（→专栏3-14），而是依民法的一般原则，只要当事人之间意思表示（合同）一致就可以有效转让股份（神田101—102页，龙田、前田272页）。但是，该转让在与公司的关系上不发生效力（128条2款）。这是因为，为了股票发行的顺畅、准确，公司向转让人发行股票即可（因转让在当事人之间有效成立，当转让人从公司受领股票时，受让人可以向转让人请求交付该股票→专栏3-15）。

▶▶▶ ★**专栏3-15 《公司法》128条的解释**

按照（d）的说明，128条2款是同条1款的特则，股票发行前排除1款的适用。对此，也有学说认为，股票发行前的股份转让也适用1款，转让的当事人之间不发生效力（论点解说66页，江头231页注1）。但是，这样一来，就很难说明为何在同条1款的基础上又规定了2款（仅规定了对公司的效力),且找不到禁止当事人之间转让(不适用有价证券法理的股票发行前的股份)的理由。

(e)股票发行前的股份转让:例外

股票发行前转让股份对公司不发生效力,这是以公司遵照法律(215条1款)不迟延地发行股票(或依据215条4款或217条,具有不发行股票的正当理由)为前提的。若公司不当地拖延发行股票,依诚实信用原则,否定股份转让的效力将导致不公平时,股东可以仅凭意思表示转让股份,且该转让对公司有效[最大判昭和47.11.8民集26卷9号1489页(百选Ap4,商判Ⅰ-34)]。公司向受让人发行股票或承认受让人行使股东权的,若其后否定该转让的效力,则构成对诚实信用原则的违反。

(6)股票的丧失

股票发行公司的股东若丧失所持股票,就无法进行股份的转让,也存在被第三人善意取得(131条2款)的风险。因此,《公司法》预设了经过一定程序使丧失股票失效、股东从公司取得新股票的制度(股票丧失登录制度。221—232条)。作为丧失有价证券的一般性救济制度,公示催告、除权判决(《非讼事件程序法》第四编)不适用于股票(233条)。

股票丧失者可以请求公司在股票丧失登记簿(221条、222条)上登记[223条。此人称为股票丧失登记人(224条)]。股票丧失登记簿可以供一般性阅览(231条。参照:224条)。当持有丧失登记股票的人出现时,其可以申请公司撤销丧失登记(225条。参照230条1款)。此时,撤销申请人和丧失登记人之间将以诉讼等方式确定谁才是真正的股东。不存在撤销申请的,在经过丧失登记后1年,股票失效,股票丧失登记人可以取得公司发行的新股票(228条)。

4 股东名册

本部分将对股东名册做详细说明。以下说明基本上对股票发行公司和非股票发行公司都适用,但在转账制度利用公司中,以下说明的部分规则将会修正。此部分将在其后论述(→■5)。

(1)关于股东名册的规则

(a)记载、记录事项

股份公司应当制作股东名册,记载或记录以下事项:①股东的姓名、名称以及住所;②该股东持有的股份数、类别;③该股东取得股份的日期;④股票发行公司的场合,该股票的号码(121条)。股东名册不仅可以书面形式(账簿、卡片等),还可以数据电文形式存在(因此,121条表述为"记载或记录")。

(b)股东名册记载事项证明书的交付请求

非股票发行公司的股东可以请求公司向自己交付记载股东名册纪录事项的证明文件(122条1款—3款)。这样规定的主要目的在于,股东欲转让持有的股份时,可以向对方证明自己的权利。在股票发行公司中,因股票具有权利推定的效力(131条1款),故没有必要承认这样的请求权(122条4款)。

(c)向股东通知等

股东大会若要发出召集通知等各种通知以及催告,向股东名册上记载的股东的住所(股东另行通知联系地址的除外)送达即可(126条1款)。交付盈余分配财产的亦同(457条1款)。向该住所发出的通知、催告持续5年以上无法送达的,公司以后便不向该股东通知、催告(196条1款。参照:2款、3款)。此外,对这样长期无法取得联系的股东所持有的股份,公司可以拍卖或依一定程序变卖(197条、198条)。

(d)股东名册管理人

公司可以设置代替自己管理股东名册的人(股东名册管理人。123条)。上市公司多以信托银行为股东名册管理人。

(2)有关股东名册名义变更的法律问题

(a)一般问题

如前所述,股份转让若不进行股东名册的名义变更,就无法对抗公司(非股票发行公司也可以是第三人。130条1款、2款)。只要没有提出名义变更请求,公司即使知道股权转让的存在,依然可以将名义股东作为股东对待[公司有权拒绝未完成股东名册变更的受让人行使权利。例如,名古屋地一宫支判平成20.3.26金判1297号75页(百选Ap39,商判Ⅰ-29)]。这样,就可以灵活地解决每日变动频繁的股东权利行使问题。

其实,名义变更只是股权转让的对抗要件,故公司可以将未完成名义变更的受让人作为股东对待;相应的,即不将名义股东作为股东对待(最判昭和30.10.20民集9卷11号1657页→专栏3-16)。

▶▶▶ **专栏 3-16　未完成名义变更的股份受让人的处理——与未完成转让承认的场合相比较**

　　判例上,限制转让股份未经过承认手续即行转让的,公司应当将转让人作为股东对待(没有裁量的余地。前引最判昭和 63.3.15)。而股份转让未完成名义变更的,公司可以将受让人作为股东对待。这看起来首尾并不一致。相比于限制转让股份的转让"需要"公司的承认(2 条 17 项),未完成名义变更的,只是转让不能"对抗"公司(130 条 1 款、2 款)而已,两者的条文表述并不一样。此外,关于限制转让股份的转让效力,《公司法》规定了一定的程序,即转让人或受让人的转让等承认请求(136 条—138 条)和承认机关的判断(139 条以下),而代替这样的程序的裁量权不应当赋予公司(公司代表权人)。相比而言,股东名册的名义变更只不过是为了处理公司事务的方便,其主旨与股权转让并不相同。因此,判例的区别对待是有其合理性的。

(b)转让限制股份的场合

受让限制转让股份的人,在公司没有承认该转让时,对公司不发生转让的效力,当然不能请求公司进行名义变更(134 条正文)。此时,公司不得将受让人作为股东对待。

▶▶▶ ★**专栏 3-17　遗忘股的法律问题**

　　若股份的受让人遗忘了在请求名义变更的期间变更登记,恰好在此期间内公司实施了盈余分配(453 条)或者股份的拆分(183 条)的,应如何处理? 因为不进行名义变更,股权转让就不能对抗公司,故公司仅对作为名义股东的转让人交付盈余分配以及拆分股份即可。但是,转让已经在当事人之间产生效力,受让人应当称为股东,故其可以对转让人以不当得利(民 703 条、704 条)为由,请求返还该盈余分配(最判昭和 37.4.20 民集 16 卷 4 号 860 页)或拆分的股份[转让人出卖拆分股份的情况下为出卖金额。最判平成 19.3.8 民集 61 卷 2 号 479 页(百选 14,商判 I-32)]。

　　然而,判例上,在未完成名义变更的期间内,公司向股东派发募集股份时(202 条),作为名义股东的转让人具有接受股份派发的权利,故不能说"得利"没有法律依据,受让人的不当得利返还请求将被驳回[最判昭和35.9.15民集14卷11号2146页(百选Ap6,商判Ⅰ-31)]。但是,也有有力学说指出,在股权转让的当事人之间,"受让人成为股东"原则不会因个别场合而变更,故应当承认不当得利的成立[コンメ(3)334页(伊藤靖史)。参照:千叶地判平成15.5.28金判1215号52页]。承认发生不当得利的,受让人可以向转让人请求什么,将成为下一步的问题。对此,存在几种学说:①从接受派发股份的行为本身看,因转让人履行了出资义务,故不成立不当得利。相应地,应当用发行募集股份时的每股时价减去每股出资金额后的差额作为不当得利;②受让人把出资金额偿还给转让人,相应地,其可以请求转让人向自己交付发行的股份[学说的详情参照:コンメ(3)334—336页(伊藤靖史)。前引千叶地判平成15.5.28认可了②的学说]。

时至今日,上市公司股份的转让全部实行转账制度,前述股份已转让但遗忘名义变更而无法对抗公司的情形,在制度上已不可能发生。因此,遗忘股的问题在今天仅限于非上市公司。

(3)名义变更的不当拒绝

如果没有股东名册的名义变更,股份的转让就无法对抗公司,但这是以公司合法履行名义变更事务为前提的。当受让人合法地请求公司变更股东名义而公司不当拒绝或因过失不进行名义变更的,受让人可以不经名义变更而以自己为股东来对抗公司[最判昭和41.7.28民集20卷6号1251页(百选13,商判Ⅰ-28)]。看以下设例:

> ▶▶▶ 事例3-4
>
> X从股票发行公司Y的股东A手里受让了股份后,向Y公司请求变更股东名义。Y公司以A未一同前来就无法确认转让是否真正进行为由,拒绝了X的名义变更请求。在此期间,Y公司召开股东大会,向名义股东A发出了股东大会召集通知,没有承认X出席股东大会。

股票的占有人推定为真实权利人,故X提示股票就可以单独请求变更股东名义,Y公司拒绝变更股东名册是不正当的。在此情况下,如果对130条仅作形式上的解释,即X不进行名义变更就不能对抗公司的话,则X不以

Y公司为被告提起名义变更请求之诉并经必要的强制执行以完成名义变更，就不能行使作为股东的权利。但是，针对Y公司的违法行为，如果让X花费如此多的时间则显然不公平。判例认为，因X可以不经名义变更而以自己为股东对抗公司，Y公司不承认X出席股东大会的做法将被评价为违法行为，X有权提起股东大会决议撤销之诉（831条1款1项）。

(4) 基准日制度

对于那些股份广泛流通并频繁转让的公司，有时公司仅确定谁是股东名册上的股东就要耗费相当多的时间。因此，公司可以确定某日为基准日，在此时点的股东名册上的股东可以在其后行使权利（124条1款）。例如，预定6月25日召开股东大会的公司，以5月31日为基准日，确定出席该股东大会的股东的权利以及受领在该股东大会上表决通过的盈余分配之权利（这相当于同条2款所说的"权利的内容"）。基准日以后既可以进行股份转让，也可以进行股东名册的名义变更，但出席该股东大会、受领盈余分配的，只限于在5月31日这一时点上记载于股东名册上的股东。因基准日股东和行使权利时的真实股东可能存在不一致，故基准日必须定在权利行使前的三个月以内（同条2款）。除以章程规定基准日外，需要在该基准日的2周前进行公告（同条3款）。

在基准日后成为股东的，原则上不能行使该基准日的相关权利。但是，因基准日后发行募集股份（199条）等成为新股东者，若公司允许，则可以行使股东大会（或类别股东大会）上的表决权（124条4款）。但是，基准日后从其他股东处受让股份者，如果公司承认其行使表决权，则会损害基准日后取得股份的其他股东的权利，这样做不被允许（参照：同款但书）。

另外，关于日本的基准日习惯和问题点，请参照专栏4-6。

(5) 股东名册的置备和查阅请求

股份公司应当在总公司（存在股东名册管理人的为其经营场所）置备股东名册（125条1款），供股东、债权人以及母公司股东阅览、复制（同条2款—5款）。公司除某些特定的拒绝事由外，不得拒绝股东、债权人的阅览请求（同条3款）。例如，要求公司提供利益被拒绝进而报复公司的股东请求阅览时，公司有权以该股东行使权利系为了确保或行使权利进行调查以外的目的（同款1项），或侵害股东共同利益的目的（同款2项）请求阅览等为由，拒绝该请求（→专栏3-18）。

对此，欲恶意收购公司的股东（→第9章第5节），以怂恿其他股东接受公开收购（→第9章第2节■2）以及以进行表决权征集[第4章专栏4-16之后(d)]为目的请求阅览时,可以认定其具有为了确保或行使权利进行调查的目的,公司不得以该目的为由拒绝阅览(东京地决平成 24.12.21 金判 1408 号 52 页→专栏 3-18)。关于"股东的权利"范围,参照:名古屋高决平成 22.6.17 资料版商事 316 号 198 页(百选 Ap3,商判Ⅰ-69,フタバ産業事件。最决平成 22.9.14 资料版商事 321 号 58 页肯定了上述判决);参照:论究 Unit02(松本畅子、石井裕介)。

▶▶▶ ★专栏3-18 股东名册查阅请求的拒绝事由与表决权征集战
　　《公司法》制定前(2005 年修改前的商法时代)不存在股东名册等的阅览请求拒绝事由的规定,法院通常以滥用股东权利为依据,对符合现行法 125 条 3 款 1 项、2 项目的的查阅请求,认可公司行使拒绝权(→专栏 3-4)。公司法制定之际,规定了与会计账簿查阅请求(433 条 2 款)同样的拒绝事由(2014 年修改前 125 条 3 款),特别是查阅请求者与公司存在竞争关系的,构成拒绝事由(同款 3 项)。但是,竞争者阅览了股东名册,到底会给公司带来多大的不利则并不明确。此外,以收购公司的目的,为了替换现任董事而操纵表决权征集战的,大多为从事和公司同类业务的经营者(竞业者),如果否定了其股东名册查阅请求的话,就有可能同时封杀了恶意收购。因此,2014 年《公司法》修改删除了同款 3 项的拒绝事由。

■ 5 股份转账制度——上市股份的转让和权利行使方法

(1)制度经纬

　　传统上,上市股份的转让以股票交付的方式进行。股票的权利推定效力(131 条 1 款)以及善意取得制度(同条 2 款)具有保护股份流通安全的功能。但是,从反面来看,股东又面临因股票丢失、被盗而轻易失去权利的风险。此外,证券的发行、管理、转移也需要额外的费用。因此,1984 年制定了《关于股票的保管以及转账的法律》(《保转法》),导入了以账户转账的方法转让股票的制度,同时,也认可传统的以交付股票转让股份的方法,两种转让方式的并存成为成本增大的要因。

　　另一方面,关于公司债及国债,存在《关于公司债等转账的法律》这样的其他转账制度。2004 年同法全面修改了包含股份在内的综合性转账制度,成立了《关于公司债、股份等转账的法律》(《转账法》),2009 年施行(《保转法》随之废止)。上市公司在全部实行前述制度的同时,废除了纸质股票(参照:2004年法88号修改附则6条1款),现在上市股份的转让全部实现了转账制度。

(2)转账机关、账户管理机关、转账账簿

在《转账法》之下,转账机关[根据《转账法》3条1款接受主务大臣指定的股份公司(《转账法》2条2款)。现在,证券保管转账机构为唯一的转账机关]处理的股份称为"转账股份"(《转账法》128条1款)。欲从事转账股份交易的投资者,需要在转账机关以及账户管理机关(证券公司等为他人开立账户的金融机关。参照:《转账法》2条4款、44条)开立自己的账户。账户的开立者称为加入者(《转账法》2条3款)。账户管理机关有的直接在转账机关开立账户(图表3-7之P、Q),也有通过在其他账户管理机关开立账户而间接与转账机关取得关联的(图表3-7之R)。

图表3-7 转账股份的转让方式

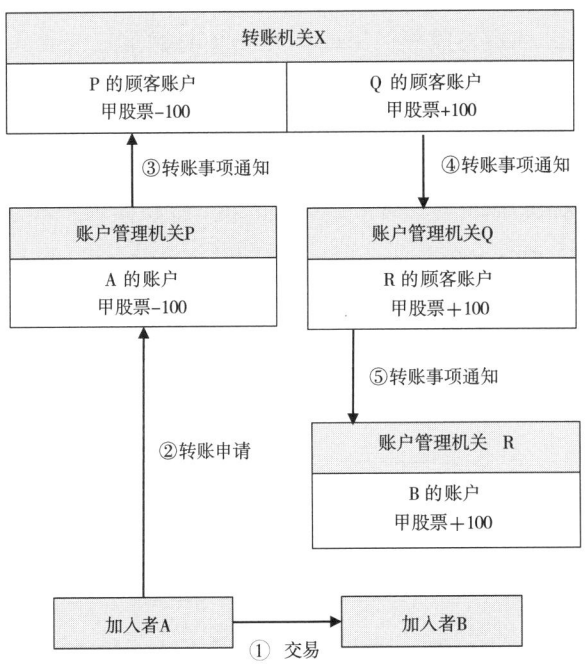

转账机关以及账户管理机关(两者合称为"转账机关等"。《转账法》2条5款)应当区分不同加入者,并建立各自的转账账簿(《转账法》12条3款、45条2款、129条2款)。账户管理机关的账户,分为账户管理机关自身具有权利的账户(自己账户)和加入者具有权利的账户(顾客账户。《转账法》129条 2 款)。各账户记载、记录加入者的姓名(名称),住所,持有股份的名称、数额等事项(《转账法》129 条 3 款、4 款)。

(3)转账股份的转让方法

加入者 A 与加入者 B 签订合同,向 B 出售甲公司发行的转账股份 100股(→图表3-7)。此时,A 向开立账户的账户管理机关 P 提出转账申请,P 应 A 的申请,在其账户的"持有"一栏内记录甲公司股份 100 股的减少情况。其后,该转账事项通过转账制度的层级以 P→X→Q→R 的顺序顺次通知各转账机关等,在此过程中,各转账机关的顾客账户中的甲公司股份的增减情况被记载、记录(《转账法》132 条)。最终,在 R 开立的 B 的账户(转账相对方账户)的"持有"一栏内,甲公司 100 股的增减情况被记载、记录,转账股份的转让发生效力(《转账法》140 条),并因此可以对抗公司以外的第三人[130条 1 款、《转账法》161 条 3 款。与公司的关系上,参见(4)]。关于转账股份的继承问题,参见专栏3-19。

加入者账户里持有股份的记载、记录具有权利推定效力(《转账法》143条),故可能发生善意取得(《转账法》144 条)。如果因转账机关等的失误,造成转让人的持有股份数较真实情况多记载、记录,受让人因此善意取得时,将会发生该转账股份数额高于实际数额的情况。此时,过多记载的转账机关可以采取自行取得与超过数额相等的转账股份并放弃的方法进行调整(《转账法》145 条、146 条)。

> ▶▶▶ ★专栏3-19 转账股份继承时的权利关系
>
> 上述(3)的部分是针对转账股份转让的场合而言的,因转账股份的股东死亡而发生继承,继承人在当然继承转账股份的同时,也继承开立账户人的地位(民 896 条)。因此,继承人无须重新进行转账手续就可以当然地成为该账户的股东。共同继承的,也无须进行转账手续,转账股份为共同继承人共有(民 898 条)。各个共同继承人的债权人有权对该继承人共有份额申请强制执行[最决平成31.1.23 民集 73 卷 1 号 65 页(商判Ⅰ-25)]。

(4)转账股份的权利行使方法

转账股份并不是每次转让都要进行股东名册的名义变更(依《转账法》161 条 1 款排除《公司法》133 条的适用),公司基于以下转账机关的通知处理股东的权利行使:首先,公司在召开股东大会以及分配盈余等而确定行使权利的一定日期时[基准日(124条)以及效力发生日(同180条2款2项)等],转账机关必须迅速地向公司通知该日期记载于转账账簿的股东姓名(名称),住所,以及持有股份种类、数额等情况(《转账法》151条1款,全体股东通知)。为了做到向全体股东通知,各账户管理机关必须向其直接上级机关报告自己或其下级机关的加入者情况(《转账法》151条6款)。收到前述全体股东通知的公司必须将通知事项记载、记录于股东名册。据此,视为该一定日期的股东名册进行了名义变更(《转账法》152条1款),股东可以行使权利。

此外,当股东欲向公司行使少数股东权等(参照:《转账法》147条4款)时,可以通过自己的账户管理机关向转账机关提出申请,由其将自己持有的转账股份的种类、数额等事项通知公司(《转账法》154条3款—5款,个别股东通知)。此时,该股东可以无须进行股东名册的记载、记录(同条1款),在该通知后4周以内行使少数股东权等(同条2款,《转账法施行令》40条)。个别股东通知作为股东对抗公司的手段而取代以往的股东名册的名义变更,因此,当公司与股东之间发生因行使少数股东权等的股东资格发生争执时,该股东不经以上通知不得对公司行使少数股东权等[不通知个别股东而实施的附全部回购类别股的取得价格裁定申请(《公司法》172条)被驳回的案件,参见:最决平成22.12.7民集64卷8号2003页(百选15、商判Ⅰ-44)]。

(5)对股东通知、公告的特则

《公司法》要求公司向股东发出通知的(116条3款、181条1款、469条3款、785条3款等),转账股份的发行公司必须代之以实施公告(《转账法》161条2款)。因为,转账股份并不会每次转让都进行股东名册的名义变更,股东名册上的股东(名义股东)和真正的股东一般并不一致,向名义股东发出通知反而不合适[高桥、尾崎(2006)357—358页]。

■ 6 股份的担保化

(1)总论

以股份为担保的金融广为流行。以下对作为股份担保化手段的股份质押和让与担保进行说明。

(2)股份的质押

(a)概说

股东可以将其持有的股份设定质押(146条1款。称为"股份质权"或

"股份质")。这是权利质(民362条以下)的一种,但在设定质权的对抗要件上排除民法的适用(147条3款),适用(b)以下介绍的公司法的规定。权利质的实行原则上依照《民事执行法》的担保权程序[民执190条、122条(股票发行公司的权利质的场合),民执193条、167条、161条(非股票发行公司的权利质的场合)],为了担保因商行为产生的债务而设定的质权,可以是流质契约(商515条)。

(b)股票发行公司的股份质押

关于股票发行公司的股份,股票的交付是质权设定的效力要件(146条2款),质权者对股票的持续占有是对公司以及第三人的对抗要件(147条2款)。并且,质权设定人可以请求公司将质权人姓名等记载、记录于股东名册(148条)。这样的记载、记录于股东名册的质权称为"登记股份质权"(参照:149条1款)或简称"登记质",只交付股票而不进行股东名册记载、记录的,称为"略式股份质权"或简称"略式质"。

股份质既然是质权,就承认物上代位权(民350条、304条)。因此,(作为质权对象的)股份的发行公司在进行盈余分配以及股份的拆分等时,股份质的效力及于质权设定者享有的金钱等(盈余分配额或拆分股份)之上(151条)。只是,略式股份质权人要行使物上代位权,在质权设定人接受盈余或拆分的股份之前,必须控制上述股票(民350条、304条1款但书)。与此相对,登记股份质权人可以直接从公司受领作为物上代位对象物的金钱等(152—154条)。

作为质权设定人的股东,大多不希望公司知道股权上设定质权的事实,因此在实务上,略式质的应用更广。

(c)非股票发行公司的股份(转账股份除外)的质押

非股票发行公司的股份(转账股份除外)的质押仅以当事人之间的契约就可产生效力(146条1款。对比同条2款)。但是,其质权要对抗公司以及第三人,就需要依质权设定人的请求,将质权人的姓名等记载、记录于股东名册(147条1款、148条)。

(d)转账股份的质押

转账股份的场合之下,质权人在其账户的"质权"栏(参照:《转账法》129条3款4项)记载、记录该质押数的增加,是质权设定的效力要件(《转账法》141条),且以此可以对抗公司以及第三人(147条1款的适用除外)。向全体股东发出通知的,转账机关只有在加入者(质权人)申请时,才向发行公司通知质权人的姓名、住所等(《转账法》151条3款、4款)。以这样的申请进行通知的,相当于登记质;没有通知的(即公司不知悉质权人的存在),相当于略式质。

(3)股份的让与担保

(a)概说

所谓让与担保,是指形式上为让与而实质乃对目的物提供担保,且《民法》上没有明文的规定,但判例与学说给予承认的一种非典型担保。

(b)股票发行公司的股份的让与担保

股票发行公司的股份要设定让与担保,需要交付股票(参照:128条1款)。仅交付股票的称为"略式让与担保",在此之上进行让与担保权人的股东名册名义变更的,称为"登记让与担保"。其实,因为让与担保没有《公司法》的明文规定,故名义变更以通常的程序进行即可(133条)。其结果是,在与公司的关系上,登记让与担保权人被作为股东对待,而不是让与担保设定人。在表决权的行使等方面,登记让与担保权人和让与担保设定人之间即使存在某些约定(例如,表决权的行使根据让与担保设定人的指示行事),其也不过是当事人之间的内部关系,不能对抗公司。

即便是略式让与担保,只要交付股票就可以对抗公司以外的第三人(130条2款),当被担保债务不能清偿时,让与担保权人可以变卖股票清偿债务,以达到担保之目的。在实务中,股东以其股份进行担保大多不想被公司知悉,因此,略式让与担保得到了广泛利用。

(c)非股票发行公司的股份(转账股除外)的让与担保

非股票发行公司的股份(转账股除外)可以通过当事人之间的契约设定让与担保,如果不进行名义变更,则不能对抗公司以及其他第三人(130条1款)。

(d)转账股的让与担保

转账股的让与担保的设定与普通让与相同,凭转账账户的记载、记录而生效(《转账法》140条),据此可以对抗公司以外的第三人所设定的让与担保(130条1款,《转账法》161条3款)。在通知全体股东的时候,①如果没有加入者(让与担保权人)的申请,让与担保权人会被当作股东通知给公司;②如果加入者申请,可以将让与担保设定人作为股东通知给公司(《转账法》151条2款1项)。①相当于股票发行公司的登记让与担保(让与担保权人被公司当作股东对待);②相当于股票发行公司的略式让与担保(让与担保设定人被公司作为股东对待)。实践中,股东以股份做担保并不想被公司知晓,立法机关回应了这一需求,设计了②的内容规定。

> ▶▶▶ **专栏 3-20　限制转让股份的让与担保设定**
>
> 　　判例认为,限制转让股份在设定让与担保时,相当于《公司法》136 条以下规定的"需要公司承认的股份转让"[最判昭和 48.6.15 民集 27 卷 6 号 700 页(百选 16,商判Ⅰ-36)]。对此,多有学说进行批判,认为如果将设定让与担保解释成转让,则设定人于其后清偿被担保债务并要求返还该股份时,需要再次取得公司的批准(也存在得不到批准的可能。神田 99 页,龙田、前田 279—280 页)。
>
> 　　但是,即使将让与担保的设定解释为转让,只要设定人或让与担保权人不请求承认该让与(136 条、137 条),公司必须继续将让与人(设定人)当作股东对待(前引最判昭和 63.3.15),设定人清偿被担保债务后请求返还股份时,就没有必要重新取得公司的承认。相反,如果设定让与担保时请求承认该让与,则按照《公司法》139 条以下的规定,由公司判断是否承认该让与就理所当然。若股份的让与被承认,受让人可以随时请求对股东名册进行名义变更(134 条 1 项、2 项),行使作为股东的权利,这与普通的让与担保是一样的。作为公司,有必要判断受让人(让与担保权人)是否为受公司欢迎之人。此外,在设定让与担保的阶段承认该让与时,设定人清偿被担保债务取回股份,对公司而言无异于放弃股权后再次取得,当然有必要重新取得公司的承认。
>
> 　　某个让与是让与担保还是普通的转让,有时会在当事人之间发生争议,作为外部人的公司无法判断。因此,强制公司进行区别对待是有疑问的。
>
> 　　综上,判例提供了前后一致的规则,不会产生任何的异议。因此,判例的立场应当得到支持。

第 4 节　特殊股份持有形态

■ 1　总论

　　在本节中,将对特殊的股份持有形态即股份的共有(→■2)以及信托(→■3)进行说明。二者都是广泛存在并且具有高度经济重要性的股份持有形态。

■ 2　股份的共有

（1）意义

数人共同持有股份（股份的共有）是被认可的（依民264条规定，应当称为股份的"准共有"，公司法称为"共有"。参照：106条）。股份的共有因继承而频繁发生［参照：民898条，最判平成26.2.25民集68卷2号173页（民法百选Ⅲ67）］。

（2）共有股份的权利行使方法

（a）原则性的权利行使方法

为了使共有股份的权利行使得以顺利进行，公司法规定了一定的规则。具体而言，如果股份的共有人不将行使该股份权利的人（权利人）确定下来并通知公司，就不能行使该股份的权利（106条本文。参照：126条3款、4款）。

权利人可以通过自己的判断行使股东权，即使共有人内部有反对意见，其权利行使亦有效（最判昭和53.4.14民集32卷3号601页）。但是，当公司为恶意时，该权利行使应当认定无效［准用349条5款（代表权的内部制约）。滨田（2021）137页］。有力意见认为，权利人的指定方法准用共有物的处分规定（民251条），需要共有人全员一致。但是，判例认可共有份额过半数的多数决（民252条本文）进行指定［最判平成9.1.28判时1599号139页（百选10，商判Ⅰ-22）］。即使共有人中的一人反对该权利人的指定，也不会对共有股份整体的权利行使构成妨碍。因此，有力意见的结论并不妥当，应该支持判例的立场［事例⑥120—123页（田中亘）］。

（b）106条但书之例外

《公司法》106条但书规定，如果公司同意，股份共有人即使不指定权利行使人并通知公司，也可以行使权利。这个规定的主旨在于，股份的共有人根据民法规定（民251条、252条）确定共有股份行使的方法时，只要共有人据此决定行使股东权，即使不依照法律规定的权利行使人的指定及通知方法，只要公司同意，该股东权的行使即为有效。因为，行使权利人的指定、通知仅仅是为了公司处理事务的方便，公司不依此方法而承认共有人行使股东权时，自无禁止之理。但是，这并不是说共有人行使权利可以超越民法关于共有的规定，共有人不依照民法规定行使权利时，即使公司同意也不得认为有效［最判平成27.2.19民集69卷1号25页（百选11，商判Ⅰ-23）］。

例如，在股东大会上行使表决权，只要不存在以该表决权直接处分股份或者变更股份内容等特殊情形，作为《民法》252条的管理行为，可以共有份额的过半数做出决定(前引最判平成 27.2.19)。依照该规定,在确定了共有人以共有份额的过半数行使表决权的方法(例如,赞成特定的议案)时,只要共有人依其决定行使表决权,如果公司同意,即使没有权利行使人的指定、通知,该表决权的行使依然有效。但是,明明不存在这样的多数决,共有人之一对全部共有股份行使表决权时,即使公司同意,该表决权的行使也不发生效力(前引最判平成 27.2.19)。例如,要通过一项解散公司议案,根据该议案直接处分公司股份或者变更股份内容,就需要根据《民法》251 条 1 款规定,需要准共有股东全员的同意。欠缺此要件,即使公司同意,该表决权的行使也归于无效[久保田(2018)52 页]。

共有股份的权利行使存在众多问题,详细参照:事例⑥(田中亘);久保田(2018)第 5 章;仲(2019);浜田(2021)。

(c)信义诚实原则的例外

《公司法》106 条 1 款但书规定了没有公司同意时的股份共有人的权利行使方法,但在特定情形之下,比如,公司以没有行使权利人的指定、通知为由拒绝共有人行使权利,公司的行为违反了信义诚实原则的,法律认可个别共有人行使权利[股东大会决议不存在之诉→最判平成 2.12.4 民集 44 卷 9 号 1165 页(百选 9,商判Ⅰ-24)]。

■ 3 属于信托财产的股份

(1)意义以及经济功能

(a)信托的意义

特定的人(受托人)依一定的目的管理、处分财产等的构造称为信托(信托 2 条 1 款)。典型的如:受托人根据和委托人之间的契约(信托合同)受让财产,并负有将该财产依信托合同的规定为了受托人的利益管理、处分之责(信托 3 条 1 款)。

(b)股份信托

股份也可以成为信托的对象。股份信托作为股份投资的手段被广泛运用(→专栏 3-21)。

>>> **专栏 3-21 利用信托进行股份投资的一例——股份投资信托**

广泛普及的股份投资信托(是《关于投资信托以及投资法人的法律》2 条 1 款所指的委托人指示型投资的一种)是指委托公司从一般投资者处筹措资金,将此资金存入信托银行(受托人)进行信托,相应地,将取得的受益权平均分割,并将此分配给出资方即一般投资者(→图表3-8)。受托人根据信托合同的规定,依委托公司的指示将信托财产投资于上市公司。成为投资对象公司股东的是受托人(信托银行),而投资判断或表决权等股东权的行使则由享有指示权的委托公司行使。股份投资的损益归属于作为受益人的一般投资者。根据这样的构造,股份投资的运营与管理相分离,在运用与管理上,一般投资者可以相应地享受专业人员(运营上为委托公司,管理上为信托银行)的服务。

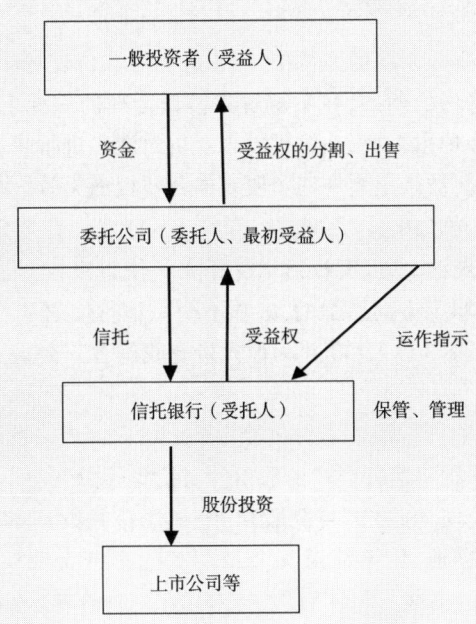

图表3-8 股份投资信托的构造

一般而言,机构投资者(→专栏3-1)以信托银行[外国机构投资者为"全球托管行"(Global Custodian)]的名义持有股份。实务中,作为股东名册上登记股东的信托银行等被称为"名义股东",机构投资者因实质上行使股东权,多被称为"实质股东"。但是,公司法上,名义股东是被认可的股东,实质股东不过是根据与名义股东间的契约而享有指示权限而已。

★(c)表决权信托

复数的股东有时会为了统一行使表决权,将其所持股份委托于一个受托人。此类股份信托系以特定的样态行使表决权为主要目的[例如,事业承继时的利用,论究Unit01(辰巳郁)]。这样的信托称为表决权信托["表决权信托"从名称上可能招致误会,其并非从构成股份的各种权利(受领分红等)中单将表决权拿出来信托,而是以行使表决权为主要目的进行的股份信托。将构成股份的各种权利进行分割处分,将会导致法律关系过度复杂,不具有操作性]。具有以上目的的信托原则上有效,但须对照合同内容以及当事人间的关系,如果构成对股东权的不当限制,则行为无效[铃木(1971b)]。

例如,在职工持股制度的案例中,职工应当将股份委托于持股会理事,在该职工具有股东身份的期间,在不得解除信托合同的前提下,表决权专由作为受托人的持股会理事行使,在该理事未获得对职工进行表决权行使方法的指示权时,其行为会被认定为侵害了股东的共益权而无效[大阪高决昭和58.10.27高民36卷3号250页(百选30,商判Ⅰ-47)]。在通常的职工持股制度上,根据持股会规约,职工有权指示受托人行使表决权[太田等(2022)117页]。受托人收到职工不同指示的,必须不统一地行使表决权(此时,受托人属于《公司法》313条3款所称的"为他人持有股份者",公司不得拒绝表决权的不统一行使)。

(2)属于信托财产的股份的对抗要件

公司法规定了属于信托财产的股份的对抗要件。

非股票发行公司的股份(转账股除外)属于信托财产的,若不将其内容记载、记录于股东名册,则不能对抗公司及其他第三人(154条之二1款)。例如,受托人自己的债权人将该股份予以查封时,若没有股东名册的记载、记录,该查封无法被排除(信托23条1款、5款)。相对而言,股票发行公司的股份即使没有股东名册的记载、记录,也可以该股份属于信托财产为由对抗第三人(154条之二4款)。因为,在股东名册上进行记载、记录,既然不是(针对公司以外第三人的)股份转移的对抗要件(130条2款),那么,其作为股份信托的对抗要件显然缺乏合理性[コンメ(3)493页(森下哲郎)]。

转账股的场合,转账账户的记载、记录是该股份属于信托财产的对抗要件(《转账法》142条、161条1款)。

第5节 投资单位的调整

■ 1 总论

假设某上市公司的股份时价总额为100亿日元,如果该公司发行100万股股份,则1股的价格为1万日元;若发行1亿股,则每股100日元。股份公司发行多少数额的股份,以及作为投资单位的每股价格,对各个公司而言是重要的问题。若每股价格过高,则特别是个人投资者很难出手购买,可能导致股份需求减弱;相反,若每股的价格过低,极端情况下会产生过多的零碎股东,导致公司处理事务的费用增加。公司法考虑到这些情况,规定了股份的合并和拆分,认可自由调整已发行股份数(甚至每股的价值)。此外,可以采用单位股制度,即以一定数量的股份作为一个单位,对未达到一个单位的股份,仅承认行使有限权利的制度(单位股制度)。本节将对这些股份投资单位的调整手段予以解说。

■ 2 股份的合并、拆分

(1)意义

所谓股份的合并(180条1款),是指将数个股份(比如10股)合起来,形成较原先数量少的(比如1股)股份。股份的拆分(183条1款)与此相反,是指将已发行的股份进行拆分,形成较原先数量多的股份。不论哪种行为,均是将各个股东持有的股份数一律按比例进行增减,故不会发生公司财产的变动。此外,股份合并除了用于调整投资单位,还可用于针对少数派股东的现金收购(→专栏3-22)。

(2)股份的合并程序

(a)股东大会的特别决议

股份公司要进行股份的合并,需要根据股东大会的特别决议,决定合并的比例(例如,100股合为1股时,合并的比例为一百分之一)以及效力发生日等事项(180条2款、309条2款4项)。例如,进行合并比例为十分之一的股份合并,只持股9股以下的股东将失去股东地位(因合并成为小数的股份将进行现金处理。→■4)。因此,股份的合并对股东利益有重大影响,需要股东大会的特别决议。董事必须在股东大会上说明股份合并的理由(180条4款)。

(b)授权发行股份总数的规制

在股东大会决议上,需要确定效力发生日的授权股份总数(180条2款4项。参照:113条)。在公众公司,该总数不得超过效力发生日已发行股份数的4倍(同条3款)。例如,授权股份总数为1万股、已发行股份数为3000股的公众公司,将2股并为1股时,需要将效力发生日授权股份总数规定在6000股(效力发生日已发行股份总数1500股的4倍)以下。公众公司原则上可以董事会决议发行新股(201条1款),但为了保证现有股东持股比例不至于过分降低,规定授权股份数不得超过已发行股份总数的4倍(37条3款、113条3款),该规定同样适用于股份合并。

(c)股东的保护

股份合并会对股东的利益带来重大影响,故需要采取以下股东保护措施(→专栏3-22):

①小数股份的回购请求权。因股份合并出现小数股,其股东可以请求公司将其持有的该股份以公正的价格进行回购(182条之四)。回购请求的要件以及回购价格的决定程序与116条反对股东的股份回购请求相同。决定回购价格的法律问题见本书第9章第3节以下介绍。

②停止请求权。股份的合并违反法令或公司章程,股东可能受到不利影响时,股东可以请求公司停止该股份的合并(182条之三)。

③事前的信息披露。公司在进行股份合并时,必须在效力发生日两周前,将有关股份合并的股东大会的决议事项(180条2款各项)通知股东(181条)。此外,必须将记载股份合并事项的书面(或数据电文)置备于总公司供股东阅览(事前披露。182条之二、会则33条之九)。这样规定的主旨在于,向股东披露关于股份合并的信息,根据情况给予股东小数股份回购请求(182条之四)以及停止请求(182条之三)的机会。

④事后的信息披露。已进行股份合并的公司,应当于效力发生日后不迟延地将记载法务省令规定事项的书面(或数据电文)作为股份合并的事项置备于总公司,以供股东及效力发生日因合并失去股份地位者阅览之用(事后披露。182条之六、会则33条之十)。

★(d)采用单位股制度的公司

公司采用单位股制度的,(c)当中介绍的股东保护规定仅限于单位股份数乘以合并比例后产生不足1的小数这样的股份合并之场合(182条之二1款括号书)。例如,以100股为一个单位的公司拟进行股份合并(以200股作为一个单位,即合并比例为二百分之一)时,合并本身受(c)的规定限制,而以10股合并为1股时则不受(c)的规定限制。因为,在后者的情况下,因股份合并出现不满1股的小数只限于从前的不足单位股之情形,此时对股东利益造成的影响很小。

▶▶▶ **专栏 3-22　关于股份合并的法律修改**

股份合并比例的分母越大,合并后持有股份不满 1 股的情况就越多,这样的手段可以用于针对少数派股东的现金收购(以现金为对价使少数派股东退出公司)。2014 年《公司法》修改前,并没有赋予反对股份合并股东的股份回购请求权,相关制度被批评缺乏对股东的保护。2014 年《公司法》修改时,创设了股东保护的制度。2019 年《公司法》修改时,充实了事前披露的相关制度(会则 33 条之九)。

(e)股份合并的生效

股份合并于公司规定的效力发生日(180 条 2 款 2 项)生效(182 条 1 款)。公司将被视为于效力发生日依授权股份数的规定(180 条 2 款 4 项)进行了章程变更(182 条 2 款)。

(3)股份拆分的程序

(a)拆分的表决

股份公司在进行股份拆分时,对于拆分比例、基准日以及生效日等《公司法》183 条 2 款各项规定的事项,非董事会设置公司必须以股东大会决议(普通决议)、董事会设置公司必须以董事会决议加以确定(183 条 2 款)。与股份合并不同,不需要股东大会的特别决议。进行股份拆分的,因小数的发生可能导致股东的持股比例发生变化[例如,若将 1 股拆分为 1.5 股,拆分前持有 2 股的股东拆分后成为 3 股,而只持有 1 股的股东拆分后则不变(小数进行现金处理。→■4),持股比例发生变化],虽不能说对股东利益不产生影响,但与股份合并不同,不存在失去股东地位(不满 1 股)的股东。在这点上,可以认为对股东利益的影响相对较小。

(b)关于授权股份数的规定

公司进行股份拆分时,已发行股份数会增加,但公司的授权股份数(37 条、113 条)并不当然增加。其实,公司在进行股份拆分时,在拆分比例的限度内,可以不经股东大会的特别决议(466 条、309 条 2 款 11 项)而增加授权股份数(184 条 2 款)。例如,授权股份数为 2000 股、已发行股份数为 1000 股的股份公司,在将 1 股拆分为 2 股时,授权股份数增加为 4000 股(从前的 2 倍)的章程变更可以不经股东大会的特别表决。理由在于,授权股份制度可以防止因新股发行导致现有股东持股比例的降低,公司即使在以上限度内增加授权股份数,因新股发行导致现有股东持股比例降低的程度(上例中,50%

为降低的界限)不会较以前大,故不需要股东大会的承认。

(c)公告

公司必须在股份拆分基准日的两周前公告拆分的表决事项(124条3款)。其宗旨在于对股东进行通知之际,给予尚未进行股东名册名义变更的股东以名义变更的机会。

(d)效力的发生

股份拆分于公司规定的效力发生日生效,在基准日记载、记录于股东名册的股东,取得以拆分前的股份乘以拆分比例得出的股份(184条1款)。

▶▶▶ ★专栏3-23 违法、不公正的股份拆分的停止、无效

股份拆分与股份合并(182条之三)不同,不存在股东停止请求权的明文规定。判例上,因股份拆分不会导致现有股东持股比例的降低,故不类推适用募集股份的发行停止规定(210条。东京地决平成17.7.29判时1909号87页)。但是,股份拆分也存在欠缺必要的机关决议(183条2款)等违法行为,以及作为反收购措施而"显著不公正"等情形,故应当承认同条的类推适用[田中(2007b)116页]。

此外,股份拆分一旦完毕,就有必要考虑股份交易的安全,对于其无效的主张应当类推适用新股发行无效之诉的规定[828条1款2项、840条。コンメ(4)163页(山本为三郎)]。

3 无偿配股

无偿配股(185条),是指公司对照股东的持股数,将公司股份无偿交付给该股东的行为。例如,对股东持有的股份,每一股无偿交付0.5股(发生不满一股的情况时进行现金处理。→■4)。这与将现有股份1股拆分为1.5股的股份拆分(183条)在经济实质上是相同的。但是,相对于股份拆分时只发生某类别股份数的增加,无偿配股时可以分配与已发行股份不同类别的股份。此外,股份拆分的效力及于公司持有的自己股份,而无偿配股则不适用于自己股份(186条2款)。

在进行无偿配股时,股东大会(董事会设置公司为董事会)决定分配股份数、类别以及效力发生日等事项[186条(决定机关可以章程另行规定)]。在效力发生日,股东成为接受无偿配股股份的股东(187条1款)。

■ 4 小数的处理

公司因进行股份合并、股份拆分或者无偿配股而产生不满一股的小数时,通常将(小数相加的)合计股份出售并将相应价款支付给股东(234条、235条)。例如,公司现有持有100股的股东1名,持有5股的股东10名,若将10股合并为1股,则从前持100股的股东现持有10股,从前持有5股的现变成0.5股的小数。这些小数合计起来为:$0.5 \times 10 = 5$股,公司将这5股出售后,将出售价款分为10等份交付于10名(旧)股东。出售方法原则上采取拍卖(234条1款、235条1款),有市场价格的股份依市场价格,没有市场价格的经法院许可以拍卖之外的方法(相对的交易)出售(234条2款、3款,235条2款)。此外,公司自身也可以成为拍卖股份的买方(234条4款、5款,235条2款)。

■ 5 单位股制度

(1) 意义

单位股制度(188条以下)是指根据公司章程规定,以一定数量(例如100股)的股份为一个单位,承认单位股东完全的权利,对不满单位数量股份的股东(不满单位股东),只承认其有限的权利。不满单位股东由于没有表决权(189条1款),公司可以不必向其发出股东大会召集通知(参照:298条2款括号书、299条1款),这样可以节约管理股东的费用。另外,不满单位股东仍然享有从公司接受分配等经济利益的权利。公司欲扩大投资单位,但股份合并会导致多数股东的地位被剥夺进而受到抵抗时,采用单位股制度就成为有效的手段。单位股制度在上市公司中被广泛利用。

要采用单位股制度,必须以公司章程规定一个单位(一手)的股份数(188条1款。程序参照:190条、191条、195条)。一个单位的股份数不得超过1000股或已发行股份总数的二百分之一(188条2款、会则34条)。类别股发行公司中,一个单位的股份数因类别不同存在差异(188条3款)。这样的利用方法接近复数表决权制度,在此不再赘述(→专栏3-7)。

(2) 不满单位股东的权利

不满单位股东没有表决权(189条1款。"一单位一表决权"。188条1款、308条1款但书),也没有股东提案权等以表决权为前提的权利(303条等)。

不满单位股东原则上享有除此以外的其他股东权,但可以章程排除之

(189条2款)。但是,剩余财产分配请求权(同款5项)、盈余分配请求权(同款6项、会则35条1款7项4小项)等某些自益权不能以章程排除(189条2款各项)。另外,以转让取得不满单位股份时的股东名册名义变更请求权(133条)可以用章程排除(参照:会则35条1款4项)。再者,股票发行公司可以章程规定不向不满单位股东发行股票(189条3款)。这样的章程安排,可以阻止不满单位股份的流通。

(3)不满单位股东的投资回收方法

前述(2)的最后部分所述的章程规定,或者说即便没有此类规定,不满单位股东的权利实际上也受到限制,其转让在实际上将很困难。因此,公司法规定,不满单位股东可以随时请求公司收购其持有的不满单位股份(不满单位股份的回购请求权。192条)。如上市公司,股份存在市场价格时,以其价格为基准可以确定收购价格(193条1款1项、会则36条)。否则,需要根据当事人之间的协议(193条1款2项);无法达成协议的,可以请求法院裁定收购价格(同条2款以下)。不满单位股东的权利受到限制,但并不意味着回购价格打折。

此外,公司可以章程规定,不满单位股东可以请求公司将本公司股份(限于公司持有的自己股份)转让给自己(194条),以使这部分股份与自己持有的股份之合计达到单位股份的要求。

第 4 章
机　关

- 第 1 节　总论
- 第 2 节　股东大会
- 第 3 节　董事、董事会
- 第 4 节　会计参与
- 第 5 节　监事、监事会
- 第 6 节　会计监察人
- 第 7 节　审计等委员会设置公司
- 第 8 节　提名委员会等设置公司
- 第 9 节　管理人员的责任以及责任追究等的法律规定

本章介绍股份公司的机关。首先，在阐述机关的意义，以及公司法对于机关的法律规制的基本构造（第1节）后，按照股东大会（第2节），董事、董事会（第3节），会计参与（第4节），监事、监事会（第5节），会计监察人（第6节）各个机关的顺序进行解说。然后，对比较新型的组织形态的审计等委员会设置公司（第7节）、提名委员会等设置公司（第8节）进行解说，最后，介绍管理人员等的责任及其追究方式的相关制度（第9节）。

第1节　总论

1　意义

所谓机关，是指从事公司的管理、运营，规定于《公司法》第二编第四章（295条以下）的人或会议体（→专栏4-1）。具体而言，包括股东大会、类别股东大会、董事、董事会、会计参与、监事、监事会、会计监察人、审计等委员会、提名委员会等（提名委员会、审计委员会、薪酬委员会的统称）以及执行董事。[1]

股东大会和董事是所有股份公司必备的机关（参照：295条、326条1款）。其他机关则尽量尊重各个公司的自主性，由公司章程选择设置（326条2款）。即便如此，对于某些公司而言，法律会强制设置一定的机关（327条、328条）。此外，也存在不得同时设置的情况。

公司设置董事会、会计参与、监事、监事会、会计监察人、审计等委员会或提名委员会等，需要以章程进行规定（326条2款。所有股份公司必设的股东大会、董事，类别股发行公司必设的类别股东大会，提名委员会等设置公司

---

[1] 对于公司"机关"的翻译，本书遵循下列原则：我国现行法存在类似制度的，依从我国的惯有表达；现行法没有规定的，在确保符合我国语言习惯的基础上，尽量引用原日文汉字。例如，"股东大会""董事""董事会""监事""监事会"，我国《公司法》已沿用多年，本书直接使用以上概念。日文的"监查委员会"，类似于我国上市公司中的"审计委员会"，故本书译为"审计（等）委员会"。日文的"会计参与"系我国现行法中所没有的概念，本书做直接引用。日文的"会计监查人"也是我国现行法中所没有的规定，结合汉语的表达习惯，本书译为"会计监察人"。——译者注

必设的执行董事,不需要章程规定)。即使公司法强制规定设置以上机关,也不能以此省略章程的规定。如此,设置这些机关 A 的公司或公司法强制规定设置 A 的公司,公司法上称作"A 设置公司"[2 条 7 项—12 项。监事设置公司(同条 9 项)更为复杂,后述]。不属于 A 设置公司的公司,本书称为"非 A 设置公司"。

公司需要将"A 设置公司"作为登记事项予以登记(911 条 3 款 15 项—19 项、22 项、23 项)。

以下,首先简单介绍各机关的意义、作用(■2),之后说明机关设计的规则(■3)。类别股东大会已在类别股份一处做了说明,本节省略。之后简单介绍公司治理的相关内容(■4)。

▶▶▶ ★专栏 4-1 何为机关

在学说上,通常将实施股份公司的意思决定或者行为者称为机关,并以法律进行规定[コンメ(7)5 页(岩原绅作)]。公司是法人,不能亲自为意思表示,故需要以某些主体(人或会议体)的意思决定或行为作为公司的意思表示或行为,这些主体称为"机关"。因此,董事会设置公司的董事,因其不是机关(只是作为机关的董事会的成员),其自身无权作出公司的意思决定或行为,只有从公司得到代表权或业务执行权,才成为公司的机关(江头 308 页注 2)。此外,会计监察人作为专家行使外部监督职责,也不能称为机关(江头 311 页)。

然而,公司法将董事与会计监察人规定到"机关"章节中,与学说的立场并不协调。最近的学说多将会计监察人解释为公司的机关[伊藤等 131 页(大杉谦一)],进而将董事也解释为机关[伊藤等 131 页(大杉谦一),コンメ(8)6 页(落合诚一)],造成了用词的混乱。

其实,"机关"本身并不能直接推导出任何法律效果,讨论机关的性质并没有实际意义。因此,用语遵从形式就显得通俗易懂。本书将机关定义为:规定于《公司法》"机关"一章的人或会议体,并不限于实施公司的意思表示或行为者。按照这样的定义,会计监察人以及董事会设置公司的董事也是公司的机关。这样看来,在学习公司法过程中,相比于某人是否为公司的机关,其在公司的运营、管理上发挥何种作用才是最重要的。

■ 2　各机关的意义、作用

(1)股东大会、董事、董事会

(a)总论

股份公司的组织架构中,股东在股东大会上选举董事进行公司的运营、管理,因此,股东大会和董事是公司的必设机关(295 条、296 条、326 条 1 款)。其实,二者的作用因公司类型不同(是否设置董事会)而差别明显,下面进行说明。

(b)非董事会设置公司的场合

非董事会设置公司的构造(→图表 4-1)比较简单,股东大会选举的董事(329 条 1 款)决定公司的业务(不管是经营的基本方针,还是具体的交易,其拥有广泛的业务执行决定权。348 条 2 款、3 款),并且执行公司的业务(基于业务决定权,实际执行公司的业务)。另外,董事对外代表公司(349 条 1 款)。另一方面,股东大会有权对公司的所有事项进行表决(295 条 1 款。对比 2 款)。股东大会对公司的业务作出决定的,董事有义务遵守并执行(参照:355 条)。因股东大会的程序规定比较简略(→图表 4-4),故决策的机动性良好。

通常非董事会设置公司股东人数较少且相互熟知,适合直接参与公司经营的企业形态。

图表 4-1　非董事会设置公司的组织构造

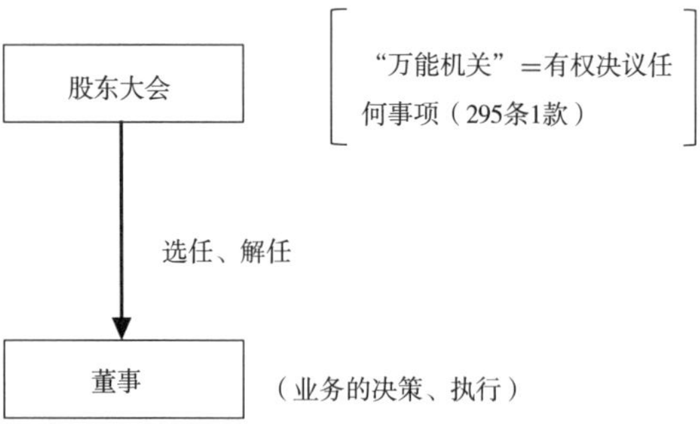

```
┌─────────┐     ┌
│  股东大会  │     │ "万能机关"＝有权决议任
└────┬────┘     │ 何事项（295条1款）
     │              └
     │ 选任、解任
     ▼
┌─────────┐
│   董事    │     （业务的决策、执行）
└─────────┘
```

*　股东大会、董事以外的机关(例如监事)也可任意设置。但是,设置监事会、审计等委员会或者提名委员会等的,将不再属于非董事会设置公司(327 条 1 款 2 项—4 项)。

(c)董事会设置公司的场合

在董事会设置公司中,股东大会必须选举 3 名以上董事(329 条 1 款、331

条 5 款)。董事全员构成董事会(362 条 1 款)。董事会在决定执行公司业务(与 348 条 2 款的"业务的决定"同义)的同时(362 条 2 款 1 项),从董事中选举出代表公司的董事(代表董事)和其他执行公司业务的董事[执行业务董事(2 条 15 项①),362 条 2 款 1 项、3 款,36 条 1 款 2 项],监督代表董事的业务活动(362 条 2 款 2 项)。业务执行董事除了执行公司的业务(363 条 1 款),还可以接受董事会的委任执行公司的业务[委任事项受法定限制(362 条 4 款)。以上说明并不适用于提名委员会等设置公司,对此后述]。另一方面,股东大会可以表决的事项受到公司法以及公司章程规定事项的限制(295 条 2 款)。

图表 4-2 董事会设置公司(委员会型公司除外)的组织构造

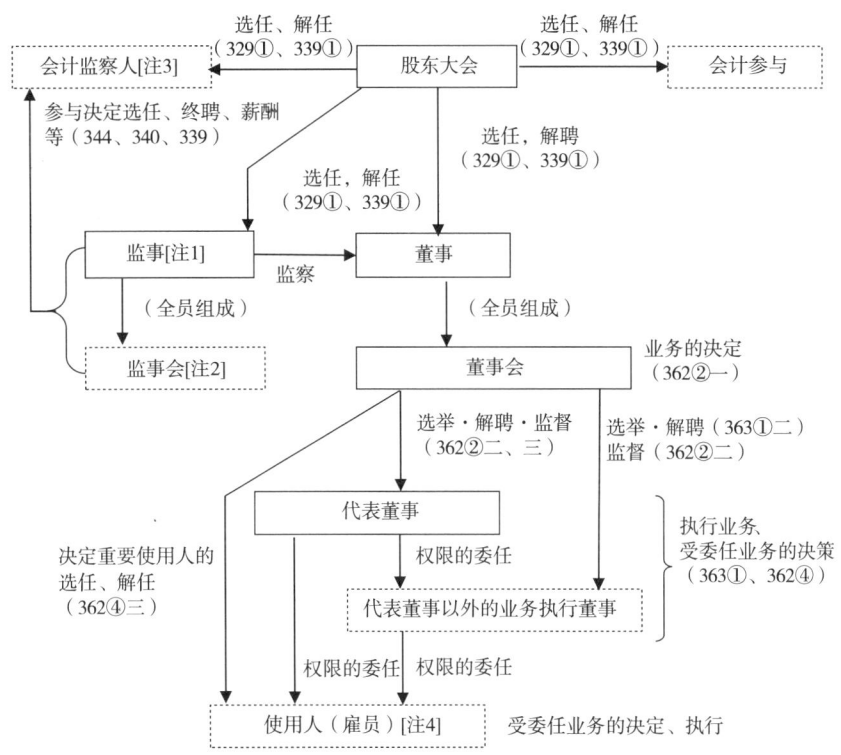

* 除委员会型公司(审计等委员会设置公司以及提名委员会等设置公司)外的董事会设置公司中,原则上强制设置的为实线,除此以外的为虚线。
[注 1]原则上强制设置,非公众公司且设置会计参与的,为任意设置(327②但书)。相同场合设置会计监察人的,为强制设置(327③)。
[注 2]公众大公司为强制设置(328①)。
[注 3]大公司为强制设置(328)。
[注 4]规定在《公司法》第一编第三章(10 条以下)。

董事会设置公司的业务基本上由董事会及其监督下的业务执行董事完成,股东并不参与公司的日常经营。这样的组织架构尤其适合于从一般投资者广泛募集资金从事大规模事业的企业。

(d)对使用人的权限委托

执行业务的董事可以将自己的部分业务决定、执行权限委托给公司的使用人(公司员工。重要使用人的选举、罢免需要董事会决定。362 条 4 款 3 项)。使用人在业务执行董事的指挥、监督下行使受托权限。通常,公司的日常业务(商品的进货、销售等)由使用人执行。

设置董事会且为非委员会型的股份公司的组织结构(机关设计)如图表4-2 所示。这种类型的公司可以说是最为典型的股份公司[2002 年《商法》修改时引进"委员会等设置公司"(现行《公司法》的"提名委员会等设置公司")之前,股份公司只存在这种类型]。对初学者来说,准确理解这种类型的公司尤为重要。

▶▶▶ 专栏 4-2　非董事会设置公司和董事会设置公司

从沿革上说,非董事会设置公司来源于 2005 年《公司法》修改时废止的《有限公司法》中的有限公司(→专栏 1-11)。需要注意,非董事会设置公司和董事会设置公司的区别并不在于是否设置董事会,非董事会设置公司也可以设置由复数董事构成的会议体。事实上,这类公司内部常常也自称"董事会"。但是,这类公司只要不以章程设置董事会,或者不是依法强制性地设置董事会,就不属于董事会设置公司(参照:2 条 7 项)。对于这两种类型的公司之间的区别,或许这样理解更加合理:股东直接参与经营,还是董事会负责公司经营,是二者之间最根本性的区别。若仅考虑是否设置会议体,就会产生理解的困难,例如,为何股东大会的规则在两种类型的公司中存在不同(→图表 4-4)？为何董事会设置公司(委员会型公司除外)原则上必须设置监事(327 条 2 款)？

(2)会计参与

会计参与是执行公司会计业务的机关。具体而言,会计参与同公司董事(提名委员会等设置公司为执行董事)一起制作财务报表(374 条 1 款)。至于是否设置会计参与,原则上由公司选择(但是,非公众公司不设监事会时,需要强制设置会计参与。327 条 2 款但书)。会计参与只能由具有会计专业知识者,例如注册会计师、监察法人(以注册会计师为成员的法人)、税理士或者税理士法人就任(333条1款)。会计参与由股东大会选举、任命(329条1款)。

(3)监事、监事会

(a)监察机关

董事、董事会以及会计参与是公司的业务执行机关(决定以及执行),而监事、监事会以及会计监察人则是监察上述机关执行业务的机关。

(b)监事

监事是监察董事以及会计参与(如有)履行职务的机关(381条)。所谓监察,是指调查执行职务的状况,如有必要则予以纠正。董事会设置公司中除了后述的委员会型公司,需要强制性设置监事(327条2款)。监事由股东大会选举、任命(329条1款)。

(c)监事会

监事会是由全体监事构成的会议体(390条1款)。是否设置监事会原则上由各公司自由选择,但某些公司需要强制性设置监事会。监事会设置公司在监事人数以及构成等方面,需要遵守比仅设置监事的公司更为严格的规定(335条3款)。

(4)会计监察人

会计监察人是监察公司会计资料适当性与正确性的机关(396条1款)。因为需要会计监察的专业知识,故只能由注册会计师或监察法人就任(337条1款)。是否设置会计监察人原则上由各公司自行决定,但某些公司需要强制设置。会计监察人由股东大会选举、任命(329条1款)。

(5)审计等委员会

(a)意义

审计等委员会设置公司(2条11项②)是2014年《公司法》修改时新设的新型公司。审计等委员会设置公司属于董事会设置公司(327条1款3项),不设监事(327条2款),取而代之的是由股东大会选举审计等委员组成审计等委员会(399条之二1款、2款),对董事执行业务行使监督之责(399条之二3款1项)。为了确保审计等委员的独立性,其过半数必须为外部董事(2条15项→第3节■2□3,331条6款)。

(b)委员会型公司

本书为了论述方便,将审计等委员会设置公司与其后介绍的提名委员会等设置公司合在一起,统称"委员会型公司"。委员会型公司是新型的公司,在上市公司治理改革进程中(→■4),其重要性与日俱增。

(6)提名委员会、审计委员会、薪酬委员会(提名委员会等),执行董事

提名委员会等设置公司(2条12项)主要是以美国的上市公司为原型,在2002年《公司法》修改时引进的一种股份公司的组织形态(引进时称为"委员会等设置公司",2005年《公司法》制定时改为"委员会设置公司"。2014年《公司法》修改时为了与新设的"审计等委员会设置公司"相区别,遂改为现在的名称)。提名委员会等设置公司包括提名委员会、审计委员会、薪酬委员会三个委员会(2条12项)。各委员会的委员由董事会从董事中选举(400条12项)。并且,各委员会的委员必须为三人以上,其过半数为外部董事(同条1款、3款)。

与其他股份公司的代表董事及其他业务执行董事不同,提名委员会等设置公司由董事会选举的首席执行官及其他执行官执行公司业务(418条2项)。执行官有权决定委任范围内的事务(同条1项)。董事会的主要职责除公司业务的决策外,还对董事及执行官进行监督(416条1款1项、2项)。

(7)管理人员、管理人员等

《公司法》"机关"一章规定的人当中,董事、会计参与、监事称为"管理人员"(329条1款),管理人员加上执行董事、会计监察人合称为"管理人员等"(423条1款、847条1款)。公司法上,"管理人员等"的重要意义在于,其负有对公司的"任务懈怠"责任(423条)及对第三人责任(429条),以及成为股东代表诉讼的对象(847条以下)。

> ▶▶▶ **专栏4-3 管理人员、管理人员等以及任意职位**
>
> 公司法并没有如本书那样明确区分"管理人员"与"管理人员等"(《金融商品交易法》上称执行董事为"管理人员"。同法21条1款1项),执行董事不是由股东大会选举而来,并且会计监察人作为外部专家一般也不被认为是公司组织内的人员(故一般不称为"管理人员"),因此,应当分别从管理人员中排除。
>
> 另一方面,公司可以根据章程以及董事会规则,任意设置公司法没有规定的职位。在日本,通常称经营一把手为"社长",这是任意的职位,在公司法上相当于代表董事或代表执行董事。近年来,很多上市公司设置的"执行管理人员"就是公司高级使用人的任意职位,公司法中并未规定。此外,日常用语中称全体业务执行董事或执行董事为"管理层"(日文中表述为"经营阵"),"管理层"中处于顶端地位者(有权对其

他业务执行董事、执行董事指挥、命令者)称为"经营者"。本书在此意义上使用"管理层""经营者"的概念。

3 机关设计的规则

(1)总论

下面介绍公司法上关于机关设计的规则(326条—328条)。规则的核心首先在于是否为公众公司(2条5项),其次在于是否为大公司。所谓大公司,是指资本金达5亿日元以上或者负债200亿日元以上的股份公司[2条6项。上述指标根据上一会计年度(2条24项)期末资产负债表上的记载金额确定]。不是大公司的股份公司,本书称为"非大公司"。对于非公众公司且非大公司,在机关设计上比较宽松,法律赋予各公司广泛的自由选择权;公众公司且大公司(本书称为"公众大公司")则采取严格的规制。

上述机关设计的选择项,如图表4-3所示。但是,相比于单纯记忆,充分理解(2)以下所述的机关设计规则(①—⑪)及其依据更为重要。

图表4-3 机关设计的选项

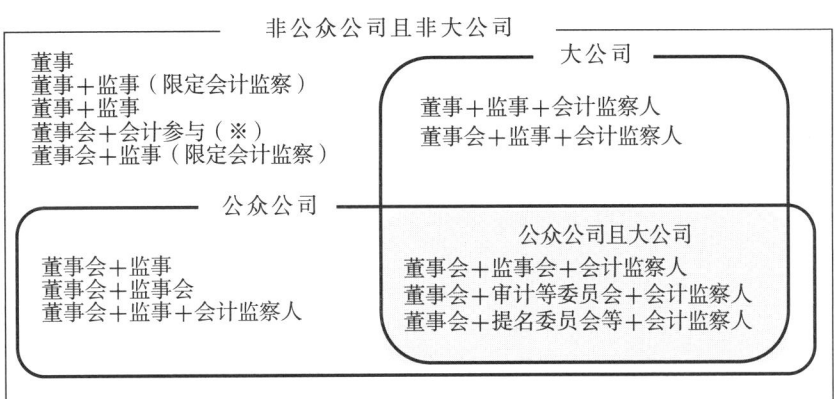

* 非公众公司且非大公司可采用图表中的所有机关设计。公众公司与大公司的选项为表中各自所属部分。公众大公司(公众公司且为大公司)的选项为二者的重合部分(图表中阴影部分)。

所有的股份公司均须强制设置股东大会、董事(295条、296条、326条1款)。设置监事会的公司当然必须设置监事(不限定为会计监察者。参照:389条1款括号书)。

所有股份公司均可任意设置会计参与。但是,(※)的场合为强制设置(327条2款但书)。

"监事(限定会计监察)"是指根据公司章程规定,监察范围限定为会计的监事。

（2）股东大会、董事、董事会的规则设计

> ① 所有股份公司必须设置股东大会和董事（295 条、296 条、326 条 1 款）。

此规则前已所述［→117 页（1）］。

> ② 公众公司必须设置董事会（327 条 1 款 1 项）。

由于公众公司股份可以自由转让，导致股东变动频繁且股东人数众多，最终使得股东难以持续参与经营管理。因此，这类公司原则上应当将公司运营、管理交由董事会。反之，如股东要直接参与公司经营，采取非公众公司形式则较为适合。

（3）监督机关的规则设计

> ③ 董事会设置公司（委员会型公司除外）必须设置监事（327 条 2 款）。

董事会设置公司中，股东大会的权限受到限制，公司的运营、管理集中于董事会（362 条）。因此，为了使董事不滥用其权力，就需要设置监督其执行业务的监事。但是，在委员会型公司中，因为存在审计等委员会或者审计委员会，故不设监事（→⑧）。

其实，非公众公司可以依章程，将监事的监督范围限定在财务会计而不是公司的全部业务（389 条 1 款）。本书将这样的监事称为"会计审计限定监事"）。这样做是基于如下考量：首先，非公众公司的股东通常精通公司业务，其自身可以对董事形成监督；其次，现实中即便赋予监事广泛的权限，很多非公众公司也难以获得适合的人才。但是，设置监事会或会计监察人的场合，监事的权限不得受到限制（→⑤⑥）。公司法上，设置监事的公司只要没有特别的规定（388 条、436 条 1 款、911 条 3 款 17 项等），便不包括监事的监督范围受限的公司（2 条 9 项）。监事的监督范围受到限制属于公司的登记事项（911 条 3 款 17 项 1 号）。

> ③ 的例外：非公众公司且设置会计参与的董事会设置公司，可以不设监事（327 条 2 款但书）。

如前所述，非公众公司可以将监事的监督范围限定于会计监督（389 条 1 款），如果财务报表相关材料的制作有会计专家参与，则不必设置监事。需要注意的是，设置会计监察人的，公司有义务设置监事。

> ④ 大公司必须设置会计监察人（328 条 1 款、2 款，327 条 5 款）。

这样设计是因为大公司通常规模较大,决算关系复杂,债权人等利害关系人众多,引入会计专业人士可以保证会计处理的适当性与正确性。并且,委员会型公司不论是否为大公司,都必须设置会计监察人(→⑨)。

> ⑤ 会计监察人设置公司(委员会型公司除外)必须设置监事(327条3款)。

设置会计监察人是为了保证与公司管理层之间的独立性,故其选举、解聘需要监事参与(344条、399条1款、2款)。因此,会计监察人设置公司也必须设置监事[327条3款。此时的监事不得为会计监督限定监事(389条1款括号书)]。但是,作为例外,委员会型公司不得设置监事(→⑧)。在这些公司中,审计等委员会或者审计委员会参与决定会计监察人的选举、解聘(399条之二3款2项,404条2款2项,399条3款、4款)。

> ⑥ 监事会设置公司必须设置董事会(327条1款2项)。

规则如此设定并没有特别的理由,立法者认为,若采用非董事会设置公司这样简单的组织形态,却设置监事会这样的复杂架构,现实中很难存在需求(立法解说95页)。

此外,监事会设置公司不能将监督范围仅限于会计监督(389条1款)。因为,很难想象采用监事会这样严格的监督制度,却限定其监督的范围。因此,监事会设置公司当然也是设置监事的公司(参照2条9项)。

(4)委员会型公司的规则

> ⑦ 委员会型公司(审计等委员会设置公司以及提名委员会等设置公司)必须设置董事会(327条1款3项、4项)。
> ⑧ 委员会型公司不得设置监事(327条4款)。
> ⑨ 委员会型公司必须设置会计监察人(327条5款)。
> ⑩ 提名委员会等设置公司不得设置审计等委员会(327条6款)。

委员会型公司中,董事或执行董事执行职务除了受董事会监督,还要受审计等委员会或审计委员会的监督。因此,这些公司的董事会是必设机关(⑦),并且,为了避免与监察(等)委员会职能权限重复,不得设置监事(⑧)。另外,这些公司因为赋予业务执行董事或执行董事以广泛的权限(399条之十三5款、6款,416条4款),从专业性监督的角度看,即便不是大公司,也需要设置会计监察人(⑨)。需要强调的是,审计等委员会设置公司和提名委员会等设置公司的基本构造存在差异,不得同时选择(⑩)。

（5）公众大公司的规则

> ⑪ 公众大公司必须在监事会、审计等委员会或提名委员会等之中选择其一（328条1款）。

公众大公司因为涉及股东、债权人等众多利害关系人，对业务执行的监察、监督就尤为重要，故需要在监事会、审计等委员会或提名委员会等之中选择其一。并且，基于④⑨，必须设置会计监察人（327条5款、328条1款）。当然，基于②，也必须设置董事会。其结果是，公众大公司的机关设计的选择除了会计参与，限于图表4-3所示的三种（→专栏4-4）。

> ▶▶▶ **专栏4-4 上市公司的机关设计**
>
> 上市公司根据交易所规则，即便不是公众大公司，也必须在监事会、审计等委员会或提名委员会等之中选择其一［东证上市规则437条1款（2）］。
>
> 截至2022年8月4日，东京证券交易所（东证）3769家上市公司中，设置监事会的公司有2282家（60.5%），设置审计等委员会的公司有1399家（37.1%），设置提名委员会等的公司有88家（2.3%）［由笔者根据公司治理企业信息服务平台检索所得→卷末附录■2(2)］。

■4 企业治理（公司治理）

（1）意义

"企业治理（公司治理）"一词用于各种场合，广义上指公司运营、管理的应有方式。"企业"并不限于股份公司，从经济重要度来看，股份公司特别是上市公司处于企业治理的中心。关于企业治理的议论有以下特点：其并不仅仅是公司法上的制度，还包括交易所规则等法律以外的规则（软法），以及社会规范、习惯等。它发端于1970年左右美国上市公司的大规模财务不端行为，在日本，从二十世纪九十年代开始成为广泛使用的概念（→专栏4-5）。

本书作为教科书无法论及企业治理的全部问题，但是，有必要了解企业治理的现状以及课题，特别是关于机关的法律制度，故本书对企业治理的主要论点予以提及（除了■4，主要以专栏的形式出现）。关于企业治理的课题，参照：宫岛（2011），宫岛（2017），田中、中林（2015）。

(2)公司治理(CG)准则、遵循或解释守则

(a)CG准则

二十世纪九十年代以后,世界各国出现如下动向:即以原则的形式建议上市公司采取理想的企业治理方式,并对企业的实施进行督促。日本也于2015年6月在东京证券交易所(东证)制定了公司治理准则[本书称为"CG准则",2018年6月改订,2021年6月再次改订。→卷末附录■1(1)]。东证上市公司中,在主要市场板块以及标准市场板块(2022年4月东证市场改组前的市场第一部、第二部)上市的公司对于"CG准则"中的各项原则(基本原则、原则、补充原则合计73项),要么实施,不实施的则需要在"关于公司治理的报告书"[根据东证上市规程制作、公开→卷末附录■2(2)]中说明理由[东证上市规程436条之三(1)]。增长市场板块(东证市场改组前为高增长和新兴股票市场板块)上市公司只需要就CG准则中的基本原则(5项)在不予实施时说明理由即可[同条(2)]。CG准则虽不是法令,但鉴于其在实践中的重要性,本书适当提取CG准则的重要原则(置于专栏中)进行讲解。

(b)遵循或解释守则

如CG准则那样,某原则要么实施,要么不实施时说明理由的,便称为"遵循或解释守则"。这样的规则要求各公司根据自身的情况,选择实施或不实施某项原则,使规则在确保弹性的同时,不实施的公司需要说明理由以接受股份市场的评价(无法自圆其说时,公司股价会下跌)。据此,理想的企业治理形态会通过这种形式成为公司的推动力。

通常,理想的企业治理构造因各公司的实际情况不同而有所差异,所以,法律强制采取特定的构造并不一定合理。但另一方面,在上市公司中,权力容易集中于管理层(→专栏4-5),其对于企业治理构造的决定有重大的影响。因此,企业治理构造的决定是否完全放权于公司自治,是存在疑问的(无法指望管理层会有效监督自己)。遵循或解释守则综合考量了这些相冲突的要素并制定了相关规则,不仅日本,各国的公司治理一般都采取了这种方式[关于规则功能的考察参见:田中(2017a)381—388页。CG准则下日本企业治理改革的评价见:宫岛、斋藤(2020a),宫岛、斋藤(2020b)]。

▶▶▶ **专栏4-5 企业治理的课题**

对企业治理的课题大致可以列举两种情况:企业守法经营(合规性治理),和维持、提高企业生产性与收益性,实现持续成长(效率性治理)。例如,为了守法而进行的内部治理体系的完善,主要属于前者;董

事会为了提高公司业绩而设计针对管理层的激励,或者通过业绩评价进行人事调整等,则主要属于后者。企业治理起初发端于企业"不祥事"*,以往倾向于归为前者,其后特别是对二十世纪九十年代以后日本企业的低收益性反省开始,最近倾向于归为后者。

企业治理的实态、课题因地域或时代不同而有所差别。特别是股东的构成对企业治理的影响很大。在日本的上市公司中,不存在母公司等控制股东,大多数公司的股份由多数投资者分散持有(→专栏3-1)。这样的公司极易导致各个股东对经营漠不关心,最终使公司经营的实权集中于经营者手中(→专栏1-7)。因此,如何规制拥有强大权限的经营者,就成为企业治理的重要课题。同时,这样的公司中,存在着仅少额并短期参与公司经营的个人股东,由于这些股东某种程度上影响着董事的选举、解聘,其与公司员工、交易相对方等其他公司关系人(利害关系人)之间容易产生对立。如何解决这样的对立,也是上市公司企业治理的重要课题[ブカナン(2015),田中(2013a)]。

并且,在相互持股盛行的传统日本企业里,如何防止管理层利用相互持股自保而损害企业的效率性,也是企业治理的课题(→专栏4-13)。

在上市公司中,还存在着股份由特定人(支配股东)集中持有,支配股东以此滥用权限的情况。比如,支配股东与公司进行有利于自己的交易而损害公司以及少数股东的利益。如何防止这些行为就成为公司治理的主要课题[但有实证研究表明,日本的上市公司中,支配股东滥用权力的情况实际上比较少见。参照:宫岛等(2011)]。

第2节 股东大会

1 概论

(1)意义

所谓股东大会,是指由拥有表决权的全部股东组成的股份公司的意思决定机关。

---

* 原意为不吉利之事,这里指企业等社会团体因犯罪行为或不正当行为而背负社会责任的情形。——译者注

股东大会分为每个会计年度结束后一定期间内召开的定期股东大会(296条1款),和根据需要随时召集的临时股东大会(同条2款)。定期股东大会以对年度决算进行表决(438条)为主要目的,也可以对管理人员的聘任等其他事项进行表决。临时股东大会对属于股东大会的表决事项也可进行表决。另外,对于定期股东大会在会计年度结束后至何时为止召开,并没有特别的规定,实务上多在会计年度期末(决算期)的三个月左右之后召开(→专栏4-6)。

▶▶▶ ★专栏4-6 定期股东大会为何在6月召开？

日本上市公司的定期股东大会多集中在6月下旬召开[商事法务研究会(2021)25—27页]。理由之一是尽量防止"总会屋"的出席(→专栏4-21),另外,多数公司以每年3月的最后一天作为会计年度的决算期。日本公司存在一个习惯(章程规定),即将定期股东大会的表决权以及通过表决的盈余分配(453条、454条)的基准日(124条)设定为与决算期一致。基准日的效力不得超过3个月(124条2款),故以3月的最后一天作为基准日,股东大会就必须在6月中召开。考虑到财务报表的制作、审计以及召集通知的制作、送达需要的时间,股东大会召开日期自然集中于6月下旬。

以决算期作为基准日的习惯基于以下的考量:因定期股东大会将确定决算期节点上的公司利润,并将其一部分进行分配,故股东希望在此节点上行使相关权利。但是,盈余分配说到底是在分配时从公司财产中进行支付,而不在于决算期[决算期的意义仅在于以此时间点的财产状态为基础,计算出可以分配的额度(461条)],因此,以上说法是没有根据的。不仅如此,如果基准日和总会日期间隔3个月的话,总会当天将会出现并非股东而以股东身份行使股东权利的人,结果可能导致股东大会的决定被歪曲。若将基准日延后至决算期以后,定期股东大会就可以在7月以后召开,不仅可以缓解股东大会的集中召开的问题,还可以纠正基准日与总会日间隔过长的问题[田中(2007b)]。

CG准则为了促进上市公司与股东间进行更为充实的建设性对话,要求上市公司"从股东大会召开日期入手,设定适当的股东大会相关日程"(CG准则补充原则1-2③)。

(2)权限

股东大会的权限因非董事会设置公司与董事会设置公司不同而有所区别。

(a)非董事会设置公司

在非董事会设置公司中,股东直接参与经营上的一切决定。因此,股东大会可以就《公司法》规定的事项以及公司的组织、运营、管理以及其他一切事项进行表决(295条1款),即所谓的"万能机关"。

(b)董事会设置公司

董事会设置公司的股东大会仅可就《公司法》或公司章程规定的事项进行表决(295条2款)。在董事会设置公司中,公司的运营、管理基本上由董事会决定并执行。若《公司法》没有规定的事项在章程中得到规定的话,股东大会也有权进行表决。例如,章程规定,属于董事会表决事项的代表董事的选举、解聘(362条3款2项),股东大会有权进行表决,此为有效[最判平成29.2.21民集71卷2号195页(商判Ⅰ-101)]。变更章程属于股东大会的表决事项(466条),如此一来,董事会设置公司的股东大会仍然可以称为潜在的"万能机关"。从股东是股份公司实际所有人的立场出发,《公司法》原则上允许属于董事会的事项由股东自身进行判断。

董事会设置公司与非董事会设置公司(根据事项不同,也可分为公众公司与非公众公司)在股东大会的规则上存在相当大的差异,其不同之处如图表4-4所示。

图表4-4 股东大会规则的差异

	公众公司	非公众公司
	董事会设置公司	非董事会设置公司
股东大会的权限	法律、公司章程规定的事项(295②)	所有事项(295①)
是否由召集权人决定议题	必要(309⑤参照)[注1]	不需要[注1]
召集通知的发出日期	股东大会召开前2周(299①)	股东大会召开前1周(299①)[注2]	股东大会召开前1周(可以章程缩短)(299①)[注2]
召集通知的方式	书面通知[注3]+一定事项(298①各号)的记载(299②二、④)[注4]	无限制[注5]

(续表)

		公众公司		非公众公司
		董事会设置公司		非董事会设置公司
股东提案权[注6]	议案提案	6个月前持有全部表决权百分之一以上或者300个以上表决权的股东+股东大会召开8周前请求(303②、305①但书)	持有全部表决权百分之一以上或者300个以上表决权的股东+股东大会召开8周前请求(303③、305②)	有表决权的股东即可(303①)
	议案要领的通知请求			有表决权的股东+股东大会召开8周前请求(305①)
	(股东大会会场的)议案提案	有表决权的股东即可(304)		
不统一行使表决权的事前通知		召开股东大会的3日前(313②)		不需要(313①)

[注1]股东大会认可书面投票、电子投票的,需要同时决定议题与议案[298条1款5项,会则63之三1款,73条1款1项]。

[注2]股东大会认可书面投票、电子投票(299条1款)以及采用数据电文形式的(325条之四1款),为股东大会召开前2周。

[注3]股东承认的,可以采取电子送达(299条3款)。

[注4]公司章程规定了电子送达的,存在特则(325条之四2款)。

[注5]股东认可书面投票、电子投票的,与董事会设置公司遵守同样的规则(299条2款1项、4款)。

[注6]要件可以公司章程放宽(便于股东提案。303条—305条)。

(c)法定表决事项

《公司法》规定应当由股东大会表决的事项称为"法定表决事项"。对此,本书将对各个事项在相关部分予以解说,主要有以下项目:

在公众公司中,①管理人员以及会计监察人的选举、解聘(329条、339条),②章程的变更(466条)、营业转让等(467条)、组织形式变更(776条)、重组(783条、795条)等涉及对公司命运有重大影响的事项(称为"公司基础变更")的决定,③股份合并(180条)、股份回购(156条)、盈余分配等涉及向股东分配利润以及其他对股东利益产生重大影响的事项的决定,④管理人员的薪酬等的决定(361条、379条、387条)以及责任的部分免除等与管理人员的利益息息相关的事项。非公众公司在上述①~④以外,⑤募集股份的发行等的决定[199条2款(对比201条1款)、202条3款4项]、新股预约权的发行的决定[238条2款(对比240条1款)、241条3款4项]也是重要的表决事项。

在非董事会设置公司中,以上事项包含在股东大会的表决事项中;在董事会设置公司中,董事会决定的众多事项同时也是股东大会的表决事项(139条1款、183条2款、186条3款、204条2款、243条2款、278条3款、356条1款等)。

(d)强行法规性

公司不得依章程对股东大会的法定表决事项进行限制(295条3款。可以扩张)。这样规定是为了防止股东过分放权而导致其后利益受损,可以认为是一种事前规制。

实际上,公司实施属于股东大会表决事项行为时,公司章程规定需要经股东大会表决以及第三人(主要是股东等)同意(公司与该第三人之间的协议)的,该行为并不违反公司法关于股东大会法定表决事项的规定,一般认定为有效[田中、森·滨田松本法律事务所(2021)第5章(森田果)]。

★(e)"劝告表决"

实务上,对不属于股东大会表决的事项,有时会以"劝告表决"的形式进行表决。劝告表决不是法律上的股东大会表决,其自身也不产生任何法律关系,但通过劝告表决使股东的多数意思得以明确,在法律上还是具有一定意义的。例如,判断恶意收购的防御措施的合法性时,不能拘泥于劝告表决的形式,而要看是否基于股东的多数意思。再如,判断发行募集股份是否为不公正发行时(210条2项),可能会考量其是否经过劝告表决(→专栏6-9)。如果认可劝告表决具有一定的法律意义,则当该表决的程序或内容存在瑕疵时,就会产生股东以何种方法进行抗辩的问题。参照:东京地判平成26.11.20判时2266号115页(百选Ap43,商判Ⅰ-95)以及白井(2016a)。

▶▶▶ **专栏4-7　上市公司股东大会的现状与课题**

在详细介绍股东大会的规则之前,先对上市公司股东大会的现状做一下介绍。非上市公司(大多为非公众公司)股东大会的实情与法的课题参照:专栏4-23。

从传统看,上市公司股东由于"合理的不关心"(→专栏1-7)或受到相互持股的影响(→专栏4-13),其容易对公司提案(董事会的提案)

投赞成票。但是,二十世纪九十年代以后,特别是大规模上市公司,来自国内外的机构投资者持股现象急剧增多(→专栏3-1)。这些机构投资者纯粹从股东利益最大化的立场上行使表决权,反对董事会提案的情形并不少见[森·滨田松本法律事务所(2020)]。因此,近年来,针对这部分机构投资者的表决权行使方针,特别是针对其行使表决权提供建言服务的ISS(Institutional Shareholder Services)等民间机构的方针,对上市公司经营战略及其企业治理模式产生的影响与日俱增[泽口等(2023)]。从外部董事的增加聘任(→专栏4-33)开始,近年来的董事会改革的动向就是典型的例子。

为了企业的持续发展,促成机构投资者与企业间在行使表决权上的对话,金融厅组织了有识之士研讨会,并于2014年2月策划并发布了"负责任的机构投资者的各项原则——通过投资与对话促进企业的持续发展"[日本版管理守则。2017年5月改订,2020年3月再次改订→卷末附录■1(2)]。此守则并不具有法律约束力,由赞成其宗旨的机构投资者自由选择是否接受,未来将作为事实上的规范被普遍接受[同《守则》的分析参照:依马(2014),田中(2014c),田中(2017b)]。截至2022年6月30日,有323个机构表明接受该守则[金融厅(2022)]。

近年来,被称为"积极行动者"的投资者的活动日益活跃,这些投资者取得上市公司相当比例的股份(但未达到取得控制权的程度),对董事会以及管理层积极寻求营业结构调整以及增大股东投资回报[白井(2016b),田中(2017c)]。"积极行动者"的活动状况以及与上市公司对此的相应实务参见:松下(2021),和田等(2022)。

■ 2 召集

(1) 概说

为了给予股东出席以及准备的时间,股东大会的召集需要遵循一定的程序(→专栏4-8)。并且,股东享有出席股东大会的权利,而不是义务。不出席股东大会的股东无非是不行使表决权而无法得到满意的结果而已。

▶▶▶ 专栏4-8 全员出席大会、召集程序的省略

如果不经过召集程序而由部分股东聚在一起进行表决,法律不认可

召开了股东大会,当然原则上也不产生任何效力[股东大会表决的不存在(830条1款)]。但是,欠缺召集程序时,如果全体股东同意并出席股东大会(称为"全员出席大会"),没有股东会因为不履行召集程序而利益受损,则股东大会合法成立(最判昭和46.6.24民集25卷4号596页)。事先了解股东大会的目的事项并制作委任书由他人代理出席的场合也做同样解释[最判昭和60.12.20民集39卷8号1869页(百选27,商判Ⅰ-71)]。

"全员出席大会"的法理原本是由判例发展而来的,2002年《商法》修改时明文规定:全体股东同意时,可以不经召集程序召开股东大会[2005年修改前《商法》236条(现《公司法》300条)]。并且,当全体股东书面同意时,召开股东大会本身也可以被省略(不开会即做出决定。319条)。

(2)召集权人以及召集时应当规定的事项

(a)召集权人

股东大会原则上由董事召集(296条3款)。但是,同款的"召集"可以理解为"召集的决定"→专栏4-9),在符合一定要件的情况下可以由股东召集(297条4款)。依《公司法》规定,召集股东大会的人称为召集权人。

(b)董事的召集

董事召集股东大会时,必须决定以下事项(298条1款):①股东大会的日期以及场所,②股东大会有目的事项(议题)时该事项[→(c)],③承认书面投票时其宗旨,④承认电子投票时其宗旨,⑤其他省令规定的事项(同款5项、会则63条各项。本书仅对重要部分予以解说)。董事会设置公司由董事会决议来决定以上事项(298条4款),非董事会设置公司董事人数为二人以上的,原则上需要半数以上董事决定(348条2款)。并且,作为执行决定的体现,由公司的代表人(提名委员会等设置公司为执行董事,其他公司为代表董事)召集股东大会(→专栏4-9)。

▶▶▶ 专栏4-9 股东大会召集人

在本书的解说中,股东大会的召集是作为公司的业务执行环节之一,由具有概括性业务执行权限的代表董事(提名委员会等设置公司为首席执行官)召集,这也遵循了修改前商法时代的判例、通说[最判昭和

45.8.20 判时 607 号 79 页。其实,无代表权限的董事、执行官如果从董事会得到召集特定股东大会的授权(参照 363 条 1 款 2 项),也可以召集股东大会(类型别 I 394 页)]。

《公司法》规定"由董事"召集股东大会(296 条 3 款),根据条文,只要是董事就当然(即使没有代表权、业务执行权)有权召集股东大会。但是,提名委员会等设置公司的首席执行官如果不是董事,是不是就无法召集股东大会？对此,立法者认为,召集股东大会并不是执行业务,而是董事固有的权限(论点解说 468 页)。与此相反,大多学者认为,依据公司法,有代表权的人可以基于董事会决议召集股东大会[コンメ(7)52 页(青竹正一),逐条(4)66 页(潘阿宪)],且存在相关案例(东京地判平成 23.1.7 资料版商事 323 号 67 页。无代表权的董事不经过董事会表决径自召集的股东大会,其决议不存在)。

个人认为,机关的召集也属于公司的事业活动,可以理解为执行业务之一,并且也找不出变更业已形成的判例的理由,故应当支持多数学者的观点。基于前面的立场,296 条 3 款不过是规定了董事(董事会设置公司根据董事会决议)做出召集决定而已,实际上召集股东大会的是公司的代表权人(或者是得到授权的董事或执行官)。

(c) 议题和议案

股东大会的目的事项(298 条 1 款 2 项)一般称为议题,对议题进行具体表决(不论股东是否赞成)的事项称为议案。例如,"关于盈余分配"(参照:453 条)属于议题,"每股分配 100 日元"属于议案。再如,"选举八名董事"属于议题(但是,"八名"部分是否属于议题存在争议→专栏 4-31),而"选举 A 为董事""选举 B 为董事"则属于议案[可以理解为每名候选人属于一个议案。东京地判平成 19.12.6 判夕 1258 号 69 页(百选 31,商判 I -81,茉丽特事件)]。

(d) 议题的确定

《公司法》298 条 1 款 2 项规定,"有议题时"应当确定该议题。单从规定上看,召集权人似乎可以不用确定议题就召集股东大会。但是,这实际上只能在非董事会设置公司实现。在董事会设置公司中,股东大会原则上只能在确定的议题之下进行表决(309 条 5 款)。因此,合法的股东大会表决需要召集权人确定议题。在董事会设置公司中,股东通常并不参与公司经营,很多股东视议题决定是否参加股东大会,此时,事先确定议题并记载于召集通知上(299条4款),股东就可以判断是否出席并进行必要的准备。相对而言,非董事会设置公司的股东通常参与公司的实际经营,即使不事先限定议题也可在会场临时进行适当的表决。

(e)议案的确定

与议题的规则不同,议案并不要求召集权人在召集时确定(298条1款5项与会则63条7项规定,对于某些议题仅在"议案确定"时由召集权人确定其概要)。因此,在董事会设置公司中,比如召集权人仅以"盈余分配"为议题召集股东大会,至于具体如何分配则在大会会场由召集权人或出席股东提案进行表决。

只是,公司同意书面投票或电子投票的(298条1款3项、4项),需要在召集时确定议案[298条1款5项,会则63条3项(1)、73条1款1项],并且记载于股东大会参考资料并通知股东。否则,进行书面投票或电子投票的股东就无法对议案表明立场。《公司法》规定,某些公司必须同意股东书面投票(298条2款),这样的公司中,召集权人必须确定议案。

▶▶▶ ★专栏4-10 议题和议案

何为议题,何为议案,《公司法》并没有明文规定,属于解释的问题。例如,选举谁为董事不是议题,而是属于议案的范畴。相反,解聘管理人员(339条1款),由于解聘的对象特定,一般认为是议题[コンメ(7)86页(青竹正一)]。因此,在董事会设置公司中,①针对管理人员的解聘决议,必须在召集通知上记载解聘哪位管理人员(名古屋高判平成25.6.10判时2216号117页);②不得解聘与召集通知上记载人员不同的管理人员。其实,解聘区别于选举的理由并不明确,例如,在董事会设置公司中,A与B两名董事长期对立,董事会向股东大会提案解聘A,但股东大会的多数意见认为应当解聘B,此时无法进行解聘表决的话将有损股东大会的弹性,反而欠妥。选举管理人员也存在解释上的问题,参照:专栏4-31。

(f)股东的召集请求以及召集

自6个月(章程规定更短期间的,为该期间)前连续持有全体股东表决权的3%(章程规定更小比例的,为该比例)以上表决权的股东,可向董事提出股东大会的议题及召集理由,请求召集股东大会[297条1款。非公众公司不需要 6 个月的连续持有要件(同条 2 款)]。并且,一定期间不召集股东大会时,该股东可以取得法院许可亲自召集(同条 4 款)。此时,该股东作为召集权人除了需要确定 298 条 1 款事项,还要遵守 299 条至 302 条的规定(参照:298 条 1 款本文括号书)。召集费用可由召集股东先行支付,待议案通过后基于无因管理的规定(民 702),请求公司偿还该费用(江头 324 页注 8)。

以恶意收购取得公司控制权的股东,在想要快速替换现有董事等场合,可以利用本制度。

(3)召集通知

(a)时期及对象

召集权人决定召集股东大会时,必须向股东发出召集通知。召集通知分两种情况:公众公司必须在大会召开日两周前发出,非公众公司必须在一周前(非董事会设置公司可以用章程缩短)发出(299 条 1 款→图表 4-4)。

公司确定了行使股东大会表决权的基准日(124 条)的,召集通知向基准日股东发出。未确定基准日的,召集通知向发出时股东名册上的股东发出即可(参照 130 条)。公司发出召集通知后,发现有人受让股份且进行了股东名册变更的,公司也不必向其(受让人)再行发出召集通知(东京高判令和 3.9. 21 金判 1639 号 13 页)。因为,公司基于《公司法》299 条 1 款发出召集通知,就履行了法律上的义务。受让人可以通过询问转让人的方式,确保有机会出席股东大会。

(b)方法

董事会设置公司的召集通知必须以书面发出(299 条 2 款 2 项)。但是,在得到股东事先同意的情况下,也可以采用数据电文(电子邮件等。2 条 34 项,会则 222 条)的形式(同条 3 款,施行令 2 条 1 款 2 项)。召集通知需要记载、记录 298 条 1 款各项的事项(299 条 4 款)。需要注意的是,采用后述的数据电文形式的公司,298 条 1 款 5 项规定的事项无须记载于召集通知(325 条之四 2 款)。

非董事会设置公司的召集通知并无特别规定,可以口头发出。并且,对于应当通知股东的事项没有特别的规定(既然是召集通知,至少需要传达股东大会的日期和场所)。但是,非董事会设置公司如果认可书面投票或者电子投票的话,需要遵守与董事会设置公司同样的规则(299 条 2 款 1 项、4 款)。

(c)召集通知的附属资料

股东认可书面投票或者电子投票的,召集通知上需要附上股东大会参考资料(认可书面投票的,加上行使表决权的书面资料。301 条 1 款)。董事会设置公司召集定期股东大会,在发出召集通知时需要向股东提供财务报表和事业报告[有的公司需要提供前述资料的审计报告以及会计审计报告。437 条。如制作合并财务报表的公司就应当提供(444 条 6 款)]。采用数据电文提供措施的公司原则上应以数据电文的形式提供以上附属资料的记载事项。

东京证券交易所(东证)上市公司的召集通知及其附属资料,可阅览东证官网主页[→卷末附录■2(1)。记载事项的分析参照:プロネクサスディスクロージャー相谈第 1 部(2020)]。

(4)数据电文提供措施

(a)意义

股东大会资料的数据电文提供制度(325 条之四—325 条之七)系将应记载于股东大会(包括类别股东大会)的召集通知及其附属资料[股东大会参考资料等(325 条之三)]的事项信息(以下称"股东大会资料")登载于互联网主页的措施(数据电文提供措施。325 条之二,会则 95 条之二)。公司在其官网主页上发布股东大会的日期、场所、议题及其他最低限度的信息并通知股东,股东就可以通过登录公司官网主页获取股东大会资料(→专栏 4-11)。

股份公司可以通过章程导入本制度(325 条之二)。转账股份发行公司出于方便股东的考量,必须强制性导入本制度(《转账法》159 条之二 1 款,"关于部分修改公司法带来的相关法律调整等的法律"10 条 2 款)。

▶▶▶ **专栏 4-11　股东大会资料的电子化提供**

股东大会资料以数据电文形式提供的制度(本专栏称"本制度")是 2019 年《公司法》修改时创设的制度(该法自 2022 年 9 月 1 日起施行,2023 年 3 月 1 日以后召开的股东大会开始实施本制度)。

在本制度导入以前,公司法上也存在互联网公开制度,即,①公司在得到股东个别同意的前提下,可以数据电文方式代替对该股东的书面召集通知(299 条 3 款)。此时,可以用数据电文将全部股东大会资料提供给股东(股东个别承诺的数据电文提供制度)。②根据公司章程规定,部分股东大会资料在互联网主页上公开,从而省略书面提供[互联网公开制度(Web 披露制度)。→专栏 5-7]。实际上,①的利用受限较多,因为股东的个别同意本身比较烦琐[上市公司中采用此方式的仅为 6%左右。商事法务研究会(2021)73 页]。而可以利用②的方式进行电子化提供的事项(互联网公开事项)仅限于部分股东大会资料(会则94条、133条3款、133条之二,计则133条4款、133条之二、134条5款)。

本制度区别于①,可以通过公司章程导入(325条之二);也有别于②,提供的对象可以是全部股东大会资料(325条之三1款)。虽然不得省略书面的召集通知,但只要保证最低限度的召集通知记载事项即可(325条之四2款)。导入本制度,除了可以节约资料的印刷、邮送费用,还有望突破纸质媒介的制约,实现信息共享的充实与迅捷。根据新规定,针对利用互联网有困难的股东,《公司法》以强行法规的形式保障股东的书面交付请求权(325条之五)。

上述①②在本制度导入后与本制度并存。也就是说,采用数据电文提供措施的公司,原则上必须向股东发出《公司法》325条之四规定的书面召集通知,而得到《公司法》299条3款规定的股东个别同意的,则可以数据电文发出召集通知。此外,对于某些事项(与②的互联网公开事项大体一致),可以公司章程规定不以书面形式提供(325条之三3款,会则95条之四)。

(b)数据电文提供措施以及召集通知的方式

通过章程规定了数据电文提供措施的公司董事,必须于召开股东大会前三周或者发出召集通知之日中较早的日期开始,至股东大会之日后三个月的期间内,以数据电文形式提供股东大会资料(325条之三1款。但是,召集通知中附加了行使表决权书面材料的,无须采取数据电文提供措施。同条2款)。因通信障碍等致使电子提供措施中断的,只要符合一定的要件,数据电文提供措施的效力不受影响(325条之六)。

采取数据电文提供措施的,除了298条1款1—4项规定的事项,召集通知(需要在召开股东大会前两周送达。325条之四1款、299条1款)中记载了数据电文提供措施的字样及其网址等即可,无须提供其他的股东大会资料(325条之四2款、会则95条之三,325条之四3款、4款)。实际上,公司可任意地以书面形式向股东提供全部或者部分股东大会资料[只要不存在不合理的差别,就可以依股东属性不同采取不同对待。神田等(2020)10—11页(神田秀树、石井裕介发言)]。

(c)书面交付请求权

即便公司采取数据电文提供措施,股东仍然有权请求公司以书面形式提供股东大会资料(书面交付请求权。325条之五1款),这是基于使用互联网困难的股东利益考量的。需要注意的是,对某些事项,公司可以章程规定,即便股东请求书面交付,也可不记载于书面(同条3款、会则95条之四→专栏4-11)。确定了股东大会基准日的,书面交付请求必须在该基准日前提出(同条2款)。股份转账制度的加入者(上市公司股东)可以通过直接的上位机关(本人开设账户的证券公司等)提出书面交付请求(《转账法》159条之二2款)。

股东一旦请求书面交付的,只要不撤回申请,其后所有的股东大会均按照书面交付处理。考虑到请求书面交付的股东增多,数据电文提供的优势丧失,《公司法》设置了书面请求失效制度。即,股东请求书面交付之日(股东有异议的,为陈述异议之日)起经过1年时,公司向该股东发出中止书面交付通知,对此有异议的,公司可以催告其在一定的催告期间(1个月以上)内陈述异议(325条之五4款)。除了该股东在催告期内陈述异议,催告期间经过后,书面交付请求失效(同条5款)。

3 股东提案权

(1)概说

原则上,议题和议案由召集权人决定并向股东大会提案。董事召集股东大会的(298条1款),董事(董事会设置公司为董事会)决定并提出的议案在实务上称为"公司提案"(参照:札幌高判平成9.1.28资料版商事155号107页)。公司法上对不是股东大会召集权人的股东,承认其在满足一定要件的情况下享有提出议题与议案的权利(股东提案权。303—305条)。以下对这些提案权进行说明。

(2)议题提案权

(a)非董事会设置公司的场合

非董事会设置公司中,只要是享有表决权的股东都可以提出议题(303条1款→图表4-4)。议题的提案既可以在股东大会召开日之前提出,也可以在股东大会会场提出。

(b)董事会设置公司的场合

董事会设置公司中,可以进行议题提案的股东限于6个月(可以章程缩短)前连续持有总表决权1%(可以章程降低)以上或者持有300个以上表决权的股东(303条2款),但非公众公司不要求连续持股要件(同条3款)。

董事会设置公司的制度设计上,股东原则上不参与公司经营,且考虑到股东滥用提案权扰乱公司的风险,提案权的要件十分严格。并且,议题的提案需要在大会召开8周前(可以章程缩短)递交到董事(303条2款)。这样规定是因为,董事会设置公司的议题必须记载于召集通知(299条2款2项、4款)。

(c)劝告决议提案的可否

股东有权提案的议题范围并无特殊限制,但应当属于股东大会的表决事项(295条1款、2款)。因此,在解释上,劝告表决不属于股东大会的表决范围,股东也自然不享有相应的提案权[久保田(2022)61页。京都地决令和3.6.7资料版商事449号90页中,法院承认了劝告表决的提案权,但作为对现行法的解释,该判决存在疑问]。在立法论上,承认劝告表决的提案权值得考虑[久保田(2022)61页]。

(3)议案提案权

某事项(如盈余分配)成为股东大会的目的议题时,针对该议题的议案(如每股分配100日元),只要是拥有表决权的股东都可以提案(304条本文。董事会设置公司、非董事会设置公司在这一点上没有区别)。提案的内容无须事先通知公司,可以直接在股东大会会场提出(实务上称为"动议"。→专栏4-20)。

但是,提案的议案内容违反法令或公司章程的,则不被允许(304条但书。股东不合法的提案内容未被公司采纳的事例,参见东京地决平成25.5.10资料版商事352号34页)。此外,与某个议案实质相同的议案,在没有得到占全体股东表决权的十分之一(可以章程降低)以上通过之日起3年以内,不允许再次提出该议案。这样规定是为了防止"泡沫"提案被反复提出而扰乱大会。

(4)议案要领的通知请求权

(a)概说

股东当然可以在股东大会上提出议案[→(3)],但如果不提前通知其他股东而直接在股东大会会场提出的话,是否会得到其他股东的拥护就很难说(特别是采取书面投票的场合,将无法获得其他书面投票股东的赞成票→专栏4-14)。

因此,《公司法》规定:股东可以请求董事在大会召开8周以前(可以章程缩短)将自己欲在大会上提案的议案的要领(主旨)通知其他股东[召集通知以书面或者数据电文的方式通知的(299条2款、3款),要记载、记录于召集通知。305条1款本文];但是,在董事会设置公司中,只有持有总表决权1%以上或者连续6个月持有300个以上表决权的股东才可以行使此项权利

[同款但书(要件可以章程放宽)]。非公众公司不需要连续持有要件(同条 2 款)]。与在股东大会会场上的议案提案一样,违法的议案提案或者泡沫提案受到限制(305 条 6 款)。

(b)提案议案的个数限制

董事会设置公司的股东有权请求记载于议案要领召集通知上的议案,但请求的个数限于 10 个[305 条 4 款(2019 年修改时新设)]。这是针对近年来股东滥用提案权(一名股东提出极多议案)而做出的制度回应(→专栏 4-12)。管理人员等(董事、会计参与、监事或者会计监察人)的选举议案本来应当是每人一个议案,考虑到与本规定的关系,其整体被视为一个议案(同款 1 项)。管理人员等的解聘议案或者会计监察人的不再任议案亦同(同款 2 项、3 项)。

原则上,针对变更章程(466 条)议案,是将每个提案内容事项视为一个议案(提案股东将数个事项归纳为一个变更章程议案进行提案的,根据事项的个数,以数个议案论)。需要注意的是,若存在两个以上议案,且议案之间可能因不同的决议而相互矛盾的,则视为一个议案(305 条 4 款 4 项)。例如,在监事设置公司中,"废除设置监事的章程条款"与"创设设置审计等委员会的章程条款"这两个提案,前者被否决而后者被通过的,就会出现相互矛盾之处(监事与审计等委员会不得同时设置。327 条 4 款)。因此,这类议案(即便按照两个事项处理)应被视为一个议案。

提案股东拟记载于议案要领召集通知上的议案个数超过 10 个的,董事有权从其中选取 10 个,剩余议案予以拒绝[不拒绝而全部采用的也合法。神田等(2020)19 页(神田发言)]。至于采用哪个拒绝哪个,由董事决定(305 条 5 款)。但是,提案股东对议案标注了先后顺序的,应当遵从该顺序(同款但书)。

▶▶▶ **专栏 4-12 股东提案权**

(a)宗旨

股东提案权中,议题提案权(303 条)和议案要领通知请求权(305 条)是为了增进股东大会的活力于 1981 年修改《商法》时创设的[稻叶(1982)130 页]。基于这两项权利,不满足股东大会召集请求权、召集权要件的股东也可以在由董事召集的股东大会上进行议题的提案,或者将自己提案的议题通过召集通知让其他股东周知[303 条、305 条的权利系对董事行使之权利(298 条 1 款未将此替换成"该股东"),这些权利只能在由董事召集的股东大会(296条3款)上行使,不得在由少数股东召集的股东大会(297条4款)上行使(东京地判令和2.2.27[令和元(ワ)第24747号]LEX/DB25584668)。在股东大会会场的议题提案权(304条)是有权行使表决权之股东当然享有的权利,在少数股东召集的股东大会上也可行使]。

(b)利用现状和课题

以往,上市公司的股东提案权除了与工运以及市民运动交织在一起(例如,针对电力公司提出的禁止核电站运营的变更章程议案)的部分,实务中利用的不多。然而,2000年以后,随着机构投资者持股比例的增大以及"积极行动者"活动的高涨[→专栏3-1(c)],开始出现了盈余分配、高管选任等单纯从股东利益出发的股东提案,这些事例虽然数量极少但得以通过。近年来,有关气候变化对策等可持续性经营的股东提案(多采取变更章程提案的形式)有所增加。这些提案虽未获得通过,但获得了相当多的股东的支持[关于上市公司股东提案的调查、研究状况参照:商事法务研究会(2021)26—37页,饭田(2017)]。

同时,可以零星见到上市公司的一名股东提出非常多的提案的情况。这样的股东提案可以因权利滥用(民1条3款)而被加以拒绝[114个议案的提案构成权利滥用。东京高判平成27.5.19金判1473号26页(百选28,HOYA事件)],但以往的判决在权利滥用的认定上比较慎重[58个议案的提案不构成权利滥用。东京高决平成24.5.31资料版商事340号30页(商判Ⅰ-75,HOYA事件)]。

《公司法》于2019年修改时,考虑到过剩的股东提案会浪费股东检讨、审议议案的时间,最终导致股东大会决策功能的下降,修改后的《公司法》明文规定了股东提案的个数(305条4款)。此外,在《公司法》修改法案中,规定了对提案目的以及内容的限制(同法案304条2项、3项,305条6款2项、3项),即股东专门以侵害、侮辱他人名誉或扰乱人心为目的进行提案,或者专以获取不正当利益为目的行使提案权的,董事可拒绝此类提案。但国会审议阶段考虑到这可能成为董事随意拒绝股东提案的理由,最终被删除。实际上,股东专以上述目的进行提案的,被认定为权利滥用的可能性较高,而不必等待修改法案进行规定。

在学说上,有力学说指出,为了提高作为决策机关的股东大会的表决功能,只有对表决成立具有实现可能性的股东提案才应当认可,而零星股东的提案几无实现可能性,故应当废除董事会设置公司中 300 个以上表决权的提案资格规定[303 条 2 款、305 条 1 款。饭田(2017)],只允许持有全体股东表决权1%以上股东(303 条 2 款、305 条 1 款但书)行使提案权[饭田(2017)],或者以公司章程加重提案权的行使要件[现行法下只能缓和。参照:303 条 2 款、305 条 1 款。久保田(2022)60 页]。2019 年《公司法》修改的评价以及对股东提案权的展望,参照:后藤(2020)。

(5)股东提案不被采纳时的法律措施

合法的股东提案不被公司采纳时,股东可将公司作为被告提起诉讼,请求公司采纳股东的提案(也可以采取间接强制的方法强制执行。民 414 条,民执 172 条)。实际上,采取诉讼的手段很有可能赶不上股东大会的召开,实务上一般采取《民事保全法》上的临时处分(同法 23 条 2 款)。要进行此临时处分,需要股东释明被保全权利(合法地提出提案)以及保全的必要性[民保 23 条 2 款。法院根据临时处分责令公司将股东提案记载于召集通知的事例参见:东京高决平成 24.5.31 资料版商事 340 号 30 页(商判Ⅰ-75,HOYA 事件)]。股东提案不被采纳即进行股东大会表决,股东是否可以提起决议撤销之诉(831 条 1 款 1 项),参照:本章第 2 节■2 以下。

■ 4 股东的表决权

□ 1 一股一表决权原则及其例外

(1)原则

(a)意义

在股东大会上,股东持有的每一个股份享有一个表决权(一股一表决权原则。308 条 1 款本文)。

(b)一股一表决权原则的合理性

根据一股一表决权原则,持有多额股份的股东将拥有更多的表决权。并且,公司法原则上根据股东持有的股份数分配公司盈余(454 条 3 款)。这就意味着,根据股东从公司分得的财产性利益(资金)的大小,其通过股东大会行使表决权控制公司的权利相应就更大。一般而言,越是从公司分得利益多的股东,就越会花费时间与精力审查股东大会的议案,为了公司利益行使表决权。对这些股东给予更多的控制权,会使公司经营保持效率。

(2)章程对"一股一表决权原则"的修正

实际上,(1)所述的无非为原则,公司法允许股份公司依章程进行变更与修正。具体而言,存在以下方法:

(a)单位股制度

公司如在章程中采用单位股制度(→本书第三章第 5 节■5),则股东行使表决权时就不是"每股"而是"每单位"享有一个表决权(308 条 1 款但书),不满一个单位股的股东就不享有表决权。根据发行股份类别的不同而规定不同的单位股份数,可以设计出类似复数表决权的制度(→专栏3-7)。

(b)限制表决权股

公司可以根据章程规定,发行针对(股东大会上)股东行使表决权事项进行限制的股份(108 条 1 款 3 项)。

(c)非公众公司中"一股一表决权原则"的变更

非公众公司可以根据章程规定,作为"不同股东不同对待",采用不同于一股一表决权的制度(109 条 2 款)。

(3)法律对一股一表决权的例外规定

公司法在某些场合规定了一股一表决权的例外。

(a)自有股份

股份公司可以从股东处回购自己发行的股份并持有,所持有的股份称为"自有股份"。这些自有股份的股东(公司自身)并不享有表决权(308 条 2 款)。因为,如果自有股份享有表决权的话,该表决权将由公司的代表董事等(作为执行业务的一环)来行使,这样一来,股东大会的决议就会被管理层所左右。

图表 4-5 相互持股的表决权限制

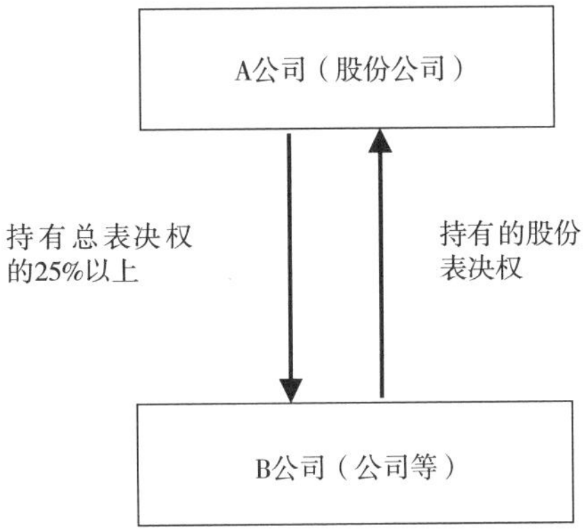

```
        ┌─────────────────┐
        │  A公司（股份公司）│
        └─────────────────┘
           │           ▲
持有总表决权 │           │ 持有的股份无
的25%以上   │           │ 表决权
           ▼           │
        ┌─────────────────┐
        │   B公司（公司等）│
        └─────────────────┘
```

(b)相互持股

假使 A 公司是可以对其股东[限于公司等(会则 2 条 3 款 2 项),以下称为"B 公司"]的经营进行实质性支配的公司,作为股东的 B 公司就不能在 A 公司的股东大会上行使表决权(相互持股的表决权限制。308 条 1 款本文括号书,会则 67 条)。所谓"可以进行实质性支配",是指 A 公司持有 B 公司 25% 以上表决权(会则 67 条 1 款→图表 4-5)。这是为了防止 A 公司管理层通过控制 B 公司,而在 A 公司股东大会上行使有利于自己的表决权。

实际上,日本虽然广泛存在相互持股现象,但几乎达不到一家公司控制另一家公司 25% 表决权的比例,因此,这样的规制并不具有约束相互持股的功能(→专栏 4-13)。

▶▶▶ **专栏 4-13　相互持股**

在日本,传统上存在相互持股的习惯,即公司之间或公司与对其融资的银行等金融机构之间相互持有对方的股份。这种现象称为"相互持股"。由于作为相互持股主要主体的银行持股比例存在上限(根据《反垄断法》11 条设为 5%),各对象股份的表决权比例并不高,结果众多公司间相互持股的现象占到上市公司整体相当高的比例[峰值时达到 1991 年度的 27.7%。伊藤(2011)11 页图表 4]。

相互持股的好处是可以强化与交易相对方的关系,防止恶意收购的滥用(→本书第 9 章第 5 节。以这样的目的持有股份称为"政策性持股")。相反,也有意见指出其不利的一面,例如,相互持股的公司之间为了自己管理层的利益而行使表决权,其结果是会削弱其他股东(个人投资者、机构投资者等)对公司经营的影响力,最终损害公司的经营。在日本经济形势大好的时代,人们更多地强调相互持股的好处,最近其不利的一面较之从前受到更多关注。有实证研究表明,虽然是否构成相互持股并不明确,但相互持股多发的公司业绩呈走低趋势[宫岛、斋藤(2020b)72—74 页]。

上市公司的相互持股比例(相互持股的时价对股份时价总额的比例)从峰值(1991 年度)时的 27.7% 下降到 2009 年度的 6.5%[伊藤(2011)11 页]。造成这种变化的主因在于泡沫经济破灭后的不良债权处理和对银行自有资金规制的强化,使得银行持有的股份大幅度减少。实际上,在公司成为恶意收购以及"表决权征集战"对象的场合,相互持股的现象有所增加,其影响依然不可轻视[田中(2014a)]。

除了表决权比例在 25% 以上的极端场合,法律并没有禁止相互持股本身,而是通过公开相互持股的状况来牵制无合理理由的相互持股。具体而言,上市公司有义务在有价证券报告书(金商 24 条 1 款→专栏 5-2)中公开纯投资目的以外持有的投资有价证券(大多为相互持股及其他政策性持股)的情况。此外,企业治理准则要求上市公司在政策性持有时,一方面要公开缩减政策性持有的方针,验证持有是否妥当并公开验证的内容,另一方面,要策划、公开行使表决权时的基准[企业治理准则(改订版)1—4]。企业治理准则对相互持股、政策保有的波及效果验证,参见:宫岛、斋藤(2020b)。

(c)自有股份的卖主

公司在股东大会上对股份回购进行表决时,作为卖主的股东不得行使表决权(140 条 3 款、160 条 4 款、175 条 2 款)。这样规定旨在防止股东为了获得有利条件而行使表决权,造成不公平的结果。

(d)基准日后发行的股份

公司确定了股东大会表决权的基准日的场合,则只有在此之前股东名册上记载的股东才可以行使表决权(124 条 1 款)。因此,公司在确定基准日后、股东大会召开之前发行新股的,原则上新股东在股东大会上不享有表决权。但是,现实中在发行募集股份(199 条)时,一部分股东在取得股份后想要马上行使表决权,否则可能不会履行出资。因此,《公司法》规定,只要公司认可,持有该股份的股东可以行使表决权(124 条 4 款)。

□ 2　关于表决权的特别制度

(1)前言

在此介绍公司法规定的关于表决权的特别制度(书面投票、电子投票、代理人的表决权行使、表决权的不统一行使)。此外,对"表决权约束协议"予以解说。

(2)书面行使表决权(书面投票)

(a)概说

股东原则上应当出席股东大会并行使表决权,但是,也存在股东身居远方或者因工作原因无法出席等情况。因此,公司法规定,无法出席股东大会的股东可以书面形式行使表决权(书面投票。298 条 1 款 3 项)。并且,可行使表决权的股东人数达到1000人以上的公司,原则上必须认可股东的书面投票[同条2款。关于同款但书的例外,→(d)]。上市公司根据上市规则,不论可行使表决权的股东人数是否达到1000人以上,原则上必须采用书面投票(东证上市规程435条)。

认可股东书面投票的,必须在发出召集通知时向股东交付:①记载行使表决权应当参考的资料(股东大会参考资料)以及②股东行使表决权时需要的书面资料(表决票)(301条1款,会则65条、66条)。但是,召集通知是以数据电文的方法发出的,只需要以数据电文的形式提供以上事项即可(301条2款)。

(b)股东大会参考资料

无法出席股东大会而进行书面投票的股东,鉴于其没有在会场提问的机会,就需要事先向这些股东提供行使表决权所必需的信息,这就是股东大会参考资料的目的。股东大会参考资料上除了记载议案(会则73条1款1项)以及提案的理由(同款2项),还需要记载对应不同议案类别、由法务省令规定的事项(会则73—94条)。

对于股东提案的议案(304条),当提案的股东请求公司将议案的要略提前记载于召集通知时(305条),必须将该议案记载于股东大会参考资料(会则93条)。股东提案的理由也需要记载(同条1款3项),当提案理由过长时,公司可以将理由进行归纳(同款主文括号书。归纳记载合法的事例参见:札幌高判平成9.1.28资料版商事155号107页)。此外,董事(会)对股东提案有意见时,意见内容也需要记载(同款2项)。股东大会参考资料的记载实例参照:Pronexus Disclosure 咨询第1部(2020)。

(c)表决票

表决票的样式规定在会则66条(典型的表决票样式见图表4-6)。需要注意的是,表决票上必须针对各个议案设置赞成与否的记载栏(同条1款1项)。对只能选择全部赞成或全部反对的表决票样式,因股东无法针对各个议案表示赞成或反对,法律上不予承认。管理人员的选举、解聘议案必须设置针对每名候选人的赞成或否决记载栏[同项(1)—(3)。因管理人员选举议案是针对每名候选人的一个议案,同项(1)—(3)是当然的要求]。另外,也可以设置弃权栏(同项主文),但即便弃权也是行使表决权,故弃权也算入出席股东的表决权数(311条2款)。因为股东大会的决议是根据赞成决议的股东占出席股东的比例决定的(309条),故弃权实质上与反对无异。

(d) 数据电文

股东大会参考资料以及表决票原则上需要提供书面文件(301条1款),在征得股东个别同意的情况下,发出召集通知时(299条3款)可以数据电文的形式提供这些资料的记载事项(301条2款)。

此外,股东大会参考资料中的某些事项可以依据章程规定登载于互联网的官方网站上,以代替实物资料的提供(会则94条。这称为"互联网公开"→专栏4-14)。

采用2019年《公司法》修改中创设的数据电文提供措施的公司,原则上应将记载股东大会参考资料的信息以数据电文形式提供给股东(325条之三1款、325条之四3款),但将行使表决权的纸面材料添加在召集通知上交付股东更为方便,故以纸面交付股东的,无须采用数据电文的方式(325条之三2款)。即便是采用数据电文提供措施,当股东请求交付纸面材料的,也应当交付纸面材料(325条之五1款),但可以公司章程规定的某些事项(大致与互联网公开事项相同)则无须记载于纸面(同条3款,会则95条之四→专栏4-14)。

(e) 书面投票的方法等

书面投票的股东必须在行使表决权的纸面上记载必要的事项,并且原则上于股东大会前一天的工作日结束之前提交到公司[311条1款,会则69条。但是,若召集权人发出召集通知后经过两周的,可以将二者中较早的日期确定为提交日期。会则63条3项(2)]。书面投票行使的表决权算入出席股东的表决权数(311条2款)。提交的行使表决权的纸面在一定期间置备于公司供股东阅览与复印[同条3款、4款。公司有权拒绝股东阅览请求的情形,参见:同条5款(2019年《公司法》修改时新设)]。

(f) 空白栏的处理

股东将"是否赞成"一栏空白返回公司时,如果公司事先在召集通知上已有记载,则按照记载分别按"赞成""反对"或"弃权"处理[299条4款,298条1款5项,会则63条3项(4)、66条1款2项]。实务上,在由董事召集的股东大会上,若为公司提案(董事会提案),以"赞成"处理;若为股东提案,以"反对"处理(记载例→图表4-6)。有批判意见认为这样的处理方式有欠公平,裁判意见通常认为,只要在召集权人的裁量范围内就是合法的(大阪地判平成13.32.28金判1114号21页)。此外,关于股东大会会场上股东提案的书面投票的处理,参照:专栏4-14。

图表 4－6 表决票

表决票　　　**股东代码** 00000000　　　**行使表决权数** 1 个

本人对令和4年6月29日召开的贵公司第30届定期股东大会（包括继续会议或者延长会议）上的各个议案，如右所示（赞否以〇表示）行使表决权。

议案	第1号议案	第2号议案	第3号议案	第4号议案（下列候选人除外）	第5号议案（股东）
赞否表示	赞 否	赞 否	赞 否		赞 否

令和 4 年 6 月　　日

000-0000
00市00区00000
000000
00　00

（盖章）

对各个议案不作赞否表示的，第 1 号至第 4 号议案作赞成处理；第 5 号议案作反对处理。

株式会社
东京大学出版会

‖‖‖‖‖‖‖‖‖‖‖‖‖‖‖‖
0000-0000000-000　0000000＃　00　00

注意事项

1. 无法出席股东大会的，请在表决票上标注赞否并盖章后，于令和4年6月28日前邮送至公司。
2. 对第4号议案做表决时，对部分候选人作出不同意思表示的，请填写"行使表决权的参考资料"中记载的该候选人的号码。
3. 赞否的表示使用黑色圆珠笔，以〇清晰圈注。
4. 网上行使表决权的，请登录下列网址并输入行使表决权的专用账号和密码，于令和4年6月28日前进行投票。此时，无须回邮行使表决权的用纸。

行使表决权网址
http://www.
账号　0000-0000-0000-0000
密码　00000000

- - - - 分 - - - - 割 - - - - 线 - - - -

株式会社 东京大学出版会

出席股东大会时请不要撕掉右侧部分，持完整用纸向接待处出示。

＊股东在此纸面上记载必要事项后邮寄给公司。第4号议案（选举董事议案）设置了"下列候选人除外"（下の候補者を除く）选项，系为了对每位候选人单独表决；无赞成或否决表示的，需要根据公司（董事会）提案（第1-4号议案）与股东提案（第5号议案）进行不同处理。

▶▶▶ **专栏 4-14　股东大会会场上股东提案的书面投票的处理**

采用书面投票的股东大会上,某股东不经议案要领的事先记载即直接在会场上提出议案(304条,以下称为"会场提案议案"),那么,书面投票行使的表决权对于该议案将如何处理？一般而言,①会场提案议案是与召集通知上记载的议案(以下称为"原案")对立并要求修正原案的,而且,当书面投票行使的表决权为赞成原案时,通过合理解释该书面投票股东的意思,对会场提案议案做"反对"的处理；②除此以外的场合,因书面投票股东对会场提案议案的意思不甚明了,通常做"弃权"处理。当然,如本书所述,弃权与反对并无实质性区别。

因此,如欲在承认书面投票的股东大会上进行股东提案,若无十足把握得到与会股东足够的赞同,还是事先在召集通知上记载议案的主旨(305条)为上策,这样可以使自己的提案得到其他股东的书面表决。

(3)电子方式的表决权行使(电子投票)

对于不出席股东大会会场的股东,召集权人可以规定采用电子方式(2条34项,会则222条)行使表决权(电子投票。298条1款4项)。是否承认电子投票由各个公司(召集权人)自行决定[截至2021年7月14日,东证上市公司中采用电子投票的公司为51%。东京证券交易所(2021)16页]。

实务上,电子投票需要开设行使表决权专用的主页,在召集通知上记载主页网址以及股东登录的账号与密码(例子见图表4-6)。与书面投票一样,即使召集权人认可股东电子投票,公司也需要向股东交付股东大会参考资料(或者以数据电文的形式提供。302条)。对于进行电子投票的股东,必须使其能够对各个议案赞成与否作出表示,这点与书面投票一样(会则66条1款)。

另外,对于以信托银行等名义持有股份的机构投资者,上市公司大多设置了可以让这部分股东进行电子投票的机制(→专栏4-15)。

▶▶▶ **专栏 4-15　机构投资者行使表决权的方法**

机构投资者多以信托银行等名义持股(→专栏3-20)。此时,因召集通知送往股东名册上的股东(称为"名义股东")处,机构投资者只能从信托银行等得到议案信息,再指示名义股东行使表决权,从而行使表决权。

这样的信息交换如以纸质媒介进行的话需要相当的时间,则机构投资者细查议案的时间就显得不足。因此,东京证券交易所于 2004 年设立了与外国企业等的合资公司(股份公司 ICJ),开设了"面向机构投资者的电子投票平台"。在参加同平台的上市公司股东大会中,机构投资者除了可以经由平台直接得到议案的信息,还可以进行电子投票(法律上可以解释为:作为名义股东的代理人行使表决权)。截至 2020 年 8 月 14 日,参加同平台的上市公司占东证上市公司总体的 38.6%,尤其是外国人持股比例为 30% 以上的上市公司,参加率高达 80.1%[东京证券交易(2021)14 页]。关于电子投票流程的问题,参照:"新时代股东大会流程研究会"(2020)22—35 页。

(4)表决权的代理行使

(a)原则

股东可以委托其代理人行使表决权(310 条 1 款)。但是,为了避免给股东大会带来混乱,公司可以限制代理人的人数(同条 5 款。通常一名股东只能委托一名代理人)。代理权需要每次股东大会分别授予(同条 2 款)。

(b)代理权的证明方法

股东委托其代理人行使表决权时,必须向公司提交证明代理权的文书(或数据电文记录。同条 1 款后段、3 款)。召集权人可以规定证明代理权的方法(提交怎样的文书。298 条 1 款 5 项、会则 63 条 5 项)。在上市公司实务中,除了股东授予代理权的意思表示的书面材料(称为"委任状")用以证明该委任状真实性(是否为股东制作),代理人还需要提供由公司送交股东的行使表决权的书面资料等[商事法务研究会(2021)106—109 页]。证明代理权的文书必须在一定期间内置备于总公司供股东阅览(310 条 6 款、7 款。阅览等请求的拒绝事由见同条 8 款)。

(c)章程对代理人资格的限制

由代理人行使表决权是被公司法保障的权利,判例上也并不禁止公司依章程对代理人资格加以一定的限制。尤其是代理人资格限定为股东(股东只能选任公司的其他股东作为自己的代理人)的章程规定,判例认为,"股东大会为了防止股东以外的第三人扰乱大会秩序,以保护公司利益为目的,可以基于合理的理由在一定程度上加以限制"[最判昭和 43.11.1 民集 22 卷 12 号 2402 页(百选 29,商判Ⅰ-76)。章程规定如上内容的公司,如果承认股东以外的人作为代理人行使表决权,就构成表决方法违法(831条1款1项)]。同判例虽然对象为非上市公司,但几乎所有的上市公司都依据该判例,以公司章程将代理人资格限定为股东。

但是,对上市公司而言,谁都可以通过市场取得公司股份并出席股东大会,公司并无特别手段预防之,故即便将代理人资格限定为股东,也无法防止不受欢迎之人("总会屋"等→专栏4-21)出席股东大会。同时,这样的章程规定使得个人股东通过代理人出席股东大会变得困难。因此,有力学说认为,上市公司中,这样的章程规定缺乏合理的依据,应当将其视为违法、无效的章程[百选29解说(高田晴仁)。→专栏4-16]。

▶▶▶ ★专栏4-16　关于章程限制代理人资格的问题

如判例所示,承认将代理人资格限定为股东的章程有效时,法人股东委托其职员出席股东大会也可能构成违反章程。因此,判例作如下解释:上述章程规定是以防止第三人扰乱股东大会为目的,对于遵守法人指挥的职员而言,其不存在扰乱大会的可能性,故章程规定对上述人员不适用[最判昭和51.12.24民集30卷11号1076页(百选34,商判Ⅰ-84)]。问题在于,这个判例的射程可以达到多远? 例如,委托律师作为代理人是否适用上述章程规定,下级法院的立场存在分歧[律师原则上不存在扰乱股东大会的可能性,从而否定适用章程规定的判例,参见:神户地尼崎支判平成12.3.28判夕1028号288页(商判Ⅰ-77),札幌高判令和元.7.12金判1598号30页,东京地判令和3.11.25(令和2(ワ)第21121号)LEX/DB25601486;一律肯定适用章程规定的判例,参见:东京高判平成22.11.24资料版商事322号180页]。

此外,机构投资者通常以信托银行等的名义持有上市公司股份(→专栏3-21),这样的机构投资者有时会希望作为名义股东(信托银行等)的代理人出席股东大会行使质询权或表决权(CG准则要求上市公司回应这样的需求,与信托银行等进行协商并探讨。补充原则1-2⑤)。实际上,非股东的机构投资者作为代理人如果触及公司章程的规定,而公司又认可其作为代理人行使表决权的话,是否会产生违反章程的问题呢?

如本文所述,上市公司将代理人资格限定为股东是缺乏合理性的,对于以上问题,上市公司采用不合理的章程规定等于作茧自缚。废除

> 上述章程规定更加直截了当。如果以判例的立场为前提,则即使承认机构投资者(实质上的股东→专栏 3-21)作为名义股东的代理人,也不会导致与公司无关者扰乱公司的情况,故并不涉及上述章程规定的调整范围。上市公司可以规定证明代理权的方法(298 条 1 款 5 项、会则 63 条 5 项),即要求机构投资者在股东大会召开前提供由名义股东(信托银行等)出具的、证明其为实质上股东的文书。机构投资者出席股东大会的实务对策,参照:全国株恳连合会理事会(2021),武井、森田(2016)。

(d) 表决权征集*

表决权征集,是指劝说股东将行使表决权的代理权授予自己的行为。典型的例子如:进行股东提案(303 条—305 条)的股东,为了寻求对自己提案的赞成,对其他股东进行表决权征集。提案股东为了调查被征集者的股东姓名、住所等,可以请求阅览股东名册(125 条 2 款)。股份公司(及其董事、管理层)一方有时会进行对抗而展开"表决权征集战"(→专栏 4-17)。

上市公司为行使表决权进行表决权征集时,要受《金融商品交易法》的规制(金商 194 条、金商令 36 条之二至 36 条之六、委任状府令)。其中,征集者必须向作为被征集者的股东提供记载法定信息的资料(委任状参考资料。内容同股东大会参考资料大致相同)以及符合法定样式的委任状用纸(金商 194 条、金商令 36 条之二、36 条之三。不适用规制的,同 36 条之六)。同行使表决权的书面文件一样,委任状用纸必须预留让被征集者对每个议案表示赞成与否的书写空间(金商令 36 条之二 5 款、委任状府令 43 条。委任状用纸的例子参照:VM63 页)。需要注意的是,设置了赞成与否的记载栏而无记载的场合,可以作为空白委任处理(事先将此意旨记载于委任状)。违反指示行使表决权的,作为无权代理以无效处理[东京高判令和元.10.17 金判 1582 号 30 页(百选 AP9,商判Ⅰ-89,アドバネクス事件),田中(2011)9—10 页]。

另外,当代理人向公司提出委任状(310 条 1 款后段),公司(股东大会议长)违反该委任状赞否的指示做表决权行使的处理时,由此成立的表决将以表决方法违反法令(831 条 1 款 1 项)为由被撤销[东京地判平成 19.12.6 判夕 1258 号 69 页(百选 31,商判Ⅰ-81,茉丽特事件)。该事件中,结合代理权授

---

* 原文为"委任状劝诱"。——译者注

予的旨趣,委任状作出与公司提案相反的指示,对此,议长作出不予行使表决权的处理(不算入出席表决权)。其实,此案应当解释为:代理人行使的表决权与公司提案相反,法院应当判断该表决是否成立。不成立的,认定公司决议不成立,而不是撤销决议]。

在上市公司中,对拥有表决权的全体股东进行表决权征集时,拥有表决权的股东人数在一千人以上的,无须承认股东的书面投票(298 条 2 款但书,会则 64 条)。这是因为,对于遵从表决权征集规则进行的表决权征集而言,股东可以获得足够的信息,并且针对议案的意思表示得到保障。

▶▶▶ ★专栏4-17 关于表决权征集

上市公司有义务根据公司法或者交易所规则采用书面投票,因股东提案的议案记载于召集通知与股东大会参考资料上,各股东根据《公司法》305 条赋予的权利,可以对提案的议案以书面形式行使表决权。那么,为何提案股东还要不惜费用征集表决权呢(需要注意:书面投票的费用由公司负担,而表决权征集的费用由征集者本人负担)? 可以考虑的理由有:第一,记载于股东大会参考资料上股东提案的理由可能受到公司方面关于字数的限制(参照:会则 93 条 1 款主文)。若采表决权征集的形式,委任状参考资料中可以自由记载提案股东的主张。第二,书面投票时若赞否一栏无记载,则通常以赞成公司提案、反对股东提案处理;委任状的场合,无记载的视为空白委任(以代理人的判断行使表决权)。第三,针对在股东大会会场提出的修正提案(修正动议)以及程序性动议,可以依据事先授予的空白委任对以上动议行使表决权。其中,第三点的优势比较明显,公司(现任董事)一方也多会在采用书面投票的同时,另行接受大股东的委任行使表决权[商事法务研究会(2021)96—98 页]。

(5) 表决权的不统一行使

拥有两个以上表决权的股东可以不统一行使其表决权(表决权的不统一行使。313 条 1 款)。例如,拥有三千个表决权的股东,对某议案投两千票赞成,一千票反对。但是,如果允许这样没有必要的行使方式,会使股东大会的事务处理变得烦琐,因此,若股东不是"为他人持有股份"的,公司可以拒绝其不统一行使(同条 3 款)。

"为他人持有股份者"的典型例子,是信托的受托人接受复数委托而持有同一类别的股份的场合。信托银行等为复数机构投资者持股时（→专栏3-20），如果每个机构投资者指示行使不同的表决权，则信托银行等就有必要对持有的表决权做不统一行使。另外，股份的共有（106条）也可以解释为"为他人持有股份"（可以理解为：各个共有人为自己的同时也为其他共有人持有股份）。因此，共有人之间意见分歧各自行使表决权时，公司不得拒绝［事例⑥124页（田中亘）］。

董事会设置公司中，不统一行使表决权的股东必须在股东大会召开3日之前，将不统一行使的意思以及理由通知公司（313条2款）。

（6）表决权拘束协议

（a）股东间的表决权拘束协议

股东之间可以就股东大会上如何行使表决权达成合意，这称为"股东间的表决权拘束协议"，与股份的限制转让协议一道，称为典型的股东间协议［→专栏1-8。关于协议的利用实例，参照：名古屋地决平成19.11.12金判1319号50页（VM43—47页）］。

股东可以任意行使其表决权，其基于自己的意思事先与其他股东就表决权行使的方法达成合意的，并无禁止之理。因此，表决权拘束协议通常被认为有效（→专栏4-19）。实际上，即使股东违反协议行使表决权，该表决权的行使也不能认定为无效，由此成立的决议也不存在法律上的瑕疵（合同的相对性）。只是，作为例外，当股东全员成为表决权拘束协议的当事人时，违反该协议的，由此成立的决议被撤销（专栏4-18）。

▶▶▶ ★专栏4-18　关于股东间表决权拘束协议的问题

东京高判平成12.5.30判时1750号169页（百选Ap18，商判Ⅰ-120）中，某股份公司的两名董事兼股东达成合意约定：为了使二人持续获得等额的董事薪酬，双方一致行使自己的表决权。至今已持续18年。法院认为，一般而言，应当认可表决权拘束协议的效力，但此协议乃"对表决权的行使附加过度的限制"，应当将该合意的效力期间限定为"相当的期间"（本判决为10年）。但是，有学说认为，长期的表决权拘束协议具有使股东在最初阶段安心参与公司的作用，因此，不能简单地对协议效力加以限制［浜田（1974）166页，田中（2013b）231—232页。东京高判令和2.1.22金判1592号8页中，法院认为，一般而言，无须对合同期限一律加以限制］。

作为表决权拘束协议当事人的股东,其对另一方当事人股东除了可以依据债务的强制履行性质,对违反协议行使表决权的行为事先制止,当协议约定的表决权内容确定无疑时,可以请求法院按照协议内容进行判决[民414条、民执174条。前引名古屋地决平成19.11.12中,当表决权拘束协议当事人并非全体股东时,虽无法请求强制履行,但依民法的原则(民414条),债务可以强制履行,在此也无变更之理。田中(2013b)235—248页]。当满足《民事保全法》23条2款的要件时,可以进行临时处分。其实,基于合同的诸般事项,当事人之间没有表明较强法律约束力的意思表示的,强制执行应当被否定(前引东京高判令和2.1.22)。

表决权拘束协议的效力仅在协议当事人之间生效(合同的相对性),故即使违反协议行使表决权也只产生当事人的债务不履行责任(民415条),原则上对股东大会的效力不产生影响[江头351页,但可能作为不当决议(831条1款3项)被撤销。田中、森·滨田松本法律事务所(2021)220页(松中学)]。但是,当全体股东成为协议的当事人时,违反协议将被视为违反章程,可以以此撤销该决议[参照:831条1款2项。浜田(1974)309页。另,全体股东关于剩余财产分配的合意(非表决权拘束协议)被视为章程规定的案例,参照东京地判平成27.9.7金判1492号50页(东京高判平成28.2.10金判1492号55页予以认可)]。理由在于,既然公司的实际所有人(全体股东)达成合意,违反该合意的公司行为(股东大会决议)被撤销,自然不会对股东利益带来影响。

(b)公司与股东间的表决权拘束协议

公司与股东之间有时会围绕表决权的行使方法达成合意(公司与股东间的表决权拘束协议)。只是,这样的协议会使股东按照公司(实际上为公司的经营者)的意向行使表决权,其结果可能会导致股东被经营者利用以控制公司。因此,学说持无效见解的不在少数。但是,这样的协议有时用于公司和协议以外股东之间的利益调整,例如,对现管理层持批判态度的股东与公司之间的和解,或者促使双方顺利实施资本与业务的合作等[田中、森·滨田松本法律事务所(2021)第2章(石绵学等)]。因此,表决权拘束协议有时对公司以及协议外的股东存在益处,对照协议的签订过程、目的与内容,只要不存在不合理之处,就应当承认其效力[田中、森·滨田松本法律事务所

(2021)12—13页(田中亘),341—345页(加藤贵仁)]。公司与股东间的表决权拘束协议被认定为有效的,除了承认其与股东间协议一样可以被强制履行,公司有权拒绝违反该协议行使表决权的行为[也可不计入行使表决权数。同 14 页(田中),346 页(加藤)]。

■ 5　股东大会的议事、表决

□ 1　总论

股东大会应当于一定的场所(会场)召开(线上股东大会→专栏 4—19)。股东有权出席股东大会,公司无正当理由拒绝股东出席的,构成表决方式违法,决议可以撤销(831 条 1 款 1 项)。实际上,出于防止疫情扩散等正当理由,通过事先登录制以及限制人数等措施,在相当范围内对股东出席权进行限制也是可行的[经济产业省、法务省(2020)]。此时,股东主张出席股东大会权不受限制的,可构成违反诚实信用原则[民 1 条 2 款。田中(2020c)]。上市公司因新冠疫情而限制股东出席大会被认定为合法的案例。参见:静冈地沼津支判令和 4.6.27 金判 1652 号 37 页。对同判决说理部分的批判,参见:伊藤、高原(2022)31 页。

在股东大会会场,在议长的协调下,针对股东大会目的事项(议题),先由议案的提案者进行主旨说明,再依次进行答疑、意见交换,根据场合不同还可审议股东提出的议案(动议)。当议题为表决事项时,需要进行表决[议题为报告事项(438 条 3 款、439 条、444 条 7 款等)时,不进行表决]。关于议事以及表决,公司法没有规定具体的规则,由会议体的一般原则(亦可为常识)补充。

▶▶▶ 专栏 4—19　线上股东大会(虚拟股东大会)

现行日本公司法上,在决定召集股东大会时,应当确定股东大会召开的场所(298 条 1 款 1 项)。因此,召开股东大会需要以物理性存在的一定场所(会场)作为股东出席之所,未确定会场仅以线上举行股东大会的一般不被允许[第 197 届国会法务委员会第 2 号(2018 年 11 月 13 日)小野濑厚・法务省民事局长答辩]。

实际上,在现行法之下,在物理性会场召开股东大会,股东不出席会场的,可以线上参加大会(线上提问、表决)。当然,也可不出席大会而仅在线上旁听(混合出席型虚拟股东大会)。另外,还有线上不出席但仅旁听的方式(混合参加型虚拟股东大会)。参照:经济产业省(2020)。2021年2月,内阁通过了对《产业竞争力强化法》的修改。据此,在满足一定要件的基础上,基于公司章程规定,可以仅以线上方式召开股东大会(同法66条)。

关于线上股东大会,参见:北村(2020),泽口、近泽(2021),丸谷(2022)。

□2 议事
(1)议长

至于股东大会的议长由谁担任,公司法没有特别的规定。章程有规定的依章程,没有规定的,根据会议体的一般原则,由股东大会表决确定。多数股份公司的章程规定"社长即议长"。实际上,章程规定不过是节省了选举议长的程序,还可以在大会会场由股东提案(动议→专栏4-20)并经股东大会表决(出席会议股东的单纯多数决),确定不同于章程规定的人为议长[东京高判令和元.10.17金判1582号30页(百选Ap9,商判Ⅰ-89,アドバネクス事件)]。理由在于,得不到出席股东大会股东多数信任的议长,无法期待其周延地主持、运营会议。

议长维持股东大会的秩序,整理议事(315条1款)。不服从议长命令及其他扰乱大会秩序者,议长可以责令其退场(315条2款)。

▶▶▶ ★专栏4-20 关于动议

实务上,股东大会会场上股东的提案称为动议。其中,针对股东大会的目的事项(议题)的提案(304条)称为"实质性动议"。实质性动议只要不属于304条但书的事由,拥有表决权的股东都可以行使,议长有义务提交大会审议(表决)。

另一方面,有关股东大会议事推进的动议称为"程序性动议"。程序性动议除了包括调查人的选任(316条),大会延期、续行(317条)等公司法规定的事项,还包括间歇,质疑中止,表决通过的方式,议长的不信任,更换议长提案等公司法未明文规定的事项。有明文规定的程序性动议(316条,317条)属于股东大会的专属事项,议长原则上必须提交大会审议[东京律师会公司法部(2015)253页]。没有明文规定的事项,需要依靠解释确定。一般而言,对于大会的运营方法,议长可以拥有一定的裁量权[作为议事整理权(315条)的一环],在其裁量权限范围内的事项(间歇、质疑中止等动议)是否交由大会审议,由议长自行裁量(同253页)。但是,针对议长的不信任和更换议长的动议,由当事人(议长)裁量判断并不合适,该动议只要不是明显缺乏合理性,议长必须将此提交大会审议(东京高判平成22.11.24资料版商事322号180页。该事件中,法院认为,动议明显缺乏合理性,议长不将此提交大会审议为程序合法)。

(2)董事等的说明义务(股东的质询权)

(a)概说

出席股东大会会场的股东可以针对议题进行质询并要求进行必要的说明,这作为会议体的一般原则不言自明。公司法除了对此进行确认,还设置了一定场合下的除外规定。就是说,当董事、会计参与、监事、执行董事(以下称"董事等")在股东大会上被要求就特定事项向股东进行说明时,必须就该事项进行说明(说明义务。314条1款本文)。但是,以下六种场合不需要说明:①该事项无关议题,②进行说明将严重损害股东共同利益(如营业秘密的泄露等),③说明需要进行调查,④说明将损害公司及其他人的权利(如个人信息的泄露),⑤股东就同一事项反复要求说明,⑥其他有正当理由的场合(314条1款但书,会则71条)。

对于上述事项③,当股东在大会召开日的一定期间之前将质询事项通知公司,或者调查非常容易的(现场询问负责员工就可以知晓的场合),不得拒绝进行说明[会则71条1项(1)(2)]。由于质询事项的事前通知并不是质询本身,只要股东在大会会场不进行提问,董事等就没有义务进行回应。实际上,为了大会顺利进行,董事等可以事先整理已经通知的质询事项并进行统一回答,而不俟股东在会场质询[东京高判昭和61.2.19判时1207号120页(百选32,商判Ⅰ-78)]。

(b)必要的说明之程度

董事等的说明只要达到股东(平均水平)对议题进行合理理解及判断所需要的客观程度即可[东京地判平成61.5.13金判1198号18页(商判Ⅰ-79)]。

(c)对质询权的合理限制

股东的质询权并非不受限制,议长可以行使议事整理权(315条),在合理范围内对股东的质询进行限制[相当于(a)⑥的"其他正当理由"]。因为,股东的质询不属于(a)①—⑤的事由时,若董事等无限地回答下去,股东大会的会期将无限推迟,这明显不合理。因此,议长合理地限制每名股东提问的次数以及发言时间(东京地判平成 4.12.24 判时 1452 号 127 页,名古屋地判平成 5.9.30 资料版商事 116 号 188 页),或者从议题的合理性出发,经过一定质疑时间后合理打断(札幌地判平成 5.2.22 资料版商事 109 号 56 页),并不违反《公司法》314 条的规定[关于上市公司实务参照:商事法务研究会(2019)132—134 页,140—141 页]。

(d)违反说明义务的效果

董事等违反《公司法》314 条规定不回答股东的质询的,构成股东大会决议撤销事由[表决方法的法令违反。831 条 1 款 1 项→专栏 4-23 之后□2。东京地判昭和 63.1.28 判时 1263 号 3 页(普利司通事件)。该事件中,公司拒绝说明员工退职慰劳金的支付标准,被判决撤销决议]。

(3)关于议事的其他问题

在日本的股份公司(尤其是上市公司)中,有时会让作为股东的员工(员工股东)出席股东大会并赞同、协助议长组织大会(对议长的提案齐声呼应:"没有异议")。这本来是为了防止"总会屋"等特殊股东扰乱股东大会(→专栏 4-21),但是,这样的措施如果施行过度,就会形成对一般股东的压制而剥夺其他股东的发言机会,有可能被认定为表决方法瑕疵而构成决议撤销事由(831 条 1 款 1 项。例如,东京高判平成 29.7.12 金判 1524 号 8 页中,股东认为,公司让股东员工发言从而剥夺了一般股东的提问机会,遂提起撤销决议之诉。但最终法院没有否定该决议的效力)。对于让员工股东先于其他股东入场并于前排就座的情形,有的法院认为缺乏合理理由,公司的做法不恰当[最判平成 8.11.12 判时 1598 号 152 页(百选 Ap11,商判Ⅰ-80)。最终,法院以原告股东的股东权利并未因此受到妨碍为由,驳回了其对公司基于侵权行为的损害赔偿请求权]。

▶▶▶ **专栏4-21** "总会屋"

取得上市公司股份后要求公司提供金钱等经济利益,达不到目的就在股东大会上压制其他股东发言扰乱议事,这样的人称为"总会屋"(也称"特殊股东")。以前,多数上市公司为了股东大会平稳结束而对"总会屋"提供利益,后被发现而成为社会问题[关于在平成年间(1989—2019)

发生的大规模提供利益事件,参照:VM68页]。禁止提供利益的规定(120条)就是以直接根绝"总会屋"为目的,于1981年《商法》修改时引进的。进入平成年间后,对利益提供的规制趋于严格化(惩罚的强化以及"要求利益提供罪"的创设),并且警察的取缔执法活动也得到加强,其结果是,"总会屋"的活动趋于沉寂。然而,即使现在,特别是进入到6月份的股东大会季,公司以及警察针对"总会屋"的警戒也会强化(VM68页)。

□ 3 表决

(1)股东大会有权表决的事项

(a)非董事会设置公司

非董事会设置公司的股东大会的表决事项没有限制(295条1款),股东大会可以对召集权人或股东提案的议题(股东的议题提案权也没有限制,可以在会场直接提案。303条1款)进行表决。

(b)董事会设置公司

相对于非董事会设置公司,董事会设置公司的股东大会只能对召集通知上记载的议题进行表决(309条5款。若对除此以外的议题进行表决,则会构成决议撤销事由。831条1款1项)。但是,下列①—③所列事项,召集通知上未记载亦可进行表决:①依据《公司法》316条进行的调查人的选任表决(309条5款但书),②请求会计监察人出席股东大会的表决(309条5款但书,398条2款),③会议的延期(不进入审议,会议日期变更)、继续(进入议事后未审议完毕,择日继续)的表决(317条)。此外,对于事关股东大会议事运营的事项(议长的不信任、替换,质疑的中止,通过方法的决定等),可以遵循会议体的一般原则,不记载于召集通知亦可进行表决(→专栏4-20)。

(2)表决要件

(a)普通决议

原则上,股东大会通过议案,需要持有过半数表决权的股东出席(定足数要件),并由出席股东表决权的过半数赞成票通过(309条1款。表决要件)。此称普通决议。

表决要件可以公司章程另行规定(同款)。特别是定足数要件,实务中,为了通过决议,利用公司章程排除该要件的公司很多。但是,在管理人员的选任、解聘决议上,定足数要件不得低于有表决权股东表决权的三分之一(341条)。这是立法基于管理人员地位的重要性,尽可能反映多数股东的意思所做的规定。

公司章程可以附加诸如人头数要件(通过决议所必需的一定人数以上股东的赞成票)的特别表决要件[管理人员的选任、解聘决议也可采取此方式,参见:基本コンメ(2)120页(潘阿宪)]。有的法院判决认为,一般情况下,以全体出席股东的赞成作为表决要件是允许的,但在批准通过公司财务报表的决议(438条2款)上,若决议不成立则公司运营受阻,故不允许以全体出席股东的赞成作为表决要件。对此可参见东京高判令和3.4.22[令和2(ネ)第3318号]LEX/DB25592205。

(b)特别决议

当发生某些诸如变更章程或机构重组等对股东地位产生重大影响或导致董事或部分股东与一般股东之间发生利益冲突,需要进行慎重判断的事项时,通过议案需要更为严格的要件(特别决议)。具体而言,需要过半数(可通过章程加重或者降为三分之一)表决权的股东出席,出席股东表决权的三分之二以上(仅可以章程加重)通过(309条2款)。根据章程,可以附加人头数要件(同款主文后段)。

需要特别决议的事项规定在《公司法》309条2款各项中。具体而言,①限制转让股份的收购或指定收购人(同款1项),②从特定股东处回购股份(同款2项),③附全部回购条款类别股的全部回购(同款3项),④请求限制转让股份的继承人出让股份(同项),⑤股份的合并(同款4项),⑥非公众公司发行募集股份等的决定事项(同款5项),⑦公众公司向第三人以特别有利的金额发行募集股份等时,募集事项的决定(同项),⑧发行新股预约权时作出与⑥⑦同样的决定(同款6项),⑨担任监事的董事的解任(同款6项),⑩解任由累积投票选举的董事(同项),⑪管理人员等责任的部分免除(同款8项),⑫减资(必要限度内填补亏损的除外。同款9项),⑬实物分红(同款10项),⑭章程变更(同款11项),⑮营业转让的承认(同项),⑯公司解散(同项),⑰组织机构变更、重组的承认(同款12项)。

(c)特殊决议

有的表决事项对股东的地位影响特别重大,需要比特别决议更为严格的表决要件(特殊决议)。具体有以下场合:

①变更公司章程,将已发行的全部股份设置为限制转让。此时,需要可行使表决权股东的半数以上(可以章程加重),且该等股东表决权的三分之二以上[可以章程加重(309条3款1项)]通过。因限制股份转让涉及每名

股东的重大利益,故不仅要求表决权,还需要可行使表决权的全体股东的多数同意,而非出席股东。②当公众公司因合并而注销,或者因股份交换或股份转移而成为全资子公司时,股东作为对价交付限制转让股份,此时该合并等的承认表决同样需要进行特殊决议(同款 2 项、3 项→专栏 9-20)。③非公众公司对不同股东实行不同待遇的(109 条 2 款),其章程变更的场合(废除该规定的场合除外)。此时,需要全体股东(包括无表决权的股东)的半数以上(可以章程加重)且全体表决权的四分之三以上(可以章程加重)多数通过(309 条 4 款)。

(3)表决的方法、决议的成立

(a)表决的方法

至于以什么方法进行表决,《公司法》并没有特别的规定,章程有规定的依章程,没有规定的,只要是对议案表示是否赞同的,议长都可以合理裁量决定(东京地判平成 14.2.21 判时 1789 号 157 页。认可举手表决合法)。在上市公司,书面行使表决权的,多为获得必要的赞成票即可,股东大会会场的表决通常可以采取鼓掌或发声的方式。实际上,当是否赞同议案处于纠缠状态时,会以投票进行表决。

当议长决定对某项议案进行表决时,针对股东提案的赞成、反对或者弃权的意思表示的内容,原则上需要通过投票用纸的记载来判断。但由于投票规则并未被股东所周知,某个股东以为可以使用与投票用纸不同的方法作出意思表示,且该股东的意思表示内容明显与投票用纸记载的内容不同,就属于例外情况[大阪高决令和 3.12.7 资料版商事 454 号 115 页(驳回上诉。最决令和 3.12.14 资料版商事 454 号 101 页,关西超级市场事件)]。

议案原则上采取逐个表决,也可以对全部议案一次性表决(名古屋高判平成 12.1.19 金判 1087 号 18 页),实务上这样的例子很多。但是,出席大会的股东提出程序性动议并提议个别表决时,除了个别表决与一次性表决结果明显相同的场合[例如,仅以书面投票(298 条 1 款 3 项)就完全可以通过的场合],议长必须进行个别表决。理由在于,当存在对不同议案持不同意见的股东时,表决的方法可能会影响决议的结果。

(b)决议的成立

若无章程的特别规定,只要赞成议案的表决权达到通过决议所必需的票数(以投票进行表决的,公司统计股东的投票并可认知投票结果),股东大会决议成立[东京高判令和元.10.17 金判 1582 号 30 页(商判Ⅰ-89,アドバネクス事件)]。实务中,议长可宣布决议的通过,但这并非决议成立的要件。

因议长可能弄错投票结果,使本来应当通过(或不通过)的决议被宣告否决(或通过),故应当基于正确的投票结果,认定股东大会决议成立(或不成立。前引东京高判令和元.10.17)。

> ▶▶▶ ★**专栏4-22 相反议案的表决方法**
>
> 实务中,董事(董事会)与股东提出相对立的议案(称为"相反议案")时(例如,提出设置不得同时设置的机关的议案),股东只能选择其一进行投票,同时同意的,该表决权行使无效。至于采取何种表决方法,公司法没有明文规定,为了防止出现相反议案都被通过的不合理事态,法律允许公司采取合理的表决方法。但是,对相反议案都不赞成的,公司需要在表决前(承认股东书面投票或网络投票的,在召集通知上)明示[田中(2011)6—7页]。

(4)股东大会表决等的省略(书面表决)

对于某些提案,经全体可行使表决权的股东之书面或数据电文记录表示同意的,可以不召开股东大会,视为该提案已通过股东大会表决(书面表决。319条)。股东大会的报告事项(438条3款等)具备同样要件的也可以省略(320条)。当全体股东明确同意时,可以省略召开会议的时间,实现程序的简化。

□4 会议记录的制作

股东大会的议事(包括表决结果。会则72条3款各项)必须根据法务省令的规定制作会议记录(318条1款,会则72条)。会议记录要置备于总公司10年,复印件置备于分公司5年,以供股东、债权人阅览与复印(同条2款—4款)。母公司股东也可以经法院许可进行阅览与复印(同条4款、5款)。

□5 股东大会检查员

公司或持有1%(可以章程降低)以上表决权的股东为了调查股东大会召集程序以及表决方法,在大会召开之前可以先行向法院申请选任检查员(股东大会检查员。306条1款。但是,公众公司的股东需要满足6个月前持续持股的要件)。特别是在提出董事(会)与股东之间对立的议案等情形下,预想到股东大会上必定产生纠纷,这样做便可以监视股东大会程序的正当性。

检查员(通常从律师中选任)进行必要的调查,将调查结果报告给法院的同时(同条5款),也要将调查结果提供给公司以及(股东申请场合下的)申请股东(同条7款)。报告中显示大会程序欠妥当的话,申请股东可以提起撤销决议诉讼(831条1款1项)。

■ 6 股东大会决议瑕疵诉讼

□ 1 概论

当股东大会表决的程序或内容因违反法令、章程等而出现瑕疵时,形成的决议本来应当归于无效。但是,决议的无效仅以普通民事诉讼处理的话,判决的效力原则上只及于当事人之间(民诉115条)。这样,该决议与某个人之间无效,与另外的人之间有效,会造成法律关系的混乱。同时,有瑕疵的决议一旦成立,将会在此基础上建立各种法律关系,此时如无限制地主张无效会损害法的稳定性。因此,公司法根据瑕疵的类型,规定了决议撤销之诉、决议无效之诉以及决议不存在之诉三种诉讼类型(→图表4-7)。通过承认这些诉讼判决的对世性效力,可以实现法律关系的划一处理。其中,对于重要度相对较低的瑕疵(决议撤销之诉),仅以诉讼就可解决决议的效力之争,且通过对起诉期限和原告适格进行限制,实现了法律关系的稳定。

针对上述三种类型的诉讼,本书统称为"股东大会决议瑕疵诉讼"。股东大会决议瑕疵诉讼是有关公司组织诉讼的一种(图表2-4。→专栏4-23)。

图表4-7 股东大会决议瑕疵诉讼——以瑕疵类型进行分类

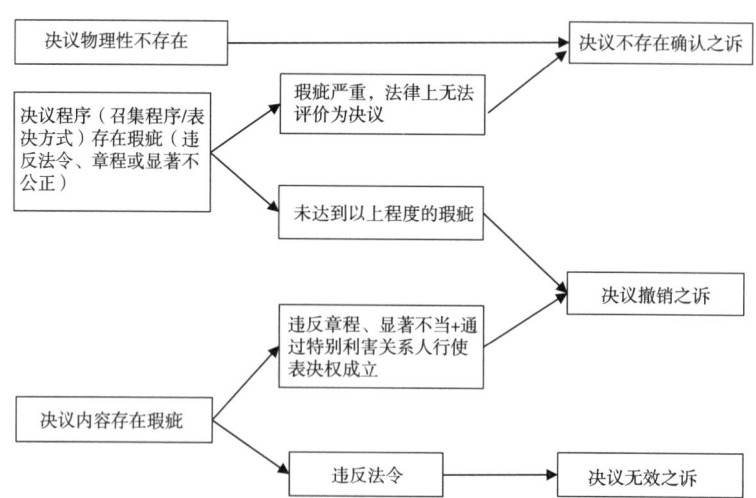

▶▶▶ **专栏4-23 非公众公司诉讼的实情**

股东大会决议瑕疵诉讼在非公众公司中多用于与多数派股东对立、被排除出经营与利润分配的少数派股东。非公众公司多存在不遵守召集手续等程序性规范的情形，法院肯定决议撤销之诉与决议不存在之诉的不在少数。实际上，即使决议的效力被法院否定，但多数派股东依然会再次进行同样的表决，少数派股东依然得不到救济。在现行公司法之下，无法通过股东间协议进行自卫的少数派股东被排除出公司经营与利润分配时，其大多难以得到有效的救济（例如，公司解散的要件严格。→专栏10-2）。因此，股东大会决议瑕疵诉讼是少数派股东在没有其他救济手段时不得已而采取的措施。鉴于这样的实际情况，法院多会在原告少数派股东与多数派股东间进行调解，让二者之间达成收购股份的协议。关于股东大会决议瑕疵诉讼的实际情况，参照：小川（2011）。

▫ 2 股东大会决议撤销之诉

（1）意义

当股东大会决议存在《公司法》831条1款各项规定的瑕疵（决议撤销事由）时，同款规定的人可以在表决后3个月以内，限于诉讼方式请求撤销该决议（股东大会决议撤销之诉）。股东大会决议撤销之诉仅针对通过某议案的决议，对于否决某议案的决议，即使撤销也不会导致该决议被通过，即撤销不会产生新的法律关系，故撤销否决性决议不合法，应当驳回[最判平成28.3.4民集70卷3号827页（百选35，商判Ⅰ-87）]。

（2）决议撤销事由

导致决议被撤销的瑕疵如下：

（a）召集程序或表决方式违反法令或章程，或者显著不公正（831条1款1项）

这些行为统称"表决程序存在瑕疵"。具体而言，首先，召集程序存在瑕疵。例如，没有对部分股东发出召集通知（遗漏召集通知）、召集通知的发出迟于法定期限[最判昭和46.3.18民集25卷2号183页（百选38，商判Ⅰ-88）]、未经有效的董事会决议而由代表董事召集股东大会（前引最判昭和46.3.18）、董事会设置公司对未记载于召集通知的议题进行表决（最判昭和31.11.15民集10卷11号1423页）、应记载于召集通知或股东大会参考资料的事项未记载或记载不实（名古屋地判平成28.9.30金判1509号38页）。

其次，表决方式违反法令。例如，董事等违反说明义务不回答股东的提问（前引东京地判昭和63.1.28）、不让部分出席股东进入会场且无视股东的议案提案[最判昭和58.6.7民集37卷5号517页（百选37，商判Ⅰ-86）]、欠缺表决权基准日的设定公告[124条3款。东京高判平成27.3.12金判1469号58页（百选Ap13，商判Ⅰ-83，アムスク事件）]、公司在股东行使表决权上提供利益[违反120条。东京地判平成19.12.6判夕1258号69页（百选31，商判Ⅰ-81），茉丽特事件]、股东的代理人拒绝出席股东大会{札幌高判令和元.7.12金判1598号30页，东京地判令和3.11.25[令和2(ワ)第21121号]LEX/DB25601486}等。在前引东京地判平成19.12.6判决中，公司错误处理了股东的表决权[将反对议案的股东作缺席处理（不计入出席表决权基数）]是构成决议撤销的事由，但在解释上，应当按照正确的处理方式判断该决议是否成立，对于不成立的决议，就没有必要撤销，而应作决议不成立处理。参照：前引东京高判令和元.10.17[202页(b)]。

再次，表决方式违反公司章程。例如，将行使表决权的代理人资格限定为股东（对此，法院认为：股东以外的人也可作为代理人行使表决权。前引最判昭和43.11.1）。

最后，表决方式明显不公正。如在股东出席困难的时刻、地点召开股东大会。（大阪高判昭和30.2.24下民6卷2号333页→专栏4-24）

▶▶▶ ★专栏4-24 违反表决权征集规定的表决权征集和决议撤销事由

　　针对上市公司股东进行表决权征集的，当征集行为违反了表决权征集规定[委任状用纸上未设"赞否"的记载栏（委任状府令43条）]时，东京地判平成17.7.7判时1915号150页认为，征集行为只不过是发生在股东大会决议前一阶段的事实行为，不能以此认定表决方式违反法令。
　　一般而言，因上市公司进行书面投票，故适用书面投票规制会导致表决权征集的规定带有强烈重复感，若将违反后者直接作为决议撤销事由，则未必会对股东有利[参照：酒井太郎（批判）判时1934号205页]。因此，虽然支持本判决的一般性结论，但当征集行为的违法性明显、被征集人对议案的判断可能受到重大歪曲时，应当作为表决方式显著不公正（831条1款1项）而撤销决议。例如，征集人在征集表决权时做了虚伪的陈述（违反金商令36条之四），被征集人因此赞成议案。前引东京地

> 方法院判决是在结合具体案件的基础上,认定前述表决权征集行为不构成表决方式不公正,并非违反表决权征集规定不能成为决议撤销事由。
> 　　此外,在可行使表决权的股东人数达到1000人以上的公司,取代书面投票而对全体股东进行表决权征集的(298条2款但书。前引东京地判平成17.7.7并非这样的事例),遵守表决权征集规则进行的征集构成合法决议的要件,违反该规则应当构成表决方式违法。

　　当召集程序或者表决方式存在瑕疵时,仅与该瑕疵相关的决议成为撤销的对象,同一股东大会作出的其他决议并不会因此被撤销。例如,召集通知上没有记载变更章程议案的概要[298条1款5项、会则63条7项(8)、299条4款]时,该变更章程决议被撤销,其他决议不会成为撤销的对象(前引名古屋地判平成28.9.30)。

　　在股东大会上,①关于某议题的股东议案提案(304条、305条)被无视而仅审议公司提案的议案并通过的,该决议将被撤销。因为,没有对股东提案(代替案)进行探讨,会成为公司提案议案表决上的瑕疵。

　　对此,②公司无视股东的议题提案(303条)的,因对其议题(称为A)未进行任何表决,故不可撤销该议题,同一股东大会上其他议题(称为B)即使进行了表决,原则上无视A提案并不会导致B议题表决的瑕疵,该表决不得撤销[东京高判平成23.9.27资料版商事333号39页。但是,当两个议题紧密相关,审议B议题对审议A议题必要且有益(特别事由)时,可以撤销对B议题的决议]。最终,②的场合下,股东原则上只能诉诸请求管理人员或公司赔偿损害(429条1款、350条)或请求解聘上述管理人员(854条)。

　　(b)表决内容违反章程(831条1款2项)

　　例如,章程对管理人员资格加以限制,却对没有相应资格的管理人员选任进行了表决就属于这种情况。与表决内容违反法令(构成决议无效事由)不同,其违反的是公司内部的规定,构成决议撤销事由。

　　(c)特别利害关系人行使表决权(831条1款3项)

　　这里的"特别利害关系人"是指表决的结果上,与其他股东具有不同利害关系者。例如,对股东兼董事薪酬等进行表决(361条)时,该股东兼董事就是特别利害关系人。因为过高的薪酬等会对公司以及其他股东利益带来影响,但对该股东兼董事而言是有利的。此外,当某公司(A公司)与其他公司(B公司)合并,B公司成为A公司的股东时,在A公司承认合并的表决

(783条)上,B公司构成特别利害关系人。

与董事会决议上特别利害关系董事不得行使表决权(369条2款)不同,股东大会上特别利害关系股东一般可以行使表决权。包括表决权在内的股东的权利本质上是为保护股东自身利益的,因此,即使存在利害关系也不能直接禁止股东行使权利。但是,因此作出明显不当的决议时,可以撤销该决议以保护公司及其他股东的利益。例如,董事兼多数派股东A死亡后,其继承人行使表决权并作出股东大会决议,将公司全部财产作为退职慰劳金、吊唁金支付给A的继承人时[实质上与排除少数派股东、将公司剩余财产分配给A的继承人(504条)无异],就符合这种情况(浦和地判平成12.8.18判时1735号133页)。

(3)决议撤销之诉的程序

(a)形成之诉

具备撤销事由的决议只要不撤销就有效,只有在撤销判决确定以后决议才溯及无效。就是说,决议撤销之诉因判决而形成权利义务关系,是形成之诉的一种。

(b)原告

出于法的稳定性考量,有权提起决议撤销之诉的主体限于股东等(股东、董事、监事、执行董事、清算人。828条2款1项)。股东也有权以其他股东的程序性瑕疵(遗漏召集通知等)为由提起决议撤销之诉[最判昭和42.9.28民集21卷7号1970页(百选33,商判Ⅰ-82)]。因为,条文上股东有权主张的事由并没有限定为该股东自身的程序性瑕疵,股东对于股东大会整体程序的适当运行享有正当的权益。

(c)被告

被告是公司(834条17项)。针对管理人员选任决议的撤销之诉,若诉讼请求被法院认可,则管理人员失去其地位,故该管理人员应当可以被追加为被告,但判例否定了该管理人员的被告地位(最判昭和36.11.24民集15卷10号2583页)。该管理人员为了维护自身的地位,可以作为共同诉讼的辅助参加人(与民诉42条的辅助参加不同,可以进行与主当事人的诉讼行为相抵触的诉讼行为)加入决议撤销诉讼中(最判昭和45.1.22民集24卷1号1页)。

(d)起诉期限

决议撤销之诉必须在决议日起3个月之内提起(831条)。经过3个月不提起诉讼则决议确定生效。理由在于,决议撤销事由与后述决议无效事由、决议不存在事由相比,瑕疵的程度相对较小,提早确定决议的效力有利于法律关系的稳定(→专栏4-25)。

▶▶▶ **专栏4-25　起诉期限的限制和主张撤销事由之间的关系**

判例认为,鉴于尽早确定决议效力这一法律立场,原告提起决议撤销之诉后经过3个月的,不允许追加新的撤销事由[最判昭和51.12.24民集30卷11号1076页(百选34,商判Ⅰ-84)]。对此,也有反对意见认为,既然表决后3个月以内可以提起撤销之诉,法的稳定性就不是首要的考虑因素,应当给予原告收集证据和形成诉讼主张以充分的机会[学说参照:百选34解说(小冢庄一郎)]。

判例上,本来应当作为决议撤销之诉的瑕疵事实,被原告作为决议无效事由提起决议无效之诉时(主张于表决后3个月以内提起),法院认为,即便表决后经过3个月,原告也可以将诉讼变更为决议撤销之诉,将之前主张的瑕疵事实作为决议撤销事由重新主张[最判昭和54.11.16民集33卷7号709页(百选40,商判Ⅰ-94)]。因此,判断是否遵守期限并不在于提起或变更诉讼的时期,而在于向法院主张瑕疵事实(撤销事由)的时期。

(e)其他程序规则

决议撤销之诉属于公司组织诉讼(参照834条)的一种,需要遵循共通的程序规定。具体而言,诉讼由总公司所在地法院专属管辖(835条1款),同一请求由复数主体同时提起时要进行合并审理(837条)。为了防止滥用诉权,当股东恶意提起诉讼时,经被告申请,可以责令原告股东提供一定的担保(836条1款、3款)。

(4)决议撤销之诉的效力

(a)对世效力

决议撤销之诉的确定判决对当事人以外的第三人发生效力(对世效力。838条)。理由在于处理法律关系时的整体划一,这也是公司组织诉讼的共通之处。

(b)溯及力

根据撤销的一般原则(民121条),决议撤销判决一经确定,该决议自始无效。考虑到法律关系的稳定性,公司组织诉讼大多否定溯及力(839条),决议撤销之诉因不包括在《公司法》839条规定的诉讼类型中,故依一般原则承认溯及力[判例也以承认溯及力为前提。最判昭和58.6.7民集37卷5号517页(百选37,商判Ⅰ-86)]。

实际上,以决议为前提实施的与第三人之间的行为(对外行为),大多适用表见代理等制度来保护善意第三人的利益。例如,在选任董事的决议被撤销的场合,判决确定前该董事成为代表董事并代表公司与第三人签订合同,则适用表见代表董事的规定(354条)或者不实登记(代表董事就任登记)的规定(908条2款),公司对善意第三人承担合同责任。

(5)裁量驳回制度

(a)概说

在决议撤销之诉中,特别是召集程序或表决方式违反法令或者章程时,法院认为:违反行为并非重大且对决议不产生影响的,可以驳回撤销决议的请求(831条2款)。这称为裁量驳回制度。该制度的宗旨在于:轻微的程序上的瑕疵不会导致撤销决议,以此维护法律关系的稳定。

适用裁量驳回需要同时满足上述要件。如果违反行为重大,则不论对决议的效力是否存在影响,决议必须撤销[最判昭和46.3.18民集25卷2号183页(百选38,商判Ⅰ-88)]。因为,如果违反行为重大但对决议效力不产生影响而认为决议有效的话,会助长违反程序的行为。

(b)关于裁量驳回的案例

前引最判昭和46.3.18判决中,股东大会非基于有效的董事会决议召集,并且发出召集通知日期较法定期限晚了两天,法院遂否定了原告裁量驳回的请求。与此形成对照的是,最判昭和55.6.16判时978号112页中,虽然向部分股东(已发行股份1万股中的2700股)发出的召集通知晚于法定期限6天,但考虑到这些股东明知股东大会召开日期却故意不出席,并且决议得到其他股东的全员一致通过,法院肯定了原告裁量驳回的请求。法院肯定裁量驳回的案例,参照:东京地判平成24.9.11金判1404号52页(商判Ⅰ-90)(选举监事的决议欠缺《公司法》343条1款3项规定的监事会同意时,要么监事予以追认,要么未提出特别的异议)。

☐3 股东大会决议无效之诉以及股东大会决议不存在之诉

(1)决议无效的确认之诉

当股东大会决议的内容违反法令时,决议当然无效,任何人不论何时以何种方法都可以主张无效。例如,免除以恶意或重大过失消极履职的管理人员责任(423条1款)的股东大会决议(违反425条1款),因该决议当然无效,公司或提起代表诉讼(847条以下)的原告股东就可以免除未发生为前提,追究该管理人员的责任。

实际上,股东大会的决议涉及多数人的利益,对决议的效力做统一规定最为理想。因此,公司法设置了股东大会决议无效确认之诉(830条2款),承认无效判决的对世效力[→(4)],以对法律关系做划一处理。如前所述,具有无效事由的决议,以决议无效确认之诉以外的方法也可以主张,故主张无效时是否利用该诉讼,由利害关系人自行判断。

(2)决议不存在确认之诉

当股东大会决议不存在时,当然不发生任何法律效力。但是,此时若出现主张决议存在并为此争执的人,就需要以裁判确定决议的不存在。因此,法律设置股东大会决议不存在确认之诉(830条1款),承认判决的对世效力,以图对法律关系做划一处理。与决议无效一样,决议不存在可以不通过诉讼方式进行主张,是否利用诉讼由利害关系人自行判断。

决议被认定为不存在时,包括①当决议物理性不存在时(最判昭和45.7.9民集24卷7号755页。该案是一个关于股东大会并未实际召开而制作会议记录的事例),②决议物理性存在,但程序存在严重瑕疵,法律无法评价为存在决议(→图表4-7)的情形。例如,没有代表权的董事在无董事会决议的情况下召集股东大会,这种情况属于无召集权人的召集,该股东大会决议不存在(最判昭和45.8.20判时607号79页)。尤其是在②的场合,其与决议撤销事由仅存在程度上的差异。例如,召集通知遗漏(未向部分股东发出召集通知)通常会作为决议撤销事由(831条1款1项),只有召集通知遗漏程度严重时才导致决议不存在。法院支持决议不存在的案例,参见:最判昭和33.10.3民集12卷14号3053页[只向代表董事的两个儿子口头发出召集通知,未向其他6名股东(持有已发行股份5000股中的2100股)发出通知];名古屋高判平成30.4.18金判1570号47页(不仅未向持有21%表决权的股东发出召集通知,更伪造了其委任状);大阪高判令和3.7.30金判1627号17页(未向持有已发行全部股份约77%的股东发出召集通知)。

一般而言,应当撤销的决议如在三个月内不对其提起诉讼,则确定有效;而不存在的决议则无论经过多长时间都不会发生效力。因此,在判断程序性瑕疵属于撤销事由还是不存在事由时,在效率(早日确定决议的效力)与公平(决议效力的争议)之间,取决于程序瑕疵是否严重。对此进行评价时,既要考虑到瑕疵的客观内容,又要兼顾瑕疵的主观样态[岩原(2022)413—414页]。以召集通知遗漏为例,相比于单纯的事务性疏漏,召集权人以排除反对股东为目的进而不向其发出召集通知的,更容易被认定为决议不存在。

(3) 决议无效确认之诉、决议不存在确认之诉的程序
(a) 确认诉讼

与决议撤销之诉(形成之诉)不同,在决议无效确认之诉、决议不存在确认之诉的场合,决议自始无效或不存在,只是以判决的形式进行确认而已,类型上属于确认之诉。

(b) 原告适格等

法律对原告适格没有限制。但是,根据《民事诉讼法》的一般原则,需要具有诉的利益(确认的利益→□4)。

此外,在个别案例中,有时会以滥用诉权为由而否定诉讼的提起。例如,握有公司经营实权的股东,可以轻易召开股东大会而不召开的,日后为了有利于己方而提起决议不存在确认之诉的,就属于这种情形[最判昭和 53.7.10 民集 32 卷 5 号 888 页(商判Ⅰ-91)]。

(c) 被告

被告是公司(834 条 16 项)。

(d) 起诉期限

起诉期限并无限制。因为无效或不存在的决议并不能随着时间推移而成为有效。

(e) 其他

管辖(835 条)、合并的程序(837 条)、提供担保命令(836 条),适用公司组织诉讼的共通规则。

(4) 判决的效力
(a) 对世效力

决议无效确认之诉、决议不存在确认之诉判决对诉讼当事人以外的第三人亦产生效力(838 条)。

(b) 溯及力

判决一经确定,决议自始无效或不存在[与决议撤销之诉同样不适用 839 条(面向未来生效)的规定]。

□4 关于诉的利益的法律问题
(1) 概说

按照民事诉讼的一般原则,要提起诉讼就需要有诉的利益(对于某个法律上的争议,具有足以请求判决的利害关系)。诉的利益在股东大会决议瑕疵诉讼中经常发生,故在此作一概括说明。

(a)决议撤销之诉

关于决议撤销之诉,只要是《公司法》831条1款规定的有权提起诉讼者(股东等),原则上都承认诉的利益。否定有瑕疵的决议效力可以保护股东等的利益,故《公司法》上设置了决议撤销之诉制度。实际上,根据不同情况,有时会否定诉的利益。例如,在提起董事薪酬决议的撤销之诉(361条1款,387条1款)后,与该决议同一内容,且效力可追溯至该决议的再次决议有效成立时,已经没有撤销该决议的实际利益,决议撤销诉讼被驳回(最判平成4.10.29民集46卷7号2580页)。

(b)决议无效、不存在确认之诉

决议无效确认之诉与决议不存在确认之诉同为确认之诉,按照《民事诉讼法》的一般原则,需要诉的利益(确认的利益)。一般而言,过去所为的法律行为,当确认其是否存在以及有效性有助于解决现在的权利义务纠纷时,法律认可确认的利益[最判昭和47.2.15民集26卷1号30页(遗言无效确认之诉)]。例如,围绕选举董事的股东大会决议是否存在产生争议,或者对由该董事以及该董事组成的董事会选举产生的代表董事的地位产生争议,为了从根本上解决争议,股东等提起该股东大会决议不存在的确认之诉就具有诉的利益[确认的利益。东京高判平成30.6.6金判1547号14页(商判Ⅰ-92)]。

事实上,确认决议无效、不存在有时无益于现有法律纷争的解决。这时,即便股东等提起诉讼,其确认的利益也会被否定。例如,基于无效的股东大会决议发行新股时,不经过新股发行无效之诉就无法使新股发行归于无效(828条1款2项),但即使提起决议无效之诉,确认利益也会被否定,诉讼会被驳回(最判昭和40.6.29民集19卷4号1405页)。

(2)管理人员选任瑕疵与诉的利益

(a)问题所在

判例和学说上,围绕诉的利益之争的问题之一,就是管理人员选任瑕疵问题。看以下事例:

▶▶▶ 事例4-1

在设置董事会的Y公司的股东大会上,选举了包括A在内的六名董事(以下称"先行决议"),但该股东大会存在违法情节,即未经过董事会决议而召集。因此,Y公司股东X提起先行决议撤销之诉,一审法

> 院认可了 X 的请求,上诉审理期间董事全员任期届满退任,新股东大会决议(以下称"后行决议")选举了后任董事。则先行决议撤销之诉应否被驳回?

既然现行决议选举的董事已经退任,那么取消先行决议似乎没有实际意义。事实上,最判昭和 45.4.2 民集 24 卷 4 号 223 页(百选 36,商判 I-85。以下称"昭和 45 年最判")认为,在这样的事例中,"只要不存在特别的情节,决议撤销之诉并无实际益处,最终导致欠缺诉的利益"。

(b)瑕疵连锁

但是,昭和 45 年最判给出的解释论中也提到,存在"特别的情节"时应另当别论,这就意味着必须承认例外情况。重要的例外情况是指,若否定先行决议的效力,则后行决议的效力也受到影响(哪些情况属于"特别的情节",参照:大冢龙儿:判例评论 338 号 67 页)。

具体而言,在最判平成 2.4.17 民集 44 卷 3 号 526 页(百选 39,商判 I-93。以下称"平成 2 年最判")中,法院认为,由先行决议选举的董事召集股东大会并作出后行决议时,如果先行决议不存在,则选举的董事构成的董事会不能称为合法的董事会,由董事会选举的代表董事也不能视为合法选举。因其没有股东大会召集权限,则即使基于以上董事会的召集通知与以上代表董事召集的股东大会,作出了选举新董事的决议(后行决议),该决议只要不存在全员出席股东大会(→专栏 4-8)这样的特别情节,就应当认为在法律上不存在。如此,先行决议的瑕疵对后行决议的效力产生影响的,称为瑕疵连锁。

在瑕疵连锁的场合,若确认先行决议不存在,则后行决议也不存在,其结果是,由后行决议选举的现任董事的地位被否定。由此看来,先行决议的不存在若进行对世确认,似乎具有法律上的利益。实际上,最判平成 11.3.25 民集 53 卷 3 号 580 页(以下称"平成 11 年最判")中,当股东提起先行决议的不存在确认之诉时,一并提起后行决议的不存在确认之诉的,法院肯定了确认的利益。

平成 2 年最判以及平成 11 年最判都是关于先行决议不存在的判决,当先行决议仅存在撤销事由时,若撤销判决被确定,则根据效力追溯的结果,撤销先行决议会带来瑕疵连锁,结论上与先行决议不存在并无二致。实际上,判例在决算材料的承认决议(438 条 2 款)的撤销上,肯定了瑕疵连锁[最判昭和 58.6.7 民集 37 卷 5 号 517 页(百选 37,商判Ⅰ-86)。某会计年度的决算材料的承认决议若被撤销,会追溯至次期以后的决算材料,此时法律关系变得不确定,需要再次决议]。

因此,由具有撤销事由的股东大会决议(先行决议)选举的董事退任,而后作出选举新董事的决议(后行决议)时,若先行决议被撤销,则后行决议的召集存在瑕疵,导致后行决议的效力乃至对现任董事的地位带来影响的,应当承认先行决议的撤销之诉具有诉的利益{东京高决平成 30.9.12 金判 1553 号 17 页,金泽地判平成 31.2.19[平 29(ワ)第 304 号]2019WLJPCA02196007,类型别Ⅰ381 页}。这样的情节可以理解为属于昭和 45 年最判所称的"特别的情节"之一[野田(2000)102 页]。

最判令和 2.9.3 民集 74 卷 6 号 1557 页(百选 Ap14)中,法院针对上述情形,肯定了与后行决议瑕疵之诉合并提起的先行决议撤销之诉的诉讼利益。事实上,先行决议被撤销而后行决议不存在的,已无必要提起后行决议不存在的确认之诉,先行决议撤销之诉的诉讼利益应当被认可[八木(1999)130—131 页,参照:前引金泽地判平成 31.2.19]。

▶▶▶ ★专栏 4-26 关于瑕疵连锁的论点

针对肯定瑕疵连锁的判例立场,存在如下疑问:否定过去时点董事选举决议的效力,则现今的董事地位会被连锁性否定,这会有害于法的稳定。学说中也有否定瑕疵连锁的见解,该见解认为,若后行决议的股东大会是由对外登记的公司代表董事召集时,可以适用外观保护法理(908 条 2 款),认定该行为有效(大隅、今井,中 16 页)。但是,《公司法》908 条 2 款是在公司的对外行为(公司与第三人之间交易等)上保护第三人的规定,将其适用在召集股东大会这样的公司内部行为上不但没有依据,反而保护了虚伪外观的累加,助长了利用股东大会程序的瑕疵就任董事的不良风气,缺乏正当性。因此,应当支持判例的立场。

(c)瑕疵连锁被否定的场合

实际上,即使站在判例的立场,瑕疵连锁也不是经常发生的。例如,先行决议的内容为表决之前的董事全员再任,并且从该董事中选举之前的代表董事为新的代表董事时,即使先行决议被撤销,之前的董事、代表董事将继续享有董事、代表董事的权利并履行义务(346 条 1 款、351 条 1 款),由上述代表董事召集股东大会并作出后行决议,结果并不构成瑕疵。此时,即使先行决议被撤销，也不能否认后行决议选举出的现任董事的地位，只要不存在具有法律上利益的"特别的情节"，法院将否定先行决议撤销之诉的利益（先行决议不存在的亦同）。存在否定瑕疵连锁的"特别的情节"，法院继而否定了先行决议不存在确认之诉以及撤销之诉的利益的案例，参见：东京高判令和3.8.19 金判1630号8页。

□ 5 股东大会决议瑕疵诉讼的临时处分

股东大会决议瑕疵的请求得到法院认可的，否定决议的效力将溯及既往，但以该决议为前提实施的公司运营、管理，则在判决确定之前成为既成事实并不断堆积，对原告而言可能无法形成有效的救济。因此，法律明文规定，当原告起诉选举管理人员的决议存在瑕疵时，作为临时处分的措施，原告可以申请法院停止该管理人员（以瑕疵决议选举的人员）履行职务，以及选举代理履行职务人员（民保56条，公司352条）。当该申请属于：①民保23条2款规定的临时处分的一种情形，且②满足同条款的要件时，法院始认可该临时措施。

▶▶▶ ★专栏4-27 可否基于股东大会决议瑕疵诉讼实施临时停止处分

当不存在民保56条、公司352条这样明文规定的时候，股东大会承认某行为进而董事拟基于此实施该行为的，股东等是否有权以该决议的瑕疵诉讼为案由，请求对该行为处以停止的临时处分（根据民保23条2款）？下级法院判例以及学说中存在支持的观点[甲府地判昭和35.6.28 判时237号30页中，当公司合并决议存在撤销的事由时，作为该决议停止执行的临时处分措施，可以责令公司临时停止该合并。参照：新堂(2001)59页]。

但是，规定临时地位的临时处分措施原则上应当优先实现实体诉讼（以下称"本案"）的判决内容，瑕疵决议的效力即使在本案判决中被否定，也只是该决议不存在，股东并不必然享有基于该决议的停止请求权。因此，不能一般性地认为，仅以决议瑕疵诉讼为本案，法院就认可对基于该决议行为的临时停止处分。要承认该临时处分，假如决议的效力被否定，临时处分的申请人需要具备停止该行为的实体法上的权利[违法行为停止请求权（360条）]或者公司重组停止请求权（784条之二，796条之二，805条之二）[满足该实体法的要件。田中(2014b)24—28页。公司重组的承认决议存在撤销事由→专栏9-28]。

第3节 董事、董事会

■1 总论——业务执行的决策以及执行业务

(1) 业务执行的决策、业务执行的意义

(a) 概说

以营利为目的的股份公司要达成自己的目的,就需要进行经营战略策划,雇佣、管理员工,组织原材料,制造、销售产品等一系列活动(经营活动)。公司法称这些活动的意思决定为"业务的决策"(348条2款)或者"业务执行的决策"(362条2款1项)。实施以上决策并实际运营经营活动的称为"业务的执行"(或者"执行业务",348条1款、363条1款。关于"业务执行"的概念→专栏4-34)。

例如,公司借款用于事业发展的决定属于业务执行的决策,基于其决定代表公司与融资人进行交涉,签订借款合同并受领借款的,为业务执行。

实际上,判例与学说并未严格地区分业务执行的决策与业务执行,多将二者合二为一使用"业务执行"的表述(江头379页注1)。本书为了避免概念的混乱,在表述广义的业务执行时,使用"广义的业务执行"或单纯使用"业务"一词。

广义的业务执行(业务)= 业务执行的决策(业务的决策)+业务执行

(b) 对外的业务执行与对内的业务执行

业务执行分为两种:第一种如与第三人交易,行为的效力及于公司以外的"对外的业务执行";第二种如制作公司决算材料,召集股东大会、董事会,行为在公司内部完结的"对内的业务执行"。对外的业务执行本质上为代理(民99条以下),持有概括性权限的代表董事(提名委员会等设置公司中为代表执行董事)的场合为"代表"(349条1款、4款,420条3款)。相对于业务执行上的区分,业务执行的决策也分为对外的业务执行决策与对内的业务执行决策。

(2) 本节的说明顺序

股份公司从根本上说,是股东选举董事,从事公司的事业活动即广义的业务执行的组织。既然作为营利法人的股份公司需要依赖于事业活动才能达到目的,则对其承担者——董事(董事会设置公司加上董事会)所进行的法律规制无疑是公司法中最为重要的领域。因此,本书将更多的笔墨用于此处。在■2介绍董事的选举、任期终了以及在公司中的地位后,将在■3对重要性极高的董事会设置公司中广义的业务执行的构造进行详细解说。非董事会设置公司的广义的业务执行将在■4进行简单解说。■5对董事与公司之间存在利益冲突时的特别规定进行解说。■6对董事的义务与责任进行解说。

> ▶▶▶ 专栏4-28 董事、董事会法制的课题
>
> 在股份公司中,执行业务的董事(日常用语称"管理层"*→专栏4-3)特别是其中处于顶层地位的代表董事(同为经营者→专栏4-3)容易形成权力集中。因此,对这样的管理层、经营者的行为进行规范,是公司法最重要的目的。为此,公司法规定了董事会负有监督董事执行职务的义务(362条2款2项),以及针对各个董事的种种义务(355条)与责任(423条1款、429条1款等)。
>
> 实际上,对董事课以过大的义务与责任会导致公司经营趋于萎缩、董事人选难以为继的不良后果。并且,规范管理层的行为不仅依靠法律,CG准则等法律以外的规范、习惯等也起着重要的作用。因此,公司法应当在综合考虑以上规范及习惯的作用基础上,在便利(法的效用)大于费用(制度成本)的限度内设计规范。公司法在董事与公司处于利益冲突时,对董事课以严格的限制的;若不存在以上利益冲突,则赋予董事在公司经营上以广泛的自由裁量权(经营判断原则)。这些制度都体现了公司法力求因地制宜进行合理规制的努力[数字でわかる95—98页(田中亘)]。

■ 2 董事

□ 1 选任

(1) 概说

董事由股东大会选举(329条1款→专栏4-29)。当董事出现死亡等无法预料的情况而任期终了的,为了弥补人员不足的状况,股东大会还可以选举增补的董事(329条3款、会则96条)。

---

* 日文表述为"经营阵"。——译者注

▶▶▶ ★专栏4-29　选任、解任与选举、解聘的法律性质

多数说认为,股东大会对董事以及其他管理人员的选任(选举、任命)决议不过是公司内部的意思决定,只有基于该决议,公司代表人代表公司与被选任人签订任用合同,被选任人方成为公司管理人员[コンメ(7)416页(浜田道代)]。对此,也有学说认为,选任决议是以被选任者的就任承诺为条件,且直接就任管理人员地位的行为(一种单独行为。铃木、竹内270页。以被选任者的就任承诺为条件,系归结于私法的一般原则,即未得到他人同意不得单方对该人课加义务)。

单独行为说是对《公司法》329条1款规定进行的直接解释(同款规定了根据股东大会决议"选任"管理人员,并未规定"为选任的决定"),并且,多数说在处理代表人不服从股东大会决议时存在困难,故应当支持单独行为说。实务中,为了确定勤务时间等任用条件,通常由公司与被选任人之间签订任用合同,这与基于选任决议产生直接就任的效果并不矛盾。同样,管理人员的解任决议(339条1款)也是直接丧失其地位的单独行为(此时,不以管理人员的承诺为条件。参照:民651条1款),并不特别需要公司对管理人员解任的意思表示。根据董事会决议选举、解聘代表董事等(362条2款3项)也可以作同样解释。

对于代表董事的解聘决议,判例明确站在单独行为说的立场(最判昭和41.12.20民集20卷10号2160页)。此外,最判平成元.9.19判时1354号149页中,"选任监事的效力并不只根据股东大会的选任决议产生,还要根据被选任者的就任承诺而发生",故管理人员的选任应解释为单独行为(以承诺为停止条件)。

(2)人数

董事会设置公司的董事必须为三人以上[331条5款。委员会型公司的特则(同条3款、4款、6款)见后述→第7节、第8节]。公司可以章程规定董事人数的上限(定员)与下限。

▶▶▶ 专栏4-30　上市公司董事人数的削减——意义与课题

传统上,日本的上市公司随着规模增大,董事人数也呈增长的倾向,二十世纪八十年代左右,大规模上市公司董事超过数十人的例子并不少见("大董事会")。然而,进入二十世纪九十年代后半期以来,为了

确保经营的机动性,董事的人员削减行为(董事会的规模缩小)急速发展[宫岛、新田(2007)]。同时,多数公司为干部级员工新设了职位——执行管理人员]。至2022年7月14日,东京证券交易所上市公司中,平均每家公司的董事人数为8.1人[主要市场板块上市公司为9.1人。东京证券交易所(2022a)6页]。

对于大规模的董事会,外界一般认为其无法进行有效的审议,会陷入功能不全的境地。而将相当数量的员工选举为董事(使用人兼董事),可以实现对管理层(代表董事及其他业务执行董事)某种程度的监督[田中(2013d)]。随着二十世纪九十年代后半期的董事会规模缩小,干部级员工被排除出董事会,导致千禧年代的上市公司董事会基本由管理层占据(董事会与管理层的一体化)。这样的董事会改革在经营的机动性上或许有用,而董事会对管理层的监督功能则会相应降低。如何保证与提高董事会的监督功能,成为企业治理的重要课题。选任外部董事的动向(专栏4-33)就是其中的一个尝试。

(3)董事的资格(不适格事由)

(a)法定的资格限制

下列人员不得成为董事:

①法人(331条1款1项)

②未成年人以外的限制行为能力人(同款2项)

③违反公司法及其他法律规定被处以刑罚,执行终了或者自裁定不予执行之日起未经过两年者(同款3项)

④③以外的违反法律规定被处以有期徒刑以上刑罚、执行终了之前或者不予执行之前者(缓刑除外。同款4项)。

其中,①是基于股份公司的管理、运营最终要由自然人负责的考量;②③系基于公司管理、运营的适格性作出的考量。

★(b)成年被监护人、被抚养人的规定

2019年《公司法》修改之前,成年被监护人或者被抚养人不得就任董事(同年废止的前《公司法》331条1款2项)。但是,为了增加这些人员的社会活动场所,促进对成年监护、抚养制度的利用,同年的修改规定,监护人在得到成年被监护人同意的情况下,可以代替本人进行就任的承诺,之后由成年被监护人就任董事;被抚养人得到抚养人同意承诺就任的,或者获得《民法》

876 条之四 1 款代理权的抚养人得到被扶养人的同意后承诺就任的,被扶养人就任董事(331 条之二 1 款—3 款)。

成年被监护人、被抚养人违反以上规定就任董事的,无效(而非可撤销。一问一答令和元年 258 页)。满足以上要件就任董事的成年被监护人、被抚养人作为董事实施的行为,不得以自己为限制行为能力人为由主张撤销(331 条之二 4 款)。

(c)章程的资格限制

以章程限制董事的资格,只要不违反公序良俗即可。但是,公众公司不得将董事资格限定为股东(331 条 2 款)。这是基于公众公司的基本理念,即公众公司需要对外广泛网罗人才进行的规定。

(4)原则性的选任方式

董事以股东大会的普通决议选任,但此时的定足数不得少于全体股东表决权的三分之一[341 条(对比 309 条 1 款)。董事以外的管理人员的选任亦同]。这是鉴于管理人员地位的重要性,尽量反映多数股东的意向而规定的。原则上,董事(其他管理人员亦同)的选任议案为每个候选人一个议案,各个候选人的选任议案在得到出席股东表决权的半数以上通过时,该候选人当选,否则落选(341 条)。这样的方式可以使多数派股东将董事职位投给自己支持的人。

(5)累积投票的选任方式

除了(3)所述的原则性选任方式,公司法为了尽量反映少数派股东的意思,设置了累积投票的选择项(342 条)。累积投票只有在股东大会召开 5 日前,股东(限于有表决权者)依此方式向公司请求时方得行使(同条 2 款)。在累积投票中,各个股东的表决权以"持有表决权数×选举董事的人数"来计算。例如,在选举 6 名董事议题的场合,持有 500 股的股东拥有 500×6 = 3000 个表决权。股东既可以将此表决权集中投给一名候选人,也可以适当分给两名以上候选人(例如,投给候选人 A2000 票,候选人 B1000 票。同条 3 款)。按照议题所示的定员(比如 6 人)人数,按顺序从得票高者开始当选(同条 4 款)。累积投票使少数派股东也可以对特定候选人进行集中投票,使自己支持的人当选为董事成为可能。另一方面,股东间的对立关系也会被带入董事会,造成公司经营的混乱。因此,公司法认可以章程排除累积投票(同条 1 款),实际上大多数公司也是以章程排除累积投票。

▶▶▶ ★专栏4-31　关于当选的管理人员人数的解释问题

未以章程排除累积投票的公司中,当选任董事成为议题时,议题的提案人[召集权人或行使股东提案(303条)的股东]必须确定选任董事的人数(否则无法确定当选人数)。在董事会设置公司,需要根据299条4款在召集通知上记载选举人数。实际上,单纯在召集通知上记载"董事全员任期终了改选"的,只要没有特殊的事由,可以理解为选任与从前相等人数的董事[最判平成10.11.26金判1066号18页(百选Ap8,商判Ⅰ-70)]。

对此,以章程排除累积投票的公司选任董事,选任的结果取决于每名候选人是否得到出席股东表决权的半数以上通过(341条),故议案的提案人无须提前确定选任董事的人数。实务中,通常会事先确定选任人数并记载于召集通知上(例如,"选任五名董事")。此时,因召集通知记载的人数构成议题的内容,故董事会设置公司的股东大会不允许选任超过该人数的董事[与309条5款相反。东京高判平成3.3.6金判874号23页。但是,该案件因瑕疵非重大为由被驳回决议撤销请求(831条2款)]。问题是,这样的解释因制约了股东大会的自主判断而欠妥当,倒不如将召集通知记载的人数解释为单纯的预定人数而不作为议题的内容,股东大会因此可以超过记载人数进行选任,这样更具有合理性[吉本(2003)637页]。

另外,公司章程设置了董事人数的上限(定员)的[参照:东京地判平成19.12.6判夕1258号69页(百34,商判Ⅰ-81)茉丽特事件],问题会更加复杂。此时,假使超过定员数的董事候选人的选任议案得到股东大会通过的必要票数,则视为全员当选,其结果构成违反章程。因此,应当结合章程的宗旨进行合理解释,在定员的限度内,从得票数高的上位者开始确定当选的董事[现状与课题7—8页(田中亘)]。

(6)登记

董事的姓名为登记事项(911条3款13项),当选以及退任时需要进行登记(915条1款)。

□2　董事与股份公司的关系

(1)委任关系

董事为处理公司管理、运营事务者,与公司之间是委任的关系(330条)。

因此，除非公司法有特别规定，适用民法关于委任的规定。例如，董事负有以善良管理人的注意处理公司事务的义务（民644条）。

图表4-8　董事的任期（以3月为决算期的公司为例）

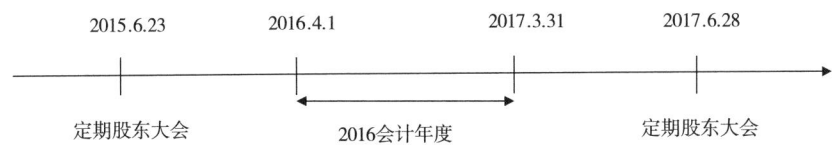

* 2015年6月23日的股东大会上当选的董事，当选后两年以内结束的上一会计年度为2016会计年度（2016年4月1日至2017年3月31日），相应的定期股东大会若在2017年6月28日召开，则该股东大会结束时，该董事任期届满。

(2) 任期

(a) 原则

董事的任期原则上至当选后两年以内结束的上一会计年度的定期股东大会终结时为止[332条1款主文。参照图表4-8。委员会型公司有特别规定（同条3款、4款、6款），后述]。任期可以缩短，但不得延长（同条1款但书）。这样规定是鉴于董事地位的重要性，董事需要定期得到股东的信任（可以再任）。

(b) 非公众公司以章程延长任期

实践中，为了招揽有能之士，公司有时会与董事签订长期的任期合同以做保障，法律认可非公众公司（委员会型公司除外）可以根据章程将董事的任期延长至十年（同条2款）。另外，当公司通过变更章程将延长的任期再度缩短时，任期缩短的效果及于现任董事。但为了保护现任董事对任期的期待，应当类推适用《公司法》339条2款[无正当事由被解聘的董事的损害赔偿请求权。东京地判平成27.6.29判时2274号113页（商判Ⅰ-94），东京地判平成29.1.26金判1514号43页]。

(3) 任期终了

(a) 任期终了事由

任期（332条）届满则董事退任。董事死亡（330条、民653条1项）、破产程序开始（同条2项）、监护开始（同条3项）、资格（331条1款）的丧失、辞职及解任也是构成任期终了的事由。在民法的规定上，作为委任者的股份公司开始破产程序也是任期终了事由（330条、民653条2项），但在解释上，该规定的适用被否定（→专栏4-32）。

> ▶▶▶ **专栏 4-32　公司进入破产程序和董事的地位**
> 当公司进入破产程序时,公司财产的管理处分权限专属于破产管理人(破 78 条 1 款),董事失去管理处分权(因此,一般不得再作出业务执行决策和执行业务)。但是,判例认为,有关股东大会召集、公司组织诉讼的应诉等事关公司组织行为的权限依然由董事行使,在其权限的限度内,董事即使在公司破产以后仍然保持其地位(最判平成 16.6.10 民集 58 卷 5 号 1178 页)。因此,在董事选任决议瑕疵之诉(830 条、831 条)以及董事解任之诉(854 条)审理过程中,若公司被裁定进入破产程序,诉讼将继续进行[最判平成 21.4.17 判时 2044 号 74 页(百选 Ap15,商判 I-96)。被告不能因为失去董事地位而丧失诉的利益]。

(b)辞职

董事在任期中随时可以辞职(330 条、民 651 条 1 款)。但是,在对公司不利的时期辞职的,需要对公司承担损害赔偿责任(同条 2 款)。

(c)解任

董事可以在任期内随时因股东大会决议(341 条的普通决议)而解任(339 条 1 款)。2005 年修改前的商法时代重视经营的持续性,规定解任需要股东大会的特别决议,修改后的公司法更加重视股东对公司经营的控制,故而条文进行了相应调整。需要注意的是,以累积投票当选的董事的解任仍然需要特别决议(342 条 6 款、309 条 2 款 7 项)。累积投票是为少数股东选举自己支持的人当选董事所设计的制度,若以普通决议解任该董事,则制度设计的意义就大打折扣。

任期中被解任的董事,除了解任有正当理由的,可以请求公司赔偿损失(339 条 2 款)。请求权来源于董事对任期的期待,因此,董事原则上可以请求公司赔偿相当于剩余任期应当得到的报酬金额(大阪高判昭和 56.1.30 判时 1013 号 121 页)。"正当的理由"包括:董事因病无法继续履行职务[最判昭和 57.1.21 判时 1037 号 129 页(百选 42,商判 I-97)]、违法或者不正当执行职务等[东京地判平成 30.3.29 金判 1547 号 42 页(商判 I-98)]。没有经营能力也应当属于正当理由(横滨地判平成 24.7.20 判时 2165 号 141 页)。另外,仅仅因为与其他董事、管理层关系不和(东京地判昭和 57.12.23 金判 683 号 43 页),或者失去大股东信任的(东京地判平成 27.6.22 商事 2090 号 65 页),不能认定为正当的理由。

(d)解任之诉

当董事有不端行为(故意损害公司利益)或者违反法令、章程的重大事实,而股东大会否决该董事的解任时,六个月前持有公司3%以上表决权的股东可以提起解任董事之诉(854条)。这样规定是为了保护少数派股东的利益,因为即使董事具有明显的被解任事由,该董事也能够以自身为多数派股东等为由使股东大会无法通过解任决议。此诉讼以公司与董事双方为被告(855条),总公司所在地的地方法院具有专属管辖权(856条)。

作为解任之诉被告的管理人员,股东大会批准其再任的,该管理人员现任期开始前发生的行为,只要没有特殊的情况,就不构成854条1款的解任事由(京都地宫津支判平成21.9.25判时2069号150页,宫崎地判平成22.9.3判时2094号140页)。这是因为,对于股东大会决议再任之前的解任事由,股东已然知晓且决定让其再任,则其后法院就不应介入。以此解释为前提,解任之诉进行中被告管理人员的任期届满而退任的,即便该人员被股东大会批准再任,解任之诉的诉讼利益也应归于消灭(东京高判令和3.11.17金判1635号14页)。有反对说认为,这样将会使解任之诉的存在意义化为乌有[潘(2020)]。

(4)不满法定人数时的处理

(a)权利义务的继续

缺少董事或者不满法律(参照329条2款)或章程规定的法定成员数时,任期届满或辞职而退任的董事,需要在后任董事当选之前继续行使董事的权利并承担义务(346条1款)。这是为了防止发生无人管理公司业务、财产的事态。对于不注重形式的非公众公司而言,因股东大会几乎不召开,很久以前当选的董事根据此规定继续自己权利、义务的情况时有发生。实际上,公司可以选举董事但不选举时,公司根据以上规定追究退任董事违反义务的责任的,会被认定为滥用权利(民1条3款。高知地判平成2.1.23金判844号22页。在退任董事于选出继任者前从事与公司同业竞争的事例中,考虑到退任的背景中存在公司支配股东兼代表人过失的情况,认定公司追究责任属于滥用权利)。

(b)临时董事

当董事成员不足法定人数时,法院认为有必要的,可以经利害关系人的申请,选举执行临时董事职务的人员(临时董事。参照:346条2款、3款)。如果临时董事填补了人员不足,同条1款规定的继续权利义务者就当然失去其地位。判例上,继续权利义务者执行职务时违反法令,股东只需要申请选举临时董事即可,而不能提起解任董事之诉剥夺其地位[最判平成20.2.26民集62卷2号638页(百选43,商判Ⅰ-99)]。

(5)职务执行停止、职务代理人

(a)概说

如前所述,以董事选举决议瑕疵之诉(830条、831条)为本案,可以申请停止该董事的职务、并且选举替代者(职务代理人,多为律师)的临时处分[民保56条、公司352条(后述的代表董事亦同)]。这种措施属于临时处分(民保23条2款)的一种,需要释明应当保全的权利(与本案诉讼有关联。民保13条),以及"对债权人(临时处分的申请人)产生的显著损害或为了避免紧迫的危险"采取临时措施的必要性(民保23条2款)。也可以将解任董事之诉(854条)作为本案,申请前述的临时处分(肯定判决参照:高松高决平成18.11.27金判1265号14页)。

被停止执行职务者违反临时处分实施的行为绝对无效,即便其后的临时处分被撤销也无法追溯为有效(最判昭和39.5.21民集18卷4号608页)。因为民保56条的嘱托登记旨在公示停止职务的事实,防止第三人遭遇不测的损失。

(b)职务代理人的权限

董事、代表董事的职务代理人实施不属于公司的常务(公司运营过程中通常的业务)之行为的,需要法院的许可(352条1款)。未经许可实施的行为无效,但不得对抗善意第三人(同条2款)。判例中,召集临时股东大会不属于常务的范畴[最判昭和50.6.27民集29卷6号879页(百选45,商判Ⅰ-102)]。实际上,代表董事的职务代理人未经法院许可召集股东大会形成的决议并非不存在,而是属于可撤销事由(前引最判昭和39.5.21,前引最判昭和50.6.27)。

因临时处分被停止执行职务的董事辞职,股东大会选举了继任董事时,职务代理人的权限并不当然消灭,只有在以情势变更为理由撤销临时处分的裁定(民保38条)作出后,职务代理人的权限方得消灭。在此之前,继任董事的职务执行受到限制[最判昭和45.11.6民集24卷12号1744页(百选44,商判Ⅰ-100)]。

□3 外部董事

(1)概论

所谓外部董事,是指不执行公司业务,且与该公司及其母公司、子公司、管理层等之间不存在某种利害关系的董事[严格的定义见(2)]。这样的外部董事独立于公司管理层,以期对其进行有效监督。公司法强制性要求委员会型公司选举外部董事,对除此之外的符合一定条件的其他公司,则敦促其按照"遵守或解释守则"选举外部董事。尤其在上市公司中,外部董事的数量呈增加趋势(→专栏4-33)。

图表4-9 外部董事的任职要件(2条15项)

A	B
该股份公司自身	业务执行董事等[注1]
子公司	+过去十年担任过业务执行董事等[注1] +"平行调动"规制[注2]
母公司等	母公司等自身[注3],董事,执行官,使用人
母公司等的子公司等(①②除外)	业务执行董事等[注1]
董事、重要使用人,母公司等[注3]	近亲(配偶+两代以内亲属)

* 某股份公司中,"A列记载事项"中对应"B列记载之地位者"的,该人不得担任该公司的外部董事。

[注1]业务执行董事等=执行业务董事、执行官、使用人。
[注2]"平行调动"规制[2条15项(二)]参照:图表4-10。
[注3]母公司等为自然人的场合。

▶▶▶ 专栏4-33 上市公司的传统董事会构造与外部董事

(a)日本过去的状况

二战后,在日本的上市公司中,存在员工内部晋升为董事的惯例(本书称这些董事为"社内董事"),外部董事几乎不存在。社内董事在公司的日常业务中,作为业务执行董事或兼任使用人董事听命于代表董事(经营者)的指挥。有意见认为,以这样的社内董事为中心形成的董事会很难对身负重要职务的经营者形成有效监督(参照:362条2款2项、3项)。例如,有研究表明,即便上市公司的业绩恶化,经营者的更迭比例也不见升高[久保(2010)95页]。

(b)近年来实务、法律制度的改革

在针对企业治理的讨论上,有力见解认为,选举独立于管理层的复数外部董事,可以提高董事会的监督功能。现在,日本以外的发达国家(包括近年来部分新兴国家)的上市公司中,董事的半数以上为外部董事的情况比较普遍[斋藤(2011)139页]。其他公司的现任、前任经营者担任外部董事的居多]。

过去,日本公司法除了委员会型公司(331条6款、400条1款3款),并未规定公司选举外部董事的义务。但外界关于选举外部董事的议论高涨,立法者便顺应这一潮流。首先,在2014年《公司法》修改之际,针对设置监事会的公众型且提交有价证券报告书的大公司(大致相当于上市公司),若该公司不设置外部董事,则有义务披露不设置的理由("遵守或解释守则"。2019年《公司法》修改前《公司法》327条之二)。2019年《公司法》修改时,上述公司一律有义务选举外部董事(327条之二)。

东京证券交易所(东证)的上市规则规定:上市公司应致力于设置最低一名的独立外部董事(违反此规定不受制裁。东证上市规程445条之四)。所谓独立外部董事,是指身为外部董事,且满足东证规定的独立性基准[东京证券交易所(2022b)]者。例如,与公司的重要交易对象有关联者,或者担任母公司董事未过10年者,其独立性将被否认。此外,CG准则自2015年6月制定以来,要求上市公司选任两名以上的独立外部董事(规则4-8。上市公司不实施的,需要说明理由)。这样的构造再加上机构投资人股东(特别是外国机构投资人)强烈要求选举外部董事的影响力增大(→专栏4-7),(独立)外部董事数量在日本虽较之其他国家尚少,但已呈增加态势。2014年,董事的三分之一以上为独立外部董事的公司的比例,仅占当时东证市场第一部上市公司全体的6.4%;到了2022年7月,这个比例占东证主要市场板块上市公司的92.1%[东京证券交易所(2020a)3页]。

(c)课题

实际上,外部董事除了参加董事会的议事、表决以及为此的准备,并不履行公司的职务,对公司的信息也不通晓,报酬固定且不与业绩挂钩。因此,有意见认为,外部董事缺乏提高公司业绩的激励动机,其效果值得怀疑[佐佐木(2015),三轮、Ramseyer(2015)]。有研究显示,从国际视角看,独立外部董事的选举和增员会对公司业绩以及企业价值带来正面效果,但日本按照CG准则要求选举和增加独立外部董事的公司,却未必显现出正面效果[宫岛、斋藤(2020b)48—52页]。说到底,不能单纯以是否独立为标准,重要的是能否将有能力、经验的人才选为外部董事,且向其提供充分的信息以及赋权。

（d）存在控股股东公司的外部董事

存在母公司等控股股东的公司，为了防止控股股东对公司施加不当影响（→专栏4-45、专栏9-18），需要选举独立于控股股东的外部董事。但同时，这也会不当削弱控股股东对公司的控制权。关于存在控股股东公司的（独立）外部董事之规制，参见：太田（2020）。

（2）定义

外部董事，是指股份公司的董事符合以下（a）—（e）之一者（2条15项→图表4-9）。其中，（a）是《公司法》制定前已经存在的规定（2014年《公司法》修改时放宽了部分要件），（b）以下是2014年《公司法》修改中为了强化外部性新加进去的。另外，用于以下要件的"子公司"（2条3款）、"子公司等"（同条3项之二）、"母公司等"（同条4项）的概念，参照：本书第2章第7节。

（a）不得为该股份公司或其子公司的业务执行董事、执行董事或使用人（业务执行董事等），且过去十年内未担任过以上职位［2条15项（1）］。具有这些地位的人，不论是作为该公司的管理层，还是从属于管理层，都难以期待其站在独立的立场监督管理层。过去十年以内就任过以上职位的人也可能因无法脱离管理层的影响（包括心理的影响），而难以就任外部董事（2014年《公司法》修改前，过去曾经担任过公司或其子公司业务执行董事等的人，永远不得担任本公司的外部董事，《公司法》修改时将条件放宽）。此外，执行业务的定义参照：专栏4-34。

▶▶▶ ★专栏4-34 执行业务的意义——与外部性要件的关系

业务执行董事，是指除了代表董事以及由董事会选举的执行业务的董事（363条1款），事实上执行公司业务的董事［2条15项（1）］。这里的执行业务，一般指执行公司的事业活动，若过于广泛地承认这个概念的范畴，会导致外部董事的活动范围受到制约。例如，在MBO等存在构造性利益冲突交易的M&A交易中，目标公司的外部董事作为目标公司独立委员会委员审查收购条件并与收购人进行交涉，这对保证收购公正性而言是有益的，但若将此行为归类为执行业务的范畴，则外部董事将无法实施上述行为，反而会妨碍原本有益的实务操作。

执行业务的董事不得就任外部董事的规定宗旨，若意在防止其成为管理层的附属，则仅接受公司一次委任且不接受管理层指挥、命令而为公司利益实施行为的外部董事,其行为应当不构成执行公司业务[田中(2013d)]。实际上,这样的解释是否能被司法裁判接受并不明确。2019年《公司法》修改时规定,股份公司与其董事之间存在利益冲突的,当其他董事执行公司业务可能损害股东利益时,可基于董事会决议,委托外部董事执行公司业务,接受委托的外部董事除了接受执行董事的指挥命令之情形,不构成《公司法》2条15项(1)所称的"业务之执行"(外部性要件。348条之二)。《公司法》修改的论点参见:白井(2020)7—9页。

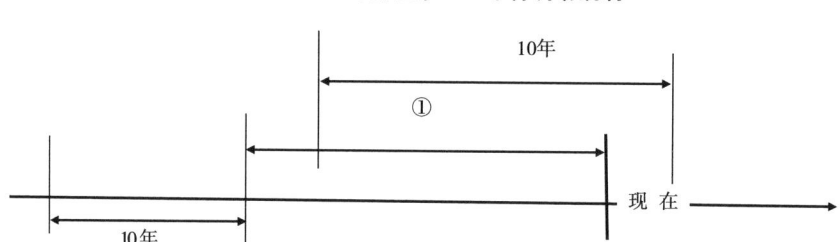

图表 4-10 外部董事——平行调动规制

①:担任该股份公司或其子公司的非业务执行董事等(参照本书)的期间。

过去十年以内担任过非业务执行董事等的人,在就任该非业务执行董事等(①的始点)的前十年以内,担任过该股份公司或其子公司的业务执行董事的,不得就任外部董事。

(b)过去十年内担任过该公司或其子公司董事、会计参与(会计参与为法人的,为执行该职务的社员)或监事(非业务执行董事等)者(担任过业务执行董事者除外),在就任该非业务执行董事等前十年间,未曾担任过该公司或其子公司的业务执行董事等[2条15项(2)]。这称为"平行调动"规制(→图表4-10)。例如,某公司的业务执行董事退任后马上就任非业务执行董事,经过十年后,若仅根据上述(a)的基准,就可以成为外部董事。但是,很难说这些人员已经完全脱离管理层的影响,故依照本要件不得成为外部董事。2014年《公司法》修改时,规定了业务执行董事等退任后经过十年就可以成为外部董事[→(a)],还通过2条15项(2)的规定,防止了通过公司内部的平行调动,使实际上从属于管理层的人成为外部董事。

(c)不得为公司的母公司等(自然人)或该母公司等的董事、执行董事或使用人[2条15项(3)]。公司存在母公司等(2条4项之二)的,在母公司等具有本项所述的地位者(以下称"母公司等关系人"),在执行职务时可能会优先考虑母公司等的利益,从而给该公司及其(母公司等以外的)股东带来不利,故不得成为外部董事[与(a)(b)不同,过去曾为母公司等的关系人的,不在规制范围内]。当然,母公司等关系人就任该公司(子公司)非外部董事的,并不受限。从有效监督子公司等经营的立场看,这样或许更为理想。

(d)不得为姐妹公司的业务执行董事等[2条15项(4)]。同一公司的子公司(姐妹公司)的业务执行董事等,因从属于同一母公司,可能在执行职务时优先考虑母公司的利益,故不得成为该公司的外部董事。与(c)一样,过去曾经有此地位者不在此限。

(e)不得为公司的董事、执行董事、重要使用人或母公司等(自然人)的配偶或两代以内亲属[2条15项(5)]。这些人员在执行职务时可能优先考虑董事等的利益,作出与公司利益相反的行为,故不得成为外部董事。此外,重要的使用人比如经理,虽无特别的定义,具有类似于董事、执行董事地位者(广义上的管理层)属于此类。实务上,执行管理人员(→专栏4-3)多属于此类。

(3)外部董事的强制设置

委员会型公司(审计等委员会设置公司以及提名委员会等设置公司)必须设置两名以上外部董事(331条6款,400条1款、3款)。对此将在本章第7节、第8节予以详细解说。

2019年《公司法》修改中规定,公众大公司并且设置监事会,且为有义务提交有价证券报告书的公司(金商24条1款),必须设置至少一名外部董事(外部董事的强制设置。327条之二)。这样规定是为了向国内外传达:日本的资本市场是可信赖的,外部董事对上市公司等的监督是得到保障的[一问一答令和元年156页。法律修改的评价参见:白井(2020)4—5页]。

(4)选任决议的信息披露

实行书面投票、电子投票的公司,在对选任外部董事进行提案时,需要在股东大会参考资料中,针对该外部董事候选人进行一定程度的信息披露(会则74条4款)。

3 董事会设置公司(提名委员会等设置公司除外)的业务执行决策及业务执行

□1 概说

本部分中,将针对董事会设置公司中提名委员会等设置公司以外的公司,介绍其业务执行的决策及业务执行的构造。提名委员会等设置公司不设代表董事及其他执行业务董事,代之以设置执行董事,其基本的制度构造有别于一般的董事会设置公司。因此,这部分内容将在本章第8节作概括说明,本部分不予涉及(以下所称的"董事会设置公司",不包含提名委员会等设置公司)。审计等委员会设置公司则基本符合本部分的说明内容,但存在几个特则。这些特则本部分不予涉及,留待本章第7节■4进行说明。

董事会设置公司中,从董事中选举的代表董事及其他业务执行董事执行公司的业务(362条2款3项、363条1款)。董事会在决定公司的业务执行的同时(362条2款1项),监督董事执行职务(同款2项)。董事会还有权选举代表董事及其他业务执行董事(同款3项、363条1款2项)。此外,业务执行董事还可以在法定的权限范围内接受董事会的委任,决定业务的执行(362条4款)。以下对董事会(□2)、代表董事(□3)、代表董事以外的业务执行董事(□4)按顺序进行说明。

> ▶▶▶ 专栏4-35 选任、解任与选举、解聘
> 　　一般而言,使某人就任公司某个职位的行为,称为"选任",剥夺其地位的行为称为"解任"。相比而言,对已经在公司具有一定地位者赋予附加性地位的,公司法称其为"选举"*,解除附加性地位的行为称为"解聘"**,以区别于"选任"与"解任"(修改前的商法并无如此区别,统称为"选任""解任")。例如,股东大会选举董事的行为称为"选任"(329条1款),董事当选为代表董事及其他业务执行董事的称为"选举"(362条3款、363条1款2项)。即便从附加性地位(如代表董事)上被解聘,其原来的地位(董事)并不丧失。相反,若原来的地位(董事)被解任,则附加性地位(如代表董事)当然丧失。

□2　董事会
(1)意义

董事会是由全体董事组成的合议体(362条1款)。公众公司、设置监事会的公司以及委员会型公司必须设置董事会(327条1款),除此以外的股份公司也可以选择设置董事会。设置董事会需要以章程规定(326条2款)。

---

　*　日文表述为"选定"。——译者注
　**　日文表述为"解职"。——译者注

设置董事会为公司的登记事项(911条3款15项)。

(2)职权

董事会行使下列职权(326条2款):

(a)业务执行的决策

董事会决定股份公司的业务执行(也称"业务的决定"。362条2款1项)。业务执行的决策除了决定具体交易,还包括决定经营的基本方针,决定公司运营、管理的各种规则(本书称为"董事会规则"。也可简单称为"内规")。

实际上,日常的业务执行决定全部由董事会完成是不现实的,除了某些重要事项(法定表决事项),可以将决定权限委任于代表董事及其他特定的董事(362条4款)。需要注意的是,即使是委任给特定董事的事项,董事会也有权基于自行判断后做出决定,该特定董事必须遵守[董事会是董事的监督机关(362条2款2项),被监督者必须遵照监督者的命令。基本コンメ(2)301—302页(田中亘)]。

对于必须由董事会亲自决定的法定表决事项,《公司法》362条4款做了如下规定:①重要财产的处分及受让(362条4款1项),②大额的借款(同款2项),③经理及其他重要使用人的选任及解任(同款3项),④分公司及其他重要组织的设置、变更及废止(同款4项),⑤有关发行公司债的事项(同款5项),⑥内部治理体系的完善(同款6项),⑦根据章程规定免除管理人员等的责任(同款7项),⑧其他重要业务的决定(同款正文)。此外,除了362条4款事项,例如召集股东大会的决定(298条4款)等也多为法定表决事项(本书在涉及之处予以说明)。

某个事项是否属于法定表决事项有时存在微妙之处。例如,何为"重要"财产的处分(362条4款1项),并不存在法定的数据标准。判例上,除了该财产的价额以及占公司总资产的比例,还应当综合考虑该财产的持有目的、处分行为的样态(是否为了公司事业而通常实施的交易)、公司以往的处理方式等诸多情况[最判平成6.1.20民集48卷1号1页(百选60,商判Ⅰ-117)]。该判决认为,其他公司股份的转让账面价额约占本公司总资产的1.6%,鉴于公司以往的处理方式,应当认定为处分重要财产,遂驳回上诉发回重审。法院认可属于受让重要财产的案例,参照:东京高判平成25.2.21资料版商事348号9页;认定10亿日元的债务保证属于"大额借款"的案例,参照:东京高判平成11.1.27金判1062号12页)。

实务中,大多根据董事会规则来设置是否由董事会表决的具体基准[例如,借款为多少日元以上的需要表决。别册商事法务编集部(2016)第2章]。

因 362 条 4 款为强行性规定，故对于不满足董事会规则基准的行为，也不能说当然不需要董事会表决。但是，何为对公司而言重要的交易，负责公司运营、管理的人才最为清楚，因此，该规则的基准在判断是否符合 362 条 4 款时会成为重要的考量要素。另外，违反同款规定可能影响交易的效力，从维护交易安全的角度出发，如何明确何为同款规定的"交易"，需要各个公司根据实际情况做出探索(→专栏 4-37)。

> ▶▶▶ **专栏 4-36　特别董事**
>
> 董事人数为六人以上且设置外部董事(参照:2 条 15 项。通常为非常任且另有职业)的公司，频繁召开董事会比较困难。因此，法律规定这样的公司在决定《公司法》362 条 4 款 1 项(重要财产的处分、受让)、2 项(大额的借款)的事项时，可以事先选定三名以上董事(特别董事)予以委任(373 条 1 款)。

> ▶▶▶ **专栏 4-37　经营模式与监督模式**
>
> 日本大多数上市公司的董事会由业务执行董事占据，董事会与管理层基本一致(→专栏 4-33)。反映在职权上，董事会的主要职权是为各种业务执行进行决策(公司的经营)。362 条 4 款各项将众多的事项规定为法定表决事项，就是这种董事会实像(称为"经营模式")的反映。
>
> 与此相反，在外部董事通常占全体董事半数以上(→专栏 4-33)的欧美各国(特别为美国)的上市公司中，经营的基本方针由董事会决定，而具体的业务执行决定(公司的经营)则委任于以最高经营者(Chief Executive Officer, CEO)为顶点的执行人员组成的管理层，通常董事会的职权一般以选举、解聘 CEO 以及监督管理层(Monitoring)为主。这样的模式称为"监督模式"，也称为"经营与监督分离"。也有观点认为，在外部董事占多数的董事会中，受到时间、信息的制约，在做具体业务执行决定时存在局限，同时董事会无法深入参与公司的具体业务执行，导致难以客观地监督管理层的活动，反而达不到预定效果。在近年关于企业治理的讨论中，这样的观点在日本也逐渐成为有力见解[落合、泽口(2014)。CG 准则中指向这种监督模式的随处可见，例如，原则 3-1、原则 4-7、原则 4-8、补充原则 4-8①、补充原则 4-8②、补充原则 4-10①]。
>
> 对监督模式的考察参照：藤田(2014)。

(b)对董事执行职务的监督

董事会监督董事执行职务(362条2款2项)。业务执行董事的职务中包含使用人的指挥监督,因此,董事会监督的对象包含使用人履行职务的部分,可以说囊括了公司的全部业务(龙田、前田120页)。

行使监督权的最有力方法是解聘代表董事及其他业务执行董事,日常的监督方式主要是针对公司的业务执行状况,要求代表董事及其他业务执行董事及使用人进行报告、提供资料等。经过审议,董事的行为被认为是不适当的,可要求其进行纠正等[コンメ(8)218页(落合诚一)]。监事的监督权限基本上限定于公司业务的合法性审查(调查、纠正→专栏4-62),董事会的监督权限并不限于业务的合法性,还包括业务的妥当性(即便业务执行合法,当被判断为经营上欠缺妥当性时,董事会可以命令代表董事及其他业务执行董事中止该业务)。

为了更好地行使监督权限,代表董事及其他业务执行董事必须每三个月一次以上,向董事会报告自己的职务状况(报告义务。363条2款)。

(c)代表董事的选举、解聘

董事会有权从董事中选举代表董事,并有权解除其职务(362条2款3项)。解聘不需要任何理由,凭决议当然地发生效力,且不需要告知代表董事(最判昭和41.12.20民集20卷10号2160页→专栏4-29)。代表董事即使被解聘也不会失去董事的地位。

董事会也可以选举、解聘代表董事以外的业务执行董事(选举依据363条1款2项规定,解聘虽没有直接规定,但作为362条2款2项监督权限的一环,董事会当然可以行使此项权力)。

(3)召集

(a)召集权人

董事会原则上由各个董事召集(366条1款),公司章程或者董事会也有权规定特定的董事作为召集权人(同款但书)。此时,召集权人以外的董事有权出示议题请求召集权人召集会议,召集权人在一定期间不召集的,该董事可以自行召集(366条2款、3款)。此外,监事设置公司的监事(383条2款、3款)以及非监事设置公司(委员会型公司除外)的股东,在满足一定条件的情况下也可以召集。

(b)召集程序

原则上需要在会议日的一周前向各个董事发出召集通知(368条1款)。监事设置公司由于监事也有义务出席董事会(383条1款),故需要向监事发出召集通知(368条1款)。与设置董事会公司的股东大会(298条1款2项、

299 条 4 款、309 条 5 款)不同,召集通知不需要记载议题,假使记载了议题也不妨碍对记载以外的议题进行表决(名古屋高判平成 122.1.19 金判 1087 号 18 页。案情:未记载于召集通知的代表董事解聘决议有效)。理由在于,董事作为专职负责公司运营、管理者,必须具有对必要事项进行临机表决的能力。

(c)召集程序的省略

董事会取得全体董事(监事设置公司也包括监事)同意的,可以不经召集程序而召开董事会(368 条 2 款)。

(4)议事、表决

(a)议事

至于董事会的议事如何进行,公司法并没有特别的规定,通常依照会议体的一般原则,对召集权人或其他董事提案的议题、议案进行质疑,交换意见并进行表决。但是,需要采取会议的形式[例外→(d)],而仅将会议记录在各个董事之间浏览并让其签字的(所谓的"传阅表决"),不能认定为有效的董事会决议(最判昭和 44.11.27 民集 23 卷 11 号 2301 页)。此外,要构成会议,可以采取电视、电话会议的形式召开董事会[东京律师会公司法部(2016)387 页]。议长并无特别的规定,由章程或董事会适当确定。

(b)表决的要件

董事会的表决需要具有表决权的董事半数以上出席,出席董事的半数以上表决通过(369 条 1 款)。此要件可以通过章程加重(同款),但不得减轻。

(c)特别利害关系人的表决排除

与表决事项有特别利害关系的董事不得参加表决(369 条 2 款。不限于表决,也不得参加审议。东京地判平成 7.9.20 判时 1572 号 131 页)。相对而言,股东大会上,身为特别利害关系人的股东有权参加表决,但因此构成决议显著不公正的,决议可被撤销(831 条 1 款 3 项)。这是因为,对于以公司利益为中心而履职的董事而言,其应当受到更为严格的限制。董事会上若要通过董事的竞业及利益冲突交易(365 条 1 款、356 条)以及部分免除董事责任(426 条)等议题,所涉及的董事即为特别利害关系人。另,A 公司与 B 公司之间的交易,不管需要哪个公司董事会的决议,兼任两公司董事的人(但该交易中不代表公司)是否构成特别利害关系人,存在争议[饭田(2019)18 页中,公司合并等 M&A 交易中构成特别利害关系人]。

在代表董事解聘的决议中,该代表董事是否成为排除对象存在争议。判例认为,很难保证该代表董事在进行表决时不存私心,故应当解释为特别利害关系人[最判昭和 44.3.28 民集 23 卷 3 号 645 页(百选 63,商判Ⅰ-121)]。另,在以解聘某董事作为股东大会附议议案的董事会决议中,有的法院将该董事作为利害关系人处理(东京地决平成 29.9.26 金判 1529 号 60 页)。但是,解聘董事以及将此作为股东大会的附议议案,事关公司经营的基本方针,即以谁为中心经营公司,故应当由包括该代表董事在内的全体董事参加表决(因此,不构成特别利害关系人。江头 435 页注 15)。

在代表董事的选举中,作为候选人的董事不属于特别利害关系人。

(d)董事会表决、报告的省略

董事提出议题,当全体董事以书面或电子记录作出同意该提案的意思表示时(在监事设置公司,监事提出异议时除外),可以省略议事与表决,视为表决通过该提案(表决的省略。370 条)。此外,对应当向董事会报告的事项(365 条 2 款、382 条等),可以以通知全体董事的方式代替(报告的省略。372 条 1 款)。但是,业务执行董事的职务状况报告(363 条 2 款)不得省略(372 条 2 款)。为此,应当最低每三个月召开一次董事会。

(e)会议记录

董事会的议事应当制作会议记录,由出席会议的全体董事、监事署名或签字盖章(369 条 3 款。以电子记录制作的,为电子署名。同条 4 款,会则 225 条 1 款 6 项)。参加表决的董事在会议记录上未记载异议的,推定为赞成表决(369 条 5 款)。这是为了方便追究董事责任时减轻主张者的举证责任。

会议记录应当自董事会日期(包括 370 条的"视为表决日")开始十年间,置备于总公司(371 条 1 款),供股东、债权人、母公司股东阅览、复制等[同条 2 款—6 款。股东的阅览、复制被许可事例,参照:大阪高决平成 25.11.8 判时 2214 号 105 页(百选 Ap19,商判Ⅰ-122)]。

(5)有瑕疵的董事会决议

当董事会决议程序或内容违反法令等而产生瑕疵时,因不存在股东大会那样的特别规定(830 条、831 条),通常依照私法的一般原则,其表决当然无效,任何人都可以随时以任何方式主张无效。实际上,严格贯彻这个原则可能有害于法律的稳定性,判例承认一定的例外情况。见下列事例:

▶▶▶ 事例 4-2

Y 公司为了弥补公司资金不足,该公司代表董事 A 对自己兼任代表董事的 X 公司开出本票获得信用。为了通过本次交易,Y 公司召开了董事会,但未向六名董事中的两名发出召集通知,致使该两名董事未出席会议。董事会其余四名董事全员通过了该项交易。其后,X公司请求支付票据金额时,Y公司以本次票据交易未得到有效的董事会批准为由主张无效并拒绝支付。Y公司的主张能否得到支持?

Y公司代表董事A代表X公司与Y公司进行票据交易,属于利益相反交易,需要得到Y公司董事会的批准(356条1款2项、365条1款)。欠缺董事会承认的交易,对方为恶意的无效。事例4-2中,对方(X公司)的代表董事由A兼任,故对于Y公司董事会决议的瑕疵,X公司为恶意。因此,本次票据交易因欠缺有效的董事会决议而应当归于无效。

最高法院在与事例4-2同样的判例中认为,即便对部分董事欠缺召集通知,"当存在即使该董事出席也无法影响表决结果的特殊情况时,可以认为前述瑕疵对决议效力不产生影响,决议有效"[最判昭和44.12.2民集23卷12号2396页(百选62,商判Ⅰ-119)]。在本件事例中,未发出召集通知的董事中至少一人为名义上的董事(被选举为董事但不执行任何职务者),Y公司主张:即使该人出席董事会,对决议也不会施加影响。最高法院遂判决对此主张进行审查,发回重审。

对于欠缺召集通知以外的程序上的瑕疵,判例认为,该瑕疵对决议的结果不产生影响的,决议有效。例如,让作为利害关系人的董事参加表决成立的决议(违反369条2款),当除去该董事依然可以获得通过决议的多数票数时,决议有效(最判平成28.1.22民集70卷1号84页)。但是,让该董事参加表决可能影响其他董事作出判断的,就不能轻易地认为决议有效(→专栏4-38)。

▶▶▶ ★专栏4-38 有瑕疵的董事会决议的效力

判例的立场如本书所述,当董事会决议在程序上存在瑕疵时,若对表决结果没有影响就认定为有效,则可能助长多数派的违法与不公正行为。与股东大会决议撤销诉讼中裁量驳回的要件(831条2款)一样,若为重大瑕疵,则不论对表决结果有无影响,也不能认定决议有效(江头)。下级法院案例认为,针对在董事会中与多数派相对立的董事,不向其发出召集通知的,也可以认定为对决议效力不产生影响的特殊事由,决议有效(东京高判昭和60.10.30判时1173号140页)。但是,为了排除反对派董事而不向其发出召集通知的瑕疵为重大瑕疵[不同于前引最判昭和44.12.2(不向名义上的董事发出召集通知)],则不论对决议效力有无影响,决议应当被认定为无效。

即使依从判例的解释,当存在瑕疵对决议结果无影响的特殊事由时,其认定也应当谨慎(参照:东京高判平成30.10.17金判1557号42页。召集通知未送达一名董事,而该董事为公司一人股东的配偶且具有强大影响力,法院认为不构成"特殊事由",判决该决议无效)。

(6)董事会决议不存在

当董事会决议物理性不存在,或者程序瑕疵明显的,法律上无法将董事会决议评价为存在时,即使多数派董事的意思明确,仍然没有必要承认董事会决议的效力(董事会决议"不存在"。东京地判平成23.1.7资料版商事323号67页)。

★(7)在董事会行使表决权的股东间协议

董事在董事会上如何行权,有时会通过签订股东间协议来调整(董事会上的表决权约束协议)。与股东大会上的表决权约束协议一样,这样的协议原则上有效[东京高判平成12.5.30判时1750号169页(百选Ap18,商判Ⅰ-120)]。但是,不得让该董事对公司承担勤勉、忠实义务。

董事违反协议行使表决权且董事会决议成立的,只发生违反合同的责任(民415条),决议自身有效(合同的相对性)。但是,协议当事人为全体股东的,就没有必要保护其他股东的利益,董事会决议无效(长崎地判平成27.11.9金法2037号70页)。

□3 代表董事

(1)意义

代表董事,就是对外代表股份公司的董事(47条1款→专栏4-39)。

▶▶▶ 专栏4-39 代表和代理

代表,是指代表人为了公司利益实施的行为之效果及于公司,与代理(民99条以下)相同。以往的学说认为,代表人的行为视为公司(法人)自身的行为,而代理人实施的行为非本人的行为,但法律效果归属于本人。在这点上,二者之间存在不同之处。但是,这样进行区别的意义很小,不如认为,代表与代理基本上一样,只是考虑到权限的概括性(349条4款)、不可限制性(同条5款)这些特征,而赋予二者不同的名称罢了(前田511页)。

(2)选任、任期终了

代表董事由董事会选举、解聘(362条2款3项)。本人也可以向公司随时辞职(意思表示)(330条、民651条1款。也可以维持董事的地位而仅辞去代表董事的地位)。另外,失去董事地位并不当然丧失代表董事的地位。

代表董事的姓名以及住所是公司登记事项[911条3款14号。与一般管理人员(同款13项、16项、17项)不同,代表董事住所登记成为登记事项,是为了便于诉讼送达(民诉103条1款、37条)。但提供登记服务受到一定限制,如无法利用互联网进行线上阅览等(限制系2019年《公司法》修改时创设)。一问一答令和元年274页]。代表董事空缺(351条)以及职务代理人(352条)的规定与董事相同。

> ▶▶▶ **专栏4-40　代表董事(经营者)选举的现状与课题**
>
> 　　如前所述,法律上,代表董事是由股东大会选举董事组成董事会,再从董事会中选举、解聘,并接受董事会的监督。但是,特别是在持股分散的上市公司中,由于"合理的不关心"及"集体行为"(→专栏1-7),股东大会往往倾向于跟从董事会的提案。另外在内部人占据大多数的日本传统的董事会中(→专栏4-33),其他董事在日常业务执行上听命于代表董事,大多难以反对代表董事的意见。其结果是,日本的上市公司中,选举谁为董事甚至代表董事,现任代表董事(经营者)更容易握有实权。在针对上市公司进行的问卷调查中,对经营者的继任人选最有影响力排在第一位的,结果显示为"现经营者"[非股东与外部董事。宫岛(2013)15页。最有影响力的第二位为"会长、相谈人员等曾担任过社长的人"]。有意见认为,由现任经营者从公司内部竞争中脱颖而出的人中间指定继任者,这样的传统选拔体系可以确保能力、人格优秀者得以提拔,并不会发生特别的问题。但是,依赖现任经营者的判断选拔继任者的体系,若因现任经营者的主观因素选错了人时,可能会缺乏矫正的手段。

经营者及其他管理层的人事问题与经营者报酬(→专栏 4-47)一道,成为各国企业治理最重要的问题。CG 准则在要求董事会对上市公司经营者的继任计划进行监督的同时(CG 准则补充原则 4-1③),要求对管理层干部、董事的提名上,设置以独立外部董事为主要成员的咨询委员会等,以期得到独立外部董事适当的参与和建言(同补充原则 4-10①)。为响应以上要求,上市公司设置任意提名委员会的倾向有所扩大[宫岛、斋藤(2020a)]。截至 2021 年 7 月 14 日,东京证券交易所(东证)主要市场板块上市公司中,设置任意提名委员会的上市公司的比例,占全体上市公司的 79.7%[加上强制性设置法定的提名委员会的提名委员会等设置公司,总比例达到 83.6%。东京证券交易所(2022a)8 页]。

(3)权限
(a)代表权、概括性业务执行权限

代表董事执行股份公司的业务(363 条 1 款 1 项),对外代表公司(47 条 1 款)。其权限涵盖公司业务的所有裁判上以及裁判外的行为(349 条 4 款)。代表董事为两名以上时,各自代表公司(同条 2 款)。章程或董事会规则可以对代表董事的权限进行限制,但这些内部限制不能对抗善意第三人(同条 5 款)。此外,条文上虽无明确规定,但第三人存在重大过失时应当视为恶意,公司可以通过内部限制对抗第三人[コンメ(8)20 页(落合诚一)→专栏 4-41]。

(b)业务执行的决策权限

代表董事在法定权限范围内可以接受董事会的委任,决定公司的业务执行事宜。日常性业务(与顾客的交易等)的决定即便没有明示的决议,一般也视为接受董事会的默示委任。

(c)权限的委任

实际上,由代表董事执行公司的所有业务,在大规模公司是不可能实现的。因此,代表董事可以将部分业务执行的权限及接受董事会委任之业务的决定权限再委任给其他董事或使用人。此时,代表董事负有以善良管理人的注意选择接受委托的董事或使用人,以及监督其执行业务的义务。

(d)代表权的例外

当公司与其董事之间存在诉讼的时候,监事设置公司由其监事(386

条)代表公司,除此以外的公司(委员会型公司除外)由股东大会确定的人选代表公司(353条)。这样规定是考虑到若由代表董事代表公司,诉讼双方为该代表董事与公司时自不必说,即便其他董事与公司间存在诉讼,代表董事也可能基于同侪意识作出有利于董事而不利于公司的行为。

(4)违反限制代表权行为的效力

(a)问题所在

代表董事因违反对代表权的限制实施对外行为(与第三人交易等),导致其行为有效性发生争议的案件不在少数。看以下事例:

▶▶▶ **事例4-3**

①Y股份公司的董事会规则规定,公司进行担保时需要董事会的事先承认。Y公司代表董事A在Y公司的关联公司向X银行借款50万日元(不到Y公司总资产或总负债的0.0001%)时,代表Y公司为该借款做了保证,但未得到董事会的批准。该保证是否有效?

②在①的场合,如果保证金额达到Y公司总资产的20%,保证是否有效?

(b)违反内部限制的情形

首先,在①中,董事会规则为公司的内部意思决定,可以限制代表董事的权限。这样的限制在公司内部有效[违反将构成代表董事的任务懈怠(423条1款)。名古屋地判平成27.6.30金判1474号32页],但不得对抗善意第三人(349条5款。但第三人有重大过失的除外)。因此,除了Y公司有这样的规则,而且银行知道A违反该规则且未得到董事会的批准,或者因重大过失不知情的情形,该保证有效。

(c)违反《公司法》362条4款的情形

相对于①,②中的保证属于"大额的借款"(362条4款2项),法律上需要董事会的决议(前引东京高判平成11.1.27)。对于欠缺362条4款要求的董事会决议的对外行为,最判昭和40.9.22民集19卷6号1656页(百选61、商判Ⅰ-103)认为:"因仅欠缺内部的意思决定,行为原则上有效,但对方知道或应当知道该保证未经过表决的,保证无效。"这是将欠缺内部意思决定的意思表示视为有违真意的意思表示(心里保留),类推适用《民法》93条。在对方"应当知道"(轻微过失)时行为无效这点上,相较于①更能保护公司的利益(以判例为基准,对方不知道未经董事会决议而判定交易有效的案例,参照:前引东京高判平成11.1.27,东京地判平成18.4.26判时1930号147页。知道或应当知道而判定交易无效的案例,参照:东京高判平成25.2.21资料版商事348号29页,东京地判平成24.2.21判时2161号120页)。对此,学说多数认为,仅仅轻微过失就判定为无效会有害交易的安全,应当与①同样,适用349条5款,只要对方不存在恶意或重大过失,行为有效[コンメ(8)20页(落合诚一)]。

362条4款规定,重要的业务执行需要董事会决议,目的在于保护公司的利益。以欠缺决议为由主张交易无效的,原则上只能为公司[最判平成21.4.17民集63卷4号535页(商判Ⅰ-118)。未经董事会决议的债权转让,债务人主张该债权无效的,法院不予认可]。

(d) 其他违反限制行为的效力

除《公司法》362条4款外,法律上要求经过董事会或股东大会表决,而代表董事未经表决实施的行为之效力,需要根据表决的法律宗旨以及该行为的性质而定[不一定与(c)做同样解释]。关于这些,将在本书的相关章节予以说明(例如,募集股份发行等的效力)。

(5) 代表权的滥用

(a) 意义

代表董事为了自己或第三人的利益而利用职权的行为称为代表权的滥用。例如,以私吞销售款项为目的,将公司资产出售的行为。该行为属于在代表董事权限范围内实施的,与违反限制代表权的行为不同。

(b) 滥用代表权行为的效力

2017年《民法》修改前的判例对滥用代表权行为的效力类推适用《民法》93条(心里保留),认为行为原则上有效,只有当对方知道或应当知道代表董事的真意(滥用目的)时(恶意或有过失)才无效(最判昭和38.9.5民集17卷8号909页。认可对方的恶意或过失判决交易无效的案例,参照:东京高判平成26.5.22金判1446号27页)。2017年《民法》修改后,适用或类推适用民法107条(代理权滥用),在结论上是相同的。

(6) 代表董事的侵权行为

代表董事在执行职务时,对第三人实施不法行为造成损害的,公司对损害承担赔偿责任(350条)。条文上虽未明确,但代表董事的行为需要满足侵权行为的成立要件(民709条)。另外,《公司法》350条所称的"其他代表人"是指代表董事职务代理人(352条)或提名委员会等设置公司的代表执行董事(420条3款、349条4款)。代表董事的侵权行为与一般社团法人的责任(一般法人78条)以及因被使用人侵权行为的使用者责任(民715条)一样,都是基于"报偿责任"原理(因机关或被使用人的活动获得利益者,应当负担该活动给第三人带来的损害)。代表董事个人也需要承担侵权行为责任(709条。最判昭和49.2.28判时735号97页。与公司之间为不真正连带债务关系)。公司履行350条的责任赔偿被害人后,可以向代表董事求偿。

(7)表见代表董事

(a)宗旨

当股份公司对代表董事以外的董事,给予其"社长""副社长"及其他被认为具有代表公司权限的名称时,对于该董事(表见代表董事)实施的行为,公司对善意第三人承担责任(354条)。这是为了保护第三人对名称(头衔)的信赖。

本条优先适用于《公司法》908条1款后段(登记积极效力的规定。参照:最判昭和42.4.28民集21卷3号796页)。例如,当代表董事退任并进行了退任登记后(911条3款14项、915条),公司仍给予其类似于代表董事的名称时,此人为了公司利益与第三人进行交易,只要第三人对于退任董事为善意,公司就要根据本条承担责任。因为,要求第三人确认头衔的真伪勉为其难,还会助长公司逃避不当责任[表见代表董事的规定正是为了防止逃避这样的责任,才于1938年修改《商法》时设置的。新注会(6)181页(山口幸五郎)]。

(b)本条的解释

"被认为具有代表公司权限的名称"的例子,除了条文明确规定的"社长""副社长",还有"董事会会长"(东京地判昭和48.4.25下民24卷1—4号216页)"代表董事职务代理人"(最判昭和44.11.27民集23卷11号2301页)"首席董事""最高经营责任人"(CEO)等。修改前的《商法》条文中列举了"专务""常务"这样的名称,《公司法》将此排除在外。实务上,"专务""常务"是经常给予业务执行董事的头衔,大多没有代表权。因此,现行法在解释上,当公司给予某董事"专务""常务"的头衔时,除了该公司所属行业认为此人具有代表权的特别情形,该董事不属于表见代表董事[基本コンメ(2)307页(田中亘)]。另外,专务或常务实施权限以外行为时,相对方可以受到《公司法》14条或《民法》110条的保护。

当公司给予非董事使用人以类似公司代表人的名称时,第三人可以类推本条获得保护(最判昭和35.10.14民集14卷12号2499页)。在此情况下,保护第三人对头衔的信赖不会改变。当给予非使用人(分包商等)以类似公司代表人的名称时,不能类推适用本条,但善意第三人可以适用借用商号的规定获得保护(浦和地判平成11.8.6判时1696号155页)。

"给予名称"包含公司默认对其名称的使用。有力见解认为,董事使用类似代表人的名称的,即使其他董事知道且放置不理,也构成公司的默认[コンメ(8)48页(落合诚一)]。此外,选举代表董事的董事会决议未经合法召集程序而无效时,当选的代表董事实施的行为可以类推适用354条,公司对善意第三人承担责任(最判昭和56.4.24判时1001号101页)。根据有瑕疵的股东大会决议当选的董事成为代表董事,为了公司的利益实施行为后,选举决议的效力被溯及既往地否定的,也作同样的解释。

"第三人"在判例上限于交易的直接相对方(最判昭和59.3.29判时1135号125页),对此异议较多[コンメ(8)50页(落合诚一)]。

第三人若为善意,即使有过失也受保护,但重大过失视为恶意,公司可以免责[最判昭52.10.14民集31卷6号825页(百选46,商判Ⅰ-104)→专栏4-41]。

▶▶▶ **专栏4-41 "重大过失视为恶意"的判例法理**

判例上,除了《公司法》354条,在《公司法》9条[同《商法》14条。最判昭和41.1.27民集20卷1号111页(商法百选12)]、14条[同《商法》25条。最判平成2.2.22民集159号169页(商法百选26,商判Ⅰ-13)]的适用上,将有重大过失的第三人视为恶意,否定对其进行保护。直接证明第三人的恶意很难,而当第三人轻易知悉交易为无权交易时,其不应当受到保护。因此,给予第三人最低限度的制度激励,以低成本防止无权限交易的发生,判例的立场应当得到支持。条文上,保护善意第三人的其他规定也应当作同样解释(349条5款)。

□4 代表董事以外的业务执行董事

(1)意义

董事会有权在代表董事以外选举执行股份公司业务的董事(363条1款2项)。这些董事在董事会指定的范围内执行公司的业务(报告义务见363条2款)。这些董事可以在法定的权限内(参照362条4款)接受董事会的委任,决定公司的业务执行。在上市公司等大规模公司中,大多按照营业、财务、人事等各个部门,各自确定负责的业务执行董事(实务上通常称为"专务董事"或"常务董事")。

虽然条文上不甚明了,但董事除了①根据《公司法》363条1款由董事会选举,还可以②不经过董事会选举而由代表董事委任部分权限,以执行公司的业务。公司法上的"业务执行董事"除了《公司法》363条1款各项列举的董事,还包括②所指的业务执行董事。另外,除了①②,事实上执行公司业务的董事也构成同项所示的"业务执行董事"。

某董事成为业务执行董事的重要效果之一,是该董事不能担任外部董事〔2条15项(1)〕。但是,不宜过于限缩外部董事的活动范围,而应当对"业务执行"的概念做合理限定(→专栏4-34)。

(2)业务执行董事相互间的关系及权限的再委任

业务执行董事相互间的关系可以由章程或董事会规则做自由约定。同时,为了公司运营的效率性,通常由一名代表董事(经营者)指挥监督,其他业务执行董事服从。

业务执行董事可以将被委任的业务执行决定以及执行业务权限的一部分再委任给使用人(员工)。此时,业务执行董事需要对使用人的选举、监督负责。

▶▶▶ **专栏4-42　董事会设置公司中非业务执行董事的权限**

董事会设置公司的董事只要没有从董事会或代表董事处获得授权,就不得执行公司业务。这些董事(非业务执行董事)除了作为董事会成员参加议事、表决以及公司法特别认可的行为(提起公司诉讼等。参照:828条2款等),并没有参与公司运营、管理的固有权限。例如,不享有阅览公司财务账本(432条)等业务及财产调查权(东京地判平成23.10.18 金判1421号60页。反对说参照:江头417页注7)。实际上,非业务执行董事若得到董事会授权,也可以调查公司的业务与财产。为监督董事执行业务进行的调查与执行公司业务(以从属于管理层的形式开展公司的事业活动→专栏4-34)不同,外部董事(2条15项)被赋予调查权并不会丧失其资格。

4　非董事会设置公司的业务决策以及业务执行

(1)概说

非董事会设置公司的业务决定以及执行的规则较设置董事会的公司简单,并且承认以章程进行多样的选择。

(2)业务决策以及业务执行

非董事会设置公司可以设置一名董事(对比331条5款)。此时,该董事单独决定业务并执行(348条1款。"业务决策"与362条2款1项的"业务执行的决策"相同)。

当董事为两名以上时,业务决定原则上由董事的半数以上通过并实施,也可以由章程另行规定(349条2款)。例如,可以规定会议由出席董事的半数以上决定,或某些事项的决定需要董事会全员一致通过。另外,除了法定的重要事项,可以将业务决定委任给各个董事(348条3款)。从尊重公司自治的观点上看,非董事会设置公司禁止委任的事项应当较设置董事会的公司(362条4款)少。

另外,执行业务原则上由各个董事实施,也可以由章程另行规定(348条1款)。例如,可以由股东大会决议或者董事会半数以上决定:选举特定董事为业务执行董事,其他董事没有执行业务的权限。

在非董事会设置公司中,股东大会享有业务决定的概括性权限(295条1款)。董事有义务遵守股东大会的决议(355条),若股东大会作出决议,董事必须依该决议执行公司业务。非董事会设置公司由股东大会决定的事项很多[139条1款、183条2款、199条2款(对比201条1款),356条1款(对比365条1款)等]。

(3)公司的代表

在非董事会设置公司中,原则上各个董事均有权代表公司(349条1款本文)。但是,基于章程确定的董事互选或者股东大会决议,可以从董事中确定代表董事(349条3款。"互选"可通过董事的多数决实施,无须全体董事协议。东京高判令和3.8.19金判1630号8页)。此时,其他董事丧失代表权(同条1款但书)。

与董事会设置公司一样,代表董事适用各自代表(349条2款)、权限的概括性(同条4款)、不可限制性(同条5款)规则。其他关于代表董事的各项规定(350—354条)亦同。

■ 5　利益对立时的规制

□ 1　概说

董事负有勤勉义务(330条、民644条)、忠实义务(355条)。这些义务可以理解为:董事不得牺牲公司的利益而为自己或第三人谋利。在此基础上,公司法在董事与公司处于利益对立的某些场合(竞业、利益冲突交易、报酬等），为了保护公司利益而设置了特别的措施。

□2 竞业禁止义务

(1) 概说

董事拟为自己或第三人的利益，从事属于公司经营类型的交易（竞业交易）时，非董事会设置公司需要得到股东大会（普通决议）承认，董事会设置公司需要得到董事会的承认（以下合称为"法定决议机关的承认"）。竞业禁止义务，356条1款1项，365条1款）。

董事在进行竞业交易时，有可能剥夺公司的交易机会从而给公司带来损失。实际上，在集团公司里，董事兼任子公司、关联公司的业务执行董事，为了各自公司的利益，从事与本公司同类业务的情形并不少见。此外，公司高度评价与本公司经营同类业务的人的能力，在承诺该人继续自己事业的同时，聘为本公司（非常任）董事的例子也并非没有。因此，公司法不能一律禁止董事的竞业行为，仅在董事的行为构成竞业时，为了使公司作出慎重的判断，才需要得到法定决议机关的承认。

(2) 规制的范围

属于公司事业类型的交易，是指与公司的事业在市场上存在竞合的交易。囊括在公司章程的事业目的中而现今没有实施的事业，原则上不属于"公司事业"，但公司预定要开展此业务的，则要受到限制[在关东经营事业的公司计划开拓关西市场，参照：东京地判昭和56.3.26判时1015号27页（百选53，商判Ⅰ-105，山崎面包事件）]。

"为了"自己或第三人的利益，到底是指以自己或第三人的名义实施（自己或第三人成为权利义务的主体），还是损益归属于自己或第三人，存在争议。如果从防止董事为了自己或第三人利益损害公司利益的规制目的出发，强调利益归属主体的"计算说"则更为妥当（大阪高判平成2.7.18判时1378号113页→专栏4-43）。

▶▶▶ **专栏4-43 名义与归属**

以民法上的代理为例，行为人（代理人）以他人（本人）名义进行交易的，交易的经济效果通常归属于本人。这样，名义与归属通常是一致的，但是，行为人以自己的名义，且为了他人进行交易的（商551条。证券公司为顾客在交易所买卖证券即属于此），有时会出现名义与归属的不一致。

若如本书一样采"计算说"，则董事以公司名义，为了自己或第三人

> 的利益进行交易(也可以说利用了公司的信用、评价)就触及了竞业禁止规制。相反,董事以自己或第三人的名义,为了公司的利益进行交易的,则不触及竞业禁止规制。实际上,此时若将交易的经济效果归属于公司,需要与公司之间另行签订协议,作为与公司之间的利益冲突交易(356条1款2项、365条1款),最终还是需要得到法定决议机关的承认。

即便采"计算说",若董事不从事竞业交易,则不适用以上规制。例如,董事仅仅为同业其他公司的非业务执行董事,就不触及竞业规制。但是,董事让其部下或亲属就任同业其他公司的代表董事及其他董事,并持续给予人力、物力支援等时,当该董事作为事实上的主宰者支配该其他公司的,视为亲自从事竞业交易,构成竞业义务的违反[这样的事例很多。名古屋高判平成20.4.17金判1325号47页(商判Ⅰ-141)。前引大阪高判平成2.7.18、前引东京地判昭和56.3.26]。

(3)承认的方式

竞业交易并不需要每次交易逐一请求承认,可以概括性进行。例如,董事就任同业其他公司代表人时,若得到概括性承认,就不必在就任后对每项交易申请逐一承认[コンメ(8)73页(北村雅史)]。

在申请承认时,需要披露有关交易的重要事实(为了判断竞业对公司带来的影响而提供的必要事实。356条1款、365条2款)。单次交易的,要披露对象物、数量、价格等,作为同业其他公司代表人申请概括性承认的,只需披露该其他公司的事业类别、规模、交易范围等即可[コンメ(8)73页(北村雅史)]。

在表决是否承认竞业行为时,拟从事竞业的董事为特别利害关系人(369条2款、831条1款3项)。

(4)竞业的效果

董事未获得公司批准而进行竞业行为的自不必说,即使事先得到批准的,当竞业给公司带来损失时,将可能产生董事的任务懈怠责任(423条1款)。详见本书后述。

□ 3 利益冲突交易

(1)概说

董事拟为了自己或他人利益与公司进行交易(类型一)时,或者公司对董事的债务提供担保,以及公司与董事以外的第三人之间进行(公司与该董事之间)利益相冲突的交易时(类型二),非董事会设置公司需要得到股东大会(普通决议)承认,董事会设置公司需要得到董事会的承认(以下合称为"法定决议机关的承认"。356 条 1 款 2 项、3 项,365 条 1 款)。

类型一称为直接交易,类型二称为间接交易,二者合称为利益冲突交易。

(2) 直接交易

(a) 意义

董事为自己或他人的利益与公司进行交易的,不论是亲自代表公司还是他人代表公司,都可能会发生利用董事的影响力作出对自己或他人有利而对公司不利的行为。另一方面,公司从董事处受让或租借用于经营的必要财产等,这种对公司有利的交易情形也不少见。因此,公司法不是一律禁止直接交易,只是为了让公司作出慎重的判断,需要法定决议机关的批准[356 条 1 款 2 项、365 条 1 款。禁止自我交易与双方代理(民 108 条)不适用于得到公司机关承认的直接交易。356 条 2 款]。

(b) 规制的对象

董事为了自己或他人的利益与公司之间进行的交易属于规制对象(356 条 1 款 2 项)。关于此条文,董事"为了"自己或他人的利益,是指名义还是归属(→专栏 4-43),存在争议,从防止董事将自己或他人利益优先于公司的制度宗旨看,应当采"计算说"。

即便采用"计算说",如果董事没有与公司进行交易,自然不适用 356 条 1 款 2 项。例如,A、B 两公司的董事 Y 代表 A 公司,拟与 Z 代表的 B 公司之间进行交易(→图表 4-11),此时,从 B 公司看来,Y 是为第三人(A 公司)与本公司(B 公司)之间进行交易,故需要 B 公司法定决议机关的批准。相反,Y 在 A 公司不需要法定决议机关的批准,因为 Y 未与 A 公司进行交易。

图表 4-11 利益冲突交易的例子(1)-直接交易

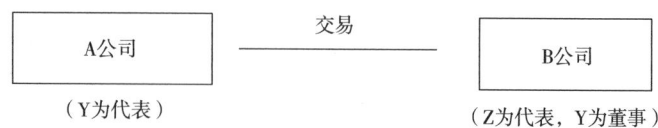

* 此时,Y 需要得到 B 公司机关的批准。

但是,在图表 4-11 中,当 A 公司董事 Y 持有 B 公司全部股份时,即使代表 B 公司的是 Y 以外的人,也视为 Y 亲自与 A 公司进行交易,或者属于间接交易[356条1款3项。A公司从事了与Y利益冲突的交易。→(3)],需要得到A公司法定决议机关的承认(名古屋地判昭和58.2.18判时1079号99页,福冈高判平成24.4.10判夕1383号335页)。学说进一步主张,Y持有B公司半数以上股份的,需要得到A公司法定决议机关的承认[コンメ(8)82页(北村雅史)]。法院判决进一步认为,即便Y未持有B公司半数以上股份,但通过派遣管理人员进行人力、物力支援从而作为事实上的主宰者支配B公司时,需要得到A公司法定决议机关的承认(前引大阪高判平成2.7.18)。

(3)间接交易

(a)意义

公司对董事的债务提供担保,以及公司与董事以外的第三人之间进行(公司与该董事之间)利益相冲突的交易时,即使该董事未从事交易,也可能利用董事的影响力,为了自己的利益作出不利于公司的交易。因此,与直接交易一样,需要法定决议机关的承认(356条1款3项、365条1款)。1981年《商法》修改前只明文规定了直接交易,间接交易是在1981年《商法》的基础上发展出来的判例法理[最大判昭和43.12.25民集22卷13号3511页(百选56,商判Ⅰ-108)],同年修改之际实现了明文化。

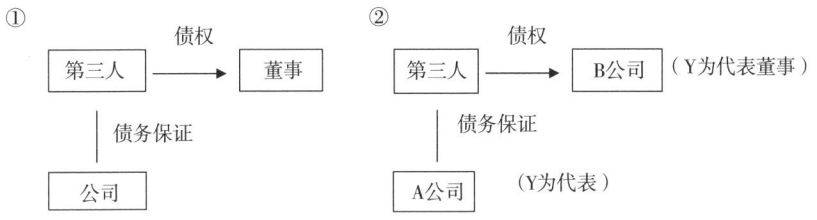

图表4-12 利益冲突交易的例子(2)——间接交易

(b)规制的对象

《公司法》明文规定的间接交易,是公司为董事的债务做保证(356条1款3项→图表4-12①)。该董事以外的董事代表公司的,也触及本规制,因为该董事可能利用其影响力实施对公司不利的保证。公司承担董事的债务(前引最大判昭和43.12.25)或进行物上保证的(东京地判昭和50.9.11金法785号36页)亦同。

除了上述情形,何为"公司与董事之间利益冲突的交易",则未必明确。至少判例对以下情形,即A、B两公司的代表董事Y在代表A公司对B公司(对第三人)的债务进行保证(→图表4-12②)时,认为需要A公司法定决议机关的承认（最判昭和45.4.23民集24卷4号364页）。相对于此,当代表A公司的是Y以外的人时,是否需要A公司法定决议机关的承认则存有疑问。因为,相比于公司为董事的债务做保证,"公司与董事的利益"的冲突性更为稀薄。实际上,此时当Y持有B公司全部股份时,视为A公司为其董事的债务做保证,故需要A公司法定决议机关的承认。再者,有力见解认为,Y持有B公司半数以上股份的,若A公司与Y发生利益冲突,需要得到A公司法定决议机关的承认[コンメ(8)82页(北村雅史)]。

▶▶▶ **专栏4-44　利益冲突交易的范围**

从防止利益冲突损害公司利益的观点出发,似乎将存在利益冲突的交易宽泛地认定为利益冲突交易为好,但从针对董事以及交易相对方的预测可能性的角度出发,则不能无限制地扩大规制的范围。需要注意的是,即使某个交易不属于利益冲突交易,在具体的事案中,当董事违反对公司的勤勉义务(330条、民644条)、忠实义务(355条)给公司造成损害的,会产生董事的任务懈怠责任(423条1款),这样的交易并非完全不受规制(董事将公司财产廉价卖给与自己关系密切的人,构成任务懈怠责任。大阪地判平成25.1.25判时2186号93页)。

(4)规制的例外

(a)不会有损公司利益的定型交易

董事将财产赠与公司,向公司无息、无担保贷款(最判昭和38.12.6民集17卷12号1664页)或者按照普通合同以与一般客户相同的条件进行交易的(东京地判昭和57.2.24判夕474号138页),对于这样无害于公司的定型交易,不受利益冲突交易的规制(不需要法定决议机关的承认)。

学说当中有见解认为,即便不是无害于公司的定型交易,只要对照交易的具体条件、内容,认定为对公司而言公正、合理的,就不受规制限制。但是,交易的公正性并不容易判断,该交易是否构成利益冲突交易,就需要由法定决议机关承认[大阪地判平成14.1.30判夕1108号248页(商判Ⅰ-109)就采上述学说的立场。在2005年《公司法》修改前的商法时代(→专栏4-58),利益冲突交易适用无过错责任,本判决作出时考虑了防止过度抑制公司交易的情节,与现行《公司法》规定一致]。

(b)得到全体股东同意的交易

规制利益冲突交易的目的在于防止董事为了自己或他人的利益而损害

公司利益,因此,当得到作为公司利益归属人(实质所有人)的全体股东同意的,则不须另行得到法定机关的同意,交易应当有效[最判昭和49.9.26民集28卷6号1306页(百选54,商判Ⅰ-106)]。

实际上,当董事以不公正的条件从事利益冲突交易,进而损害到公司债权人利益时(公司资不抵债),该交易可以作为诈害行为(民424条)成为被撤销的对象。除此以外,董事可能对公司债权人承担《公司法》429条1款所规定的责任。因为股东有限责任的存在,即使全体股东同意也不意味着可以自由处置公司财产。

(5)承认的方式

利益冲突交易原则上须在每次交易时得到承认,当交易反复、持续进行时,可以特定交易的种类、数量、金额、期间等,给予概括性承认[コンメ(8)84页(北村雅史)]。与承认竞业一样,需要披露有关交易的重要事实(356条1款、365条1款)。

存在利益冲突的董事在表决时属于特别利害关系人(369条2款、831条1款3项)。

(6)利益冲突交易的效果

(a)董事的责任

未得到法定机关批准的利益冲突交易自不必说,得到批准但交易对公司带来损害的,可能产生董事的责任(423条1款)。关于此处,详见后述。

(b)违反规制的交易效力

公司与董事之间的交易未得到法定机关承认的,公司有权主张该交易无效[全体股东同意的除外→(4)(b)]。董事不得主张无效(最判昭和48.12.11民集27卷11号1529页),因为违反规定从事交易的董事不应当自行主张无效。

在间接交易上,第三人是交易的当事人,为了保护交易的安全,不应无限制地承认公司的无效主张。判例上,公司继受董事对第三人的债务时,只有公司主张、举证第三人为恶意(该交易符合利益冲突要件,且董事知道未得到法定机关的承认)的,才能主张该交易无效[最大判昭和43.12.25民集22卷13号3511页(百选58,商判Ⅰ-108)]。判例在此采用了有力学说"相对无效说"的观点。

即便是直接交易,交易后导致与善意第三人存在利害关系时,为了保护第三人的利益,公司主张无效也受到限制。判例认为,公司未得到法定机关批准即向董事开出本票,董事将该票据背书转让给第三人时,只要公司不对该第三人的恶意进行主张、举证,就不得主张出票行为无效而拒绝支付票据金额[最大判昭和46.10.13民集25卷7号900页(百选55,商判Ⅰ-107)]。这个判例也适用于票据交易以外的其他交易。例如,董事将通过直接交易从公司取得的不动产转卖给第三人,公司如果不主张、举证第三人的恶意,就不得主张该直接交易无效并取回不动产。

以上判例只是关注第三人的"恶意",与其他《公司法》规定(例如,354条→专栏4-41)的解释一样,当第三人存在重大过失时视为恶意,公司不得主张交易无效。可参见东京地判平成14.6.24[平成12(ワ)第27232号]LEX/DB28072055。

(7)利益冲突交易的披露

利益冲突交易在个别附注表中作为与关联当事人交易的一个注记,需要对股东及其他利害关系人就某些事项进行披露(计则98条1款15项、112条→专栏4-45)。

▶▶▶ **专栏4-45 母子公司间交易的规定**

在集团经营成为普遍现象的当今,母子公司间频繁交易的场面并不少见。在这样的交易中,可能会发生母公司利用对子公司的支配性影响力,作出对自己有利而对子公司不利的行为。对此,在现行法上,子公司除了有权追究本公司董事及其他人员的任务懈怠责任(423条1款。对出现经营破绽的母公司进行融资,子公司董事被追究责任的案例,见:名古屋高判平成25.3.28金判1418号38页),还有权以教唆子公司董事懈怠履行职务为由,追究母公司的侵权责任(民709条)。实际上,因子公司董事从属于母公司,故追究母公司责任很难。另一方面,子公司的少数派股东有权通过提起代表诉讼(847条)追究子公司董事的职务懈怠责任[参照:东京高判平成25.2.13(判例集未登载)(商判Ⅰ-138)。本案在结论上否定了子公司董事的责任],但无法追究母公司的责任。

因此,在2014年修改《公司法》的审议过程中,曾探讨过当母公司与子公司之间的交易给子公司带来损失时,应明文规定母公司对子公司承担损害赔偿责任,同时子公司的少数派股东可以代替子公司追究母公司的责任(代表诉讼)。但是,反对意见认为,怎样的交易对子公司利益带来不利影响,其判断标准模糊(与母公司之间的交易多为反复、持续进行,从中取出特定的交易判断是否有利未必妥当),容易使合理的集团经营陷入萎缩。因反对意见强烈,以上内容最终没有实现(立案担当 26 年 180 页)。作为替代措施,对于子公司与其母公司等(2 条 4 项之二)之间的直接交易以及间接交易(只限于以个别附注表披露与关联当事人之间交易的情形。计则 112 条 1 款),在进行该交易时,需要在事业报告中披露留意事项(不损害公司利益)以及关于此的董事(会)意见(会则 118 条 5 项)。其宗旨在于通过信息披露,促使与母公司等之间的交易以公正的条件进行。此外,CG 准则要求,在有母公司等控股股东的上市公司中,独立于控股股东的独立外部董事占三分之一以上(主要市场板块上市公司为半数以上),或者由包括独立外部董事在内的独立人员(审议、探讨控股股东与少数股东之间存在利益冲突的重要交易、行为)组成特别委员会(CG 准则补充原则 4-8③)。对于母子公司的相关法律规制,参照:江头(1995),船津(2015)。包括软法在内的企业集团治理,参照:高桥(2021a)。

□ 4　董事的薪酬等

(1)概说

董事的薪酬、奖金及其他作为执行职务的对价得到的利益(报酬等),如果没有章程规定,必须由股东大会决议确定[361 条 1 款。提名委员会设置公司董事例外(404 条 3 款),此处在本章第 8 节介绍,本项不涉及]。

受任者原则上没有报酬(330 条,民 648 条 1 款),但现实中几乎所有的董事都是有偿就任的。董事的薪酬等如无公司法特别规定,由该董事与公司之间的任用合同确定。但是,这样可能导致董事之间互相串通获取不当的高额报酬(为自己打算＊)。对于这样的风险,可以考虑由法院审查报酬额的相当性,但法院有时也难以判断何为相当的报酬额。因此,法律规定董事的薪酬等由股东亲自决定。

(2)章程或股东大会决定的事项

章程或股东大会决定的事项根据薪酬等类别不同,按如下(a)—(e)所示:

(a)定额薪酬

如年薪 1000 万日元或月薪 100 万日元,金额确定的薪酬等称为定额薪

＊ 日语原文为"お手盛り"。——译者注

酬(361条1款1项)。实务中,为了避免董事个人薪酬额被外界知悉,通常股东大会仅决定全体董事薪酬的最高限额(例如,一年3亿日元为上限),在此范围内,由董事会(非董事会设置公司由半数以上董事决定)决定各个人员的薪酬额。判例上,如果薪酬总额的上限确定,则董事串通的风险可以被避免,这样的处理方式合法(最判昭和60.3.26判时1159号150页)。并且,一旦股东大会确定了限度额,只要金额不变更就不需要新的股东大会决议。实务上,股东大会十年以上未进行薪酬等事项表决的并不少见[参照:《役員報酬改定議案の事例分析》资料版商事271号(2006)207—263页的附议议案]。

在实务中,股东大会多将董事个人薪酬的决定权委任于董事会,董事会再将决定权委任于特定董事[一般为代表董事。上市公司的实务参照:商事法务研究会(2021)174页图表172]。判例认可这样的处理方式(最判昭和31.10.5民集23号409页,最判昭和58.2.22判时1076号140页)。学说持相同见解的居多(总额设定上限则串通的风险减少)。也有有力见解认为,代表董事握有董事薪酬的决定权,则董事会的监督功能(参照:362条1款2项、3项)无法发挥,故不应允许再行委任[详细议论见:コンメ(8)166—167页(田中亘)]。

董事被委任(再任)决定各个董事薪酬的,应当尽到善良管理人义务(330条、民644条)以及忠实义务(355条)。将自己的薪酬定为不当高额的,可能承担对公司的任务懈怠责任[东京高判平成30.9.26金判1556号59页(ユーシン事件。在结论上,董事未违反义务)]。

(b)不定额薪酬

公司可以事先不确定董事的薪酬,例如,将公司营业利润的1%作为董事的薪酬(不定额薪酬。361条1款2项)。此时,股东大会对全体董事设定金额上限即可。例如,以营业额的3%作为上限。

如此,董事的薪酬随公司业绩变动,会给予董事提高公司业绩的动机。这样的薪酬称为"激励薪酬"。除了与业绩联动支付的薪酬(业绩联动型薪酬),后述的股权薪酬也属于激励薪酬的一种。

(c)股权薪酬

作为薪酬,公司有时会向董事发放股权或者新股预约权等。本书称这些薪酬等为"股权薪酬"。

所谓新股预约权,是指以向公司支付一定金额的出资为前提而受领公司股份的权利(2条21项)。例如,向董事发行的新股预约权的内容为:"发行后两年内,针对每个新股预约权向公司支付1000日元,则其可受领一股股份。"假设公司向董事发行了100个新股预约权。当股份的市场价格(股价)超过1000日元时,相当于股东可以以低于市场价格取得股份,这就给了董事提高公司业绩、提升股价的动机。

同样的激励也可以通过将公司股份作为薪酬发放给董事来实现(股份薪酬)。此时,若董事将受领的股份马上在市场上抛出,则激励薪酬的功能就不复存在了。因此,通过公司与董事间协议,约定交付的股份在一定期间内不得转让,或者公司经过一定期间后始得交付股份的比较多见(后者称为事后交付型)。并且,约定当公司业绩达到一定规模时作为解除转让限制或者公司交付股份的条件,可以赋予董事适当的激励。[参照:石绵等(2016),内崎等(2020)]。

发放股权薪酬的方式有二:第一,公司直接向董事交付股份或者新股预约权(直接交付方式。361条1款3项、4项);第二,公司向董事交付现金货币,董事再以此作为股款(例如,以货币薪酬请求权的形式向公司实物出资)从公司受让股份或者新股预约权(间接交付方式。同款5项)。需要注意的是,不论采取何种方式,必须以公司章程或者股东大会规定股份或者新股预约权的上限及其他事项(同款3—5项,会则98条之二—98条之四→专栏4-46)。

▶▶▶ ★**专栏4-46　股权薪酬及其规定**

2019年《公司法》修改前,对股权薪酬没有明文规定。按照当时的《公司法》,直接交付方式的股权薪酬需要作为非货币薪酬的一种,由公司章程或者股东大会规定其具体内容[2019年修改前《公司法》361条1款3项(相当于现行《公司法》361条1款6项)]。实际上,"具体内容"规定到什么程度并不明确,故实务中广泛采用的是间接交付方式。但是,间接交付方式虽然实际上为股权薪酬,但法律上属于现金货币薪酬,公司法将无法要求公司以章程或者股东大会规定发行的股份及新股预约权的数量以及内容(公众公司原则上由董事会决定。199条1款、2款、201条1款)。

因此,2019年修改时规定,不论采用直接交付方式还是间接交付方式,都应当以公司章程或者股东大会决议规定某些事项,且应当规定的事项由法律加以明确(361条1款3—5项,会则98条之二—98条之四)。

此外,上市公司以直接交付方式发放股份薪酬的,无须缴纳出资(缴纳金额为零元)即可发行股份(202条之二1款)。这样的规定将促使股权薪酬的发放更为顺畅。

在上市公司的股权薪酬实务中,多以如下方法进行操作:公司不直接向董事交付股份,而是出资设定信托,受托人(银行)以该出资受让公司的股份或者从市场购入,该股份按照公司事先设定的步骤交付于董事[股份交付信托。内崎等(2020)103—104页]。当董事达成了一定的业绩目标时,将获得更多的股份。这使得制度设计更为周延。股份交付信托不直接适用《公司法》361条1款3项、5项1号规定,而是作为非货币薪酬的一种,适用同款6项。适用同项时,公司章程或者股东大会规定的"具体内容"可以准用同款5项1号[神田等(2020)23页(竹林俊宪)]。上市公司股权薪酬的利用实际情况参照:商事法务研究会(2021)173页图表171。

股权薪酬除了以上规定,还需要遵守定额薪酬(361条1款1项)及不定额薪酬(同款2项)的规定[コンメ(8)180页(田中亘),久保田(2020)20页]。例如,以直接交付方式发放新股预约权时,按照期权理论可以评价交付时的公正价格的,需要以公司章程或者股东大会决议确定该薪酬金额[361条1款1项。只要与其他定额薪酬(工资、奖金等)的合计额不超出章程或者股东大会确定的薪酬总额即可]。

作为股权薪酬交付股份或者新股预约权的手续,参照:本书第6章第2节以下。

(d)非货币薪酬

如公司以提供员工宿舍等形式给予董事非货币薪酬的(薪酬除外),《公司法》规定了具体的内容(361条1款6项)。

(3)有关薪酬等决定方式的规定

(a)在股东大会的说明义务

董事向股东大会提交《公司法》361条1款各项规定的事项或者对此的修改议案的,应当在该股东大会上说明相应事项的理由(同条4款)。这是为了便于股东判断该议案的必要性以及相当性(2019年修改前,只有对不定额薪酬或者非货币薪酬才要求这样的说明义务,2019年修改扩大了说明的范围)。

（b）薪酬等方针的决定

公众大公司且负有提交有价证券报告书的设置监事会的公司，或者审计等委员会设置公司，决定董事个人薪酬等内容的方针（薪酬等的决定方针）必须经董事会决议通过（361条7款）。但是，以公司章程或者股东大会决议确定前述董事薪酬的不在此限（同款但书）。也就是说，本规定仅适用于将董事个人薪酬的决定权限委任于董事会的场合。作为审计等委员的董事个人的薪酬，由审计等委员之间协商确定（同条3款），故不适用该规定（同条7款括号书）。

这样规定的目的在于通过董事会的监督功能，提高董事薪酬决定程序的透明化（→专栏4-47）。应由董事会决定的薪酬方针之内容规定在会则98条之五。例如：①对应各薪酬的类别，其金额或者计算方法（包括业绩联动型薪酬场合适用的业绩指标内容、非货币薪酬场合的内容概要）的决定方针（同条1—3项）；②各类别薪酬等的比例之决定方针（同条4项）；③决定权限再行委任给特定董事的相关事项（同条6项）。

应当规定前述事项的公司未规定该方针，或者违反该方针确定董事个人薪酬的，该决定构成违法或者无效（一问一答令和元年78页）。

▶▶▶ **专栏4-47　董事（经营者）薪酬的实态、课题以及法律的对应**

董事尤其是以代表董事为首的执行业务董事（管理层）的薪酬，存在着因内部串通而趋向高额化的风险，但同时也是激励管理层提高公司业绩的重要手段。因此，管理层（特别是位于顶点的经营者）的薪酬与管理层的选任、解任一道，成为各国公司治理的最重要论点［国内外的实务以及法律制度参见：伊藤（2013），津野田（2020）］。

日本《公司法》要求董事的薪酬由公司章程或者股东大会决定（361条1款），但在解释上，允许股东大会仅规定薪酬总额，董事个人的薪酬等由股东大会委任董事会，董事会再行委任代表董事（经营者）决定。其结果是，在日本，经营者决定自身以及其他董事薪酬的现象广为流行，至少2010年之前，明确规定薪酬额发放标准的，在上市公司中也属少数派［宫岛等（2013）15页］。而且，除了适用《金融商品交易法》的情况，包括经营者在内的董事的个人薪酬额一般不予公开。

在日本，与外国相比，董事的薪酬算不上高额［日美欧主要企业比较，参见：ウィリス・タワーズワトソン（2021）］，董事串通的危害也未

显著显现,以上是法律允许上述实务操作的背景。实际上,近年来,以外国机构投资者为中心,要求改善不透明的薪酬决定体系的呼声越发高涨。而且,日本的经营者薪酬中,激励薪酬占比较小[ウィリス・タワーズワトソン(2021),久保(2010)]。也就是说,管理层提高公司业绩的经济动机并不强烈,同时,薪酬不高也并不意味着公司治理没有问题[久保(2014)]。

作为改善对策,CG准则要求对管理层的薪酬加以适当激励的同时(原则4-2,补充原则4-2①),公开薪酬决定的方针及流程[原则3-1(ⅲ)],且在薪酬决定上,要经过咨询以独立外部董事为成员的任意薪酬委员会(与提名委员会等设置公司的薪酬委员会不同,非法定机构)等环节,以获取独立外部董事的参与以及建言(补充原则4-10①)。

2019年《公司法》修改时,首先将以往仅要求提名委员会等设置公司(409条1款)决定薪酬方针的事项,扩展到较为广泛的范围;其次完善了股权薪酬规定的同时;最后又丰富了以公司事业报告披露董事薪酬等事项。

今天,众多上市公司设置了薪酬委员会,尤其是东京证券交易所(东证)主要市场板块上市公司中,设置法定(提名委员会等设置公司)或者任意薪酬委员会的公司的比例,截至2022年7月份达到85.5%[东京证券交易所(2022a)11页]。有研究显示,设置了具有较高独立性的薪酬委员会的公司,对激励薪酬的发放也更为积极[久保等(2020)]。关于上市公司管理人员的薪酬设计,参见:涩谷(2022)。

(4)退职慰劳金

(a)意义以及规定的概要

在日本,有时会考虑到税务上的优待措施(《所得税法》30条2款),董事退职时(指股东大会不再聘任,从公司辞职的时点。具有长期雇佣习惯的日本企业,董事通常在达到退休年龄之前由股东大会聘任连任),会向该董事发放大额的退职慰劳金。退职慰劳金既然是在职期间履行职务的对价,作为薪酬等的一部分,需要章程或股东大会的决议确定[最判昭和39.12.11民集18卷10号2143页(百选59,商判Ⅰ-113)]。

实际上,某个会计年度退职的董事人数是有限定的,若股东大会确定了退职慰劳金的金额(或上限),特定董事的金额事实上也就明了了。因此,实务中为了避免出现这种情况,多在股东大会作出决议,即只按照一定的支出标准发放,具体金额、发放日期及发放方式由董事会(非董事会设置公司为半数以上董事)决定。判例在满足下列条件时认定决议方式合法:①根据该公司董事会规程或习惯确立了一定的发放标准,②该标准可被股东知晓(知晓发放标准即可知晓金额。前引最判昭和 39.12.11,最判昭和 44.10.28 判时 577 号 92 页)。

有一些学说对判例的立场进行批判,认为退职慰劳金与通常的薪酬一样,必须以股东大会决议确定其金额(至少确定上限);但支持判例立场的仍居多,认为既然退职董事不参加决定发放金额,较通常的薪酬决定而言,适当放松限制具有合理性[学说→コンメ(8)171—172 页(田中亘)]。

★(b)规定的详情及最近的动向

实务上,要满足(a)的判例①②的要件,需要由董事会确定退职慰劳金的发放基准[基本收入乘以勤务年数,再加算一定的功劳。实例参照:"管理人员退职慰劳金发放内规的事例分析(4)—(6)",资料版商事 115 号—117 号(1993)],将记载该标准的书面材料置备于总公司供股东阅览。另外,在作出退职慰劳金发放决议的股东大会上,当承认股东书面投票或电子投票时(参照 298 条 1 款 3 项、4 项),原则上应当在股东大会参考资料上记载该标准,但公司已采取上述措施的可以不予记载(会则 82 条 2 款)。

虽然判例承认以上措施合法,但上述处理方式对股东而言并不透明,而且退职慰劳金的金额未必反映公司的业绩,不能对董事给予适当的激励。因此,上市公司中,废除退职慰劳金,代之以赋予退职董事行使新股预约权,或者退职时可转让的股份薪酬的情况增多[参照:商事法务研究会(2021)173 页图表 171]。

(5)使用人兼董事的收入份额

日本的董事兼任公司使用人的为数不少(称为"使用人兼务董事")。使用人兼务董事从公司领取的收入中,作为执行董事职务对价的部分(董事薪酬)很少,大部分是作为使用人执行职务的对价。

如果《公司法》361 条 1 款将薪酬定义为"作为董事的……执行职务的对价"受领的财产上之利益,则使用人的收入当然不包括在内。但是,如果使用人的薪资不包括在 361 条 1 款的薪酬里的话,则不能保证董事之间不发生相互串通、肆意增加使用人收入的不法行为。因此,判例允许:①当使用人的薪资体系明确建立时,②预定另行支付使用人薪资的前提下,股东大会上只对董事薪酬作出决议(最判昭和 60.3.26 判时 1159 号 150 页)。上述①为防止肆意增加收入的要件。以上述判例为依据,实务中,股东大会在明确薪酬不包含使用人薪资的基础上,对董事的薪酬进行表决。

(6)没有章程或股东大会决议时的薪酬请求权

在没有章程或股东大会决议时,董事无权受领薪酬(最判昭和 56.5.11 判时 1009 号 124 页),已经受领的,原则上必须返还给公司[或者作出相当于薪酬额的损害赔偿。最判平成 15.2.21 金法 1681 号 31 页(商判Ⅰ-112)]。

值得注意的是,发放薪酬得到全体股东同意的,即使没有章程或股东大会决定,该发放合法、有效(前引最判平成 15.2.21)。因为,此时《公司法》361 条的目的(薪酬等由股东决定)已经达到。进一步,不少判决认为,即使没有得到全体股东的同意,持有绝大多数股份的股东同意的,适用诚实信用原则(民 1 条 2 款),允许董事受领该薪酬(→专栏 4-48)。另外,公司在没有章程或股东大会决议而对董事发放薪酬的,其后得到股东大会追认时,该发放合法、有效(最判平成 17.2.15 判时 1890 号 143 页)。

▶▶▶ ★专栏 4-48 认可违反《公司法》361 条仍可继续受领的判决

在下级法院判决中,有的认为,发放薪酬等经过实质全体股东(不关心经营的零散股东除外)同意的,视为全体股东同意,该发放合法[东京高判平成 7.5.25 判夕 892 号 236 页,东京高判平成 30.6.28 金判 1549 号 30 页(未明示同意的股东为不关注公司经营的零星小股东且对薪酬决定未表明异议,视为默示同意)];持有半数以上(该案件为三分之二以上)表决权的股东同意的,公司以没有章程或股东大会决议为由要求返还的,构成违反诚实信用原则[东京高判平成 15.2.24 金判 1167 号 33 页。参照:コンメ(8)193—195 页(田中亘)]。最高法院的判决中,对于以往不召开股东大会,只由持有绝大多数(99%)已发行股份的代表董事裁决(同意)发放退职慰劳金的公司,退职董事有合理的理由相信代表董事作出裁决而受领退职慰劳金,日后公司请求该董事返还的,就违反了诚实信用原则,构成滥用权利[最判平成 21.12.18 判时 2068 号 151 页(百选 Ap22,商判Ⅰ-115)。以违反诚实信用原则为由否定公司的薪酬返还请求权的事例还有:东京地判平成 30.1.22 判夕 1461 号 246 页]。

对于经营形式不正规的非公众公司(→专栏 4-23),所有人兼经营者持有足以使股东大会决议成立的表决权的,就没有必要费时召开股东大会,公司在没有章程或股东大会决定的情况下发放董事薪酬的并不少见。关于薪酬等的判决,多数都发生在这样的非公众公司中,因各种理由与所有人兼经营者产生对立的特定董事被公司要求返还曾经受领的薪酬。在这些案例中,如果贯彻361条的原则要求董事返还薪酬,则不但对该董事过于残酷,还会使不守法的所有人兼经营者从中受益(公司受领返还的薪酬,实际上所有人兼经营者得利),反而会助长不守法的气焰。因此,持有绝大多数股份的股东同意发放薪酬等的,即使违反了361条,董事仍可继续持有受领的薪酬。站在这个观点上,应当支持判例的立场[コンメ(8)194页(田中亘)]。

(7)薪酬等的事后变更

一旦章程或股东大会决议(包含接受股东大会委任的董事会决议)确定了董事任期期间的薪酬额,就构成董事与公司之间任用合同的内容,即使其后的股东大会决议也不得未经董事同意而不发放或减额发放该薪酬[最判平成4.12.18民集46卷9号3006页(百选AP23,商判Ⅰ-114),最判平成22.3.16判时2078号155页(商判Ⅰ-116)]。

实际上,如得到董事的事先同意,也可以不发放或减额。董事的薪酬额系根据董事会规则或习惯并依职位确定,董事在知悉该规则、习惯后就任的,任期中职位变更带来薪酬减额时,视为默示的同意(东京地判平成2.4.20判时1350号38页中,代表董事解聘后薪酬减额合法)。

(8)薪酬等的披露

(a)公司法上的披露义务

公众公司中,董事及其他公司管理人员(参照:会则2条3款4项)的薪酬等需要在事业报告中进行披露(435条2款,会则119条2项、121条4项—6项之三。股权薪酬参照:122条1款2项)。2019年《公司法》修改实现了充分的公开披露(→专栏4-47)。具体而言,除了对应董事、监事的职位,披露相应薪酬的总额(会则121条4项1号),还需要披露与薪酬等的种类相应的事项(同条5项之二、5项之三)。公司也有权选择不按照职位而采取披露各个高管个人薪酬内容的方式(同条4项2号、3号)。此外,已确定了薪酬决定方针的,还需要披露相关事项(同条6项);将各个董事薪酬决定权限再行委任给董事的,需要披露相关事项(同条6项之3)。有外部管理人员(会则2条3款5项)的,还需要披露薪酬总额和人数(会则124条5项)。

非公众公司没有披露董事薪酬等的明文规定。但是,需要在相关财务报表的附属明细表的"销售费用"以及"一般管理费"的明细(计则117条3

款)中,披露管理人员的薪酬总额[コンメ(8)187页(田中亘)]。

(b)《金融商品交易法》上的披露义务

根据《金融商品交易法》有义务提交有价证券报告书的公司(上市公司等。金商24条1款),对于薪酬额在一亿日元以上的管理人员(此处指董事、监事以及执行董事),有义务披露每个人的薪酬额[公开府令15条1项(1):第三号样本、记载上的注意(38),第二号样本、记载上的注意(57)b]。

■ 6 董事的义务与责任

□ 1 概说

为了保证董事适当地管理、运营公司,公司法对董事规定了勤勉义务*(330条,民644条)与忠实义务(355条)等一定的义务。董事违反这些义务给公司造成损害的,对公司承担赔偿责任(任务懈怠责任。423条1款)。另外,股东有权代位公司提起追究董事任务懈怠责任及其他对公司承担的责任之诉(股东代表诉讼。847条以下)。董事在某些场合负有赔偿公司以外第三人损害的责任(第三人责任。429条)。

在本部分,介绍董事对公司所负义务的概要之后(→□2),详细解说董事义务的内容(→□3)。《公司法》规定,"任务懈怠责任"的对象并不限于董事,管理人员等一般也是责任的对象(423条1款)。为了正确理解董事的义务,需要知道任务懈怠责任的要件,故本部分对该责任的基本内容予以介绍(→□4)。此外,对于股东代表诉讼以及第三人责任,将和董事以外的管理人员相关问题一起,在本章的最后加以解说(第9节)。

□ 2 董事的义务

(1)勤勉义务

董事与股份公司之间是委任关系(330条),负有以善良管理人的注意处理委任事务的义务(勤勉义务。民644条)。

(2)法令、章程、股东大会决议的遵守义务

董事负有遵守法令、章程、股东大会决议以履行职务的义务(355条)。

(3)忠实义务

董事还对公司负有忠实履行职务的义务(忠实义务。355条)。本条的忠实义务与《公司法》330条、《民法》644条规定的勤勉义务究竟是内容基本相同的义务(同质说),还是不同的义务(异质说),存在争议。判例明确认

---

* 原文为"善管注意义务"。——译者注

为,忠实义务是勤勉义务更为明确化的体现,故采同质说的立场[最大判昭和45.6.24民集24卷6号625页(百选2,商判Ⅰ-3)]。不论哪种学说,均认为忠实义务的内容为:董事不得为自己或第三人牟利而牺牲公司利益(按照同质说的立场,这也是勤勉义务的内容。→专栏4-49)。实际上,对公司的"忠实"要求到什么程度,属于解释问题(→专栏4-55)。

▶▶▶ **专栏4-49　忠实义务的意义——同质说和异质说**

在美国公司法上,董事的义务被严密地区分为:与公司之间不存在利益冲突时审慎履行职务的注意义务(Duty of Care);存在利益冲突时(例如,董事与公司交易),董事不得为了自己或第三人利益而牺牲公司利益的忠实义务(Duty of Loyalty)。有学说认为,作为355条前身的原《商法》254条之三,系在盟军最高司令部(GHQ)占领下大规模移植美国法并于1950年《商法》修改时引进的,日本《公司法》355条的义务源于美国的忠实义务,这与勤勉义务不同(异质说)。对此,多数说(同质说)认为,董事不得为自己或第三人牟利而牺牲公司利益的义务,从勤勉义务的解释上也可以导出来,没有必要对二者做不同的区分[学说状况参照:コンメ(8)52—53页(近藤光男)]。

美国法上,当存在利益冲突时,董事牺牲公司利益的风险很大,故适用忠实义务加以严格限制。另一方面,在没有利益冲突的场合(适用勤勉义务),如经营判断原则(Business Judgement Rule→专栏4-51)所体现的,法律将干涉限制在最低程度,董事经营上的裁量权则被广泛认可[美国法的详细介绍参照:田中(2000)]。

相对于美国,日本法在利益冲突中的重要领域已经设置了个别规定(→本章第三节■5),这样就没有必要为了严格规制这些行为而特意区分勤勉义务与忠实义务了。此外,即使不适用这些个别规定,对于存在利益冲突的经营判断而言,通过对勤勉义务进行解释,法院可作出较一般经营判断更为严格的审查。因此,没有必要对判例进行修正,应当支持同质说,但这并不是否定利益冲突时法的强力介入,倡导异质说的背景中就有这样的想法[数字でわかる96—98页(田中亘)]。

(4)董事义务的基本内容

(a)股东利益最大化原则

董事应当为了公司利益忠实且尽到善良管理人的注意履行职务。公司是以营利为目的的法人,"为了公司利益"基本上可以理解为使公司利益最大化。公司的利益通过盈余分配(105条1款1项、453条)及剩余财产分配(105条1款2项、502条)等最终分配给股东。因此,董事的义务就是将股东的利益最大化而尽到善良管理人义务[股东利益最大化原则。江头22页,落合(1998)]。股东利益最大化原则应当得到支持,因为,①增加剩余权人(股东)的利益与增加社会整体利益具有一致性,②董事谋取股东利益以外的利益,可能会有损经营效率[田中(2007a),田中(2020a)]。但是,这个原则还有下列应当注意的事项以及例外。

(b)"公司(股东)利益"的意义

公司及股东的利益并不限于短期可得的利益,还包括可期待的长期利益。严密地说,董事应该尽量使公司未来预期的利润(现金流)的折现价值[→第3章第1节■9(2)]最大化。因此,例如,经济不景气时维持雇佣,短期会因发放工资(公司费用的一种)而减少公司利益;从长期看,若可以通过积累员工的技能、经验增加公司的利益(折现当前价值)的,维持雇佣就符合董事的勤勉义务、忠实义务。一般而言,经营判断是否对公司利益有所帮助,除了事关董事利益,应当承认董事宽泛的裁量权。其结果是,从外观上看,经营判断似乎为股东以外的公司相关人员带来利益,但以损害股东利益为由认定董事违反义务的,实际上是极其例外的。

(c)原则的限制、修正

即便股东的利益包含(b)那样的长期利益,但股东仅仅作为社会成员的一部分,其利益的最大化与包含其他社会成员利益的全体社会利益的最大化未必一致。因此,股东利益最大化原则不应当贯穿所有场合,而是应当设置合理范围之内的限制与修正。如下所示[原则如何贯彻,需要讨论的地方很多。例如,关于企业收购→专栏9-11。参照:草野(2018)]:

第一,董事的法令遵守义务(355条)优先于公司、股东的利益。即便私下违反法令为公司与股东带来巨大利益,董事的行为也不应被允许。

第二,由于存在股东有限责任,董事有时会牺牲公司债权人的利益从事高风险的投资,使公司经营失去效率性[也称为"道德风险"问题。数字でわかる第2章Ⅲ(后藤元)]。这样的行为即使为了股东利益(期待值)最大化,因减损社会整体的利益而应当被禁止。现行公司法规定,董事恶意或存在重大过失地实施以上行为的,需要对公司债权人承担损害赔偿责任(429条1款)。

第三,公司在一定范围内实施社会期待的行为,即使没有直接带来股东利益的最大化，在解释上也应当被允许。例如，对照公司的资产以及收益状况，在一定范围内从事捐赠等慈善活动，或者高于法令要求的标准从事有利于社会、环保等社会责任事业[CSR(Corporate Social Responsibility)或者可持续性经营]的，相比于不实施，即使公司、股东的利益减少，也不构成董事违反义务(→专栏4-50)。

▶▶▶ ★专栏4-50　慈善活动、企业的社会责任、可持续性经营以及政治献金

　　有的学者认为，慈善活动以及企业社会责任、可持续性经营可以提高公司的信用与社会评价，会为公司、股东带来长期利益，故一定限度内是可行的[铃木(1971)325页]。这种观点不是不可理解，但是，董事在实施以上行为时，是否会算计到将来可能得到的利益会大大弥补直接减少的利益，值得怀疑。倒不如说，这些行为是为了社会整体利益因而被社会所期待，允许在一定范围内忽略公司、股东的利益，是符合现实中董事的行为动机以及一般社会规范的[コンメ(1)88页(江头宪治郎)，田中(2020b)]。可持续性经营及其与股东利益最大化原则的关系，参见：神作(2022)，田中(2022)。

　　此外，判例上，法院认为"协助(政党)发展对公司而言是当然的社会存在行为，作为协助的一种形态，捐赠政治资金也不例外"[最大判昭和45.6.24民集24卷6号625页(百选2，商判Ⅰ-3)]，公司的政治献金因被社会所期待，故可以实施。但是，企业的献金未必都被社会所期待，或者可以理解为：通过援助对本企业持友好态度的政党，会为企业、股东带来利益[至少公司法的解释上不当然禁止这一行为。铃木(1971)327页]。实际上，当法令限制政治献金时(《政治资金规正法》21条之三，22条之四)，董事基于法令遵守义务必须遵守该限制。即便在法令的限制范围内，对比该献金的必要性以及公司资产、收益状况等，若董事的献金金额与以上情况不相适应，会构成违反勤勉义务、忠实义务(参照：前引最大判昭和45.6.24。名古屋高判平成18.11.1判时1937号143页中，对于经营赤字的公司实施的政治献金，原审法院以献金不适当为由认定董事违反义务。二审法院认为，对照该公司的企业规模与经营业绩，献金金额在合理范围内，从而驳回原判决，否定了董事的责任)。

(d)谋取股东共同利益的义务

股东利益最大化要求董事执行职务时考虑公司利益(公司受益则股价增加,最终股东受益),在某些场合,董事的职务不通过公司而直接对股东利益带来影响。这时,董事应当为了股东共同的利益执行职务。这点特别在公司收购(M&A)中成为问题,本书将在此处做详细讲解。

(5)报告义务

董事在发现可能严重有损于公司利益的事实时,必须直接将此事实报告于监察机关[根据公司类别不同,分为监事、监事会或审计等委员会。不设置监察机关的公司为股东。357条。在董事不具有执行业务权限(415条)的提名委员会等设置公司中,不适用本条。419条3款]。这样规定是为了监察机关作出迅速的纠正措施。

□ 3　义务内容的详细规定

(1)概说

在□2中,对董事义务的概要做了说明,此处将结合实际案例,对董事应当承担怎样的义务,或者违反义务时是否承担责任以及如何审查做进一步说明。

(2)审慎决定执行业务的义务——经营判断原则

(a)概说

董事作为董事会成员或者作为接受委任执行公司业务的董事,在决策公司的经营活动时(经营判断),有义务以善良管理人的注意为之(330条、民644条)。

(b)经营判断原则

事实上,公司经营必然伴随着风险,若仅着眼于结果,认为只要公司发生损失就是董事违反了义务,会使公司的经营萎缩或董事后继无人,到头来有损公司、股东的利益。因此,经营判断应当承认董事广泛的裁量权,只要判断过程、内容没有明显不合理之处,就不能认定董事违反勤勉义务[最判平成22.7.15判时2091号90页(百选48,商判Ⅰ-129,アパマンショップ控股事件)]。这称为"经营判断原则"。另外,审查是否构成"明显不合理",需要结合作出经营判断时该公司所属行业通常的知识、经验,看前述判断是否明显低于以上标准,不得以事后得到的经验为基础进行审查[东京地判平成22.7.15判时1886号111页(そごう事件)]。

上述最判平成22.7.15案件中,某股份公司作为实施集团化经营的一环,为了实现其子公司的全资子公司化,从该子公司少数派股东处以第三方机构估价5倍的价格收购股份,作出该收购决定的业务执行董事被追究违反勤勉义务的责任(一名股东提起代表诉讼)。原审法院认为,在以该价格收购股份的必要性上,董事怠于进行充分的调查与探讨,应承担责任。最高法院认为,在该案件中,董事为了维护与特许经营加盟店的子公司少数派股东之间的友好关系,而以该价格收购了股份,不能断定其判断内容缺乏明显的合理性。并且,在进行判断的过程中,召集经营会议进行了探讨,也履行了听取律师意见等程序,没有不合理之处。因此,驳回原判决,否定董事的责任。

▶▶▶ **专栏4-51　经营判断原则**

经营判断原则原为在美国发展起来的法理(Business Judgement Rule),日本进行了法的移植。此原则正当化的依据主要有:①法官不是经营专家,审查经营判断的合理性存在困难,②即便如此,法官要对经营判断的合理性做严格审查,会使董事陷入过于保守经营的风险,这与追求高回报的股东利益不相吻合,③即使没有严格的法律责任,董事也具有为公司利益进行经营判断的动机(公司业绩提升关系董事的薪酬、地位,也可满足其自尊心)。关于经营判断原则的正当化依据,参照:数字でわかる95—98页(田中亘),松尾(2018)。

在日本,有观点认为,应当区分经营判断的过程与内容,在过程上(是否进行了充分的信息收集、分析与探讨),法院进行是否"合理"的审查;在内容上,法院仅对是否"明显不合理"进行审查[吉原(2002)96—98页]。但是,在做经营判断时,应当收集多少信息,进行何种程度的探讨,都属于经营判断的范畴,法院介入审查会导致董事在信息收集及探讨上花费过多时间,最终导致公司经营趋于保守。因此,如前引最判平成22.7.15所示,法院不应在过程与内容方面对审查标准加以区分,而应当止于对是否属于"明显不合理"[田中(2012)]进行审查。

关于经营判断场合下的"信赖权利"的适用,参照:专栏4-53。

(c)关于经营判断的案例

因经营判断失误导致董事被追究责任的事例很多[コンメ(8)239—249页(森本滋)]。其大多数广泛承认董事的裁量权,否定构成违反义务[东京高判平成28.7.20金判1504号28页(商判Ⅰ-130,对风险资本企业出资),大阪地判令和4.5.20金判1651号25页(積水ハウス事件。不动产交易欺诈事例),东京地判平成16.9.28判时1886号111页(そごう事件,进军海外失败),东京地判平成17.3.3判时1934号121页(日本信贩事件。对关联公司的支援),东京地判平成8.2.8资料版商事144号115页(セメダイン事件。高价收购子公司股份),东京地判平成5.9.16判时1469号25页(野村证券事件。顾客的损失填补)等]。实际上,主要以判断内容的不合理性为由肯定董事违反义务的案例也零散可见[大阪高判平成18.6.9判时1979号115页(ダスキン事件。违法销售含有添加剂食物的事实没有公开),大阪地判平成12.9.20判时1721号3页(商判Ⅰ-132,大和银行事件。内部治理体系的不完备),东京地判平成5.9.21判时1480号154页(日本サンライズ事件。证券投资失败)]。鉴于以上列举的正当化根据(→专栏4-51),法院在进行经营判断的合理性审查时,需要采取慎重的态度。

(d)存在利害对立时的经营判断

当董事与公司之间存在利害对立时,董事可能会作出不利于公司的经营判断。此时,不适用经营判断原则,应当由法院介入审查该判断的合理性[大阪地判平成25.1.25判时286号93页中,董事将公司资产(其他公司股份)出售给与自己关系密切的人,法院对该资产的价格进行了详细认定,认为属于廉价出售,遂判决董事承担责任。此外,东京地判平成15.5.22判时1835号126页中,代表董事让公司为自己的关联公司融资,法院判决该董事承担责任。对利益冲突事例的案例分析,参见:松中(2021)]。

经营判断行为需要经过董事会决议的,特别利害关系董事不得参加表决(369条2款)。但是此时,其他董事如果处于从属于该董事的地位(例如,在执行业务上接受指示、监督,或经济上处于从属地位的近亲等。其他董事的半数以上从属于该董事的话,视为董事会自身从属于该董事),很可能会因这层关系作出对公司不利的决定。因此,还是应当由法院介入进行合理性审查为宜。

(e)银行业的特殊性

最高法院认为,鉴于银行业的高度公益性,适用经营判断原则要受到限制[最决平成21.11.9刑集63卷9号1117页(商判Ⅰ-127,旧北海道拓殖银行事件)]。实际上,由于无法回收融资带来损害,肯定董事任务懈怠责任的案例并不少见[最判平成20.1.28判时1997号143页(商判Ⅰ-126①),最判平成20.1.28判时1997号148页(百选49,商判Ⅰ-126②),东京地判平成16.3.25判时1851号21页,东京地判平成14.4.25判时1793号140页等]。

(3)法令遵守义务

(a)概说

董事有义务守法履职(法令遵守义务。355条)。这里的"法令"的对象并不限于董事应遵守的规定,还包括股份公司在执行业务时应当遵守的规定[最判平成12.7.7民集54卷6号1767页(百选47,商判Ⅰ-128,野村证券事件)]。义务的宗旨在于,从保护社会整体利益的角度出发,需要对董事谋求公司利益的行为加以强行法上的限制。

实际上,董事在违反法令上不存在归责事由时,就不产生任务懈怠责任(423条1款→专栏4-56)。前引最判平成12.7.7的事例中,证券公司董事决定并实施了违反《反垄断法》的行为(填补顾客的损失。符合同法19条的"不公正的交易方式"),最高法院认为,在决定、实施该行为的当时,不仅证券公司,就连监管当局也没有认识到该行为会发生《反垄断法》上的问题,既然董事违反《反垄断法》属于不得已,则董事就不存在故意或过失,应当否认其责任(→专栏4-52)。

违反法令被判决承担任务懈怠责任的事例很多,绝大多数为董事认识到违反了法令[过失甚至故意。东京地判平成6.12.22判时1518号3页(贿赂行为),东京地判平成8.6.20判时1572号27页(商判Ⅰ-139,违反《关税法》《外汇管理法》),东京地判令和4.3.28资料版商事459号131页(违反《反垄断法》)等]。

▶▶▶ ★专栏4-52 违反法令和过失

前引最判平成12.7.7的事例中,当董事没有认识到违反法令时,否认其过失。实际上,违反法令时是否存在过失并不限于这样的场合。例如,有时董事意识到该行为可能违反法令,但法律解释不明确或存在争议,即便征求律师等专家的意见也无法作出确切的判断(也有很大的合法可能性)。此时,因公司实施该行为,通过法院的判断使法解释得以明确的,社会整体受益,即使该行为后来被认定为违法,也不能直接认定董事有过失。或者说,此时,董事比较考量公司违法风险的利益状况(成本收益计算),在决定实施该行为的时点上,当判断实施该行为公司会受益的,则实施该行为不存在过失。过失不仅指预见到结果,还包括违反结果回避义务[内田(2011)340页]。上述场合,董事没有回避结果(违反法令)的义务。

当然,董事在做这样的成本收益计算时,不允许将公司的成本用该行为被外部发觉的概率进行折抵[已经被发觉的行为,可以用被法院判断为违法的概率折抵。田中(2006)10页注52,大杉(2013)317—318页]。即使董事以不被外部发觉的形式(秘密)违反法令,因行为对法解释的

> 明确化没有贡献,社会也不会受益,故董事的行为即使对公司产生利益也不能允许[参照:前引东京地判平成 8.6.20(为了掩盖违法行为而不断实施其他违法行为的董事,被判决承担责任)]。董事的法令遵守义务参照:渡部等(2021),得津(2022)。

另外,不亲自参与执行违法业务或作出其决定的董事,不构成违反法令遵守义务,但有时会因违反后述的监督义务[→(4)]或内部治理体系完善义务[→(5)]而承担责任。

(b) 外国的法令

公司在外国经营事业的,该国的法令也包含在《公司法》355 条规定的范围内[大阪地判平成 12.9.20 判时 1721 号 3 页(商判Ⅰ-132,大和银行事件)中,对于公司违反外国法令受到的罚金,董事承担赔偿责任。参照:岩原(2016a)321—322 页]。

(4) 监督义务

(a) 概说

董事会设置公司的董事会负责监督公司的业务(362 条 2 款 2 项)。判例在此基础上认为,作为董事会成员的各个董事也有义务监督代表董事等的业务执行[监督义务。最判昭和 48.5.22 民集 27 卷 5 号 655 页(百选 67,商判Ⅰ-149)]。

上述判例中,监督的对象不限于提交到董事会的事项,对于一般性的业务执行也要监督,如有必要可以亲自或请求召集董事会(参照 366 条),使公司业务通过董事会得以适当实施。在此一般论之下,上述判例认为,对于不召开董事会且独断专行的代表董事给公司带来的损害,其他董事也负有违反监督义务的责任(肯定了 429 条 1 款的责任)。

上述判例是关于董事会设置公司的董事的,非董事会设置公司的董事作为勤勉义务、忠实义务的对象,也负有监督业务执行的义务(新潟地判平成 21.12.1 判时 2100 号 153 页)。

(b) 信赖的权利

虽然董事负有监督义务,但并不是说各个董事要逐一监督公司的业务。公司的业务通常由业务执行董事或使用人之间分担。此时,各个董事对其他董事或使用人负责的业务,只要没有值得怀疑的特别情形,可以相信其适当地履行了业务,即使该董事或使用人怠于履行职务,也不承担违反监督义务的责任[东京地判平成28.7.14判时2351号69页(商判Ⅰ-133,AIJ投资顾问事件),大阪地判平成12.9.20判时1721号3页(商判Ⅰ-132,大和银行事件),札幌地判昭和51.7.30判时840号111页等]。这称为"信赖的原则"或"信赖的利益"[岩原(2016a)318-320页→专栏4-53]。

需要注意的是,董事或使用人的任务懈怠起因于后述的内部治理体系的不完善的,其他董事可能因为违反内部治理体系完善义务而承担相应责任[→(5)]。

▶▶▶ **专栏4-53 信赖权的适用**

在监督义务以外,有时会认可信赖的利益。尤其是董事在实施经营判断时,只要不存在值得怀疑的特别情形,就可以信赖其他董事或使用人或者外部专家收集、分析的信息,即使该信息有误,依该信息进行的经营判断将不承担违反勤勉义务的责任(在经营判断上认可信赖权的事例,参照:东京地判平成14.7.18判时1794号131页,横滨地判平成25.10.22金判1432号44页等)。此外,东京地判平成14.4.25判时1793号140页中,虽作为一般论承认了信赖权,但在该案中,对于下级组织(部下的使用人)进行的信息收集、分析,董事未尽到"应当怀疑其不足、不完善之处"的义务,判决该董事承担责任。

(c)监督义务的履行方式

当董事得知其他董事或使用人在执行业务的适当性上存在值得怀疑的情形时,该如何作为？这需要结合该董事的地位、权限的内容以及该情形的深刻程度等具体情节,通常应当进行诸如请求董事会予以调查、纠正(前引最判昭和48.5.22),向监察机关报告(357条)等应对。仍然解决不了问题的,可以采取咨询律师、公开事实以施压代表股东,或者辞职等方法(江头474页注5)。实际上,该董事要么不是业务执行董事,要么即便是业务执行董事但不属于自己负责的业务范围的,这时董事的权限是受到限制的(尤其是董事没有单独调查权。→专栏4-42)。其请求董事会对违法情形进行调查但遭到多数决否定的,就不能再要求董事采取进一步的行动了,实践中否定董事违反义务的判决不在少数。

(5)内部治理体系的完善义务

(a)概说

事业规模壮大到一定程度的股份公司,董事亲自监督公司的所有业务是不现实的。因此,作为勤勉义务、忠实义务内容的一部分,这些公司的董事需要为了确保公司业务妥善发展,构筑并完善必要的体制[内部治理体系。大阪地判平成 12.9.20 判时 1721 号 3 页(商判Ⅰ-132,大和银行事件),最判平成 21.7.9 判时 2055 号 147 页(百选 50,Ⅰ-134,日本系统技术事件)。承认该义务的依据以及严格,参见:藤田(2019)]。看下述事例:

▶▶▶ **事例 4-4**

A 银行股份公司(以下称"A 银行")纽约分公司负责投资业务的员工 I 为了填补投资失败的损失,将客户保存在银行的证券私下卖出。原来,A 银行纽约分公司是将保存的客户的证券委托当地的 B 银行(再保管银行)进行再保管,I 通过对 B 银行发出交易指令私下卖出了该证券。B 银行定期将再保管证券的余额证明发给 A 银行纽约分公司,I 篡改了余额证明,使私下卖出的事实未被发觉。纽约分公司定期由内部审计部门、监事以及会计监察人进行监察,但这些监察不是直接向 B 银行确认保管的证券余额,而是将上述(I 篡改的)余额证明与纽约分公司的账本(也为 I 所篡改)进行对照,故没有发觉 I 私下交易的行为。最后,A 银行由于填补 I 长期的私下交易带来的损失蒙受了巨额损害。A 银行的股东 X 认为上述损失是纽约分公司的内部治理体系不完备引起的,遂提起股东代表诉讼(847 条)追究 A 银行董事会对公司的责任(423 条)。上述诉请能否得到认可?

作为事例 4-4 原型的前引大阪地判平成 12.9.20 中,在肯定了董事完善内部治理体系义务的基础上,法院认为,上述保管证券余额的确认方式"明显缺乏适当性",从而肯定了 A 银行董事的责任。但判决仅认定时任纽约分公司董事违反义务,对其他董事则适用"信赖利益"[→(4)(b)]否定了责任。此外,该事件中,因隐瞒未向美国监管当局报告的事实(违反美国法令),参与隐瞒的董事被判决承担责任[→(3)(b)]。

(b)公司法的规定

董事的内部治理体系完善义务在《公司法》制定之前,作为勤勉义务、忠实义务的解释被判例、学说所承认,《公司法》针对大公司(2 条 6 项)以及委员会型公司,明确规定董事会(非董事会设置公司为董事)有义务决定并完善公司的内部治理体系[348 条 3 款 4 项、4 款,362 条 4 款 6 项、5 款,399 条之十三 1 款 1 项(2)(3),416 条 1 款 1 项(2)(5)→专栏 4-54]。实际上,董事会只要决定内部治理的目标设定及其组织等大纲即可,具体的体制完善可以委任给各个董事(论点解说 335 页。委任的事项适用"信赖权利"。参照:前引大阪地判平成 12.9.20)。

决定实施内部治理体系的公司,必须在事业报告(435 条 2 款)中公开该决定内容的概要以及该体系运行状况的概要(会则 118 条 2 项)。

▶▶▶ **专栏 4-54　内部治理体系的内容**

内部治理体系通常包括以下内容:①确保董事、使用人等执行业务符合法令、章程(法令遵守义务,也称"合规体系");②董事等执行职务时涉及的信息保存、管理;③损失的风险管理;④确保董事等执行职务的效率性;⑤确保企业集团业务的适当性[→(6)];⑥关于监察机关(监事、审计等委员会、审计委员会)执行职务的体制;⑦不设监察机关的公司中,董事向股东报告的体制[348 条 3 款 4 项、4 款,会则 98 条,362 条 4 款 6 项、5 款,会则 100 条,399 条之十三 1 款 1 项(2)(3),会则 110 条之四,416 条 1 款 1 项(2)(5),会则 112 条]。

例如,①的法令遵守体制,要求董事会围绕有关公司业务的法令向董事、使用人开展教育,或者由内部审计部门(在业务执行董事的指挥、监督之下,监察公司业务适当性的使用人组织)进行监察,完善内部通报制度,其旨在使知悉违法业务的使用人等不至于因此受损,而将该事实在公司内部通报。监事以及律师作为窗口的例子居多。特别是常用员工超过 300 人的企业,根据 2020 年修改后的《公益通报者保护法》,需要完善内部通报制度[同法 11 条 2 款。常用员工在 300 人以下的企业,负有"努力义务"(同条 3 款)]。关于内部治理体系的具体内容,参照:中村(2017)。

(c)董事对完善内部治理体系的裁量

董事应当尽勤勉义务、忠实义务,完善公司的内部治理体系。但实际上,这并不意味着完善体系就可以完全排除公司业务上的不备之处。

前引最判平成 21.7.9 中,对于公司员工的不端行为(销售额的虚构),法院对代表董事的内部治理体系义务的有无进行了判断(根据 350 条追究了公司的责任)。最高法院认为,该案件中,代表董事通常可以预想到的防止不端行为的管理体制已经具备,对于本案中员工的超出一般认识的巧妙伪装手法,代表董事无法预见其发生,故否定了代表董事违反义务(过失)的责任

[以同样理由否定董事义务的事例,参照:东京地判平成 30.3.29 判时 2426 号 66 页(商判Ⅰ-135,リソー教育事件)]。

一般而言,既然内部治理体系的完善需要费用,那么,体系的内容就需要考量费用与效果后作出决定,需要很多经营上的知识与经验。因此,完善的内部治理体系,是应当赋予董事以宽泛的裁量权,违反义务的审查也应当在经营判断的框架内(是否"明显不合理")进行判断[现状与课题 49 页(佐藤丈文),大杉(2013)331 页],藤田(2019)381 页。大多数判决也认为,在内部治理体系的内容上,应当赋予董事以宽泛的裁量权[东京高判平成 20.5.21 判夕 1281 号 274 页,东京地判平成 21.10.22 判时 2064 号 139 页。与此相反,前引大阪地判平成 12.9.20 以内部治理体系的具体内容在"保管证券余额的确认方法"上存在不备为由认定董事违反义务,此判断存疑。岩原(2016a)317—318 页,田中(2002)32 页]。

实际上,公司以往经历过不端行为但未采取任何防范措施,致使类似不端行为重复发生,董事在完善体系上的判断就属于明显不合理,应当认定违反义务[名古屋金泽支判平成 17.5.18 判时 1898 号 130 页(因管理体制不完备致使违法的食品制作情况反复发生,结果发生食物中毒的事例),大阪高判平成 27.5.21 判时 2279 号 96 页(百选 Ap31,商判Ⅰ-124,セイクレスト事件。代表董事不正当利用资金,但未解聘该董事并采取防止对策,致使不端行为反复发生的事例),名古屋高判平成 28.10.27 金判 1526 号 53 页]。

(d)《金融商品交易法》上的内部治理

上市公司有义务依据《金融商品交易法》提交内部治理报告书[同法 24 条之四(4)]。《金融商品交易法》上的内部治理不是指《公司法》上的确保业务适当、正确的一般体制,而是其中关于财务信息适当性的体制。

(6)母公司董事对子公司的监督义务,集团内部治理体系

(a)对子公司的监督义务

现代的股份公司中,很多情况下公司不但从事本公司的事业,还通过企业集团开展事业活动。此时,该股份公司(从子公司的立场看为母公司,以下称"母公司")的董事对子公司的业务负有什么样的监督义务?

在《公司法》制定前的判例上,子公司与母公司是不同的法人,只要不存在指示子公司从事违法行为这样的特殊情形,母公司董事对子公司的违法行为不负违反义务的责任(东京地判平成 13.1.25 判时 1760 号 144 页)。

但是,如果子公司因其董事或使用人的违法行为蒙受损失,致使公司股价下跌,进而母公司也受到损失的,母公司董事即使没有亲自指示违法行

为,但对子公司的经营漠不关心,其不承担任何义务是不合理的。确实,母公司董事无权直接监督子公司的业务,但通过持股对子公司施加影响力,指示子公司董事完善一定水准的内部治理体系来监督子公司业务却是可能的。因此,母公司董事作为对母公司的勤勉义务、忠实义务内容的一部分,负有在合理范围内监督子公司业务的义务[船津(2010) 155—158 页]。最近的下级法院判例[福冈高判平成 24.4.13 金判 1399 号 24 页(百选 51,商判Ⅰ-136,福冈鱼市场事件),东京地判令和 2.9.13 资料版商事 440 号 176 页(ユニバーサルエンターテインメント公司诉讼事件)]承认这样的监督义务。

母公司董事违反上述监督义务给子公司造成损害的,能否认为母公司因此也产生损害?假使产生了损害,损害额如何计算?这些都成为问题[论究 114 页(船津浩司)]。不过,至少可以认为,当全资子公司产生损害时,其损害额可视为全资母公司的股价减损,母公司董事应当向母公司承担损害赔偿责任[423 条 1 款。东京地判令和 3.11.25 金判 1642 号 44 页(ユニバーサルエンターテインメント公司诉讼事件)]。全资子公司取得母公司股份的案例参照:最判平成 5.9.9 民集 47 卷 7 号 4814 页(百选 19,商判Ⅰ-48)。

(b)集团内部治理体系

2014 年修改后的《公司法》将内部治理体系定义为,"为了确保股份公司业务以及由股份公司及其子公司组成的企业集团业务的适当性,由法务省令规定必要内容的体制"(362 条 4 款 6 项等)。此规定可以理解为:母公司董事以在合理范围内负有监督子公司的义务为前提,其履行义务需要为了企业集团(由母公司与子公司组成)业务的适当性而完善合理的必要体制[集团内部治理体系。东京地判令和 2.2.27 资料版商事 433 号 108 页(银行持股公司的董事负有完善集团内部治理体系的义务。结论上,法院否认了该董事违反义务)]。

实际上,母公司应当在多大程度上监督子公司的业务,除了该子公司的规模与重要性,还要考虑监督费的费用以及对子公司独立性的尊重(母公司过度监督子公司业务,可能损害子公司相关人员的积极性)等相反的因素,需要丰富的经营知识与经验。因此,在对子公司监督的内容、程度上,应当赋予母公司董事以宽泛的裁量权,对违法义务的审查应在经营判断原则的框架内进行[森·滨田松本法律事务所(2015)218—219 页(藤田友敬)。前引东京地判令和 2.2.27 虽未提及经营判断原则,但认可了董事的裁量权]。集团内部治理体系的具体内容参照:经济产业省(2019)4 节,石井、金村(2018),安原等(2018)。

此外，作为集团内部治理体制的一环，母公司完善了子公司员工内部通报(→专栏4-54)受理机制的，基于诚实信用原则，对该通报具有适当对应的义务[最判平成30.2.15判时2383号15页(商判Ⅰ-137,イビデン事件)。案件从结论看，法院认定，母公司的对应并无不适当之处，遂否定了其对子公司员工的损害赔偿责任]。

(7)不得牺牲公司利益为自己或第三人谋取利益义务

除了以上介绍的义务，董事作为其勤勉义务、忠实义务的一部分，还负有不得牺牲公司利益为自己或第三人谋取利益的一般性义务。例如，董事不得将在履行职务时知悉的营业秘密用于为自己或第三人谋利[大阪高判平成6.12.26判时1553号133页。田中(2004)250页]。

事实上，课以董事勤勉义务、忠实义务，同时也限制了董事自身的经济活动自由，即产生了制度的成本。因此，在董事义务的解释上，应当坚持便利大于成本的原则，而不能无条件地使公司利益优先于董事利益(→专栏4-55)。关于董事勤勉义务、忠实义务的边界，参照：田中(2004)。

▶▶▶ ★专栏4-55　员工的辞职劝诱、公司的机会

在裁判上经常发生一些有争议的事例，如董事欲从公司退任自己创业时，有时会劝诱公司员工(多为该董事的部下)一起辞职共同创业。这样的行为系为了自己利益而损害公司的利益，当然违反了董事的勤勉义务、忠实义务[东京高判平成元.10.26金判835号23页(百选Ap20,商判Ⅰ-140)，前桥地判平成7.3.14判时1532号135页等]。学说上认为，董事有时会超过职务上的标准，将诸如工作秘诀等倾囊相传给其部下。那么，将员工视为公司私有的认识就欠妥当，不能将劝诱行为当然视为违法，而应当综合考虑董事与该员工之间的关系以及退任、劝诱的经过等情形，只有构成不当劝诱行为的才判定违反义务[江头(2004)124页]。对此，可以这样认为，员工并非公司私有，而是具有一定自律性的团队，只有该团队可以在企业间自由流动才能保证组织的弹性，进而促进员工的技能提高[柳川(2015)]。因此，基于前述企业治理的经济理论，应当支持上述学说[田中(2004)265页，田中(2015)11—13页]。

不管采用何种立场，董事未对员工进行劝诱，只是传达自己退任创业的意图的，即使以此为契机使多数员工辞职，也不发生董事的责任(东京地判平成5.8.25判时1497号86页)。当然，董事退任后劝诱员工的，

为董事的自由。

董事从第三人处获得不属于公司业务范围(不与356条1项的竞业限制相冲突)、但对公司而言有益的机会时,是否允许个人取得此机会?[日本判例对此匮乏讨论,美国称为"公司的机会"(Corporate Opportunity),且判例众多]。当董事利用公司的资产、信息取得该机会,或者本应由公司取得的机会而被个人取得时(前引大阪高判平成6.12.26),应当认为违反了勤勉义务、忠实义务。但是,该第三人以与董事个人合作经营为目的提供了机会的,应当考虑董事事业活动的自由(包括退任后为了创业进行准备活动的自由),原则上不构成违反义务[田中(2004)256—259页]。

合资一方的当事公司向合资公司派遣董事的忠实义务,参照:田中、森·滨田松本法律事务所(2021)第7章(后藤元)。

□ 4　任务懈怠责任

(1)概说

董事怠于履行职务时,需要赔偿股份公司因此产生的损失(任务懈怠责任。423条1款)。

董事与公司之间为委任关系(330条),因违反任务(义务)致使公司受到损害的,即使不依据《公司法》423条1款,也应当对公司承担债务不履行责任(民415条)。但是,董事的义务并不单纯来源于委任合同,有时会因法律当然发生。故《公司法》423条就是为了明确说明违反后者(法律上的义务)产生的责任而设置的(立案担当117页)。在这点上,《公司法》423条1款的责任有别于债务不履行责任,但责任成立要件与《民法》415条基本相同。

(2)任务懈怠责任的要件

(a)概说

产生《公司法》423条1款责任的要件(积极要件)包括:①董事怠于履行职务,②公司产生损失,③怠于履行职务与损失之间存在因果关系。这些要件由追究董事责任的一方负责(公司或代表诉讼的原告股东,以下称"追究责任一方")主张、举证。另外,④董事若主张、举证怠于履行职务系非可归责于自己的事由(归责事由,指故意或过失)引起,则可免责[对比428条1款。423条1款前身的原《商法》266条1款5项,参照:最判平成12.7.7民集

54卷6号1767页(百选47,商判Ⅰ-128,野村证券事件)]。虽然2017年修改后的《民法》415条1款的归责事由未必完全与故意或过失一致[得津(2022)150页],但也看不到变更前引判例继而修改《公司法》或者《民法》的动向。因此,可以认为,任务懈怠责任上的归责事由与故意或过失同义。

(b)任务懈怠与归责事由之间的关系

实际上,董事对公司承担的并非结果债务(以实现某个结果为义务),而是尽到善良管理人的注意(330条、民644条)来实施经营判断,监督其他董事执行职务,或者完善内部治理体系。因此,追究责任一方需要主张、举证怠于履行职务的要件,证明董事履行职务时未尽到善良管理人的注意。并且,追究责任一方在其主张、举证成功时,董事一方主张、举证其不存在归责事由通常是无法想象的。因为,既然认定董事未尽到善良管理人的义务,其就存在过失[以受到胁迫无法作出正常判断为由,认定董事违反勤勉义务不存在过失的稀有事例,参照：东京高判平成15.3.27判夕1132号271页。但是,同判决被最高法院以存在过失为由驳回。最判平成18.4.10民集60卷4号1273页(百选12,商判Ⅰ-131,蛇之目缝纫工业事件)]。如此,归责事由的要件与任务懈怠要件存在重合,缺乏作为独立要件的意义。

需要注意的是,董事因违反法令产生责任时,其行为违反了法令遵守义务(355条)构成任务懈怠,董事一方需要主张、举证其不存在归责事由(故意或过失。关于何种情形下不存在过失→专栏4-52)。此时,归责事由不同于任务懈怠要件的意义就出现了(→专栏4-56)。

▶▶▶ ★专栏4-56　违反法令时的任务懈怠责任之要件

本书所述的解释中,违法行为本身构成董事怠于履行职务的事实,对于此事实,董事是否存在故意或过失,要放在归责事由的要件中加以考虑,称为"二元说"。相对地,有学说认为,董事违反法令的行为不直接构成任务懈怠,只有当董事违反勤勉义务时,才构成任务懈怠。这称为"一元说"。依二元说,董事无法认识到违反法令的,可以作为没有归责事由(过失)的情节,由董事进行主张、举证。依一元说的立场,追究责任一方有义务主张、举证董事在违反勤勉义务上的主观情节(能够认识到违反了法令)。

本书认为,在判断董事是否违反勤勉义务时,诸如董事在行为当时于多大程度上认识到违法的风险等,是专属于董事职权范围内的事情。

并且,《公司法》制定前的判例采二元说的立场(前引最判平成 12.7.7),制定后的《公司法》也看不出在主张、举证上转变的倾向,故应当支持二元说[田中(2006)8 页,大杉(2013)317 页]。

(3)关于任务懈怠责任的特则
(a)违反竞业限制义务

董事未经法定决议机关的批准,为自己或他人利益从事竞业交易时,董事或他人因该交易获得的利益额推定为任务懈怠的损失额(423 条 2 款)。这样规定的目的是减轻损害证明的难度(要证明"董事未进行竞业交易则公司就可以实施这项交易"并非易事),以防止违反竞业限制义务的发生[损害推定的实例参照:名古屋高判平成 20.4.17 金判 1325 号 47 页(商判Ⅰ-141),东京地判平成 28.4.18 商事 2107 号 55 页]。

▶▶▶ **专栏 4-57　得到批准的竞业**

董事在竞业交易上得到法定决议机关批准的,如果该交易使公司蒙受损失,除了发生该董事的任务懈怠责任,其他董事有可能因赞成董事会关于竞业的决议(非董事会设置公司为向股东大会提交批准该议案的决定)或者怠于履行监督义务而被追究任务懈怠责任。此时,追究责任一方不但需要主张、举证竞业与损害之间的因果关系,还要主张、举证董事会批准竞业(非董事会设置公司为向股东大会提交该批准议案)系董事违反勤勉义务所为。批准竞业有许多合理理由,故不应轻易认定董事违反勤勉义务。

(b)利益冲突交易

公司因利益冲突交易(356 条 1 款 2 项、3 项,365 条 1 款)产生损害时,①356 条 1 款的董事[为自己或他人利益与公司交易(直接交易)的董事,或者间接交易中有违公司利益的董事]、②为了公司利益决定实施该交易的董事、③赞成该交易决议的董事,推定为任务懈怠(423 条 3 款。另参照:369 条 5 款)。董事一方可以主张、举证不存在怠于履行职务以免责。

另外,为了自己的利益与公司进行交易的董事,不得以不存在任务懈怠的归责事由为由免除责任(428 条 1 款)。因为,为自己利益与公司进行交易的董事,不论是否存在过失,都应当对公司承担责任(→专栏 4-58)。从规定的宗旨看,"为了"自己可以理解为:为了自己的利益。这样规定的目的在于通过强化利益冲突交易董事的责任,防止发生对公司不利的交易(→专栏4-58)。

> ▶▶▶ ★专栏4-58 利益冲突交易与董事的责任
>
> 《公司法》制定以前,不仅是实施利益冲突的董事,在董事会上批准该交易的董事也要对公司承担无过失责任(2005年修改前商266条1款4项,最判平成12.10.20民集54卷8号2619页)。但是,公司与董事进行交易也可能有利于公司,若最终公司受到损失就当然地让董事承担责任的话,会使这类交易萎缩,因而未必是合理的。因此,制定《公司法》时有意见指出,董事证明没有怠于履行义务的,可以免责,但为了自己的利益与公司进行交易的董事,为了自己的利益给公司带来损失却以无过失为由免责显然不合理,故应当维持无过失责任[江头(2005)6页]。
>
> 然而,成立后的《公司法》一方面规定,为了自己利益与公司进行交易的董事,不得以主张、举证不存在归责事由为由免除责任(428条1款),另一方面又貌似规定,主张、举证不存在任务懈怠的,可以免除责任(参照:423条3款)。如果这时的"任务懈怠"是指在决定、实施利益冲突交易上董事违反勤勉义务的话,就意味着为了自己利益与公司进行交易的董事,只要主张、举证没有怠于履行义务就可以免责,则上述提案的宗旨无法得到实现。
>
> 关于这点,所谓利益冲突董事的"任务",应当理解为以客观、公正的条件及内容实施交易,董事无法主张、举证交易的公正性的话,构成任务懈怠。在此基础上,除了为了自己的利益与公司直接交易的董事,若其余董事可以主张、举证其在交易的非公正性上不存在归责事由(故意或过失),将可以免除责任[例如,信赖负责相关业务的董事、使用人或专家意见。参照:前引最判平成12.10.20的事例);而为了自己的利益与公司交易的董事,则不能以此为由免除责任(428条1款),这样解释符合上述提案的精神,实践中也是合理的[田中(2006),大杉(2013)318—324页]。

(4)任务懈怠责任的效果

(a)损害赔偿

满足任务懈怠责任的要件时,董事对公司负损害赔偿责任(423条1款)。因董事怠于履行义务(违反法令)导致公司被罚款等,也包含在与任务懈怠具有相当因果关系的损害之中[东京高判令和元.5.16判时2459号17页(驳回上诉、上诉不予受理、最决令和2.10.22。奥林帕斯事件,违反《金融商品交易法》的罚款),东京地判令和4.3.28资料版商事460号146页(违反《反垄断法》的罚款)]。对此,有反对说认为,对法人的违法行为加重处罚(罚款),若将此罚款以董事责任的方式转嫁给董事个人,则有悖于法人重科的精神[松井(2007)]。但是,负担罚款本就属于公司受到的损害,只要认可该损害与董事的任务懈怠之间具有相当因果关系,按照损害赔偿责任的一般原则追究董事责任,也并不违反法的精神。另外,否定将违法行为转嫁给负有责任的董事,将会损害抑制违法行为的激励机制,未必是理想的形态[得津(2022)153页]。

(b)连带责任、参与度减额

同一损害中复数董事构成任务懈怠责任的,这些董事的责任构成连带债务(430条),但这并不意味着所有有责董事都要承担全部责任。判例中,根据每名董事对损害的参与度,认定其责任额的减额[大阪高判平成18.6.9判时1979号115页(ダスキン事件。员工的违法行为造成了公司损害,进行隐瞒的董事承担5%责任,决定不发布事实的董事承担2%的责任),东京地判平成8.6.20判时1572号27页(商判Ⅰ-139)]。这种做法来源于侵权行为诉讼中因果关系的比例认定手法(类型别Ⅰ220页)。

(c)连带债务人之间的求偿关系

承担连带债务的董事之间的损害承担比例与侵权行为(民719条,最判昭和41.11.18民集20卷9号1886页)一样,因各个董事的过失比例(归责性的大小)而定。某个董事履行了对公司的责任以后,根据其负担的比例,可以取得对其他董事的求偿权(民442条)。

(d)任务懈怠责任的性质

判例认为,任务懈怠责任与委任合同上的债务不履行责任(民415条)不同,属于法定的特殊责任(最判平成20.1.28民集62卷1号128页)。例如,在消灭时效(前引最判平成20.1.28)以及法定利息(最判平成26.1.30判时2213号123页)上,适用《民法》的规定。

(e)其他

关于任务懈怠责任的免除及限定(424条—427条),将与董事以外的管理人员等合并,在本章第9节■2中予以解说。

第4节 会计参与

■ 1 意义

会计参与,是指与董事(提名委员会等设置公司为执行董事)一起共同编制股份公司财务报表(374条1款的资料)的机关(374条1款)。与监事以及会计监察人不同,会计参与不是公司的监察机关,而是业务执行机关之一,也是公司的管理人员(329条1款)。

是否设置会计参与原则上由各个公司自由决定,但作为非公众公司的董事会设置公司(委员会型公司除外)不设监事的,必须设置会计参与(327条2款但书)。

会计参与的设置以及会计参与的姓名、名称,为公司的登记事项(911条3款16项)。

>>> 专栏4-59 会计参与

会计参与是公司法新创设的机关。其目的在于让会计专家特别是以往实质性参与制作中小企业财务报表的税理士、税理士法人作为公司的机关,从负责任的立场参与制作财务报表,以确保公司(尤其是中小企业)会计的正确性。这项制度能在多大程度上普及,关系到设置会计参与的公司的财务报表得到社会多大的信任,例如更易于得到金融机构的融资[利息降低。实际上有这样的动向。日经(2001)]。截至2009年3月,设置会计参与的公司在日本有2000家左右[日経ヴェリタス(2009)]。

■ 2 选任、任期终了以及与股份公司之间的关系

(1)选任
(a)选任的方法
会计参与由股东大会决议(341条的决议)选任(329条1款、3款)。
(b)资格
会计参与必须为具有会计专业知识者,具体而言,必须为注册会计师或监察法人,或者注册税务师或税务师事务所(333条1款)。会计参与为法人时,需要从其职员中选派执行此职务的人,并通知公司(同条2款)。

为了确保会计参与的独立性,股份公司或其子公司的董事、监事、执行董事或使用人不得就任会计参与(333条3款1项)。此外,接受停止业务处分期间,不得就任会计参与(333条3款2项、3项)。

(2)与股份公司之间的关系

(a)委任关系

会计参与和股份公司之间是委任关系(330条、民643条以下)。

(b)任期

任期准用董事的规定(334条1款、332条)。

(c)薪酬等

会计参与的薪酬等以章程或股东大会决议确定(379条1款。参照2款)。

(3)任期终了

会计参与除了任期届满,发生委任终了事由(330条、民653条)时也可退任(任期终了)。解任可由股东大会决议(341条的决议)随时实施(339条1款),但是,无正当理由而被解任的,会计参与有权请求公司赔偿损失(同条2款)。此外还有少数股东解任之诉制度(854条)。

(4)陈述意见权

会计参与有权在股东大会上就会计参与的选任、解任或辞职陈述意见(345条1款)。薪酬等亦同(379条3款)。

3 职务权限

(1)职务权限的内容

会计参与职务的中心是与董事(提名委员会等设置公司为执行董事)一起共同编制财务报表(374条1款前段)。为了适当履行这个职务,会计参与有权阅览、复制会计账簿或相关资料,以及请求相关人员向其报告有关会计的事宜(374条2款)。必要时,其权限及于子公司(同条3款、4款)。

会计参与执行职务时发现董事(提名委员会等设置公司为执行董事)履职时存在不当行为或违反法令、章程的重大事实的,应当及时向监察机关(根据公司的类别不同,有监事、监事会、审计等委员会或审计委员会。不设监察机关的公司为股东)报告(375条)。董事会设置公司的会计参与应当出席批准财务报表的董事会决议,必要时陈述意见(376条)。在财务报表的编制上,当会计参与和董事(提名委员会等设置公司为执行董事)意见不一致时,有权在股东大会上陈述意见(377条)。

(2) 会计参与报告

会计参与必须在每个会计年度编制会计参与报告(374条1款后段。记载内容见会则102条)。会计参与报告与财务报表等一道,在一定期间内置于会计参与指定的场所(会则103条),供股东、债权人、母公司股东阅览、复制等(378条。此处的"场所"为登记事项。911条3款16项)。

■ 4 义务以及责任

会计参与应当以善良管理人的注意标准履行其职务(330条、民644条)。会计参与怠于履行其职责时,应当赔偿公司因此受到的损失(任务懈怠责任。423条1款)。

第5节 监事、监事会

■ 1 概说

监事是指监察董事(或会计参与)履行职务的机关(381条)。所谓监察,是指调查董事是否适当履行职务,必要时予以纠正的行为。此外,董事的职务中也包含指挥、监督使用人,故监事的职务也包含监察由使用人分担部分的业务(业务监察)。需要注意的是,限定为会计监察的监事,其职责只限于会计审计。

董事会设置公司(非公众公司且设置会计参与的公司除外)以及会计监察人设置公司必须设置监事,但委员会型公司不得设置监事。

股份公司为监事设置公司(此时,也包含仅设置会计审计监事的公司)。监事的姓名为公司登记事项(911条3款17项)。

▶▶▶ **专栏4-60 监事制度的现状与课题**

在二战后的商法修改历史中,每次围绕上市公司发生大规模财务造假,都会强化监事功能以及确保业务执行董事(管理层)的独立性[中东、松井(2010)403—469页(松井秀征)]。即使这样,仍有意见表示担忧:对管理层没有人事权与指挥监督权限的监事在公司的内部序列中,容易被低看一眼,似乎不能有效监督管理层(例如,常设辅助使用人的公司为数不多就是一则例证。→专栏4-61)。机构投资者尤其是不谙监事制度的外国投资者对监事制度的实效性产生怀疑,强烈建议在上市公司中应当尽可能多地聘用外部董事。

对此,也有意见认为,监事在监视、纠正违法行为上,可以单独行使强力的权限,并且在四年任期中非经股东大会特别决议不得被解任,相对于仅仅作为一名董事会成员的外部董事而言,监事更能发挥其功能[关于监事权限的最近的事例,参照:现状和课题37页(山口利昭)]。

在上市公司普遍设置外部董事的现今,外部董事通过与监事定期会见等方式获得相关信息,并将此信息用于履行董事会的职责上,这种监事与外部董事互相配合监督公司经营的形式,对公司而言尤为重要。

■ 2 选任、任期终了以及与股份公司之间的关系

(1)概说

这里介绍监事的选任、任期终了以及与股份公司之间的关系。此处的要点在于,为了提高监察的实效性,采取各种各样的形式确保监事独立于管理层(独立性确保措施)。

(2)选任

(a)选任的方式

监事由股东大会决议选举产生(329条1款。还可以选举增补,3款)。选任决议为普通决议,但不得低于全体股东表决权的三分之一(341条)。

(b)资格

规定董事资格(不得成为董事的事由)的《公司法》331条1款、2款准用于监事(335条1款)。

(c)对选任议案的同意权、提案权

董事向股东大会提交选任监事的议案,若存在现任监事,则必须得到其同意(监事为二人以上的,其半数以上。同意权。343条1款)。并且,监事可以请求董事向股东大会提交选任监事的议题以及议案(提案权。同条2款)。例如,董事拟向股东大会提交选任A与B的议案,当现任监事不同意并提出选任C与D的议案时,董事必须服从。就是说,实际上监事握有向股东大会推荐继任者的权力。这也是为了防止管理层支配监事的选任程序,保证监事的独立性采取的措施。

(d)意见陈述权

在监事的选任上,现任监事有权向股东大会陈述意见(345条1款、4款。

各个监事都可以陈述个人的意见)。这是为了将包括少数派在内的各个监事的意见尽可能反映在选任监事的程序中。

(3)监事和股份公司之间的关系

(a)委任关系

监事和股份公司之间是委任关系(330条)。例如,监事对公司负勤勉义务(民644条)。

(b)任期

监事的任期为四年(严密地说,至当选后四年以内终了的上一会计年度的定期股东大会终结时为止。336条1款)。为了保障监事的身份,使其从独立于管理层的立场进行监督,法律规定了长期的任期,并不得以章程缩短(对比规定董事任期的332条1款)。另一方面,得到股东一定期间的信任也是非常重要的,故不得延长任期。但是,非公众公司可以通过章程将监事任期延长至十年(同条2款)。当然,任期届满的监事可由股东大会决定再任。

图表4-13 监事的兼任限制(335条2款)

	董事	执行官	会计参与	使用人
母公司	○	○	×[注1]	○
该股份公司自身	×	—[注2]	×[注1]	×
子公司	×	×	×	×

* 可兼任某股份公司监事者(○)与不可兼任者(×)。例如,股份公司的监事不得兼任该公司的董事、使用人及其子公司的董事、使用人。

[注1]根据会计参与的资格限制规定(333条3款1项),其不得兼任监事。

[注2]因设置监事的公司不得设置提名委员会等(327条4款),故不存在执行董事。

(c)兼任限制

股份公司的监事不得兼任该公司或其子公司的董事或使用人,或者子公司的会计参与(会计参与为法人的,为执行其职务的成员)或执行董事(兼任限制。335条2款→图表4-13)。因为,这样无法保证其独立于公司的管理层。

被禁止兼任的人例如公司的使用人,在股东大会上被选举为监事的,只要不存在特殊情形,推定其辞去从前的使用人地位(最判平成元年.9.19判时1354号149页)。实际上,即使该监事不辞去从前的地位,也仅构成监事的任务懈怠,并不影响监事选举决议的效力(前引最判平成元.9.19)。

另外,过去曾担任公司或其子公司董事或使用人的,不妨碍其成为该公司的监事,实务上一般也是如此。某个会计年度中途由董事转为监事的,需要对包含自己担任董事期间的业务实施监督(也称自我监察),公司法对此并不禁止,至于是否可以选举为监事,由股东大会作出判断(最判昭和62.4.21 商事1110号79页)。

具有律师资格的监事即使就特定诉讼事件接受公司委任成为诉讼代理人,也并不是作为公司的使用人(在业务执行董事指挥、监督下执行职务),故并不违反兼任限制[最判昭和61.2.18民集40卷1号32页(百选70,商判Ⅰ-123)]。监事在涉及MBO等存在利益冲突的企业收购(→专栏9-1)中成为特别委员会委员,从独立于管理层的立场审查交易条件的公正性,或与收购人交涉的,做同样解释[田中(2013d)13页]。

(d)监事的薪酬等

监事的薪酬等(参照361条1款)在章程没有确定时,由股东大会确定(387条1款)。若没有这样的限制,监事的薪酬等就只能由(代表董事代表的)股份公司与监事之间的合同确定,这样就等于管理层决定监事的薪酬,难以确保监事的独立性,故法律规定由股东亲自决定监事的薪酬。

监事为二人以上的,可以由章程或股东大会决议确定各个监事的薪酬额,也可以由章程或股东大会决议确定薪酬的总额(上限),在此范围内,监事之间以协议确定各自的薪酬额(387条2款)。但是,各个监事的薪酬额交由董事(会)决定的话,会有损监事的独立性,法律不予允许。监事只有一人的,可以在股东大会上确定监事薪酬的最高额度,在此范围内监事可以确定自身的薪酬。这并不与保障监事独立性的387条的精神冲突,法律允许按照同条2款的规定确定薪酬(千叶地判令和3.1.28判时2506=2507号109页)。

监事可以在股东大会上对监事的薪酬等陈述意见(同条3款)。

(4)任期终了

(a)概说

监事除了任期届满,在发生委任终了事由时退任(330条、民653条)。

(b)解聘

监事的解任与其他管理人员或会计监察人不同,需要股东大会的特别决议(339条1款、309条2款7项、343条4款)。这是为了确保监事的独立性而规定的。监事在无正当事由遭到解任时,取得损害赔偿请求权(339条2款)。少数股东提起解任监事的诉讼的,与董事的程序相同。

此外，董事提起解任监事的议案时，监事没有同意权与提案权（对比343条）。这是因为，如果赋予监事这样的权利的话，会使有正当理由解任监事变得困难，最终难以保证监督的效果（过于保护监事的独立性反而对公司、股东不利）。

(c) 意见陈述权

与选任一样，监事解任或辞职的，监事（包括辞职的监事）享有在股东大会上陈述意见的权利（345条1款、2款、4款）。

(d) 人员不足时的措施

人员不足时的权利义务之继续以及法院选任临时监事，参照：346条1款—3款。

3 监事的职务权限

(1) 概说

监事的职责在于监督董事履行职务（381条1款），故《公司法》赋予监事各种权限。监事在行使这些权限时必须为了公司利益，以善良管理人的注意为之（330条、民644条）。因此，相对于"权限"，更多表述为"职务权限"。

监事的职务权限可以大致分为：①调查股份公司的业务，②必要时予以纠正，③报告监察事项。若将报告看作间接纠正的话，③也可以看作②的一部分。以下对这些职务权限进行解说。关于会计监察人的职务权限（340条等），将在本章第6节予以解说。

(2) 职务权限的具体规定

(a) 调查权限

监事有权随时要求董事、会计参与或使用人提交事业报告，或者调查监事设置公司的业务与财产状况（报告请求、业务财产状况调查权）。381条2款）。此权限在有必要时可以及于子公司。（参照：同条3款、4款）。另外，董事发现可能严重有损公司利益的事实时，必须直接向监事汇报，而不必等待监事向其请求（357条1款）。

(b) 报告义务

监事认为董事有不端行为或实施不端行为的可能性，或者存在违反法令、章程或明显不当的事实时，应当立即将此情况报告给董事（董事会设置公司为董事会。382条）。这样规定是为了促使董事进行纠正，董事（会）不进行适当对应的，监事有权亲自采取如后所述的[→(e)]违法行为停止请求权等纠正措施。

(c)在董事会的职务权限

监事没有义务出席董事会(383条1款)。监事虽没有表决权,但有权参加议事,进行质询或陈述意见。当董事会拟决定实施违法业务时,监事认为有必要的,应当陈述意见(同款)。监事认为有必要的,有权请求召集董事会,一定期间不召集的,可以亲自召集(383条2款—4款)。

(d)股东大会上议案等的调查、报告

监事需要调查提交至股东大会的议案等,若发现违反法令、章程等的事项,必须将调查结果向股东大会做出报告(384条)。

(e)违法行为等停止请求权

监事发现董事存在违反法令、章程的行为或有此可能性,且其行为将对公司带来严重损害时,有权请求董事停止该行为(监事的违法行为等停止请求权。385条1款)。为了方便监事行使权利,基于该请求权的临时停止处分(民保23条2款)可以不适用《民法》14条,无须提供担保(385条2款)。承认违法行为停止的临时处分的事例,参照:东京地决平成20.12.3资料版商事299号337页(商判Ⅰ-73,春日电机事件。法院作出禁止召开临时股东大会的临时处分裁定)。

(f)代表公司与董事进行诉讼

监事在董事与公司的诉讼中代表公司(386条1款1项。同款2项以下以及2款将在股东代表诉讼一处进行介绍)。至于是否对董事提起诉讼,选任哪个律师为代理人等关于诉讼的意思表示,也由监事决定。

监事应当尽到善良管理人的注意实施有关诉讼的意思决定。由于胜诉概率非常低,监事不起诉追究董事责任的,不能认定为违反勤勉义务[提名委员会等设置公司的事例,东京高判平成28.12.7金判1510号47页(商判Ⅰ-125)];相反,并非胜诉概率很大就必须提起诉讼,除胜诉概率的大小外,需要综合考量违法行为的重大性,起诉需要的费用,有无解聘、降职等公司内部处分等。当不起诉有利于公司利益时,监事不构成违反勤勉义务。

▶▶▶ ★专栏4-61　追究董事责任的诉讼实务

不能否定的是,监事代表公司与董事之间进行诉讼也存在一定的风险。二者同为公司高层,出于同僚意识,监事有可能消极怠工。因此,近年来,尤其是在上市公司发生财务造假事件时,首先,由不具有利害关系的律师等专家组成第三人委员会,调查事实关系;其次,组成以律师为委

> 员的责任调查委员会,调查、研讨董事有无损害赔偿责任等;最后,在此基础上,监事最大程度地尊重责任调查委员会的判断,决定提起追究董事责任的诉讼。此时,作为责任调查委员会委员的律师就任该诉讼公司一方的诉讼代理人并不违反《律师法》25条(不得从事的职务)的规定(最判令和4.6.27资料版商事460条156页)。

(g)各种诉讼的提起权

监事还有权提起关于公司组织的诉讼(834条。包含在828条2款1项的"股东等"中)。

(h)审计报告

监事于每个会计年度编制汇总审计结果的审计报告(381条1款后段)。此处内容将在公司决算一处进行介绍。

(3)独任制

存在两名以上监事的,各个监事可以单独行使以上介绍的权限(独任制)。例如,即便其他监事反对,当事监事也可以独自调查公司的业务、财产(381条2款),或者起诉追究董事的责任(386条),或者请求停止违法行为(385条)。这样规定的目的在于防止监事中的多数派与管理层串通,妨碍其他监事行使职权。

(4)关于会计监察限定监事的特则

公司章程规定了监事的监察范围为会计监察的(389条1款),则监事的职务权限仅限于会计事项(389条2款—6款),而不适用381条—386条的规定。如前所述,设置这种类型监事的公司,原则上不包含在监事设置公司(2条9项)中。

(5)确保监察实效性的制度

(a)费用的请求等

监事向公司请求执行职务费用(例如,辅助监事履行职务的使用人的雇佣费用)的提前支付或偿还等的,公司除了证明执行职务没有必要,不得拒绝该请求(388条)。基于委任的原则,处理委任事务的必要性由受任方证明(民650条)。对监事而言,若请求费用相对容易,则监察的实效性得到保证(→专栏4-61)。法院承认监事的费用偿还请求权的事例,参照:东京高判平成24.7.25判时2268号124页(偿还基于386条1款1项的董事责任追究诉讼花费的费用)。

(b)大公司确保监察实效性的体制

大公司且设置监事的公司的董事(董事会设置公司为董事会),作为内部治理体系的一环,有义务针对辅助监事履行职务的使用人等事项,完善确保监事履行监督职责实效性的体制(348条3款4项、4款,会则98条4款;362条4款6项、5款,会则100条3款)。

大公司一般都设置在业务执行董事指挥、监督下监督公司业务适当性的使用人组织(称为"内部审计部门")。大公司的监事亲自对公司的全部业务进行监督是不现实的,通过内部审计部门的审计报告,以及根据必要对该部门作出审计指示等,以期达到监督的实效性[日本监事协会审计法规委员会(2017)。关于和内部审计部门配合等实务的现状,参照:田中等(2015)]。

▶▶▶ **专栏4-62 监察辅助使用人的利用状况**

如本书所述,法律给予监事在辅助使用人的利用上以很强的权限。但是,现实中设置辅助使用人的公司仅占设置监事的上市公司的半数左右(2021年12月—2022年1月的调查结果为48.2%),并且大多数为兼职员工[从事监事以外的工作。日本监事协会(2022)监事(会)设置公司版30—31页。大多同时兼任内部审计部门的业务。同32页]。

尤其在大规模公司中,若没有充分数量的独立于管理层的辅助使用人,就无法期待监察的效果,实务上要求改善的呼声很高。2014年《公司法》修改之际,对于大公司应当完善的内部治理体系之一环的监察体制(特别是关于辅助使用人的事项),设置了较以前更为详细的规则(会则98条4款、100条3款)。这样规定是为了通过事业报告的披露义务(会则118条2项),促进辅助监察体制的充实。

▶▶▶ **专栏4-63 合法性监督和妥当性监督**

介绍完监事的职务权限后,再介绍一下"监事的权限限于合法性监督,还是也涉及妥当性监督"这个命题。这样的议论并不具有建设性,因现今被频繁议论,故最好了解一下议论的情况。

一般而言,股份公司的业务以不违反法令、章程为前提,以公司获利(妥当性)为目标。并且,监事的职务权限一般在于对业务的合法性进行监督,而不涉及妥当性。因为,与董事会不同,对于没有如业务执行董事那样的人事权(选举、解聘权)与指挥、命令权的监事而言,当董事的执行职务行为合法，但监事认为还有更好的方法，并据此判断其行为不妥当的，监事并没有可以进行纠正的法律手段。

实际上，监事行使同意权或提案权（343条1款、2款），或者对董事提起诉讼（386条）时，其权限并不限于合法性监督，还有权对妥当性进行判断（某些场合，监事是否对董事提起诉讼，在不违反其勤勉义务的情况下，有权选择对公司更为有利的做法）。如此，在法律上，有时会赋予监事进行妥当性判断的权限。

此外，当监事行使业务、财产的调查权限时（381条），董事以及使用人不得以属于妥当性问题为由拒绝调查，因为这些问题监事不进行调查就无法知悉。同样，监事在董事会上进行质疑或陈述意见的，也不得以属于妥当性问题为由受到妨碍（江头555页注3）。监事与公司另行签订委托协议，从事伴有妥当性判断的活动（例如，成为M&A特别委员会委员）的，只要不违反兼任限制（335条2款），就不被禁止。

"监事的权限一般限于合法性监督"这一命题，只不过是用来说明现行《公司法》的规制构造，即监事一般不具有妥当性监察的权限这一表象。在公司法上，监事可为的权限不会因这个命题受到影响，不违反《公司法》规定（兼任限制）的行为也不会因这个命题受到禁止（命题自身不是法律）。

实务中，这个命题主张将监事的活动范围不必要地缩小。相反，为了对抗这种主张，有的解释论主张将监事的权限（牵强地）扩大到通常的妥当性上。不管哪种立场，都难言妥当。对于学习公司法的人来说，不应当拘泥于这个命题以及与此相关的讨论，重要的是充分理解：在公司法上，监事具有怎样的职务权限。

■ 4 监事会

(1) 意义

监事会是由全体监事组成的会议体（390条1款。与审计等委员会、审计委员会的比较，见图表4-17）。

股份公司可以依据章程规定设置监事会（326条2款），但前提是必须为设置董事会且设置监事的公司（327条1款2项、389条1款、2条9项）。另外，公众大公司中除了委员会型公司，必须设置监事会（328条1款）。

(2)监事会的构成

(a)人数、外部监事

监事设置公司的监事为三人以上,其中半数以上必须为外部监事(335条3款)。所谓外部监事,是指股份公司的监事,且符合《公司法》2条16项要件的人(具体→图表4-14)。外部监事的宗旨在于隔断与公司以往的关系或近亲关系,以及与母公司等的关系,使具有高度独立性的人加入监事行列,从而提高监督的功效。

与外部董事一样,2014年《公司法》修改时对外部性要件进行了修改。特别规定:股份公司的母公司的监事不得担任该股份公司(从母公司看来是子公司)的外部监事[2条16项(3)]。这是因为,母公司的监事在行使监督职责时,可能会将母公司利益优先于子公司或其少数派股东。当然,母公司监事并不妨碍兼任子公司(非外部监事)的监事。从母公司管理子公司的角度看,存在这样的监事更为妥当。

(b)常务监事

为了提高监督的实效性,监事中需要有精通公司业务的人。因此,《公司法》规定,监事会必须从监事中选举至少一人担任常务监事(公司营业时间内专职从事监事职务。390条3款)。在常务监事获取的信息的基础上,当确定公司发生了违法业务行为的事实时,外部监事会向代表董事直接交涉并让其改正。这样,通过常务监事与外部监事相互协作,来提高监督的实效性[关于常务监事等"非业务执行人员"发挥的监察、监督作用,参见:武井(2015)]。

图表4-14　外部监事的任职要件(2条16项)

A	B
①该股份公司自身	过去十年以内担任过董事、会计参与[注1]、执行官、使用人者+"平行调动"规制[注2]
②子公司	过去十年以内担任过董事、会计参与[注1]、执行官、使用人者+"平行调动"规制[注2]
③母公司等	母公司等自身[注3]、董事、监事、执行官、使用人
④母公司等的子公司等（①②除外）	业务执行董事等[注4]
⑤董事、重要使用人、母公司等[注3]	近亲(配偶+两代以内亲属)

*　某股份公司中,"A列记载事项"中对应"B列记载之地位者"的,该人不得

担任该公司的外部监事。

B列中，根据监事的兼任限制(335条2款)或者会计参与的资格限制(333条3款1项)规定，标注下划线的人员不得成为该公司的监事(图表4-13)。标注阴影的人员如今在监事设置公司中应该不存在(327条4款)。

［注1］"会计参与"包括执行会计参与法人职务的社员。
［注2］"平行调动"规制[2条16项(二)]与外部董事相同，参照图表4-10。
［注3］母公司等为自然人的场合。
［注4］指业务执行董事、执行官、使用人[2条15项(一)]。

(3) 职务权限

监事会对审计报告的制作，常务监事的选举、解聘以及有关监察的方针，业务、财产状况调查的方式及其他监事执行职务的事项作出决定(390条2款)。需要注意的是，由于独任制原则的存在，监事会不得妨碍各个监事行使职权(同款但书)。例如，各个监事以自己的判断对业务财产状况进行调查(381条2款)，或者为了阻止违法行为(385条1款)提起诉讼，监事会不得以决议禁止。

监事在监事会请求时，必须将执行职务的状况向监事会做报告(390条4款)。这是为了加深监事之间的沟通。在设置监事会的公司，董事或会计参与履行报告义务(357条1款、375条1款)的对象为监事会(357条2款、375条2款)。

选举监事议案的同意权、提案权，在设置监事会的公司由监事会行使(343条3款)。

(4) 运营

监事会由各个监事召集(391条。召集程序见392条)。

监事会的决议由监事的半数以上(全体监事的半数以上)通过(393条1款)。会议记录的规定与董事会一致(393条2款—4款、394条)。向监事会的报告(357条1款、2款，390条4款等)可以用通知各个监事的方式代替(报告的省略。395条)。与董事会不同，《公司法》不承认省略会议决议(与370条对比)。

5 监事的义务与责任

监事负有以善良管理人的注意履行职务的义务(330条、民644条)。当监事怠于履行职责时，需要赔偿公司因此受到的损失(任务懈怠责任。423条1款)。

例如，默认董事会违反勤勉义务的决定[不公开违法行为。大阪高判平成 18.6.9 判时 1979 号 115 页(ダスキン事件)],或者当代表董事重复违法行为(不正当利用资金)时,没有完善预防此行为的内部治理体系或未向董事会就解聘该代表董事提出意见的[大阪高判平成 27.5.21 判时 2279 号 96 页(百选 Ap31,商判Ⅰ-124,セイクレスト事件)],有的法院判决监事承担任务懈怠责任。另一方面,代表董事违法执行业务,但监事无法知悉其违法动机的,该监事不负任务懈怠责任[东京地判平成 28.7.14 判时 2351 号 69 页(商判Ⅰ-133,AIJ 投资顾问事件)]。

限定为财务监督的监事,其监督的范围只能限定为公司的财务会计(389 条 1 款)。在此范围内,该监事必须尽勤勉义务进行审计监督。至于监督义务的内容,判例认为,监事并非仅以会计账簿(432 条)内容正确为前提例行审计即可,即便不确定公司的会计账簿是否缺乏信赖性,但为了确认公司的财务报表等是否正确反映了公司的财产及损益状况,该监事应当要求董事等说明会计账簿的编制情况,或者确认会计账簿的基础资料{最判令和 3.7.19 民集 266 号 157 页[侵占公司资金的员工为了防止被公司发现,伪造了银行存款余额证明。原审法院认为,本案中会计账簿是否缺乏信赖性并不确定,监事(被告)即便未对此请求银行提示账户存款余额以确认存款真实存在,也不构成懈怠履行义务。对此,上诉法院认为,被告是否待怠于履行义务需要进一步审理,遂裁定发回重审]}。

■ 6 非监事设置公司(委员会型公司除外)股东的监察权

(a)概说

既不设置监事也不是委员会型公司的股份公司,不存在监督董事执行职务的机关。因此,这样的公司中,股东有权亲自监督董事履行职务。具体如下所述。

(b)对股东的报告义务

董事发现可能严重损害公司利益的事实时,有义务向股东报告(357 条 1 款。会计参与设置公司中,会计参与负有同样义务。375 条 1 款)。

(c)召集董事会

设置董事会的公司中,股东在符合一定条件时享有董事会的召集请求权、召集权(367 条)。

(d)董事会会议记录的阅览等

股东在营业时间内有权不经法院许可,随时请求阅览或复制董事会会议记录(371 条 2 款。对比 3 款)。

(e)违法行为等停止请求

股东在满足与监事设置公司监事(385条)同样的要件的基础上,可以行使针对董事违法行为的停止请求权(360条1款、2款。对比3款)。

第6节 会计监察人

■1 意义

会计监察人是对股份公司财务会计的适当性、正确性进行监察(会计监察)的机关(396条1款)。

大公司(2条6项)以及委员会型公司(审计等委员会设置公司或者提名委员会等设置公司)必须设置会计监察人(327条5款、328条)。除此以外的股份公司也可以根据章程规定设置会计监察人(326条2款)。需要注意的是,要设置会计监察人,前提是必须为监事设置公司或者委员会型公司(327条3款)。这是为了保障会计监察人独立于管理层,在会计监察人的选任、任职终了以及薪酬的决定上,有监事(设置监事会的公司为监事会,设置审计等委员会的公司为审计等委员会,设置提名委员会等的公司为审计委员会。以下,本节中将这些机关合称为"监察机关")参与其中(→■2)。

▶▶▶ 专栏4-64 任意监察

不设置会计监察人的股份公司也可以与注册会计师或监察法人签订协议(监察协议)实施会计监察(称为"任意监察")。任意监察不适用《公司法》,而是适用关于监察协议以及委任的民法规定处理其法律关系。关于任意监察人是否存在不履行债务责任的事例,参见:东京高判平成7.9.28判时1552号128页(日本コッパース事件。结论上否定了责任)。

■2 选任、任期终了以及与股份公司的关系

(1)选任

(a)选任的方式

会计监察人以股东大会的决议选任(329条1款)。

(b)资格

会计监察人必须为注册会计师或者监察法人(以注册会计师为社员的法人,受《注册会计师法》的调整。337条1款)。监察法人成为会计监察人

的,必须从其社员中选出执行职务的人并通知公司(337条2款)。

会计监察人除了要进行适当的会计监察,还要保证独立于监察的对象公司及其管理层。所以,《注册会计师法》《公司法》规定了一定的任职消极要件(《注册会计师法》4条、24条—24条之三,《公司法》337条3款)。例如,注册会计师或其配偶从公司或其子公司处承接监察业务以外的业务(咨询业务等)并持续得到报酬的,不得成为该公司的会计监察人(《注册会计师法》24条之二,《公司法》337条3款2项)。这样规定旨在防止会计监察人为了不失去获得报酬的机会而在监察上失去立场。

(c)选举议案等内容的决定权

向股东大会提交的选任会计监察人的议案内容(选举谁为会计监察人),不是由董事或董事会决定,而是由监察机关(→■1)决定(344条、399条之二3款2项、404条2款2项)。解任会计监察人以及不再任的议案也适用同样的规则(同条)。这是为了防止管理层控制会计监察人的选举以及更替,保持会计监察人独立于管理层,从而进行有效的监督。

(d)意见陈述权

与会计参与和监事同样,会计监察人也有权针对其选任在股东大会上陈述意见(345条1款—3款、5款)。

(2)与股份公司的关系

(a)委任关系

会计监察人与公司之间的关系为委任关系(330条)。

(b)任期

会计监察人的任期为一年[严格说,应当为(当选后一年内结束的会计年度中)上一会计年度的定期股东大会结束时为止。338条1款],只要股东大会不作出不再连任的决议,就会自动连任[338条2款。不再连任议案的决定权也在监察机关。→(1)(c)]。此外,当公司废止设置会计监察人的章程规定,且该章程变更生效时,会计监察人的任期终了(同条3款)。

(c)薪酬等

会计监察人的薪酬等(参照;361条1款)由会计监察人与公司之间签订的合同确定。实际上,如果合同对于薪酬没有任何限制的话,会计监察人的薪酬额就会由业务执行机关决定,其可能会得到难以充分实施监察的低额薪酬。因此,在会计监察人的薪酬等的决定上,需要监察机关的同意(399条)。

与会计监察人的选举等议案[→(1)(c)]不同,监察机关并没有薪酬的决定权。在现行法上,当监察机关不同意由董事决定的薪酬内容时,会计监察人就无法领取报酬。因此,这样的措施可以在多大程度上保障会计监察人的独立性是值得怀疑的。立法论上,可以考虑赋予监察机关在薪酬等方面以决定权。

(3) 任期终了

(a) 任期终了事由

任期届满且股东大会作出不再连任的决议的,会计监察人退任(338条1款、2款)。其他的例如发生委任终了事由(330条、民651条、653条),或者丧失会计监察人资格[→(1)(b)]时,也构成退任事由。

(b) 解任

会计监察人的解任可以随时以股东大会决议为之(339条1款)。解任决议的决定权如前所述,为监察机关所有[→(1)(c)]。

当会计监察人出现履行职务上违反义务等一定事由时,监察机关可以对其进行解任(需要全员同意。340条1款—2款、4款—6款)。此时,必须在解任后首次召开的股东大会上报告解任的事实以及说明理由(同条3款)。

(c) 陈述意见权

与选任相同,当解任或辞职时,会计监察人有权在股东大会上陈述意见(345条1款—3款、5款)。

(d) 临时会计监察人

当缺少会计监察人或章程规定的会计监察人人数不足,无法立即选任会计监察人时,监察机关必须选任临时履行会计监察人职务的人[346条4款—8款。与管理人员不同(同条2款、3款),不由法院而是由监察机关选任。另外,不适用继续权利义务的规定(同条1款)]。上市公司的会计监察人因停止业务命令被停止资格,选任临时会计监察人的实例,参照:VM84页。

3 职务权限

(1) 会计监察的权限

会计监察人的基本职责是监督公司每个会计年度编制的财务会计报表及其他相关资料,制作会计监察报告(396条1款)。因此,会计监察人有权阅览、复制公司的会计账簿相关的资料,或者要求公司董事或使用人向其就会计事宜进行汇报(同条2款)。此调查权限必要时可以及于子公司(同条3款—4款)。会计监察人在执行这些职务时可以使用辅助人,但公司内部人员作为辅助人的话,会计监察的独立性会被质疑,故法律予以禁止(参照:同条 5 款)。

(2) 报告义务

会计监察人在履行职务之际,发现董事(提名委员会等设置公司为董事或执行董事)在执行职务上有不端行为或违反法令、章程的事实时,应当不迟延地向监察机关汇报(397 条 1 款、3 款—5 款)。监察机关认为有必要介入的,可以要求会计监察人对此进行报告(同条 2 款、4 款、5 款)。

(3) 向股东大会陈述意见

会计监察人一般没有权利与义务出席股东大会,当会计监察的结果与监察机关意见不一致时,可以出席定期股东大会并陈述意见(与一名监察机关成员意见不一致的也拥有此权利。398 条 1 款、3 款—5 款)。另外,当定期股东大会作出要求其出席大会的决议时,会计监察人必须出席股东大会并陈述意见(同条 2 款)。

■ 4 会计监察人的义务与责任

会计监察人应当以善良管理人的注意履行职务(330 条、民 644 条)。会计监察人怠于履行职务的,需要赔偿因此给公司造成的损害(任务懈怠责任。423 条 1 款)。例如,会计监察人违反勤勉义务,没有监察到财务造假(原文为"粉饰决算"),结果本来没有可供分配的盈余(461 条)却进行了盈余分配的,会计监察人需要对本来不会流出公司的违法盈余分配额,向公司承担损害赔偿责任。此外,对于第三人(与财务造假的公司进行交易者)遭受的损失,会计监察人有时也要承担责任(429 条 1 款、2 款 4 项)。

>>> **专栏 4-65 会计监察人的行为规范**

关于会计监察人应当以何种方式、形态进行监察,作为财务省咨询机关的"企业会计审议会"规定了监察基准等基本准则。除此以外,以注册会计师、监察法人为会员的自主规制机关——注册会计师协会规定了更为具体的行为准则。在具体事例上,会计监察人是否存在怠于履行职责情形,基本上要看其是否根据这些准则履行监察[东京地判平成 19.11.28 判夕 1283 号 303 页(百选 69,商判Ⅰ-157)。根据准则履行监察,否定了责任]。

在如今的监察基准上,作为会计监察的基本准则,采用了"风险路径"思路。就是说,会计监察人通过检验发生会计造假风险的频度,将监察资源(人员以及时间)集中到风险高发地带,以求使监察更为有效。当会计监察人发现被监察公司存在疑似财务造假的不自然征兆时,如果不采取较通常更为严格的监察措施(确认实际发生的交易等),可能会被问责[任务懈怠责任。423条1款。肯定责任的事例参见:大阪地判平成20.4.18判时2007号104页(百选71,商判Ⅰ-158,七星事件)]。适用"风险路径"的事例参照:最判令和2.11.27集民264号393页。

第7节 审计等委员会设置公司

1 概说

(1) 意义

股份公司可以依据章程设置审计等委员会(326条2款)。设置审计等委员会的股份公司称为"审计等委员会设置公司"(2条11项之二)。审计等委员会设置公司是2014年《公司法》修订时创设的新型股份公司。

审计等委员会设置公司需要进行登记(包含其他登记事项,911条3款22项)。

(2) 制度创设的经过以及特征

日本股份公司(特别是上市公司)的组织形态传统上以设置监事的公司为主流(→专栏4-4),但是,有意见认为,由于监事没有对业务执行董事(管理层)的人事权(选举、解聘权)以及指挥、监督权限,其监督功能存在界限(→专栏4-60)。另一方面,法律上具有广泛监督权限的董事会,传统上以内部董事为中心,实际上也很难监督管理层(→专栏4-33)。

作为对以上意见的回应,日本参考了美国上市公司的组织形态,于2002年引进了委员会等设置公司(现行法上称"提名委员会等设置公司"),即设置由外部董事占据半数以上的三个委员会(审计委员会、提名委员会、薪酬委员会),将业务监察、监督权限的大部分委任以上三个部门(→本章第8节)。然而,公司(管理层)对于将提名与薪酬权限交给外部董事占据半数以上的委员会存在很强的抗拒,采用提名委员会等设置公司的组织形态在目前仍然属于少数(→专栏4-4)。

因此,2014年《公司法》修改时创设了新的组织形态,这就是审计等委员会设置公司(→图表4-15)。审计等委员会设置公司属于董事会设置公司

(327条1款3项),但不设置监事(同条4款),由股东大会选任董事(区别于其他董事)作为审计等委员,委员再组成审计等委员会(399条之二1款、2款)。审计等委员会除了监察董事执行职务(同条3款1项),还对董事的人事以及薪酬行使一定的监督权限(陈述意见权。同款3项。"审计等委员会"这个名称就来源于审计以外的一定监督权限)。审计等委员为三人以上,其半数以上必须为外部董事(331条6款)。另外,必须完善内部治理体系[399条之十三1款1项(2)(3)、2款]以及设置会计监察人(327条5款)。这样,构建得以强化的监察、监督体系后,董事会就可以将广泛的业务决定权限委任于董事(399条之十三5款、6款)。

图表 4-15 审计等委员会设置公司的组织构造

```
                    选任、解任                    选任、解任
                   (329①、339①)                (329①、339①)
    会计监察人 ←──────── 股东大会 ────────────→ 会计参与
         ↑                   │
    选任、终聘,参与决定薪酬    │     选任、解任
    (340⑤、①,339之2③二,  │    (329①、339①)
     399③、①)              │ 选任、解任
                         (329①、339①)
         │                   ↓
    审计等委员董事[注1]  ←──→  审计等委员以外的董事
         │(全员组成)    (全员组成)    │(全员组成)
         ↓              ↓              ↓
    审计等委员会   选任、终聘,针对    董事会    业务决策
                  薪酬的陈述意见      │        (399之13①一)
                  权                  │
                  (339之2③三)        │
                                     │选举、解雇、监督  选举·解雇(363①二)
                                     │(339之13①二、三) 监督(399之13①二)
                                     ↓
                                   代表董事              执行业务、
                                     │                  受委任
                                     │权限的委任          业务的决定
                                     ↓                  (363①、399之13
                              代表董事以外的业务执行董事   ④⑤⑥)
                                     │
    决定重要用人的选              │权限的委任
    择·解聘                      ↓
    (399之13④三)          公司的使用人(雇员)[注2]  受委任业务的决
                                                    定、执行
```

* 审计等委员会设置公司中,强制设置的机关为实线,其他为虚线。
[注1]必须为三人以上,且半数以上为外部董事(331条6款)。
[注2]非股份公司的机关。规定在《公司法》第一编第三章(10条以下)。

审计等委员会设置公司充分考虑到了日本传统的企业治理实务,意图使各个公司根据自己的选择,更易于采用以外部董事为重要成员的董事会来监督经营阵的企业治理模式(所谓的"监督模式"→专栏 4-37)。

> ▶▶▶ **专栏 4-66　审计等委员会设置公司的普及**
>
> 截至 2022 年 8 月 4 日,在东京证券交易所(东证)上市的 3769 家公司中,审计等委员会设置公司达到 1399 家(37.1%。→专栏 4-4)。
>
> 上市公司采用审计等委员会设置公司形态的一个要因,是要求选举、增加外部董事的动向(CG 准则要求选举两名以上独立外部董事,主要市场板块上市公司要求董事会三分之一以上为独立外部董事→专栏 4-33)。传统上市公司采用的监事会设置公司必须设置至少两名外部监事(参照:335 条 3 款),这些公司若要实施 CG 准则的话,就必须寻找至少四名合格的外部人才。对日本来说,寻找合适的人才并不容易,这会成为很大的负担。如果是审计等委员会设置公司的话,因为不设置监事,就相对容易实现外部董事的增员。上市公司从采用监事会到向采用审计等委员会的方向转移及其意义与课题,参见:冢本(2021)。

■ 2　董事

□ 1　概说

在审计等委员会设置公司中,股东大会选举董事时,需要区分审计等委员董事与除此以外的其他董事(329 条 2 款)。以下针对审计等委员董事与除此以外的其他董事,对有别于一般董事的规则进行说明。除此以外,一般董事的规则参照本章第 3 节■2 所述的内容。

□ 2　审计等委员董事

(1)构成

审计等委员董事为三人以上,其半数以上必须为外部董事(2 条 15 项,331 条 6 款)。这样规定是为了使独立于管理层的外部董事成为审计等委员会的核心成员,从而提高监察的实效性。另外,外部董事通过履行审计等委员的职务而精通公司业务,这对提高董事会的监督职能(399 条之十三 1 款 2 项)大有益处。

与设置监事会的公司不同,审计等委员会设置公司没有必要设置常任的审计等委员(对比 390 条 3 款)。这是因为,审计等委员会设置公司有义务决定内部治理体系的完善［399条之十三1款1项(2)(3)、2款］，审计等委员与其说是亲自调查公司的业务、财产，不如说制度的主要设想就是根据需要对内部治理部门发出指示，利用内部治理体系进行监察(一问一答38页)。实际上，审计等委员会要实现有效的监督，可以从审计等委员中选举常务人员。不设常务委员的，要保障审计等委员会有效履行职务，实际上需要设置辅助履行职务的常务使用人。

(2)确保独立性的措施

(a)概说

为了实行有效的监督，不光是外部的审计等委员，除此以外的审计等委员也需要保障其独立于管理层。因此，公司法采取以下措施(与保障监事独立性措施大多相通)。

(b)任期

审计等委员董事的任期为两年(严格讲，应当为当选后一年内结束的会计年度中，上一会计年度的定期股东大会结束时为止)，与其他董事不同，任期不得缩短(332条1款、4款。参照5款)。这是为了通过保障审计等委员的身份进而提高其独立性。实际上，与专门从事监督的监事不同，审计等委员也参与决定公司业务(399条之十三1款1项)，需要定期得到股东的信任，因此，其任期较之监事(4年。336条1款)要短。此外，非公众公司也不得以章程延长任期(332条2款)。

(c)兼任限制

审计等委员董事不得兼任审计等委员会设置公司或其子公司的业务执行董事或使用人，或者该子公司的会计监察人或执行董事(331条3款→图表4-16)。因为，处于这样地位的人，很难期待其在独立于管理层的立场上实行监督。这与监事的兼任限制(335条2款)是同样的宗旨。需要注意的是，审计等委员本身为董事，并不会如监事那样被禁止兼任董事，只是会被禁止担任业务执行董事。

(d)选任议案的同意权、提案权

要向股东大会提出审计等委员董事的选任议案，就必须要得到审计等委员会的同意(344条之二1款)。另外，审计等委员会有选任审计等委员董事的提案权(同条2款)。选任的构造旨在反映审计等委员会的意向。

图表 4-16　审计等委员的兼任限制(331 条 3 款)

	业务执行董事	执行官	会计参与	使用人
其母公司	○	○	×[注2]	○
审计等委员会设置公司自身	×	—[注1]	×[注2]	×
其子公司	×	×	×	×

＊　不得兼任某审计等委员会设置公司的审计等委员的,以×表示。作为外部董事的审计等委员除了以上限制,还适用外部董事的资格限制(2 条 15 项)规定(→图表 4-9)。

[注1]因审计等委员会设置公司无法设置提名委员会等(327 条 4 款),故不可能存在执行董事。

[注2]基于会计参与的资格限制规定(333 条 3 款 1 项)。

(e)解任

解任审计等委员董事需要股东大会的特别决议(399 条 1 款、309 条 2 款 7 项)。

(f)陈述意见权

审计等委员董事有权在股东大会上,就审计等委员董事的选任、解任、辞职陈述意见(342 条之二 1 款—3 款)。与后述[→(4)]的审计等委员以外的董事的选任等的陈述意见(同条 4 款。此时,为陈述审计等委员会决定的意见。399 条之二 3 款 3 项)不同,各个审计等委员可以陈述个人的意见。

(g)薪酬等

审计等委员董事的薪酬等(361 条 1 款)必须依章程或股东大会决定,区别于其他董事(同款、2 款)。当章程或股东大会确定了审计等委员董事的薪酬总额的,各个人员的金额分配可以由各个董事之间协议确定(同条 3 款)。由董事会对审计等委员董事与其他董事的薪酬一起进行分配会损害审计等委员董事的独立性,是不被允许的。

审计等委员董事可以在股东大会上,就审计等委员董事的薪酬等陈述意见(361 条 5 款)。

□3　审计等委员以外的董事

审计等委员以外的董事的任期为一年(严格说,应当为当选后一年内结束的会计年度中有关上一会计年度的定期股东大会结束时为止。332 条 1 款、3 款)。任期可以由章程或股东大会决议缩短(同条 1 款但书),但不得延长(同条 2 款)。这是因为,在不设置监事(审计等委员作为董事决定业务执行)的审计等委员会设置公司中,股东大会的选任有利于审计等委员接受股东的直接监督(一问一答33页)。

■ 3 审计等委员会

□ 1 意义

审计等委员会是由全体审计等委员构成的会议体(399条之二1款、2款)。

监事会设置公司的监事会、审计等委员会设置公司的审计等委员会以及提名委员会等设置公司的审计委员会,都是监督公司业务的机关,但在构成以及权限范围等方面存在各种各样的不同之处。主要的不同点如图表4-17所示。

□ 2 职务权限

(1)概说

审计等委员会的职务有:①对董事(有会计参与的为会计参与)履行职务的审计监察,②决定会计监察人选任、解任议案等内容,③决定董事的人事、薪酬等的陈述意见的内容(399条之二3款)。以下,在对这些职务进行说明以外,对同款没有规定的审计等委员会的权限亦进行介绍。

(2)对董事等履行职务的审计监察

(a)概说

审计等委员会的基本职责是监督董事(有会计参与的也包括会计参与)履行职务(399条之二3款1项)。审计等委员会必须在每个会计年度编制记载审计结果的审计报告(同项)。

(b)审计的职务权限

为了履行审计职务,审计等委员会或各个审计等委员[依事项有所不同。→(c)]被赋予以下权限:①公司(必要时包括子公司)业务、财产的调查权限(399条之三),②作为董事报告义务的对象(357条1款、3款),③发生违反法令等事实时,对董事会的报告义务(399条之四),④向股东大会的报告义务(399条之五),⑤审计等委员对董事违法行为等的停止措施(399条之六),⑥作为审计等委员以外的董事与公司之间诉讼的公司代表(审计等委员会选定的审计等委员代表公司。399条之七1款2项。另外,审计等委员与公司之间存在诉讼的,由审计等委员会推举代表反而会引发同僚意识,此时,由董事会或股东大会推选代表。同款1项)。

图表 4-17 监事会、审计等委员会、审计委员会的比较

	监事会	审计等委员会	审计委员会
成员的基本地位	监事	董事	
成员的选任(选举)方式	股东大会选任(329①)	股东大会区别于其他董事选任(329②)	从股东大会选任的董事中,由董事会选举(400②)
成员的任期	4 年(336①)	2 年(332①、④)	1 年(可缩短。332①、⑥)
成员的兼任限制	335②(图表 4-13)	331③(图表 4-16)	400④(图表 4-20)
构成	3 人以上且半数以上为外部监事(335③)	3 人以上且半数以上为外部董事(331⑥,400①、③)	
常务人员的选举	强制(390③)	任意	
决议要件	监事的过半数(393①)	委员的过半数出席,出席委员的过半数(399 之 10①)	委员的过半数出席,出席委员的过半数(可由董事会加重。412①)
审计权限的归属	原则上归属于各个监事=独任制(381、390②主文但书等)	原则上归属于委员会(399 之 3、405 等)	
对于董事的人事、薪酬权限	无	意见陈述权(399 之 2③三)	无
利益冲突交易的承认权限	无	有(423④)	无

(c)与监事的区别

在设置监事的公司中,监察的职务权限归属于各个监事(独任制),这点在设置监事会的公司也不例外(参照 390 条 2 款主文但书)。对此,在审计等委员会设置公司中,监察的职务权限基本上属于审计等委员会。例如,审计等委员只有经审计等委员会[多数决(399 条之十)]推举后才可以行使对公司、子公司业务、财产的调查权(399 条之三 1 款、2 款)。其行使权限必须服从审计等委员会的决议(同条 4 款。对比监事的 381 条 2 款—4 款,390 条 2 款主文但书)。此外,在审计等委员会设置公司与审计等委员以外董事之间

的诉讼中代表公司的,是由审计等委员会选定的审计等委员(399 条之七 1 款 2 项),各个审计等委员不得以自己的判断起诉该董事(对比 386 条 1 款 1 项)。这样规定的理由在于,审计等委员的半数以上为外部董事,考虑到多数派审计等委员按照管理层的意向压制少数派委员行动的风险小,复数审计等委员在审计等委员会统一方针下行动更有利于实现有效、有组织的监督。

需要注意的是,合法还是违法的问题不是由多数决决定的。因此,各个审计等委员发现公司业务存在违法事实的,即使与多数意见不同,也应当陈述其意见(参照:399 条之五、会则 130 条之二 1 款主文后段、计则 128 条之二 1 款主文后段)。此外,行使违法行为等的停止请求权的能力不在审计等委员会,而在各个审计等委员(399 条之六)。这样,在某些事项上,各个审计等委员拥有审计的职务权限。

(d)保障审计实效性的体制完善

审计等委员会设置公司的董事会应当将辅助审计等委员会职务的董事以及使用人的事项等作为内部治理体系的一环,对审计等委员会履行职务所必需的制度,按照法务省令确定的体制进行完善[399 条之十三 1 款 1 项 (2),会则 110 条之四 1 款]。

(3)会计监察人的职务权限

审计等委员会设置公司必须设置会计监察人(327 条 5 款),向股东大会提出的会计监察人的选任、解任、不再连任的议案内容由审计等委员会决定 (399 条之二 3 款 2 项)。

审计等委员会除了有权同意会计监察人的薪酬等(361 条 1 款,399 条 1 款、3 款),某些场合有权解聘会计监察人(340 条 1 款、3 款、5 款)以及选举临时会计监察人(346 条 4 款、5 款、7 款),并且,会计监察人应当向审计等委员会履行报告义务(397 条 1 款、2 款、4 款)。

(4)对审计等委员以外的董事之人事、薪酬的意见陈述权

由审计等委员会选举的审计等委员有权在股东大会上,就审计等委员以外的董事的选任、解任或辞职陈述意见(意见陈述权。342 条之二 4 款);对审计等委员以外的董事的薪酬等(361 条 1 款)也有同样的意见陈述权(同条 6 款)。陈述这些意见属于审计等委员的职务之一(399 条之二 3 款 3 项)。

这样规定的目的在于,审计等委员以外的董事特别是以代表董事为首的业务执行董事(经营阵)的人事与薪酬,是企业治理的重中之重(→专栏 4-40,专栏 4-48),在以上事项的决定上,通过以外部董事为主要成员的审计等委员会的意见,可以实现对管理层的实效监督。

(5) 利益冲突交易的承认

审计等委员会可以对董事的利益冲突交易(356 条 1 款 2 项、3 项)予以承认。该承认并不会取代董事会的批准(365 条 1 款。即使得到该承认,也不会省略董事会的批准),当审计等委员以外的董事的利益冲突交易得到审计等委员会的承认时,不适用推定董事任务懈怠的《公司法》423 条 3 款,而应根据一般原则,追究责任者必须主张、举证存在该任务懈怠的事实(同条 4 款)。因为,以外部董事为主要成员、且拥有一定程度审计权限(399 条之二 3 款 1 项、同款 3 项)的审计等委员会,其判断具有相当程度的可信赖度,可以部分缓和对利益冲突交易的严格限制。

(6) 费用请求

审计等委员为了执行职务(只限于执行审计等委员会的职务)而请求公司预先支付或者偿还预先支付的费用时,公司除了证明该行为没有必要,不得拒绝支付(399 条)。这样规定是为了方便请求费用,以确保有效进行监督。

3　运营

审计等委员会召集各个委员(399 条之八。召集程序→399 条之九)。审计等委员以外的董事没有出席权,但在审计等委员会要求的情况下,必须出席并对要求的事项进行说明(同条 3 款)。

审计等委员会的表决由有权参加表决的审计等委员的半数以上出席并表决(399 条之十 1 款)。对表决有特别利害关系的审计等委员不得参加该表决(同条 2 款)。关于会议记录的制作以及置备、阅览等事项,参照:同条 3 款—5 款、399 条之十一。向审计等委员会的报告可以通过对各委员的通知代替(报告的省略。399 条之十二)。与董事会不同,法律不承认表决的省略(对比 370 条)。

4　董事会

(1) 概说

审计等委员会设置公司必须设置董事会(327 条 1 款 3 项)。对于审计等委员会设置公司的董事会,除了以下列举的特则,适用本章第 3 节■3 的说明。

(2) 职务权限

(a) 概说

审计等委员会设置公司的董事会与一般的董事会设置公司的董事会(362 条 2 款)一样,行使下列职权:①决定公司的业务执行,②监督董事执行职务,③选举、解聘代表董事(399 条之十三 1 款)。此外,因审计等委员不得担任业务执行董事(331条3款),故代表董事必须从审计等委员以外的董事中选举(399条之十三3款)。

审计等委员会设置公司为"监督模式"(→专栏4-37)的组织形态,即董事会将多数业务执行的决策权交给业务执行董事(管理层),董事会自身将精力集中在对管理层的监督上。作为这种模式的体现,董事会的职责权限反映在以下特则上。

(b)经营的基本方针

审计等委员会设置公司的董事会必须决定公司经营的基本方针[309条之十三1款1项(1)、2款]。审计等委员会设置公司因可以将多数业务执行的决策权交给董事[管理层→(d)],故董事会应当制定公司经营的基本方针,以指引管理层执行业务。

(c)内部治理体系的完善

审计等委员会设置公司即便不是大公司,董事会也有义务完善内部治理体系[399条之十三1款1项(2)(3)、2款,会则110条之四。对比362条4款6项、5款]。之所以这样规定,是因为外部通常为非常任董事,为了有效监督公司的业务,必须完善内部治理体系。

(d)执行业务决定权限的委任

审计等委员会设置公司与一般的董事会设置公司一样(362条4款),原则上重要业务的决定权不得交给各个董事(399条之十三4款)。但是,若董事的半数以上为外部董事时,或者章程做出规定时,除了399条之十三1款各项以及同条5款各项所列事项,可以将全部或部分重要业务执行的权限委任给董事(同条5款、6款→图表4-18,专栏4-67)。这样规定是为了使经营保持灵活性的同时,董事会可以将精力放在监督公司经营上,从而提高监督的效果。实际上,也可以不对董事进行大范围的委任,多数业务执行的决策权限由董事会自身行使,各个公司可以采取适合自身情况的企业治理模式。

▶▶▶ **专栏4-67　委员会型公司中应由董事会亲自执行的事项与可委任于董事(执行董事)的事项**

审计等委员会设置公司不得委任于各个董事而必须由董事会亲自行使的事项,如图表4-18所示[为了方便比较,在此列举了在提名委员会等设置公司(→本章第8节)中董事会应当亲自行使的事项]。

相反,一般的董事会设置公司中必须由董事会行使,而审计等委员会设置公司中可以委任于董事(提名委员会设置公司中为执行官)的事

项,见以下列举:

包括:①重要财产的处分、受让(362条4款1项),②大额借款(同款2项),③重要使用人的选举、解聘(同款3项),④重要组织机构的设置(同款4项),⑤以章程确定了纲要的类别股份的内容(108条3款),⑥基于股东大会决议的股份回购事项(157条),⑦子公司回购股份的决定(163条),⑧取得附回购条款股、附回购条款新股预约权股(168条—169条,273条—274条),⑨股份的拆分(183条),⑩股份无偿分配(185条),⑪下落不明股东的股份拍卖等(197条4款),⑫公众公司募集股份、新股预约权的重要事项之决定(201条1款、240条1款),⑬募集公司债的重要事项之决定(362条4款5项),⑭不需要股东大会承认的营业转让等以及公司重组(468条、784条、796条),⑮股份转账事项的同意(《关于公司债、股份等转账的法律》128条2款),⑯其他重要业务执行的决策(362条4款主文)。

图表4-18 委员会型公司中董事会的职务(不得委任于董事、执行官的事项)

审计等委员会设置公司	提名委员会等设置公司
经营基本方针的决策[399之13①(一)、②,416①(一)、②]	
执行审计等委员会职务所必要的事项的决定[399之13①一(二)、②]	决定执行审计委员会职务所必要的事项[416①(二)、②]
	执行官相互之间关系事项的决定[416①(三)、②]
	决定受理执行官召集董事会之请求[416①(四)、②]
完善内部治理体系的决策[399之13①一(三)、②,416①(四)]	
对董事履职的监督(399之13①二)[注1]	对执行官等履职的监督(416①二)[注1]
代表董事的选举、解聘(399之13①三)[注1]	首席执行官的选举、解聘(416④十二)
是否承认限制转让股份进行转让的决定,指定受让人(399之13⑤一,416④一)	
基于章程规定以市场交易等方式回购本公司股票(399之13⑤二,416④二)	
是否承认限制转让新股预约权进行转让的决定(399之13⑤三,416④三)	

（续表）

审计等委员会设置公司	提名委员会等设置公司
召集股东大会决定（399之13⑤四，416④四）	
决定提交股东大会议案的内容（399之13⑤五，416④五）	
向外部董事委任业务（399之13⑤六，416④六）	
决定薪酬等方针（399之13⑤七）	
竞业交易、利益冲突交易之承认（399之13⑤八，416④七）	
决定召集董事会的董事（399之13⑤九，416④八）	
	各委员会委员的选举、解聘（416④九）
	执行官的选任、解任（416④十）
审计等委员与公司之间诉讼时，确定代表公司的人选（399之13⑤十）	审计委员与公司之间诉讼时，确定代表公司的人选（416④十一）
基于章程规定决定免除董事责任（399之13⑤十一，416④十三）	
决定补偿协议的内容（399之13⑤十二，416④十四）	
决定管理人员等赔偿责任保险合同的内容（399之13⑤十三，416④十五）	
财务报表、事业报告、附属明细表、临时财务报表、合并财务报表的承认（399之13⑤十四，416④十六）	
中期分红的决定（399之13⑤十五，416④十七）	
营业转让协议内容的决定（限于需要股东大会承认的事项）（399之13⑤十六，416④十八）	
重组内容的决定（限于需要股东大会承认的事项）（399之13⑤十七—二十二，416④十九—二十四）	

[注1]虽无明文规定禁止委任，但法律规定了"董事会的职务"（399条之十三1款），意味着不得向单个董事个别委任（一问一答58页注2）。

（3）关于运营的特则

即便确定了董事会的召集权人（366条1款但书），审计等委员会选举的审计等委员也有权召集董事会（399条之十四。不需要履行366条2款、3款要求的程序）。

审计等委员会有权决定股东大会上会计监察人的选任、解任、不连任议案（399条之二2款），行使这些权限的前提是董事会有必要召集股东大会（298条4款、399条之十三5款4项），因而赋予审计等委员以召集董事会的权限(一问一答 70 页)。

第 8 节　提名委员会等设置公司

■ 1　概说

(1) 意义

股份公司依章程规定可以设置提名委员会等(提名委员会、审计委员会、薪酬委员会。2 条 12 项、326 条 2 款)。设置提名委员会等的股份公司称为"提名委员会等设置公司"(2 条 12 项。关于组织构造→图表 4-19)。

提名委员会等设置公司是参考美国上市公司的典型企业治理构造("监督模式"→专栏 4-37)于 2002 年引进的新型股份公司。当初称为"委员会等设置公司",2005 年制定《公司法》时改称为"委员会设置公司"。2014 年《公司法》修改时由于新设了审计等委员会设置公司(参见本章第 7 节),为了进行区别改为现在的名称。

图表 4-19　提名委员会等设置公司的组织构造

```
                        ┌─────────┐
                        │ 股东大会 │
                        └────┬────┘
                      选任、解任
         ┌──────────────┼──────────────┐
         ↓              ↓              ↓
  ┌──────────┐    ┌────────┐    ┌──────────┐
  │ 会计监察人│    │  董事  │    │ 会计参与 │
  └──────────┘    └────┬───┘    └──────────┘
       ↑             全员组成
       │          ┌────────┐  选任、解任(首席执行官亦
       │          │  董事会 │  同)、监督
       │          └────┬───┘
       │           选举、解聘
   ┌───┴────┐    ┌────┴────┐    ┌──────────┐
   │审计委员会│    │提名委员会│    │薪酬委员会│
   └────────┘    └─────────┘    └──────────┘
   ·业务审计      ·决定选任、解任    ·决定执行官等薪酬等
   ·选任、解任、    议案的内容        内容
    不再任议案的
    决定
                   权限的委任、监督
                        ┌──────────┐
                        │ 首席执行官│
                        ├──────────┤
                        │ 其他执行官│
                        └──────────┘
                        ·业务执行
                        ·受委任业务的决定
                        ┌──────────────┐
                        │公司的使用人(雇员)│
                        └──────────────┘
```

* 必设的机关为实线,任意设置的机关为虚线。

设置提名委员会等属于公司登记事项(911条3款23项)。

(2)特征

与其他股份公司不同,提名委员会等设置公司的董事原则上不执行公司业务(415条。对比348条1款、363条1款),而由董事会选举的首席执行官及其他执行官执行公司业务以及董事会委任的业务(418条)。就是说,在提名委员会等设置公司中,日常用语称执行官为"经营阵"(管理层),首席执行官称为"经营者"。*

提名委员会等设置公司中设有提名委员会、审计委员会以及薪酬委员会这三个委员会(2条12项)。各个委员会由董事会选举的三名以上董事委员组成(委员可兼任),其半数以上必须为外部董事(400条1款—3款)。各委员会独立于董事会行使各自的业务监察、监督职权(各委员会的决定董事会也无法推翻)。这样规定,是为了使以外部董事为中心的委员会担任监察、监督的重要职能,从而实现有效的经营监督。此外,不论是否为大公司,提名委员会等设置公司有义务完善内部治理体系[416条1款1项(2)(4)、2款]以及会计监察人的设置(327条5款)。

如此,由于存在经过强化的监察、监督体制,虽然提名委员会等设置公司的经营基本方针等最重要的业务执行决定权表面上由董事会行使,但具体业务执行的决策(公司的经营)则大部分委任于执行官(416条4款)。根据经营与监督相分离的理念,前者基本上放权给执行官,在实现公司灵活性经营的同时,可以使董事会专注于监督,从而提高对经营的监督功能(→专栏4-68)。

▶▶▶ **专栏4-68　日本企业治理的实态与提名委员会等设置公司**

在美国的典型上市公司中,董事中的绝大部分为独立外部董事,公司经营由以最高经营责任者(Chef Executive Officer, CEO)为顶点的执行官们(Officers)担任。执行官与董事之间可以兼任,实际上除了CEO外只有一、两名董事兼任。董事会的主要作用是经营监督,即评价执行官们的业绩,视必要更换CEO(监督模式→专栏4-37)。

---

* 在提名委员会等设置公司中,执行业务的管理人员(原书称"执行役")由董事会选举产生,但其本身并不是董事会的成员,因此逻辑上不能称为"董事"。由于该制度来源于美国,本书尊重我国既有的翻译习惯,将"执行役"译为"执行官","代表执行役"译为"首席执行官"。这样也便于将提名委员会等设置公司中的执行业务人员(执行官)与审计等委员会设置公司中审计等委员以外的董事(业务执行董事)进行区别。——译者注

对此，日本传统上对管理层的监视、监督，是随着监事制度的强化发展而来的(→专栏4-60)。但是，自二十世纪九十年代以来，随着日本企业国际竞争力的开始显现下滑态势，有力意见指出，基本上仅以业务的合法性监督为对象的监事制度存在界限，应当采用与美国同样的、以外部董事为核心的董事会制度，使其担当经营的监督职能。然而，日本上市公司的董事会通常由长期受雇于公司的内部人员占据大半(事实上，这些公司引导了战后日本经济的发展)。因此，短时间将董事的半数以上规定为外部董事的改革缺乏现实基础。而在提名委员会等设置公司中，外部董事占据半数以上的委员会被赋予独立于董事会的监督权限。同时，在董事会的构成上，并未特别规定外部董事需要占据一定比例以上，允许董事的半数以上兼任执行官，执行公司业务。并且，有权选举首席执行官以及其他执行官的机关为董事会。也就是说，允许由内部董事占据多数的董事会选举经营者、管理层。

这样的制度设计因实现了经营与监督的分离，提高了董事会的监督功能，同时在与日本的传统企业治理实务之间实现了制度调整。

实际上，作为以监督模式为志向的公司形态，2014年《公司法》修改时创设的审计等委员会设置公司已经较为普及，提名委员会等设置公司在上市公司中仍然停留为少数(→专栏4-4)。有意见认为，在提名委员会等设置公司中，应当将半数以上董事为外部董事的规定义务化，以使监督模式得到纯化[边(2021a)52—53页]。

(3)围绕企业治理的竞争

公众大公司可以选择采用监事会设置公司、审计等委员会设置公司或者提名委员会等设置公司中的任一组织形态。针对利害关系人众多的公众大公司，《公司法》一方面要求其在强化监察、监督的前提下进行一定范围的机关设计，另一方面认可在此范围内公司可以选择符合自身实际情况的机关设计(企业治理的构造)。这样规定的目的在于通过市场竞争原理，即采用不恰当的企业治理构造的公司业绩恶化，从而迫使其退出市场或者改善企业治理，形成更为合理的企业治理模式。

■ 2　董事

（1）概说

这里将对提名委员会等设置公司董事的特有规律进行解说。除此以外,参照本章第 3 节■2 关于一般董事的解说。

（2）任期

董事的任期最长一年(严密地说,至当选后一年以内终了的上一会计年度的定期股东大会终结时为止。332 条 6 款、1 款)。这样规定是考虑到在提名委员会等设置公司,不存在专事监督的管理人员(监事。担任审计委员同时可以作为董事决定业务执行),故尽量增加股东通过股东大会选任而行使直接监督的机会(→专栏 4-69)。

▶▶▶ ★专栏 4-69　提名委员会等设置公司董事任期的旨趣

　　从沿革上看,在 2002 年引进制度时,委员会等设置公司(相当于现在的"提名委员会等设置公司")即使没有章程规定,也有权以董事会决议的形式实施盈余分配等利益处分。也就是说,委员会等设置公司不采取通过定期股东大会承认利益处分案的形式,而是以选任董事决议的形式,每年接受股东的信任［表决。コンメ(9)458 页(榊素宽)］。实际上,在现行《公司法》上,会计监察人设置公司即便不是提名委员会等设置公司,如果将董事任期设置为一年,则可以依据章程由董事会进行盈余分配等利益处分(459 条)。相反,提名委员会等设置公司只要不以章程进行这样的规定,盈余处分的权限归属于股东大会(454 条、452 条等)。因此,在现行法之下,很难说明强制性规定提名委员会等设置公司董事的任期为一年的理由。关于现行法的旨趣,如本书所述,由于不存在专事监督的人员,则寻求增加股东直接监督的机会(审计等委员会设置公司参照:一问一答 33 页)。

（3）业务执行的禁止等

（a）业务执行的禁止

提名委员会等设置公司的董事除了法律特别规定的情况,不得执行公司的业务［415 条。"特别规定"的例子,如在公司与董事、执行官之间的诉讼中代表公司等。始关(2003)75 页］。各个董事也不得接受董事会的委任决定公司的业务执行(416 条 3 款)。在提名委员会等设置公司中,这些职务由执行官执行(418 条→■5)。这样规定是为了实现经营与监督的分离,使董事可以专注于自己的职务,从而提高监督的实效性。

其实,董事兼任执行官,以执行官的资格接受董事会的委任取得业务执行权限,是可以的(但是审计委员除外。400 条 4 款),实际上兼任的例子有很多。

(b)兼任使用人的禁止

董事不得兼任公司的使用人(331 条 4 款)。因为,使用人处于从属于执行官的立场,无法期待其有效监督执行官执行业务。

■ 3　董事会

(1)概说

在提名委员会等设置公司中,董事会是必设机关(327 条 1 款 3 项)。提名委员会等设置公司是以监督模式为导向引进的组织形态,关于董事会的职务权限,见下述的特别规定:

(2)职务权限

(a)概说

提名委员会等设置公司的董事会履行下列职责(不适用规定一般董事会权限的 362 条。参照 416 条 1 款主文):①业务执行的决策(416 条 1 款 1 项);②监督执行官等(包括执行官、董事以及会计参与。参照:404 条 2 款 1 项)执行职务(416 条 1 款 2 项);③选举、解聘各委员会委员(400 条 2 款、401 条 1 款);④选举、解聘执行官(402 条 2 款、403 条 1 款)以及首席执行官(402 条 1 款、2 款)。

(b)业务执行的决策

提名委员会等设置公司的董事会应当决定 416 条 1 款 1 项(1)—(5)所列事项。决定经营的基本方针[同项(1)]以及完善内部治理体系[同项(2)(5),会则 112 条]的宗旨,与审计等委员会设置公司一致。其他事项[同项(3)(4)]后述。

(c)业务执行决定权限的委任

除了 416 条 1 款各项以及 4 款各项所列事项,董事会可以根据其决议将业务执行的决策权委任给执行官(416 条 4 款)。提名委员会等设置公司中,考虑到以外部董事占据成员半数以上的各委员会拥有提名、审计以及薪酬的决定权限,业已形成较强的监察、监督体制,就不必要求如审计等委员会设置公司那样的要件(399 条之十三 5 款、6 款),而将业务执行的决策权限广泛地委任于执行官(→图表 4-18,专栏 4-67)。这样,在保持经营灵活性的同时,可以使董事会专注于履行监督(416条1款2项)职责,更加强化其监督功能。

其实,即便是法律允许委任的事项,董事会经过判断也可以不加委任。并且,董事会拥有概括性的业务执行权限(416条1款1项),对于委任给执行官的事项,董事会有权亲自决定,且决定后执行官有义务服从[同款2项。始关(2003)84页]。

(3)运营

(a)概说

关于提名委员会等设置公司董事会的运营,除了417条设置了一定的特则[→(b)(c)],适用一般董事会的规则[366条—372条。但是,关于特别董事的表决制度(373条),由于提名委员会等设置公司不需要这样的设置,故不适用。同条1款主文]。

(b)与委员会的关系

在提名委员会等设置公司中,即便董事会确定了召集权人,提名委员会等也有权从其委员中确定人选召集董事会(417条1款。不需要366条2款、3款的程序)。这是为了在履行委员会职责需要董事会表决时,可以迅速召集董事会而赋予各委员会的权限。

提名委员会等确定的委员需要将各委员会执行职务的情况及时向董事会报告(417条3款)。这样有助于董事会对委员董事执行职务进行监督(416条1款2项)。

(c)与执行官的关系

执行官虽不是董事会成员,但有权经过一定程序召集董事会[417条2款。参照:416条1款1项(4)]。这是为了执行官执行职务需要董事会决议(例如,416条4款的场合)时进行的制度安排。

为了保证董事会对执行官执行职务进行监督(416条1款2项),各执行官必须每三个月一次向董事会报告自己的执行职务情况(417条4款。报告也可以委托其他执行官代理。同款后段)。当董事会提出要求时,执行官应当出席董事会,就董事会要求的事项作出说明(同条5款)。这里并没有赋予执行官自己判断是否出席董事会的权限。

4 提名委员会等(提名委员会、审计委员会、薪酬委员会)

□1 概说

(1)意义以及构成

提名委员会等设置公司设有提名委员会、审计委员会、薪酬委员会这三个委员会(2条12项)。各委员由董事会决议从董事当中选举(400条2款)。各委员会的委员必须为三人以上(同条1款),其半数以上必须为外部董事(2条15项、400条3款)。委员的兼任不被禁止,因此,提名委员会等设置公司中,需要设置最低两名外部董事(各委员会的委员设为三人,外部董事兼任全部三个委员会的委员)。

董事会决议有权随时解聘委员(401条1款)。关于不满法定人数时权利义务的继续和临时委员的选举,参照:同条2款—4款。

(2)各委员会的独立性

这样,董事会虽握有委员的人事权,但各委员会享有依法独立于包括董事会在内的其他机关的权限。董事会无权对各委员会发出指挥、命令,也无权修正、变更各委员会的决定。以外部董事为中心组成的委员会,行使职权时独立于董事会,构造上可以保证对经营的有效监督。

□ 2　各委员会的职务权限等

(1)提名委员会

提名委员会有权决定向股东大会提交的董事(会计参与设置公司中加上会计参与)选任议案的内容(董事候选人。404条1款。董事会无此权限。416条4款5项)。

在提名委员会等设置公司以外的董事会设置公司中,董事的选任议案由董事会决议确定(298条1款5项、4款),实际上,由现任经营者(代表董事)决定的不在少数(→专栏4-40)。即便在提名委员会等设置公司中,董事候选人由现任经营者(首席执行官)向提名委员会提案的情形也很多。但是,让外部董事参与到决定程序中,除了可以增加候选人选任程序的透明性与客观性以外,还可以带来人员构成上的变化(增加外部董事的候选人人数)。

另外,股东基于提案权(303条—305条),可以提出与提名委员会不同的董事选任(候选人)议案。可见,404条1款充其量只是规范"公司提案"的候选人的决定过程而已。

(2)审计委员会

(a)意义

审计委员会负责监督执行官等[执行官、董事以及会计参与(如有)。404条2款1项]履行职务,于每个会计年度编制审计报告(404条2款1项。作为与监事会或审计等委员会的比较→图表4-17)。

(b)兼任限制等

审计委员会的委员(审计委员)不得兼任提名委员会等设置公司或其子

公司的执行官或业务执行董事,或者该子公司的会计参与(会计参与为法人的,为履行职务的社员)或使用人(400条4款。与其他兼任限制结合起来→图表4-20)。与监事或审计等委员的兼任限制(335条2款、331条3款)一样,这样规定是为了保证审计委员独立于管理层。

与监事会设置公司不同(390条2款2项),审计委员会并不要求选举常务审计委员。与审计等委员设置公司一样,这样规定是为了在提名委员会设置公司中,利用内部治理体系进行监察。实际上,经审计委员会判断,也可以设置常务委员,现实中这样的例子较多[日本监事协会(2022)提名委员会等设置公司版 11 页]。

图表 4-20　审计委员的兼任限制(400 条 4 款)

	执行官	业务执行董事	会计参与	使用人
其母公司	○	○	×[注2]	○
提名委员会等设置公司自身	×	×[注1]	×[注2]	×[注3]
其子公司	×	×	×	×

*　不得兼任某提名委员会等设置公司审计委员的,用×表示。作为外部董事的审计委员除了以上限制,还需遵守外部董事的资格限制(2条15项→图表4-9)。

[注1]不仅审计委员,提名委员会等设置公司的董事通常禁止执行业务(415条),但该董事(事实上)执行业务的(根据2条15项的定义,构成业务执行董事),不得就任审计委员。

[注2]基于会计参与的资格限制(333 条 3 款 1 项)。

[注3]系对提名委员会等设置公司董事的一般性限制(331 条 4 项)。

(c)职务权限等

为了监督执行官等履行职务,审计委员会或者审计委员(因事项不同有所区别)有权行使下列权限:

这些权限包括:①调查公司(必要时包括子公司)的业务、财产(405条),②要求执行官报告业务(419条),③确认存在违法事实时向董事会的报告义务(406条),④对执行官等违法行为的停止权(407条),⑤审计委员以外的执行官或董事(包括前任董事)与公司之间发生诉讼时代表公司(审计委员会确定的审计委员代表公司。408条1款2项)。此外,审计委员与公司之间发生诉讼的,由审计委员会确定诉讼代表容易诱发同僚意识,应由董事会或股东大会推选代表(同款1项)。

执行官发现可能严重损害公司利益的事实时,必须马上将该事实向审计委员报告(419条1款)。审计委员或审计委员会基于以上权限可以适时履行职责。

在提名委员会等设置公司中,考虑到执行业务的不是董事,故不适用董事报告义务的规定(357条、419条3款)。实际上,提名委员会等设置公司的董事作为董事会成员,有义务监督其他董事以及执行官履行职务(416条1款2项),当其知道或应当知道发生违法行为时,应当向董事会报告,通过董事会进行纠正。当董事怠于履行职责时,构成违反勤勉义务、忠实义务。

(d)与监事设置公司的区别

与审计等委员会设置公司一样,提名委员会等设置公司也不采取独任制原则,各审计委员只有在被选举履行特定职务以后,才可以行使相关权限(405条1款、2款、4款,408条1款2项)。鉴于审计委员的半数以上为外部董事会,多数派委员遵照管理层的意向压制少数派委员的可能性很小,故可以发挥制度的优势,即复数的审计委员在审计委员会的统一方针下进行有效、有组织性监督。但是,各审计委员发现违法事实时,即便与多数意见不一致,也应当陈述自己的意见(406条、会则131条1款主文后段,计则129条1款主文后段)。与审计等委员会设置公司一样,审计委员拥有违法行为等停止请求权(407条1款)。

(e)完善监察体制

董事会必须规定:①应当辅助审计等委员会履行职务的董事或使用人的事项,②审计等委员会履行职务所必需的事项[416条1款1项(2)、2款(不得委任给执行官),会则112条1款]。

(f)与会计监察人的关系

提名委员会等设置公司必须设置会计监察人(327条5款),审计委员会有权决定会计监察人的选任、解任以及不再连任议案的内容[404条2款2项。董事会无此权限(416条4款5项)]。当发生会计监察人违反职务上的义务时,审计委员会可经全体委员的同意解任该会计监察人(340条6款、1款、2款)。会计监察人出现空缺的,审计委员会有权选任临时会计监察人(346条8款、4款)。审计委员会还有权决定会计监察人的薪酬(399条4款、1款),并有权要求其向自己履行报告义务(397条5款、1款、2款)。

(3)薪酬委员会

(a)意义

薪酬委员会有权决定执行官等[执行官、董事以及会计参与(如有)。404条2款1项]每个人的薪酬(361条1款、404条3款。非股东大会的决议,提名委员会等设置公司中,股东大会无权确定执行官等的薪酬)。

提名委员会等设置公司以外的公司中,为了防止董事之间互相串通,董事的薪酬由章程或股东大会决定(361条),而股东大会仅决定薪酬总额,各个董事的分配额实际上由代表董事(社长)决定,这样很难保证制度有效发挥作用(→专栏4-48)。设计适当的薪酬体制,不仅在于防止董事之间互相串通,还要考虑赋予管理层以提高公司业绩的激励机制。这就需要决定机关具备高度的经营见识,在薪酬的决定上,不能由股东自身,而应当由以外部董事为核心组成的薪酬委员会作出决定。当执行官兼任公司使用人时,使用人工资也由薪酬委员会作出决定(404条3款)。

(b)职务权限

薪酬委员会应当确定薪酬等的决定方针(409条1款),依照该方针,属定额薪酬的,确定其金额;属不定额薪酬的(与业绩挂钩等),确定其计算方式;属非货币薪酬的,确定其具体内容,以此确定每名执行官的个人薪酬(同条2款、3款)。在提名委员会等设置公司中,不承认仅由薪酬委员会确定薪酬总额、具体分配委托执行官执行的做法。关于决定薪酬的方针,公众公司必须以事业报告的形式进行披露(会则119条2项、121条6项)。

□ 3 委员会的活动

(1)委员会的运营

委员会由各个委员召集(410条)。召集程序(411条)、表决要件(412条)、会议记录(413条)、报告省略(414条)的规定与董事会相同。与董事会不同(370条)的是,不承认省略表决。

非委员执行官等无权出席委员会。委员会要求出席的,则其必须出席委员会并对要求的事项作出说明(411条3款)。

(2)费用等的请求

当委员请求公司提前支付或偿还其为执行职务(只限于执行该委员所属委员会的事务)所需的费用时,公司若无法证明该费用非执行职务所必需,则不得拒绝支付(404条4款)。这样规定的目的与监事或审计等委员会一样(388条、399条之二4款),可以使委员会的行动更有实效。

■ 5 执行官、首席执行官

(1)意义

执行官是提名委员会等设置公司中执行公司业务之人(418条2项)。执行官中代表公司行使权限者称为首席执行官(420条1款)。

(2)执行官、首席执行官的地位

(a)执行官

执行官以董事会决议选任产生(402条2款)。执行官的资格适用与董事同样的规则(402条4款、331条1款、402条5款)。执行官可以兼任董事(同条6款),也未被禁止兼任使用人。执行官与公司之间为委任关系(402条3款)。任期原则上为一年(严密地说,至当选后一年以内终了的上一会计年度的定期股东大会终结后、首次召开的董事会终结时为止),仅可以章程缩短(参照:同条7款、8款)。

公司可以董事会决议随时解任执行官(403条1款),但无正当理由解聘的,执行官有权请求损害赔偿(同条2款)。发生任期届满或者委任终了事由的(402条3款,民653条),执行官退任。欠缺执行官场合的处理,同董事的规定(403条3款、401条2款—4款)。

(b)首席执行官

首席执行官由董事会从执行官中选举产生(420条1款)。当执行官为一人时,其当然为首席执行官(同款后段)。首席执行官可以通过董事会决议被随时解聘(同条2款)。关于职务代理人及不满法定人数的处理,适用与代表董事同样的规则(420条3款)。

(3)职务权限等

(a)执行业务

执行官执行公司业务(418条2项)。首席执行官有权行使关于公司业务的所有裁判上以及裁判外的行为(420条3款、349条4款)。公司对首席执行官权限的限制不能对抗善意第三人(420条3款、349条5款)。

首席执行官以外的执行官在董事会指定的范围内执行公司业务。例如,通常是在营业、财务、人事等业务范围。

(b)业务执行的决策权

首席执行官及其他执行官在董事会委任的范围内有权决定公司的业务执行(418条1项)。提名委员会等设置公司承认赋予执行官广泛的业务执行决定权(416条4款),前面已有论述。

(c)职责分配等

执行官为两人以上时彼此间的职责分配,以及指挥命令及其他执行官相互之间的关系事项,由董事会决定[416条1款1项(3)]。从保证执行业务统一性的观点看,规定执行官听从首席执行官指挥命令的情况较多,也可以采取相对独立的组织形态,即各个执行官相互间不存在指挥命令关系,各人独立执行自己负责的事务[商事法务(2008)262—264页(久保利英明、西本强)]。

(d)关于首席执行官的其他规则

首席执行官在执行职务时对他人造成侵害的,公司对此承担责任(350条。首席执行官相当于本条的"其他代表人")。另外,为了保护第三人对身份、职务的信赖,适用与表见代表董事(354条)同样规则的表见首席执行官规定(421条)。

(4)与董事会的关系

此处前面已做论述。

(5)义务以及责任

(a)执行官的义务

执行官负有以善良管理人的注意履行职务的义务(勤勉义务。402条2款,民644条)。与董事一样,负有遵守法令以及章程、为了公司利益忠实尽责的义务(忠实义务。419条2款、355条)。另外,与一般董事会设置公司的董事一样,需要服从竞业限制以及利益冲突交易规则限制(419条2款、356条、365条2款)。

关于执行官义务的内容,基本上适用董事义务的规定。但是,由于执行官不是董事会成员,与董事不同,其并不当然负有对其他执行官或董事的监视义务[コンメ(9)196页(砂田太士)]。实际上,当董事会规定执行官之间的指挥命令关系时[416条1款1项(3)],遵照该规定行使指挥命令权的执行官有义务监督下级执行官的履行职务行为[コンメ(9)196页(砂田太士)]。

(b)执行官的责任

当执行官怠于履行职责时,需要赔偿由此给公司造成的损失(任务懈怠责任。423条1款)。关于任务懈怠责任的解释、竞业及利益冲突交易的执行官责任的特则(423条2款、3款,428条),与董事的任务懈怠责任适用同样规则。其他关于执行官的责任以及追究手段,将与其他管理人员的规定一起,在本章第9节中予以介绍。

第9节 管理人员的责任以及责任追究等的法律规定

■ 1 概说

为了保证股份公司的业务得以适当履行,《公司法》规定了管理人员等的任务懈怠责任(423条1款),同时,又设定了责任免除以及限制的规则(→■2)。此外,《公司法》规定了股东代替公司追究怠于履行职责的董事的责任(股东代表诉讼。847条以下),以及股东为了保证公司事业的适当性而享有的各种权利(→■3)。在管理人员因恶意或重大过失怠于履行义务等场合,公司以外的第三人有权追究管理人员等的责任(429条→■4)。本节将对管理人员的责任以及责任追究等的各种制度进行解说。

■2 任务懈怠责任

□1 概说

管理人员等[指管理人员(董事、监事、会计参与)以及执行官、会计监察人。423条1款]怠于履行职责的,需要赔偿股份公司由此产生的损害(任务懈怠责任。423条1款)。关于任务懈怠责任,除了"董事"一节中进行了详细说明以外,董事以外的管理人员的任务懈怠责任视必要在各个章节予以说明,此处针对任务懈怠责任的免除以及限定作出说明。

□2 任务懈怠责任的免除、限定

(1)概说

任务懈怠责任是敦促管理人员等为了公司利益而妥当履行职责的重要制度。但是,追究管理人员的任务懈怠责任却未必是众望所归。不可否认,法院依据事后判断,对本来不应承担责任的管理人员课以责任,会使公司经营趋于萎缩,进而使管理人员难以为继。并且,法律上,即便管理人员有责任,根据责任程度采取解聘、降职等公司内部处分手段即可,而不必花费诉讼费用,甚至冒着使其他管理人员人人自危的风险追究法律责任。这样看来,公司免除管理人员等部分或全部的任务懈怠责任,或者一开始就将责任限定在一定范围以内,是具有合理性的。

实际上,如果《公司法》不对管理人员责任免除、限定设置特别的规定,则责任免除、限定与通常的业务执行一样,原则上由公司的业务执行机关作出决定(362条2款1项等)。如此一来,可能诱发管理人员之间的同僚意识,使得责任免除、限定有损于公司利益。因此,要免除、限定管理人员的任务懈怠责任,就需要股东的承认(股东大会决议)。但考虑到股东"合理的不关心"问题(→专栏1-7)以及限制责任的人员为公司控股股东或其家族等情况,无法断言只要存在股东大会决议就能保证责任免除、限定的规定得以妥当执行。

《公司法》在综合对比、考量以上的正反要素后,对管理人员的地位及责

任的程度,免除、限定的方式等规定了详细的要件,在此基础上承认一定限度内责任的免除与限定(→图表4-21)。以下将对免除与限定制度进行详细介绍(任务懈怠责任以外的管理人员等责任的免除、限定→专栏4-70)。

图表4-21 管理人员等任务懈怠责任的免除、限定

	代表董事、代表执行官	业务执行董事、执行官(代表董事、首席执行官除外)	左边两栏以外的董事、会计参与、监事、会计监察人
股东全员同意免除(424)	可免除全部责任		
在责任追究等诉讼上,以诉讼和解免除(850④)	可免除全部责任		
股东大会决议部分免除(425)	限于轻微过失责任,超过最低责任限度额(相当于6年薪酬金额)部分可免除	限于轻微过失责任,超过最低责任限度额(相当于4年薪酬金额)部分可免除	限于轻微过失责任,超过最低责任限度额(相当于2年薪酬金额)部分可免除
由章程规定的董事等部分免除(426)[注1]			
章程规定的责任限定协议(427)	不可	不可	

[注1]限于董事为两人以上的监事设置公司或者委员会型公司(426条1款)。

▶▶▶ ★ **专栏4-70 任务懈怠责任以外的管理人员等的责任之免除、限定**

《公司法》在任务懈怠责任以外,规定了管理人员及其他公司相关人员的一定责任(法定责任)。这些法定责任的免除将在本书相关的章节进行解说。一般而言,与任务懈怠责任一样,免除责任需要全体股东的同意(55条、102条之二2款、103条3款、120条5款、213条之二2款、286条之二2款、462条3款但书、464条2款、465条2款、486条4款),但在追究管理人员责任之诉上,以诉讼和解方式免除责任追究的不受以上限制(850条4款)。但是,在违反财源规制的责任中,超过可分配盈余额部分的责任由于涉及公司债权人的利益,即使全体股东同意也不得免除（462条3款本文），也不承认以诉讼和解方式免除责任（850条4款）。此外，关于任务懈怠责任以外的法定责任，不得部分免除、限定425条—427条的责任。这是因为，任务懈怠责任以外的法定责任并不是管理人员日常履行职务中经常碰到的，即使不承认部分免除或限定责任，也不太可能出现使公司经营萎缩或管理人员难以为继的风险。

法定责任以外的管理人员的责任，例如与公司交易的管理人员的合同责任，由于不存在特别的规定，就可以通过业务执行机关的决定进行免除（但是，董事、执行官的责任免除需要服从利益冲突交易的规定。356条1款2项、3项、365条）。需要注意的是，决定、实施免除的董事、执行官必须尽善良管理人的注意，判断免除是否符合公司利益。当其判断违反勤勉义务时，应当承担任务懈怠责任。

（2）免除的一般原则

要免除管理人员等的任务懈怠责任，原则上需要全体股东的同意（424条）。公司法出于防止董事懈怠追究责任的风险考虑，认可单独股东也有权提起责任追究之诉（股东代表诉讼。847条以下），这是为了保证股东代表诉讼的实效性，原则上禁止以股东多数决的形式免除责任。但是，这项原则存在以下的例外：

（3）以诉讼和解进行免除

（a）公司提起追究管理人员责任之诉的场合

股份公司在追究责任之诉（指《公司法》847条规定的追究管理人员等任务懈怠责任的诉讼）中进行和解（民诉267条）的，不适用《公司法》424条即免除需要全体股东同意的规定（850条4款）。因此，在该诉讼和解上，依公司代表人（在追究董事或执行官责任之诉中，依据353条、386条1款、399条之七1款、408条1款规定代表公司的人。对除此以外的人员的诉讼中，根据一般原则，为公司的代表董事或首席执行官）的意思表示，可以免除相关人员的任务懈怠责任。需要注意的是，被免除者为董事或执行官的，作为一种利益冲突交易，需要得到股东大会或董事会的承认（356条1款2项、365条1款）。

公司提起责任追究之诉的，必须不迟延地将此信息进行公告，或者通知股东（849条5款）。知悉存在诉讼的股东可以参加到该诉讼中（同条1款，民诉52条），行使追究责任的权利（实际上，股东参加诉讼的，公司不得未经该股东同意就以和解方式免除被诉人员责任。参照:民诉40条1款)。以诉讼上的和解来部分免除责任,公司通过督促被部分免除责任的管理人员履行剩余债务等形式保护自身的利益,和解内容亦需要接受法院的监督,故不当免除的风险相对较小。鉴于以上情形,责任追究之诉上的和解通常可以实现免除责任的目的。当然,诉讼和解中公司的代表人必须尽到善良管理人的义务,判断免除(需要同时衡量免除以外的和解的各种条件)是否符合公司的利益。决定免除的公司代表人违反勤勉义务的,将被追究任务懈怠责任。

(b)股东代表诉讼

在股东代表诉讼中,可以在得到公司同意的条件下,以诉讼和解免除管理人员的责任(850条1款—4款)。对此,将在股东代表诉讼的章节中予以说明。

(4)任务懈怠责任的部分免除、责任限定契约(限制责任)

(a)概说

《公司法》认可在一定要件之下,公司有权部分免除管理人员等的任务懈怠责任(425条、426条),以及根据与管理人员等之间的契约,事先将任务懈怠责任限定在一定金额以内(责任限定契约。427条。责任限定契约也可仅适用于非业务执行董事等。同条1款)。任务懈怠责任的部分免除与责任限定契约合起来,被本书称为"责任限制"。这是随着1993年《商法》修改以后股东代表诉讼的激增(→专栏4-72),为防止过度的追究责任导致公司经营萎缩以及管理人员后继无人,于2001年《商法》修改时设立的制度[太田等(2002),田中(2002)]。此外,伴随着2014年《公司法》修改创设了多重代表诉讼制度,对该诉讼对象的责任(特定责任。425条1款)限制规定了追加要件,这些将在多重代表诉讼一处进行说明。

(b)责任限制的对象

可以限制责任的行为仅限于管理人员等执行职务时善意且无过失(425条1款、426条1款、427条1款)。当管理人员等存在恶意或重大过失的,即使追究其全部责任,也不会导致公司经营趋于萎缩[监事虽怠于履行职责但无重大过失,因而适用责任限定契约的事例,参见:大阪高判平成27.5.21判时2279号96页(百选Ap31,商判Ⅰ-124,セイクレスト事件)]。

(c)最低责任限度额

责任限制对应管理人员等在公司的地位,只有超过下列规定的金额(最低责任限度额)才可以豁免(425条1款、426条1款、427条1款)。

具体为:①代表董事或首席执行官六年的薪酬;②除①外的业务执行董

事(2条15项)或执行官四年的薪酬;③除①②外的董事、会计参与、监事、会计监察人(427条所称的"非业务执行董事等")两年的薪酬(此处的"薪酬"的计算方法由会则113条规定,较361条1款的范围广,包含兼任使用人董事的收入。425条1款1项、会则113条1项。也包含管理人员等以有利条件受领的新股预约权得到的利益。425条1款2项,会则114条)。

法律规定最低责任限度额的目的在于,通过使管理人员等承担责任,给予这些人员勤勉履职以最低限度的激励。根据该人员对公司经营的参与度不同,其责任的程度亦有所轻重。公司法区分这些人员的不同地位,在最低责任限度额上设置了差异[太田等(2002)10—11页]。

(d)以股东大会特别决议部分免除责任

股份公司在上述(b)(c)的要件的基础上,有权以股东大会特别决议的形式部分免除管理人员等的任务懈怠责任(425条1款、309条2款8项)。

在设置监事的公司或委员会型的公司中,要向股东大会提出部分免除董事(审计等委员或者身为审计委员的董事除外)或执行官的责任,需要全体监事、审计等委员或审计委员的同意(425条3款)。这样规定的目的在于,作为业务执行机关的董事、执行官,其相互串通不当免除责任的风险很大,需要法律予以特别的规制。

董事必须在股东大会上,就责任原因事实以及应当免除责任的理由等由425条2款各项所规定的事项进行披露。这是为了提供给股东必要的信息,以判断应否免除责任。

(e)基于章程规定的部分免除董事等责任

在设置监事的公司(只限于存在两名以上董事的场合)或委员会型的公司中,根据董事会的决议(非董事会设置公司中,拟被免除责任董事以外的董事的半数以上同意),可以以章程规定部分免除管理人员等的任务懈怠责任(426条1款)。根据本制度部分免除责任,[满足上述(b)(c)的要件为前提]只有结合该人员执行业务及其他情况,认为有特别的必要时才可以适用[同款。何为"有特别的必要",参照:コンメ(9)314—315页(黑沼悦郎)]。

制度的宗旨在于,如果总是要求需要股东大会的特别决议免除责任(425条),而召开股东大会并非易事,则责任是否被免除会长期处于不确定状态,可能导致公司经营的萎缩。赋予董事(会)决定权可以使责任免除得以灵活进行。需要注意的是,为了避免免除责任的随意性,法律只允许董事为两人以上且设置监事的公司或委员会型的公司利用此制度。

董事(审计等委员或审计委员除外)或者执行官要利用本制度的,向股东大会提出免除责任的变更章程议案时,以及实际上进行免除责任的董事会决议(或者董事的半数以上同意)时,需要全体监事、审计等委员或审计委员的同意(426条2款)。

董事(会)同意依据本制度部分免除责任的,董事必须不迟延地将425条2款各项所列事项以及对免除有异议时,于一定期间(一个月以上)把陈述异议的情况发出公告,或者通知股东(426条3款。非公众公司仅用通知即可。同条4款)。在该期间内,当持有全体股东表决权3%(可以章程降低)以上的股东对免除陈述有异议时,则不得根据本制度进行免除(同条7款)。此时,公司还欲免除的,应当得到股东的明示意思表示[425条的特别决议→(d)]。

(f)基于章程规定的责任限定契约

股份公司可以通过章程规定:业务执行董事(2条15项)以外的董事、会计参与、监事或会计监察人(非业务执行董事等)的任务懈怠责任除了满足上述(b)(善意、无重大过失)的要件,还可以与上述人员签订契约,约定在章程事先确定的金额与最低责任限度额[根据425条1款1项(3),为两年的薪酬→(c)]之间取高者作为限定责任的金额(责任限定契约。427条1款。参照:同条2款)。相比于依据425条、426条部分免除责任,即对管理人员等业已承担的任务懈怠责任进行事后、个别限制,责任限定契约只限于非业务执行董事等,事先、一般性地将任务懈怠责任限制在一定金额之内(→专栏4-71)。

在监事设置公司或委员会型的公司中,要向股东大会提出与董事(审计等委员或者审计委员除外)签订责任限定契约的变更章程议案,并需要全体监事、审计等委员或者审计委员的同意(427条3款)。签订了责任限定契约的公司,在知道(作为契约相对方的)非业务执行董事的任务懈怠行为给公司带来损害时,必须在其后召开的股东大会上,将关于限制责任的信息进行披露(同条4款)。

▶▶▶ **专栏4-71　责任限定契约(事前的责任限定)的旨趣以及利用状况**

虽然依据《公司法》425条、426条规定可以部分免除管理人员等承担的任务懈怠责任(事后的责任限制),但实际上管理人员等并不清楚公司是否会部分免除其责任。因此,公司经营出现萎缩以及管理人员难以为继的可能性依然存在。责任限定契约(事前的责任限定)具有消除上述管理人员一方风险的优势。同时,对公司、股东而言亦存在着风险,即在不知道会对公司造成多大损害的情况下,一般性地限定管理人员的责任。因此,公司法在综合考量以上优、缺点的情况下,将事前责任限定的对象限制在相对需求较高(非业务执行董事等可以进行有效的监视、监督,但存在高风险之下不愿就任的风险),且滥用的风险较小(与管理层不同,非业务执行董事等不存在握有公司经营实权、不合理地限制自身责任的情况)的非业务执行董事等人员之上。2014 年《公司法》修改前,除了会计参与、会计监察人,只承认外部董事、外部监事适用责任限定契约。2014 年《公司法》修改时,随着不参与公司业务也被否定外部性的母公司关联人等人员的增加[2 条 15 项(3)、16 项(3)],事前的责任限定拓展至一般非业务执行董事等。

截至 2014 年 7 月,东京证券交易所(东证)上市公司中,与外部董事签订责任限定契约的公司占比为 78.6%[东京证券交易所(2015)36 页],与外部监事签订责任限定契约的公司占比为 66.5%(同 42 页)。可见,仅就上市公司的外部董事与外部监事而言,事前的责任限定在实务中已成为普遍现象。

(g)防止脱法行为的规制

公司部分免除管理人员等的责任,或者适用责任限定契约限制管理人员等的责任后,又向该人员等支付退职慰劳金(会则 115 条)时,必须得到股东大会的承认(425 条 4 款、426 条 8 款、427 条 5 款)。与通常的支付退职慰劳金决议不同,不允许以一定基准为前提,将具体的支付金额决定权全权委托给董事会,而必须在明确该人员的支付金额后进行表决[太田等(2002)11 页]。这样规定是为了防止免除该人员责任后又支付其多额退职慰劳金,从而规避最低责任限定额的规定。基于相同的旨趣,当管理人员等行使或转让以有利条件受领的新股预约权(425 条 1 款 2 项)时,需要得到股东大会的承认(同条 4 款、426 条 8 款、427 条 5 款)。

■ 3 股东为保证公司业务的适正性所享有的权利

□ 1 概说

股份公司的业务是否得到适当、正确地执行,也就是说,是否遵守法令、公司章程,并为了公司乃至股东的利益履行职责,是股东最为关心的事情。公司业务被不适当、不正确地执行的,股东有权在股东大会上替换董事及其他管理人员。但是,当前述管理人员自身就是多数派股东或者多数派股东的亲属时,这些手段就无法发挥作用。即便不至于此,也无法充分防止管理人员隐藏的不法行为。

因此,公司法承认股东代替公司追究管理人员及其他某些人员的责任(股东代表诉讼),以及请求停止董事或执行官的违反法令、章程的行为(违法行为等停止请求权)。此外,当被怀疑存在不适当、不正确的业务执行行为时,赋予持有一定数目以上的股份或表决权的股东向法院申请的权利,通过选举检查员调查公司的财产以及业务状况(358条)。以下将对保证公司业务适当性、正确性的各项制度进行解说。

□ 2 股东代表诉讼(股东追究责任等的诉讼)

(1)意义

管理人员等对公司负有任务懈怠责任及其他责任的,原则上由公司追究相关人员责任。但是,如果将追究责任完全委托给公司判断,可能会诱发管理人员间的同僚意识,使本来应当追究的责任无法得到追究(这称为"提诉懈怠可能性")。因此,公司法认可股东有权代替公司提起针对管理人员及其他相关人员责任的诉讼(847条以下),这称为"股东追究责任等之诉"(847条条文内容提示)或者"(股东)代表诉讼"(后者的用语在公司法上不存在,但因被普遍使用,本书也遵循使用)。代表诉讼为法定诉讼的一种,其确定判决的效力不论胜诉与否都及于公司(民诉115条1款2项)。

《公司法》称847条1款规定的诉讼为"追究责任等之诉"(同款)。这除了包含本部分介绍的股东代表诉讼,还包括公司作为原告提起的追究责任诉讼,以及后续□3介绍的多重代表诉讼。

▶▶▶ 专栏 4-72 股东代表诉讼

股东代表诉讼是1950年修改《商法》时从美国引进的制度。引进后一段时间内鲜有使用,但泡沫经济破裂后,出现向"总会屋"提供利益以及企业财务造假等事件,随着1993年修改《商法》时明确了低额的代表诉讼手续费,代表诉讼开始激增(日本全国地方法院受理的股东代表诉讼的件数,截至1993年年末为76件,截至1998年年末为222件。资料版商事205页117页)。近年来,新受理代表诉讼的件数以几十件的程度推移[商事法务新闻(2022)]。案件大多适用经营判断原则驳回股东的请求，也有如承认违反内部治理体系的构筑义务的大和银行事件[大阪地判平成12.9.20判时1721号3页(商判Ⅰ-132)]那样，肯定了巨额赔偿责任的具有影响力的判决[主要的股东代表诉讼事件一览表，参照：资料版商事376号201—218页(2015)]。特别是管理人员等故意违反法令给公司造成损害的事例，几乎被无一例外地肯定了责任[东京地判平成6.12.22判时1518号3页(贿赂行为)，东京地判平成8.6.20判时1572号27页(商判Ⅰ-139，违反关税法)等]，东京高判令和元.5.16判时2459号17页(驳回上诉、不受理上诉申请、最决令和2.10.22。违反金商法等)。可以说，在规范公司经营上，股东代表诉讼发挥了一定的作用。

但是，也存在另一种风险，即因一名股东偏颇的判断而提起绝大部分股东不希望提起的代表诉讼。对此，在代表诉讼的母国法——美国法上，当董事会判断代表诉讼对公司不利的，法院(该判断的合理性需要经过一定的审查)可以根据公司的申请，驳回该代表诉讼(早期终了制度)。实际上，这样的制度是以外部董事占据董事会半数以上(→专栏4-33，专栏4-37)且独立于管理层为前提的，不能指望直接将美国的制度引入日本。但是，在进行代表诉讼的制度设计时，必须要在公司一方的提诉懈怠可能性与股东一方的滥诉可能性之间慎重地取得平衡。至于现行的制度是否会取得适当的平衡，需要进行不断的验证[关于代表诉讼的意义和问题点，参照：数字でわかる98—103页(田中亘)，加藤(2015)。关于导入代表诉讼早期终了制度的评价，参照：顾(2021)，高桥(2021b)]。

(2)提诉的适格主体

有权提起代表诉讼的主体原则上为六个月前(可以用章程缩短)持续持有公司股份的股东(847条1款)，非公众公司不要求持续持股要件(同条2款)。这样规定的理由在于，在非公众公司，股份的转让取得需要得到公司的承认，通常不会发生以扰乱公司为目的取得股份、提起代表诉讼的滥用行为。

提起代表诉讼的权利为单独股东权(即便持有一股也可以提起诉讼的权利)。提起追究责任等之诉未必都对公司有益(→专栏4-72)，现行法为防止公司怠于追究责任，较为宽泛地规定了代表诉讼的提起权。但是，在采用单位股制度的公司中,可以依据章程规定不满单位股的股东无权提起诉讼(189条2款、847条1款)。

(3)代表诉讼的对象

(a)概说

股东除了有权以代表诉讼追究管理人员等(参照423条1款)对公司所负的责任,还有权追究发起人、设立时董事、设立时监事以及清算人的责任(847条1款)。此外,接受利益提供的受益人的责任(120条3款),以不公正的金额认缴股份、新股预约权者的责任(212条1款、285条1款),虚假出资时认缴人的责任(102条之二1款、213条之二1款、286条之二1款)也是代表诉讼的对象(847条1款)。

(b)"责任"的范围

代表诉讼可以追究的"责任"范围存在争议。判例上,除了以任务懈怠责任(423条1款)为代表的公司法上的责任(120条4款、462条1款等),还包括董事与公司间交易所负的债务[最判平成21.3.10民集63卷3号361页(百选64,商判Ⅰ-142)。董事基于与公司间签订的契约所负的所有权转移登记义务,构成代表诉讼追究的对象。→专栏4-73]。

▶▶▶ **专栏4-73 代表诉讼对象的"责任"范围**

学说上,代表诉讼的对象存在两种对立的立场,即管理人员等对公司所负的全部债务均为代表诉讼的对象(全债务说),与代表诉讼仅限于公司法上的责任(限定说)[吉原(2011)]。限定说主张:日本法与其母国法的美国法不同,不存在以公司(董事会)的判断停止代表诉讼的制度(→专栏4-72),为了防止发生滥诉,有必要对代表诉讼的对象进行限制。但是,站在限定说的立场上,例如,即使董事对公司的交易债务被排除在代表诉讼的对象之外,股东也有权以董事不履行交易债务引起公司损害为由,以代表诉讼追究该董事的任务懈怠责任,则(限定说主张的)防止股东通过提起代表诉讼扰乱公司或管理人员的作用无从发挥。并且,在现行法之下,对于滥诉,《公司法》847条1款但书基本上可以应对[→(4)]。相对而言,公司怠于提起诉讼的可能性也存在于公司法上的责任以外的责任中,847条1款也未将"责任"的范围进行特别的限定,因此,应当支持全债务说。

相对于学说,判例上(前引最判平成21.3.10),除了公司法上的责任,也包括董事对公司所负的交易债务,但该案中的其他债务(以公司的所有权为依据的转移登记义务)被排除在代表诉讼的对象以外,似乎采全债务说与限定说的中间立场。判例将交易债务包含在其中的理由在于,董事因对公司负有忠实义务(355条),就应当履行该交易义务。但这样说的话,董事基于其忠实义务,也理应负有不损害公司所有权的义务,那么以所有权为依据的转移登记义务被排除在代表诉讼以外的理由就变得不甚明了。因此,采全债务说的立场更为妥当。

需要注意的是,即便采全债务说,股东有权提起代表诉讼的对象仅仅限于《公司法》847条规定的责任。因此,管理人员等退任后,其对公司负担的债务不再成为代表诉讼的对象[东京高判平成26.4.24 金判1451号8页(商判Ⅰ-144)]。另外,当管理人员等与第三人之间签订的合同构成对公司的欺诈行为的,股东不得基于代表诉讼提起以该第三人为被告的诈害行为撤销之诉(仙台高判平成24.12.27判时2195号130页)。

(c)退任与代表诉讼

一旦管理人员等成为代表诉讼的对象,即使其后从公司退任,股东也有权以其为被告提起代表诉讼(东京地判平成6.12.22判时1518号3页)。因为,如果在确定败诉的时点辞去职务可以逃避责任的话,代表诉讼的功能将受到严重损害。负有责任的管理人员等死亡的,股东有权以其继承人为被告提起代表诉讼(类型别Ⅰ294页)。

(4)防止滥诉的对策

当代表诉讼系为股东或第三人牟取不正当利益,或者以加害公司为目的的,股东不得提起代表诉讼(847条1款但书)。这是为了防止滥用代表诉讼,于《公司法》制定之际设置的限制(847条制定前,以前述目的提起代表诉讼被驳回的事例,参见:长崎地判平成3.2.19判时1393号138页)。

(5)提起诉讼的请求

(a)原则

即便有代表诉讼的对象,也并非意味着股东有权直接提起诉讼,而应首先请求公司提起诉讼进行责任追究(提诉请求。847条1款、会则217条),以给予公司讨论是否提起诉讼的机会。公司在提诉请求之日起60日以内不提起诉讼的,股东始得提起代表诉讼(同条3款。公司必须通知股东不起诉的理由。同条4款、会则218条)。当追究董事或执行官的责任时,若监事、审计等委员或审计委员(以下称"监事等")代表公司的(386条1款1项、399条之七1款2项、408条1款2项),则代表公司接受股东请求者也属于"监事等"之列[386条2款1项、399条之七5款1项、408条5款1项。股东应当在提诉请求书中将监事等记载为公司的代表人。即便股东误将代表董事或首席执行官作为公司的代表人记载,监事等在正确理解记载内容的基础上作出是否提诉的判断的,该提诉请求合法。最判平成21.3.31民集63卷3号472页(百选Ap24,商判Ⅰ-143)]。

股东不请求公司而径直提起代表诉讼的,原则上按照欠缺诉讼要件驳回起诉处理。作为例外,公司辅助参加到代表诉讼被告一方,未主张欠缺提诉要件而应诉的,诉讼合法[东京高判平成26.4.24金判1451号8页(商判I-144)]。

(b)例外

虽有以上原则,当可能发生公司白白浪费讨论期间(847条3款)致使发生难以恢复的损害风险的,股东有权不经请求而直接提起代表诉讼(同条5款)。

(6)管辖

代表诉讼由总公司所在地的地方法院专属管辖[848条。与责任追究等之诉(847条1款)共通]。

(7)诉讼费用

提起民事诉讼需要向法院缴纳规定的诉讼费(诉讼费用的预缴。《民事诉讼费用法》3条),一般而言,有关财产权请求之诉的手续费随请求额的增大而增加(同法4条1款、另表第一之1款)。但是,代表诉讼的场合,即便原告股东胜诉,被告履行责任的对象是公司而非原告股东。此时,如果原告股东必须根据诉讼标的额缴纳手续费的话,会不当地压制代表诉讼的积极性。因此,在诉讼金额的计算上,代表诉讼被视为非财产权请求之诉,(847条之四1款),股东仅负担一定的手续费(根据《民事诉讼费用法》4条2款、另表第一之1款规定,金额为13000日元)就可以提起代表诉讼。

(8)提供担保命令

代表诉讼的被告向法院释明提起该诉讼系恶意的,法院有权根据被告的申请,责令原告股东提供一定的担保(提供担保命令。847条之四2款、3款)。这样规定的目的在于,当代表诉讼作为不当诉讼构成对被告的侵权行为时,被告可以确保其对原告股东享有的损害赔偿请求权(名古屋高决平成7.3.8判时1531号134页)。所谓"恶意",是指明知缺乏事实上、法律上的依据,或者明知脱离代表诉讼的旨趣而以不当的目的加害被告,却依然提起代表诉讼的情形。鉴于提供担保命令在程序上先于法庭审理,故对"恶意"的认定应当慎重[东京高决平成 7.2.20 判夕 895 号 252 页(百选 65,商判Ⅰ-146),大阪高决平成 9.11.18 判时 1628 号 133 页。以上两个案件均撤销了原裁定的提供担保命令]。

(9)公司或股东的诉讼参加、诉讼告知

(a)股东的诉讼参加

股东有权作为共同诉讼人(共同原告)参加到其他股东提起的代表诉讼中(共同诉讼参加,849 条 1 款、民诉 52 条。不当使程序延迟等情形除外,同款但书)。股份公司提起的追究责任等之诉亦如此(849 条 1 款)。

(b)公司的诉讼参加

股份公司也有权作为共同诉讼人(共同原告)参加到代表诉讼中(849 条 1 款)。实际上,在代表诉讼中,相比于参加到原告一方进行诉讼,公司更多的是辅助参加(民诉 42 条)到被告一方,主张、举证被告没有责任。《公司法》849 条 1 款的条文上似乎对公司的辅助参加不设限制,但根据《民事诉讼法》的原则,公司需要对诉讼的结果(防止被告败诉)具有法律上的利害关系(辅助参加的利益,民诉 42 条→专栏 4-74)。此外,代表公司辅助参加到被告一方的,原则上为公司的代表董事或首席执行官(由于不是公司与董事之间的诉讼,故不适用 353 条、386 条 1 款、399 条之七 1 款、408 条 1 款)。需要注意的是,监事设置公司或委员会型公司中,为了辅助董事、执行官以及清算人(以及曾经担任过以上职务者)而参加到诉讼中,需要区别不同公司类型,得到各监事、各审计等委员或者各审计委员的同意(849 条 3 款)。这是为了防止业务执行者之间的同僚意识导致的不当诉讼参加。

▶▶▶ ★专栏4-74 公司辅助参加到代表诉讼的被告一方

2005 年修改前的《商法》里并没有公司是否可以辅助参加到代表诉讼被告方的规定。学说倾向于否定的立场。代表性立场有二:第一,如果代表诉讼中被告方胜诉,等于实质上剥夺了公司对被告的损害赔偿请求权,这不仅对公司带来不利,更难以保障公司法律上的利益;第二,即使被告应承担责任,但高管之间的同僚意识恐会让公司空手而归{岩原[2016b(初出 1995)]371—377 页}。尽管如此,判例认为,当代表诉讼非以被告董事的个人逃避责任行为,而是以董事会决策的违法性为由提起诉讼的,承认该诉讼将会给公司带来私法以及公益上的影响(例如,公司可能因违法的决策被第三人追责),故公司为了防止败诉而拥有法律上的利害关系(辅助参加的利益),因而应当允许公司辅助参加到被告一方[最决平成13.1.30民集55卷1号30页(百选Ap25,商判I-145)]。

《公司法》849条1款回应了以上解释论之争,明确规定:若没有特殊的限定,允许公司"为了辅助当事人一方"而参加到代表诉讼中。立法起草负责人对此做出说明:关于辅助参加利益之有无的争论,并不符合诉讼经济学的观点,故无论是否存在辅助参加的利益,都应当允许公司辅助参加到被告一方(立案担当219页)。这样的说明有些武断,因为,为何在这里不需要《民事诉讼法》的要件(民诉42条)呢?起草人并没有给出合理的解释,而且,即便在《公司法》中,辅助参加的利益也是必要的[笠井(2016)143页]。因此,当代表诉讼以被告个人的逃避责任以及违反义务行为(例如,违法与公司竞业等。356条1款1项,365条1款)为由,而不是追究公司决策的违法性时,按照以上判例的立场,公司不得辅助参加到被告一方。

(c)诉讼告知等

股东提起代表诉讼时,应当及时告知公司(849条4款、民诉53条)。得到诉讼告知的公司必须及时进行公告或者通知股东(同条5款。但非公众公司需要经常保持对股东的通知。同条9款)。此外,公司自身提起追究董事责任之诉时,也需要履行同样的公告或者通知手续(同条5款、9款)。因为,追究董事责任之诉判决的确定效力及于公司(进而及于拟提起代表诉讼的股东),对公司、股东进行通知正是为了给予二者参加诉讼的机会。

(10)对非股东的诉讼追责

代表诉讼进行中,原告因转让股份等事由失去股东资格时,原则上诉讼会因原告丧失适格的身份而被驳回。需要注意的是,该公司通过股权置换或者股权转让完成全资子公司手续后,原告成为该公司的全资母公司的(847条之二1款,会则218条之三)股东时,或者该公司因被吸收合并丧失法人资格,原告成为新设公司或存续公司的全资母公司的股东时,原告有权继续参加代表诉讼[851条1款。责任追究之诉中的共同诉讼参加人(849条1款)股东亦同]。这样规定是因为原告作为全资母公司或者新设公司或存续公司的股东,对追责诉讼的结果具有法律上的利害关系,如果此时驳回起诉,会让他们之前进行的诉讼活动归于乌有。在以上场合中,全资母公司、新设公司或存续公司再次进行股权置换、股权转让或者合并时,准用《公司法》851 条 1 款的规定(同条 2 款,3 款)。

(11)代表诉讼与和解

(a)和解的法律效果

在股东代表诉讼中,即使原告股东与被告进行诉讼上的和解,该和解也不产生与确定判决同样的效力(850 条、民诉 267 条)。因为,如果承认了这样的效力,可能会因原告股东与被告之间勾结而影响和解的公正性,这与《公司法》上严格规制责任免除的立法宗旨相悖(424 条)。但存在例外:第一,公司是和解的当事人(850 条 1 款);第二,公司虽不是当事人,但和解得到公司的承认(同款但书)。这两种情况下,和解具有与确定判决同样的效力。在第二点上,法院必须通知公司和解的内容,并且发出催告,对该和解内容有异议的必须在两周以内提出异议(同条 2 款)。如果公司在法定期间内未提出异议,视为承认和解协议的内容(同条 3 款)。满足了以上要件的和解可以不适用《公司法》424 条等规定,不经全体股东同意而免除被告的责任(850 条 4 款)。

鉴于诉讼上的和解多用于督促被告尽快履行责任等合理的场合,以及原告以外的股东有权通过公告或者通知得到参加诉讼的机会(849 条 5 款),若公司同意,可以对诉讼上的和解以及相关的责任免除进行认可。需要强调的是,并非原告以外的所有股东都有机会知悉和解的内容,这样的规定是否可以有效防止原告股东、被告以及公司(董事、高管)之间相互勾结而做出有损公司利益之事,仍存有疑问[田中(2002)]。

(b)公司参加和解的规制

当公司提起追究董事(审计等委员以及审计委员除外)、执行董事以及清算人等的责任之诉时(除了股东代表诉讼,还包括公司作为原告追究以上人员责任之诉)并参加和解的,在设置监事的公司中,必须得到各个监事的同意;在审计等委员会设置公司中,必须得到各个审计等委员的同意;在提名委员会等设置公司中,必须得到各个审计委员的同意(849 条之二)。这是为了防止公司高层之间勾结损害公司利益而在 2019 年《公司法》修改中新设的规定。

▶▶▶ ★专栏 4-75 代表诉讼中的证据收集

一般而言,作为股东代表诉讼的原告股东并不精通公司的内部事务,为了加强责任追究的效果,有必要灵活运用《民事诉讼法》上的证据收集规定[如文书提出命令申请(民诉 219 条)等]。在处理以自己使用为目的的内部文书上,《民事诉讼法》220 条 4 项(2)号规定了不在文书提出义务对象之内的情形。对此最高法院认为,股东代表诉讼上的公司内部资料也应当适用文书提出命令申请(最决平成 11.11.12 民集 53 卷 8 号 1787 页。金融机关的放贷禀议书相当于以自己使用为目的的内部文书)。可见,原告股东的证据收集可能会相当困难。

《民事诉讼法》220 条 4 项(2)号的立法宗旨在于排除对团体自由意思形成的阻碍,但不应当用于免除违反法定义务的公司高管,故法院在适用该规定时应当谨慎。神户地决平成 24.5.8 金判 1395 号 40 页(シャルレ事件)中,法院一方面承认有关 MBO(→专栏 9-6)意思形成的资料(往来的电子邮件)属于以自己使用为目的,但在确定不进行 MBO 的前提下,认为即便公开该资料也不会对公司产生不利影响,遂责令该机构提供文书。在该事件中,等于实际上肯定了董事的任务懈怠责任[大阪高判平成 27.10.29 判时 2285 号 117 页(百选 Ap28,商判Ⅰ-153),シャルレ事件]。

(12)判决结果

(a)概说

股东代表诉讼的确定判决效力及于公司,而不问原告胜诉或者败诉(民诉 115 条 1 款 2 项)。因此,不仅原、被告,公司也不得主张与该生效判决相反的意见。例如,股东代表诉讼以失败告终时,公司不得基于同一请求事项追究被告责任,原告以外的股东也不得以代表诉讼追究被告责任,理由在于股东代表诉讼是股东代位公司行使公司的权利。但是,当股东代表诉讼的原告与被告通谋,以损害公司利益为目的提起诉讼的,公司或者原告以外的公司股东有权提起再审之诉(853 条 1 款)。

(b)强制执行

股东代表诉讼的确定判决效力及于公司,故公司有权以该判决为债务名义,向法院申请对被告强制执行(民执 22 条 1 项)。需要注意,如果将申请强制执行的判断权完全交给公司的话,则存在因同僚意识懈怠申请的风险。因此,股东代表诉讼的原告股东也有权申请强制执行(原告股东也相当于《民事执行法》23 条 1 款 1 项所称的"标注存在债务名义的当事人"。类型Ⅰ312 页)。

(13)胜诉股东的权利与败诉股东的责任

(a)费用等的请求

在股东代表诉讼中胜诉的股东(包含部分胜诉)有权向公司请求支付其

为了进行诉讼所付出的诉讼费以及律师费(费用等的请求。852 条 1 款,参照 3 款)。理由在于,股东代表诉讼中被告的责任被确定时,赔偿金并不是直接支付给股东而是公司。此时,如果让股东自行承担诉讼费用,将极大地打击股东为了公司维权的积极性。因此,费用等的请求是支撑股东代表诉讼的实效性的不可或缺的制度。这里的"胜诉"包括被告依据和解协议承诺给予公司赔偿金(东京高判平成 12.4.27 金判 1095 号 21 页)。此外,"相当的金额"需要根据事件的难易程度、律师付出的劳动、时间,法院认可的金额以及实际回收金额等代表诉讼的情势及诸般因素而定(大阪地判平成 20.7.14 判时 2093 号 138 页,ダスキン事件。关于相当的律师报酬,法院认可的八千万日元"接近实际回收金额的 10%"。另参照:东京地判平成 16.3.23 判夕 1158 号 244 页)。

(b)败诉股东的责任

在股东代表诉讼中败诉的股东,对于因诉讼造成的公司的损害(调查取证的费用支出、公司信用毁损等),有可能对公司承担侵权责任(民 709 条)。同时,为了不让股东代表诉讼陷入萎缩,原告股东除了存在恶意,将不对公司承担损害赔偿义务(852 条 2 款。另参照:3 款)。另外,败诉股东可能会对被告承担侵权行为责任,这些《公司法》并没有特别的规定,作为民事诉讼的侵权行为(不当诉讼)处理即可(最判昭和 63.1.26 民集 42 卷 1 号 1 页中,法院认为,原告明知或者常人也可判断出请求没有合法依据依然提起诉讼,此行为严重欠缺合理性,遂认定为侵权行为)。

★ □3 多重代表诉讼等

(1)概说

股东代位公司依照《公司法》847 条 1 款提起股东代表诉讼,诉讼主体仅限于该公司的股东。即使该公司存在母公司且母公司股东为了该公司(对母公司而言为子公司)利益,原则上也不得代位该公司提起股东代表诉讼。但是,在这样的母子公司关系之中,在法律特别认可的情况下,母公司的经营管理人员有权判断追究子公司管理人员责任是否符合该子公司以及母公司的利益。当起诉被法院认为适当的情况下,可以例外容许母公司发挥自己的影响力,让子公司提起追究其高管责任之诉,或者母公司自身提起追究子公司高管的代表诉讼。这样的规定乃是基于保护母公司股东利益的考量。

公司法认可在满足一定要件的情况下,全资母公司的股东有权提起针对全资子公司高管及相关人员的代表诉讼。具体包括:第一,最终全资母公司股东提起的追究特定责任之诉(847 条之三。也称多重代表诉讼→专栏 4-76);第二,追究原有股东责任之诉(847 条之二)。下面介绍这些特殊的代表诉讼(本书将两者合并称为"多重代表诉讼等")。

>>> ★专栏4-76 多重代表诉讼制度

多重代表诉讼是2014年《公司法》修改时创设的新制度。本制度引进的主要契机是上市公司中纯粹持股公司(母公司不从事经营,而是通过操纵子公司,以指挥、监督子公司为业→专栏9-19)形态的增加[加藤(2005)333—334页]。在这样的纯粹持股公司架构中,母公司专事操控子公司的经营,如果不允许母公司的股东针对子公司高管提起股东代表诉讼的话,对母公司股东的保护是不充分的。其实,也有反对意见认为,这样会导致母公司股东的权利滥用。最后,公司法承认并导入了多重代表诉讼制度,但限于以下场合:第一,诉讼主体限于最终全资母公司的股东;第二,股东权性质为少数股东权而非单独股东权;第三,限于重要的子公司责任(特定责任)。在满足以上要件的情况下,立法引入了多重代表诉讼制度(847条之三)。

(2)最终全资母公司等股东提起的特定责任追究之诉

(a)诉讼主体适格问题

《公司法》847条之三规定,当公司存在最终全资母公司时,六个月前持续持有该最终全资母公司全体股东表决权1%以上的股东或者已发行股份(自有股份除外)1%以上的股东,有权提起多重股东代表诉讼(各个要件可以公司章程适当降低。847条之三1款)。与股东代表诉讼相同,非公众公司不需要六个月的持续持股要件。同条6款)。

"最终全资母公司等"(847条之三1款)的定义本书前面已有介绍,简单来说,最终全资母公司等就是指居于以全资母子公司关系(持有全部已发行股份的关系)缔结的企业集团顶点上的公司。例如,在图表4-22中,A公司(公众公司)是Y公司的最终全资母公司等,则六个月前持续持有A公司1%以上已发行股份或者表决权的股东X,就具备为了Y公司的利益提起多重代表诉讼的资格。B公司是Y公司的全资母公司,但不是最终全资母公司。因此,B公司的股东(A公司)不得提起多重代表诉讼。

因此,某公司(S公司)除了母公司(P公司)还存在其他股东(少数派股东)时,P公司的股东就无法提起多重代表诉讼。此时,因S公司的少数派股东有权提起追究S公司管理人员责任的股东代表诉讼,故没有必要特意赋予母公司(P公司)的股东以起诉权。另外,与股东代表诉讼(847条)不同,《公司法》847条之三之所以规定了少数股东权而不是单独股东权,是因为对于母公司股东而言,子公司产生的损害相比于本公司来说是间接的,同时也考虑到存在滥诉的风险。

(b)多重代表诉讼的对象(特定责任)

多重代表诉讼追究的责任限于公司发起人等(发起人、设立时董事、设立时监事、清算人以及管理人员等。847条1款)的责任原因事实产生之日该公司股份的账面价格超过最终全资母公司等总资产额五分之一(可以公司章程适当降低)时,该发起人等的责任(特定责任。847条之三1款、4款,会则218条之六)。也就是说,只有在由最终全资母公司等形成的企业集团中占据重要地位的公司(从最终全资母公司等的视角看,是全资子公司等)的发起人等的责任,才可成为多重代表诉讼的对象。因为,如此重要的全资子公司等的发起人等在该企业集团内部组织中,完全具有足以匹敌最终全资母公司等管理人员的地位,因其地位的重要程度,就存在怠于追究其责任的风险,故成为多重代表诉讼的对象。

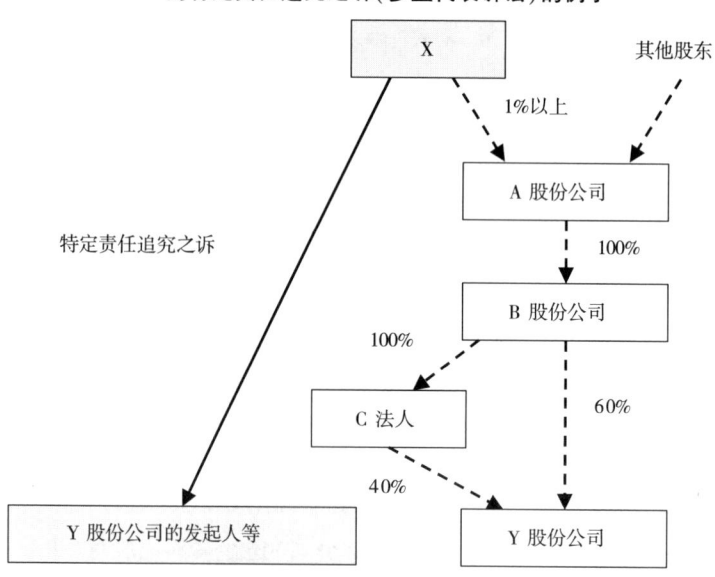

图表4-22 最终全资母公司等股东提起的特定责任追究之诉(多重代表诉讼)的例子

* 虚线表示股份(股份公司以外的法人为份额)的所有关系(数值为持有比例)。
* 只有在责任原因事实发生之日Y公司的股票账面价格超过A公司总资产额五分之一的,X才可追究Y公司发起人等的责任。

最终全资母公司等必须以财务年报披露满足以上要件的全资子公司等（会则118条4号）。

(3) 原有股东的责任追究之诉

公司进行股份交换、股份移转或者该公司在吸收合并中被吸收（以下称为"股份交换等"）时，六个月前持续为该公司股东者，为了该公司的利益有权提起责任追究等之诉（原股东的责任追究之诉。847条之二1款、6款。非公众公司不需要满足六个月前持续持有要件。同条2款）。具体而言，有权起诉的主体为：因该股份交换或者股权移转取得该公司的全资母公司（847条之二1款，会则218条之三）股份并持续持有者，或者因该吸收合并取得存续公司的全资母公司股份并持续持有者。

公司股东如果在上述股份交换等之前为了该公司利益提起代表诉讼，则即使诉讼进行中进行了股份交换等，该股东也有权根据《公司法》851条继续参加代表诉讼。在股东提起代表诉讼之前进行了股份交换等，在2014年《公司法》修改以前，因该股份交换等成为全资母公司股东者是无法为了该公司利益提起股东代表诉讼的。有意见指出，以提起代表诉讼与股份交换等的先后顺序来区别对待代表诉讼的主体资格，缺乏合理性，于是2014年《公司法》修改时创设了本制度（847条之二）。与847条之三的多重代表诉讼不同，根据本项规定追究责任的对象并不限于特定责任。

(4) 多重代表诉讼等的程序

在程序上，多重代表诉讼与普通代表诉讼一样，拟提起诉讼的股东原则上应当首先请求公司（而非最终全资母公司等）向法院起诉（847条之二1款，847条之三1款），一定期间内公司不提起诉讼的，该股东才可以提起代表诉讼（847条之二6款，847条之三7款。例外情况是847条之二8款，847条之三9款）。其他方面与普通代表诉讼适用同样的规定（847条之四—853条）。

(5) 关于多重代表诉讼责任的特则

当免除责任需要全体股东同意时（424条、462条3款但书等），该责任根据《公司法》847条之三成为多重代表诉讼对象的，该责任的免除除了需要公司全体股东同意，还需要取得最终全资母公司等全体股东的同意（847条之三10款）。原股东根据《公司法》847条之二提起责任追究之诉也适用上述规定（同条9款）。这是保证多重代表诉讼的实效性的一项措施。根据前述宗旨，部分免除公司管理人员的任务懈怠责任时，该责任属于特定责任的，部分免除需要最终全资母公司参与（425条1款、4款、5款，426条5款—8款）。公司章程规定了责任限定条款（427条）的，变更章程不需要最终全资母公司等的股东参与,但公司需要履行必要的信息披露义务(同条4款)。

☐ 4 违法行为等阻止请求权

(1)意义以及要件

公司董事违反法令或公司章程,或者存在此可能性时,该行为对公司可能造成严重损害的,六个月前(可以公司章程缩短)持续持有公司股份的股东有权请求法院阻止董事的该行为(违法行为等阻止请求权,360条1款。非公众公司不需要持股要件,同条2款)。相对于股东代表诉讼追究业已发生的违法行为,违法行为等阻止请求权是对正在或者将要发生的违法行为,由股东代位公司进行阻止的行为。与股东代表诉讼一样,其性质为一种法定诉讼[田中(2014b)5—8页]。

在设置监事会的公司或者委员会型的公司中,只有可能发生对公司无法挽回的损失时,股东才有权行使违法行为等阻止请求权(同条3款)。理由在于,在这些类型的公司中,公司监事或者审计(等)委员有权行使违法行为等阻止请求权(385条,399条之六,407条)以监督董事的业务执行行为,不需要股东的特别参与。在提名委员会等设置公司中,是由执行官具体负责公司的业务执行,故赋予股东违法行为等阻止请求权(422条)。

董事的违法行为除了违反法令(不限于公司法)的个别具体规定,还包含董事、执行官违反勤勉义务(330条,民644条)的行为。其实,根据经营判断原则,法律将赋予董事、执行官广泛的经营判断裁量权,故法院在判断是否阻止董事的违法行为时,应当受到这一原则的适当限制[东京高判平成11.3.25判时1686号33页(商判Ⅰ-100)。结论上均为否定判决]。

若提起违法行为等阻止诉讼,可能存在判决确定前该行为已进行完毕而无法有效阻止该行为的风险。因此,实践中多采用申请临时处分(民保23条2款)的形式。

★(2)违反阻止判决、裁定行为的效力

在违反阻止判决、裁定行为的效力问题上,学界存在争议。有意见认为,阻止判决、裁定仅对违法董事、执行官产生不作为义务,但并不影响行为的效力(东京高判昭和62.12.23判夕685号253页中,股东大会决议违反了禁止召开股东大会的临时处分裁定,法院认定该决议行为有效)。但是,这样一来将使阻止请求失去效果。因此,违反阻止判决、裁定的行为系内部行为(公司内部的意思表示)的,由于对内不存在交易安全的考量,可以当然解释为无效[参照浦和地判平成11.8.6判夕1032号238页(商判Ⅰ-74)。该判决中,法院认为,违反禁止召开股东大会的临时处分行为属于公司决议不存在]；行为系外部行为的，当交易相对方存在恶意时，应当解释为无效[コンメ(8)144 页(武井一浩)，田中(2014b)31—32 页]。

□ 5　检查员选任请求权

在公司业务执行上，当发生了疑似不端行为或违法(或违反章程)行为的重大事实时，持有全体股东(无表决权股东除外)表决权 3% 以上的股东，或者已发行股份(公司自有股份除外)3% 以上表决权的股东，为了调查公司的业务以及财产状况，有权向法院申请选任检查人员[检查员选任请求权。358 条 1 款(持有表决权或持股的比例可以公司章程下调)]。

选任检查员的裁判适用非诉程序(868 条以下，非讼事件程序法)。当申请满足《公司法》358 条 1 款的要件时，法院必须进行检查员的选任(358 条 2 款)。实践中，检查员多以律师为主，也有使用注册会计师作为辅助者的。检查员检查的费用以及报酬由公司负担(报酬额可由法院决定。同条 3 款)。检查员须从事必要的调查(有必要的可调查子公司的业务、财产状况)，将调查结果报告给法院的同时(同条 5 款、6 款)，也应将调查内容提供给申请股东(同条 7 款)。申请股东根据调查的结果，决定是否采取违法行为阻止请求权或者提起股东代表诉讼等措施。

▶▶▶ **专栏 4-77　满足持股要件的时间点**

根据判例的立场，股东请求法院选任检查员时需要的表决权或者持股要件，必须持续到确定判决作出时为止(大判大正 10.5.20 民录 27 辑 947 页)。即使申请时满足持股要件，但其后在法院进行裁判时公司发行新股导致申请股东不满足法定要件的，除了公司以妨碍法院裁判为目的发行新股等特殊情形，该申请将因申请人不适格而被驳回[最判平成 18.9.28 民集 60 卷 7 号 2634 页(百选 57，商判Ⅰ-166)]。这是因为，持股要件是申请人适格的要件之一，而申请人适格需要满足"裁判时"(一审法庭辩论终结前)的要求[绢川(2007)109 页]。对于少数股东提起管理人员解聘之诉(854 条)以及行使公司账簿阅览请求权(433 条)时需满足的持股要件，判例极有可能做出同样的解释[绢川(2007)109 页]。

对此，有反对意见认为，本判例中，股东提出申请后处分股份导致不满足持股要件，这是可以理解的，但新股发行中申请人无法参与而导致不满足持股要件的，法院驳回申请是不恰当的[コンメ(8)112 页(久保田光昭)]。

法院认可股东申请选任检查员的事例,参照:大阪高决昭和 55.6.9 判夕 427 号 178 页(百选 Ap30,商判Ⅰ-165)。在这个判例中,法院认为,公司不召开定期股东大会,代表董事任期届满后仍不退位,且用公司资金支付个人的医疗费用。此外,公司为小规模亏损公司,该董事却拿到一千万日元的年薪。这些事实构成足以引起合理怀疑的重大违法行为。

■ 4 管理人员等的第三人责任

□ 1 概说

管理人员等(423 条 1 款)在某些场合需要对公司以外的第三人承担责任。此责任分为因恶意或重大过失怠于履行义务的责任(429 条 1 款)和虚假信息披露责任(429 条 2 款)。

□ 2 因恶意或重大过失的第三人责任

(1) 制度宗旨

管理人员等在履行职务中存在恶意或者重大过失时,该管理人员等承担因此对第三人产生的损害赔偿责任(429 条 1 款)。对于本条的宗旨有各种理解(→专栏 4-78),判例认为,鉴于股份有限公司在经济社会中的重要地位,并且股份公司的活动需要依赖于其机关(管理人员等)的职务行为,故需要对公司管理人员等课以特别的法定责任以保护第三人的利益[最大判昭和 44.11.26 民集 23 卷 11 号 2105 页(百选 66,商判Ⅰ-147)]。在这个前提下,判例是这样解释本条规定的:

第一,本条规定的责任与侵权行为责任(民 709 条)是相互独立的责任,管理人员等即使对第三人不承担侵权行为责任,也可能根据本条规定承担责任。第二,管理人员等怠于对公司履行职责(任务懈怠)时,如果存在恶意或者重大过失,即使该人对第三人的加害行为本身不存在恶意或者重大过失,也适用本条规定。第三,只要管理人员等因恶意或者重大过失怠于履行职责和第三人的损害之间存在相当因果关系,则不论公司因管理人员等怠于履职产生损害,进而造成第三人损害(间接损害),还是直接对第三人造成损害(直接损害),管理人员等均须依照本条规定承担责任。

判例的解释立场遭到有力批判,特别是对《公司法》429 条 1 款的宗旨以及存在意义(本条规定是否有必要)上,存在诸多争议。但是,鉴于其后的法院判决是基于以上判例形成的,对判例的批判放在专栏中介绍(→专栏 4-78),本部分以判例的立场为前提进行介绍说明。

▶▶▶ ★专栏4-78 《公司法》429条1款的宗旨以及存在意义

根据以上介绍的判例(前引最大判昭和44.11.26)之立场,本条规定的适用对象包括直接损害和间接损害,称为"两损害包含说"。对此,有学说认为,《公司法》429条的性质在于减轻管理人员等的不法行为责任(根据《民法》709条,轻微过失也须承担责任)。按照这样的理解,要构成《公司法》429条上的责任,只需要证明:该人的行为属于对第三人的侵权行为,且行为当时存在恶意或重大过失即可。此外,只有在管理人员等的不法行为给第三人造成直接损害时,才适用本条规定(直接损害限定说)。以往,直接损害限定说难以获得广泛支持,原因在于,管理人员等的不法行为责任是否较侵权行为一般原则轻微并不明确。但最近出现重新评价该说的倾向,认为应当重视经营判断原则,以免公司经营因董事义务过重陷入萎缩[高桥(2015)2—24页]。此外,学说上还存在间接损害限定说,认为本条规定应当只适用于间接损害。议论的详细情况参见:[コンメ(9)339—347页(吉原和志),论究Unit06(野田昌毅、高桥阳一)]。

包括判例在内,以往的见解都是以《公司法》429条的存在意义为前提,围绕同条规定的宗旨以及解释展开的。在间接损害情形下,管理人员等对公司负有任务懈怠责任,第三人根据债权人代位权(民423条)的规定请求管理人员等向自己进行损害赔偿(直接赔偿)即可,没有必要承认直接请求权。第三人为股东的,原则上可通过股东代表诉讼主张管理人员等对公司的责任,这样的救济还不够充分的话,以侵权行为责任追究即可(→专栏4-79)。另外,直接损害的场合下,管理人员等的行为构成对第三人侵权的(民709条,715条2款,716条等),第三人直接以侵权行为追究其责任即可,不需要《公司法》429条。相反,当管理人员等的行为不构成对第三人的侵权行为时,则管理人员等因怠于对公司履责进而对第三人承担赔偿责任又是为何?这些地方并不明确。

综上,《公司法》429条的存在意义以及立法必要性存在根本性的疑问。笔者认为,原则上管理人员等的行为构成对第三人侵权行为的,该第三人(除《民法》423条的代位权外)可以追究该管理人员等的责任,此时应当探讨何种场合成立侵权行为。例如,董事在职务上负有维护股东共同利益的义务,董事违反此义务的,应当对股东承担侵权责任。在典型的直接损害事例中,公司董事开出无法承兑的汇票致债权人损失,该董事对第三人承担赔偿责任。此时,在成立对第三人责任的限度内,承认该董事的责任即可(→专栏4-80)。这样的探讨持续下去的话,结论上《公司法》429条将不具备存在意义,最终应当废止。

(2) 要件

根据判例的立场,成立本条规定责任的要件(均为追究责任者承担举证责任)为:第一,公司管理人员等怠于履行责任;第二,管理人员等对于怠于履行责任存在恶意或者重大过失;第三,第三人因此受到损害(直接损害或者间接损害);第四,损害和任务懈怠之间存在相当因果关系。以下区分直接损害与间接损害,对本条规定责任的典型情形予以介绍。

(3) 间接损害事例

(a) 意义

董事怠于履责给公司造成损害,进而给第三人造成损害时,该损害称为间接损害。典型的场合如董事因恶意或者重大过失而怠于履责,对公司造成损害,其结果是令公司陷入资不抵债的境地,公司债权人无法回收债权蒙受损失的,法律承认该董事对公司债权人承担《公司法》429条的损害赔偿责任(东京高判昭和58.3.29判时1079号92页,大阪地判平成8.8.28判时1601号130页等)。

在日本最高法院的判例上,公司代表董事不召开董事会,在业务执行上独断专行,因该董事的任务懈怠(对第三人开出票据用于融资,被该第三人欺骗融资失败,公司负担票据支付义务)导致公司倒闭的,其他董事在履行监督该代表董事执行业务上存在恶意或者重大过失的疏忽,那么根据《公司法》429条,其他董事对公司债权人承担责任[最判昭和48.5.22民集27卷5号655页(百选67,商判Ⅰ-149)]。

(b) 资不抵债公司的董事责任

公司经营连续亏损濒临倒闭时,董事仍不采取重建或者清算措施继续漠然地经营,致命损失扩大进而导致公司债权人无法回收债权的,公司债权人有权适用《公司法》429条追究该董事的责任(东京地判昭和58.5.6金判695号37页,大阪地判平成4.1.27劳判611号82页等)。其实,经营不善的公司采取怎样的对策属于高度的经营判断问题,只要判断过程、内容不存在明显不合理之处,就不应当肯定该董事的任务懈怠责任[高知地判平成26.9.10金判 1452 号 42 页（商判Ⅰ-148）]。

(c)间接损害和股东

公司股东对间接损害原则上应当提起股东代表诉讼以挽回公司的损失，而不应当适用《公司法》429 条追究违法董事的责任。另一方面，在封闭型公司里，控制股东兼任董事的，例外承认同条的适用。（→专栏 4-79）

▶▶▶ **专栏 4-79　股东的"第三人"性**

公司管理人员等的任务懈怠致公司产生损失的，公司的股价随之降低，此时可以认为股东受到间接损害。但是，此种情形下，股东有权提起代表诉讼追究违法管理人员等对公司的责任以挽回公司损失（公司挽回损失意味着股价回升）。此时，股东若依据《公司法》429 条 1 款请求对自己的损害加以赔偿（直接损害），则本来属于公司的财产将被该股东分割出去，这也有违公平，到头来全体债权人的利益受损。因此，在间接损害上，股东原则上不属于本款规定的"第三人"[东京高判平成 17.1.18 金判 1209 号 10 页（商判Ⅰ-151）。出于同样的理由，股东也不得依《民法》709 条追究违法董事责任]。

然而，特别是在非公众型公司（→专栏 1-3），控制股东同时担任高管，当其怠于履行职务时，即使少数派股东代表诉讼胜诉，公司得到的赔偿也是在该控制股东支配之下，少数派股东难以获得实质性救济。此外，因公司的股权没有流通性，少数派股东也没有转让股权退出公司的选项。此时，应当例外地承认股东有权依《公司法》429 条 1 款（或者《民法》709 条）直接请求受到的间接损害[前引东京高判平成 17.1.18（旁论）。控制股东兼任董事从事利益冲突交易的责任判决中，法院实质上肯定了少数派股东的直接请求事例，参照：福冈地判昭和 62.10.28 判时 1287 号 148 页]。

关于直接损害[→(4)]，因公司并未产生损害，故股东不得提起代表诉讼，该股东有权依据《公司法》429 条 1 款直接行使请求权（故在与直接损失的关系上，股东属于"第三人"）。例如，被收购公司董事怠于履责，未尽勤勉义务与收购人就收购条件等进行交涉，此任务懈怠上存在恶意或者重大过失，其结果是使公司以不当低价被收购进而损害了股东利益的，该董事承担《公司法》429 条 1 款的责任。另外，董事未经股东大会的特别决议，以特别有利的价格发行募集股份的，参照：专栏 6-22。

(4) 直接损害事例

(a) 意义

直接损害，是指因管理人员的恶意或者重大过失怠于履行职责时，公司并没有遭受直接损害，该损害直接加给第三人。例如，董事（恶意或者重大过失地）怠于履行监视义务[→(4)]或者内部治理体系的完善义务，结果造成违法的公司业务（使用人职务上的不法行为）得以执行并使第三人遭受损害时，根据《公司法》429条1款的规定，董事需要对第三人的损害承担赔偿责任[大阪高判平成23.5.25劳判1033号24页（百选Ap27，商判Ⅰ-150。董事因怠于履行对劳动者的安全顾虑义务使劳动者从事经常性的加班劳动，最终导致劳动者过劳死事例）。名古屋高判令和元.8.22金判1578号8页（受委托进行期货商品交易的公司，因董事怠于完善防止不当营销体制而承担对顾客责任的事例）等多数判例。コンメ(9)368—376页（吉原和志）]。

(b) 从事不打算履行的交易

作为直接损害事例经常出现在判例中的，例如，濒临倒闭公司的董事代表公司与第三人实施的必将无法履行的交易（进货、借款、开出票据等），造成第三人无法回收债权。判例认为，该董事在交易当时知道或者应当知道该交易无法履行，仍与第三人进行交易的，该董事产生《公司法》429条1款的责任（福冈高宫崎支判平成11.5.14判夕1026号254页等）的同时，其他董事在监视监督该董事履职上存在恶意或者重大过失的，也要承担《公司法》429条1款的责任（前引最大判昭和44.11.26，最判昭和41.4.15民集20卷4号660页，最判昭和55.3.18判时971号101页，大阪高判平成26.12.19判时2250号80页等）。在这些事例中，公司因该交易负担债务，但从第三人处得到给付，交易自身可能并未对公司带来损害，故该事例不属于间接损害，应归类为直接损害。对此，有意见认为，若交易自身未对公司造成损害，则董事为了公司利益进行这样的交易就不构成对公司的任务懈怠，进而就不产生《公司法》429条1款的责任了。对于责任产生的依据，学界存在争议。

▶▶▶ ★专栏4-80 实施"无法履行的交易"的董事责任问题

为了公司利益而从事必将无法履行的交易，为什么会构成对公司的任务懈怠？有学说试图从该交易损害了公司的信用角度进行说明。对此，也有意见认为，董事与第三人进行交易，若对该第三人的行为不能评价为侵权行为，董事就不应当被问责。而且，要将该行为评价为侵权行为，需要董事一方存在欺诈行为（隐匿公司财产状况等）或者类似强度的违法行为[山下(2014)(初出1984)117页]。若基于后者的立场,就有必要进一步探讨何种场合构成侵权行为,但考虑到董事承担个人责任会使企业活动趋于萎缩,故限定责任成立范围的主张应当得到基本的支持(若贯彻这样的立场,《公司法》429条1款自身可能失去存在的必要。→专栏4-78)。

(5)承担《公司法》429条1款责任的主体
(a)名义董事

尤其是中小企业的董事当中,存在着为数不少的以董事亲属关系名义就任却不履行任何职责的董事。当公司倒闭时,这些名义董事因怠于履行对其他董事的监督义务而被债权人追究责任的情形也时有发生。虽说是名义董事,只要经过合法的程序(股东大会的选任决议和就任承诺→专栏4-29)就任董事,就不能免除包括监督义务在内的董事责任(前引最判昭和55.3.18)。并且,由于名义董事不履行任何职务,其很容易被认定为任务懈怠(参照:前引最大判昭和44.11.26,最判昭和55.3.18)。

在下级法院的判决中,不少法院倾向于否定名义董事的责任。理由在于,名义董事并不具有对公司经营的影响力,其即使想要阻止代表董事等的违法行为也无能为力。如果名义董事的任务懈怠(违反监视监督义务)与第三人损害之间没有相当因果关系,则否认其责任(东京高判昭和57.3.31判时1048号145页,东京高判昭和59.11.13判时1138号147页等)。这些判决背后可能存在这样的考量:名义董事大多无报酬,严格追究其责任对其而言过于苛责。

(b)登记董事

法律上非公司董事但作为董事予以登记的,有时会被追究《公司法》429条1款的责任。看以下两种情形:

情形之一:某人(Y)被公司请求就任董事并做出承诺,完成了董事就任登记(911条3款13项,915条),但未经过股东大会的选任决议(或者选任决议有瑕疵,依据831条被撤销),无法认定合法地就任董事。《公司法》908条2款规定了故意或过失地实施了不实登记者,其不实登记不能对抗善意第三人,但同款的"实施了不实登记者"是指依据《公司法》911条、915条进行登记的公司,Y并不是适格主体。但是,判例认为,Y承诺就任董事,属于助长不实登记的人,应当类推适用《公司法》908条2款[最判昭和47.6.15民集

26 卷 5 号 984 页（商判Ⅰ-154）］。因此，Y 因不实登记（自己实际并未就任董事）无法产生对抗善意第三人的结果，Y 对第三人承担《公司法》429 条 1 款的责任（以满足同款要件为前提。前引最判昭和 47.6.15）。

情形之二：董事因辞职等而退任，公司怠于申请退任登记的。此时，判例认为，公司不申请退任登记致使不实登记存留，退任董事对此给予明示的同意的，可以类推适用《公司法》908 条 2 款，该退任董事不得对抗善意第三人（第三人不知道此人已不是董事），从而对第三人承担《公司法》429 条 1 款的责任［最判昭和 62.4.16 判时 1248 号 127 页（百选 68，商判Ⅰ-155）。此时，董事的就任登记并非不实，而是应当进行退任登记而未实施，更应当类推适用 908 条 1 款。不管采用哪种解释，结论不变］。对此，判例认为，若只是退任董事知道不实登记存在，或者因过失不知而放任的话，并不构成"特殊事由"，退任董事不负责任（前引最判昭和 62.4.16，最判昭和 63.1.26 金法 1196 号 26 页）。判例的立场基于以下考量：公司怠于履行登记申请手续时，让退任董事进行积极的纠正对该董事而言过于苛刻，故应当支持判例的立场。

> ▶▶▶ **专栏 4-81　事实上的董事**
>
> 即便没有就任董事也未进行董事登记，但事实上作为董事经办公司业务（特别是作为公司主宰者控制公司经营）的人，判例也认为其对第三人承担《公司法》429 条 1 款的责任［东京地判平成 2.9.3 判时 1376 号 110 页（例如，公司设立时全额出资，公司的重要事项由其亲自指示代表董事等，实质上掌控公司经营者），名古屋地判平成 22.5.14 判时 2112 号 66 页（例如，作为实际经营者管理公司财产，代表董事以及所有管理人员、员工都在其管理之下）］。事实上的董事承担责任的依据在于，若仅对实际经营公司但未经合法手续就任的董事免除责任的话，会使公司法上保障公司业务适当、正确性的制度宗旨被埋没。不仅是对第三人责任，对公司责任的各种规定（423 条 1 款等）也适用于事实上的董事。

□ 3　虚假记载等的责任

(1) 概说

公司管理人员等实施了《公司法》429 条 2 款各项规定的虚假记载行为（数据电文形式的称为"虚假记录"）时，该人员需要承担因此对第三人产生的损害赔偿责任。但是，该人员能够证明该行为并非怠于注意的，不在此限（虚假记载等的责任。429 条 2 款）。

例如,董事在公司决算资料(435条2款)上做虚假记载(粉饰决算),导致因误信公司财务状况良好而对公司进行融资的第三人(金融机构等)无法回收融资的,该董事应当对该第三人的损失承担赔偿责任[429条2款1项2号。东京地判平成19.11.28 判夕1283号303页(百选69,商判Ⅰ-157)]。此外,负有保证该决算资料正确性而编制会计审计报告(437条)的会计监察人也承担《公司法》429条2款4项的责任。当其能够证明自己并非怠于注意的,不承担前述责任(前引东京地判平成19.11.28中,会计监察人按照注册会计师协议的实务指南进行会计监察,故不承担怠于注意的责任)。

即便管理人员等进行了虚假记载,但该虚假记载与第三人的损害之间不具有相当因果关系的话,将否定其责任承担[东京地判平成17.6.27 判时1923号139页(第三人的损害并非源于虚假记载,而是与之无关的事情引起的公司倒闭)]。

(2)其他

管理人员等进行了429条2款各项所规制的虚假记载的,将会面临处罚(964条,976条2项、7项。429条2款1项3号的行为适用《刑法》157条)。此外,上市公司中,在有价证券报告书及其他《金融商品交易法》规定的资料上做虚假记载的责任(同法19条、21条、21条之二、22条、24条、24条之四)也很重要,此处的说明请参照《金融商品交易法》的相关文献[黑沼(2020)第4章第5节]。

■ 5 补偿协议以及管理人员等赔偿责任保险合同(D&O 保险)

□ 1 概说

本节介绍的公司管理人员等的责任及其责任追究相关制度是规范公司管理人员等行为,确保公司业务得以适当、正确执行的重要制度。相应的,由于责任追究的存在,可能会导致公司经营趋于萎缩,进而导致公司管理人员等人手不足。

因此,公司可以采取以下措施:第一,管理人员等在执行职务中被追究责任所产生的费用以及损失,公司与该管理人员等之间签订由公司进行补偿的协议(补偿协议→□2);第二,与保险公司签订填补前述费用以及损失的保险合同(管理人员等赔偿责任保险合同→□3)。公司在明确可以签订以上协议、合同的同时,《公司法》为了防止不必要、不合理的协议、合同有损管理人员等履职的适当性、正确性,防止公司利益受损,会对这些协议、合同的签订手续加以一定限制(430条之二、之三)。

□ 2　补偿协议

(1) 意义

所谓补偿协议,是指公司与管理人员等(423条1款)签订的以下协议：第一,管理人员等在执行职务时被疑违法或者被追究责任时,支出的处理费用(以下称"防御费用");第二,管理人员等在执行职务时对第三人产生的损害赔偿损失(包含和解),为了补偿全部或者其中一部分损失而签订的协议[430条之二1款→图表4-23(1),专栏4-82]。

图表 4-23　补偿协议与管理人员等赔偿责任保险合同

(1) 补偿协议

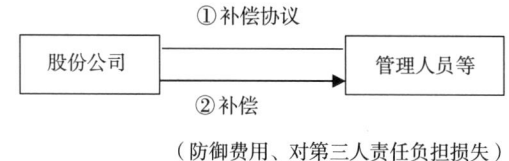

(防御费用、对第三人责任负担损失)

(2) 管理人员等赔偿责任保险合同

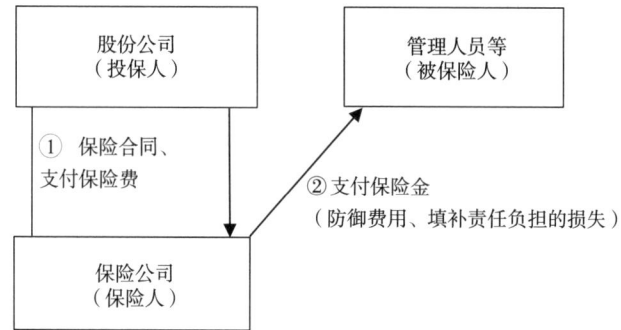

＊　保险合同、保险人、投保人以及被保险人的意义,参照:《保险法》2条1—3项、4项(一)。

管理人员等负担的因对公司责任(423条1款的任务懈怠责任等)的损失补偿不能与公司签订补偿协议。这是因为,这样的协议等于实质上事前减免了管理人员等的责任,可能会导致对《公司法》强制规定的规避(424条—427条)。对于防御费用,法律认可补偿协议的效力(430条之二1款1项。对比同款2项)。

（2）签订补偿协议时的限制

公司与管理人员等之间签订补偿协议,董事会设置公司应当以董事会决议(未设置董事会的公司应当以股东大会决议)决定补偿协议的内容(430条之二1款。参照:399条之十三5款12项、416条4款14项)。

另一方面,有关利益冲突交易(356条1款2项、3项,365条1款)的规定不适用于补偿协议(430条之二6款。依同条7款,亦不适用《民法》108条)。例如,任务懈怠的推定(423条3款)不适用于补偿协议。

（3）实行补偿协议时的规定

（a）补偿范围的限制

补偿协议签订后,当发生防御费用或者对第三人责任损失需要适用补偿协议时,公司依照补偿协议对管理人员等进行补偿。但是,为了防止过剩的补偿协议带来的负面作用,防止公司利益被损害,《公司法》对公司可以补偿的费用、损失的范围进行如下限制:

第一,防御费用中,超出通常所需费用的金额部分不予补偿(430条之二2款1项);第二,管理人员等负担的对第三人责任损失中,若公司进行补偿将导致管理人员等承担对公司的任务懈怠责任的,该部分损失不予补偿(430条之二2款2项);第三,管理人员等履职时因存在恶意或者重大过失对第三人承担责任的,对该第三人负担的损失部分不予补偿(同款3项);第四,公司基于补偿协议对管理人员等进行防御费用补偿的,当得知该管理人员等系为了谋取不正当利益或者以加害公司为目的执行职务时,公司有权请求返还防御费用(430条之二3款)。

（b）对董事会的报告义务

设置董事会的公司中,基于补偿协议做出补偿的董事或者接受补偿的董事(提名委员会设置公司中也包括执行官)应当及时将与该补偿有关的重要事实向董事会做出报告(430条之二4款、5款)。

（4）补偿协议的披露

公众公司必须将与补偿协议有关的一定事项以营业报告的形式予以披露(会则119条2项,121条3项之二—3项之四)。

▶▶▶ ★专栏4-82　补偿协议

补偿协议在美国比较普遍(Indemnification),在日本也被认为可在一定范围内实施[公司治理体系研究会(2015)附页③],但在签订协议的可能性以及签订时的必要程序等方面,法律解释并不明确。因此,

2019年《公司法》修改时增加了补偿协议的明文规定(430条之二)。《公司法》对于实质性减免管理人员等任务懈怠责任持不认可的基本态度(参照:430条之二2款2项),因此,依补偿协议可以得到补偿的范围受到相当程度的限制。当管理人员等履职对第三人承担责任时(429条1款、2款,民709条、715条2款,金商21条1款、22条等),对公司也构成任务懈怠,则公司填补管理人员等的责任会与《公司法》430条之二2款2项产生冲突。例如,当对非执行业务董事的任务懈怠责任以"限制责任协议"(《公司法》427条)进行限制时,该非执行业务董事因轻微过失对第三人承担责任的,该责任损失中超过限制责任额的部分,公司可以补偿协议进行补偿。

在防御费用上,在通常需要的费用(430条之二2款1项)范围内,可以广泛适用补偿(非适用同款2项、3项,只限制图利加害目的之场合)。这是因为,让管理人员等进行适当的防御活动可以抑制公司损失扩大,有利于公司;而且,既然对第三人责任损失都可以进行补偿,那么即便大幅度容许补偿防御费用也不会影响管理人员等正当履行职务。另外,基于民法上的委任关系规定,当公司请求管理人员等返还补偿费用或者赔偿损失的,不管二者之间是否签订补偿协议,公司都有权行使此项权利[330条,民650条。管理人员等根据民650条接受公司补偿的范围参见:コンメ(8)153—155页(田中亘)]。

公司对管理人员等的补偿(包括补偿协议及补偿协议之外)实务,参照:边(2021b)。

□3 管理人员等赔偿责任保险合同(D&O保险)

(1)意义

管理人员等赔偿责任保险合同,是指公司与保险公司签订的保险合同中,由保险公司填补公司管理人员等在履职过程中承担责任或者因追究该责任产生的损害,以管理人员等为被保险人的合同[法务省令(会则115条之二)规定的情形除外。《公司法》430条之三1款→图表4-23(2)]。实务上多称为D&O保险[Directors and Officers Liability Insurance。山下(2005),嶋、泽井(2017)]。

相对于补偿协议中管理人员等负担的费用以及损失由公司自身补偿,D&O保险则由保险公司进行补偿。另外,补偿协议是公司与管理人员等之间签订的协议,而 D&O 保险是以保险公司为合同当事人,保险公司可以防止合同中出现不合理的内容(保险公司不会接受对公司管理人员等单方有利的内容)。实际上,D&O 保险中,管理人员等违反法令被发觉的,满足一定事由的情况下保险人免责(认可免责事由该当性的案例,见:东京高判令和 2.12.17 金判 1628 号 12 页)。因此,《公司法》允许公司签订这样的合同,而不必特别考虑如补偿协议那样的限制。因此,除了管理人员等被追究责任时负担的防御费用,对第三人责任以及对公司责任损失也可成为 D&O 保险的保险对象。D&O 保险以上市公司为中心广泛普及。

(2)签订合同时的限制

D&O 保险因公司承担保险费用并由管理人员等接受损害补偿,故不能否认管理人员等与公司之间存在利益冲突。并且,某些保险合同的内容也可能为管理人员等正当履行职务带来不好的影响。因此,《公司法》规定,公司在签订合同时,对于保险合同的内容,董事会设置公司必须经过董事会决议,非董事会设置公司必须经过股东大会决议(430 条之三 1 款。参照:399 条之十三 5 款 13 项,416 条 4 款 15 项)。此外,关于利益冲突交易的规制(356 条 1 款 2 项、3 项,365 条 2 款,419 条 2 款,423 条 3 款不适用 D&O 保险。民 108 条也不适用 D&O 保险),如任务懈怠的推定不适用 D&O 保险。

(3)D&O 保险的披露

公众公司必须将关于 D&O 保险的某些事项以营业报告(435 条 2 款)的形式予以披露(会则 119 条 2 项之二,121 条之二)。因为,D&O 保险的内容等作为投资者评价公司经营风险的一项重要指标,构成证券市场的重要信息(一问一答令和元年 148 页)。

▶▶▶ ★专栏 4-83 管理人员等赔偿责任保险合同(D&O 保险)

《公司法》上规定 D&O 保险(430 条之三)是 2019 年《公司法》修改时创设的。2019 年《公司法》修改前 D&O 保险虽然已普及,但学说存在不同意见。例如,管理人员等对公司承担责任时(代表诉讼败诉)的防御费用等损失,由公司支付保险费用进行损失填补,相当于减免了该管理人员等对公司的责任,这样是无法容忍的。在以前的实务中,因顾虑这样的意见,通常的做法是,在 D&O 保险中,由管理人员等自己支付保险费,以填补该管理人员等承担的对公司责任部分的费用与损失(特约部分)。

其实，管理人员等对公司的责任由 D&O 保险进行填补，公司只是支付了保险费用，并不意味着减免了管理人员等的责任。只要 D&O 保险设置了适当的防止道德风险的条款，反而有利于招揽人才和防止公司经营萎缩，对公司是利好的。

日本经济产业省的"公司法治理体系研究会"对此作出解释：对于管理人员等对公司承担责任时填补费用、损失的保险合同，公司可以负担保险费用；日本国税厅也作出解释：公司履行一定的手续（董事会决议等）后，承担代表诉讼败诉时提供担保部分的保险费，此部分可以作为管理人员等的工资所得不予课税（作为公司的费用）。在此基础上，实务中 D&O 保险的保险费用支付扩展到所有公司。

稍加赘言，有些 D&O 保险可能有损管理人员等适正履行职务，法律对是否适用利益冲突交易规制也存在不明确之处。因此，2019 年《公司法》修改时规定了签订保险合同需要履行的必要手续，并要求披露关于保险的某些事项。

第 5 章
会计核算[①]

- 第 1 节　概论
- 第 2 节　会计账簿、财务报表等
- 第 3 节　会计决算组织程序
- 第 4 节　股东分红
- 第 5 节　股东权益科目间的计数调整
- 第 6 节　股东等的调查权限

---

① 此处的"核算",日文原文表述为"计算",与"会计"同义。因本章侧重于介绍公司财务会计的基本知识,为了体现专业性,本章采用会计学上的"核算"一词,而不采用我国对日本公司法的中文译本中通常使用的"财务会计"概念。——译者注

本章将介绍股份有限公司的核算。首先介绍有关规范核算的目的（第1节），然后介绍体现公司事业以及财产状况的各种资料（第2节）。在介绍核算程序后（第3节），将对以盈余分配为代表的利润分配规则做介绍说明（第4节）。在第5节对股东权益类科目间的计数调整做介绍后，第6节将对股东等对会计账簿的查阅权加以介绍。

第1节　概论

■ 1　规范核算的目的

《公司法》第二编第五章（431条以下）规定了股份有限公司的会计核算制度。所谓"核算"，与"财务会计"同义，是指公司定期把握经营成果以及财产状况，并将此向利益相关者披露。公司法上规定股份有限公司的会计核算主要有以下两个目的：

第一，针对包括股东、债权人等利益相关者或者潜在的利益相关者（将来向公司出资或者拟与公司进行交易者），将公司的经营成果以及财产状况进行信息披露。

第二，核算可分配利润。股份有限公司以增加利润并分配给股东为目的，因股东承担的是有限责任（104条），若向股东过多地分配公司财产，则公司债权人的份额相应减少。如果允许存在这样的制度风险，就可能导致公司融资人以及交易相对人减少。因此，公司法对公司向股东分配利润的金额（可分配额）加以一定限制（461条），核算可分配利润是规范会计核算的另一个主要目的。

■ 2　公司会计核算的法规依据

(1) 法令的规定

有关股份有限公司的会计核算，《公司法》第二编第五章以及《公司法》授权的法务省令（《公司会计核算规则》）设定了详细的规定（《公司法施行规则》基本上将关于会计核算的规范授权给《公司会计核算规则》,参照会则 116 条)。

(2)公认的会计惯例

其实,会计核算的方法并不来源于法律的具体规定,其大多数由会计惯例决定。因此,《公司法》431 条规定,股份公司的会计核算遵从一般公认企业会计惯例。当然,何为"公认企业会计惯例",尚有不明确之处[裁判上有争议的事例参照:最判平成 20.7.28 刑集 62 卷 7 号 2101 页(百选 72,商判Ⅰ-159)]。鉴于此,会计职业团体制定和发布会计准则,以图达到会计惯例明文化的目的。具体而言,作为日本财政部的咨询机构,企业会计审议会制定了企业会计准则及其注解,其中规定了会计核算的基本原则[真实性原则(企会第一 1),可持续性原则(企会第一 5),谨慎性原则(企会第一 6)等]。另外,2001 年 7 月财团法人(现公益财团法人)"财务会计准则机构"设立,同机构设置的企业会计准则委员会制定了更为具体的会计准则。

▶▶▶ 专栏 5-1　公认会计惯例

《公司法》431 条前身的 2005 年修改前《商法》32 条 2 款规定,"……应当斟酌公认会计惯例",此处的"斟酌"应当理解为,只要不存在特殊的情况就必须遵守。因此,规范的实质内容前后并没有发生变化(立法负责人解说 122 页)。《公司会计核算规则》3 条维持了"斟酌"的说法。公认会计惯例的意义,参照:现状与课题 199—204 页(岸田雅雄)。

▶▶▶ ★专栏 5-2　公司法会计核算以外的会计规则

股份公司需要遵循的会计规则除公司法的规则(公司法会计)外还有其他。第一,税法规则(税务会计),其是以计算公司应纳税所得额为目的。公司的行为经常受到税法的影响,例如,为了避税,实务中倾向于减少以货币为对价的股权转让。第二,股份公司尤其是上市公司需要遵循《金融商品交易法》的规则发行证券(金商法会计)。根据《金融商品交易法》制定的各种资料称为"财务报表"以及"合并财务报表",与依据《公司法》制定的财务报表以及合并财务报表在基本编制方法上是共通的,但提供了更为详细的信息。财务报表以及合并财务报表系在每个会计年度编制,属于提供给监管机构(财务局)的有价证券报告书(金商 24 条)之一部分,供公众阅览(金商 25 条 1 款 5 项)。

最近存在着国际会计准则趋同化的动向。具体而言,以各国注册会计师团体为成员的国际会计准则委员会制定了国际财务报告准则(IFRS)。日本国内从2010年3月开始,允许满足一定要件的上市公司用国际财务报告准则(IFRS)代替日本会计准则编制合并财务报表[《合并财务报表的用语、格式以及编制规则》(《連結財務諸表の用語、様式及び作成に関する規則》)第7章,第1条之二]。在此基础上,为了使《公司法》中的合并财务报表(444条)符合国际财务报告准则,2009年公司会计核算规则进行了修改[计则61条2项、120条。黑田(2010),岸上(2016)]。此外,不仅限于日本,在美国证券交易所上市的公司也可以依据美国会计准则编制合并财务报表(计则61条4项、120条之三)。另一方面,作为计算可供分配利润基础的财务报表(435条2款),则不能任意采用国际财务报告准则或者美国会计准则,必须依据日本会计准则编制。

第2节 会计账簿、财务报表等

■ 1 概论

《公司法》第二编第五章第二节(432条以下)规定了股份公司应当编制的会计账簿、财务报表以及其他相关资料(见图表5-1。严密地说,虽然事业报告书及其附属明细表并不属于财务报表,但因与财务报表同样于每个会计年度编制并向股东报告,故在同节中予以规定)。本节在介绍此类财务报表的意义时,对财务报表编制过程结合会计记账的基本规则做较为详细的说明。

■ 2 会计账簿

股份公司应当依照法务省令的规定及时编制正确的会计账簿(432条1款,计则4条—56条)。所谓会计账簿,就是公司为了反映其财产以及损益状况而编制的账簿,是编制财务报表及其附属明细表的基础(参照计则59条3款)。会计账簿里分为日记账(以发票代替日记账时包含发票)、总账以及各种辅助账簿。会计账簿以书面或者数据电文方式(计算机的数据)编制(参照433条1款各项)。

图表 5-1 《公司法》第二编第五章第二节规定的资料

		强制编制或任意	向股东大会的提出、提供义务	置备、阅览等规定	公告义务
	会计账簿（432）		无	少数股东、母公司社员的阅览等请求（433），法院的提出命令（434）	无
财务报表（435②、计则59①）	成立初的资产负债表（435①）	所有股份公司为强制编制		无	所有的股份公司（440①）[注1] 大公司（440①）[注1]
	资产负债表（435②）		有（438①）：定期股东大会通过（438②）或者报告（439、计则135）	置备于总公司、分公司＋股东、债权人、母公司社员的阅览等请求（442）	
	利润表				
	所有者权益变动表（435②，计则59①）				
	财务报表附注（435②，计则59①）				
	事业报告（435②）		有（438①）：定期股东大会上报告（438③）		
	财务报表附注（435②，计则59①）		无		无
	临时财务报表（441） ▪财务报表的附属明细表 ▪事业报告的附属明细表	任意	有：股东大会通过（存在例外。441④，计则135）		
	合并财务报表（444）	▪大公司且提交有价证券报告书的公司为强制 ▪上述以外的会计监察人设置公司为任意 ▪其他公司不可编制	有：定期股东大会上报告（441⑦）	无	

*阴影部分资料="决算相关资料"（会则2③十一，计则2③三）。除了成立初的资产负债表，均为会计审计对象（396①）。
[注1]有价证券报告书提出公司无公告义务（440④）。

股份公司应当自封账(会计账簿于每个会计年度编制,各会计年度末停止该年度会计核算记账便称为"封账")之日起10年内保存会计账簿以及有关公司业务的重要资料(432条2款)。会计账簿是诉讼中法院责令提交的对象(434条)。作为提交义务对象的会计账簿之范围,参照:东京高决昭和54.2.15下民30卷1-4号24页(商判Ⅰ-164)。

■ 3 财务报表

(1)意义

股份公司必须于每个会计年度(依据计则59条2款规定,1年以内的期间中,由各公司决定。日本的公司以每年4月1日至次年3月31日为一个会计年度的居多)终了时,编制明确反映其财产以及损益状况的财务报表(435条2款。"报表"可以是书面形式,也可以是数据电文形式)。财务报表由资产负债表、利润表、所有者权益变动表以及财务报表附注组成(435条2款,计则59条1款)。为了区别于后面的合并财务报表,有时也称为"个别财务报表"。以下按照构成财务报表的各种资料顺序加以介绍。

(2)资产负债表

(a)意义

所谓资产负债表,是指反映一定期间公司财产状况(资产、负债以及净资产余额)的报表(见图表5-2)。在企业会计中,编制资产负债表的场合不一而足,例如,股份公司成立之日编制的资产负债表(435条1款)。公司法上的资产负债表是指作为财务报表使用的资产负债表。此时,"一定日期"是指会计年度期末(也称为决算日、决算期或者期末)。

(b)列示内容

资产负债表由资产、负债、净资产三部分组成(计则73条1款)。通常,资产负债表左侧记载公司所有的资产,右侧上部记载公司的负债,右侧下部记载公司的净资产(净资产有时为负)。资产负债表上"资产"额必须等于负债额与净资产额的合计。在会计核算上,左侧称为"借方",右侧称为"贷方",左右金额相互对照[英文称为balance sheet(B/S)]。

进一步看看资产、负债以及净资产各部分的记载。"资产"部分分为流动资产、固定资产、递延资产,各种分类下再细分为相应的具体科目(计则74条1款。图表5-2上的公司没有递延资产)。"流动资产"是现金或者公司运营过程中短期内易于变现的资产,短期内无法变现的为"固定资产"。"递延资产"留待后述(→专栏5-5)。"负债"部分分为流动负债和非流动负债(计则75条1款。以1年内是否到期作为区分的主要基准,参照同条2款),各个分类下再细分为相应的具体科目。

"净资产"分为股东权益、评价·折算差额以及新股预约权(计则76条1

款)。"股东权益"进一步分为股本、资本公积、盈余公积以及库存股(库存股表示为负值。此类科目称为"抵减科目")。资本公积进一步分为资本公积金与其他资本公积;盈余公积进一步分为法定盈余公积与其他盈余公积。

图表 5-2 资产负债表

(单位:百万日元)

科目	2022年8月	科目	2022年8月
资产		负债	
流动资产	819900	流动负债	222306
现金及存款	543933	预定1年内偿还的公司债	130000
营业未入账款	38363	未付金	7063
有价证券	149496	未付费用	6380
关系公司短期借款	65664	存款	33004
关系公司未入账款	22368	奖金准备金	3501
其他	7624	未付法人税等	40012
坏账准备金	△7552	其他	2344
固定资产	542378	固定负债	262698
(有形固定资产)	25503	公司债	240000
建筑物	17776	租赁债务	14186
构筑物	100	客户保证金	3385
机械、搬运工具及工具器具备品	6387	债务保证损失准备金	—
土地	1123	关系公司事业损失准备金	1324
租赁资产	88	其他	3801
在建工程	26	负债合计	484005
(无形固定资产)	58629	净资产	
软件	47949	股东权益	867828
试运行软件	10669	股本	10273
其他	10	资本公积	16247
(投资及其他资产)	458224	资本公积金	4578
投资有价证券	450	其他资本公积	11668
关系公司股份	420362	盈余公积	856120
关系公司出资	9251	法定盈余公积	818
关系公司长期借款	7213	其他盈余公积	855302
		其他公积金	185100
押金及保证金	5732	递延盈余公积	670202
递延税金资产	4997	库存股	△14813
租赁债权	14136	评价折算差额等	1660
其他	1	其他有价证券评价差额	1660
坏账准备金	△3900	新股预约权	7784
		净资产合计	877272
资产合计	1362278	负债净资产合计	1362278

出自:株式会社ファーストリテイリング"2022年8月定期股东大会召集通知"(2022年11月2日)53页。

(3)利润表

(a)意义

所谓利润表,是指反映公司一定期间内产生的收益和相应费用,以及二者之间差额(即利润,负值为亏损)的报表(见图表 5-3),根据此报表可以明确公司的经营业绩。在实务中,编制利润表的场合多种多样,公司法上单纯称"利润表"时,仅指作为财务报表之一的利润表(435条2款)。此时,"一定期间"是指一个会计年度。相比于资产负债表体现一定时点公司的财产余额,利润表则体现了一定期间公司产生的收益与发生的费用。英文称为 income statement 或者 P/L(profit and loss)。

图表 5-3 利润表

科 目	2021年度（当期） （自2021年4月1日至2022年3月31日）
	百万日元
营业收入	1623424
营业成本	1155026
营业总利润	468398
销售及管理费用	354447
营业利润	113950
营业外收入	285085
（利息收入及分红）	−275339
杂项收入	−9746
营业外支出	33987
（支付利息）	−6034
杂项损失	−27952
经常性利润	365049
特别收益	146586
（有价证券评价收益）	−121833
（投资有价证券出售收益）	−17138
（不动产销售收益）	−7604
（关系公司资金出售收益）	−10
（关系公司股份出售收益）	(−)
（受领补偿金）	(−)
特别损失	19390
（关系公司股份评价损失）	−12554
（折旧损失）	−4552
（投资有价证券评价损失）	−2282
（关系公司出资评价损失）	(−)
税前当期净利润	492246
法人税、居民税及营业税	△50629
法人税等调整额	26760
当期净利润	516115

出自：株式会社日立制作所"第153届定期股东大会召集通知"(2022年6月1日)50页。

(b) 列示内容

利润表必须根据收益以及费用的发生原因进行区分表示(计则88条)。具体而言,首先,列出本会计年度公司营业活动所取得的收入(计则88条1款1项。图表5-3上记为"营业收入"),公司销售商品·产品的成本(费用)(营业成本,同款2项)以及营业收入扣除营业成本的差额部分(营业总利润。计则89条1款)。此金额为正值的称为"营业总利润",负值的称为"营业亏损"。然后,列示销售费用以及管理费用(计则88条1款3项。包括向销售以及管理人员支付的工资,宣传·广告费用等,统称销售费用),从营业总利润中扣除销售费用的金额(营业利润金额)作为营业利润或者营业亏损予以表示(计则90条)。营业利润金额为公司营业活动中产生的收益(损失)。

其次,将利息、折扣费用、有价证券损益等营业活动以外原因产生的后述的特别损益之外的损益列入营业外损益(营业外收入和营业外支出。计则88条1款4项、5项),将营业利润和营业外损益合并计算后得到的金额(经常性利润)列入经常利润(计则91条)。"经常利润"表示公司正常的收益能力,进行公司业绩评价时特别受到重视。

再次,将转让固定资产以及灾害损失等临时发生的损益列入特别损益(特别收益或者特别损失。计则88条6项、7项),将经常性损益额与特别损益额合算的金额(税前当期净损益)列入税前当期净利润或者税前当期净损失(计则92条)。

最后,从税前当期净损益金额中扣除纳税额(当期净损益金额。计则93条),列入当期净利润或者当期净损失(计则94条)。

(4) 所有者权益变动表

所谓所有者权益变动表,是指在前一会计年度期末到本会计年度期末期间,将资产负债表中净资产部分的变动额随变动事由予以明示(435条2款,计则59条1款、96条。事例参见:VM110页)。

(5) 财务报表附注

所谓财务报表附注,是指为了正确把握公司的财产以及损益状况而将附注事项予以归纳汇总的报表(435条2款,计则59条1款、97条以下。事例参见:VM111页)。日本制定《公司法》前,资产负债表和利润表各自附有附注事项,制定《公司法》时有意见认为,有些事项无法记入资产负债表和利润表的附注中,例如以持续经营为前提的附注(参照计则98条1款1项、100条),《公司法》将此作为独立的财务报表予以规定。

4 编制财务报表的基础

(1) 诱导法

财务会计报表是基于公司营业活动中每日编制(记录)的会计账簿作成的(计则 59 条 3 款,称为"诱导法"),编制的详细方法请参考簿记或会计学教材[中村(2008),樱井(2022)],本书仅针对财务报表如何编制,对法律学者所需的最低限度知识予以介绍。

> **▶▶▶ 专栏 5-3 有关会计核算的法律规定与簿记规则**
>
> 公司会计核算的相关法律规定若包含公司核算规则的话,数量将会相当可观,这些都是以会计账簿以及核算报表编制的相关规则作为前提的。而这些基本规则是作为公认会计惯例而存在,并没有法律的明确规定。对于法律研习者而言,不懂簿记而学习公司法中核算的相关规定可能会勉为其难。鉴此,本书与日本公司法的其他教材不同之处,就是在针对簿记的理解上花费了相当的笔墨。如果可以理解簿记,在具体核算规定[例如,各种资产的评价方法(商判计则 5 条)]就可以参考再高一级的体系书或者判例解说自学。为公司法研习者所写的簿记解说书参照:小出笃《数字でわかる》第 5 章。

(2) 会计账簿的编制

股份公司必须依照正规的会计准则在会计账簿中记载每日发生的交易(企会第一 2)。在核算中,应当记入会计账簿的事项全部称为"交易"(其中,也包括通常意义上不称作"交易"的事项,例如,公司所有的不动产被烧毁)。此时,簿记最基本的原则就是,一项交易从两方面记载(此为现代会计的"复式记账")。以下举个简单的例子对会计账簿的编制方法予以说明。

> **▶▶▶ 事例 5-1**
>
> A 公司是以咨询业为目的设立的股份公司。首个会计年度以 1000 日元出资设立而结束(为了简单叙事,人为将金额设小。本章以下的交易也遵此原则),会计年度期末 2017 年 3 月 31 日,A 公司的资产为存款 1000 日元,负债为零,净资产为实收资本 1000 日元。A 公司首个会

计年度财务报表日的资产负债表见图表5-6(1)。

下个会计年度(2017年4月1日至2018年3月31日。以下称为"本会计年度"或者"当期")A公司进行了如下交易：

①2017年4月1日A公司为了筹集保证公司发展所需的必要资金,向投资人B发行新股,得到B的2000日元现金出资。实收资本全额作为银行存款。

在上述交易中,股份公司在公司成立后发行新股,其手续在本书第6章第2节详细介绍,在这里,我们可以将此理解为A公司发行新股,得到了新股对价2000日元。此时,原则上A公司实际收到的资本金额为净资产的实收资本增加额(445条1款),但不超过实收资本额二分之一的部分可以不列入实收资本而计入资本公积(同条2款、3款)。因此,A公司实收资本和资本公积的金额各自增加1000日元。此时,A公司进行的①的交易记入会计账簿中的日记账。如下：

(借)银行存款 2000　　(贷)实收资本 1000
　　　　　　　　　　　　　　资本公积 1000

"(借)"是借方、左侧的意思；"(贷)"是贷方、右侧的意思(以上的"借方"与"贷方"可不做更深的理解)。在上面的记账中,意味着资产的一个科目之银行存款金额增加了2000日元,相应的,净资产科目下的实收资本与资本公积各自增加了1000日元。如此,一项交易做了两方面的记录(借方与贷方)。

如上例所示,会计账簿中资产增加记入借方,净资产增加记入贷方。至于资产、负债、净资产、收入、费用各自的增加或者减少应记入会计账簿的哪方,总结出来如图表5-4所示。

图表5-4　资产等变动的记账方法

资产		负债	
(借)增加(+)	(贷)减少(-)	(借)减少(-)	(贷)增加(+)

		净资产	
		(借)减少(-)	(贷)增加(+)

费用		收入	
(借)增加(+)	(贷)减少(-)	(借)减少(-)	(贷)增加(+)

会计账簿中,除了将每日交易以发生顺序记录的日记账,记录资产、负

债、净资产、收入、费用各账目增减情况的叫作总分类账(例如,资产分别记入"银行存款""建筑物"项目中。这样的项目会计用语叫作"科目")。将交易情况记入日记账之后,需要再行转记到总分类账中适当的科目。在前述①的交易中,在资产科目之一的银行存款科目中计入增加2000日元(依图表5-4所示的规则,记入借方)的同时,在净资产科目中的实收资本以及资本公积金科目中分别计入增加1000日元(依图表5-4所示的规则,记入贷方)。

(3)会计账簿的入账例子

下面介绍如下几个交易的入账例子:

> ▶▶▶ **事例 5-2**
>
> A公司在进行了①的交易后,又进行了如下的交易(假设在此以外该会计年度无其他交易):
>
> ②2018年5月1日,从银行借款1000日元;
> ③2018年6月2日,支付2000日元购买营业店铺;
> ④2018年9月1日,雇佣员工支付500日元工资;
> ⑤2018年11月30日,从事咨询业务赚取2000日元。

以上交易如图表5-5(1)所示,按照发生日期顺序记入日记账后,再按照5-5(2)所示,分别转记入总分类账的各自的科目中。为了简单叙事,用"资产-""收益+"表示各自记录的内容,真实的会计账簿是不做如此标记的。

在④的交易中发生了费用(工资),⑤的交易中发生了收入(营业收入)。这样,发生费用或者收入的交易叫作损益交易。相比于此,①②③的交易中,仅仅发生了资产、负债、净资产之间的变动,此称为交换交易。在交换交易中,使净资产发生增减的交易称为资本交易。例如,①属于获得融资,除此以外还有利润分配以及回购股份等,也属于此列。

(4)从会计账簿到财务报表

如此,一个会计年度发生的交易记入会计账簿,当会计年度终了时就可以据此编制财务报表。首先,在图表5-5(2)的总分类账中记录当期发生的所有收入和费用,以此为基础编制当期的利润表。在事例5-2中,⑤的交易产生的收入2000日元计入营业收入(计则88条1款1项),④的交易产生的费用(工资)500元计入销售费用以及管理费用(同条3项)。为简单叙事,假设不发生税金,则当期会计年度的利润表如图表5-6(2)①所示,当期净利润为1500日元。

图表 5-5 会计账簿的编制方法

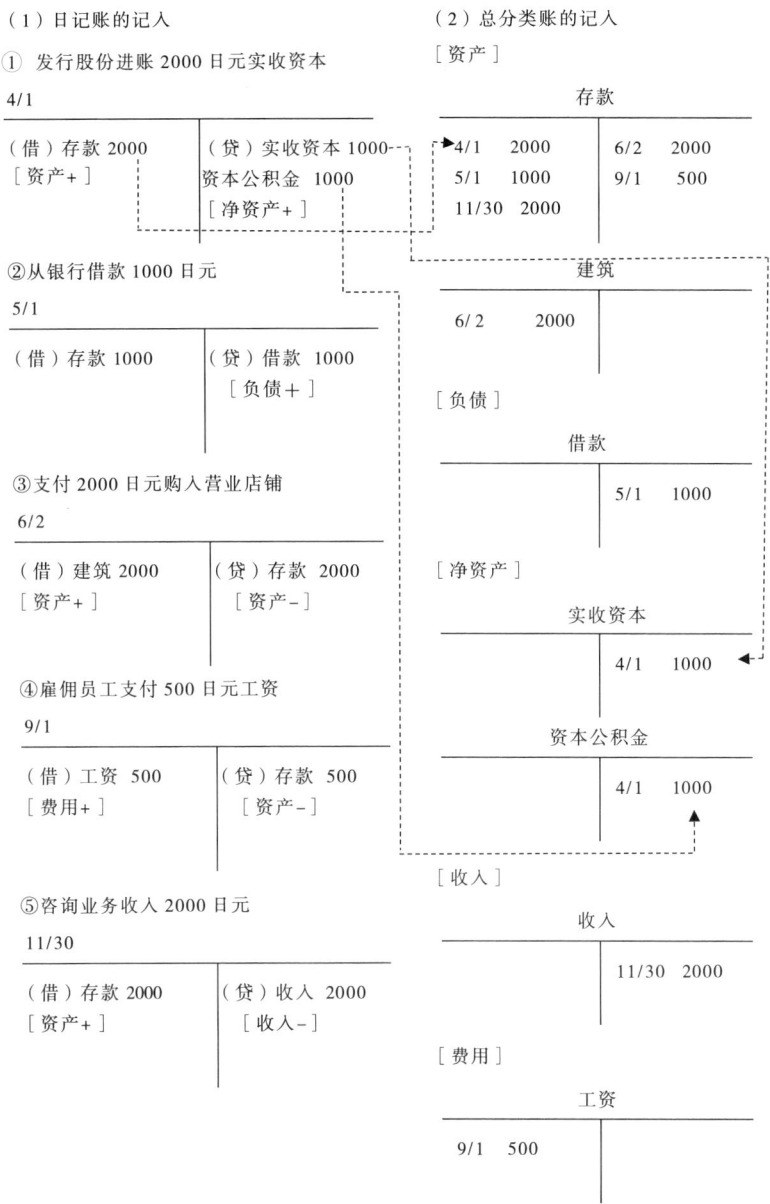

按照同样的要领可以编制资产负债表。在图表 5-5(2) 的总分类账中,记录了当期发生的所有资产、负债的变动情况。例如,"银行存款"科目中,当期的增加额合计 5000 日元(银行存款科目中借方金额合计),减少额合计 2500 日元(贷方合计),可以看出,当期银行存款额净增加 2500 日元。因此,从期初的资产负债表[图表 5-6(1)]记载的资产、负债各科目的余额(资产 1000 日元,负债 0 日元)中,加上或者减去当期资产、负债各科目的相应部分金额,就可以计算出当期期末资产、负债的余额。

图表 5-6

(1) A 股份公司 第一会计年度(2017 年 4 月 1 日至 2018 年 3 月 31 日)
资产负债表　　　　　　　　　　　　　　　　　　　　　　　　（单位：日元）

资产		负债	
流动资产 　存款	1000		
		负债计	0
		净资产	
		股东权益 　股本	1000
		净资产计	1000
资产合计	1000	负债、净资产合计	1000

(2) A 股份公司 第二会计年度(2018 年 4 月 1 日至 2019 年 3 月 31 日)

① 利润表　　　（单位：日元）

营业额	2000
营业成本	0
营业总利润	2000
销售及一般管理费	500
营业利润	1500
经常性利润	1500
税前当期净利润	1500
法人税等	0
当期净利润	1500

② 资产负债表　　　（单位：日元）

资产			负债	
流动资产 　存款	2000	3500	固定负债 　借款	1000
固定资产 　建筑		2000	负债计	1000
			净资产	
			股东权益 　股本	2000
			资本公积 　资本公积金	1000
			盈余公积 　其他盈余公积金	1500
			净资产计	4500
资产合计		5500	负债、净资产合计	5500

③所有者权益变动表　　　　　　　　　　　　　　　　　（单位：日元）

	股东权益			净资产总计
	股本	资本公积 资本公积金	盈余公积 其它盈余公积金	
上一年度余额	1,000	0	0	1,000
本年度变动额 　新股发行 　当期净利润	1,000	1,000	1,500	2000 1500
本年度变动额总计	1,000	1,000	1,500	3,500
本年度余额	2,000	1,000	1,500	4,500

需要注意的是净资产科目。如利润表所示，因当期发生了 1500 日元净利润，此金额反映在资产负债表中为"净资产"额增加。具体而言，作为净资产科目中"股东权益"一项的"其他盈余公积"增加（计则 29 条 1 款 2 项）。这意味着，公司获取利益的部分计算到股东权益上，并且，当期存在使净资产科目金额发生增减的交易（资本交易）。故此，从前一个会计年度的资产负债表[图表 5-6(1)]记载的前期末净资产各科目的余额中，加上或者减去当期净资产各科目的相应部分金额，就可以计算出当期期末净资产的余额。

如此，就可以制作图表 5-6(2)②所示的资产负债表。在此基础上，整理归纳当期净资产科目的变动科目以及变动金额，就可以编制出当期所有者权益变动表[图表 5-6(2)③]。

实务上，并非从日记账、总分类账直接编制财务报表，而是先合计所有记录做出试算平衡表，再进一步编制财务报表。介绍从会计账簿到编制财务报表过程的详细文献，参照：数字でわかる116—121 页（小出笃）。

(5)资产、负债与净资产的关系

请确认一下，在图表 5-6(2)②的资产负债表中，资产的合计额与负债、净资产的合计额是一致的。在以上所举事例中，A 公司接受融资导致当期期末的净资产额（4500 日元）在前期末的 1000 日元基础上净增加了 3500 日元，A 公司的资产净增加额超过了负债（资产净增加额为 4500 日元，负债净增加额为 1000 日元，差额 3500 日元）。这不是偶然，而是依据"一个交易做两面记载"*的复式记账规则，一个会计年度中净资产的净增加额必定与该年度中资产净增加额与负债净增加额的差额一致。换句话说，资产的净增加额＝负债的净增加额＋净资产的净增加额。

各会计年度报表日资产负债表中的资产、负债、净资产各自的合计额是

---

* 亦即"有借必有贷，借贷必相等"。——译者注

该会计年度以前发生的所有相应科目的累计额。因此,在资产负债表中,资产合计额=负债合计额+净资产合计额这个等式是一定成立的。

■ 5　收入、费用、资产、负债的解说

(1) 概论

如■4所介绍的,在公司会计核算上,收入、费用、资产、负债、净资产这五个要素反映了公司日常交易以及财产、收入情况。关于这些要素的详细介绍交由会计学教材。这里,对于上述五个要素中收入、费用、资产、负债四个要素,除了简单说明一下其意义,还通过若干具体例子向读者展现各个要素是如何进行会计处理的大致流程。净资产因与利润分配额关系密切,故放在后面论述。

(2) 收入

所谓收入,是指公司提供财物或者劳务(服务)的对价。这里需要注意,收入与收现即受领金钱在概念上是不一样的。例如,公司收到返还的借款本金属于"收现",但不是收入。另一方面,公司取得的借款利息构成公司的收入,因为利息是融资即金融服务的对价。

公司在销售物品或者提供劳务(服务)时,会确认收入,此称之为"实现原则"。例如,公司赊销100日元的商品(货款之后支付),商品交付买方时,在收到对价(货款)之前会确认收入(会计惯例上认为交付商品时实现了收入)。具体见下面的日记账记载:

(借)应收账款［资产+］100　　(贷)主营业务收入［收益+］100

"应收账款"是指垫付债权。其后收到货款时进行如下记账。这意味着,"应收账款"这项资产转换成了现金(其他形式的资产):

(借)现金［资产+］100　　(贷)应收账款［资产-］100

对此,即便对方(客户)倒闭无法回收货款,一旦确认收入(应收账款)是无法取消的。公司的会计账簿代之以如下记载:

(借)坏账准备［费用+］100　　(贷)应收账款［资产-］100

这表明,应收账款变为无价值之物,公司发生了坏账损失。

(3) 费用

(a) 意义

费用是指公司消耗的财物或者劳务的价格。如同收入与收现不同一样,费用也与支出(支付金钱)不同。公司偿还借款属于支出,但不是费用。另一方面,公司应当支付的利息属于费用。

公司的费用并不是指支付了金钱,而是指发生了财物、劳务消耗之事实,必须进行确认,此称之为"发生原则"。例如,公司租赁用的不动产,并一次性支付了本会计年度和下会计年度的租金(一个会计年度1000日元,合计2000日元)。此时,本会计年度的费用计入本年度的土地使用(财物消费)对应的1000日元,剩下的1000日元作为预付款(预付租金)资产计入本年度末的资产负债表(预付款属于资产的一种)。分类账记载如下所示:

(借)租　　金［费用+］1000　　(贷)现金［资产-］2000
　　　预付租金［资产+］1000

下个会计年度中,公司将会使用第二年的租金所对应的土地。此时,作为资产的预付租金减少1000日元的同时,作为费用的租金增加1000日元。

(借)租金［费用+］1000　　(贷)预付租金［资产-］1000

(b)固定资产的费用化(折旧)

如果理解了费用并非支出而是公司消耗的财物或者劳务的对价的话,就会相对容易理解固定资产的费用化(折旧)这个会计处理原则。例如,用现金100万日元购买生产机器［有形固定资产(计则74条3款2项)的一种］时,购买时进行如下记账:

(借)机器［资产+］1000000　　(贷)现金［资产-］1000000

公司购买作为一项资产的机器时,需要将其买价记入会计账簿(计则5条1款)。购买时,公司不确认费用,因为费用不是基于购买机器而是公司消耗机器这个事实。公司取得资产后,在该资产使用年限的各个会计年度中,将使用机器对应的费用以一定的方法计算出金额,作为折旧费用［销售费用以及管理费用(计则90条1款)之一种］记入账簿("一定的方法"包括计算每期均等额的直线法,以及以每个会计年度期末固定资产净值的一定比例计算的定比例法等)。例如,本期发生了10万日元的折旧,做如下会计处理:

(借)折旧［费用+］100000　　(贷)累计折旧［资产-］100000

"累计折旧"这个贷方科目表示,折旧的价值即为资产价值的减少。资产负债表中列示的是固定资产最初取得的原值减去累计折旧额后的金额(计则79条1款)。实际上,还可以采取其他方法,例如,"固定资产"项下记载取得原值,将累计折旧额作为资产扣除科目(负的科目)予以记载(计则79条1款)。图表5-2就采取前一个方法。

以上的会计处理适用于固定资产中价值随着使用发生损耗的资产。但是,土地属于固定资产,不会因使用而发生价值损失,故不进行折旧处理。

(4)资产

(a)意 义

所谓资产,一般是指公司持有的物、权利及其他具有财产性价值之物。后述的递延资产虽不具有财产性价值,但会计准则上作为资产入账。

(b)资产的评价

公司取得资产时,原则上需要将其取得原值记入会计账簿(计则 5 条 1 款)。另一方面,在会计报表日对企业所持有的资产在资产负债表上如何计价,取决于资产的类别。计则 5 条 2 款规定了以下若干资产的评价方法,这些规定若不与公认会计惯例(企业会计审议会以及企业会计准则委员会编制的会计准则)合并解读,可能无法正确理解其内容。关于资产评估方面的总体介绍请读者参考会计方面的专业书籍[樱井(2022)第 8—9 章],本书仅对几个重要资产的评估方法以专栏形式做出解说。

▶▶▶ ★专栏 5-4 资产评估方法的事例

(1)【例 1】有形固定资产的会计核算

有形固定资产中应当计提折旧的物品(如工厂等建筑物),如前文所述,从取得原值中扣除累计折旧后记入资产负债表(计则 79 条 2 款)。这样,以取得原值为基础做会计上必要累计折旧的称为"历史成本"。参照计则 5 条 3 款)。像土地,因其性质而不需要进行折旧,故会计上持续记载取得原值。

有形固定资产的现时价值即使发生变动,会计上也不会随之记录资产价值的变动或者将增值部分记入收益。因为,固定资产是以公司营业之用为目的而保有之物,即便时价出现一时的升扬,公司通常也不会马上将其变卖以增加公司资产。需要注意的是,当发生意外的价值减损(天灾等物理性减损以及竞争激化、产品价格低迷等带来的功能性减损)时,则必须进行相应的减值处理(计则 5 条 3 款 2 项,减损会计准则)。然后,将固定资产减损额记入利润表中的费用科目(特别损失)。这源于谨慎原则(企会第一 6)的要求,即存在可能对企业财务状况带来不利影响的情况时,公司为了应对而采用的稳健的会计处理方法。

(2)【例 2】股权的会计核算(金融资产会计)

股份公司持有金融资产例如持有其他公司股份的,根据持有目的不同,会计上做如下(a)—(d)的不同处理:

(a) 与以市价变动获取利益为目的持有的有价证券(交易性有价证券)相对应的股权。公司运用闲置资产购买其他上市公司的股票即属此例。这样的股票在会计年度期末以市价记入资产负债表。上个会计年度期末开始的市价变动(评价损益)作为本年度经常性损益记入会计账簿(《金融资产会计准则》15款)。交易性有价证券在投资期间内需要持续做出投资判断,衡量投资判断成果的最适当的指标,就是期末的市价(同70款)。

(b) 子公司股份以及关联公司股份。子公司股份以及关联公司股份(计则2条3款18项)不考虑市价的变动因素,以历史成本记入资产负债表(《金融资产会计准则》16款)。因为,这样的股份是通过子公司或者关联公司的营业活动获取收益,与经营用有形固定资产道理相通(同73款、74款)。但是,当期末时价显著低于历史成本时,除确认可恢复至历史成本的情形外,必须调整为市价(强制减损。计则5条3款1项,《金融资产会计准则》20款。当市价低于历史成本50%以上的,原则上必须进行强制减损处理。《金融资产实务指南》20款)。并且,评价减损记入本期费用(《金融资产会计准则》20款)。这与有形固定资产的减损会计一样,是基于谨慎性原则的会计处理要求。

(c) 属于(a)(b)以外的有价证券股权。例如,为了与公司客户保持和谐而相互持股的就属于此类。关于此,会计上进行(a)与(b)之间的中间性处理(参照《金融资产会计准则》75款)。具体而言,这些股权以期末市价记入期末的资产负债表,在评价损益上,可以选择①或者②的处理方式(同18款):

①评价损益不作为本期损益而直接记入净资产的方法。具体而言,作为评价、换算差额等的一个科目(其他有价证券评价差额金)记入账簿(计则76条7款1项)。但是,做强制减损记载时,评价损益必须记入本期费用(《金融资产会计准则》20款)。

②评价损益为"正"时直接记入净资产科目,为"负"时记入本期费用的方法。这样的会计处理方式从谨慎性原则的观点来看是被认可的。

(d) 例外。作为以上原则的例外,对于市价明显难以把握的股权,以历史成本记入资产负债表[《金融资产会计准则》19款(2)]。

(5) 商誉

例如,股份公司收购其他公司业务时,收购的对价大多超过各个资产市价的总额(同时负担负债的,减去负债总额)。因为,收购时,目标公司的客户信息、经营方法等虽不属于法律性权利,但同样具有经济价值。这种具有经济价值的实际关系被称作商誉(日语表述为"暖簾")。

理论上,商誉可以被理解为"通过公司未来产生的净现金流量折现计算的企业价值中,超过公司持有的各项资产合计额的部分"(经济意义上的商誉)。因此,企业价值超过各个资产价值合计额的公司,都拥有经济上正的商誉(相反,为负的商誉)。但是,在经济学上很难对此做出评价,故可能产生经营者对商誉的过高评价。也正因如此,在企业会计上,仅限于从第三人处有偿取得商誉时(业务转让之外还包括合并等重组的情形),才作为无形固定资产记入资产负债表(计则 11 条,74 条 3 款 3 项第 9),并且,取得后二十年以内必须进行摊销(与有形固定资产的折旧同理。企业结合会计准则 32 款)。

例如,某公司(收购方)从其他公司收购业务。该收购公司继承的资产总额为 1000 日元,继承的负债额为 500 日元,作为转让对价支付现金 750 日元。此时,受让公司支付了多于继承净资产额(500 日元)250 日元的对价。这可以被理解为,收购公司产生了超过被收购资产市价的价值(商誉)。因此,收购公司可做如下会计处理:

(借)继承资产合计 [资产+] 1000　　(贷)继承负债合计 [负债+] 500
　　　商　　　誉 [资产+] 250　　　　现　　　　　金 [资产−] 750

相反,收购业务的对价低于受让资产市价合计额与负债总额的差额的(可以低价购入),其差额(负的商誉)记入本期特别损益(企业结合会计准则 33 款、48 款)。

▶▶▶ ★专栏 5-5　递延资产

如本书所述,在会计上,公司消耗了财物或者劳务时,需要将此价值作为费用入账。但是,对于某些支出,在接受劳务后可以不作为当前会计年度的费用,而是作为资产记入资产负债表,于下个会计年度以后逐渐摊销(费用化)。这称为递延资产(计则 74 条 3 款 5 项。在消耗劳务这点上,与预付费用不同)。允许这样处理的理由在于,接受劳务发生在本期,但其效果(收入)发生在下期以后,故收入与费用期间对应是合理的(此称为"费用收入配比原则")。如不进行如此处理,则未实现收入却确认了费用,将导致本期的利润减少,公司经营者可能被给予差评。现在,公司设立费用、开业费用、开发费用、股权转让费用、公司债发行费用等五个科目作为递延资产予以记账(企业会计准则委员会"关于递延资产的会计处理方法")。另外,是否入账由公司决定,也可以在发生时全额作为费用入账。

实际上,会计惯例倾向于限制递延资产的范围,尤其是研发费(R&D),1998年日本会计准则变更(企业会计审议会《关于研发费等的会计准则》)时,强制性规定在费用发生时应将其全额列入费用科目,不得作为递延资产入账。

(6)负债

(a)意义

所谓负债,一般是指法律上的债务。后述的准备金虽不能称为法律上的债务,但可以作为负债入账。负债原则上以债务额记入资产负债表(参照计则6条1款)。

★(b)准备金

按照会计惯例,某个会计年度中即便不属于法律上的债务,当:第一,将来发生特定支出、损失的可能性高;第二,其金额可以合理估算;第三,对照本期收益科目可以合理归属于本期负担的,在将此金额作为本期费用记入利润表的同时,可以将截至本期发生的费用累计额记入本期末资产负债表的负债科目[企会注解(注18)]。据此,记入负债科目的科目称为"准备金"(计则6条2款1项)。与递延资产一样,这也是收入费用配比原则的体现。例如,高管退职慰劳金不经股东大会决议不构成法律上的债务,但公司若存在关于高管退职慰劳金的内部规定,则现任高管退职时,公司根据内部规定支付退职慰劳金的可能性会很大,而且也可以估算出合理的金额。进一步讲,将来支付的退职慰劳金中,相当于现任高管本期劳务对价的部分记入本期费用也是合理的。因此,高管退职慰劳金可以作为准备金记入会计账簿。

▶▶▶ 专栏5-6 会计上的收入、费用和现金流量

纵观之前的介绍可知,在企业会计中,原则上,收入或者费用的记账发生在股份公司提供相应的财物或消耗相应的劳务之时,这个时间点与收现(受领金钱)或者支出(支付金钱)的时间点通常是不一致的。再如,

递延资产和准备金,根据收入费用配比原则,收入或者费用确认的时间点有时与提供财物或消耗劳务的时间点存在错位。这样的会计处理从正确反映一定期间经营成果的观点来看,具有合理性。如果强行规定收入或者费用的记账时间点必须与收现或者支出的时间点一致的话,则公司在某个会计年度进行大额投资的,会计账簿上将记入大额的费用,其结果是,外观上公司该会计年度的经营业绩非常差,可能因此给公司股东等利益相关者造成错误的印象。

另一方面,在评价公司的经济价值(企业价值)时,哪个时间点产生了收现或者支出是非常重要的。如专栏 3-12 介绍的,现在的 1 日元与将来的 1 日元价值是不同的,同额的收现(支出)早一点(迟一点)发生,公司的企业价值就会提高。

在此,本书介绍一个企业价值的标准评价方法——DCF 法。这个方法并非针对各个会计年度会计核算的利润,而是通过预测收现和支出之间差额的净现金流(FCF),将此用一定的折现率进行折现后评价出企业价值。此时,净现金流通常可以根据利润表上公开的财务上的利润,通过调整收现、支出和收入、费用之间的差额计算出来[详细参照铃木(2004)4—7 页,54—72 页]。

■ 6 事业报告

事业报告是指每个会计年度内反映股份公司状况的事项中,报告会计核算以外事项的书面资料(435 条 2 款,参照会则 118 条 1 项)。事业报告不包含会计核算事项,故不属于财务报表,但与财务报表一样,需要在每个会计年度终了时编制并提交定期股东大会审议。事业报告的内容在《公司法施行规则》中有规定(会则 118—126 条),其中对公众公司事业报告的内容做了特别详细的规定(会则 119—126 条)。

■ 7 附属明细表

附属明细表是指补充说明财务报表以及事业报告中重要内容事项的书面资料(435 条 2 款,参照会则 128 条 1 款,计则 117 条。事业报告和财务报表各自都有附属明细表)。附属明细表在各个会计年度末编制,但与事业报告和财务报表不同,不需要提交定期股东大会,置备于总公司、分公司供股东、债权人阅览复制即可。

■ 8 其他会计资料

股份公司除了编制财务报表及其附属明细表,还需要编制一些与会计核算有关的报表(会则2条3款11项,计则2条3款3项)。对此,以下进行说明。

(1)合并财务报表

多数现代股份公司并非单独经营,而是拥有多家子公司(2条3项,会则3条)或者关联公司(可对该公司财务以及经营决策施加重要影响的公司中,是除子公司外的公司。计则2条3款21项),以企业集团的名义进行经营。因此,这些企业集团的财产、损益状况需要被明确地表示出来。另一方面,从事企业集团的会计核算需要专业知识,若由不具备专业知识的公司从事企业集团的财务,会因不正确的信息而招致利益相关者的误解。

故此,公司法规定,限于设置会计监察的公司,可以编制反映由该公司及其子公司组成的企业集团的财产、损益状况的合并财务报表(由合并资产负债表、合并利润表、合并股东变动表以及合并附注表组成。444条1款,计则61条),大公司[2条6项。其当然为设置会计监察的公司(328条,327条5款)]且承担有价证券报告书提交义务的公司(主要为上市公司)鉴于存在诸多利益相关者,必须编制合并财务报表(444条3款)。

股份公司的合并财务报表基于该公司及其子公司的(个别)财务报表并经适当的会计调整,将其合并编制而成。关于该公司持有的关联公司股份,适用权益法(对应该关联公司的损益状况,使股权的评价额产生变动)进行会计处理。

在集团经营成为一般化的现代社会,相比于个别财务报表,合并财务报表因更能反映该公司的财产、收益状况而备受关注。应当注意的是,合并财务报表是基于个别财务报表编制而成的,因此在编制合并财务报表时,个别财务报表的重要性并不会丧失。

(2)临时财务报表

股份公司可以确定上个会计年度(2条24项)结束后的下个会计年度中的某个日期为临时决算日,编制截至临时决算日的资产负债表以及该会计年度首日至临时决算日期间的利润表。这些报表称为临时财务报表(441条1款)。是否编制临时财务报表由各个公司自由决定。公司编制临时财务报表(临时决算)的意义在于,可以将上个会计年度以后的期间损益计算到股东可以分配的利润额中。

(3) 公司成立之日的资产负债表

股份公司必须编制成立之日的资产负债表(435条1款)。此资产负债表虽是财务报表之一,但不经过审计程序,也不存在公开以及保存的规定。

第3节 会计决算组织程序

■ 1 概说

本节介绍股份公司的会计决算组织程序。所谓决算,一般是指为了明确一个会计期间的经营业绩和期末财产状况所实施的程序。于股份公司的场合,是指编制决算报表、接受审计,在定期股东大会上报告并得到大会认可,进而向股东、公司债权人等利益相关者公开的一连串行为。

■ 2 决算报表等的编制、审计以及董事会认可

(1) 编制

股份公司必须于各个会计年度终了时编制该会计年度的财务报表、事业报告及其附属明细表(435条2款)。由负责会计核算的业务执行董事或者执行董事编制)。保存义务参照435条4款。

满足一定要件的股份公司应当于各个会计年度终了时编制合并财务报表(444条)。

(2) 审计

(a) 设置监事的公司

设置监事的公司中,财务报表以及事业报告及其附属明细表必须接受监事的审计(436条1款、2款)。监事的审计范围限定为与会计核算有关的公司(389条1款),审计的对象限于财务报表及其附属明细表(审计需要以审计报告的形式明确。会则129条2款)。各个监事依照法务省令的规定编制审计报告,内容包括审计的方法、内容以及监事的意见等。

设置监事会的公司中,由监事会基于各个监事的审计报告编制监事会审计报告(会则130条,计则123条、128条)。监事会审计报告的内容由监事会以少数服从多数确定(393条1款),当该报告的内容与某个监事编制的审计报告不一致时,该监事可以将自己的审计报告的内容(个别意见)备注于监事会审计报告(会则130条2款主文后段,计则123条2款主文后段、128条2

款主文后段)。这样规定是因为,在设置监事会的公司中,各个监事的审计报告并不直接提供给股东(仅提供监事会审计报告。计则133条1款2项3号),通过此举,个别监事的不同意见可以为股东知悉。另外,对于该监事而言,也可以在日后的追责中保留证据。

(b)委员会型公司

委员会型公司(审计等委员会设置公司或者提名委员等设置公司)中,审计等委员会或者审计委员会[以下除了有必要予以特别区分的情形,合称为"审计(等)委员会"]行使财务报表、事业报告及其附属明细表的审计监督职责(436条2款),编制审计(等)委员会审计报告(436条2款,会则130条之二、131条,计则128条之二、129条)。此时,某个审计(等)委员的意见与审计(等)委员会报告的内容(多数决。399条之十1款、412条1款)不一致的,可以将此意见备注于报告中(会则130条之二1款主文后段、131条1款主文后段,计则128条之二1款主文后段、129条1款主文后段)。

(c)会计监察人的审计监督

设置会计监察人的公司中,财务报表及其附属明细表必须接受会计监察人的审计监督。会计监察人依照法务省令的规定编制审计报告,内容包括审计监督的方法、内容以及会计监察人的意见等(计则126条),并通知监事[委员会型公司为监察(等)委员会]以及董事(计则130条)。

设置会计监察人的公司中,监事对会计核算的审计权限、义务并不会丧失(参照436条2款1项)。需要说明的是,会计监察人作为审计专业人员进行审计,此时,监事实施审计的内容将从积极主导、意见陈述转变为调查会计监察人的审计方法、内容是否妥当并陈述意见(计则127条、128条,非会计监察人设置公司为计则122条1款、123条2款)。委员会型公司(须设置会计监察人。327条5款)中的监察(等)委员会审计也遵循同样的规定(计则128条之二1款、129条1款)。

(d)合并财务报表的审计监督

编制合并财务报表的公司,其合并财务报表必须经监事[委员会型公司为监察(等)委员会]以及会计监察人的审计监督(444条4款)。

(3)董事会的认可

设置董事会的公司中,财务报表、事业报告及其附属明细表(接受审计监督的报告)必须得到董事会的认可(436条3款)。编制合并财务报表的公司,其合并财务报表遵循同样的规律(444条5款)。

3 向股东提供

(1) 向定期股东大会提出、提供

(a) 概说

董事必须将财务报表以及事业报告(接受审计监督的报告)提出、提供给定期股东大会(438 条 1 款。附属明细表无须提供)。编制合并财务报表的公司,其合并财务报表遵循同样的规律(444 条 7 款)。

(b) 设置董事会的公司

设置董事会的公司为了给股东提前准备的时间,在向股东发出定期股东大会的召集通知时,应当提供财务报表以及事业报告(接受审计的,包括审计报告、会计监督报告。437 条,会则 133 条 1 款 2 项 2 号,计则 133 条 1 款 2 项 2 号、3 项 2 号、3 号)。合并财务报表遵循同样规律(444 条 6 款)。

向股东提供上述资料(以下称"财务报表等")的,书面提供为原则(437 条,会则 133 条 2 款 1 项,计则 133 条 2 款 1 项;444 条 6 款,计则 134 条 1 款 1 项);得到股东个人同意以电子版发出召集通知的(299 条 3 款),财务报表等记载事项也用电子版提供(437 条,会则 133 条 2 款 2 项,计则 133 条 2 款 2 项;444 条 6 款,计则 134 条 1 款 2 项)。若公司章程规定财务报表的记载事项中的一部分(网上公开事项)可以在公司官网上提供,则可以省略书面提供(网上公开。会则 133 条 3 款,计则 133 条 4 款、134 条 5 款)。此外,当财务报表的记载事项应予修正的,可以提前通知股东使其知悉[会则 133 条 6 款,计则 133 条 7 款、134 条 8 款。实务中,互联网上通知修正的方法"网上修正"(Web 修正)较为普遍]。

公司章程中采用 2019 年创设的"电子提供措施"(325 条之二)的,上述报表的记载事项需要以数据电文形式提供(325 条之三 1 款 5—7 项),而不需要以书面形式提供(325 条之四 3 款)。但是,对于请求以书面形式交付(325 条之五 1 款)的股东,则必须以书面形式提供(同条 2 款)。实际上,对于某些事项(会则 95 条之四。大致与以往承认的网上公开事项相同),即使股东请求以书面形式提供,公司章程也可以规定不以书面形式提供(325 条之五 3 款)。

▶▶▶ ★专栏 5-7　以数据电文形式提供财务报表等

互联网公开是 2005 年制定《公司法》时创设的制度。随着互联网的普及,可以互联网公开的事项(Web 披露)大幅度增加。现行法律框架下,

> 除了事业报告中的某些事项,整个财务报表都属于网上公开事项[会则133条3款,计则133条4款、134条5款。小林等(2023)]。
>
> 2019年《公司法》修改中创设了"电子提供措施",采用此措施的公司在向股东提供财务报表时,原则上需要以数据电文形式(在官网主页上)提供(→专栏4-11)。

(2)财务报表等的承认或者报告

(a)财务报表

财务报表必须得到定期股东大会的认可(438条2款)。认可的意义在于,确定财务报表的内容,将此作为计算分红的基础资料(参照2条24项、446条、461条)。但是,同时设置董事会与会计监察人的公司中,对财务报表以审计报告的形式附加了无保留意见(计则126条1款2项1号),且监事、监事会或者监察(等)委员会的审计报告对会计监察人的监察方法或者结果无反对意见(含个别意见)的,财务报表可以经《公司法》436条3款规定的董事会认可,将其内容向定期股东大会报告即可(439条,计则135条)。理由在于,此时,财务报表大概率会适当、正确地表示公司财产、损益状况,没有必要经非会计专业人士的股东认可。

(b)事业报告

事业报告的内容必须向定期股东大会报告(438条。不需要认可)。

(c)合并财务报表

编制合并财务报表的公司,其合并财务报表必须向股东大会报告(444条7款。不需要认可)。

4 向利益相关者公开

(1)决算公告

股份公司应当于定期股东大会结束后及时公告(决算公告)公司的资产负债表(大公司为资产负债表和利润表。440条1款)。但是,公司以章程规定在官方报纸或者新闻日报予以公告的,按此方法公告即可(440条2款,939条1款1项、2项)。公司也可以限于此场合使用数据电文形式进行公告(440条3款),这样可以节约官方报纸或者新闻日报的刊登费用。此外,《金融商品交易法》24条1款规定的应当提出有价证券报告书的公司,因其已经向公众提供了详细的信息,故不再履行公告义务(440条4款)。

▶▶▶ **专栏5-8　决算公告**

怠于履行决算公告的将被处以罚款(976条2项)。据悉,即使如此,大多数中小企业股份公司都不遵守公告义务。因为,中小企业只要向融资的金融机构或者主要客户任意公开财务报表就可以无障碍地持续营业,没有必要特意花费费用进行公告。2005年制定《公司法》时也考虑到这样的现状,曾经探讨过废除公告义务,但股东有限责任之下利益相关者保护原则(公司应当将其财产状况向现在以及将来的利益相关者公开)处于优势地位,公告义务得以维持。

(2)财务报表的置备以及阅览等

股份公司必须在其总公司保存财务报表、事务报告及其附属明细表(接受审计的,包括审计报告。442条1款1项),保存期为自定期股东大会召开之日前一周(设置董事会的公司为两周)起五年。并且,以上资料的复印件应当在分公司保管三年(同条2款1项。通过局域网可以阅览的除外。同款主文但书,会则227条)。编制临时财务报表的公司,其临时财务报表遵循同样的规定(442条1款2项、2款2项)。合并财务报表无此公开义务。这是因为,有义务编制合并财务报表的公司限于提出有价证券报告书的公司(同条3款),这类公司已经根据《金融商品交易法》要求提出了有价证券报告书(含合并财务报表),公司法就没有必要再要求其履行公开义务了。

股东以及债权人可以在公司营业时间内随时请求阅览上述报告(财务报表等阅览等请求。442条3款,会则226条28项)。存在母公司的股份公司,其母公司员工可以经法院许可阅览上述报告(442条4款)。此外,在诉讼中,法院可以责令公司提交财务报表等资料(443条)。

第4节　股东分红

■ 1　概说

股份公司以营利并将此分配给其成员股东为基本目的。对股东分配的最基本方式是根据各个股东的持股数进行相应的分红,称为盈余分配(453条)。2005年修改前的《商法》称为"利润分配",现在多作为日常用语使用。需要注意的是,公司可以分配的金额,严密地说包含公司截至现在获取的利润以外的项目,因此,相比于"利润分配","盈余分配"的说法更为妥当。另外,公司可以采取有偿的方式取得自己发行的股份(库存股),作为对价,公司向持股的股东分配公司的财产(155条)。此时,作为库存股卖方的股东可以以其持有股份为对价,获取公司的盈余分配。

实际上,公司获取的盈余全部分配给股东,对股东而言未必有利。如果存在对公司有利的商业机会,对于股东而言,理想的做法是将公司盈余一部分留存于内部充当投资资金。这样,公司将多少资产留在内部,又将多少资产分配给股东,对股东而言是个重要的课题,同时,对公司债权人而言也是个严重关切的问题。因为,股东享有有限责任的特权(104条),若对股东分红后公司资产所剩无几,债权人将无法回收自己的债权。因此,公司法设置了可向股东进行分配的额度限制(可分配额规制)。

本节中,在介绍盈余分配以及股份回购等对股东分配的程序以后,将对可分配额规制进行介绍。

■ 2 盈余分配

□ 1 意 义

股份公司可以向股东分配货币以及其他财产。此称为盈余分配(453条)。

▶▶▶ **专栏5-9 有关盈余分配的管制放松措施**

2005年修改前的《商法》中,作为公司在定期股东大会上处理盈余的方式,原则上一个会计年度中只能进行一次盈余分配,但该年度中还可以由董事会决议再进行一次分配(中间分配)。但此后的《公司法》废除了盈余分配的次数限制,规定只要在可以分配的额度内,一个会计年度中可进行多次分配。实际上,定期股东大会决议分配(或者代之以董事会决议)不适用事后损失填补责任,以及董事会设置公司一个会计年度进行一次董事会决议分配(中间分配)等制度,系继承了2005年修改前的《商法》规则。

□ 2 盈余分配的程序

(1)决定机关

(a)原则

盈余分配原则上由股东大会决议(普通决议)通过(454条1款)。但是,设置董事会的公司可以公司章程规定,一个会计年度中只能进行一次分红的董事会决议[454条5款。此分红不必满足后面(b)的要件]。这实际上是维持了 2005 年《公司法》修改前《商法》中的中间分配制度。

(b)董事会决定盈余分配的情形

设置了会计监察人和监事会的公司且其董事任期为 1 年的,或者委员会型的公司[当然属于会计监察人设置公司,且董事(审计等委员会设置公司为监察等委员以外的董事)任期为 1 年],可以公司章程规定由董事会决定盈余分配等事项(459 条 1 款)。

上述公司章程的规定须由会计监察人对上个会计年度的财务报表发表无保留意见,并且没有针对监事会或者审计等委员会的审计报告提出不符合意见的,才会产生效力(459 条 2 款、460 条 2 款,计则 155 条)。以公司章程规定这些事项的公司,还可以通过公司章程,规定盈余分配等的决定不经股东大会决议(换句话说,盈余分配等的决定专由董事会决议。460 条 1 款)。

▶▶▶ 专栏 5-10　盈余分配等的决定机关

有意见认为,公司财产多少分配给股东,多少留在公司内部,属于高难度的经营决策范畴,董事会的判断要优于股东。如果将盈余分配的决定权限交给股东大会,特别是股东人数众多的上市公司(无法轻易召开股东大会),不但很难进行灵活分配,还会因股东不了解公司经营状况而做出过多分配的决议进而危及公司的财产基础。实际上,美国多数州的公司法规定盈余分配的决定权限在董事会,股东大会原则上无此权限。但是,从另一方面看,将盈余分配的决定权限单单交由董事会的话,可能产生另外一个问题:即便没有高收益性的商业机会,经营者也会为了追求扩大事业规模而不向股东进行分红,从而形成公司与股东之间深刻的对立。向股东分红也可以理解为通过减少公司的剩余资金而规范经营者的行为[通过面向投资者的问卷调查可知,股东自身也持同样的想法。芹田等(2011)9 页、10 页表 2],并不是说只要是经营决策就一定要交给董事会。

公司法原则上将盈余分配的决定权限交给股东大会,同时严格设置规范经营者的组织(指监事会设置公司或者委员会型公司),董事须每年接受股东的审查(任期一年),且只有保证作为计算盈余分配基础的财务报表的适当、正确(以董事会决议确定财务报表的,需要满足与《公司法》436 条 3 款、计则 155 条同样的要件),才可以通过章程规定将盈余分配的决定权限交给董事会。并且,在这样的公司中,只有公司章程特别规定股东大会不对盈余分配做出决议的(股东亲自同意其权利受限),才可以将此权限专属于董事会(460条)。

根据商事法务研究会以上市公司为对象实施的调查,接受问卷的1730家上市公司中,以公司章程将盈余分配的决定权限赋予董事会的为705家(占比40.8%),其中,公司章程规定股东大会不进行盈余分配表决的为161家(占比9.3%)[商事法务研究会(2017)31页图表6]。

(2)盈余分配的决定事项等

(a)分配的决定事项

股份公司分配盈余需要以股东大会审议(根据《公司法》459条,由董事会决定分配盈余的,为董事会决议)确定:①分配财产的种类以及账面价值总额,②股东分配财产的比例,③分配生效日期(454条1款)。

关于①,可以分配现金以外的财产(实物分配。例如,其他公司的股份),其决定权除了赋予股东现金分配请求权(请求交付现金而非实物财产的请求权利),需要股东大会的特别决议(454条4款、309条2款10项)。鉴于实物分配交付给股东的可能是难以转让的财产并进而使股东利益受损,故对其有严格要求。

实物分配有时存在一个问题,就是无法对应每一股进行实物分配。例如,已发行股份总数100万股的公司,向其股东分配其他公司股份10万股。此时,公司可以股东大会决议做出决定,只有对持股达到一定数量(如10股)以上的股东才可以分配实物(454条4款2项)。对于持股数量不满足该要求的股东,就必须实行现金分配(456条)。

关于②,必须根据各个股东持股数量进行财产分配(454条3款。例如,每股分配10日元)。公司法上不允许只向大股东分配盈余,也不允许"持股1000股以内每股分配100日元,超过部分每股分配50日元"这样的约定,因为违反了股东平等的原则(109条1款)。实际上,在盈余分配上,当公司发行内容不同的两种以上股份时(108条1款1项),根据股份内容不同,可以进行不同的财产分配(454条2款、3款)。

关于③,实务上多以分配决议做出之日的第二天作为分配生效之日。当然,也可以规定股东大会决议做出后经过一定期间后的某日为分配生效之日。

(b)分配的基准日

在股东众多的上市公司,为了保证股东行权的顺利,通常规定关于分配盈余的基准日(124条)。也就是说,可以规定某一天为基准日,这天在股东名册上的股东可以享受公司的盈余分配(日本在习惯上将定期股东大会决议的盈余分配基准日设为决算期,关于此习惯的问题,参见专栏4-6)。

(3)分配财产的交付等

(a)支付分配请求权

盈余分配决议生效后,各个股东(确定了基准日的,为基准日股东)就拥有对公司的支付分配请求权。此请求权被看作是将股东作为债权人行使的具体债权,独立于股份,可以成为转让与查封的对象。支付分配请求权的时效依据《民法》的规定(民166条1款),在上市公司的场合,为了便于事务上的处理,通常公司章程规定较《民法》更短的除斥期间(通常为三年)。这样的期间只要不是不当过短,就可以认为是有效的(大判昭和2.8.3民集6卷484页)。

(b)分配财产交付的程序

盈余分配的财产应当交付至股东名册上记载的住址或者股东向公司通知的住所(457条1款)。费用原则上由公司负担(同条2款)。

■ 3 股份回购

□ 1 概说

(1)意义

股份回购是指股份公司从股东处取得自己发行的股份(参照《公司法》第二编第二章第四节标题)。公司取得这部分股份后自行持有的,叫作库存股(参照113条4款)。实际上,"自有的股份"与"库存股"在用语上未必被进行了区分,实务上一般以"取得库存股"代替"回购自有的股份"。本书中两种用法交替使用。

(2)取得库存股的相关规定问题

股份公司可以在各种场合回购自己的股份(155条)。本节介绍的是公司与股东之间合意有偿取得库存股(参照:155条3项、156条—165条),日常用语叫作"购买本公司股份",与盈余分配并列,作为向股东分配财产的手段广为利用(上市公司的利用情况,参见VM113页)。

相较于盈余分配是对全体股东根据其持股数量进行分配,股份回购的特征在于,针对特定的股东,用公司财产交换其持有股份。这产生了一个问题,即如何保证股东间的公平。如果公司以高于客观公正的价格从特定股东处回购股份,则现有股份的价值会被稀释,导致现有股东的利益受到损害。如果不以上市公司为例,普通公司的股份流通性相对较差,若公司仅对特定股东提供出售其股份的机会,则在该股东与其他股东之间就产生了不公平。因存在这些问题,以往(1994年《商法》修改前)除了特殊情形,一律禁止回购股份。现行《公司法》在股东公平上特别设置了若干规定,允许公司与股东之间合意回购股份。以下首先介绍上述规制内容,再介绍允许股份回购的其他情形。在介绍公司持有的库存股后,介绍子公司取得母公司股份的禁止规定。

▶▶▶ **专栏 5-11　股份回购的经济意义**

既然公司法上存在盈余分配这种公司向股东分配公司财产的手段,为何公司还要使用回购库存股的手段呢?理由之一是,公司更加关心盈余分配的稳定性(担心投资者减持股份),一次性分配大额剩余资金的话,相比于盈余分配,股份回购可以分开使用。现行法中,特别是上市公司中,股份回购比盈余分配具有灵活性。再者,有批判意见认为,股份回购还可以调整股份的供需,起到抬高股价的效果[对此主张的探讨参照:田中(2020),岩原(2016)96页]。关于上市公司以及投资者如何理解股份回购的功能的调查报告,参照:芹田等(2011)12页,铃木等(2018)61页。

在股份流通性通常较差的非上市公司,赋予股东以出售股份的机会也是股份回购的重要目的。此外,当股东之间存在对立时,公司回购其中一方的股份也是解决纠纷的一个手段。

□ 2　与股东合意有偿回购股份

(1) 概说

对于与股东合意回购股份,公司法设置了相当复杂的规定(上市公司主要采取的是③的方法,实务上最为重要):①以赋予所有股东出售其持有股份机会(小型公开收购)为基本原则(156条—159条);同时,②设置从特定股东处回购股份的特殊规则(160条—164条);③设置通过市场交易等回购股份的特殊规则(165条)。下面将按照顺序予以介绍。

(2) 原则性回购方法(小型公开收购)

(a) 回购额的设定

股份公司要与股东之间合意回购自己发行的股份,应当事先经股东大会决议(普通决议),确定回购股份数量(发行类别股的公司为回购的股份类别以及数量)、回购所需资金等(取得对价)内容(一般为货币资金,也可以是其他公司股份等财产)以及回购期间(1年为上限。156条1款)。在这个额度范围内,公司可以按照下列程序随时回购(确定了回购额度不意味着公司必须履行此义务)。

(b)回购决定

公司按照(a)确定的回购额度实际回购股份时,需要确定回购股份数量(发行类别股的公司为回购的股份类别以及数量),回购对价的内容、数量、额度或者其计算方法,回购对价的总额以及申请日期(157条。关于回购条件均等的要求见同条3款)。设置董事会的公司必须做出董事会决议(同条2款。非董事会设置公司原则上以半数以上董事通过即可,也可以委托特定董事决定。348条2款、3款)。

(c)回购方法(小型公开收购)

为了实现股东间的公平,公司在与股东合意回购自己的股份时,原则上必须赋予各个股东平等的出售机会。具体而言,公司做出回购决定(157条1款)时,应当向各个股东发出收购通知(158条1款。上市公司可以采用公告形式,同条2款)。接到该通知的股东可以向公司明示拟转让的股份数量,申请转让所持股份(159条1款)。申请期满后(157条1款4项)申请转让的股份数量超过公司拟回购的股份数(同款1项)的,公司应当按照比例进行收购(159条2款)。上述方法是《金融资产交易法》上的公开收购的简略化(金商27条之二十二之二以下),故称为"小型公开收购"。

实际上,发行类别股的公司对于公司拟收购的类别股份数,只要给予股东平等的出售机会即可(参照158条1款、159条1款)。这是因为,不同类别的股份每股的价值有所不同,给予所有类别股的股东以平等的出售机会在法律上存在困难。

(3)回购特定股东的股份

(a)原则

公司与股东合意回购自己的股份的,以小型公开收购为原则,另一方面,公司为了化解股东之间的对立,比如,回购对立阵营一方股东的股份时,可能会回购特定股东的股份。公司法允许从特定股东处回购股份,但为了防止对特定股东的不当优待,公司法设置了特别严格的规定。

具体而言,公司在决定回购自己的股份时,可以决定从特定股东处回购(手续上按照158条1款仅通知特定股东即可。根据159条1款,可以申请转让的仅限于收到该通知的股东,160条1款)。需要强调的是,公司的该决定需要股东大会的特别决议(309条2款2项),且该特定股东不得行使表决权(160条4款)。一般而言,有利害关系的股东也可在股东大会上行使表决权,但因此导致决议存在严重瑕疵的,该决议可能被撤销(831条1款3项)。因此,从特定股东处回购股份存在滥用的风险,法律予以严格限制。另外,其他股东也可以请求公司在股份回购议案中追加自己为出售方(追加出售方的议案变更请求权。160条3款,会则29条,也称共同出售权)。公司需要事先向股东发出上述通知(160条2款,会则28条)。

(b)例外

但是,下列情形不适用共同出售权规则:

第一,存在市场价格的股份(上市公司股份等)以低于市场价格回购(161条,会则30条)。此时,作为出售方的股东得到优惠待遇的可能性较小。

第二,非上市公司中,从股东的继承人或其他一般受让人处回购股份的(仅限于该一般受让人行使表决权之前,162条)。即便是非上市公司的股份,公司从继承人或者一般受让人处回购的,不需要得到公司的认可(136条以下的认可程序仅适用于转让取得)。需要强调的是,这样的一般受让可能出现其他股东不欢迎的人成为股东的局面,或者该一般受让人不希望成为公司股东。因此,免除适用共同出售权规则,可以缓解公司与该一般受让人之间的紧张关系。

第三,公司以章程排除适用共同出售权规则(164条1款)。发行类别股的公司也可以仅针对特定类别股进行规定(同款)。公司发行股份后变更章程实行上述措施的,必须经过持有被排除适用共同出售权规则股份的全体股东的同意(同条2款)。

第四,公司回购其子公司股份的(163条)。此时,不仅共同出售权规则,157条—160条的适用都将被全部免除。另外,根据156条1款设定回购框架的,设置董事会的公司由董事会决议,而非股东大会(163条)。如后所述,子公司原则上禁止收购母公司的股份(135条),例外情况下收购的,需要在规定的时间内进行处分(同条3款)。此时,母公司可以根据与子公司之间的合意快速收购该股份。

(4)通过市场交易等收购

(a)概说

股份公司通过市场交易或者《金融资产交易法》上的公开收购制度(同法27条之二十二之二以下,统称"市场交易等")回购股份的,不适用《公司法》157条—160条的规定(165条1款)。因此,例如在设置董事会的公司,在156条1款的回购额度内,有权决定股份回购的业务执行董事可以随时回购本公司股份(不适用157条2款)。并且,不需要根据158条规定通知股东或者向股东发出公告。理由在于,公开收购的场合,《金融资产交易法》可以保障股东的知情权(金商27条之二十二之二2款、27条之三等)以及股东之间的平等待遇(金商27条之二十二之二2款、27条之二3款、27条之十三5款等);在交易市场上收购的,收购价格取决于市场的供需关系,一般不存在给予特定股东优待而损害其他股东利益的情况(市场交易中,如果公司可以超过市价的价格回购本公司股份,会危害现有股东的权益,这样的行为受到《金融商品交易法》规制。金商162条之二,关于有价证券等交易等规制的内阁府令16条1项、17条2项)。关于股份回购的《金融资产交易法》上的规制,参照:岸田(2010)78—83页(松本正志)。

(b)公司章程规定的董事会决议回购

设置董事会的公司可以公司章程规定:经董事会决议通过(165条2款)的,公司可以在市场上回购本公司股份。此时,《公司法》156条1款的回购额度的设定权限不限于股东大会,董事会亦有此权限(165条3款)。这是应产业界的强烈要求(股份回购的机动性),于2003年《商法》修改时导入的规定。这样的规定导致股份回购在规范休系上略失平衡,因为,股份回购在维持了向股东分配财产功能的同时,较之盈余分配的要件更宽松。

▶▶▶ 专栏5-12 市场交易

"在市场上的交易"(165条1款)中的"市场"当属东京证券交易所等金融资产交易场所[交易所金融资产市场,金商2条17款。此外哪些场所属于"市场",参照:コンメ(4)42页(伊藤靖史)]。交易所金融资产市场的典型形态,是由众多市场参加者依据竞价(价格优先、时间优先)原理进行交易的场内市场(每日播报的上市公司股价通常即为在此市场上形成的价格),此外还包括交易所设置的某些场外市场。东京证券交易所通过ToSTNeT-2(东京证券交易所交易网络系统之二),根据每天场内市场的最终股价进行场外市场交易,上市公司的股份回购多利用此系统交易。2008年,日本创设了专门用于股份回购的场外市场ToSTNeT-3(参照东证HP:http://www.tse.or.jp/rules/stock/index.html)。

□ 3 其他股份回购事由

除了公司与股东之间合意回购股份,股份公司还可以在其他场合回购自己的股份(155条各项,会则27条各项)。公司可以回购自己的股份的场合如图表5-7所示。例如,第一,公司吸收合并其他公司时,受让的财产中包含本公司股票(155 条 11 项)的;第二,无偿受让股份的(155 条 13 项,会则 27 条 1 项。因通常不会对其他股东与债权人产生危害,故回购不设特殊限制);第三,公司行权时为了达到目的不得不回购自己的股份的(155 条 13 项,会则 27 条 8 项。例如,公司为了回收债权,从无其他资产的债务人手里以代物清偿取得本公司股份的)。股份回购的详细资料参照:コンメ(4)7—11 页(藤田友敬)。

▶▶▶ ★专栏5-13　违法回购股份的法律效果

违反本文所述的股份回购程序规定(例如,未经必要的股东大会决议。此时,假设未违反可分配盈余额限制规定)的,原则上该股份回购无效,但善意相对方的受让有效[コンメ(4)18 页(藤田友敬)]。股份回购规制的目的在于股东间的公平,故无效只能由公司主张,相对方(股份转让方)不得主张无效[最判平成 5.7.15 判时 1519 号 116 页,东京地判平成 29.4.20 金判 1547 号 30 页(东京高判平成 30.6.6 金判 1547 号 14 页维持原判)]。

公司违反程序规定回购自己股份的,可能产生相关管理人员的任务懈怠责任(423 条 1 款)。此时公司的损失如何计算,存在不同的见解[久保田(2015)202—209 页]。大致有以下几种学说:第一,将全部股份回购价值视为损失;第二,从回购价格中扣除公司之后的处分价格(未处理的为该股份现价),其差额视为损失(东京高判平成 6.8.29 金判 954 号 14 页);第三,回购价格与回购时公正时价之间的差额视为损失[大阪地判平成 15.3.5 判时 1833 号 146 页(商判Ⅰ-49)]。这些学说中,第二个将股份回购、转让视同普通资产的取得与转让进行损失的计算,第一个则从根本上否定本公司股份的资产价值(会计上,库存股的资产性是被否定的,计算损失额时资产性也被否定)。第三个认为,只要以公允价值回购本公司股份,因不会有害于其他股东,就没有必要承认公司的损失。假如公司之后以低于回购价格转让该回购的股份,本质上也不过是回购后转让前这段期间公司业绩、财产状况的变动(企业价值减少)在股价上的反映,不会产生违法回购的损失。传统上第二个为多数说,最近第三个成为有力学说[コンメ(4)20—21 页(藤田友敬)]。此外,从抑制违法行为的观点出发,赞成第一个的学者亦不在少数[久保田(2015)219—221 页]。

违反可分配盈余额限制规定的股份回购效力以及相应的高管责任，需要另行考察。

图表 5-7　自有股份的回购事由

回购事由	依据规定	财源规制的适用	损失填补责任
基于附回购条款股份的回购事由发生的回购	155一	170⑤	465①五
公司成为附限制转让股份的买受人	155二	461①一	465①一
与股东合意的有偿回购	155三	461①二、三	465①二、三
基于附回购条款股份的回购请求发生的回购	155四	166①但书	465①四
附全部回购条款类别股的全部回购	155五	461①四	465①六
基于向继承人等请求转让的收购	155六	461①五	465①七
基于单位未满股份的收购请求产生的收购	155七	无	无
基于下落不明股份的出售程序产生的收购	155八	461①六	465①八
基于小数股份的出售程序产生的收购	155九	461①七	465①九
转让全部营业时从转让公司受让	155十	无	无
合并时从消灭公司继受	155十一	无	无
从吸收分立公司继承	155十二	无	无
无偿取得	155十三，会则27一	无	无
作为盈余分配或者分配剩余财产而为的回购	155十三，会则27二	无	无
作为组织形式变更、合并等对价而为的回购	155十三，会则27三	无	无
作为取得新股预约权对价而为的回购	155十三，会则27四	无	无
同意股份收购请求的场合	155十三，会则27五	464/无〔注〕	无
合并时从消灭法人处（公司以外）继受	155十三，会则27六	无	无
转让全部营业时从转让人（公司以外）处受让	155十三，会则27七	无	无
权利行使时为了达到目的所必要之场合	155十三，会则27八	无	无

〔注〕根据116条、182条之四同意股份收购请求的，业务执行人的责任（464条）。根据重组、营业转让同意股份收购请求（469条、785条、797条、806条、816条之六）的，无限制。

□ 4　库存股

（1）意义

股份公司可以无期限持有其收购的自己发行之股份。这样的股份称为库存股（参照：113条4款）。

（2）库存股的法律地位

库存股无表决权（308条2款）。这是因为，如果承认库存股拥有表决权，则表决权将由公司代表董事等业务执行机关以决议形式做出，最终导致公司经营者控制公司。同理，库存股也没有表决权以外的共益权。在自益权方面，不承认利润分配请求权（453条）与剩余财产分配请求权（504条3款），也没有无偿配股（186条2款）、无偿分配新股预约（278条2款）或者募集发行（202条2款）、新股预约权发行（241条2款）时接受配股的权利。相比而言，股份合并（180条）以及股份分割（183条）的效力当然及于公司的库存股（立法担当47页）。

（3）库存股的注销

股份公司可以注销持有的库存股（参照178条1款、2款）。公司注销库存股，则已发行股份总数将减少，但公司可发行股份总数（37条）不会减少（立法担当28页）。因此，针对注销的股份数，公司可以重新发行相应的股份。

（4）库存股的处理

股份公司还可以处理持有的库存股（转让）。处理库存股实质上与发行募集股份一样，需要与后者遵守同样的规定（但会计上的处理不同）。需要注意，公司法规定公司应当交付股票的（108条2款5项2号、6项2号，171条1款1项1号，185条，749条1款2项1号），可以交付库存股而不必交付新股，此时不需要履行募集股份的发行手续。

□ 5　禁止子公司收购母公司股份

（1）意义以及例外

子公司（2条3款）原则上不得收购其母公司的股份（135条1款）。在回购公司股份上，公司法有条件地承认包括可分配盈余额在内的某些回购事项，但如果允许子公司自由收购母公司股份的话，则母公司就可以通过指示子公司收购自己的股份（对子公司而言是母公司），从而轻易地规避法律强制性规定。因此，对于子公司收购母公司股份，可以考虑与回购本公司股份同样的限制措施，但是，如何计算可分配盈余额就成为困难。另一方面，如果有条件地承认母公司回购自己的股份，就没有必要特别承认子公司收购母公司股份。因此,公司法原则上禁止子公司收购母公司股份。此外,母公司董事指示子公司违法收购母公司股份的,该董事可能承担任务懈怠责任[423条1款。禁止回购库存股时代的判例,参照:最判平成5.9.9民集47卷7号4814页(百选19,商判Ⅰ-48)]。

例外地,某些场合下法律允许子公司收购母公司股份(135条2款、800条、会则23条)。例如,子公司吸收合并其他公司时,该其他公司持有吸收合并方母公司股份的情形(135条2款2号)。

(2)子公司收购母公司股份的情形

如果子公司收购了母公司股份,必须在一定期限内进行处理(135条3款)。为了及时进行处理,法律认可母公司依据简易程序收购该股份(对母公司而言是库存股,163条)。

子公司持有的母公司股份无表决权(308条1款)。因为,如果承认之,子公司的该表决权可能受到母公司经营者意见的影响,从而被母公司经营者控制。以表决权为前提的共益权(303—305条等)也不被承认。但是,除此以外的共益权以及自益权受到法律认可。

■ 4 可分配盈余的限制

□ 1 说明

股东承担有限责任(104条),如果股份公司没有清偿债务所需的必要资产却向股东随意分红,将会导致公司债权人无法行使债权,最终损害其利益。如果法律允许这样的风险存在,则潜在的公司债权人就会畏惧退缩,公司的营业活动也将难以为继。因此,公司法上针对公司对股东可分配的额度,设置了某些限制措施(461条),称为"可分配盈余限制"(也称"财源规制")。下面首先对作为计算可分配盈余基础的资产负债表中净资产部分各科目进行介绍(→□2)。其次,介绍可分配盈余的计算方法以及规制对象行为(→□3,□4)。然后,介绍违反分配盈余限制规定向股东分配时的法律责任(→□5)。最后,介绍可分配盈余规定的补充制度即事后损害弥补责任(→□6)。

□ 2 净资产部分的各科目

(1)净资产的意义以及区分

净资产,是指股份公司资产与负债的差额。资产负债表的净资产部分由表示股东份额的股东权益,和既不属于股东权益也不属于负债的中间部分之评价・换算差额等、认股权、新股预约权组成(计则76条1款1项→图表5-

8。实际的资产负债表参照:图表5-2)。股东权益进一步区分为股本、资本公积、盈余公积、库存股[计则76条2款。临时记录的申请证据金(同款2项、6项)解说略]。资本公积分为资本溢价和其他资本公积(同条4款),盈余公积分为法定盈余公积和其他盈余公积(同条5款)。资本溢价和法定盈余公积合称准备金(445条4款),其他资本公积和其他盈余公积合称公积金(446条→图表5-8。注意:资本公积与盈余公积加起来不等于公积金)。作为计算可分配盈余基准的,就是这个公积金(参照461条2款1项)。

股本与准备金之和不可能为负,但库存股作为净资产的扣除科目,时常表示为负数。此外,公积金可以为正亦可能为负。净资产部分的合计额可以为正也可以为负。

(2) 股本

股本是指股份公司按照法律规定,在一定情形下有义务记入净资产部分的数字(金额)。股份公司只要其净资产额不超过股本与准备金的合计额,就不得向股东分配盈余(超过合计额也不意味可以分配,详见专栏5-18)。换句话说,股份公司只有维持其净资产额使之达到股本与准备金之和的规模,方才可向其股东分配盈余。此谓之"资本维持原则"。

图表5-8 净资产项下的各科目

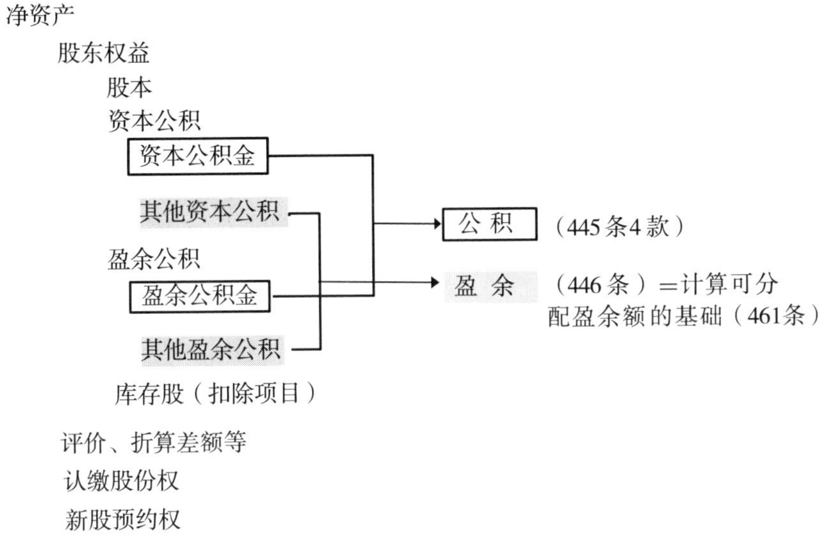

净资产
　　股东权益
　　　　股本
　　　　资本公积
　　　　　　资本公积金
　　　　　　其他资本公积　→　公积　(445条4款)
　　　　盈余公积
　　　　　　盈余公积金　→　盈余　(446条)=计算可分
　　　　　　其他盈余公积　　　　　　配盈余额的基础(461条)
　　　　库存股(扣除项目)
　　评价、折算差额等
　　认缴股份权
　　新股预约权

原则上,设立公司或者发行股份时,出资人缴纳的出资额或者支付的股款构成股本(445条1款)。但是,不超过出资额二分之一的部分可以不记入股本,而是作为股本溢价入账(445条2款、3款)。前面已经介绍过此时的会计处理。股本额除了随着公司合并等重组措施而增加(445条5款→专栏9-32),或者随支付股权薪酬而增加(445条6款),还可因准备金或公积金转入资本而增加。

股份公司可以减少股本额(447条),但这样会增加向股东分配盈余的金额,导致债权人的利益受损,故法律上赋予债权人提出异议的机会(债权人异议程序,449条)。如此,要减少已经确定的股本,需要严格的减资手续,此为"资本不变原则",是对资本维持原则的补充。因为若可以轻易变更股本,则资本维持原则将形同虚设。

股本(注册资本)为公司登记事项(911条3款5号)。

▶▶▶ **专栏5-14 "资本金"的意义**

"资本金"(股本)作为日常用语,指开展事业的原始资金。需要注意,公司法上的"资本金"属于抽象意义上的数字,并非现金这样的实物(后述的"准备金"或者"公积金"等净资产科目亦然)。例如,出资1亿日元设立A股份公司(这里依据《公司法》445条1款的原则,出资金额全部记入股本)开展事业,会计年度最后一天1日元也未剩下(花费1亿日元制造商品,结果商品一件未卖出全部废弃)。此时,净资产额为0日元,股本额1亿日元不变。本期末的资产负债表如下面图表所示(△表示负值)。

具体而言,即便某股份公司的股本额为1亿日元,但完全无法保证该公司现在持有相应的净资产。记账数据仅仅说明:第一,该公司若没有至少1亿日元的净资产,就不得向股东分配盈余;第二,推测公司曾经获得过1亿日元资产的出资,仅此而已。

因此,股本额对公司债权人来说具有多大意义存在诸多疑问。例如,2005年《公司法》制定前,中小企业厅组织的企业调查显示,受访企业业对于"以什么方法判断交易对方的信用"这个问题(可多选),回答"以注册资本进行判断"的企业仅占全部受访企业的3%[中小企业政策审议会企业制度部会(2003)10页]。从比较法的视角看,美国多数州的公司法并不重视资本金在保护公司债权人上的作用,也不存在资本不变原则。

即便如此,既然股本额决定了盈余分配的下限,就不能完全否认注册资本在保护公司债权人上的作用。日本公司法现在仍然保留了资本维持原则以及资本不变原则,并在公司法中保留了诸多资本充实原则的规定,例如,相当于出资额的财产必须实际出资到公司(→专栏6-11)。

A 公司资产负债表

负 债	
[无]	
负债合计	0 日元
净资产	
实收资本	1 亿日元
其他盈余公积	△1 亿日元
净资产合计	0 日元
负债、净资产合计	0 日元

▶▶▶ **专栏 5-15　最低注册资本制度及其废除**

2005 年《公司法》制定以前,《商法》规定股份公司的注册资本为 1000 万日元以上,有限责任公司(→专栏 1-11)为 300 万日元以上。由于经济界对此的批判强烈,例如,设立公司时全额出资会妨碍创业[中小企业政策审议会企业制度部会(2003)],制定《公司法》时予以废除。实际上,现行《公司法》仍然保留了保护债权人的措施,例如,净资产额不足 300 万日元的股份公司不得向股东分配盈余(458 条、461 条 2 款 6 项,计则 158 条 6 项)。

(3) 准备金

(a) 意义

准备金是指按照法律规定,在一定情形下有义务计入净资产部分的数字(金额),由资本准备金和法定盈余公积金组成(445 条 4 款)。股份公司的净资产额若不超过股本与准备金之和,不得向股东分配盈余(→专栏 5-18)。实际上,准备金同股本不同,某些场合可以不经债权人异议程序而减少其金额(449 条 1 款主文但书),其限制盈余分配功能较股本弱。准备金因可以防止公司财产向股东过度流出,保护债权人利益,故具有补充股本的功能。

(b)股本溢价

设立公司或者发行股份时,出资人支付(出资)给公司的金额中,不作为股本记账(445条2款)的部分必须记入股本溢价(同条3款)。股本溢价在公司以其他资本公积作为基础分配盈余时,依照一定的计算公式得以增加。

(c)法定盈余公积金

法定盈余公积金是指公司以其他盈余公积作为基础分配盈余时,应当依照一定的计算公式记入账册的金额。

(4)公积金

(a)意义

公积金(446条)是计算可分配盈余时作为基础数据的金额,由其他资本公积和其他盈余公积组成。

(b)其他资本公积

其他资本公积(计则76条4款2项)是公积科目中产生于资本交易的项目。具体而言,股份公司转让库存股得到的对价超过其账面价格的,两者之间的差额体现在其他资本公积额的增加上(计则14条2款)。相反,公司转让库存股产生差额损失的(转让对价低于账面价格),其他资本公积部分相应减少(计则14条2款)。公司以其他资本公积作为基础向股东分配盈余或者注销库存股时,其他资本公积部分相应减少。其他资本公积的金额不得为负。

(c)其他盈余公积

其他盈余公积(计则76条5款2项)是公司迄今为止赚取的盈余中,不分配给股东而留在公司内部积累起来的部分。公司记录本期净利润的,其金额列入其他盈余公积(计则29条1款2项)。相反,记入本期纯损失时,损失额列入其他盈余公积(计则29条2款3项)。公司不断累计损失的话,其他盈余公积的数据将为负数(→专栏5-14)。其他盈余公积在作为基础分配盈余时,其数额将减少。

▶▶▶ **专栏5-16 利润与公积金的关系**

一般而言,股份公司通过开展事业活动获得盈利(本期纯利润)的,公司的公积金(其他盈余公积)增加,进而可向股东分配的金额也相应增加。实际上,即便公司之前没有获得盈利,但按照后叙的一定程序减少股本或者股本溢价并将相应金额转入公积金(其他盈余公积)的话,也可向股东分配盈余。之所以将2005年修改前的《商法》中"利润分配"改为"盈余分配"(453条),是因为考虑到分配的基础未必一定是盈利。

(5) 公积金分配的会计处理

股份公司在分配盈余时,公积金即其他资本公积或者其他盈余公积数额将会减少(分配盈余后不允许成为负值,故哪项盈余减少多少由公司决定。参照:计则23条)。此时,公司应当按照以下的规则,根据减少的公积金类别,增加相应的股本溢价(减少其他资本公积进行盈余分配的)或者法定盈余公积金(减少其他盈余公积进行盈余分配的)。

例如,某股份公司减少其他盈余公积向股东分配1000万日元的现金。此时,第一,公司应当减少与分配额相应的其他盈余公积;并且,第二,在其他盈余公积科目中再减去相当于分配额十分之一的金额,该金额列入法定盈余公积金(多表现为其他盈余公积转入法定盈余公积金。→专栏5-17)。需要注意的是,准备金(股本溢价和法定盈余公积金的合计额)达到股本的四分之一(基准资本金额。参照:计则22条1款1项)时,可不予继续提取(445条4款,计则22条2款、23条2项)。现在假设公司之前的准备金额为200万日元,如果股本额为1000万日元的话,在分配盈余上,从其他盈余公积转入法定盈余公积金的金额不是100万日元(盈余分配额的十分之一),而是50万日元(1000万日元×0.25-200万日元)。从结果看,其他盈余公积减少合计额为1050万日元(意味着,公司在分配盈余前必须保证其他盈余公积项下有1050万日元以上)。会计处理方法如下:

(借)其他盈余公积[净资产-]10500000 (贷)应 付 股 利[负 债+]10000000
　　　　　　　　　　　　　　　　　　　　　法定盈余公积金[净资产+]500000

"应付股利"是指对股东支付盈余的债务。实际上支付了该笔费用的,该债务消灭(减少)的同时,会计上记录现金或存款减少1000万日元(会计处理方法自行思考)。这样的处理方法要求公司在分配盈余时记录公积的增减情况,目的在于防止通过分配盈余不当流转公司的财产,最终保护公司债权人的利益。

▶▶▶ 专栏5-17 "分配盈余的基础"和"转入"的含义

股份公司减少其他盈余公积(或者其他资本公积)进行盈余分配时,通常使用"以其他盈余公积或者其他资本公积为基础进行分配"这样的表现方式。对于初学者来说,或许对这样的表现方式感到困惑。公积金并非现金或者存款这样的资产(有经济价值的东西),而仅仅是一个观念上的数字(金额)。因此,在会计处理上,"以其他盈余公积为基础进行分配"仅仅意味着在分配盈余时,资产负债表上净资产部分记载的"其他盈余公积"的相应金额将被转入盈余分配。注意,公司可用于分配的金额系以公积金(其他资本公积和其他盈余公积之和)为基准,分配盈余后公司的"其他盈余公积"金额将减少,则公司可分配给股东的盈余相应减少。因此,称为"以其他盈余公积为基础进行分配"。

同理,股份公司在进行盈余分配时,减少公积金增加相应准备金的做法称为公积金"转入"准备金。准备金与公积金一样,仅仅是一个观念上的数字而已。"转入"仅仅意味着记入资产负债表"公积金"科目中的一定金额在会计处理上转到了"准备金"科目之下,同时,公司可分配给股东的盈余相应减少。

(6)库存股

(a)库存股的记账方式

股份公司持有的库存股需要将其取得价值作为净资产部分的扣除科目(负值的科目)进行记账(计则24条1款。资产负债表上的记账方法见图表5-2)。理由在于,公司资不抵债破产的,库存股的价值变为零,公司债权人无法期待库存股发挥财产担保的作用。因此,库存股不记入资产部分,而是作为扣除科目记入净资产部分,且在计算可分配盈余时,需要减去库存股的账面价值。

例如,公司以现金100万日元回购库存股的,进行如下会计处理:

(借)库存股[净资产-]1000000 　(贷)现金[资产-]1000000

(b)库存股的注销

公司注销库存股时,从账面价值中减去库存股额(绝对值)的同时(计则24条2款。在下面分类账的贷方中,作为净资产部分扣除项目的库存股额减少,相应的,净资产额增加),账面上需要减去等额的其他资本公积(同条3款,使净资产额减少)。从结果上看,库存股的注销并未引起净资产额的变化。例如,账面价值100万日元的库存股注销时,会计处理如下(作为净资产部分扣除项目的库存股额减少,意味着净资产额的增加):

(借)其他资本公积[净资产-]1000000　(贷)库存股[净资产+]1000000

(c)库存股的处置

公司转让库存股,以高于账面价值的价格转让时,转让的差额部分不作为公司的收益,而是增加其他资本公积(计则14条2款1项)。理由在于,库存股的转让差额收益并不是通过公司的营业活动得来,故作为收入列入利润表并不合适。例如,账面价值100万日元的库存股以150万日元的价格处置时,会计记账如下(作为扣除项目的库存股额减少,意味着净资产的增加):

(借)现金[资产+]1500000　(贷)库　存　股[净资产+]1000000
　　　　　　　　　　　　　　其他资本公积[净资产+]500000

相反,处置库存股产生差额损失的,其他资本公积部分相应减少(计则14条2款1项)。

(7)净资产股东权益以外的科目

★(a)评价·换算差额等

资产或者负债以市价记入资产负债表的,当评价差额不作为本期损益时,该评价差额必须记入净资产部分的评价·换算差额等[计则76条1款1项2号(1)。净资产会计准则8款。记账实例见图表5-2]。在资产评价事例[专栏5-4(2)(c)]中介绍的"其他有价证券评价差额金"就是其中的一个例子[计则76条7款1项。其他项目的事例参照:コンメ(10)343页(岸田雅雄)]。评价·换算差额等中某些科目(其他有价证券评价差额金以及土地评价差额金)为负值的,意味着可分配额减少(→专栏5-20)。

(b)新股预约权

公司发行新股预约权的,其对价记入净资产部分的新股预约权科目(计则76条1款1项4号。图表5-2)。新股预约权在法律上属于公司债务,但即便行使此权利也仅仅是交付股票,公司财产并不会流失,这点也与其他债务不同。故在资产负债表上不记入负债,而是记入净资产部分。新股预约权金额不包含在可供分配的盈余中。

★(c)公司可以与董事或者执行官约定,以二者执行一定期间的职务为条件,由公司向二者交付本公司股份作为薪酬(事后交付型股权薪酬)。此时,董事等在股份交割前提供给公司的劳务的公正评价额,将记入净资产项下的认股权科目(计则2条34项、76条1款1项3号。图表5-2上的公司因未采用事后交付型股权薪酬制度,故不记入认股权科目)。

□3 可供分配盈余的核算

(1)概说

根据股份公司向其他股东分配未分配盈余(461条1款各项规定的行为)之规定,交付股东的现金等(现金及其他财产,151条)的账面价值总额不得超过该行为生效之日的可分配盈余(461条1款)。可分配盈余在会计处理上遵循以下手续:①算出上一会计期末的留存收益总额;②在①的留存收益总额基础上,加入上一会计期末以后资本交易产生的留存收益额,算出现在(向股东分配时)的可分配盈余总额;③以②的可分配盈余总额为基础,经过一定调整后算出未分配盈余余额。以下对这些手续做详细介绍。

(2)上一会计期末的留存收益总额

首先,算出上一会计期末的留存收益总额(446条1项,计则149条)。"上一会计年度"是指公司财务报表通过定期股东大会审议(或者《公司法》439条规定的董事会决议)的年度之中最后的年度(2条24项)。例如,某公司4月1日至第二年3月31日为一个会计年度,2017年6月20日召开的定期股东大会审议了2016年4月1日至2017年3月31日期间的财务报表,则此公司自2017年6月20日以后,在下次定期股东大会审议财务报表之前(2017年4月1日至2018年3月31日期间的会计年度),2017年3月31日即为"上一会计期末"(→图表5-10)。

然后,上一会计年度期末的资产负债表上的"其他资本公积"与"其他盈余公积"之和为上一会计年度期末的留存收益(446条1项,计则149条。按照这样的规定核算的结果,就是如图表5-9所示,仅剩下计则149条3项、4项的科目。理由见专栏5-18)。

在上面的例子中,即便2017年6月20日召开的定期股东大会审议通过的2017年3月的财务报表中存在虚假记载事项,但作为事实,财务报表已经由股东大会审议通过(2条24项),则2017年3月31日仍为"上一会计年度期末"(定期股东大会审议通过即便违法或者无效,也不能否定2017年3月为"上一会计年度")。并且,若财务报表中的虚假记载事项经过更正可以正确反映公司的财产状况的话,可以在同日进行留存收益的计算[东京高判令和元5.16判时2459号17页(奥林帕斯事件),久保(2017)402页]。

图表 5-9　可供分配盈余的核算

		盈余额的核算	法律依据
1+	上一会计期末的留存收益总额	资产总额	446一（一）
2+		库存股的账面额	446一（二）
3-		负债额	446一（三）
4-		股本以及公积金合计额	446一（四）
5-		资产总额	446一（五）、计则149一
6-		库存股的账面额	446一（五）、计则149一
7+		负债额	446一（五）、计则149二
8+		股本以及公积金合计额	446一（五）、计则149二
9+		其他资本公积	446一（五）、计则149三
10+		其他盈余公积	446一（五）、计则149四
11+	上一会计期末以后留存收益额的变动	库存股的处分损益	446二
12+		减少股本额转入留存收益额	446三
13+		减少公积金转入留存收益额	446四
14-		库存股的注销额	446五
15-		留存收益的利润分配额	446六
16-		留存收益转入股本、资本公积金额	446七、计则150①一
17-		伴随利润分配的公积金转入额	446七、计则150①二
18-		作为重组对价交付的库存股的账面额	446七、计则150①三
19-		公司分立时的留存收益减少额	446七、计则150①四
20-		因重组增加的留存收益额	446七、计则150①五
21+		伴随股份交付产生的支付义务履行额	446七、计则150①六
22+		作为事前交付型股权激励而处分库存股时的其他资本公积增加额	446七、计则150①七
23+		作为事前交付型股权激励而处分库存股时无偿受让自董事等的库存股额	446七、计则150①八
		可供分配利润额的核算	
24+		（以上核算的）利润额	461②一
25+		编制临时财务报表时的期间利益	461②二
26-		库存股的账面额	461②三
27-		上一会计期末以后库存股的处分对价	461②四
28-		编制临时财务报表时的期间损失	461②五
29-		商誉等调整额	461②六、计则158一
30-		有价证券评价差额金的评价差额	461②六、计则158二
31-		土地再评价差额金的评价差损	461②六、计则158三
32-		合并调整额	461②六、计则158四
33-		编制两个以上临时决算时的调整额	461②六、计则158五
34-		不足300万日元的不足金额	461②六、计则158六
35-		接受上一会计期末以后的吸收型重组行为或者特定募集时处分库存股的处分对价额中，记入临时财务报表的金额	461②六、计则158七
36-		上一会计期末以后伴随股份交付的支付义务履行额	461②六、计则158八
37+		上一会计期末以后以库存股为对价回购股份时的该对价额	461②六、计则158九
38+		接受上一会计期末以后的吸收型重组行为或者特定募集时处分库存股的处分对价额	461②六、计则158十

*　▨ 表示因抵消而消去。

图表 5-10　上一会计年度期末

- 2017.3.31 —— 上一会计年度期末
- 2017.6.20 —— 定期股东大会（审议通过 2017.3 财务报表）
- 2017.3.31 —— 下一会计年度期末
- 2018.6 —— 定期股东大会（预定）

以 2017.3.31 的留存收益为准核算可分配利润

▶▶▶ **专栏 5-18　可分配盈余的计算方法**

2005 年修改前的《商法》规定，股份公司的可分配盈余以净资产额为出发点，从中扣除股本及其他各科目（2005 年修改前《商法》290 条 1 款）。《公司法》446 条 1 项也继承了这个规定，但制定公司核算规则时进行了修改，改为以留存收益为出发点计算可分配盈余（计则 149 条）。这是因为，随着会计准则的修改，净资产项下各个科目（尤其是"评价·换算差额等"科目）的金额与可分配盈余的计算规则之间趋于复杂，原来的计算方法变得不易理解。

公司法教科书对 2005 年修改前的《商法》规定做了大致的说明，"只要'净资产>股本+资本公积'这个不等式不成立，就不得向股东分红"〔本书在介绍实收资本（股本）意义时也使用这个说明〕。这个说明在公司法体系下也是成立的。净资产额如图表 5-8 所示，（为了便于叙事，省略库存股以下的科目）由股本、资本公积以及盈余公积组成，如果上述公式不成立，则作为计算可分配盈余基础的留存收益为零或者负值，就无法向股东进行分配。

相反，如果"净资产>股本+资本公积"成立，也未必可以向股东分红。例如，净资产项下的科目（图表 5-8）中，新股预约权与评价·换算差额等科目，即使其金额为正，也不包含在可分配盈余中（评价·换算差额等科目中,其数值为负数的,可分配盈余相应减少。→专栏5-20)。因此,上述科目的金额为正时,即便公司的"净资产>股本+资本公积",如果公司留存收益为零或者负值,就不得向股东进行分配。

(3)当期未分配盈余的计算

在(2)得出的金额基础上,结合上一会计年度期末以后资本交易引起的未分配盈余变动情况,算出当期(向股东进行分配时的)未分配盈余(446条2项—7项,计则150条→图表5-9第11行以下)。上一会计年度期末后的损益交易不会带来未分配盈余的变动,对未分配盈余不产生影响(编制临时财务报表的除外)。

例如,假设(2)中举例的股份公司在上一会计年度期末(2017年3月31日)的未分配盈余为1亿日元。此公司①同年6月20日的定期股东大会决议分配3000万日元,此时,②从"其他盈余公积"里拿出300万日元转入法定盈余公积,并且③同年7月20日召开临时股东大会,减资200万日元,将同额200万元转增到"其他资本公积"。那么,上述行为之后公司的未分配盈余为:1亿-3000万-300万+200万=6900万(①446条6项,②446条7项、计则150条1款2项,③446条3项)。

(4)可分配盈余的计算

(a)概说

在(3)求得的未分配盈余(461条2款1项)基础上,按照461条2款2项以下规定进行调整(→图表5-9第23行以下),得出可分配盈余。以下对这些调整科目中特别重要的内容做出说明。

(b)净资产额300万日元的限制

首先,从300万日元中减去净资产部分中未分配盈余以外各项科目之和(此金额小于零的算作零),再将此金额从可分配盈余中扣除(461条2款6项,计则158条6项)。从结果看,股份公司净资产不足300万日元以上的,不得向股东进行分红(→专栏5-19)。这是为了防止财产基础薄弱的公司通过向股东分红而损害公司债权人的利益(2005年制定《公司法》时废除了最低注册资本,代之以规定了此制度。→专栏5-15)。

▶▶▶ **专栏5-19 《公司法》458条的旨趣**

《公司法》458条规定,公司净资产额不足300万日元的不得分红,但对分红以外的分配（股份回购）没有任何规定，也没有对"净资产"特别进行定义。其实，《公司法》458条并非规定了具体的适用条件，只是起到了法务省令指引的作用。对于"公司净资产不足300万日元的不得分红"的规定，现行法务省令在《公司核算规则》158条6项中做了详尽的规定，《公司法》458条实际上成为摆设。

（c）库存股

库存股对可分配盈余的影响很复杂。下面介绍库存股的持有、注销、转让对可分配盈余施加的影响[数据参照：数字でわかる134—136页（小出笃）]。

第一，从可分配盈余中扣除持有库存股的账面价值。如前所述，库存股不能作为保护公司债权人的责任财产，故在计算可分配盈余时必须扣除其账面价值（461条2款3项）。股份公司在上一会计年度期末以后回购库存股的，可分配盈余相应减少（减去回购部分价值）。461条2款3项的"库存股的账面价值"不是指上一会计年度期末的价格，而是指向股东分红生效之日的价值（立法担当省令113页）。

第二，库存股的注销。股份公司注销库存股时，股东权益（其他资本公积）减少，应当从可分配盈余中扣除的库存股的账面价值也等额减少。结果，库存股注销前后的可分配盈余不变。

第三，库存股的转让。股份公司在上一会计年度期末以后转让库存股的，（ⅰ）可分配盈余随着转让差额收益（损失）的增减而增减（446条2项）；（ⅱ）应当从可分配盈余中扣除的库存股的账面价值减少。（ⅰ）（ⅱ）加起来使可分配盈余相应增加；但是，（ⅲ）根据461条2款4项的规定，因库存股的转让价值从可分配盈余中扣除，二者相互抵销。从结果看，即使在上一会计年度期末以后转让库存股的，可分配盈余不变。这是因为，库存股的转让对价是否客观需要验证，不经过决算程序即调整可分配盈余额是不恰当的（立法担当省令127页）。

例如，上一会计年度期末以后，账面价值100万日元的库存股以150万日元出售的（转让收益为50万日元），其对可分配盈余额的影响为：50万+100万-150万=0（日元）。

（d）临时决算时的期间损益以及库存股转让对价

股份公司原则上即使在上一会计年度（例如，2017会计年度）期末以后因损益交易产生利益或者损失，该会计年度（2018会计年度）的财务报表在获得承认前,盈余不产生变动,也不会影响可分配盈余额。因为,损益交易是否实际发生,或者是否以适当的条件进行等需要验证,不经过决算程序即调整可分配盈余额是不恰当的。

例外地,股份公司将本会计年度中的某一天定为临时决算日进行临时决算,则上一会计年度期末至临时决算日期间产生的损益可以放入可分配盈余额中(461条2款2项1号、5号)。进行临时决算需要编制临时财务报表(441条1款),需要进行审计的公司要经过审计后(同条3款)再经股东大会决议通过(同条4款。也可与财务报表遵循同样的要件,只经董事会决议就可确定临时财务报表。441条4款本文但书)。

▶▶▶ ★**专栏5-20 可分配盈余额的调整科目**

除本书介绍的外,出于各种政策上的考量,还存在调整可分配盈余额的各种规定[461条2款2项以下,计则158条各项。详细参照コンメ(11)162—192页(黑沼悦郎)]。例如,对没有交换价值的资产如商誉或者递延资产进行记账时,根据一定的记账方法,可分配盈余额将减少(商誉等调整额。计则158条1项)。

评价·换算差额等科目中的某些科目(有价证券评价损益、土地评价差额金),其金额为负值的,可分配盈余额相应减少(计则158条2项、3项,从谨慎性原则的观点进行处理。立法担当省令117页)。另外,评价·换算差额等科目即使为正,可分配盈余额也不会相应增加。这是因为,应当记入评价·换算差额等科目的资产(其他有价证券等)并非来自即时的交易,即使产生了评价收益,直接增加可分配盈余也是不恰当的。

□ 4 适用可分配盈余额规制的行为

(1)适用财源规制的行为

受可分配盈余限制(财源规制)的分配,除了盈余分配(461条1款8项),还有回购本公司股份中的某些情形[同款1项—7项→图表5-7。尤其是与股东之间合意有偿回购本公司股份(同款2项、3项)]。另外,取得附回购请求权股或者附回购条款股的,根据461条以外的规定,也需要受可分配盈余额的限制(166条1款但书,170条5款)。

(2)不受财源规制的有偿回购股份

另一方面,在库存股的有偿回购中,还存在不受财源规制的有偿回购情形(→图表5-7)。例如,收购方请求收购单位未满股的(155条7项);吸收合并全部受让的财产中含有本公司股份的(155条11项);股份公司持有其他公司股份时,该其他公司分配盈余(或分配实物)时向股东交付本公司的股份(155条13项,会则27条2项)等。公司因不可避免的情况取得本公司股份的,就属于这些情形。

股份公司收购异议股东的股份(155条13项,会则27条5项)也不受财源规制的限制。确实,因回购异议股东的股份可能导致公司财产流失进而有损债权人的利益,但公司法上优先保护异议股东退出公司的权利。需要注意的是,股东行使116条的股份回购请求权,当公司支付的金额超过可分配盈余额的,可能会产生相关业务执行人(参照462条1款,计则159条9款)的责任问题(证明责任为业务执行人一方的过失责任。464条1款但书)。例如,当董事事前收到多数股东的反对通知(116条2款1项1号)仍不撤回股东大会提案的,该董事可能会承担相应的责任。

相比而言,对公司的业务转让等以及重组持反对意见,请求公司收购库存股的(469条,785条,797条,806条),不仅不受财源规制的限制,也不产生464条1款的业务执行人责任。产生这样差异的理由不是非常明确,可能是业务转让等以及重组相比于116条1款所规定的各项行为而言,公司更有必要实施以上行为(即便反对股东众多也不会轻易终止)。

(3)隐藏的盈余分配

受可分配盈余额限制的行为列举在461条1款各项中,除此以外的支出或者交易不受该条规定的限制。但是,实践中存在规避461条的违法行为,例如,没有可分配盈余的股份公司为了规避财源规制,向股东无偿或者以近乎无偿的条件转让财产的,参与该交易的人可能产生462条所规定的责任(这样的行为称为"隐藏的盈余分配")。

□ 5 违反财源规制分配盈余的效果

(1)接受分红的股东责任

(a)概说

违反财源规制接受分配盈余的股东,应当向公司支付相当于分红账面价值的现金[462条1款。同款的"账面价值"是指分配盈余时的股票市价。叶玉(2006)36页]。例如,可分配盈余额1亿日元的公司向股东分配了2亿日元的股利,即使某一次分配中一部分超过了可分配利润额,但分配本身属于违法行为,各个股东也应当将因该行为受领的全部分红款返还给公司(对其他股东的受领部分不承担返还责任)。此责任不问受领者的主观意愿(善意、恶意或者过失),属于严格责任(相比于462条2款)。

(b)公司债权人的追责

违反财源规制接受分配盈余的股东,应当对公司承担462条1款的返还责任,但公司有时对追究自家股东责任持消极态度。因此,463条2款规定,股东对公司负有462条1款责任的,公司债权人有权请求该股东在直接受领金额范围内向自己支付(但以该债权人享有的债权额为限)。股东对债权人支付后,在支付限度内免除对公司的支付义务(462条1款)。

(2)违反财源规制分配的效力

违反财源规制行为的效力存在争议,但《公司法》的条文以行为自身有效为前提[立案担当135页,叶玉(2006)],故该解释不存在特别的不恰当之处,应当得到支持(→专栏5-21)。例如,违反财源规制分配实物的,实物的所有权转移至股东处,股东根据462条1款的规定,将相当于实物账面价值(分配时的市价)的现金支付给公司。公司违反财源规制有偿回购库存股的,因股份回购本身有效,故公司成为该股份的股东。需要注意的是,当该股份的卖主履行了462条1款规定的义务时,根据《民法》422条(损害赔偿的代位)的类推适用,该股份将归复原主(卖主。立案担当135页)。当公司已经转让该股份并且没有替代股份时,就产生不履行《民法》422条义务的损害赔偿责任,公司负有向卖方按股票市价支付赔偿的责任。

▶▶▶ ★专栏5-21 违反可分配盈余额规制行为的效力

按照《公司法》起草负责人的说明,违反财源规制的行为有效,这从463条1款规定的"效力产生之日"可以得到印证(立案担当135页)。相对于立法解说,学说多基于2005年修改前《商法》以来的解释主张无效说[コンメ(4)19—20页(藤田友敬)]。

笔者不认为《公司法》条文表述对解决问题有决定性影响,但假设站在无效说的立场上,第一,当违反财源规制分配实物时,该实物财产的所有权不转移至股东,则有损于该财产今后的交易安全;第二,公司取得违反财源规制分配的本公司股份的,该股份的卖主即便不履行462条1款的义务也仍然是该股份的股东,不将其作为股东而召开的股东大会决议可能涉嫌违法(831条1款1项);第三,公司再行转让前面取得的股份时,其效力存疑。这些问题在无效说的立场上也并非不能靠解释予以克服,但直接站在有效说的立场上更有助于简单地解决问题。按照有效说的立场,违法受领分红的股东承担462条1款的严格责任不变,法律对违法分红的行为不会采取容许的态度[事例315页(田中亘)中倾向于无效说,此处更正]。

(3)业务执行人的责任

(a)承担责任者

股份公司违反财源规制向股东分红的,①履行职务进行分配的业务执行人(462条1款主文,计则159条);②该分配经过股东大会决议的,向该股东大会提出议案的董事(股东大会提案董事。462条1款1项1号,计则160条);③该分配经过董事会决议的,向该董事会提出议案的董事或者执行董事(董事会提案董事。462条1款1项2号,计则161条),连带向公司支付相当于分红账面价格的现金(462条1款)。①的分配行为或者②的提案行为经董事会表决的,赞成该项决议的董事视为实施了同样的行为(计则159条2项3号、160条3项等)。需要注意的是,提案或者对提案投赞成票者的责任,只有在该决议当日(与"分配生效之日"未必一致)可分配盈余额低于分配额的情况下才发生。

(b)过失责任

与违反财源规制受领分红的股东责任不同,(a)中介绍的业务执行人的责任存在特别规定,当其能够证明在履行职务时未疏于注意的,将不产生责任(462条2款)。同款的适用事例参照东京地判平成30.3.29判时2426号66页(商判Ⅰ-135,リソー教育事件)。事件梗概:因部分董事主导的财务不端行为(虚增销售收入),公司在没有可分配盈余的情况下进行了盈余分配。被告(公司代表董事)在董事会上对分红议案投了赞成票。因为该公司的内部治理体系在防止一般性不端行为上可算完备,且经监事会或者会计师事务所审计的财务报表在会计上也很难发现异常,故法院认定被告不构成疏于履行注意义务。

(c)责任规定的适用事例

举例说明一下462条是如何适用的:

▶▶▶ 事例5-3

作为非提名委员会等设置公司(设置董事会)的A公司以股东大会决议通过了盈余分配,该分红的支付金额超过了该分配决议日以及分配生效日的可分配盈余额。问:谁基于哪项规定承担责任?

在这个事例中,第一,实施违法分红(亲自交付分红财产或者指示使用人交付)的董事承担业务执行人的责任(462条1款主文,计则159条8项1号)。第二,向股东大会提出分红议案的董事以及对该议案投赞成票的董事,作为向股东大会提案董事承担责任(462条1款6项1号,计则160条1项、3项)。在股东大会会议记录上未记载异议的,推定为赞成(参照369条5款)。

如果在这个事例中实施违法分红不是经过股东大会决议,而是依据459条经董事会决议的话,第一,实施违法分红的董事或者对该项议案投赞成票的董事,承担业务执行人的责任(462条1款主文,计则159条8项1号、3号);第二,向董事会提出分红议案的董事,作为向董事会提案董事承担责任(462条1款6项2号,计则161条)。

以上人员证明履行职务时未怠于注意的,可以免责(462条2款)。违反财源规制回购库存股时适用462条的事例,参照事例(田中亘)。

(d)免除的限制

违反财源规制的业务执行人经全体股东同意,以分红时的可分配盈余额为限,其责任可以被免除,超过部分不得免除(462条3款)。理由在于,可分配利润额规制是旨在保护公司债权人的制度。

(e)求偿的限制

业务执行人等履行了462条1款责任的,只有在受领股东存在恶意时才有权向该股东追偿(善意的不得追偿。463条1款)。这是因为,对违反财源规制进行分红存在归责性的业务执行人等而言,承认其向善意股东追偿将有违公平。

(4)业务执行人等以外的管理人员责任

462条1款规定的业务执行人等以外的管理人员,当对违法分红疏于履行注意义务时,根据423条1款规定对公司承担损害赔偿责任。例如,监事或者会计监察人违反勤勉义务,没有注意到董事以财务造假实施违法分红[判决会计监察人承担责任的案例参照:大阪地判平成20.4.18判时2007号104页(百选71,商判Ⅰ-158,七星事件)]。此时,本来不会流失的公司财产流失(减少),违反财源规制的全部分配盈余构成公司的损失[前引大阪地判平成20.4.18,事例318—320页(田中亘)]。

(5)刑事责任

故意违反财源规制及其他法律(分配盈余时,包括公司章程在内)向股东分配盈余的人将被处以刑事处罚(963条5款1项、2项)。董事编造虚假财务报表,实际上没有可供分配的财产却制造假账实施分红的即属典型。

□6 事后的亏损填补责任

(1) 意义

可分配盈余额是以上一会计年度期末的盈余为出发点计算出来的,其后的会计年度即使损益交易产生了利益或者损失,在下次决算(该会计年度成为新的"上一会计年度")之前对可分配盈余额不产生影响。但是,如果公司在上一会计年度期末以后的损益交易中持续出现亏损却仍向股东进行分红,将导致公司财产状况出现危机。

因此,股份公司向股东进行了盈余分配,分配之日所属会计年度(该会计年度的上一个会计年度不是"上一会计年度"的,视为该会计年度)的财务报表审核通过时出现了亏损(可分配盈余额为负)的,履行相关职务的业务执行人连带向公司支付损失(事后的损失填补责任。465条1款。适用本条的股份回购见图表5-7)。业务执行人证明其履行职务时没有疏于注意的,可以免责(465条1款但书)。

以图表5-10为例,公司于2017年9月30日向股东分配盈余的,同日所属的会计年度(2018年3月)财务报表审核通过时出现了亏损的,将产生465条1款的亏损填补责任。另外,公司于2018年5月1日向股东分配盈余的,同日所属会计年度(2019年3月)的"上一个会计年度"(2018年3月)当天的财务报表还未经审核通过,不是"上一会计年度",根据同款括号书的规定,"上一个会计年度"(2018年3月)财务报表通过审核时发生亏损的,产生亏损填补责任。

(2) 不产生亏损填补责任的情形

事后的亏损填补责任作为可分配盈余规制的补充制度发挥重要的作用,但是,该责任的产生会因事后是否发生亏损带来不确定性,最终会导致业务执行人员对盈余分配持消极态度。因此,《公司法》规定,经过定期股东大会决议或者董事会决议(459条)后分配盈余的,不发生事后的亏损填补责任(465条1款10项1号)。此外,减少注册资本或者公积金用于分配盈余的,考虑到经过了债权人异议程序,故不产生事后的亏损填补责任(同项2号、3号)。

(3) 亏损填补责任的免除

事后的亏损填补责任经全体股东同意可以免除(465条2款)。这样的规定立足于股东利益保护(过度分配会有害于会计年度终了时股东的利益)之上,但该规定同时也是保护公司债权人利益的规定,因此,在立法论上,应当采取即使有全体股东的同意也不得免除的立场。

▶▶▶ **专栏 5-22　财源规制和公司债权人的利益**

　　本节对复杂的可分配盈余规制(财源规制)进行了说明,最后想指出的是,公司债权人在保护自身利益的基础上,最好不要过度寄希望于财源规制。第一,股东兼任公司董事等(非公众公司比较普遍)管理人员的,会以管理人员报酬的形式分得公司的财产,此时财源规制不发挥作用。第二,财源规制仅仅限制公司向股东分配盈余,无法防止公司在经营过程中产生亏损(→专栏 5-14)。

　　有意见认为,财源规制既然存在以上制度瓶颈,就应当克服这些瓶颈进一步强化之(例如,高管薪酬也纳入财源规制)。但是,立法是需要成本的,严格规范财源规制不见得是理想状态。例如,如果将高管薪酬纳入财源规制,则财务状况恶化的公司高管可能面临后继无人的窘境。

　　公司法为了保护公司债权人的利益,设置了除财源规制外的各种制度[数字でわかる67—73页(后藤元)]。例如,高管等的第三人责任(429条)制度适用于倒闭公司的债权人追究高管责任,法人格否认的法理可以在保护公司债权人上发挥作用,即当股东滥用法人格时让其对公司债务承担连带责任。另外,公司债权人不仅依赖公司法的规定,还可以采取保护自身利益的其他手段。例如,从交易起初就避开没有信用的公司,或者分散交易客户以减少特定客户倒闭的风险,以及采取债权担保、保证等保全措施。从这些债权人自卫手段来看,进一步强化财源规制的主张缺乏说服力。

　　需要注意的是,"债权人自卫"的主张对于不存在意思自治的侵权行为债权人不适用。公司法中存在对债权人特殊保护的规则,但适用情形是受到限制的。对于侵权债权,可能需要进行根本性的修改,例如,在民法上承认其优先于合同债权[田中(2011)162页]。

第 5 节　股东权益科目间的计数调整

■ 1　意义

　　股份公司可以经一定程序调整(调换金额)股东权益项下各个科目(股本、资本公积金、盈余公积金、其他资本公积、其他盈余公积)间的数据(→图表 5-11)。但根据资本与收益有别的会计准则(企会第一 3),科目间的调整有时受到限制(图表 5-11 中未标箭头的部分)。

股东权益项下各个科目的计数仅仅为抽象的数据,即使科目之间的计数发生变动,也不意味着公司财产实际发生增减。但是,计数调整会导致公司可分配盈余额发生增减,进而影响股东以及公司债权人的利益。例如,公司减少注册资本额增加其他资本公积,可分配盈余额相应增加。

■ 2　减少注册资本额

(1)意义

股份公司可以减少注册资本额(447 条 1 款),也称为减资。此时,对应减少的额度,资本公积或者其他资本公积相应增加(图表 5-11②④)。

▶▶▶ **专栏 5-23　减资的意义**

2005 年《公司法》制定以前,减资分为向股东分配公司财产的实质减资和仅仅减少注册资本额而不分配财产的形式减资(铃木、竹内 443 页)。然而,前者实际上包括两个过程,第一,减资增加公积金额;第二,同时分配盈余或者通过回购本公司股份对股东分配财产。因此,公司法不认可实质减资的概念,减资专指所有的形式减资。

图表 5-11　股东权益项下各科目之间的计数变动

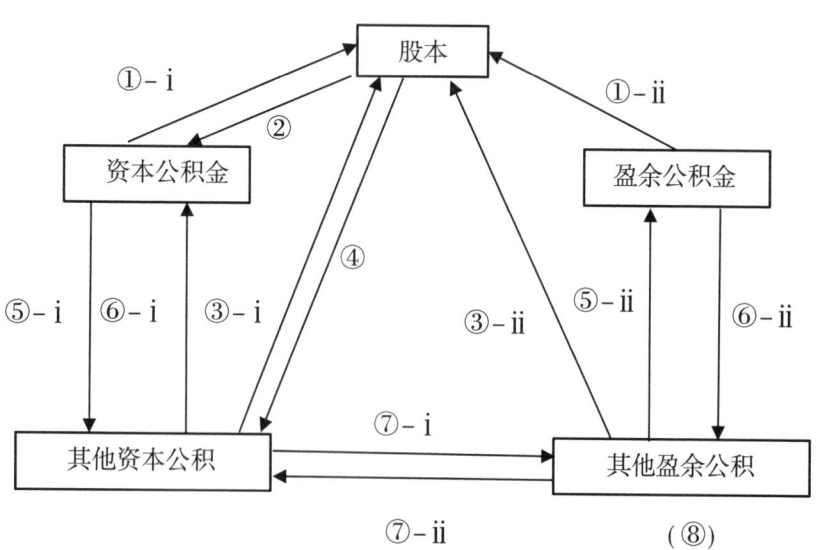

①—ⅰ:448条1款2项,计则25条1款1项、26条2款(资本公积金转入股本)
①—ⅱ:448条1款2项,计则25条1款1项、28条2款(盈余公积金转入股本)
②:447条1款2项,计则25条2款、26条1款1项(减资与转入资本公积金)
③—ⅰ:450条,计则25条1款2项、27条2款1项(其他资本公积转入股本)
③—ⅱ:450条,计则25条1款2项、29条2款1项(其他盈余公积转入股本)
④:447条,计则25条2款、27条1款1项(减资与转入其他资本公积)
⑤—ⅰ:445条4款,计则22条1款、23条1项(一)(分配盈余时的强制转入);451条,计则26条1款2项、27条2款2项(任意转入)
⑤—ⅱ:445条4款,计则22条1款、23条2项(二)(分配盈余时的强制转入);451条,计则28条1款、29条2款2项(任意转入)
⑥—ⅰ:448条,计则26条2款、27条1款2项(资本公积金额的减少与转入其他资本公积)
⑥—ⅱ:448条,计则28条2款、29条1款1项(盈余公积金额的减少与转入其他盈余公积)
⑦—ⅰ:452条,计则27条2款3项、29条1款3项(损失处理)
⑦—ⅱ:452条,计则27条1款3项、29条2款4项,自有股份会计准则12款(以避免其他资本公积为负数为限度)
⑧:452条(其他盈余公积项下科目间的计数变动,任意公积金的累积、提取)

(2)程序

(a)决定事项

股份公司减少注册资本的,应当确定如下事项:①减少的资本额,②以减少的全部或者部分资本转为公积金(限于资本公积金。参照计则26条1款1项)的意思以及金额,③减资生效之日(447条1款)。①的金额不得超过减资之前的股本(同条2款),因为注册资本不得为负。减少的资本中不属于资本公积金的部分(①②的金额)必须转为其他资本公积(计则27条1款1项)。

公司法上规定,不得减少注册资本而相应增加盈余公积金或者其他盈余公积。因为,如果认可这样的操作,就会使公司呈现出之前盈利大量留存于公司内部的外观,从而招致利益相关者(拟与公司交易的人等)的误解。这是会计基本原理"资本与利润有别"的体现(企会第一3)。

(b)决定机关

上述①—③的事项原则上需要股东大会的特别决议(447条1款,309条2款9项)。但是,在后述的亏损填补目的限度内经定期股东大会决议减资的,普通决议即可(309条2款9项)。此外,公司同时实施减资和发行新股的(也称"增减资",常发生在经营不善公司的重建过程中),增减资前后资本金不减少的,减资经董事(会)决议即可(447条3款)。

(c)债权人异议程序

股份公司减少注册资本金相应增加盈余的,公司可分配盈余额增加,其结果是向股东分配大量的盈余,最终给公司债权人带来损失。此外,将减少的资本全部转入公积金(资本公积金)的,公积金有时较资本科目更易于减额,最终还是会损害公司债权人的利益。

因此,公司法规定,公司减少注册资本金的,公司债权人可以对此提出异议(债权人异议程序,449条1款)。因债权人有权提出异议,当公司实施减资时,公司需要将①该减资的内容;②关于该公司财务报表的事项;③一定期间(1个月以上)内提出异议的意思表示在官方报纸上进行公告,且向已知的债权人发出个别催告(449条2款,计则152条)。"已知"是指公司大致知道债权人是谁、基于怎样的原因持有债权,不需要知道准确的债权额,也包括与公司进行债权争议诉讼的情形[大判昭和7.4.30民集11卷706页(百选75,商判Ⅰ-167)]。

公司除了官方报纸公告,依据公司章程规定(939条1款)在登载时事新闻的日报上公告或者采用电子公告形式公告减资的,不需要采取个别催告的形式(449条3款)。这是考虑到个别催告需要花费大量的费用,于2004年《商法》修改时引进的例外规定。不可否认的是,这样的规定可能导致减资在债权人不知情的情况下实施,导致债权人的利益受损。

在上面③的期间中债权人未提出异议的,视为认可减资(449条4款。产生无法提起减资无效之诉的效果)。相反,债权人提出异议的,公司必须对该债权人提前清偿、提供担保或者以清偿为目的提供相当财产的信托(449条5款)。需要注意的是,当减资没有损害债权人利益的可能性的,不在此限(同款但书。例如,减资的同时实施增资,总体上资本额未减少→专栏5-24)。

▶▶▶ ★专栏5-24 "损害债权人利益的可能性"的解释

大阪高判平成29.4.27判夕1446号142页(商判Ⅰ-168)认为,公司减资只要不让股东承担"不当的附加风险",该减资就不构成"损害债权人利益的可能性"。但是,在这样不明确的基准之下,承认公司不进行清偿就可以减资,有可能使资本制度失去意义。"损害债权人利益的可能性"应当站在是否使债权清偿可能性降低的立场进行判断[小林(2019)100—101页],增加可分配盈余额导致公司财产流失效果的减资,原则上应当解释为存在"损害债权人利益的可能性"。现行资本制度在保护公司债权人上是否有意义需要探讨(→专栏5-14),但即便否定现行制度,也需要以立法方式进行。

(d) 生效

减资的效力于公司确定的生效之日(447条1款3项。公司可以决议变更,449条7款)生效(449条6款1项)。但是,债权人异议程序在减资生效之日前未完结的,完结之后才发生减资的效力(同款主文但书)。注册资本额为公司登记事项(911条3款5项),公司减资时需要进行变更登记(915条)。

(3) 减资无效之诉

减资程序存在违法情形的,该减资并不当然无效,只有经减资无效之诉才可以主张无效(828条1款5项)。减资无效之诉只有在减资生效之日起6个月以内(同项),股东等(股东、董事、监事、执行董事或者清算人。828条2款1项)、破产管理人(公司破产时)或者不承认减资的债权人才有权提起(828条2款5项)。被告是实施减资的股份公司(834条5项)。

承认减资无效之诉的确定判决具有对世效力(838条),这是为了实现对法律关系的划一处理,判决仅对将来产生效力(溯及力的否定,839条)。此规定虽说与其他组织行为无效之诉的规定保持一致,但是,通过减资增加可分配盈余额向股东进行分红的,减资无效之诉判决确定之前对股东进行的分配在法律上视为合法,这对公司债权人的保护是不充分的。因此,立法论上应当认可判决的溯及力(江头700页注13)。

3 减少股本溢价

(1) 意义

股份公司可以将股本溢价(448条1款)转入股本(图表5-11中①—ⅰ,①—ⅱ)或者盈余(同⑥—ⅰ,⑥—ⅱ)。

(2) 程序

股份公司减少股本溢价时,应当确定①公积的减少额;②全部或部分减少额转入股本时的金额;③效力发生日(448条1款)。①与②存在差额的(①—②),其金额相应增转为公积金(对应减少的公积种类,相应转为其他资本公积或者其他盈余公积)。与股本一样,公积金也不得为负(参照同条2款)。

上述①—③的各个事项原则上应当经股东大会决议确定(448条1款。与减资不同,普通决议即可)。注意的是,公司减少公积额的同时发行新股增加资本公积金,总体上公积额未减少的,可以经董事(会)决议减少公积额(同条3款)。

减少公积增加盈余的,可分配盈余额增加会带来公司债权人的损害,故减少公积与减资一样,需要经过债权人异议程序(449条)。需要注意的是,后述的亏损填补目的限度内经股东大会决议的,可不需要债权人异议程序(449条1款主文但书)。在这点上可以说,公积金与股本相比,向股东分配时其受约束程度较低。

公积金减少自公司确定的生效日(448条1款3项、449条7款)生效,债权人异议程序未终了的,终了时生效(449条6款2项)。

结转公积程序存在违法的,该结转无效。与减资不同,不存在只有诉讼才可以主张无效的制度。

■ 4 结转盈余公积(盈余公积金转入资本或者资本公积)

股份公司可以减少盈余公积金增加股本(450条1款。图表5-11中③—i,③—ii)或者资本公积(451条1款。图表5-11中⑤—i,⑤—ii),这也称为盈余公积转入资本或者资本公积。如前所述,"转入"不过是会计科目间数据的变动而已(→专栏5-17)。盈余公积转入资本或者资本公积将导致可分配盈余额减少,但如果因此可以减少向股东分配公司财产的风险而提高公司信用的话,作为股东就有相应的利益驱动。实际上,注册资本或者公积金对公司信用具有多大意义是存在疑问的(→专栏5-14)。

如前所述,公司在分配盈余公积时,应当将分配额的十分之一转入法定盈余公积(445条4款)。即使法律没有强制规定,公司也可以将盈余公积的全部或者部分任意转入法定盈余公积。但是,公司不得将多于现有盈余公积的部分转入股本或者资本公积,导致盈余公积为负(450条3款,451条3款)。

因盈余公积转入资本或资本公积将导致可分配盈余额减少,故需要股东大会决议(普通决议。450条2款,451条2款)。

■ 5 盈余公积的其他处分(盈余公积金科目间的计数变动)

(1)其他资本公积金和其他盈余公积金之间的计数变动

根据"资本与利润有别"的会计准则(企会第一3),其他资本公积金和

其他盈余公积金之间的计数变动原则上是不允许的,但存在如下两个例外:

第一,本会计年度终了时其他资本公积金为负的(例如,发生库存股的转让差额或者注销库存股带来其他资本公积金减少的),有必要将此金额设为零,同时减少其他盈余公积金额以增加其他资本公积金额。这是因为,会计上要求其他盈余公积金可以为负,而其他资本公积金不得为负(参照:库存股会计准则12款、41款)。

第二,其他盈余公积金为负的,可以将此金额设为零,经股东大会决议(普通决议)减少其他资本公积金以增加其他盈余公积金(图表5-11中⑦—i)。这称为损失处理,是452条规定的"关于公积金的其他处分"之一。

(2)任意盈余公积的累计、取出(其他盈余公积金的科目间计数变动)

股份公司可以将其他盈余公积金的科目细分为结转盈余公积金和任意公积金[计则76条6款,净资产会计准则6款(2)。参考图表5-2]。当公司产生本期净利润时,其金额转增为结转盈余公积金(计则29条1款2项,净资产会计准则35款),但公司可以股东大会决议将结转盈余公积金的全部或者一部分转为任意公积金。这称为"任意公积金的累计",是452条规定的关于公积金的其他处分之一。

任意公积金里分为"为了特定目的记录"(例如,"特别折旧公积")以及"无特定目的记录"(例如,"其他公积金"→图表5-2)两种情形。任意公积金是公司为了防止向股东分配盈余、抑制公司财产向外流失,为公司将来的损失或资金需求而设立的。任意公积金实际上可以算入可分配盈余额,是否以任意公积金抑制分红取决于公司的判断。如果公司以股东大会决议(普通决议)取出全部任意公积金(从任意公积金转入结转盈余公积金。452条规定的"关于公积金的其他处分"之一),则可以向股东进行分配。

■ 6 弥补亏损

(1)"亏损"的意思

使股东权益科目之间的计数发生变动的一个重要情形就是弥补亏损。所谓亏损,是指计算可分配盈余额时出现负数的状态(负数的绝对值称为亏损额。参照309条2款9项2号,会则68条;449条1款2项,计则151条)。公司本年度产生净利润的,其他盈余公积金相应增加(计则29条1款2项),公司的可分配盈余额也增加;相反,公司产生本年度纯损失(赤字)的,其他盈余公积金相应减少(计则 29 条 2 款 3 项)。经营不善且持续发生亏损的公司,可能其公积金为负数,可分配盈余额也成为负数。

(2)弥补亏损

公司产生亏损本身不存在任何违法,公司可以在亏损的情况下继续经营(存在交易相对方的场合另当别论)。实际上,只要产生亏损,公司即不得向股东进行分红,此时,公司可以采取减少注册资本额或者减少公积的手段,将股本或者资本公积转入盈余公积,以解决亏损问题。这称为亏损的填补。以弥补亏损为目的减少公积的,不需要履行债权人异议程序(449 条 1 款主文但书)。因此,在弥补亏损时,通常首先减少公积的金额,还不足以弥补的可以减少注册资本额。思考以下情形:

> ▶▶▶ **事例 5-4**
> A 公司的财务状况如图表 5-12①的资产负债表所示,发生亏损。A 公司拟在定期股东大会上弥补亏损。

假设 A 公司的股本和资本公积分别减少 100 万日元和 200 万日元,相应增加为盈余公积,以弥补亏损。召开定期股东大会表决的,资本额的减少也需要股东大会的普通决议(参照 309 条 2 款 9 项)。仅以弥补亏损为目的减少公积的,不需要债权人异议程序(449 条 1 款主文但书);但此时包括减少股本,故需要债权人异议程序(449 条 1 款主文)。

图表 5-12 弥补亏损

①弥补亏损前的资产负债表(单位:千日元)

资 产		负 债	
流动资产	2000	流动负债	1000
		固定负债	2000
		负债合计	3000
固定资产	2000	净资产	
		股本	2000
		资本公积金	2000
		其他盈余公积	△3000
		净资产合计	1000
资产合计	4000	负债、净资产合计	4000

②弥补亏损后的资产负债表(单位:千日元)

资 产		负 债	
流动资产	2000	流动负债	1000
		固定负债	2000
		负债合计	3000
固定资产	2000	净资产	
		股本	1000
		净资产合计	1000
资产合计	4000	负债、净资产合计	4000

在会计学原理上,股本或者资本公积金转为公积金的,并非增加其他盈余公积金,而是增加其他资本公积金(图表 5-11④以及⑥-i)。会计处

如下：

(借)股　　本 1000000　　(贷)其他资本公积金 3000000
　　　资本公积 2000000

实际上,这样并不能改善其他盈余公积金为负的境况。因此,在进行上述会计转入的同时,可以将增加的其他资本公积金直接转入其他盈余公积金(可以按照451条的"损失处理"操作)。

(借)其他资本公积金 3000000　　(贷)其他盈余公积金 3000000

经过以上两个会计处理,相比于股本与资本公积分别减少100万日元和零日元,其他盈余公积金正好调整为零元,亏损解除(参照图表5-12)。以后的会计年度如果产生净利润,则可向股东进行分配(但是,净资产额不足300万日元的不得分配)。

■ 7　资不抵债及其解除手段

(1) 资不抵债及其他财务危机

公司的财务状况显著恶化,其他盈余公积金的负值有时会超过净资产部分其他科目(实收资本、公积等)的合计。此时,公司资产负债表上的负债额大于资产额,处于资不抵债状态(严密地说,为了区别于后述的实质性资不抵债,此处称为"账面资不抵债")。此时,公司即便将资本与公积同时减少为零元,也无法解除亏损的状况。本来,弥补亏损不过是数据上的操作(减少实收资本、公积金以增加其他盈余公积金),这样的操作并不能改善公司的财务状况(增加公司资产或者减少公司亏损)。面对这样的公司,要么债权人回收债权,要么客户避开与该公司交易,公司的企业价值可能进一步降低。

(2) 以增减资等解除财务危机

因此,这样的公司可以在填补亏损的同时,通过募集发行股份(募集出资人发行新股或者转让库存股)进行新的融资以图改善财务状况(因减资与增资同时进行,故称为"增减资")。此外,公司还可以得到债权人的同意,延长债务履行期限或者免除一部分债务(这样的重建尝试不纳入破产程序,称为个别债务重组)。

实际上,公司保留现有股东的股份增资发行新股的,现有股东可以享受公司重建的好处,新出资人的利益相应减少。这样的条件可能会让潜在投资人望而却步。此外,如果公司经营失败而股东地位不动的话,也会助长公司的冒险行为(这源于股东有限责任,公司资不抵债股东地位仍得以维持的,会进一步增加这样的风险)。

因此，资不抵债的公司进行增资时，有时会在此之前变更公司章程，将全部已发行股份变更为附全部回购条款类别股（108条1款7项），无偿取得公司全部股份（171条1款），最终无偿剥夺现有股东的地位{实例参照福冈高判平成26.6.27金判1462号18页（商判Ⅰ-39）；大阪地决平成27.12.24[平成26（ヒ）第112号]LEX/DB25542068}。当股份价格评估为零元时，这样的无偿回购是被允许的（→专栏5-25）。实务上，这样的无偿回购全部股份大多同时伴随填补亏损的资本全额减资，故称为"100%减资"。但是，现行法下全部回购公司股份时不需要减资，同样，减资时也没有必要全部回购公司股份，所以这样的用语其实并不恰当。

无偿回购全部股份的，需要股东大会的特别决议（466条、171条1款、309条2款3项、11项。也需要111条2款规定的类别股东大会的特别决议），只要现有股东的多数不同意无偿回购股份，此方法就行不通。在无法得到股东同意的情况下，公司将不得不申请开始破产程序（清理债务），在法律规定的清债程序中实现营业的重建。

▶▶▶ **专栏5-25　资不抵债公司的股份价值**

股权价值为正但公司无偿全部回购的，法院可以根据股东的申请，决定正的回购价格（172条）。此外，与其他股东有不同利害关系的股东行使表决权，使具有正价值的股份被表决无偿回购的（例如，多数派股东以无偿回购的同时认缴增资为条件，对无偿回购决议投赞成票的），该决议属于特别利益相关者行使表决权的显著不当决议，应当被撤销（831条1款3项）。

一般而言，公司即便陷入账面资不抵债，其持续企业价值（公司将来发生的自有现金流的折旧现价）经评估超过负债额的，可以认为股份具有正的价值。另一方面，即使现时评估的持续企业价值低于负债额（这样的状态称为实质资不抵债），但企业的将来业绩好转，或者通过增资或债务的部分免除等财务改革，不通过无偿回购股份也可以解除实质资不抵债状况的，股份仍然具有正的价值[数字でわかる200页（田中亘）]。法院认定172条1款的回购价格为正的事例，参照：东京地决令和2.7.9资料版商事437号157页{驳回上诉，东京高决令和2.10.6[令和2（ワ）第1388号]LEX/DB25566835}。

实际上，公司实质资不抵债且不实施无偿回购将无法解除的（不无偿回购就无法得到新的出资,公司因资金不足而倒闭),可以认为股份的公允价格为零元。此时,法律上应当允许公司无偿全部回购(参照:前引福冈高判平成26.6.27)。资不抵债公司股份价值的议论参照:饭田(2013)第5章,论究Unit14(黑田裕、增田友树)。

(3)资不抵债公司的董事义务

公司经营不善陷入资不抵债或者接近资不抵债状况的,董事应当竭尽勤勉义务实现公司的重建。当公司持续亏损,如此下去将会使公司财产进一步减少从而危害债权人利益时,董事应当进行公司内部清理或者法律清理,获得债权人配合重建事业,重建存在困难的,应当检讨解散清算。董事不经这样的检讨持续赤字经营,结果使公司财产进一步减少的,董事除了对公司承担违反勤勉义务的责任(423条1款),其存在恶意、重大过失的,将对公司债权人承担赔偿责任[429条1款。コンメ(9)366页(吉原和志)。即便继续经营对股东有利,也应当做上述解释。专栏5-26]。实际上,继续经营或者重建抑或是清算的判断要结合诸多情况做综合考虑,例如,经济形势、公司的损益或者资金调配等,故应当赋予董事以广泛的自由裁量权。只要董事的判断过程、内容不存在明显不合理之处,就不认为董事违反勤勉义务责任[高知地判平成26.9.10金判1452号42页(商判Ⅰ-148)→专栏5-26]。

▶▶▶ **专栏5-26 公司资不抵债和董事的义务**

现在假设公司持续亏损,负债100,资产减少至50。公司继续经营的话,资产减少至零元的概率为99%,(经济状况奇迹般好转)资产增加到120的概率为1%。此时,对股东来说,继续经营是有利可图的。因为,股东享受有限责任(104条)的特权,资不抵债公司的资产无论如何减少其也不会受到损失,相反,公司有微小的概率实现扭亏为盈,股东可以获得超出部分的利润。但是,上面的例子里,继续营业的期待利益(股东和公司债权人利益之和)是负数,则废弃经营以及清算对公司而言是最佳选择(对社会整体也是有效率的)。这样的场合下,继续经营的董事即便为了股东的利益,也构成对公司的勤勉义务的违反(330条,民644条)。

实际上,董事违反义务在现实中并不容易认定。例如,董事决定继续经营,力图依据法律清理或者内部清理实现企业重建的,或者实施解散清算的,究竟哪种方式会带来多大的利益,是极其不确定的。如果轻易认定董事判断失误责令其承担责任的话,会极大地阻碍董事经营公司的积极性。因此,资不抵债公司董事的上述判断应当适用经营判断原则,只要判断的过程、内容没有明显的不合理,就不产生董事责任。

经营不善的公司实施重建时,董事是否构成违反股东共同利益义务的案例,参见:东京高判令和 3.11.18 金判 1643 号 6 页(法院最终否定了董事违反义务)。

第 6 节　股东等的调查权限

■ 1　概说

股份公司的财务报表等应当置备于总公司(复印件置于分公司)供股东、债权人、母公司股东阅览(442 条)。并且,某些股东以及母公司股东要调查公司的财产状况,可以请求阅览公司的会计账簿[检查员的选任请求权(358 条)也是股东的调查权限之一]。

■ 2　会计账簿等阅览请求权

(1)概说

持有全体股东表决权 3% 以上或者已发行股份(除本公司股份)3% 以上(持股要件可以公司章程降低)的股东,在公司营业时间内可以随时请求查阅、复印会计账簿或者相关的资料(会计账簿等阅览请求。433 条 1 款→专栏 5-27)。也有案例认可董事的会计账簿等阅览请求权(名古屋地决平成 7.2.20 判夕 938 号 223 页),但这样的判例缺乏法律依据,现行法下董事没有这样的权利(东京地判平成 23.10.18 金判 1421 号 60 页)。

▶▶▶ ★专栏 5-27　作为查阅请求对象的"会计账簿或者相关资料"的意思

案例中,433 条 1 款的"会计账簿"与 432 条 1 款、《公司核算规则》59 条 3 款的"会计账簿"为同一意思,指作为编制财务报表基础的账簿(总分类账、分类账等);"相关资料"是指实质性补充基础账簿的资料(发票、收据、合同、书信等)。法人税等确定申报书原件、复印件不是会计账簿或者编制会计账簿的资料,而是基于会计账簿实施税法规定的调整而编制的,不包含在查阅请求的对象中[横滨地判平成 3.4.19 判时 1397 号 114 页(百选 Ap32,商判Ⅰ-161),东京地决平成元.6.22 判时 1315 号 3 页]。相比于案例,学说的有力见解认为,433 条 1 款规定的"会计账簿或者相关资料"与作为会计审计监督对象的"会计账簿或者相关资料"(389 条 4 款、396 条 2 款)一样,包括有关企业会计的所有账簿、资料[コンメ(10)138 页(久保田光昭)]。

(2)查阅请求的要件
(a)请求的理由
股东请求查阅公司会计账簿的,请求理由必须具体、明确(参照 433 条 1 款)。例如,"调查预定的新股发行以及其他公司财产运营是否正确合规"就缺乏具体性,查阅请求将不会被认可(最判平成 2.11.8 判时 1371 号 131 页)。相比而言,列举董事实施的具体行为(比如对集团内企业的无担保融资、高额购入艺术品),请求调查这些行为给公司带来的损害,就满足具体性要求而得到认可[最判平成 16.7.1 民集 58 卷 5 号 1214 页(百选 73,商判Ⅰ-160)]。

股东明确列明请求查阅理由的,将不必举证证明基础事实是否客观存在(前引最判平成 16.7.1)。因为,查阅请求正是以获得拟举证资料为目的而提出的。

(b)拒绝理由
股份公司只要有 433 条 2 款各项规定的事由(拒绝事由)就可以拒绝股东的查阅请求。例如,请求人以"确保或者行使股东权利"以外的目的请求查阅的,即属于拒绝事由(同款 1 项)。非公众公司股东以计算转让股份的公正价格为目的请求查阅账簿的,属于"确保或者行使股东权利的目的"(前引最判平成 16.7.1)。"以妨碍公司业务、损害股东共同利益为目的"的(同款 2 项),构成拒绝查阅事由。已查阅相关账簿的股东反复请求查阅的,构成拒绝查阅事由(东京高判平成 28.3.28 金判 1491 号 16 页)。

当请求人与公司之间存在实质性竞争关系的{包括请求人的全资母公司[东京地判平成 19.9.20 判时 1985 号 140 页(商判Ⅰ-162)]及全资子公司[东京地判令和 2.3.4(平成 30(ワ)第 1064 号)LEX/DB25584434]与公司存在竞争关系},因存在查阅获得的信息被用于同业竞争的风险,公司有权拒绝其查阅(同款 3 项)。此时,判例认为,不需要举证证明请求人存在利用查阅信息进行同业竞争的主观意图[有同业竞争的客观事实足矣。最决平成21.1.15民集63卷1号1页(百选74,商判Ⅰ-163)]。

(3)母公司股东的查阅请求

股份公司的母公司股东[母公司(2条4项,会则3条2款、3款)股东及其他股东。31条3款]认为有必要行使其权利时,可以经法院许可查阅子公司的会计账簿(433条3款。母公司股东对子公司的权利→专栏3-3)。法院认为母公司股东存在433条2款各项规定事由的,不予许可其查阅请求(433条4款,参照:前引最决平成21.1.15)。

第 6 章

融　资

- 第 1 节　概说
- 第 2 节　募集股份的发行等
- 第 3 节　新股预约权
- 第 4 节　公司债

本章介绍公司法上关于股份公司融资的规定。首先,对股份公司的融资方法做个概观(第1节)后,依次介绍公司法上设置的三个外部融资方法:募集股份的发行等(第2节)、新股预约权(第3节)、公司债(第4节)。

第1节 概说

股份公司经营事业需要诸多的资金,例如,购入原材料、支付职工工资等,当扩大现有规模或者开拓新的事业领域时,也需要投资资金。公司可以将以往获得的收益留存在公司内部而不分配给股东,这些资金可以用作投资资金。但是,当公司内部留存的资金不足时,就需要筹措外部的资金(→图表6-1)。

图表6-1 股份公司的融资方式

```
                    ┌─ 利润的内部留存
                    │                  ┌─ 募集发行股份等(发行新股、处分自有股份)
                    │                  │
                    └─ 外部资金的筹措 ──┤  发行新股预约权
                                       │                ┌─ 借款
                                       └─ 现金的借贷 ───┤
                                                        └─ 发行公司债
```

* 本章中介绍的内容用下划线表示。

股份公司从外部融资的方法有如下几个:募集认缴①公司股份的人(约定向公司出资,取得股东权利的人),向该认缴人发行新股或者处分本公司股份,从认缴人处获得出资(现金或者其他财产)。这称为募集股份的发行等。在第2节中,将介绍公司法上关于募集股份的发行等的规定。

股份公司也可以发行新股预约权(从公司受领股份交付的权利。参照2条21项),以此为对价筹措资金。关于新股预约权的发行将在第3节介绍(新股预约权也多用于融资以外的目的,此部分于第3节中介绍)。

---

① 中国《公司法》在用语上区分公司形式分别使用"认缴"(有限责任公司)与"认购"(股份有限公司),但二者之间并无本质区别,故本书不对以上用语做特别区分。——译者注

股份公司从外部融资的另一个方法是接受第三人的融资。这里包括公司从金融机关等基于通常的借款合同(民587条)实施的借贷,也包括发行公司债这样的特殊金钱债权(对公司而言是债务。2条23项)。前者不受公司法规范制约,完全由民法做出规定;后者在公司债的发行以及管理上特别受到公司法的制约(《公司法》第四编676条以下)。第4节介绍公司法上关于公司债的规定。

▶▶▶ **专栏6-1　资金筹措的方法——理论与实际**
(1)关于融资方法的理论

股份公司如何决定发展事业所需资金的融资方法呢?从公司或者股东利益的观点出发,什么样的融资方法最理想?

一个假说认为,公司的价值(企业价值)取决于公司通过经营活动获取的预期税后现金流,资金筹措的方法不影响企业价值乃至股东利益(取该理论提出者莫迪格莱尼与米勒的英文姓名首字母,简称"MM理论")。但是,众所周知,MM理论只有在极其理想的条件下(存在完全竞争的市场,经营者为股东利益最大化忠实行动,不存在税制等等)才能成立。但现实中,融资的方法以各种理由影响着企业价值甚至股东利益。例如,法人税基本上是针对公司所得(税前利润)征收的,公司支付负债部分的利息将作为公司的费用使税前利润减少,公司应当支付的法人税额也相应减少。相对而言,公司分配盈余的,税前利润以及法人税额不减少。因此,从税务的观点上看,公司的资金尽可能以负债的方式调配而非新募集出资,对公司以及股东来说是有利的。但同时,公司的负债显著多于资产的,公司的偿债风险提高,客户可能采取终止交易的手段自卫,最终导致公司的企业价值降低(称为财务危机)。从这样的观点看,公司的资金筹措不应仅仅依赖融资,一定程度上通过募集出资强化财务体系,对股东而言是有利的。

融资方法对公司以及股东利益施加影响的要因还有很多[藤田(2002a),藤田(2002b)]。如果公司为了股东利益忠实履职,公司应该可以比较衡量各种要因,找出对股东最为有利的融资方法(资本构成)。需要注意的是,现实中公司是否为了股东利益最大化进行融资另当别论。有意见认为,相比于股东,日本的公司(尤其是上市公司)更加重视长期雇佣的职工利益,故公司往往基于提高公司存续可能性的角度决定融资的方法[广田(2012)第 7 章]。

(2)日本企业的融资

从历史上看,日本企业在二战后的经济高速成长期高度依赖银行等金融机构的贷款(间接金融)。其中的一个原因在于,公募增资以及发行公司债等通过资本市场的融资受到严格的限制。故银行与公司之间构筑起密切的交易关系,称为"主银行"关系[青木、パトリック(1996)]。然而,从二十世纪八十年代以后,尤其是从事制造业的大规模上市公司,出现了发行股份或公司债从资本市场(包括外国资本市场)直接融资(直接金融)的倾向,对银行贷款的依存度逐渐降低。相对而言,非公众公司以及上市公司中较小规模的公司对银行贷款的依存度依然很高[公司与银行间的关系变化的实证研究参照:蚁川等(2007)]。在日本,传统上盛行先进货后付款的方式,依靠公司之间的信用(企业间信用)开展经营。法人企业部门的外部融资额与构成比例的推移,参照图表 6-2。关于公司融资方法与企业治理之间的关系,参照花崎(2008)。

图表 6-2 法人企业部门的融资构成比以及金额(余额・年度末)

年度	构成比							合计额
	借款	股票	公司债等	外债	CP	企业间信用	其他	(兆日元)
1980	42.2	23.1	2.2	1.8	—	24.3	6.4	477.4
1990	36.5	37.3	2.3	2.6	0.8	14.6	5.8	1358.7
2000	36.2	35.2	5.3	0.6	0.9	16.2	5.6	1198.0
2010	31.3	35.2	5.8	0.8	0.7	15.4	10.8	1056.7
2020	24.5	54.7	4.4	0.6	0.3	9.8	5.7	1871.5

[注]公司债等包括附新股预约权公司债。外债参照:专栏 6-29(b)。CP[commercial paper(商业票据)]参照:专栏 6-30(b)。
出自:日本证券经济研究所『図説日本の証券市場(2022年版)』5 页。

▶▶▶ 专栏 6-2 《金融商品交易法》上的公开发行规制

当股份公司向多数人募集股份或者推销公司债时,该募集股份或者公司债有可能广泛到达一般投资者手里[属于《金融商品交易法》2 条 3 款定义的"募集",与《公司法》上"募集"(→专栏 6-3)的意思不同],此时,为了保护投资者的利益,适用《金融商品交易法》上的公开发行规制(金商法 4 条以下)。具体而言,要向投资者公开披露该募集股份或者公司债的内容以及发行公司的事业、财务状况等,需要提交有价证券备案书(金商5条)、制作招股说明书以及向投资者进行交付(金商13条)。当上述公开材料里有虚假记载等违反公开发行规定的,发行公司以及相关人员除了承担民事责任(金商18条、22条等),还会产生罚款等行政责任(金商172条之二等)以及刑事责任[金商197条1款1项等。参照:黑沼(2020)第4章4—6节]。

由于《金融商品交易法》规定的公开发行的披露信息较之《公司法》详细,为了避免不必要的重复,公司履行了《金融商品交易法》规定的手续时,将不再适用《公司法》上的相关规定(201条5款、203条4款、240条4款、242条4款,参照:677条4款)。

第2节 募集股份的发行等

1 概说

□ 1 意义

《公司法》第二编第二章第八节(199条以下)规定了发行新股或者处分本公司股份,合称为募集股份的发行等(参照第二编第二章第八节标题),日常用语称为"增资"。本书中,在募集股份的发行等之中,发行新股称为"募集股份的发行"[公司法中无此称谓,判例中使用。最判平成24.4.24民集66卷6号2908页(百选26,商判Ⅰ-65)],处分本公司股份称为"募集自有股份的处分"(→图表6-3,专栏6-3)。发行股份带来已发行股份数(113条2款)及资本额(445条1款)的增加,但处分自有股份则不发生以上增额。但是,在对现有股东的利益产生影响这点上,两者基本上不存在差异。公司法设置了两者共通的规定。

图表6-3 发行新股、处分自有股份的相关概念

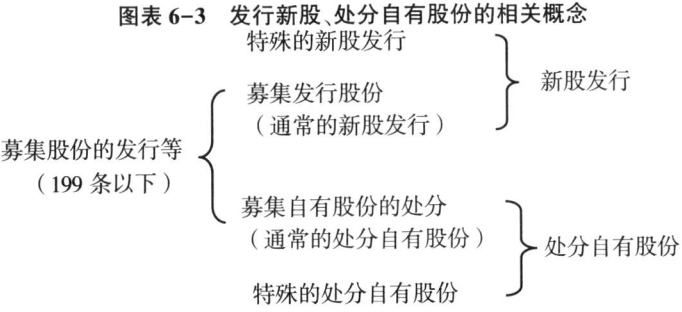

▶▶▶ **专栏6-3 用语的整理**

在日常用语中,"募集"是指招募一般公众做某件事情的意思,《公司法》上的"募集"(199条)没有这个意思,仅指按照199条以下的规定确定认购股份者的程序(立案担当51页)。因此,股份公司仅向一名认股人发行股份或者处分本公司股份,也属于公司法上的"募集股份的发行等"。

2005年修改前的《商法》(以下,本专栏中简称为"前《商法》")中不存在"募集股份的发行等"这样的用语,而是在"发行新股"一节(前《商法》第二编第四章第三节之二,280条之二以下)中规定了相当于现行《公司法》"募集发行股份"的行为,处分本公司股份则准用发行新股的程序规定(前《商法》211条)。实际上,公司在发行新股时,不仅存在前《商法》"发行新股"一节中规定的程序,还存在其他情形,例如,行使新股预约权时的发行新股、作为合并等重组对价发行新股等。因此,前《商法》时代的学说将第一种情况称为"通常的发行新股",第二种情况称为"特殊的发行新股"(铃木、竹内391—392页)。对此,《公司法》中将第一种情况中的发行新股和募集认股人后处分本公司股份合称为"募集股份的发行等",对二者规定了基本一样的条件。基于以上沿革,本书将第一种情况的发行新股称为"募集股份的发行",将第二种情况的发行新股称为"特殊的发行新股"。相应的,公司募集认股人处分自有股份的称为"募集自有股份的处分",除此以外的处分自有股份(公司在行使新股预约权时,不发行新股而是处分本公司股份)称为"特殊的自有股份的处分"。

《公司法》第二编第二章第八节(199条以下)规定了募集股份的发行等的事项,并未直接规定特殊的发行新股或者特殊的自有股份的处分,但可以类推适用前者。行使新股预约权发行新股被类推适用《公司法》210条阻止的事例,参照:东京高决平成20.5.12判夕1282号273页。参照(ピコイ事件)。

募集股份的发行等在作为股份公司融资手段的同时,也意味着产生新的股东,故具有公司组织行为(参照828条)的一面。具有两面性的募集股份的发行等以各种形式影响着现有股东的利益。因此,可以说,公司法上对募集股份的发行等设置的规定主要是以保护现有股东利益为目的的。在进入到这些规则的细节之前,先简单介绍一下募集股份的发行等对现有股东的利益施加怎样的影响,以及公司法以怎样的形式应对这些影响。

□2 募集股份的发行等对现有股东的利益施加的影响

(1)举例

以下举个简单的例子进入讨论:

▶▶▶ 事例6-1
　　已发行股份数为3000万股的股份公司(为简单叙事,假设为非类别股发行公司),拟向第三人新发(发行募集股份)股份1000万股。此时会对公司的现有股东利益产生怎样的影响?

募集股份的发行等对现有股东的利益施加的影响,首先,取决于公司本次发行股份筹措的资金如何使用。公司有效利用筹措的资金,例如,用于高收益性的事业,则企业价值增加,现有股东受益。相反,随意、无计划地使用资金,会给现有股东带来损失。需要强调的是,这样的利益、损失是公司在使用资金时经常会遇到的(例如,使用借贷资金的时候产生同样的问题),并非募集股份的发行等特有的问题。原则上,公司法对融资后的资金使用方式尊重业务执行机关[董事(会)或者执行董事]的经营判断,只有经营判断的过程或者内容存在明显不合理之处,法律才会以董事违反勤勉义务、忠实义务为由介入。公司法上对募集股份的发行等规定了其他融资所没有的内容,就是因为其会对现有股东产生资金使用用途以外的影响。那么,这个影响是怎样的呢?

(2)持股(表决权)比例的降低

第一个影响,就是现有股东的持股比例(该股东的持股占已发行股份的比例)降低,进而带来表决权比例(该股东的表决权占全部股东表决权的比例)的降低。拿事例6-1来说,发行募集股份使已发行股份总数从3000万股增加到4000万股,则现有股东的持股比例以及表决权比例降低到之前的四分之三(参照308条1款)。当不发行募集股份而是处分本公司股份时,本公司股份无非转移至认缴人处,已发行股份总数不变,故现有股东的持股比例不发生变化。但是,本公司股份没有表决权(308条2款),而经处分后表决权复活,公司的表决权总数增加,还是会导致现有股东的表决权比例降低。表决权是股东经营、控制公司的动力源泉,表决权比例下降,意味着对经营公司的控制力相应下降。

上述的表决权比例以及控制力下降的问题可以在法律上进行规避,例如,公司对现有股东根据其以往的持股比例,向现有股东配股(称为股东配股)。拿事例 6-1 来说,公司可以赋予现有股东一项权利:针对以往的持股,每三股配一股。但是,即便股东配股在法律上可行,现有股东无此财力的,将无法实际履行出资,则无法成为该募集股份的股东,最后将无法避免表决权比例下降的结果。另一方面,如果公司法上规定公司发行募集股份时股东必须配股出资,则公司的融资来源将受到过多限制,反而不利于股东的利益。

(3)股份稀释带来的经济损失

第二个影响,是每股的实缴金额(募集股份的认股人应当向公司支付的股份对价)可能对现有股东带来的经济损失。例如,在事例 6-1 中,公司股份时价为每股 100 日元,假设公司以每股 50 日元的价格募集发行。此时,发行后的股份时价总额为以往的股份时价总额加上发行资金额的合计。即 100×3000 万+50×1000 万=35 亿日元,则每股的时价降为:35 亿÷4000 万=87.5 日元。因新股发行实缴金额低于时价,每股的价值"被摊薄"。公司以同样的实缴金额处分本公司股份的,也会产生稀释的问题。因为,本公司股份本来不参与利润分配,经处分后复活,股份可以参与利润分配。

需要强调的是,以上计算并没有考虑公司发行股份后筹措的资金如何使用的问题。公司以低价发行股份,但将募集的资金用于高收益性项目并经营有方,则股东利益有保障。从事例看,如果公司将 5 亿日元融资用于经营并增值 10 亿日元以上的话,则发行后每股时价为 100 日元以上,现有股东受益。因此,以低于股份时价的价格发行募集股份等,并不等于给现有股东带来损失。但是,一般而论,每股的实缴金额明显低于股份时价,即向认股人以特别有利的价格发行股份的,现有股东受到经济损失的风险更大。

股份价值的稀释带来的经济损失也可以利用股东配股来规避。因为,现有股东亲自以低价认购的,其持有股份并不会带来稀释的问题。但是,现有股东没有足够资金履行出资义务的话,就无法避免股份稀释带来的损失(股东配股对现有股东产生事实上的强制力)。如果经常性要求股东配股,则公司的融资对象过于受限,对股东利益未必是好事。

□ 3 有关募集股份的发行等的公司法规范之基本构造

如上所述,鉴于募集股份的发行等可能给现有股东带来的影响,公司法根据股份公司的不同属性(公众公司或者非公众公司)设置了不同的规定。

(1)非公众公司的场合

非公众公司发行募集股份等时,原则上需要股东大会特别决议(199 条 2

款,309条2款5项)。这是因为,非公众公司的股东通常对公司经营高度关注,对有关经营控制权的持股比例更是关心。需要注意的是,非公众公司以股东配股的形式发行股份的,现有股东履行配股出资义务就可以维持其表决权,故公司可以章程规定,公司经董事决定(设置董事会的公司为董事会决议)可以发行募集股份等(202条3款1项、2项。章程未规定的,原则上需要股东大会的特别决议。同款4项、309条2款5项)。

(2)公众公司的场合

(a)原则性规定

公众公司在章程规定的可发行股份总数(37条、113条)范围内,原则上经董事会决议即可发行募集股份等(201条1款)。这是因为,公众公司的股东多以纯粹的投资目的持有股份,通常对公司控制权以及维持表决权比例不太关心,故公司仅以董事会决议就可实现快速融资。但公众公司采用股东配股以外的方法募集股份等的,每股的发行价格对认股人特别有利(有利发行)的,需要股东大会的特别决议(201条1款、199条3款)。因为,此时现有股东可能因股份的稀释而遭到经济损失。

(b)留意点

以上介绍了公众公司的原则性规定,但是,这并不意味着公众公司发行足以影响公司控制权的股份时完全由董事会自由决定,还存在一定的规律。这些规律的详细介绍放在后面,这里举出三点特别重要的公司法规定:

第一,超过公司章程规定的可发行股份数募集发行股份的,变更公司章程需要股东大会的特别决议(466条、309条2款11项)。并且,公众公司可发行股份总数不得超过已发行股份数的四倍(37条3款、113条3款)。因此,公众公司增发股份超过已发行股份总数的四倍的(现有股东的持股比例下降到不足从前的四分之一),仅有董事会的判断是不够的。

第二,公众公司拟发行引起公司控制权变动的股份等(发行后认股人的持有表决权数超过全部股东表决权数的一半)的,当持有全部股东表决权十分之一以上的股东表示异议时,需要股东大会的决议(普通决议。206条之二)。理由在于,这样的发行会产生新的公司控制人,故不能仅由董事会裁量,而由股东自身判断为宜。

第三,存在公司经营控制权争议(例如,恶意收购),董事会为了维持、确保公司经营控制权而决定发行股份的(例如,向现经营者或者对现经营者友好的第三人发行股份),原则上该发行等属于以"明显不公正的方法"(210条2项)发行,现有股东有权请求阻止该募集股份的发行。理由在于,董事会以降低不支持现管理层股东的表决权比例而提高友好股东的表决权比例之目的发行股份,这样的行为若被允许,将导致公司经营的规律紊乱,影响公司效率。

如上,公司法以董事会裁量迅速发行股份为原则,对于董事会行使裁量权时可能影响公司经营控制权的事项,规定了某些限制条件。

(3)本节的构成

下面将详细介绍本节中提及的公司法上的规定。具体而言,首先,介绍募集股份的发行等的程序,包括:募集事项的决定(■2)、认股人的确定(■3)、出资的履行(■4)、生效(■5)(→图表6-4)。其次,针对违法以及不当的募集股份的发行等,介绍现有股东及其他利害关系人可以采取的法律手段——募集股份的发行阻止(■6)、新股发行或者处分本公司股份效力之诉(■7)以及相关人员的责任追究(■8)。

图表6-4 募集股份等发行的程序

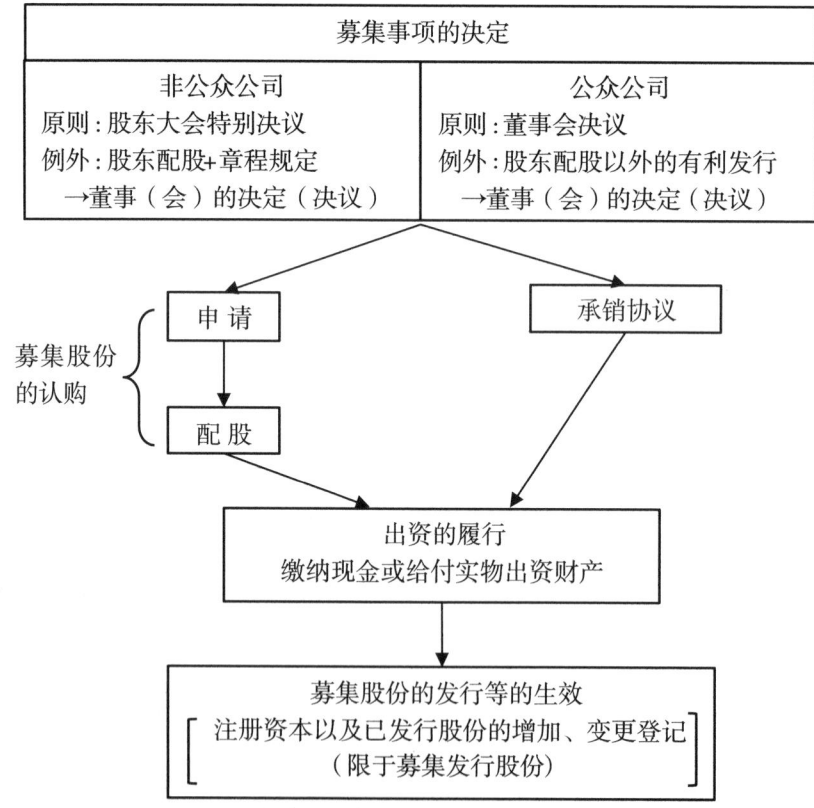

▶▶▶ **专栏 6-4　股东配股、公募、第三人定向增资配股——募集股份的发行等的类型**

(a) 募集股份的发行等的分类

公司法上,将募集股份的发行等分为针对股东发行的股东配股(202条)和其他的情形。后者又进一步分为针对不特定多数人发行的公募增资和针对特定第三人发行的第三人定向增资配股(后者的分类在公司法上并不存在,但实践中经常使用)。

(b) 公募的方式

这里,公募抑或第三人定向增资配股的分类是根据募集股份的最终取得者进行的区分,并非关注认股人(履行出资并有权成为股东的人)是否为不特定多数。日本的公募增资多数采取承销方式,即受发行公司委托的证券公司认购全部募集股份(根据 205 条的承销协议),在募集股份发行后直接将该股份转卖给一般投资者。此时,公司法上的认股人为证券公司,最终取得者是不特定多数人(一般投资者),故不属于第三人定向增资配股,而归属于公募。公募增资的另一种方式是发行公司向社会广为募集股份,只有存在剩余未售的股份时,才由证券公司认购,称为余额承销。按照这个分类方法,募集股份的最后取得人以及公司法上的认股人都属于不特定多数人(余额承销部分的取得人为证券公司)。

(c) 股东配股规定的变迁

2005 年修改前的《商法》时代称认购新股的权利为"新股认购权",股东配股指赋予现有股东以新股认购权实施的新股发行(或者处分本公司股份)。此时,被赋予新股认购权的股东是否可以将此权利进行转让,属于公司在发行新股时的决定事项。对此,公司法规定,以可转让的新股认购权向股东配股的,不属于募集股份的发行等,而应当采取新股预约权无偿配股[实务上称为附权发行(Rights Offering)]的形式,股东不得转让接受配股的权利。

(d) 利用状况

股东配股在二战后相当长一段时期内成为发行新股的主流,但因受到批评而减少使用,主要原因在于现有股东相当于被事实上强制出资,取而代之的是公募的广泛利用。第三人定向增资配股除了用于不具备公募发行信用的公司,也用于与其他公司进行资本、业务合作。上市公司股东配股、公募以及第三人定向增资配股的件数以及融资额见图表6-5,较早时期的数据参考:东京证券交易所(2012)。

图表6-5 上市公司股东配股、公募及第三人定向增资配股的件数以及融资金额

年份	股东配股		公募		第三人定向增资配股	
	件数	融资额（百万日元）	件数	融资额（百万日元）	件数	融资额（百万日元）
1998	—	—	8	278181	32	688016
1999	—	—	28	349715	75	2347286
2000	2	8240	24	494149	46	922756
2001	3	32047	18	1201483	57	477176
2002	—	—	19	153321	62	484350
2003	2	1451	35	567236	94	223161
2004	1	2729	78	750232	129	572627
2005	2	3721	74	650847	150	778055
2006	—	—	69	1447724	145	416476
2007	1	8086	60	456974	117	662102
2008	1	139	27	341697	93	395840
2009	—	—	52	4966829	115	714609
2010	1	689	50	3308906	88	535606
2011	—	—	45	967813	66	395151
2012	1	414	53	451766	71	159327
2013	1	981	114	1113702	151	371855
2014	—	—	129	1377995	190	392844
2015	1	56	131	961970	187	163546
2016	1	221	95	257717	151	623017
2017	2	106	116	424222	238	881585
2018	—	—	129	401625	303	214578
2019	—	—	93	219787	307	910408
2020	1	430	108	732831	342	404179
2021	1	226	159	1369167	467	1779104

出自:日本交易所集团HP（www.jpx.co.jp/markets/statistics-equities/misc/06.html）

■ 2 募集事项的决定

□ 1 授权股份制度

股份公司必须预先确定可发行的股份总数(37条、113条。公司登记事项。911条3款6项)。在授权范围内,经必要的公司机关决定,公司可

自行决定发行新股。这称为授权股份制度或者授权资本制度。尤其是公众公司,原则上以董事会决议即可发行募集股份,使得迅速融资成为可能。公司拟发行的股份数超过授权股份数(章程规定的可发行股份数中未发行的股份数)的,需要经股东大会的特别决议进行章程变更(466条、309条2款11项),以增加可发行股份数[此时,可将变更章程决议的生效作为募集股份生效的条件。最判昭和37.3.8民集16卷3号473页(百选Ap12,商判Ⅰ-50)]。

需要注意的是,公众公司的可发行股份总数不得超过已发行股份总数的四倍(四倍规制。37条3款、113条3款),这是因为,仅以董事会决议就可使现有股东的持股比例降低,对此必须基于一定的限制。非公众公司发行新股原则上需要股东大会的特别决议,没有前述规则的限制(37条3款但书,113条3款)。

▶▶▶ ★专栏6-5 授权资本制度的沿革

1950年《商法》修改以前,资本额作为章程记载事项,股份公司发行新股时,变更章程需要股东大会的特别决议。1950年《商法》修改时,引进美国州公司法的授权资本制度,将资本额从章程记载事项中移除,股份公司只要在章程规定的可发行股份总数范围内,经董事会决议就可以发行新股(2005年修改前《商法》280条之二1款)。

□2 非公众公司募集事项的决定

(1)原则

非公众公司发行募集股份等,原则上需要股东大会的特别决议以决定募集事项(199条1款、2款,309条2款5项)。这是因为,非公众公司的股东通常对事关经营控制权的表决权比例高度关注。募集事项包括:第一,募集股份数(发行类别股的,募集股份的类别以及每个类别的数量);第二,募集股份的实缴金额(每股应当出资的金额。2005年修改前《商法》称为"发行价额")或者计算方法(→专栏6-8);第三,实物出资时,其宗旨以及出资财产的内容、价额;第四,缴纳出资的日期或者期间;第五,发行募集股份的,增加的资本金以及资本公积金的相关事项(199条1款各项)。募集事项必须每次在认股人之间进行均等规定(199条5款)。

▶▶▶ ★专栏6-6 类别股发行公司募集事项的决定

在类别股发行公司中,募集股份的类别为限制转让股(2条17项、108条1款4项)的,只要公司章程没有特别规定,决定募集事项时,需要该类别股东大会的特别决议[199条4款、324条2款2项。根据200条1款做出委任决定决议的亦同(同条4款)]。在这点上,公众公司也如此[发行类别股公司的股份中,只要有一个类别股份未限制转让就属于公众公司(2条5项),故公众公司也存在发行限制转让股的情形]。因为,限制转让股的股东通常对事关经营控制权的表决权比例高度关注。发行类别股公司募集发行新股预约权时也受到同样的限制(238条4款、324条2款3项)。

(2)有利发行

每股的缴纳金额对认股人特别有利的(有利发行),现有股东可能因股权稀释受到经济损失,故董事应当在股东大会上对该缴纳金额以及认股人做出说明(199条3款。股东配股例外)。非公众公司经股东大会特别决议发行募集股份等的,该发行属于有利发行但董事未说明理由的,该董事可能因程序违法承担怠于履行职责的责任(东京高判平成25.1.30金判1414号8页。但前引最判平成27.2.19中,法院认定不属于有利发行,驳回上诉)。

实际上,当发行的股份是非上市公司且没有市场价格的,评估该股份的公正价格并非易事,若事后认定为有利发行责令董事承担责任,就会导致以募集发行等形式的融资趋于萎缩。因此,判例认为,非公众公司董事基于客观资料得出的相对合理的计算方法并以此确定股份发行金额的,只要不存在特别的情况就不属于有利发行[最判平成27.2.19民集69卷1号51页(百选21,商判Ⅰ-60,アートネイチャー事件)。认定为有利发行的前引东京高判平成25.1.30被驳回→专栏3-13]。

(3)募集事项决定的委任

非公众公司募集事项的决定原则上由股东大会行使,经股东大会特别决议的,可以将此委任给董事(董事会设置公司为董事会。200条1款前段,309条2款5项)。与此同时,募集股份数的上限以及缴纳金额的下限必须由股东大会决定(200条1款后段)。当缴纳金额的下限对认股人特别有利的,董事需要在股东大会上说明理由(200条2款)。委任决议的有效期限为一年(200条3款)。

(4)股东配股

(a)意义

公司发行募集股份等时,可以向现有股东根据其持股数分配股份(202条1款、2款),称为股东配股。此时,公司除了募集事项,必须确定股东申请认购股份的日期(同条1款各项)。非公众公司原则上须经股东大会特别决议决定募集事项(202条3款4项、309条2款5项),也可以章程确定董事(设置董事会的公司为董事会)有此权限(202条3款1项、2项)。有利发行的规定(199条3款)不适用于股东配股。这是因为,现有股东只要能够得到股东配股,其表决权比例就不会下降,就不会因股份稀释使经济利益受损(→专栏6-7)。

▶▶▶ **专栏6-7　非公众公司发行募集股份等的规则变迁**

在1990年修改前的《商法》之下,非公众公司与公众公司一样,原则上可以经董事会决议发行新股(相当于公司法上的发行募集股份)。但是,围绕非公众公司的经营控制权之争,董事会发行新股导致现有股东的持股比例大幅下降的状况频发,1990年《商法》修改时规定,非公众公司可以董事会决议发行新股,原则上现有股东享有新股认购权[相当于公司法上的认购募集股份权(202条1款)],若公司拟排除现有股东的新股认购权发行新股,需要股东大会的特别决议(2005年修改前《商法》280条之五之二)。但是,即便现有股东享有新股认购权,其没有充分财力无法履行出资的,将无法认购新股,持股比例下降无法避免。此时,若每股的实缴金额低于公正价值的(有利发行),该股东会因股份稀释遭受经济损失。

因此,现行《公司法》规定,非公众公司发行募集股份等时,原则上股东配股也需要股东大会特别决议,只有公司章程规定的,才认可董事(会)发行股份。

(b)通知股东

股份公司以股东配股方式发行募集股份等时,应当在申请认购日期(202条1款2项)的两周前向股东发出通知,载明募集事项、该股东受领的募集股份数以及申请认购的日期(同条4款)。这样规定的目的是给予股东申请认购的机会。

3 公众公司募集事项的决定

(1) 原则

公众公司原则上由董事会决定募集事项(201条1款、199条2款)。这是因为，公众公司的股东多为纯粹的投资目的持股，股东通常对持股(表决权)比例不太关心，公司以董事会决议募集股份可以实现快速融资。在提名委员会等设置公司中，募集事项的决定权也可以委任给执行董事(416条4款)。在审计等委员会设置公司中，董事的半数以上为外部董事或者公司章程予以规定的，可以将募集事项的决定权限委任给董事(399条之十三5款、6款)。

募集事项(199条1款)的内容基本上与非公众公司一样，当公众公司以有市价的股份(上市公司股份)募集认股人时，可以不采用缴纳金额或者计算方法的方式，而是采用邀标定价方式(201条2款)。

▶▶▶ **专栏6-8　公众公司决定股款缴纳金额的方式**

从公众公司决定募集事项开始至缴纳股款日期(规定缴纳期间的，为期间的第一天。以下统一用"缴纳日期"表示)为止的期间内，鉴于有必要向股东发出通知或者公告，需要最低两周的时间(201条3款、4款)。因此，上市公司等股份存在市价的公司中，董事会在募集事项中确定每股的具体金额(例如，每股100日元)后，可能发生实际缴纳前股份市场价格下落(例如，每股90日元)并低于已决定金额的情况。此时，认股人可能不缴纳出资而导致此次融资失败。为了避免这样的事态发生，上市公司公募时一般的做法是，每股的发行价对照股份的市场价格进行10%～15%的折扣。不可否认，这样的低发行价将导致现有股东股份稀释进而利益受损。因此，上市公司在1975年以后采取不规定具体的发行价，而是规定实缴日期前一定日期(以下称为计算基准日)的股份时价的一定比例(例如97%)。这样的计算方式在2005年修改前《商法》中没有明文规定，但实践中法律解释允许，《公司法》予以明文规定(199条1款2项)。

然而，有意见指出，这样的计算方式存在问题。例如，投资者从第三人处借得股票后投入市场，以此降低计算基准日股票的市场价格。因此，2001年《商法》修改时规定，公众公司发行有市场价格的股份，董事会以实现公正的发行价格为前提，只要确定"适当的价格决定方式"即可

(2005修改前《商法》280条之二5款。相当于《公司法》201条2款)。"适当的价格决定方式"首推邀标定价方式,即承销商向机构投资者进行供需状况调查,在此基础上决定本次的发行价。这样的制度修改使得股票发行公司可以在实缴日期前决定具体的发行价格。从结果上看,以往10%以上的折扣率(实缴金额对实缴日期股价的折扣率)现在减少至3%[加藤、铃木(2013)]。

(2)向股东披露

(a)通知或者公告

公众公司以董事会决议决定股份募集事项的,应当在缴纳股款日期(规定缴纳期间的为该期间的第一天)的两周前向股东发出募集事项通知(201条3款),也可以公告代替通知(同条4款)。这样的规定旨在向股东披露募集股份发行的内容,同时赋予股东申请阻止发行的机会。非公众公司不适用前述通知、公告的规定,因为非公众公司需要股东大会特别决议(199条2款、309条2款5项),股东已通过股东大会预先得知募集事项的内容。同理,公众公司有利发行经股东大会特别决议的,不需要遵循通知、公告的规定(参照201条3款)。

(b)股东配股

公众公司也可以采取股东配股的方式发行募集股份(202条1款、3款3项)。此时,为了赋予配股股东申请的机会,需要发出募集事项通知(同条4款)。此时,不必重复发出201条3款、4款规定的通知、公告,故不适用前述规定(202条5款)。

(c)《金融商品交易法》上的公开

公众公司按照《金融商品交易法》上的规定进行信息披露的,不需要遵循201条3款、4款规定的通知、公告(201条5款、会则40条→专栏6-2)。

(3)例外之一:股东配股以外且有利发行的场合

公众公司以股东配股以外的方式发行股份,且发行价对拟认股人特别有利的,可能因股份稀释对现有股东带来损失。因此,募集事项的决定需要经股东大会的特别决议(201条1款,199条3款)。董事必须在股东大会上对本次发行价的必要性做出说明(199条3款)。

"特别有利"的发行价是指相比于股份的公正价格而言过低的金额[东京地决平成16.6.1判时1873号159页(百选20,商判Ⅰ-58)]。是否构成有利发行,多表现为现有股东对募集发行的阻止请求(210条1项),本书将在相应部分详细介绍。

股份公司对股东进行配股时,即使以远低于公正的价格发行股份的,董事会也有权决定募集的事项(202条3款3项、5项)。股东配股属于有利发行的,现有股东只要能履行出资认购股份,就不会受到经济损失;如果无法履行出资,则无法避免股份稀释带来的经济损失。因此,股东配股具有事实上强制现有股东履行出资的效果,将此权限交由董事会决议的话,从保护股东利益角度出发,难谓毫无问题。对此,应做如下理解:公众公司的股份大多具有流通性,现有股东也可以其持有股份作为担保筹措认购所需资金,公司法上优先保护的是公司融资的效率性。

(4)例外之二:伴随控制权变动的场合

公众公司以股东配股以外的方式募集发行股份等的,该募集股份的认股人成为股东后持有的表决权数(认股人的子公司等所持表决权也算在内)超过全体股东表决权的半数时(此时的认股人称为特定认股人),除了该特定认股人为该公众公司的母公司等情况,该公众公司应当在缴纳股款日或者缴纳期间首日的两周前,将该特定认股人的姓名、名称及住所,该特定认股人持有的表决权数及其他事项向股东发出通知或者公告(206条之二1款、2款)。依据《金融商品交易法》的规定披露该信息的除外)。持有全体股东表决权十分之一(可以公司章程下调)以上的股东在接到该通知或者公告之日起两周以内,有权向公司发出反对该认购的通知。公司必须召开股东大会,对该特定认股人的发行进行表决(同条4款)。当公司的财产状况显著恶化,公司为了继续营业需要紧急融资的,可以免除股东大会的承认(同款但书)。否定紧急的必要性,认定未经股东大会同意发行新股无效的事例,参照:东京地判令和3.3.18[令和元(ワ)第16629号 LEX/DB25589062]。

以上规定是2014年《公司法》修改时新设的,主要考虑的是公众公司发行股份带来控制权变动时(认股人取得公司控制权),不能仅仅由董事会决定,而应由公司的实际所有人即股东自身来决定。此时股东大会的决议不必为特别决议,与选举、解聘董事决议(341条)一样,采取严格定员数要件(可以公司章程降低到表决权的三分之一以下)的普通决议(206条之二5款)。这其实是让谁控制公司的问题,与选举谁为董事经营该公司一样,应当由股东的单纯多数决做出决定(若要求特别决议,少数派股东的意见可能会被采纳,但未必是理想状态)。

>>> ★专栏6-9 伴随控制权变动的股东大会决议
　　如上所述,伴随控制权变动的募集股份的发行等并不总是需要股东大会的决议,只有持股达到一定比例的股东表示反对才进行表决。这是为了不妨碍公司的快速融资,只有当股东大会有较大可能否决该项发行的,才要求进行股东大会表决。实际上,特别是股东人数众多,制作、送达股东大会召集通知需要花费大量时间的上市公司,当确认了部分股东的反对意向后再决定召开股东大会,会导致股份发行时间过度迟延。因此,实务中的做法是,不管部分股东是否反对都视为已通过股东大会决议。这种"谨慎起见"的做法可以起到确认股东意思的作用,例如,当股东请求阻止本次发行的,公司可以考虑如何破解。

★(5)上市公司作为股权激励发行股份时的特则

上市公司向董事(提名委员会等设置公司为董事或者执行董事)以直接交付的方式进行股权激励的,可以依照公司章程或者股东大会决议(361条1款3项。薪酬委员会,409条3款3项),不要求该董事缴纳现金或者实物(202条之二1款、3款。参照同条2款)。这是因为,公司是以该董事履行职务的对价为前提发行股份,故不必要求该董事履行财产出资。只要公司依照薪酬规定交付股权激励,也不需要股东大会做出有利发行决议(立案担当令和元年33页注31)。限于上市公司设置这样的规定目的还在于,非上市公司的股份不存在市场价格,计算公正的股价也并非易事,如果允许以无须财产出资的方式发行股份,大量的股份会被不当地分配给董事,结果助长内部人控制的不良风气(立案担当令和元年33页。实际上,非上市公司也可以间接交付方式向董事交付股权激励)。

3 募集股份的认购

(1)概说

发行募集股份等时必须确定认股人,即确定履行出资并成为行使股份公司股东权利的人(→图表6-4)。存在两种方式。第一,基本方式:潜在的认股人根据规定的方式向公司进行申请,公司决定向哪个申请人分配多少股权并通知该申请人。第二,全额认购协议。这种方式适用于只存在一名认股人的情形。以下按照顺序进行说明。

(2) 申请

(a) 通知

股份公司向拟申请认购股份者通知以下事项:公司的商号、募集事项、缴纳现金股款时的保管场所、其他法务省令规定的事项(203条1款,会则41条)。但是,公司依据《金融商品交易法》规定[招股说明书(金商2条10款,会则41条)]披露必要信息的,不需要该通知(203条4款,会则42条)。

(b) 申请方法

申请人应当向公司交付以下书面材料:申请者姓名或者名称以及住所、拟认购的股份数(203条2款)。公司认可的也可以数据电文方式提供(203条3款,施行令1条1款4项)。

(c) 股东配股

以股东配股形式发行股份的,有权认购的股东也需要依照上述方法申请。在规定申请期间不申请的,丧失认购权利(204条4款。公司法不承认股东将认购权转让给第三人→专栏6-4)。

(3) 配股

股份公司应当从申请人中确定认股人及其认购的股份数(204条1款),并在缴纳股款日期(或者缴纳期间的首日)的前一天通知该申请人(204条3款,参照203条6款、7款)。募集股份系限制转让股的,除了章程另行规定的情形,非董事会设置公司应当由股东大会决议、董事会设置公司应当由董事会决议决定股份的分配(204条2款)。除此以外的场合由享有执行业务权限的董事或者执行董事决定。

股东配股的,申请人股东有权根据其持有的股份数接受配股(202条2款。参照204条4款)。除此以外的场合,分配给哪个申请人多少股,原则上由有权分配者自行决定(自由分配原则)。但是,涉及公司经营控制权争议,董事会或者董事、执行董事以维持、确保本派的控制权为主要目的分配股份,将可能构成以显著不公正的方法发行募集股份等而成为诉讼阻止的对象。

(4) 全额认购协议

认股人全额认购拟发行股份的,不适用申请以及配股的相关规定(203条、204条),可以依据民法的原则,与公司之间签订认购协议(不必以书面形式,口头合意也可。全额认购协议,205条)。因为,认股人全额认购拟发行股份的,可以与公司之间交涉认购的条件,不需要遵循信息披露(203条1款)以及申请方式(同条2款)等特殊的规定。日本的公募增资通常采用承

(包)销的方式,即由证券公司承销全部募集股份,之后向一般投资者销售,因此大多不适用203条、204条。承销商向一般投资者的信息披露适用《金融商品交易法》的信息披露规定(→专栏6-2)。

(5)认股人的法律地位

配股或者全额认购协议完成后,申请人或者全额认购人成为本次募集股份的认股人(206条)。认股人在规定的缴纳日期或者缴纳期间的最后一天之前履行出资义务的,享有发行公司股东的权利(权利股)。权利股的转让不得对抗公司(208条4款),这样规定是出于方便处理股份发行事务考虑的(不确定谁是认股人将给发行事务带来混乱)。以他人名义认购股份时的法律关系参照专栏6-10。

▶▶▶ ★**专栏6-10　以他人名义认购股份时的法律关系**

A经B的承诺以B的名义认购股份的,判例认为,依照法律行为的一般原则,真正作为当事人申请的人(实质上的申请人,例子中的A)是认股人,募集股份等生效后成为公司股东[最判昭和42.11.17民集21卷9号2448页(百选8,商判Ⅰ-20)]。

上面判例的事例中,A是股份发行公司的代表董事,发行公司当然知道A是实际申请人,故判例的结论正当。但是,如果发行公司对此不知情,确信申请人为B进而分配股份的,则A当然成为认股人乃至股东的结论就有违发行公司的期待。因此,在这样的事例中,发行公司应当有权在A与B之间进行选择(基于诚实信用原则,A与B都不得以A为实际申请人为由对抗公司)。发行公司认定B为认股人(发行股份生效后成为股东)的,第一,A不经股东名册的变更(130条)无法向公司主张股东地位;第二,发行股份为限制转让股的,A要成为发行公司的股东,需要得到发行公司的承认(136条以下)。此时,至于B是否配合A办理股东名册变更或者股份转让等的承认手续(参照133条2款、137条2款)取决于AB之间的合意,二者之间达成股权代持协议的,通常会遵守约定,当A请求B协助履行完成上述手续的,B有义务履行相关事项。

以往的多数学说认为,以他人名义认购股份的,实际认股人(A)通常被认定为认股人,将产生对股东名册的对抗力以及免责效力,结论上与判例立场一致(铃木、竹内76页注8等)。但是,原始取得募集股份的,是否当然适用有关股份转让时股东名册对抗力的规定(130条)是有疑问的。因此,如前所述,应当通过契约解释或者诚实信用原则来确定认股人。

■ 4 履行出资等

(1) 货币出资

认股人应当在规定的缴纳股款日期或者缴纳期限内(199条1款4项)全额缴纳股款(208条1款)。要保证出资如实缴纳,应当将出资存于公司规定的出资保管银行(208条1款、34条2款,会则7条)。发行股份的申请登记应当附上书面证明(出资保管银行出具的接收出资证明书等。平成18.3.31民商782号通知,商登56条2项)。

(2) 实物出资

(a) 检查员调查

认购募集股份可以用货币以外的财产出资(实物出资。199条1款3项)。需要注意的是,实物出资的财产评估价相对于该财产的客观价值而言过低的,将损害现有股东的利益以及公司债权人的利益(相信公司具有等额规模的财产与之进行交易)。因此,以实物出资的,公司原则上应当在决定募集事项后及时调查该实物出资的价格,向法院申请选举检查员(207条1款。参照同条2款、3款)。检查员进行必要的调查后向法院报告调查结果(同条4款—6款)。法院认定该实物出资的财产评估价(199条1款3项)不当的,应当进行变更(207条7款)。拟实物出资的认股人分配的股份数为实物出资的财产价格除以每股的实缴金额(199条1款2项),如果实物出资的财产价格发生变更,该认股人分配的股份数也相应变更。此时,该认股人可以在确认变更后一周以内,作出撤销本次认购股份的意思表示(207条8款)。以上的实物出资规定属于资本充实原则的一环。

▶▶▶ ★ 专栏6-11 资本充实原则

股份公司设立之际发行股份以及公司成立后发行募集股份等,必须保证相当于出资额的财产实际缴纳到公司,这样的要求称为资本充实原则。资本充实原则除了实物出资规定(28条1款、33条、207条),还具体表现为全额出资(34条1款、63条1款、208条1款2款),向出资保管银行的缴纳[34条2款、63条1款(参照654条)、208条1款],认股人的抵销禁止(208条3款),认购意思表示的无效、撤销限制(51条、102条5款—6款、211条),虚假出资的董事等担保责任(52条之二、103条2款、213条之三),实物出资不足额填补责任(52条、213条)等诸多规定。

传统学说认为,资本充实原则的使命在于保护公司债权人,即股东有限责任(104条)的存在使得债权人只能通过公司财产满足债权的清偿。另一方面,例如,公司以5亿日元现金购买不动产,而该不动产的实际价格为1亿日元的,公司流失4亿日元财产;同样状况下公司接受该不动产的实物出资的,并不产生公司财产的直接流失。财产的过高评价带给债权人的损害风险,实物出资较普通交易要轻微。那么,相比于普通交易仅发生董事等懈怠履行义务责任(423条1款、429条1款),实物出资却规定了大量资本充实义务责任,个中理由未必明确。因此,最近有学说认为,资本充实规定的目的与其说是保护债权人利益,倒不如说是保护股东利益[藤田(2002c)],《公司法》起草者也持同样见解[郡谷、岩崎(2005)50页]。

需要注意的是,现行《公司法》规定,一个发起人以实物出资形式设立公司,或者一人股东追加实物出资的,也需要检查员调查。那么,如果认为实物出资的目的不包含保护公司债权人的话,将无法解释这个规定的内涵。此外,作为事实问题,虚假出资会造成公司信用良好的假象,公司债权人因此被欺骗的情况也屡屡发生[コンメ(1)307页(江头宪治郎)。事例研究参照:后藤(2009)]。从这点上看,资本充实原则仅仅在于保护现有股东利益的主张难以确立,保护公司债权人利益也应当并列成为该原则的制度目的。

即便如此,近来的学说指出,仅仅对出资规定严格责任的理由到底在哪里?学说的问题意识应当得到高度评价。如果执着于资本充实的严格规定,反而会阻碍出资特别是实物出资,导致公司资本显著不足的本末倒置局面。实际上,资本充实规定在平成年间的《商法》修改中得到了相当程度的放宽(免除检查员调查就是一例),这主要是基于规制成本考虑的。

(b)检查员调查的免除

以下情形免除检查员的调查:第一,实物出资的认股人认购的股份不足已发行股份总数十分之一的(207条9款1项)。第二,公司确定的实物出资财产价额(199条1款3项)不超过500万日元的(207条2项)。二者都因实物出资的规模较小,对现有股东或者债权人带来的影响轻微而免除调查。第三,将存在市场价格的有价证券(股票或者公司债等。金商2条1款、2款)以不超过市场价格的价额出资的(207条9款3项,会则43条)。第四,证明实物出资财产与公司确定的价额相当的律师等证明(实物出资财产为不动产的,加上不动产鉴定人的鉴定评估意见。207条9款2项。证明人员的不适格事由参照同条10款)。第五,以对公司的到期债权(不超过该债权的账面价额)出资的(207条9款5项)。此时,现有股东及债权人的利益不会受到损害(或者说不值得保护)。

▶▶▶ ★专栏6-12 债转股交易(DES)

公司债权人以其持有的债权对债务人公司实物出资,认购债务人公司股份的,称为债转股交易(也叫"债务的股份化"。英文为:DES)。债转股交易可以改善公司的财务状况,债权人也可以期待公司重建带来的股价上涨。因此,债转股交易多用于业绩不佳的上市公司重建。

以往的裁判实践中,检查员在调查DES的对象债权价额时,采用出资时的实际价值(时价)评估出资债权(评价额说)。但是,财务状况恶化的公司债权时价难以评估,检查员调查也需要时间,DES的实施受阻。因此,从2001年前后开始,法院采取出资债权券面额评价的方式(券面额说),检查员调查所需时间得以缩短,DES的利用开始盛行[田中(2009)138—139页]。

实际上,DES的对象债权未到清偿期的,到期后公司存在资不抵债的可能(例如60%),债权的时价低于券面额,也存在正资产的可能性(40%)。那么,公司股票也应当具有相应的价值。此时,以券面额评价出资债权并以此确定发行股份数的,现有股东的利益可能因股份稀释受到损害[田中(2009)130—140页]。因此,有学说认为,对于未到期债权,检查员应当以时价进行评估;也有学说认为,检查员可以用券面额评价出资债权,但发行公司在确定每股发行价(199条1款2项)时,需要结合债权的时价调整发行价[神田(2002)33页。例如,将时价只有券面额二分之一的债权用券面额进行评价的,每股的发行价格若不定为现有股价的2倍基准,则该发行构成有利发行]。还有意见认为,DES的意义在于解除企业财务危机、提高企业价值,为了不让 DES 发挥的功能萎缩,未到期债权也可以采用券面额进行评价[草野(2006)]。

以上议论是关于未到期债权的,对于到期债权而言,公司既然承担直接付款义务,以该债权的券面额进行评价并确定发行股份数的,现有股东也不会提出特别的异议。因此,公司法以券面额评价为前提,免除检查员的调查(207条9款5项),因为调查债权的券面额并不需要特意选举检查员。对于未到期债权而言,如果公司放弃期限利益的话,根据以上规定,也可以免除检查员的调查,但放弃期限利益有损公司、股东利益的,当然产生董事怠于履职责任(423条1款。江头768页注9)。

(c) 实物出资的履行

实物出资的认股人应当在缴纳股款日期或者缴纳期间内向公司给付相当于全额出资的实物财产(208条2款)。

(3) 抵销禁止

募集股份的认股人不得将履行出资(交付现金或者给付实物出资财产)债务与对公司的债权相抵销(208条3款)。这是资本充实原则的一个体现,即认股人必须保证相当于出资额的财产实际交付于公司。实际上,法律禁止的只是认股人主张的抵销,并不禁止公司主动抵销或者二者之间的合意抵销(逐条(3)130页[洲崎博史、内田(2017)45页)]。这是因为,认股人无资力的,若不允许公司主动抵销将导致认股人无法履行出资,但公司对认股人的债务必须履行,公司财产因此减少,此乃本末倒置。

(4) 当然失权原则

认股人不在缴纳股款日期或者缴纳期间内履行出资的,法律上当然失去成为股东的权利(当然失权,208条2款。但虚假出资的应视为例外)。这是为了防止出现认股人是否履行出资,进而募集股份是否生效等不确定状态的持续设置的规定。

▶▶▶ 专栏6-13 认购出资保证金

公司法上的规定如(4)所述,但实务上一般的做法是,以货币出资的,公司通常会在接受申请的同时要求申购人向公司预交与缴纳金额相当的现金(认购出资保证金。不预交的将不受理申请),该保证金做充当认购金处理。因此,在认购募集股份时基本上不会发生失权。判例认

> 为,该处理是以保证公司的融资计划如期完成、于缴纳股款日期前确定发行股份数而实施,具有必要性与合理性,符合法律规定(最判昭和45.11.12 民集24卷12号1901页)。

■ 5 募集股份的发行等的生效

(1)成为股东的时期

募集股份认股人履行出资时,以日期为缴纳时期的为该日期,规定期间的为履行出资之日,该认股人成为股东(209条)。募集股份中一部分出资履行,剩余部分未履行的,该剩余部分当然失权(208条5款),只有履行出资部分的股份产生效力(日语为"打切发行")。

(2)认购无效或撤销的限制

申购股份、分配股份以及全额认购协议的意思表示不得以内心保留(参照:民93条但书)或者虚伪表示(参照:民94条1款)为由认定无效(211条1款)。募集股份的认股人自成为股东之日起一年后,不得以错误、欺诈或者胁迫为由撤销认购的意思表示(同条2款)。这样规定旨在限制认购以及股份发行等效力被事后推翻,维护法律关系的稳定性。

当然,以211条未规定之事由主张认购无效或者撤销的(例如,认股人因行为能力受限而撤销,或者公司方主张错误、欺诈或者胁迫撤销),不受限制。此时,认购行为自始无效(参照:民121条),该股份发行的效力当然被否定(法律上"不存在")。

(3)会计上的处理

(a)募集股份发行的场合

第一,股份公司发行募集股份的,原则上出资额即认股人缴纳或者给付的金额对应的实收资本额(股本)增加(445条1款)。但是,不超过出资额二分之一的部分可以不计入实收资本,而是计入资本公积金(同条2款、3款)。实务中,多以法定上限出资额的半额计入资本公积金,理由在于:首先,对股东分配利润的限制程度上,资本公积金较资本金要宽松(449条1款但书);其次,实收资本额增加,对应的印花税也随之增加。

★第二,公司以直接交付股权报酬的方式向董事等发行股份的(361条1款3项、409条3款3项、202条之二),公司在董事等提供职务行为(相当于股票对价)的会计年度中,在将该职务的公正价额计入费用的同时,会计处理上将对应金额增入实收资本或者资本公积金[事前交付型股权薪酬。事后交付型股权薪酬的场合作如下会计处理,即先记入认股权,再在发行股份时转成实收资本或者资本公积金。445条6款,计则42条之二、之三。参照:企业会计基准委员会实务对应报告41号"关于股份作为董事薪酬等无偿交付交易的处理"。(2021年1月28日)数字でわかる124—125页(小出笃)]。

(b)募集自有股份的处分

处分回购的自有股份的,实收资本额不增加。相应的,认股人缴纳或者给付的金额与公司交付的自有股份账面价额之间的差额,将反映在其他资本公积金科目中(增加或者减少。计则14条2款)。

(4)登记

(a)发行募集股份的场合

股份公司发行募集股份的,作为登记事项的实收资本额(911条3款5项)以及已发行股份总数(同款9项)增加,需要进行相应的变更登记(915条1款)。

(b)处分回购的自有股份的场合

处分回购的自有股份的,实收资本额以及已发行股份总数不发生变化,无须特别登记。

(5)虚假出资

(a)问题的所在

公司发行募集股份等时,有时会出现虚假出资的情况。这样的行为多以欺骗公司债权人为目的,即认股人向公司出资,造成公司财产充实的假象。看下面的事例:

▶▶▶ **事例 6-2**

濒临倒闭的A股份公司制定重建计划,决定以第三人定向增资的方式募集发行股份,但增资认股人B无法从银行获得需要的融资。于是,A公司代表董事Y指示A公司为B做连带保证,B从金融公司获得融资完成股款缴纳。Y在B完成实缴后数日之内取出股款返还给金融公司,因募集发行股份实收资本额以及已发行股份数增加,A公司进行了相应的变更登记。

(b)实缴的有无

在事例6-2中,形式上,B向A公司完成出资,但其后又直接将该出资返还给金融公司，A 公司的资金未增加。此时，A 公司当然对 B 享有求偿权（民 459 条），但因 B 处于倒闭边缘无债务履行能力，该债权有名无实。判例认为，在事例 6-2 中，公司的经营资金未得到任何保障，故法律上不能认定为有效的出资履行［最决平成 3.2.28 刑集 45 卷 2 号 77 页（百选 101，商判 I-192）］。实际上，判例认为，公司向认股人提供信用担保的，履行出资并不导致无效。认股人有履行债务能力，公司对认股人的债权具有实质性价值的，该出资履行有效［最判昭和 42.12.14 刑集 21 卷 10 号 1369 页（百选 Ap44，商判 I-191）］。

(c) 募集股份的发行等的效力

在事例 6-2 中，B 未进行有效的缴纳出资，则公司向 B 发行股份的效力如何呢？如果根据 208 条 5 款规定，募集股份的认股人在规定的出资日期或者出资期间的最后一天前未履行出资的，当然失去成为股东的权利。若如此处理的话，在事例 6-2 中，既然不存在成为股东的人员，则只能认为法律上股份的发行不存在（829 条 1 项）。但是，这样除了会有害于公司债权人的信赖（增资使公司的资金得到保障），股票交易的安全也可能受到损害。

因此，2014 年《公司法》修改时做了调整，募集股份的认股人虚假出资（货币出资的为虚假缴纳，实物出资的为虚假给付）的，该认股人承担继续履行出资（实物出资的，为支付相当于出资财产额的义务）的义务［213 条之二 1 款。同款的义务仅全体股东同意才可免除（同条 2 款）］，且义务履行完毕之前不得行使股东权利（209 条 2 款）。也就是说，股东虚假出资的，不适用 208 条 5 款的规定，除了发生股份发行效力问题（解释上，可能出现发行无效的情况→专栏 6-14），为了保护现有股东的利益，认股人若不履行支付义务就不得行使股东权［例如，接受分红。松尾（2015）77 页］。需要注意的是，出于股票交易安全考虑，该股份的受让人只要不存在恶意或者重大过失就可以行使股东权（209 条 3 款）。

(d) 董事等的责任

在事例 6-2 中，B 成为 A 公司的股东，就承担履行出资的义务。另一方面，之所以虚假出资，大抵是认股人无资力而为之，故通常难以期待通过出资义务促使 B 履行出资。因此，公司法规定，参与虚假出资的董事（提名委员会等设置公司为执行董事）与认股人连带对公司承担出资义务（213 条之三）。当该董事可以证明履行职务时未怠于谨慎注意的，可以免责（同条 1 款但书）。此外，前述董事或者执行董事履行完毕 213 条之三的义务后，并不能成为公司股东（股东为认股人），其向公司支付的部分可向认股人求偿。

▶▶▶ ★**专栏 6–14 虚假出资规定的变迁和现行法的解释问题**

2005年《公司法》制定前,即便进行了发行新股登记但没有认购股份的(包含未出资而失权的股份),董事需要连带认购该股份(2005年修改前《商法》280条之十三)。因此,认定认股人虚假出资的,根据该规定,董事作为新的认股人或者股东,新股发行有效[最判平成9.1.28民集51卷1号71页(百选24,商判Ⅰ-52)]。但是,该规定因《公司法》制定而废止,股东虚假出资之际代之成为认股人或者股东的人不复存在,该发行等的效力被否认(不存在。参照829条1项、2项。东京高判平成22.9.29判例集未登载,参照:弥永真生"批判",ジュリスト1413号54页)。但是,这样一来会有害公司债权人的信赖以及股票交易安全,2014年《公司法》修改时规定,虚假出资的,不适用当然失权原则(208条5款),认股人仍然作为股东,募集股份的发行等生效。理由在于,根据2005年修改前《商法》的规定,不将董事作为认股人,仅仅让其承担相当于缴纳金额的支付义务,则董事不经规定程序成为股东,结论上并不合理[田中(2012b)36—37页]。

现行法之下,虚假出资能否成为募集发行股份的无效原因,依然成为问题(具备无效原因的募集发行原则上有效,一旦提起诉讼才构成无效)。有意见认为,为了防止未履行支付义务的股票转让给善意、无重大过失之人致使现有股东蒙受损失,虚假出资可以解释为无效原因[久保田(2015b)122页]。大多数意见认为,前引最判平成9.1.28中,认购的股份未履行出资义务本身并不构成无效原因,现行法也会基于同判例判决虚假出资不构成无效原因[笠原(2015)29页,松尾(2015)78页]。

笔者支持后者的意见。虚假出资多表现为欺骗公司债权人,此时,以股东诉讼主张募集股份无效从而使213条之二、213条之三的支付义务消灭,从债权人保护的观点看并不妥当。另一方面,即便虚假出资不构成无效原因,现有股东也可以基于股东权,请求阻止未履行支付义务的认股人转让其股份[笠原(2015)29页],故不能说完全欠缺对现有股东的保护。

■ 6 募集股份的发行等的阻止

□ 1 概说

募集股份的发行等违反法令或公司章程(210 条 1 项),或者以明显不公正的方法发行(同条 2 项)致使股东利益受损时,股东有权请求公司阻止该发行(募集股份发行等的阻止请求权。210 条)。

阻止请求权可于募集股份发行生效(认股人成为股东时。参照 209 条)前行使。需要注意的是,股东以诉讼请求阻止的,很有可能在判决确定之前股份便已发行生效,无法达到阻止的目的。因此,股东通常可以依据《民事保全法》23 条 2 款(确定临时地位的临时处分)请求法院作出临时阻止处分[也适用于阻止董事违法行为等(360 条)其他公司法上的阻止请求]。制度上,临时处分在本案诉讼判决下达之前效力待定(不提起本案诉讼或者本案诉讼股东败诉的,临时处分可被撤销),但实务中,一旦法院下达阻止的临时处分命令,公司募集发行股份等就会中止,纷争事实上平息。

下面按照顺序介绍 210 条的要件。

□ 2 违反法令、公司章程

(1)概说

公司募集发行股份等违反法令或者公司章程的例子,比如:拟超过授权股份数发行股份的;募集事项未经法定机关决定的;未对募集事项进行必要的通知、公告的;实物出资未经必要的检查员调查的。

> ▶▶▶ ★专栏 6-15 违反法令与董事违反勤勉义务、忠实义务
>
> 股东行使发行募集股份等的阻止请求权是以公司为申请人,公司违反应当遵守的"法令"构成阻止事由,仅存在董事违反勤勉义务(330 条,民 644 条)、忠实义务(355 条)的,一般不认为构成违反同项规定的"法令"(类型别Ⅱ571 页等)。因为,股东有权以有利发行或者明显不公正的方法为由请求阻止发行,即便勤勉义务、忠实义务不包含在违反法令中,也极少发生股东找不到阻止事由的情况[参照:田中(2014)15—18 页]。

(2)有利发行

实务中,当事人发行募集股份等违反法令的事由多发生在公众公司以特别有利的发行价格向认股人发行股份,而未经股东大会的特别决议的情形下

(199条2款、3款,201条1款,309条2款5项)。"特别有利"的发行价格是指相比于股票的公正价格而言过低的价格[东京地决平成16.6.1判时1873号159页(百选20,商判Ⅰ-58)],公正的价格需要综合考虑公司的资产、收益状况以及股票市场的动向等诸多因素综合确定[认股人被追究责任(非阻止请求)事例参照:昭和50.4.8民集29卷4号350页(商判Ⅰ-53)],原则上应当接近认购价格确定前的股票价值(上市公司等存在市场价格的,为股票时价。前引东京地决平成16.6.1)。

实际上,判例认可在考虑募集股份的市场消化可能性等因素的情况下,对市场价格进行一定程度的折扣来决定发行价格。前引最判昭和50.4.8中,法院认可15%的折扣率(市场价格370日元,实际发行价格320日元),但这发生在新股发行由董事会决定发行价格,为防止缴纳股款日前股价下落而允许一定折扣率的时代。在依邀标定价方式进行公募的今天,根据接近缴纳股款日期的股票需求状况确定发行价格已经成为可能,则无特殊事由是否可以认可如此大的折扣率,存在疑问。

(3)实践中对有利发行的判断

(a)大量买进事例

对有利发行存在争议的典型事例,例如,大量买进上市公司股票致使该股票价格上涨,该公司董事会决议以低于上涨的市场股价的发行价格,向大量买进的第三人以外的人发行股份(参照:前引东京地决平成16.6.1。这样的募集股份发行存在妨碍买进者收购、维持现管理层控制权的嫌疑,可能被认定为明显不公正的方法而被阻止。→□3)。

以往的判例认为,大量买进后上涨的股价并不能反映该股票的公正价格,故在计算发行价格时排除该股票的市场价格(大阪地决昭和62.11.18判时1290号144页)。但最近的裁判实务出现变化,即便存在大量买进,原则上也以市场价格为基准确定发行价格,只有当市场价格因"异常投机"无法认定为稳定价格的,才从发行价格的计算基础中排除[不认定为"异常投机"进而不从发行价格的计算基础中排除的事例,参照:前引东京地决平成16.6.1,东京地决平成元.7.25判时1317号28页(忠实屋・いなげや事件)。承认异常投机的事例参照:大阪地判平成2.5.2金判849号9页]。

有意见认为,在证券行业中,在确定第三人增资配股每股的发行价格时,需要制定"自主规则"[日本证券业协会"关于第三人增资配股处理的指南",卷末附录■1(4)],即以:ⅰ增资的董事会决议前一天市场股价的90%以上为原则,同时参照ⅱ增资之前的市场股价以及交易金额等情况,确定决议日前一定期间（最长 6 个月）的市场均价的 90% 以上的金额，要求上市公司确定发行价格时不得违反上述规则。法院在判断股票的有利发行性时，会重视该自主规则是否得到遵守，若依自主规则行事的话将不会被阻止发行（江头 799 页注 3）。实际上，围绕发行价格非以 i 而是以 ii 的基准确定的射程问题，裁判的立场未必一致［百选 20 解说（田中亘）→专栏 6-16］。

▶▶▶ ★专栏 6-16　募集股份发行等的状况和有利发行性的判断

　　大量买进股票随之而来的股价上涨，其要因有以下几个方面：第一，买进者有意收购公司，股价的上涨反映了股票市场的合理期待。第二，买进者意图将大量买进的股票高价转卖给公司或相关人员，或者在股票市场上卖空，股价上涨仅仅是一时性供需不均带来的投机行为的反映（前引大阪地判平成 2.5.2）。第三，买进者意图收购公司，股价随之上涨，待收购公司后企业价值降低，买进者期待落空［东京地决平成 16.6.1 中，新股发行被阻止后，买进者取得公司经营控制权，但其后公司业绩低迷，结果如第三种情况所述。数字でわかる 145 页（松中学）］。

　　理想的情况是，第一种场合下，应当以上涨后的股票市价为基础决定发行价格；第二种以及第三种情况下，上涨后的股票市价并不能真实反映企业价值（一时性的供需不均或者对市场的错误期待），故应当从发行价格的计算基础中排除。需要注意的是，对是否阻止股票发行存在争议的，法院对以上三种情况进行判断是非常困难的。另外，针对股票被大量买进（恶意收购的威胁），若轻易认可董事会以第三人定向增资的方式进行对抗，会有损股票市场的秩序，对整体市场并非有利。即便发行价格"特别有利"，公司也可以选择经股东大会特别决议，除了股票市价的上涨无法反映真实的企业价值等情况，法院应当判决以上涨后的股票市价作为决定发行价格的基础。此时，根据自主规则，不应当以开始大量买进前的股票市价平均值决定决议之日前的发行价格（只要不存在不合理的理由，不得根据自主规则确定发行价格进而被责令阻止的事例，参照：东京地决平成 22.5.10 金判 1343 号 21 页）。

(b) 收购、合作事例

　　与（a）介绍的大量买进事例相区别，实践中存在如下事例：A 公司拟收购 B 公司，或者二者之间拟开展合作，B 公司向 A 公司发行股份［参照：东京高判昭和 48.7.27 判时 715 号 100 页（百选 95，商判Ⅰ-54）］。此时，在 B 公司董事会决定发行价格时,B公司的股价可能已经因收购或者业务合作而上涨(股票市场的正常期待)。如果此时以上涨后的股价为基础确定发行价格的话,股份溢价部分全部由现有股东享有,公司无任何所得。反之,以上涨前的股价为基础确定发行价格的话,则股份溢价部分由A公司和B公司现有股东按照各自的出资额(A公司)与从前股票总价(B公司现有股东)的比例分享[详见:数字でわかる2—8页(田中亘)]。

关于收购、业务合作带来企业期待价值的增加,有意见认为,认股人A公司的贡献不可否认(这与认股人以外的第三人大量买进致使股价上涨不同),故此时以上涨前的股票市价为基础确定发行价格并不构成有利发行[参照:百选95解说(假屋广乡)]。还有学说认为,根据B公司的状况不同(除A公司外还有其他具有魅力的收购候补方),B公司股东可能获得较上述比例更为有利的条件,故以上涨前的股票市价为基础确定发行价格构成有利发行,应当由股东大会进行判断[学说的比较参照:数字でわかる160—165页(松中学)]。

□ 3 以明显不公正的方法募集发行股份等

(1)概说

募集发行股份等系以"明显不公正的方法"为之(不公正发行),因此可能对股东利益造成损害的,股东有权请求阻止发行(210条2项)。

(2)以维持、确保控制权为目的的发行等

(a)主要目的规则

围绕是否属于不公正发行存在争议的事例,多见于公众公司(主要为上市公司)经营控制权之争,即公司以董事会决议向现管理层或者支持现管理层的第三人募集发行股份等(第三人增资配股)。此时,当募集发行股份系以维持、确保现管理层的经营控制权为主要目的时,裁判实践原则上认定为不公正发行[主要目的规则。东京地决平成元.7.25判时1317号28页(忠实屋・いなげや事件),东京高决平成29.7.19金判1532号41页(商判Ⅰ-57,驳回上诉,东京高决平成29.7.19金判1532号57页,百选Ap41出光兴产事件),大阪高决令和4.2.10金判1650号34页。在东京高决平成17.3.23判时1899号56页(百选97,商判Ⅰ-66,日本放送事件)中,法院认为,即便是以维持、确保控制权为主要目的,当存在"特殊事由"时,不构成不公正发行。法院的裁定情况将在恶意收购防卫一处介绍]。

(b)主要目的规则的适用实践

在裁判实务中,当经营控制权存在争议,公司即使向现管理层的支持者募集发行股份，公司(董事会)大多会主张此举并非以维持、确保现管理层的经营控制权为主要目的，而是以其他正当理由尤其是公司融资为目的实施的。针对这样的情况，案例认为，根据具体情况认定融资目的虚假的，可以认定为不公正发行并责令停止发行(东京地决平成 10.6.11 资料版商事 173 号 193 页)，但当公司主张该融资的目的合理时，法院倾向于不轻易阻止发行。见如下事例：

> ▶▶▶ **事例 6-3**
> 　　持有 Y 公司 40%表决权的 X 就 Y 公司的经营方针与公司管理层产生对立，遂向预定近期召开的 Y 公司定期股东大会提出选举董事议案，要求将现有董事的半数以上改选为 X 一方提名的人员。对此，Y 公司董事会通过一项决议，决定向 A 投资银行发行约相当于 Y 公司全部股东表决权 40%的股份。X 以该发行属于不公正发行为由申请法院阻止本次发行，Y 公司则主张，本次发行是为了与 B 集团开展业务合作需要融资而实施的，并非不公正发行。

　　事例 6-3 的原型是东京高决平成 16.8.4 金判 1201 号 4 页(百选 96，商判 I-55，ベルシステム 24 事件)，本案中，如果 Y 公司在 X 提出股东议案后才开始检讨募集发行股份事宜的话，就不能轻易否定 Y 公司的部分经营者存在降低 X 的持股比例以维持自身经营控制权的意图，但 Y 公司与 B 集团开展业务合作的计划亦有合理性，且股票市场也存在支持该合作的意见(证券分析师报告)，法院认为，本案的募集发行并非以维持、确保现管理层的经营控制权为主要目的，遂驳回 X 的申请(与本案类似且否定不公正发行性的最近的判例参照：仙台地决平成 26.3.26 金判 1441 号 57 页)。对此，也有的判决认为，公司处于迫在眉睫的经营控制权之争中的，应当严格审查进行第三人定向增资的必要性，无此必要性的将被阻止发行[东京地决平成 20.6.23 金判 1296 号 10 页(クオンツ事件)，大阪地决平成 29.1.6 金判 1516 号 51 页(デジタルデザイン事件)]。后者的裁判立场应当得到支持(→专栏 6-17)。

　　此外，向第三人募集发行股份，即使得到股东大会关于有利发行的特别决议，当欠缺对该第三人定向增资必要理由的说明时，则不能否定其具有不公正发行性[京都地决平成 30.3.28 金判 1541 号 51 页(商判 I-56，アミタ HD 事件)]。

▶▶▶ ★专栏 6-17　控制权之争下的募集发行股份等

　　裁判的倾向如上所述。但是,股份公司强调以融资为目的发行股份等的,法院在较短的审理期间内(阻止发行的裁判通常经临时处分程序,需在1—2周的极短时间内作出)很难轻易判断出该发行究竟是否真的必要、合理,还是现管理层为了维持、确保自身的经营控制权而制造的借口,结果大概率会以追认公司主张的形式结束[事例6-3即存在这样的疑点,募集股份发行后一年以内,Y公司变更业务合作内容不再需要融资,公司回购已发行的股份,此时融资目的的实质如何体现？田中(2012a)432页注233]。另外,假如说融资目的具有合理性,董事会发行股份致使与现管理层对立的股东持股比例下降,则在公司控制权上,相当于把股东放置一边而由董事会决定,这样会有损股东、股票市场对经营者的限制,最终损害公司经营的效率性。

　　因此,公司处于经营控制权之争的场合下,第一,该经营控制权之争的走势应当由股东决定,第二,现管理层大概率败诉的,董事会向支持现管理层的第三人发行股份时,只要不存在特定事由(不发行股份将无法避免公司倒闭等),应当解释为构成不公正发行(参照：前引东京地决平成20.6.23,前引大阪地决平成29.1.6。为了防止些许的经营控制权之争妨碍公司增资,上述两种情况的限制是必要的。不属于以上两种情况的,可以依照以往的判例,适用主要目的规则判断是否属于不公正发行。在驳回阻止发行申请的前引东京高决平成16.8.4以及前引仙台地决平成26.3.26中,都存在上述两种情况,故阻止申请应当成立)。

　　关于控制权之争和不公正发行的问题,参见：论究Unit13(久保田安彦、户仓圭太)。

(c)与2014年《公司法》修改的关系

　　2014年修改的《公司法》规定,公众公司募集发行股份时,分配给特定认股人的表决权比例超过半数的,当持有十分之一以上表决权的股东对此提出异议时,需要股东大会的决议(206条之二)。根据此规定,向特定第三人赋予经营控制权而发行股份的,仅以董事会决议为之的做法受到限制。另一方面,即使达不到适用同条的规模,对于募集股份对公司经营权控制的走势产生重大影响的,与以往一样,由法院裁定阻止不公正发行。

■ 7 发行新股、处分自有股份效力之诉

□ 1 概说

募集发行股份等存在法律上的瑕疵时,如果依照民法的一般原则认定无效的话,法律对主张权人、主张时期以及主张方法没有限制,并且无效的效果溯及既往,会有损法律关系的稳定性。并且,以通常的民事诉讼来判断有效、无效的话,判决的确定效力原则上只及于诉讼当事人(民诉115条1款),会导致募集发行等在某些当事人之间无效,而在另一部分当事人之间有效,法律关系错综复杂。因此,公司法规定,股份公司成立后发行股份(新股发行)或者处分本公司股份的无效,只能在一定期间内由某些主体以诉讼的方式进行主张(828条1款2项、3项,2款2项、3项),并且,无效判决面向将来生效(839条),以维持法律关系的稳定性。另外,因无效判决具有对世效力(838条),可以实现法律关系的整齐划一。在□2、□3中将对具有以上性质的发行新股无效之诉以及处分自有股份的无效之诉进行讲解。

在□4中,当发行新股或者处分自有股份连实体都不存在的,将对其确认之诉(对世性)予以解说。

□ 2 新股发行无效之诉

(1) 意义

股份公司成立后发行股份(新股发行)的无效主张,可以自该新股发行生效之日(参照209条1款)起,公众公司六个月以内、非公众公司一年以内以诉讼的方式提起(新股发行无效之诉。828条1款2项)。有权提起该诉讼的主体仅限于该公司的股东等(股东、董事、监事、清算人、执行董事。参照828条2款1项)。上述期间内股东未提起诉讼的,该新股发行不论是否具有法律瑕疵,都确定有效。这是为了保护法律关系的稳定性。

新股发行无效之诉也适用于募集发行以外的新股发行[特殊的新股发行→专栏6-3。行使新股预约权发行新股的,参照:最判平成24.4.24民集66卷6号2908页(百选26,商判Ⅰ-65),最决平成25.11.21民集67卷8号1686页(百选Ap7,商判Ⅰ-63)。久保田(2015a)196页]。但是,作为合并等公司重组的对价发行新股的,仅能以重组无效之诉(828条1款7项—12项)进行主张。因为,若仅对一系列公司重组行为中的新股发行主张无效的话,只会导致法律关系混乱,问题得不到合理解决。

(2)无效原因

(a)概说

哪些法律瑕疵会导致新股发行无效,法律并无明文规定,需要依仗解释。一般而言,若新股发行被事后认定为无效,公司除了必须返还发行价款以外,已发行的股份无效还会有损法律关系的稳定以及交易安全。所以,只有新股发行具有特别重大的瑕疵,才构成无效的原因。例如,对法定期间(201条3款等)的轻微不遵守只构成股东阻止发行的请求事由(210条1项),不能解释为无效原因[东京地判昭和58.7.12判时1085号140页。公告期间不足两周(201条3款、4款)]。但虚假出资是否构成新股发行的无效原因存在争议(→专栏6-14)。

下面针对几种瑕疵,看看其是否构成募集发行股份等的无效事由。

(b)欠缺公司章程授权的发行

超过可发行股份总数(37条、113条)发行新股(东京地判昭和31.6.13下民7卷6号1550页)或者发行公司章程未规定的类别股份等,即发行新股欠缺必要的章程授权的,构成无效原因是没有争议的。

(c)公众公司发行新股——不构成无效原因的场合

判例认为,公众公司发行新股重视的是交易安全,只要公司代表在章程授权的范围内发行,不能仅以欠缺必要机关的决议而认定发行无效。具体而言,公司代表未经有效的董事会决议发行新股(最判昭和36.3.31民集15卷3号645页)以及未经股东大会特别决议以有利的价格发行新股的[最判昭和46.7.16判时641号97页(百选22,商判Ⅰ-51)],该发行不构成无效原因。并且,公司代表以明显不公正的方法(参照210条2项),如以维持、确保对公司的控制权为目的发行新股等的,也不构成新股发行的无效原因[最判平成6.7.14判时1512号178页(百选100,商判Ⅰ-62)→专栏6-18]。

▶▶▶ **专栏6-18　公众公司发行新股的瑕疵和交易安全**

新股发行的无效判决确定后,发行的股份归于无效,从认股人处受让该股份者失去股东地位。因此,无效判决会有害股票交易安全,故公众公司限制新股发行的无效原因通常是妥当的。有观点认为,实际上,发行的股份停留在认股人(当初的股东)或者恶意受让人处的,并不会特别损害股票交易的安全,因此,应当广泛承认新股发行的无效[铃木、竹内428页,洲崎(1986)740—741页]。

然而,前引最判平成6.7.14中,公司的代表董事A以从X(从前的控股股东兼董事)处夺取公司控制权为目的,未通知 X 即召开董事会决议发行新股,发行的全部股份由 A 亲自持有。在这个案件中,"鉴于新股发行会对包括与公司存在交易关系的第三人在内的广泛的法律关系带来影响,有必要对其效力做划一判断",故不认可新股发行无效。这是因为,公司债权人会相信发行新股带来公司财产的增加,故债权人的利益应当受到保护。但是,也有不同意见认为,公司债权人对发行新股有效性的信赖未必如此之高[参照:百选100解说(山下彻哉)]。

笔者认为,判例对违法发行新股的法律制裁较弱,会助长这种行为的气焰。若依照学说认定新股发行无效,不仅可以抑制这些违法行为,还可以在萌芽状态消除危害公司债权人利益的行为。

不管怎样,现在的判例倾向于严格限制公众公司发行新股的无效事由,当公众公司的控制股东想要维持、确保自己对公司的控制权时,可以采取自卫措施,例如,不在章程中对发行股份进行授权(37 条、113 条。即不规定超过已发行股份总数情况下的可发行股份数)。

(d)构成无效原因的场合

另一方面,判例认为,股份公司(不问公众公司还是非公众公司)违反阻止发行的临时处分(210 条,民保 23 条 2 款)发行新股的,该新股发行无效[最判平成 5.12.16 民集 47 卷 10 号 5423 页(百选99,商判Ⅰ-61)]。对此,也有反对意见认为,阻止发行的临时处分只限于向临时处分债务人课以不作为义务,违反临时处分命令并不影响行为的效力(前田 318 页)。但是,从保障阻止制度时效性的观点出发,应当支持判例的解释。

判例进一步认为,要求公众公司公示募集事项(通知、公告或者《金融商品交易法》要求的披露。201 条 3 款—5 款)是为了保障股东行使阻止请求权的机会,欠缺公示的,即便股东行使阻止请求权,除特定原因不被法院承认外(不存在阻止事由),均构成新股发行的无效原因[最判平成 9.1.28 民集 51 卷 1 号 71 页(百选 24,商判Ⅰ-52)]。该事件中的新股发行除了欠缺公示要件,在以代表人的控制权为目的这点上存在不公正的方法等其他情形,故被认定无效]。

另外,伴随着控制权变动的新股发行,根据 206 条之二 4 款的规定应当召开股东大会进行表决而没有召开的,至少构成单方侵害发行公司股东利益的方法、样态[东京地判令和 3.3.18 [令和元(ワ)第 16629 号] LEX/

DB25589062。发行公司认识到,若召开股东大会,将会遭到原告股东等的反对,决议大概率被否决,遂向原告股东等作出召开股东大会的姿态,待缴纳股款 5 日前,通知原告股东等不召开股东大会。法院认定本次新股发行无效。

▶▶▶ **专栏 6-19　公众公司发行新股违法性之争的处理方式——判例的立场及其评价**

从以上介绍的判例中可以看出,对于公众公司新股发行违法性之争,最高法院的态度是尽量在事前的阻止请求阶段解决问题。公众公司违反阻止的临时处分命令或者不对募集事项进行公示,导致股东没有机会行使阻止请求权的,法院通常严格认定该发行无效;但公众公司对新股发行进行了公示(给予了股东阻止发行的机会)而股东未行使阻止请求权的,事后的无效请求基本上不被认可,这也是出于保护交易安全的考量。实际上,发行新股以公告(201 条 4 款、939 条)的方式进行公示的,由于股东的周知性无法保障,可否认为已经赋予股东阻止发行的机会,是存在疑问的[百选 102 解说(山下友信)]。

(e)非公众公司的场合

与公众公司欠缺必要机关的决议一般不构成新股发行的无效原因相比,非公众公司未经股东大会特别决议(199 条 2 款、202 条 3 款 4 项、309 条 2 款 5 项)发行新股的,判例认为构成新股发行的无效原因[最判平成 24.4.24 民集 66 卷 6 号 2908 页(百选 26,商判 Ⅰ-65)]。这是因为,第一,从公司法的立法宗旨看,维持非公众公司股东的持股比例即是尊重现有股东的利益(前引最判平成 24.4.24);第二,在股份交易安全的保护上,非公众公司没有公众公司要求的程度高。

非公众公司根据章程规定并经董事会决议,以股东配股的方式募集发行股份(202 条 3 款 2 项),募集事项通知(202 条 4 款)是以不给股东行使阻止请求权(210 条)机会的方式发出的,只要不存在法院不认可阻止请求的情形,通常将此认定为新股发行的无效原因[大阪高判平成 28.7.15 判夕 1431 号 132 页。存在经营控制权之争的非公众公司在募集发行股份时,募集事项的通知日期比申请期间(申请期间最后一天的 2 周以前)少一天,且当天算为实缴期限的第一天,认股人缴纳股款,股份发行生效。法院认为,股东未得到阻止请求的机会,构成违反 202 条 4 款,且本案是以维持、确保经营控制权为主要目的的不公正发行,只要不存在法院不认可阻止请求的情形,新股发行无效]。

(3)无效诉讼的程序

(a)形成诉讼

新股发行无效之诉系以判决使新股发行失去效力的诉讼,故诉讼性质为形成诉讼。

(b)原告

新股发行无效之诉的原告为股东等(股东、董事、监事、清算人、执行董事。参照:828条2款1项)。

(c)被告

被告为发行新股的股份公司(834条2项)。

▶▶▶ ★专栏6-20　股东参加的新股发行无效之诉

股东提起新股发行无效之诉的,无效判决确定后将失去股东地位,该股东原则上将加入被告行列,对此,公司法否定该股东的被告适格地位。实际上,该股东作为受无效判决确定效力约束的人,为了保护自己的合法地位,可以辅助参加到无效之诉的共同诉讼中[不同于一般的辅助参加(民诉42条),可以实施与主要诉讼当事人行为相抵触的诉讼行为。伊藤(2016)667页]。并且,在无效判决确定后,该股东可以申请作为该无效诉讼的独立当事人(民诉47条1款),以原告身份对该确定判决提起再审[最决平成25.11.21民集67卷8号1686页(百选Ap7,商判Ⅰ-63)]。公司的诉讼活动严重有违诚实信用,有必要从程序上保障该股东诉讼权利的,可以依《民事诉讼法》338条1款3项申请再审[前引最判平成25.11.21中,公司在无效诉讼中对原告的诉讼请求完全没有争议,且在未通知该股东参加诉讼的情况下使无效判决得以确定。法院认为,该行为属于《民事诉讼法》338条1款3项的再审事由,对原判决(否定该股东的再审请求)发回重审]。

(d)起诉期间

新股发行无效之诉应当自发行新股生效之日(209条),公众公司为6个月以内、非公众公司为1年以内提起(828条1款2项)。但是,发行公司向股东隐瞒违法发行情况,剥夺股东法定起诉期间内起诉机会的,该股东知道上述情况后未不当迟延起诉的,出于信义诚实原则,该起诉认定为合法(名古屋地判平成28.9.30金判1509号38页)。

(e)其他程序规则

新股发行无效之诉属于公司组织诉讼(参照834条)的一种,需要遵守关于公司组织诉讼的一般程序规定。具体而言,诉讼由总公司所在地的地方法院专属管辖(835条1款);同时存在数个诉讼请求的,实行合并审理(837条)。为了防止滥诉,当判明股东恶意起诉的,法院可以基于被告申请,责令原告股东提供相应的担保(836条1款、3款)。当败诉的原告存在恶意或者重大过失的,将对被告公司承担损害赔偿责任(846条)。

(4)无效判决的效果

(a)对世效力

新股发行无效之诉的确定判决对第三人产生效力(对世效力。838条),这是为了保证法律关系的划一确定。

(b)将来效力

新股发行无效之诉被确定的,该新股的发行行为以及发行的股份仅面向未来失效(将来效力。839条)。针对该股份已经行使的股东权不失效。这是为了保证法律关系的划一确定。

(c)已缴资金的支付(返还)等

新股发行无效之诉被判决确定的,持有该股份的股东失去股东地位,公司应当向该股东支付(返还)受领的缴纳金额或者(实物出资)受领财产给付时的价格(840条1款)。但是,该金额相比无效判决确定时公司的财产状况而言明显不当的(例如缴纳时每股100日元,其后股价上涨,判决确定时每股1000日元),法院可以根据公司或者该股东的申请增减相应金额(840条2款、3款,参照:877条、878条)。该股份设定质权的,需要履行保护质权人的手续(840条4款—6款)。

另外,发行新股增加的实收资本额不会因该股份发行无效而当然减少[计则25条2款1项。相应的,盈余额减少。郡谷等(2007)140页]。这是因为,实收资本额增加需要以登记进行公示(911条3款5项、915条),而不经债权人异议程序减少的,会与公司债权人的期待相悖。

(5)无效判决确定前的救济手段(阻止股东权行使的临时处分)

即便存在新股发行无效事由,无效判决确定之前该发行仍然有效,该新股的持有人可以行使表决权等股东权利。但是,其他股东如果满足《民事保全法》23条2款(规定临时地位的临时处分)的要件的话,可以临时阻止该持股人行使股东权利[田中(2014)26页注51]。临时阻止行使表决权的事例参见:东京地判平成24.1.17金判1389号60页(百选Ap10,商判Ⅰ-72)。

后述的处分自有股份无效之诉以及新股发行或者处分自有股份不存在之诉也承认同样的临时处分。

□ 3 处分自有股份的无效之诉

处分募集的自有股份以及其他自有股份的无效也与新股发行无效一样,可以在处分自有股份生效后的一定期间内,仅以诉讼的方式主张(828 条 1 款 3 项)。处分自有股份与发行新股在经济实质上是一样的,故无效之诉的程序(828 条 2 款 3 项,834 条 3 项,835 条—838 条,846 条)以及无效判决的效果(838 条,839 条,841 条)也与新股发行无效之诉适用同样的规定。无效原因与新股发行无效场合遵循同样的解释。

处分自有股份的无效判决确定后,该自有股份并不返还公司,而是面向将来无效(839 条)。这是为了防止发行股票公司在无效判决确定后通过第三人的善意取得(131 条 2 款)规避无效判决(论点解说 218 页。根据 839 条,因该股份的处分无效,故不构成善意取得)。

□ 4 新股发行、处分自有股份不存在

(1)意义

新股发行无效之诉以及处分自有股份无效之诉系发行新股以及处分自有股份行为本身在程序上存在瑕疵,于一定期间内仅以诉讼主张无效的制度。但是,发行新股以及处分自有股份本身不存在的,即便经过一定期间也不能认定该行为有效。这样的情况称为新股发行不存在或者处分自有股份不存在。例如,完全不走发行新股的程序而仅仅登记的,或者无代表权限者专断发行新股股票等(东京高判平成 15.1.30 判时 1824 号 127 页。→专栏 6-21)。

新股发行等不存在的,任何人、任何时候以任何方法都可以主张其不存在。实际上,围绕新股发行等不存在发生争议的,理想的状态是法律上做划一处理。因此,公司法上设置了新股发行不存在确认之诉以及处分自有股份不存在确认之诉制度(829 条 1 项、2 项),赋予肯定判决以对世效力(838 条)。

▶▶▶ ★专栏 6-21 新股发行或者处分自有股份的不存在事由

哪些情形属于新股发行等(不限于存在无效原因)不存在呢?最高法院没有明确的判例,下级法院判决或者学说有两种不同意见:第一,只有不存在新股发行等实体的(物理性不存在)才能构成不存在的事由;第二,除了物理性不存在,还应包含其他情形,例如,虽然存在新股发行等的实体,但程序上存在严重的瑕疵,以至于法律上无法评价为发行新股的[法律性不存在。久保田(2015a)188 页]。最近的法院判决中有采用第一种意见的事例(名古屋地判平成28.9.30金判1509号38页)。该案中,非公众公司的代表董事未向持本公司已发行股份90%的股东(原告)发出召集通知即召开股东大会并通过决议募集发行股份,发行后向原告隐瞒了发行事实。在本案中,该募集股份的发行是代表董事经董事会决议发行且已完成股款缴纳,具备新股发行的实体,故不属于不存在行为实体。对此,法院根据诚实信用原则,认可了起诉期间经过后原告提起新股发行无效之诉的合理性,在此限度内对原告进行了救济。但是,这样的立场与股东大会决议不存在事由的判例立场(也认可法律性不存在)并不整合,对公司故意发行有重大瑕疵的新股起不到充分的抑制作用(无效之诉的确定判决无溯及效力,且限定救济方法),是不妥当的[田中(2018)112—113页]。

因此,在第二种意见的基础上,判断发行新股是否达到"程序瑕疵严重"到可以确认为不存在的程度,应当结合个案的实际情况,看附加在无效之诉上的各种限制(起诉期间的限定以及溯及效力的否定)是否合理[久保田(2015a)189—191页]。前引名古屋地判平成28.9.30的案件中,发行新股的程序瑕疵加上对原告股东隐瞒发行事实,应当认定为新股发行不存在[田中(2018)113页]。

(2)发行新股、处分自有股份不存在确认之诉的程序

(a)当事人

与新股发行等无效之诉不同(对比828条2款2项、3项),不存在的确认之诉对原告适格无特别规定。但是,依确认之诉的一般原则,需要存在请求确认的法律上的利益(确认的利益。股东地位被否定的人提起不存在确认之诉,法院否定了确认的利益。最判平成4.10.29判时1454号146页)。此时,被告为公司(834条13项、14项)。

(b)起诉期间

发行新股等不存在确认之诉没有起诉期间的限制(最判平成15.3.27民集57卷312页)。因为,不存在的东西即使经过时间也不会成为有效。

(c)其他程序规则

管辖(835条)、担保提供命令(836条)、辩论的合并(837条)、原告败诉时的损害赔偿责任(846条)等程序,与公司组织诉讼遵循同样的规律。

(d) 肯定判决的效果

发行新股等不存在确认之诉的确定判决,其效力溯及第三人(对世效力。838条)。与发行新股等无效之诉不同,不适用将来效力的规定(839条)。因为,不存在的东西从当初就不存在,不会因为判决确定才成为不存在。

■ 8 相关人员的责任

(1) 概说

股份公司违法募集发行股份等的,相关人员也可能被问责。下面介绍公司法上的相关规定。

(2) 通谋认股人的责任

与公司董事(提名委员会等设置公司为董事或者执行官)通谋以明显不公正的发行价格认购股份的人(通谋认股人),应当向公司支付相当于该发行价格与公正价格之间差额的金额[212条1款1项。结论上否定通谋认股人责任的事例参照:最判昭和50.4.8民集29卷4号350页(商判Ⅰ-53)]。

向认股人以特别有利的价格发行股份获得股东大会特别决议通过的(199条3款、201条1款、309条2款5项),原则上不发生通谋认股人责任。但有利发行的必要性理由说明存在虚假的,以及该认股人参加股东大会决议并表决通过了明显不公正的发行价格的,则可能产生通谋认股人的责任。另外,股东大会决议的效力与相关人员责任的有无属于不同的问题,上述场合下,公司或者股东要追究通谋认股人的责任或者董事等怠于履行职责行为,没有必要依831条1款规定的诉讼撤销股东大会的决议[判决董事承担责任的事例参照:东京高判昭和33.9.13高民11卷8号492页(最判昭和37.1.19民集16卷1号76页法院认可了董事责任)]。

(3) 实物出资的不足额填补责任

(a) 出资者的责任

实物出资财产交付时的价额(时价)相比于199条1款3项规定的价额显著不足的,应当由该出资人向公司补足其差额(212条1款2项)。但是,该认股人善意且无重大过失的,可以撤销认购的意思表示,免除责任(212条2款)。

(b) 董事等的责任

在(a)中,履行实物出资相关职责的董事等也需要承担不足额填补责任(213条1款,会则44条、45条、46条)。但是,实物出资经过检查员调查的除外(213条2款1项)。因此,只有依207条9款免除检查员调查的才会产生相关责任。此外,该董事等可以证明履行职务时未怠于谨慎注意的,不产生责任(213条2款2项)。证明实物出资财产价额合理的律师等人员,也与董事等承担同样的责任(213条3款。判决律师承担责任的事例参见:大阪高判平成28.2.19判时2296号124页)。这些责任同(a)的责任一样,均为连带责任(213条4款)。

(4)虚假出资时的责任

如前所述,虚假出资的,认股人以及与此相关的董事等向公司负有连带支付的责任(213条之二,213条之三)。

(5)股东代表诉讼

以上(2)至(4)中介绍的责任均为股东代表诉讼的对象(847条1款)。

(6)管理人员等的任务懈怠责任

除了以上介绍的特别责任,对于参与违法募集发行股份等的管理人员等,可能产生423条1款的任务懈怠责任、429条1款的董事第三人责任(主要是对股东的责任)或者《民法》709条的侵权行为责任[千叶地判平成8.8.28判时1591号113页(以明显不公正的方法发行股份的董事,向股东承担侵权行为责任)]。

募集发行股份等即使经过股东大会的特别决议,也不意味着当然否定管理人员等的责任[东京地判平成30.3.22判夕1472号234页。非公众公司(被告公司)向其代表董事兼多数派股东(个人被告)配股募集发行事例。法院认为,该发行价格显著低廉(法院评估价的九千分之一)有损少数派股东(原告)的股票价值,且本发行是专门以将原告从被告公司排除为目的实施的,构成明显不公正的方法,故即便经过有利发行的程序也不能否定其违法性,被告个人依429条1款、被告公司依350条(代表人侵权行为带来的公司责任),对原告承担损害赔偿责任]。此外,实施违法的有利发行的董事对谁承担责任的问题,见专栏6-22。

▶▶▶ ★专栏6-22 违法有利发行的责任

未经有利发行的必要程序(199条2款、3款,309条2款5项)向认股人以特别有利的发行价格募集发行股份等(以下称为"违法的有利发行")的董事,究竟是依照423条1款规定对公司承担损害赔偿责任,还是依429条1款规定向股东承担直接责任?学说上存在争议。

例如,假设每股的公正价格为2000日元的股份公司董事,未经股东大会的特别决议,以每股 500 日元募集发行 1 万股股票,筹措到 500 万日元的资金。此时,第一,本来应当以 2000 日元每股的发行价格募集发行股份 1 万股,此时,公司将产生 1500 万日元[(2000-500)日元×1 万]的损失,故董事应当赔偿公司等额的损失(423 条 1 款。股东可以通过代表诉讼代替公司追责)。第二,如果董事应当以每股 2000 日元的价格募集发行 2500 股股票(以较少的发行量实现 500 日元的融资),或者第三,应当控制募集发行股份数的话,则不能说有利发行对公司造成了损害,仅产生股东持股的稀释(直接损害),股东可以依据 429 条 1 款请求该董事向自己赔偿损失。

实际上,违法的有利发行事例中,董事本来应当采取的行动很难特定为上述三种情况,并且,将由此带来的不利损失转嫁给股东亦不合理。因此,股东可以第一种情况为前提,以股东代表诉讼追究董事对公司的责任;或者以第二种或第三种情况为前提,依 429 条 1 款追究董事对第三人(原告股东)的责任[田中(2008)195—196 页]。在实际的法院判决中,只要可以主张、立证责任的事实原因,上述两种责任都可以追究[肯定对公司责任的判决参见:东京地判平成 12.7.27 判夕 1056 号 246 页。肯定对股东责任的判决参见:大阪高判平成 11.6.17 判时 1717 号 144 页(商判Ⅰ-59),东京地判平成 4.9.1 判时 1463 号 154 页等]。

第 3 节 新股预约权

■ 1 概说

(1)意义

新股预约权是指权利人在预定的期间(行使权利期间。236 条 1 款 4 项规定的期间)内,以预定的价额(权利行使价额,即同款 2 项规定的价额)向股份公司出资,受领该公司交付股份的权利(2 条 21 项)。英语为 Stock Options。例如,每个新股预约权支付 100 日元(权利行使价额),可从公司受领一股股份。在权利行使期间内,该公司股票市价超过每股 100 日元的,新股预约权人行使权利受领股份,就可以得到"交付的股票市价减去权利行使价额"的经济利益。相反,权利行使期间内股价未达到每股 100 日元的,权利人可以不行使权利。也就是说,新股预约权人享有是否行使权利的选择权,但没有必须行使的义务。行使权利时的股价与新股预约权人的利得(每股)之间的关系如图表 6-6 所示。

(2) 利用方法

新股预约权多以对公司管理人员以及员工股权激励的方式发行。因行使权利期间内股价上涨给权利人带来诸多利益,故管理人员以及员工具有提高公司业绩以提升股价的强烈动机。

除了作为股权激励发行,新股预约权还被用于"供股"融资(→专栏 6-26)以及作为资本、业务合作的一环向合作对象发行等诸多领域。此外,附新股预约权公司债(2 条 22 项)也很盛行(→专栏 6-23)。

图表 6-6 股价与新股预约权人获利的关系

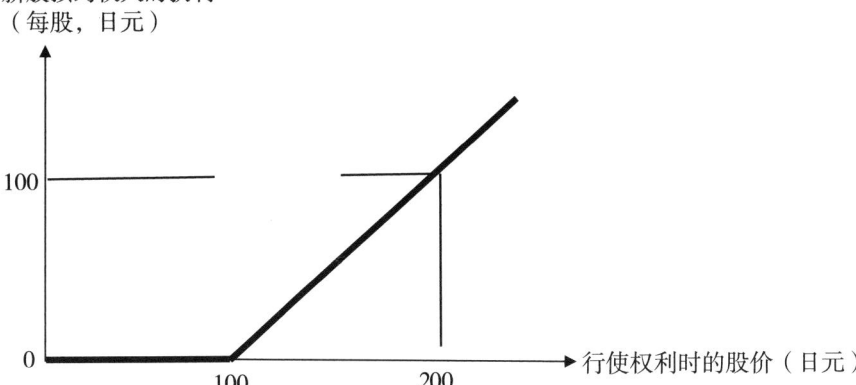

* 假设行使权利的价额为每股 100 日元。股价不满 100 日元的,因无法行使权利,获利为 0 日元。

▶▶▶ **专栏 6-23 附新股预约权公司债**

附新股预约权公司债分为两种类型:第一,行使权利时,权利人向公司实缴出资受领股份,公司债持续保有(分离交易可转债);第二,行使权利时,公司债自身作为出资目的(参照 236 条 1 款 3 项),权利人在公司债消灭的同时受领股份(转换公司债型)。目前日本发行的附新股预约权公司债的绝大多数属于转换公司债型(发行件数以及金额见图表 6-7)。

附新股预约权公司债的持有人在发行公司股价上涨时,可以行使权利,享受股价上涨带来的收益。对于上涨部分,公司可以将该公司债的利率设为低于普通公司债的水准。附新股预约权公司债除了上市公司,还被用于新设公司(起步企业)的融资[町田(2017)]。

2005 年《公司法》修改前的《商法》时代,分离交易可转债又分为两种:第一,新股预约权部分与公司债部分可分离转让的分离型;第二,不得分离转让的非分离型(从架构上看,转换公司债型的附新股预约权公司债全部为非分离型)。问题是,如果发行分离型债券的话,不必采用附新股预约权公司债的形式,同时发行新股预约权和公司债即可。因此,公司法上的附新股预约权公司债全部为非分离型(254 条 2 款、3款)。

■ 2 新股预约权的发行

□ 1 概说

(1)新股预约权的发行方法

股份公司发行新股预约权的主要方法包括:第一,募集认购人,发行新股预约权(238 条以下);第二,向公司股东根据其持股数无偿分配新股预约权(277 条以下)。

此外还有:作为公司合并以及重组对价发行新股预约权(749 条 1 款 2 项 2 号、4 号等),作为附回购请求权股份、附回购条款股份或者附全部回购条款类别股的对价发行新股预约权等(107 条 2 款 2 项 2 号、4 号,同款 3 项 5 号、6 号,171 条 1 款 1 项 2 号、4 号)。

(2)新股预约权的内容

(a)新股预约权的内容决定

股份公司发行新股预约权的,应当规定 236 条 1 款列举的事项(由公司哪个机关规定→□2、□3)。

具体而言,第一,作为该新股预约权目的的股份数(行使一个新股预约权发行几股股份。发行类别股的,规定股份的类别以及数量。同款 1 项);第二,行使权利的价额或者计算方法(同款 2 项);第三,实物出资时其内容(同款 3 项);第四,行使权利期间(同款 4 项);第五,行使权利发行新股时,增加的实收资本以及资本公积金事项(同款 5 项);第六,限制新股预约权转让时其内容(同款6项);第七,规定新股预约权的回购条款时其具体内容(同款7项);第八,公司进行重组的,向权利人交付同款8项规定的新股预约权时其意思表示及条件(同款8项);第九,关于小数处理的规定(同款9项);第十,发行新股预约权证券时其意思表示(同款10项);第十一,前述情况下(第十)不承认记名证券与不记名证券之间转换时其意思表示(同款11项)。

上市公司作为股权激励发行新股预约权的,可以不规定上述第二种情形的权利行使价额,不要求履行现金出资或者交付实物出资财产(236条3款、4款)。因为,此时公司发行新股预约权或者交付股票的对价是该董事的履行职务行为,没有必要特意要求董事以财产出资(与202条之二同旨)。

股份公司发行附新股预约权公司债时,应当对应公司债的金额均等分配新股预约权数量(每1000日元公司债附一个新股预约权等。236条2款)。

▶▶▶ **专栏6-24　新股预约权的行使条件**

实务中,新股预约权的内容除了236条1款各项规定的事项以外,大多还存在新股预约权行使条件(权利人只有满足该条件才可以行使新股预约权)的规定(参照:911条2款12项3号)。例如,以今后上市为目标的非公众公司,作为股权激励向高管、员工发行新股预约权的,以该公司实现上市作为权利行使条件[最判平成24.4.24民集66卷6号2908页(参照:百选26,商判Ⅰ-65)事例];或者公司不向管理人员发放退职慰劳金,而是发行新股预约权,权利行使以当事人退职为条件(VM79页)。

(b) 与可发行股份总数的关系

股份公司在发行新股预约权时,需要保证在章程规定的可发行股份总数(37条、113条)以内。具体而言,新股预约权人行使新股预约权(未到行使期间的除外)取得的股份数应当在"可发行股份总数减去已发行股份数(本公司股份除外)"以下(113条4款)。"本公司股份除外"是因为,发行新股预约权的,可以不发行新股,而是代之以处分本公司股份。

□2　募集新股预约权的发行

(1) 意义

股份公司可以募集新股预约权申购人(募集新股预约权的发行。238条以下)。与募集发行股份一样(→专栏6-4),募集发行新股预约权也分为股东配股发行与除此以外的发行。后者进一步分为向不特定多数人发行的公募和向特定第三人发行的第三人配股发行。公募发行多数为附募集新股预约权公司债[不适用募集公司债的规定(676条—680条),专门适用发行募集新股预约权的规定。248条],单独公募发行新股预约权的并不多见。

(2)募集事项

拟发行募集新股预约权的股份公司应当决定下列募集事项(238条1款):第一,募集新股预约权的内容(参照236条)以及数量(238条1款1项);第二,募集新股预约权的缴纳金额,即申购人应当向公司支付的每个新股预约权的金额(同款3项。注意:缴纳金额与权利行使价额不同,后者是权利人为了行使权利受领股份而向公司出资的金额),申购人无须出资的(缴纳金额为零),其意思表示(238条1款2项);第三,配股日期(同款4项);第四,规定缴纳日期的,该日期(同款5项);第五,发行附新股预约权公司债的,公司债的内容(同款6项,676条各项);第六,对新股预约权购买请求另行规定的,其规定(238条1款7项)。

(3)募集事项的决定机关

(a)概说

新股预约权是行为人有权从公司受领股份的权利,故股份交付以后,与募集发行股份同样,现有股东的利益受到影响。因此,公司法在新股预约权募集事项的决定机关上,遵循与募集发行股份等同样的规律。

(b)非公众公司的场合

在非公众公司中,募集事项原则上由股东大会的特别决议确定(238条2款、241条3款4项、309条2款6项)。股东大会可以特别决议将募集事项的决定权限委任给董事(设置董事会的公司为董事会),但募集新股预约权的内容、数量上限以及发行金额的下限(无须实缴的,其意思表示)必须由股东大会决定(239条1款、309条2款6项)。需要注意的是,若公司章程规定以股东配股方式发行募集新股预约权的,可以由董事(设置董事会的公司为董事会)决定募集事项(241条3款1项、2项)。

▶▶▶ ★专栏6-25 非公众公司行使条件的委任与变更委任

有意见认为,募集新股预约权附行使条件的(→专栏6-24),也构成239条1款1项的"募集新股预约权的内容",非公众公司不得将此决定权限委任给董事(设置董事会的公司为董事会),必须由股东大会决定[最判平成24.4.24民集66卷6号2908页(百选26,商判Ⅰ-65)寺田法官补充意见]。但是,即便是非公众公司,如果具体的行使条件必须由股东大会亲自决定的话,会损害新股预约权发行的灵活性。加上行使条件对权利人的限制,故委任给董事或者董事会对现有股东的利益损害风险较小,应当认可委任[久保田(2012)15—17页]。

行使条件的决定权限委任给董事或者董事会的,也可以将变更行使条件的权限委任给董事或者董事会,但变更条件可能使现有股东的利益受损,故需要股东大会的明示委任[不能认为委任了行使条件的决定权限就当然委任了变更权限。实际上,不涉及实质性变更权利内容的细微变更可以得到承认。前引最判平成24.4.24,久保田(2012)17—19页]。董事或者董事会在没有得到股东大会明示委任的情况下即变更构成新股预约权重要内容的行使条件的,因实施该新股预约权发行新股的,构成发行的无效原因(前引最判平成24.4.24)。

(c)公众公司的场合

公众公司募集事项的决定原则上以董事会决议的方式做出(240条1款、241条3款3项)。但是,以股东配股以外的方法发行募集新股预约权,发行金额(238条1款3项)对申购人特别有利的(根据同款2项不需要实际缴纳时,发行本身对申购人有利的),需要股东大会的特别决议(240条1款、238条3款。发行事项委任给董事会决议的,需要遵循239条1款各项的规定)。此外,募集新股预约权伴随着公司控制权变动的,当持有一定表决权以上的股东提出异议时,需要股东大会的决议(普通决议),此与募集发行股份的场合(206条之二)一致(244条之二)。

公众公司以股东配股以外的方法经董事会决议发行募集新股预约权的,与募集发行股份一样,需要向股东发出通知或者公告(240条2款、3款。按照《金融商品交易法》的规定进行信息披露的除外。同条4款)。

(d)类别股发行公司的特则

此部分如前所述(→专栏6-6)。

(4)募集新股预约权的发行金额

(a)原则

募集新股预约权的发行金额(238条1款3项)或者根据同款2项规定不需要缴纳现金,对申购人特别有利的,基于保护现有股东的立场,公众公司需要股东大会的特别决议,非公众公司需要对该有利金额的必要性做出说明(238

条 3 款）。因此，如何判断是否构成有利发行成为问题的关键。在新股预约权上，存在计算公正价格的"期权理论"（布莱克·舒尔斯模式以及二项式模式等），用以上方法计算出新股预约权的公正价格，将此价格与发行价格作比较，当后者较前者显著低时，即可认定为有利发行[东京地决平成18.6.30 判夕 1220 号 110 页（百选 25，商判Ⅰ-64），数字でわかる 178—198 页（田中亘）]。实务中，多以标准期权理论为基础，同时考虑因行使新股预约权而发行股份对股市造成的负面影响（Market Impact），结果导致评价额调整降低（名古屋地一宫支决令和 2.12.24 金判 1616 号 30 页中，法院认可了这样的调整）。

判断是否构成附新股预约权公司债的有利发行较为困难[参照：东京地决平成 19.11.12 金判 1281 号 52 页（商判Ⅰ-173），东京高判令和元.7.17 金判 1578 号 18 页，前引名古屋地一宫支决令和 2.12.24，数字でわかる 198—200 页（田中亘）]。但是，这样的调整尤其在产生控制权之争而发行新股预约权的时候，可能导致缴纳股款的金额被人为降低，法院需要判断该调整是否存在合理的依据[数字でわかる 205—206 页（田中亘）。新股预约权评价实务中的问题点参照：大村（2021）]。

(b) 作为薪酬发行的场合

实际上，公司向其员工以股权激励的方式发行新股预约权的，即使该新股预约权不需要缴纳价款，是否构成有利发行也不需要股东大会的特别决议（238 条 3 款 1 项中包含不缴纳价款但不属于有利条件的情形）。因为，这样的新股预约权是以公司员工提供职务行为（服务）为对价的，实际上并非无偿发行。

公司向董事以无须支付价款的方式发行新股预约权的，只要作为董事薪酬且依据公司章程或者股东大会决议发行，并且，该新股预约权的公正价格涵盖在 361 条 1 款 1 项的薪酬额范围以内，就不需要通过股东大会的特别决议[久保田（2020）20 页]。向监事以其薪酬等（387 条 1 款）为对价发行新股预约权亦然，此时，应当类推适用 361 条 1 款 4 项（江头 544 页）。

(5) 募集新股预约权的申购

发行募集新股预约权事项决定以后，接下来需要确定该新股预约权的申购人。与募集发行股份等一样，分为申请及配股发行（242 条、243 条）与全额认购协议（244 条）。

(6) 成为新股预约权人的时间

配股发行的申请人以及全额认购协议的当事人在配股或者协议成立当

日(238条1款4项)成为新股预约权人(245条1款)。附新股预约权公司债的,权利人同时成为公司债的债权人。同条2款)。与募集发行股份的认股人不同,权利人并非缴纳了规定的金额(238条1款3项)才成为新股预约权人。这是因为,立法者认为,提前将有权成为股东者的事实通过新股预约权登记(911条3款12项)或者公司事业报告书(会则119条4项、123条)向股东等利害关系人公开,对公司是有利的(立案担当65页)。

(7)募集新股预约权相关的缴纳

申购人应当在行使权利期间首日(236条1款4项。规定了缴纳日期的为该日期)之前向公司规定的缴纳出资保管机构全额缴纳出资(246条1款)。得到公司认可的,履行出资可以采取抵销或者代物清偿的方式(246条2款)。权利人在规定日期前不缴纳出资或者不进行抵销的,该新股预约权人不得行使权利(同条3款),该新股预约权消灭(287条)。

☐ 3 无偿分配新股预约权

(1)意义

股份公司有权根据股东的持股数向其无偿分配新股预约权(277条),这被称为无偿分配新股预约权。发行类别股的公司有权向某个类别的股东无偿分配新股预约权(同条)。公司也可以通过无偿分配新股预约权手续分配附新股预约权公司债(参照278条1款2项)。

▶▶▶ 专栏6-26 无偿分配新股预约权的利用方式

实务中,无偿分配新股预约权的利用方式如下:

第一,用于融资目的。无偿分配的新股预约权行使后,股份公司可以达到融通资金的目的(获得相应资金)。此方式相比于公募增资而言,首先,现有股东获得无偿发行的新股预约权,可以维持其持股比例(表决权比例)。另一方面,公司将权利行使价格设定为低于股票市价的话,新股预约权的行使在很大程度上获得保障(股东不行使新股预约权的,其他股东行使权利将导致其持股比例被稀释,故该股东要么在规定期间内行使权利,要么将权利转让给有意获得者),公司藉此实现成功融资。因此,最近以上市公司为中心,以融资为目的无偿分配新股预约权的方式(称为"附权发行"或者"供股")被广为利用。实际上,最近发现,实施附权发行公司的股价大幅下跌,证券交易所于2014年10月进行了交易规则的修改,对以往的利用方式进行一定的规制[太田、有吉

(2014),佐藤(2014)]。

第二,用于反收购策略。无偿分配新股预约权还被用于以差别性行使条件或者附回购条款的方式实施的反收购策略。此部分将在"恶意收购"一节中详细介绍。

(2) 无偿分配新股预约权的手续

(a) 决定

股份公司无偿分配新股预约权的,应当依照278条1款各项规定的事项,决定向股东分配的新股预约权的内容、数量以及分配的生效日期等。该事项在非董事会设置公司由股东大会决议(普通决议)做出,董事会设置公司由董事会决议做出,但公司章程可以另行做出规定(同条3款)。

向股东分配的新股预约权数量应当根据各个股东持股比例确定(278条2款)。

(b) 生效

接受无偿分配的股东于公司规定的生效日期(278条1款3项)成为该新股预约权的权利人(279条1款)。因公司给予股东行使新股预约权的机会,故应当向股东发出通知(同条2款)。此通知需要在新股预约权行使期间最后一日的两周前发出(延误通知的,行使期间的最后一日自动延期至通知发出两周后。同条3款)。新股预约权登记见911条3款12项、915条1款。

■ 3 新股预约权的管理、转让等

□ 1 新股预约权登记簿

股份公司应当于发行新股预约权后及时制作新股预约权登记簿(249条)。新股预约权登记簿上记载、记录新股预约权人的姓名或者名称以及住所、持有新股预约权的内容以及数量等(同条3项)。需要注意的是,发行无记名式新股预约权证券的,新股预约权登记簿上不记载、记录新股预约权人的相关信息(同条1项、2项)。新股预约权人(无记名式证券除外)有权请求公司交付或者提供记载于新股预约权登记簿上的书面证明(250条)。公司设置股东名册管理人的(123条),该管理人同时管理新股预约权登记簿(251条)。

股份公司应当将新股预约权登记簿置备于总公司(设置股东名册管理人的,为该管理人所在营业部门),以供股东及债权人(新股预约权也是一种债

权,故新股预约权人也包含在"债权人"里。立案担当 66 页)阅览等(同条 2 款—5 款)。对新股预约权人的通知或者催告向新股预约权登记簿上记载的地址发出即可(253 条 1 款、2 款)。

□2 新股预约权的转让等

(1)自由转让原则以及转让限制

新股预约权原则上可以自由转让(254 条 1 款),但股份公司可以对新股预约权的内容进行规定,即权利的转让取得需要得到公司的认可(新股预约权的转让限制。236 条 1 款 6 项)。

限制转让的新股预约权如要进行转让,可以采取与限制转让股份大致同样的请求承认手续(262 条—266 条)。需要注意的是,与限制转让股份(参照 138 条 1 项 3 号、2 项)不同,请求权人在未得到公司承认的情况下,不得请求公司指定收购人。这是因为,以公司实施股权激励为例就可明白:新股预约权多针对特定人为发行对象,否则没有意义。公司若随时应新股预约权人请求指定收购人,或者不指定就必须承认该转让的,新股预约权的发行目的将无法实现。

★(2)转让方法

(a)概说

若不考虑无记名式证券的话,新股预约权的转让方法与股份转让方法相同。具体如下:

(b)不发行新股预约权证券的场合(转账新股预约权除外)

新股预约权在不发行证券(236 条 1 款 10 项)且不适用转账制度的情况下,可以仅以当事人之间的意思表示(协议)进行转让;不在新股预约权登记簿上进行名义变更的,不得对抗公司以及第三人(257 条 1 款。名义变更手续参照 260 条)。

(c)发行证券的场合

股份公司可以规定发行新股预约权证券的事项(236 条 1 款 10 项。新股预约权证券的发行时期及记载事项参照:288 条、289 条)。

新股预约权证券分为记名式和无记名式。发行记名式证券的,需要在新股预约权登记簿上记载、记录新股预约权人的相关信息(姓名、住所等。249 条 3 项 1 号、2 号、3 号);发行无记名式证券的,不必记载、记录(249 条 1 项、2 项。不管记名式还是无记名式,证券本身不记载新股预约权人的相关信息。参照 289 条)。只要公司无相反规定,新股预约权人有权随时请求公司在记名式与无记名式之间进行转换(290 条)。

发行证券的新股预约权(发行证券新股预约权。参照249条3项4号)转让的,除了当事人之间的意思表示(协议),还需要交付证券(255条1款、2款)。发行记名式证券的,交付证券行为可以对抗公司以外的第三人,如要对抗公司,还需要在新股预约权登记簿上进行名义变更(257条2款)。而发行无记名式证券的(无记名新股预约权。249条1项),交付证券行为可以对抗包括公司在内的第三人(257条3款)。无记名新股预约权由于不在新股预约权登记簿上记载、记录权利人(姓名、住所),故当然无须进行名义变更手续(260条3款)。

此外,证券的占有具有权利推定效力(258条1款)以及发生善意取得的效果(同条2款),此与股票的规定相同。新股预约权证券丢失的,不存在股票的丧失登录制度(221条—232条),与票据等其他有价证券一样,依公示催告程序宣告该证券无效后,履行再发行手续(291条,非讼99条—118条)。

(d)转账新股预约权的场合

与股份一样,新股预约权也存在账户转账制度(转账新股预约权)。适用转账新股预约权制度的,需要该新股预约权的目的(以行使新股预约权为目的发行股份)为转账此股份,且发行公司适用《转账法》(转账163条)。

转账新股预约权的转让除了意思表示(转让协议),还需要进行专用账户转账(转账174条)才生效。转账新股预约权并非每次转让时都要进行新股预约权登记簿上的名义变更(规定对抗要件的《公司法》257条1款被《转账法》190条排除适用),而是依转账账户上的记载、记录确定权利归属。转账账户上的记载、记录具有权力推定效力(转账177条、208条)以及账户转账产生善意取得(转账178条、209条)的规定与转账股份相同。

▶▶▶ ★专栏6-27 附新股预约权公司债的转让

股份公司发行附新股预约权公司债(→专栏6-23)的,除了新股预约权登记簿,还需要制作公司债存根簿[681条。附新股预约权公司债适用除募集程序外的公司债的规定(《公司法》第四编)]。公司可以针对该附新股预约权公司债,规定发行有价证券(附新股预约权公司债。249条2款)的相关事项(238条1款6项、676条6项、7项)。附新股预约权公司债除了有关公司债的记载事项,还应当记载新股预约权的内容以及数量(292条1款)。附新股预约权公司债在以下方面同新股预约权证券相同:分为记名式与无记名式(249条2款、3款,238条1款6项,

676条7项,698条),证券的占有具有权利推定效力且产生善意取得,丧失证券可采取公示催告手续。此外,还存在附转账新股预约权公司债制度(转账205条)。

附新股预约权公司债的新股预约权部分与公司债部分不得分开转让(254条2款、3款)。在转让的对抗要件上,新股预约权部分与公司债部分分别适用相应的公司法规定。例如,记名式的附新股预约权公司债,其新股预约权部分的对抗公司要件为新股预约权登记簿上的名义变更(257条2款),公司债部分的对抗要件为公司债存根簿上的名义变更(688条2款。立案担当74页)。

★(3)其他

公司法对新股预约权的共有(253条3款、4款)出质(267条—272条)以及属于信托财产的新股预约权(272条之二)部分,分别做了与股份同样的规定。

▶▶▶ ★专栏6-28 自有新股预约权

公司法对股份公司取得本公司发行的新股预约权(自有新股预约权的取得)并无特别限制,故新股预约权人之间达成合意的,可以自由取得(立案担当67页)。与取得自有股份不同,公司法上既无自有新股预约权取得程序的限制(参照156条—165条),也不需要遵守可分配额规制(参照461条1款1项—7项)。但是,公司向股东无偿分配新股预约权后又买回的,结果上相当于向股东进行利润分配,若对此不设置任何限制,立法论上是存在疑问的[参照:清水(2009)]。

公司可以持有自有新股预约权并随时注销(276条)或者进行处分。公司处分新股预约权的,不适用发行募集新股预约权的规定(238条~248条),可以任意方式进行处分。对此有批判意见认为,处分自有股份遵循与发行募集股份同样的规制(199条),而处分自有新股预约权却不存在相关规定,属于立法的不完善[梅本(2006)26页]。

■ 4 新股预约权的行使

行使新股预约权必须在行使期间(236条1款4项)内明确如下事项:第

一,有关该行使的新股预约权的内容以及数量;第二,行使新股预约权的日期(280条1款)。行使的新股预约权为证券的,需要向发行公司提交证券(同条2款。附新股预约权证券的公司债亦同。参照:同条3款—5款)。行使转账新股预约权者必须申请注销该转账新股预约权(转账188条)。此外,股份公司自身不得行使自己发行的新股预约权(280条6款)。

以货币为出资目的的,权利人应当按照行使权利日期,向公司规定的出资保管机构全额缴纳出资(281条1款);以货币以外的财产为出资目的的(实物出资。236条1款3项),权利人应当按照行使权利日期,将该财产交付于公司(281条2款)。新股预约权人不得将其缴纳出资债务或者给付债务与对公司享有的债权相抵销(281条3款)。以实物出资的,原则上需要接受检查员的调查(284条)。

针对权利人行使新股预约权,相应的,公司可以选择发行新股或者处分自有股份(仅限公司已持有自有股份。公司可任意选择)。公司发行新股的,已发行股份总数以及实收资本额增加(参照:236条1款5项,445条1款—3款),需要进行相应的登记(911条3款5项、6项)。关于新股预约权的会计处理,参照:数字でわかる123—124页(小出笃)。作为股权激励发行新股预约权时的会计处理参照:新股预约权会计准则。

行使了新股预约权的权利人于权利行使日成为该新股预约权的股东(282条1款。小数的处理方法见283条)。违法行使新股预约权发行新股或者处分自有股份的,可能构成新股发行或者处分自有股份的无效原因[最判平成24.4.24民集66卷6号2908页(百选26,商判Ⅰ-65)]。

■ 5　新股预约权的消灭

新股预约权除了公司注销自有的新股预约权(276条1款)而消灭,权利人无法行使权利时[例如,规定日期前未全额缴纳价款(246条1款、3款)或者行使期间届满]也消灭(287条)。

■ 6　针对违法、不当发行新股预约权的措施

(1)概说

股份公司违法或者不当发行新股预约权的,股东等利害关系人可采取的法律措施包括新股预约权的发行阻止请求、新股预约权发行无效之诉或不存在之诉、相关人员的责任追究等。以下按顺序予以介绍。

(2)新股预约权的发行阻止请求

募集发行新股预约权违反法令或者公司章程,或者以明显不公正的方法发行的,当股东可能受到利益损失时,该股东可请求公司停止发行该新股预约权(247条)。若满足《民事保全法》23条2款的要件,法院可做出阻止发行的临时处分。

与阻止募集发行股份等一样,公众公司不经股东大会的特别决议即以特别有利的价格发行新股预约权[东京地决平成18.6.30 判夕1220号110页(百选25,商判Ⅰ-64)],以及以维持、确保现管理层的控制权为主要目的发行新股预约权的[东京高决平成17.3.23 判时1899号56页(百选97,商判Ⅰ-66,日本放送事件)],属于被责令阻止发行(临时处分)的典型情形。

247条仅直接适用于发行新股预约权,公司以其他方法发行新股或者向股东交付的,可以类推适用同条。特别是以反收购为目的实施的差别性新股预约权无偿分配,判例认可股东类推适用247条阻止此发行[最决平成19.8.7 民集61卷5号2215页(百选98,商判Ⅰ-67,富留得客沙司事件)。本案中,法院否定了247条的适用要件]。公司以维持、确保现管理层的控制权为主要目的处分自有新股预约权的,也应当类推适用247条2项,责令阻止发行。

(3)新股预约权发行无效之诉

(a)意义以及程序

与新股发行无效之诉(828条1款2项)制度一样,发行新股预约权时,为了法律关系的稳定以及划一性处理,公司法设置了新股预约权发行无效之诉制度(828条1款4项)。

在新股预约权发行无效之诉的原告[限于股东等(同条2款1项)。同款4项]、被告(公司。834条1款4项)、起诉期间(发行生效之日起,公众公司为6个月,非公众公司为1年以内。828条1款4项)、专属管辖(835条)、提供担保命令(836条)、辩论的必要性合并(837条)等程序规定上,以及确定判决的效果[对世效力(838条)、将来效力(839条)以及关于恢复原状的特则(842条)]、原告败诉时的损害赔偿责任(846条)上,均与新股发行无效之诉遵循同样的规律。新股预约权发行的无效原因也与发行新股的无效原因遵循基本相同的解释。

★(b)处分自有新股预约权的场合

处分自有新股预约权的,公司法上并无特别的无效之诉制度。因此,当处分自有新股预约权存在无效事由时,任何人都可于任何时间以任何方法主张其无效。

（4）新股预约权发行不存在之诉

若发行新股预约权的行为本身没有被实施，则该新股预约权的发行可不经无效之诉，行为本身不存在。此时，当新股预约权经过登记等做出权利外观的，股东等可以诉讼确认（对世性）其不存在（新股预约权发行的不存在确认之诉）。829条3项，838条）。程序上与发行新股的不存在确认之诉（829条1项）遵循同样的规律。

（5）相关人员的责任追究

和董事或者执行董事通谋以明显不公正的发行价格申购新股预约权者的责任（285条1款1项、2项）、实物出资财产价额显著低于公正价额时的出资者差额填补责任（同条1款3项、2款）以及与此存在职务上关联的董事等的责任（286条），与发行募集股份遵循同样的规律。

第4节 公司债

■ 1 概说

（1）意义

股份公司可以发行公司债进行融资。所谓公司债，是指公司依公司法规定发行的、以该公司为债务人的金钱债权，并根据676条各项所列事项规定进行偿还（2条23项→专栏6-29）。

本书为了叙事方便，将公司债作为股份公司融资手段之一予以介绍，但公司债并不限于股份公司，份额公司（575条1款）亦可发行。因此，关于公司债的规定并不规定在《公司法》第二编，而是统一规定在适用所有公司类型的《公司法》第四编（676条以下）。

此外，公司债也属于金钱借贷债权，与通常的借贷债权（对公司而言为借贷债务）无异。因此，如无《公司法》上的特别规定，适用《民法》（《商法》有特别规定的适用《商法》）关于借贷合同以及金钱债权的规定。例如，公司债也可以成为抵销（民505条）的对象[最判平成15.2.21金判1165号13页（百选Ap37，商判Ⅰ-169）]。判例认为，《利息限制法》是以防止经济窘迫者被趁机高利放贷为目的，而公司债发行公司经过自行判断确定募集事项进而发行公司债的，并不直接构成该法的适用对象。对照公司债的发行目的、募集事项的内容及其决定的经过等，只要不存在以发行公司债规避法律的特殊事由，就不适用同法1条的规定（最判令和3.1.26民集75卷1号1页）。

上市公司发行公司债(含附新股预约权公司债)的发行件数以及融资额参照图表6-7。

▶▶▶ ★专栏6-29　公司债的意义

(a)公司债的定义

公司法学在传统上将公司债定义为"向公众负债产生的对公司债权,公司由此发行的有价证券"(铃木、竹内452页)。但是,公司债未必都是向公众(一般投资者)发行(公募债),也有面向特定少数人发行的证券(私募债)。现行《公司法》上将是否发行有价证券(公司债券)交由发行公司判断(676条6项)。因此,面向特定少数人发行且不发行公司债券的公司债,在经济学意义上,与以通常的融资方式(对公司而言为借入)产生的金钱借贷债权几乎没有区别。

《公司法》对公司债采用本文的定义(2条23项),也就是说,某种金钱债权是否设定为公司债,可以通过《公司法》关于分配以及偿还的规定,由公司自行选择。

(b)外国债券是否属于日本法上的公司债?

一个作为解释上的问题在于,日本公司在外国资本市场上发行的债券(如欧元债券)是否适用日本法关于公司债的规定[问题的背景是:在外国发行的公司债要满足日本《公司法》特别是公司债管理人的资格要件(703条)比较困难,故发行公司有意回避日本法的适用]? 关于这个问题,大致存在两种不同见解:第一,根据法律适用的《通则法》第7条规定,只有发行公司与投资者之间的协议(公司债协议)规定其准据法选择日本法的,才适用日本《公司法》;第二,日本《公司法》当中特别是关于公司债管理人(702条。有的学者主张包括公司债债权人会议)的规定是为保护日本投资者设置的,因此,不论选择哪个准据法,只有在日本发行的公司债才适用日本《公司法》,在外国发行的公司债不适用日本《公司法》[学说的详情参照:本多(2006a)与专栏12-2]。《公司法》起草者认为,根据2条23项规定,公司选择外国法为准据法进行公司债的分配、偿还的话,将不适用日本《公司法》关于公司债的规定(论点解说618页),但是,"分配、偿还的准据法"(似乎不同于公司债协议的准据法)这个概念并不明确,学界对这样的解释存在疑问[参照:本多(2006b)4—8页]。

图表6-7　上市公司公司债（含附新股预约权公司债）的发行件数以及融资额

年	普通债（非附新股预约权的公司债）		附转换公司债型新股预约权的公司债		附新股预约权公司债			
	件数	国内融资额（百万日元）	件数	国内融资额（百万日元）	件数	国内融资额（百万日元）	件数	国内融资额（百万日元）
1998	737	12439900	115	1492924	9	226580	12	100910	10	10239	—	—
1999	379	6700500	219	1914284	27	567000	34	378255	17	10239	2	216400
2000	388	7756060	81	826839	23	341149	19	251885	34	34191	3	21546
2001	321	7250500	—	—	21	281971	30	546807	35	60210	3	46500
2002	247	5966000	—	—	20	456483	28	812998	6	56180	1	52800
2003	318	5447000	—	—	10	56900	49	930132	—	—	7	6353
2004	249	4084500	—	—	63	539600	92	1592546	—	—	—	—
2005	277	5532500	—	—	94	713950	29	373800	—	—	—	—
2006	274	4780000	—	—	88	1351550	39	1150700	—	—	—	—
2007	359	6930800	—	—	20	94202	22	715640	—	—	—	—
2008	276	6638200	—	—	11	645850	22	655400	—	—	—	—
2009	300	7476400	—	—	26	285130	14	211688	—	—	—	—
2010	348	6682900	—	—	16	161008	11	271000	—	—	—	—
2011	285	5220000	—	—	5	38139	5	298000	—	—	—	—
2012	313	5276900	—	—	10	31659	12	271000	—	—	—	—
2013	344	6691000	—	—	20	94354	30	598945	—	—	—	—
2014	336	6481400	—	—	26	104094	36	897457	—	—	—	—
2015	269	5761000	—	—	25	238630	28	760742	—	—	—	—
2016	406	8810500	—	—	21	87356	12	429500	—	—	—	—
2017	457	9083000	—	—	23	90715	16	705000	—	—	—	—
2018	446	7770000	—	—	18	40088	25	680170	—	—	—	—
2019	501	11438590	—	—	17	27400	25	138750	—	—	—	—
2020	525	12074000	—	—	18	31134	9	176000	—	—	—	—
2021	433	10912100	—	—	12	32683	17	793000	—	—	—	—

出自：日本交易所集团HP（http://jpx.co.jp/markets/statistics-equities/misc/06.html）

（2）关于公司债的公司法规定

公司债面向特定少数人发行的事例为数不少（私募债→专栏6-29），但面向包含个人在内的多数投资者发行的情形更为普遍。此时,发行公司债的公司［公司债发行公司（682条1款）］不按照协议履行义务的,多数小规模公司债的债权人要想维护自身权利（以裁判获得确定判决,强制执行）并不容易。因此,公司法设置了一些保护公司债的债权人的规定,例如,公司发行公司债的,原则上强制设置管理公司债的公司债管理人等；认可发行有价证券

(公司债券),使公司债的流通更为便利;设置公司债的债权人会议制度,公司债的债权人的多数决可以变更公司债的内容。通过以上制度设置,可以合理调整多数公司债的债权人的权利行使。本节中将对这些公司法上的规定做介绍。

股份公司可以发行附新股预约权公司债(2条22项),参照专栏6-23以及专栏6-27。

▶▶▶ ★专栏6-30 特殊的公司债

公司债里存在某些特殊的种类,这些种类的公司债适用特别的法律规定,并全部或者部分排除公司法的适用。

(a)附担保的公司债

附不动产抵押权等物的担保的公司债称为附担保的公司债(担信2条1款、3条、4条)。附担保的公司债适用公司法的特别法——《附担保的公司债信托法》。发行附担保的公司债的公司必须与信托公司(或者经营信托业务的金融机关。担信1条、34条)之间签订以公司债的债权人为受益人的信托合同(担信2条1款)。作为受托人的信托公司或者金融机关[担保的受托公司。相当于无担保公司债的管理人(702条)]有义务为了全体债权人的利益管理公司债以及保存、实行担保权(担信2条2款、36条)。公司债的债权人有权根据其债权额,从实现担保权中平等获得清偿(担信37条1款)。

在日本,大正末期到昭和初期大量出现偿还不能的公司债,以此为契机,长期以来公募债原则上必须附担保(有担原则)。但1985年以后"有担原则"逐步放松,现在可以自由发行无担保公司债[コンメ(16)263页(江头宪治郎)]。相应的,附担保公司债的发行减少。本书专门介绍无担保公司债在公司法上的规定,省略《附担保的公司债信托法》上的说明。同法的详细介绍参照:コンメ(16)261页以下。

(b)短期公司债

短期公司债是指满足以下要件的公司债:第一,各公司债的金额为1亿日元以上;第二,满期一年以内且无分期付款之规定;第三,支付利息期限与偿还原本期限一致;第四,无担保(转账66条1项)。短期公司债是为了实现短期融资券(CP,即企业为在资本市场短期融资发行的债券)的无纸化而由《转账法》新定义的公司债。短期公司债因由转账机构处理而成为转账公司债(转账66条),其转让可依《转账法》进行账户转账。因转账公司债也是公司债的一种,故原则上适用公司法关于公司债的规定,同时设置了符合短期融资性质的特则[不可附新股预约权、无须制作公司债存根簿、不存在公司债的债权人会议制度等。转账83条。高桥、尾崎(2006)211页]。

■ 2 公司债的发行、流通、偿还

□ 1 公司债的发行

(1)募集事项的决定

公司可以募集发行公司债(募集公司债的发行)。此时,募集公司债必须确定金额以及利率等由676条各项规定的事由(募集事项。676条,会则162条)。

设置董事会的公司在募集事项当中,在决定募集金额及其他重要事项(法务省令规定)时,必须由董事会决议通过(362条4款5项,会则99条。此外,分期发行见专栏6-31)。提名委员会等设置公司中,募集事项的决定可以委任给执行董事(416条4款)。在审计等委员会设置公司中,当半数以上董事为外部董事或者以公司章程做出类似规定时,募集事项的决定可以委任给董事(399条之十三5款、6款)。

关于欠缺必要的董事会决议即发行公司债的效力,目前尚无判例,但学说上一般认为,为了保护公司债交易安全,只要是公司代表权人发行的,发行行为本身有效,但未经决议违法发行可能构成高管等的懈怠履职责任(423条。铃木、竹内461页注1)。此外,发行公司债与发行新股(828条以下)不同,不存在无效之诉制度(828条以下)。

▶▶▶ ★专栏6-31 分期发行

设置董事会的公司可以在董事会上确定两个以上公司债募集事项(会则99条1款1项)、募集公司债总额的上限(同款2项)、关于利率事项的概要(同款3项)以及关于发行金额事项的概要(同款4项),在此范围内,接受董事会委任的董事可以根据市场动向变更发行条件,分期(复数回)募集发行公司债。这被称为"分期发行"[立案担当171页,犬

饲(2006)。]*。此时,已发行的公司债被偿还的,募集总额中相应的部分得以复活。故在董事会确定的发行总额上限范围内,公司可以反复多次进行发行、偿还(立案担当省令26页)。

(2)公司债的成立等

(a)公司债的成立

公司决定募集事项后,依《公司法》规定,接下来进入认购申请(677条)与公司分配环节(678条)。公司应当向申购人通知募集事项及其他的事项(677条1款。依《金融商品交易法》公开的无须通知。同条4款)。但是,全额认购协议的场合不适用677条、678条的规定(679条)。根据以上申请以及分配或者全额认购协议,无须实际缴纳即产生发行公司债的效力(立案担当173页),接受分配的认购人或者全额认购协议的当事人成为公司债的债权人(680条)。

当募集公司债总额中部分未分配的,已分配的部分原则上产生募集发行的效力(称为"打切发行"),但可以在决定募集事项时规定,当出现前述情形时,募集公司债整体不生效(676条11项)。

(b)公司债的债权人与发行公司之间的关系

公司债的债权人与发行公司之间为合同关系(公司债协议)。公司债的债权人有义务在募集事项确定的日期(676条10项)支付认购金额。发行公司有义务按照募集事项要求还本付息。

此外,即便是676条规定以外的事项,当以公司债协议达成合意的,发行公司与公司债的债权人均将受到约束。例如,实务中多存在如下附条件的条款,即一方要求发行公司的纯资产以及利润额维持在一定规模以上,发行公司违反约定的,将丧失公司债的期限利益(财务上的特约,称为财务限制条款或者Covenant。VM106页)。

(c)公司债券的发行

募集事项中确定发行公司债券的(676条6项),发行公司债后应当及时发行相应的公司债券(696条)。公司债券的记载事项参照697条。根据公司债券上是否记载权利人的姓名、住所,分为记名式与无记名式(681条4项。无论哪种分类,公司债券上都不记载权利人的住所、姓名。参照:697条

---

* 我国实务中通常表述为"一次核准,分期发行"。——译者注

1款)。原则上,二者之间可以转换,但公司有相反规定的除外(698条。特别是公募债的公司债券,系无记名式,多无法转换为记名式)。

(3)公司债的种类

内容(利率以及偿还的期限、方法等由676条3项—8项之二以及会则165条规定的事项。681条1项)相同的公司债不论发行时期是否一样,均为同一种类的公司债(同项)。公司债的种类除了作为公司债的债权人会议的构成单位,还构成是否强制设置公司债管理人的基准(702条但书,会则169条)。

□2 公司债的管理、转让等

(1)公司债存根簿

公司应当于发行公司债后及时制作公司债存根簿,记载、记录681条各项规定的事项。公司债存根簿原则上应当记载债权人的姓名、住所,发行无记名式公司债券的,不需记载(681条4项)。关于公司债存根簿记载事项的书面交付等(682条),公司债存根簿管理人(683条),公司债存根簿的置备、阅览等请求(684条),对公司债的债权人的通知等(685条)事项,与股东名册以及新股预约权登记簿遵守同样的规定。

(2)公司债的转让

(a)转让的自由以及限制

公司债与股份不同,公司法上并未规定自由转让原则及其例外,是否可以转让取决于民法的一般原则。因此,公司债可自由转让(民466条1款),即使以特别约定禁止转让的,转让自身不受妨碍(同条2款)。需要注意的是,受让人对转让限制存在恶意或者重大过失的,发行公司可以拒绝履行公司债(同条3款。参照同条4款)。

★(b)转让的方法

在公司债的转让方法上,根据是否发行公司债券以及记名式、无记名式的区别,是否适用转账制度,适用与新股预约权同样的规定。具体如下:

第一,不发行公司债券也不适用转账制度的公司债,以当事人之间的意思表示(转让协议)就可完成转让,但不进行公司债存根簿的名义变更(691条1款),不得对抗发行公司及其他第三人(688条1款)。

第二,发行债券(676条6项)的公司债,除了意思表示(转让协议),不交付公司债券的,不发生转让的效力(687条)。

发行记名式公司债券的,债券的交付可以对抗发行公司以外的第三人,但要对抗发行公司的,需要做公司债存根簿的名义变更(688条2款)。

相比之下，发行无记名式公司债券（无记名公司债。681条4项）的，债券的交付可以对抗包括发行公司在内的第三人（688条3款）。由于无记名公司债无须在公司债存根簿上记载权利人的名义（姓名、住所。681条4项），故自然不存在名义变更手续（691条3款）。也就是说，无记名式公司债券流通后，发行公司也无法掌握最新的债权人情况，发行公司向偿还期内提示证券者进行清偿即可（705条2款）。

公司法上针对公司债券的记载事项（697条）、权利推定（689条1款）以及善意取得（689条2款）、遗失证券时的公示催告程序（699条，非讼99条—118条）设置了相关制度。

第三，转账公司债（短期公司债或者发行公司适用转账制度且由转账机关进行管理的公司债。转账66条）除了意思表示（转让协议），不对资金账户的转账记录进行记载的，不发生转让的效力（转账73条）。此时，不进行存根簿的名义变更（根据转账86条之三，排除适用688条1款、691条1款2款），公司债的归属取决于资金账户的转账记录。

作为公募债发行的公司债多以无记名式公司债或者转账公司债的形式流通。

★(3)其他

公司法上针对公司债的共有（686条）、出质（692条—695条）以及属于信托财产的公司债的对抗要件等（695条之二）做了专门规定。

□3 公司债的付息、偿还等

(1)支付利息

公司债规定了利息的（676条3项、5项），按照规定支付利息（也存在不付息的公司债。特别是附新股预约权公司债，通常多为无利息）。转账公司债以及除无记名外的公司债（一般称为"记名公司债"），其利息的支付地点为公司债存根簿上记载、记录的住所（681条4项，商516条1款）。无记名式公司债在债券上附有附息票（697条2款），持券人持附息票受领利息（705条2款，商516条2款）。转账公司债的利息支付依资金账户的转账记录发放。

(2)偿还

公司债基于发行时的规定（676条4项）进行偿还[还本。实际上，可以发行无偿还期限的"永久债"，公司存续期间持续支付利息。江头（2011）446页]。记名公司债的偿还地点为公司债存根簿上记载、记录的住所（681条2项，商516条1款）。发行公司债券的，持有人持债券申请还本（705条2款，商516条2款）。转账公司债的偿还依资金账户的转账记录进行。此时,根据申请还本人的申请,对该公司债进行注销(转账 71 条)。

(3)消灭时效

公司债的偿还请求权从可以行使时开始 10 年消灭(701 条 1 款)。利息请求权的消灭时效为 5 年(同条 2 款)。这是因为,鉴于公司债的公众性、流通性,客观上将时效期间做统一规定便于管理[堀越等(2017)12—13 页。对比民 167 条 1 款]。

■ 3 公司债管理人

□ 1 概说

(1)意义

公司债管理人是指为了公司债的债权人的利益管理公司债的人(702 条)。公司债向特定少数人发行的(私募债)较多,但面向包括个人在内的多数一般投资者发行的(公募债)也不在少数。在后者,发行公司不履行公司债相关义务的,多数小规模债权人维权并不容易。因此,公司发行公司债的,原则上必须设立公司债管理人(702 条),同时公司法专门规定了公司债管理人的权限与义务。

(2)公司债管理人的设置义务及例外

公司发行公司债的,应当确定公司债管理人,管理人为了公司债的债权人的利益履行受领清偿、债权保全及其他公司债管理职责(702 条本文)。但是,下列事项除外:第一,各个债权金额(参照:676 条 2 项)在 1 亿日元以上的;第二,某类别的公司债总额除以该类别各个债权额的商低于 50 的(即该类别的公司债的债权人人数不足 50 人的。702 条但书,会则 169 条)。

第一种情况下,若公司债的债权人的债权额在 1 亿日元以上的,法律认为,自己的权利可以亲自保全、行使;第二种情况下,发行该类别公司债对多数投资者的利益不会带来影响,故不必强制性设置管理人。此外,权利内容相同的公司债即使在不同时期发行也属于同一类别,故不得以多次发行相同内容的公司债的形式规避管理人的设置义务。

不设公司债管理人的,应当于募集事项中明确进行规定(676 条 7 项之二)。

▶▶▶ **专栏 6-32 不设置管理人的公司债及其管理**

实务中,不设置管理人的公司债(不设置债。702 条但书)比设置管理人的公司债(设置债)更多[例如,2010 年发行的公司债中,设置债占比为两成。"关于日本证券业协会、公司债市场的机动性的恳谈会"（2012）23页］。即使为不设置债，也多任意设置财务代理人（向债权人支付本息等事务。VM107页）。财务代理人并非为了公司债的债权人的利益从事管理的人员，对债权人不负勤勉义务与忠实义务。

此外，2019年《公司法》修改创设了新的制度：公司发行不设置债的，需要设置为了债权人利益辅助管理公司债的人员（公司债管理辅助人制度）。

(3) 公司债管理人的资格

公司债管理人必须具备管理公司债所需的专业性，具体而言，应当是银行、信托公司或者法务省令规定的机构（某些金融机构。703条，会则170条）。

图表6-8　公司债管理人的法律地位

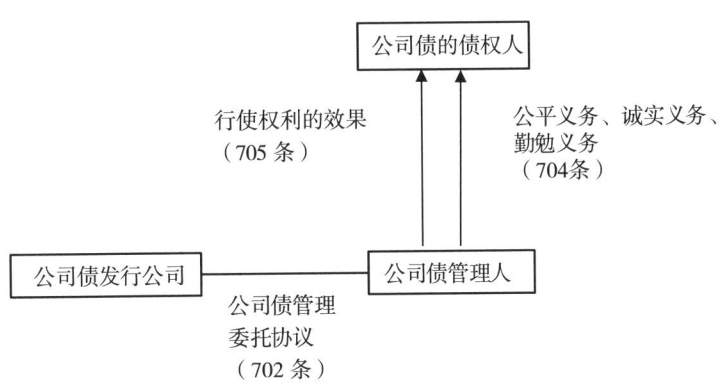

▶▶▶ 专栏6-33　日本公司债管理人的实际情况与公司法的立场

在日本，公司的主要交易银行（主银行）担任该公司债管理人的居多。此时，因公司债管理人自身作为发行公司的主要债权人，当发行公司业绩恶化时，其存在优先回收自己债权进而损害其他债权人利益的风险。但是，从另一个角度看，作为主银行且深度了解发行公司经营财产状况的管理人，也有提高公司债信用的一面。因此，公司法并不禁止发行公司的主银行担任公司债管理人，只有该管理人为了自身清偿而损害其他债权人利益的，通过对其课以特别责任等（710条2款），从利益冲突的角度予以处理。

(4)公司债管理人的法律地位

公司债管理人与发行公司之间签订协议(公司债管理委托协议),根据协议受托管理公司债事务(参照702条),其与公司债的债权人之间并不存在直接的合同关系。但是,公司法为了保护公司债的债权人的利益,规定公司债管理人对公司债的债权人负有直接的义务(公平义务、诚实义务以及勤勉义务。704条),以及违反义务时对债权人的损害赔偿义务(710条。图表6-8)。

公司法赋予公司债管理人包括受领清偿以及权利保全在内的概括性权限(705条1款),该权限在行使的效果上当然及于全体债权人。例如,发行公司向管理人进行清偿的,此时发行公司的债务消灭,即使管理人在将清偿的价款向债权人分配前破产的,债权人也不得再向发行公司请求清偿。

(5)公司债的债权人的权利行使

公司法虽赋予公司债管理人包括受领清偿以及权利保全在内的概括性权限(705条1款),但并非禁止各个债权人行使权利。因此,公司债的债权人在行使自身权利上,有权在裁判以及裁判之外请求发行公司清偿,或者取得债务名义申请强制执行[大判昭和3.11.28民集7卷1008页(百选81,商判Ⅰ-171)]。实际上,发行公司向特定债权人为清偿的行为明显不公正的,公司债管理人有权以诉讼请求撤销该行为(865条—867条)。

此外,公司债管理人向发行公司提起诉讼请求清偿的(法定诉讼担当的一种),根据禁止双重起诉的民事诉讼法的一般规定(民诉142条),公司债的债权人将不得亲自提起诉讼[コンメ(16)143页(藤田友敬)]。此时,公司债的债权人为了保护自己的权利,可以辅助参加(共同诉讼)到对发行公司提起的诉讼中[伊藤(2020)198页注47]。

□2 公司债管理人的权限

(1)概说

公司债管理人的权限分为公司法赋予的权限(法定权限)和公司债管理委托协议中约定的权限(约定权限)。

(2)法定权限

(a)通常的法定权限

公司债管理人享有包括受领清偿以及权利保全在内的一切裁判上以及裁判外的概括性权限(705条1款)。例如,依据705条1款,以诉讼请求发行公司进行清偿(法定诉讼担当的一种),判决效果及于民诉115条1款2项规定的全体公司债的债权人);得到确定判决后请求法院强制执行(此时,无须个别债权人名义。708条)。

管理人为了债权人的利益受领公司债本息清偿的,债权人有权请求管理人向自己支付该款项(同条2款。发行公司债券的,只有提示债券才可请求支付。同款后段)。该请求权的消灭时效为10年(同条3款)。

(b) 特别法定权限

管理人拟实施导致公司债内容发生变更的某些重要行为的,为了保护债权人利益,公司法规定,只有经过公司债的债权人会议决议的(特别决议。724条2款2项),才可以实施(706条1款)。具体包括如下行为:第一,该公司债全部延期支付,或者免除该债务或债务不履行责任,或者与发行公司之间和解(同款1项);第二,对该债务的全部进行诉讼行为或者该债务进入法律上的倒产程序(同款2项)。关于第二点,提起诉讼及主张、举证,以及倒产程序中申报债权等,属于为实现公司债的债权而采取的保全措施,根据706条1款2项,管理人当然可以行使。故依据706条1款2项需要公司债的债权人会议决议的行为,包括撤诉、放弃诉讼请求、裁判上和解或者行使表决权(针对变更公司债内容的再生计划案或者更生计划案,在债权人会议或者相关人员会议上投票同意的表决权行使)等一系列伴随处分公司债的行为[コンメ(16)148页(藤田友敬)]。

需要注意的是,关于第二点的行为,可以在募集事项当中规定不需要经公司债的债权人会议决议(706条1款但书、676条8项。此时,需要及时发出公告或者通知。706条2款、3款)。因为,如果总是需要公司债的债权人会议决议的话,公司债管理人将无法做出迅速的对应,结果会有损于债权人的利益。

此外,公司债管理人变更债权人权利内容的行为(达不到706条1款各项的行为的程度,例如,与发行公司合意缩短偿还期限,或者变更财务上的特约)如果得到公司债的债权人会议的承认,也是可行的(相当于716条所说的"关于公司债的债权人利害的事项")。

▶▶▶ **专栏6-34 公司债本息的减免**

2019年《公司法》修改前,即使经过公司债的债权人会议的特别决议,公司债管理人可否全部或者部分免除公司债的本金或者利息,并无明确的规定。同年《公司法》修改时,在706条1款1项中增加了"免除……其债务",前述免除得以明确。不设置管理人的公司债也可经债权人会议的特别决议进行免除(724条2款1项、706条1款1项)。

(c) 业务、财产状况的调查权

公司债管理人有必要行使法定权限时,可以经法院许可,对发行公司的业务以及财产状况进行调查(705条、706条4款)。

(d) 债权人异议

债权人有权对实收资本额的减少以及合并等公司法上的事项提出异议的(449条、789条),公司债管理人可以为了债权人的利益提出异议(740条2款。参照同条3款)。

(3) 约定权限

实务中,公司债管理人除了(2)介绍的法定权限以外,还会依据公司债管理委托协议获得诸多管理公司债的权限(约定权限)。约定权限作为公司债的募集事项(676条12项,会则162条4项)通知申请人(677条1款2项)。此外,约定权限还作为公司债管理委托协议的内容之一记载于公司债存根簿(681条1项,会则165条8项)。约定权限的例子如:接受发行公司关于事业概况以及决算的报告;以较法定调查权限宽泛的形式调查发行公司的事业以及财产状况(VM104页)。另外,约定了财务特约的,发行公司违反该特约时,宣告其丧失公司债的期限利益也多属于公司债管理人的约定权限。

□ 3 公司债管理人的义务与责任

(1) 公司债管理人的义务

公司债管理人负有为了债权人的利益公平且诚实地履行管理公司债的义务(公平义务、诚实义务。704条1款)。公平义务是指在管理公司债时,应当根据债权的内容、金额等公平对待所有债权人。诚实义务是指公司债管理人在自己或者第三人与公司债的债权人的利益发生冲突时,不得优先考虑自己或者第三人利益的义务[コンメ(16)138—140页(藤田友敬)]。后述的710条2款的公司债管理人的责任可以说是诚实义务的具体化。公司债管理人还负有以善良管理者的审慎注意管理公司债的义务(勤勉义务。704条2款)。"公司债的管理"并不限于发行权限的行使,公司债管理人在行使约定权限时,必须公平、诚实且以善良管理人的审慎注意进行管理(立案担当177页)。

(2) 公司债管理人的责任

(a) 一般规定

公司债管理人的行为违反公司法或者债权人会议决议时,需要向公司债的债权人赔偿由此产生的损害(有责的管理人为二人以上的,负连带责任。710条1款)。

(b)利益冲突行为的责任

公司债管理人自身持有发行公司债权的(在日本这种情况很多→专栏6-33),当回收自己债权的行为可能被认定为优先于公司债的,法律规定了特别的责任。即(ⅰ)公司债发行公司怠于偿还公司债或者支付利息;或者(ⅱ)发行公司出现支付停止(资力不足无法支付债务的明示或者默示之意思表示)后,或者出现(ⅰ)(ⅱ)情形之前的3个月内(以下称为"法定期间"),公司债管理人实施下列行为的,对公司债的债权人承担损害赔偿责任(710条2款。"损害"的意思→专栏6-35)。但是,该公司债管理人证明未怠于诚实履职或者该损害并非因该行为所致的除外(同款本文但书):

第一,公司债管理人自身持有公司债发行公司债权(以下称"自己债权")的,从该发行公司获得担保或者消灭债务的行为(清偿、代物清偿等。同款1项);第二,向特别关系人(与公司债管理人具有特别关系者,例如:母子公司、姊妹公司。会则171条)转让自己债权,该特别关系人受让该债权的(同款2项);第三,公司债管理人在法定期间内创造出可以抵销的条件后进行抵销的(同款3项、4项)。

从客观上看,以上情形均具有损害公司债的债权人利益的强烈嫌疑,即公司债管理人将自身利益优先于债权人之上,此时,法律推定管理人违反诚实义务行为与损害结果之间具有因果关系[否定公司债管理人未怠于诚实履职的事例参见:名古屋高判平成21.5.28判时2073号42页(百选80,商判Ⅰ-170)。该事例中,公司债管理人为应对发行公司信用不安而实施救济融资,接受了发行公司的担保]。

▶▶▶ ★专栏6-35 《公司法》710条2款的"损失"的意义

公司债管理人实施了上述第一至第三的行为时,根据710条2款规定,其应当赔偿的"损失"是什么?传统上,一般认为"公司债管理人若不实施该行为则债权人可以获得的清偿额与债权人实际上获得的清偿额之间的差额"为应当赔偿的损失(传统上称为"差额说")。例如,现在假设公司债的债权人、公司债管理人以及其他债权人(均为无担保债权人)各自对发行公司持有1000万日元的债权,而发行公司的资产仅有1500万元。现在,公司债管理人从发行公司获得自己债权的全额清偿,其后3个月以内发行公司怠于履行债务或者处于支付停止状态。之后,发行公司开始进入破产程序,公司债的债权人和其他债权人(对发行公司的 500 万日元剩余财产按份分配)各自获得 250 万日元的清偿。此时,假设公司债管理人没有优先受偿,则公司债的债权人在破产程序中有权获得 500 万日元的清偿(与其他债权人以平等的条件接受分配)。这样的话,根据差额说,公司债管理人应当赔偿的损失额为:500-250=250(万日元)。

对此,最近的有力学说认为,公司债管理人应当诚实尽责,将从发行公司获得的清偿金额与公司债的债权人按照各自的债权额进行比例分配,"公司债的债权人按照以上分配比例可获得的清偿额与实际获得的清偿额之间的差额"为应当赔偿的损失(比例分配解决法)。按照此学说,上述事例中,首先,公司债的债权人对发行公司享有 1000 万日元的债权,其与公司债管理人之间按照各自债权比例,可获得 500 万日元的清偿;其次,在发行公司破产时,剩余财产 500 万日元按照各自的债权比例获得 125 万日元的清偿(破产时,公司债的债权人和公司债管理人各自享有 500 万日元债权,其他债权人享有 1000 万日元债权)。因此,公司债管理人应当向公司债的债权人赔偿的损失额为:(500+125)-250=375(万日元)。

以上讨论的详细情况参见:森(2014)627—633 页。

□ 4 公司债管理人的薪酬等

公司债管理人的薪酬原则上按照公司债管理委托协议的规定支付。实际上,考虑到可能发生签约时预期之外的处理事务费用,对于协议未规定的薪酬以及事务处理费用,公司法认可经法院许可由发行公司负担(741 条)。

□ 5 公司债管理人的任期终了

(1)概说

公司债管理委托协议属于委托协议的一种,故按照民法的原则,委托人(发行公司)或者受托人(公司债管理人)以单方意思表示就可以终止协议(民 651 条)。公司法为了保护公司债的债权人的利益,对公司债管理人的辞职或者解聘规定了一定的限制条件。

(2)公司债管理人的辞职

(a)辞职事由

公司债管理人只有在以下三种情况下才可以辞职:

第一,发行公司以及公司债的债权人会议双方均同意的场合。此时,没有其他公司债管理人的,应当事先确定继受管理事务的管理人(711条1款)。

第二,出现公司债管理委托协议约定事由的。但是,该协议中未约定继受管理事务的管理人的,不在此限(同条2款)。

第三,出现不得已的事由经法院许可的(同条3款)。此时,没有其他公司债管理人的,发行公司一方应当在一定期间内确定继受管理事务的管理人(714条1款3项)。

(b)辞职时的责任

公司债管理人存在710条2款各项的利益冲突行为后辞职的,准用同款的规定(712条)。因为,辞职亦不得免除同款的责任。

(3)公司债管理人的解聘

当公司债管理人存在违反义务或者处理管理事务不当以及其他正当理由时,根据发行公司或者公司债的债权人会议的申请,法院可以解聘该公司债管理人(713条)。发行公司不经以上程序不得随意解聘(对比:民651条)。

(4)公司债管理人事务的承继

公司债管理人因辞职、解聘或丧失资格(703条)失去其地位,或者解散的,当没有其他管理人时,发行公司应当确定承继事务的管理人并做出委托。此时,需要公司债的债权人会议同意或者代之以法院的许可(714条1款)。发行公司在一定期间内不予行动的,丧失公司债的期限利益(同条2款)。

★■ 4 公司债管理辅助人

(1)意义

公司发行公司债的,原则上必须设置公司债管理人(702条)。实际上,很多公司为了节约成本,根据702条但书的规定不设置公司债管理人(不设置债→专栏6-32)。

不设置公司债管理人的,公司债本息管理等事务原则上由公司债的债权人亲自实施。但是,当发行公司进入倒产程序时,会发生债权申报等事宜。因此,在某些公司债管理事务上,存在着设置辅助人的需求。另一方面,以协议确定辅助人权限的,协议的效力范围并不明确。例如,委托辅助人起诉(任意诉讼担当)的,会发生与律师代理原则(民诉54条1款本文)以及禁止诉讼信托(信托法10条)相抵触的问题[最判平成28.6.2民集70卷5号1157页(商判Ⅰ-172。本案中,任意诉讼担当被认可)]。

因此,2019 年《公司法》修改时规定,公司发行公司债,根据 702 条但书不设置管理人的,可以确定公司债管理辅助人,为了公司债的债权人的利益,委托其辅助管理公司债(714 条之二)。至于是否设置公司债管理辅助人,由各发行公司自行决定。但是,附担保的公司债,因担保的受托人管理公司债,故不得设置公司债管理辅助人(同条但书)。发行公司债后设置了公司债管理人或者委托了担保受托人的,公司债管理委托协议终了(714 条之六)。

设置公司债管理辅助人的,必须在募集事项中进行明确规定(676 条 8 项之二)。

(2)资格以及法律地位

(a)资格

公司债管理辅助人必须是具有管理公司债资格者(银行或者信托公司等。703 条),或者律师、律师法人(714 条之三,会则 171 条之二)。

(b)法律地位

公司债管理辅助人与发行公司之间签订委托协议,接受发行公司委托辅助管理公司债(714 条之二),与公司债的债权人之间并无直接的合同关系,但其行使权限时的法律效果及于公司债的债权人。此外,公司债管理辅助人直接向公司债的债权人负有义务及承担责任(714 条之七,704 条,710 条 1 款)。

(3)公司债管理辅助人的权限

相比于公司债管理人享有管理公司债的概括性法定权限(705 条 1 款),公司债管理辅助人的法定权限是极其有限的。具体而言,第一,为了公司债的债权人的利益,参加法律上的倒产程序,在强制执行、实行担保权程序中接受分配,以及清算程序中登记债权(714 条之四 1 款)。在上述法定权限之外,还可根据委托协议赋予辅助人诸多权限(约定权限)。例如,辅助人在委托协议约定的范围内,为了公司债的债权人的利益。第二,接受公司债的清偿。第三,为接受清偿或者实现保全所必需的一切行为。第四,706 条 1 款各项规定的行为。第五,使公司债全额丧失期限利益的行为(714 条之四 2 款。约定第二种权限的,准用 705 条 2 款、3 款,714 条之四 5 款)。第三种行为中,辅助人拟实施请求支付全部公司债等一定行为(同条 3 款 1 项)或者实施第四、第五种行为的(同款 2 项),需要公司债的债权人会议决议(辅助人召集公司债的债权人会议见 717 条 3 款)。

此外,第六,公司债管理辅助人对发行公司实施的减资、组织机构变更、重组等事项,有权接受发行公司的催告(449 条 2 款等,740 条 3 款)。与公司债管理人不同,辅助人不得对以上行为提出异议。

(4)公司债管理辅助人的义务以及责任

公司债管理辅助人对公司债的债权人负有公平义务、诚实义务以及勤勉义务(714条之七,704条)。根据委托协议,还负有向公司债的债权人报告公司债管理事项的义务(714条之四4款)。辅助人违反上述义务的,应当赔偿债权人因此产生的损失(714条之七,710条1款)。

但是,与公司债管理人不同,辅助人不负利益冲突的特别法定责任(710条2款)。因为,辅助人的权限以及裁量范围受到限制,没有必要对其课以如管理人那样的严格义务与责任。若规定严格的义务、责任,会导致制度成本增加,最终损害该制度的实施利用。

(5)其他

特别代理人的选任(707条)、行为方式(708条)、辞职(711条)、解聘(713条)以及事务承继(714条)等事项,准用公司债管理人的规定(714条之七)。

5 公司债的债权人会议

□ 1 概说

公司债的债权人会议是依公司债的类别组成的公司债的债权人组织(715条)。当公司债发行公司业绩恶化危及本息偿还时,申请对全部公司债进行支付延期,或者减免本息的话,发行公司的业绩可能得以恢复进而具备清偿能力,最终对全体债权人有利。但是,按照民法一般原则,支付延期或者减免本息需要得到各个债权人的同意,而每个债权人都可能期待其他债权人行使权利而自己不作为(经济学上称"搭便车")。发行公募债且债权人人数众多的,这种状况尤其明显。

为了应对上述问题,可以考虑由发行公司申请进入法律上的倒产程序(民事再生或者公司更生等),以债权人(不限于公司债的债权人)的多数决变更权利。但是,当公司债的债权人以外的主要债权人同意延期或者减免的,为了获得剩余的公司债的债权人的同意而花费费用且公司的信用、评价可能因此降低,如此的法律上的倒产程序未必可取。

因此,不通过法律上的倒产程序,而由公司债的债权人的多数决变更公司债的权利内容,就具有一定的合理性。基于此,可以考虑由发行公司与公司债的债权人之间签订协议(公司债协议)来处理,日本采取立法的形式对此进行规制。具体而言,公司法规定,可以通过公司债的债权人会议决议(多数决）的形式变更公司债的债权人的权利内容（724条2款1项、2项，706条1项→专栏6-34），同时为了保护少数派债权人的利益，上述决议需要经过法院的认可。关于以多数决变更公司债内容的意义以及问题点参照：藤田（1995），行冈（2018）。

□2 公司债的债权人会议的权限等

（1）决议事项

（a）概说

公司债的债权人会议有权对公司法规定事项（法定决议事项）以及事关公司债的债权人利益的事项进行表决（716条）。

（b）法定决议事项

法定决议事项的代表性行为包括：第一，全部公司债的延期支付以及和解等706条1款各项所列行为的决定（724条2款1项）；第二，存在公司债管理人的，对公司债管理人实施的706条1款各项所列行为的承认（724条2款2项）；第三，同意公司债管理人辞职（711条1款）、请求解聘（713条）、对事务承继人的同意（714条1款）；第四，选举、解聘公司债代表人、决议执行人等（736条—738条）；第五，发行公司怠于支付公司债等的，使其丧失期限利益等（739条）。

此外，第六，公司债的债权人如要对发行公司实施的减资以及公司合并等提出异议，必须经公司债的债权人会议决议（740条1款），此为法定决议事项之一。此规定可以防止部分债权人率先提出异议而损害其他人的利益，但召集会议需要时间，规定期间内无法提出异议的将不利于债权人，故立法上存有疑问（管理人为了公司债的债权人的利益提出异议的，无须公司债的债权人会议决议。740条2款）。

（c）事关公司债的债权人利益的事项

公司债的债权人会议在法定决议事项以外，还可以对事关公司债的债权人利益的事项进行决议（716条）。例如，变更财务特约的内容。

（2）公司债代表人

公司债的债权人会议可以依决议从某些大规模债权人中选出公司债代表人，将会议决议事项的决定权限委任给该代表人（736条）。公司债代表人的解聘以及委任事项的变更也可以公司债的债权人会议决议做出（738条）。

□3 公司债的债权人会议的程序

（1）召集

公司债的债权人会议可以在必要时随时召集（717条1款）。除了发行公司或者管理人具有召集权限(同条2款),某些大规模债权人也有权在履行召集程序后自行召集(718条)。

设置辅助人的,该辅助人除在接受公司债的债权人提出召集请求外(718条1款),若需要提请公司债的债权人会议同意管理人辞职的(714条之七、711条),也可召集会议(717条3款)。

召集人应当确定会议时间、地点以及会议目的事项(议题)等(719条),向已知的债权人及发行公司以及公司债管理人发出召集通知(720条1款—3款)。实际上,发行无记名公司债的,召集人通常并不清楚现有债权人的情况,因此,应当采取公告形式(同条4款、5款)召集。

在公司债的债权人会议上,债权人有权书面投票,故召集人应当向已知的债权人交付会议参考资料以及行使表决权的书面材料(或者代之以提供数据电文记录。721条)。

(2) 表决权

公司债的债权人有权根据其持有的该类别公司债的合计金额行使表决权(723条1款)。在公司债的债权人会议上,享有表决权的债权人的人数及其书面投票权均得到保障(对比726条1款、298条2款)。召集人在召集事项中规定的,可以实行电子投票(719条3项、727条)。

(3) 决议

公司债的债权人会议决议原则上由出席会议的权利人(有表决权的公司债的债权人)以半数以上表决权通过(724条1款。普通决议)。但对债权人利益产生重要影响的某些事项(公司法706条1款各项所列事项等),必须由代表五分之一以上表决权者出席,且出席会议的表决权人以三分之二以上多数通过(724条2款。特别决议)。

与董事会设置公司的股东大会一样(309条5款),公司债的债权人会议只对召集人确定的议题进行表决(724条3款)。

(4) 决议的认可以及效力等

(a) 决议的认可

为了保护公司债的债权人的利益,公司债的债权人会议决议只有经过法院认可才生效(734条1款)。召集人应当在决议做出之日起一周之内向法院申请认可决议(732条)。法院在下列情形下不予认可:第一,会议程序违法或者违反公司债募集资料的说明事项;第二,决议以不当的方法成立;第三,决议明显不公正;第四,决议违背一般公司债的债权人的利益(733条)。

(b)决议的效力

公司债的债权人会议的决议对持有该类别公司债的所有债权人(包括对决议投反对票的人)有效(734条2款)。例如,对全部公司债决议延期支付的,该类别的全部公司债将延期支付。

(c)公告

发行公司应当在认可或者不认可会议决议后及时进行公告(735条)。

(d)决议的执行

存在管理人的,决议由该管理人执行;存在辅助人的,表决属于该辅助人权限范围内行为事项的,决议由该辅助人执行;除此以外的事项由公司债代表人执行(736条、737条1款)。但是,公司债的债权人会议可以另行确定决议执行人(同款但书)。例如,公司债的债权人会议表决通过与发行公司进行诉讼上和解的(706条1款2项规定的诉讼行为之一),737条1款规定的执行人可以依照该决议与发行公司之间进行和解。

(5)决议、认可的省略

享有表决权的全体公司债的债权人对作为会议目的事项的提案,以书面或者数据电文方式做出同意的意思表示的,视为做出决议[735条之二(2019年修改时新设)1款。同意的书面材料的置备、阅览请求参照:同条2款、3款]。此时,不经法院认可即产生决议的效力(同条4款)。因为,既然全体公司债的债权人同意,即便没有法院认可,也不会损害公司债的债权人的利益。

(6)费用负担

公司债的债权人会议的相关费用由发行公司负担(742条1款)。

第 7 章
公司设立

- 第 1 节　概说
- 第 2 节　发起人
- 第 3 节　发起设立
- 第 4 节　募集设立
- 第 5 节　设立中的公司
- 第 6 节　设立责任
- 第 7 节　设立的无效
- 第 8 节　公司的不成立

本章介绍股份公司的设立手续。首先,介绍股份公司设立的相关概念(第1节)和承担设立事务的发起人相关事宜(第2节)。其次,在详细介绍发起设立的手续(第3节)后,对募集设立与发起设立的主要不同之处做简单介绍(第4节)。接下来,论述设立中公司的法律问题(第5节),对设立时违法行为等产生的发起人等的责任进行介绍(第6节)。最后,介绍设立无效(第7节)以及公司不成立(第8节)的相关问题。

第1节 概说

1 意义

设立手续是指为了成立股份公司(法人)而实施的手续(《公司法》第二编第一章)。股份公司中,还存在不依《公司法》第二编第一章而是以新设合并、新设分立或者股份转移的方式设立的情况,这些将在本书第9章第3节中进行介绍,本章暂不涉及。

现行法之下,按照法律规定的某些要件履行设立公司手续的,国家当然赋予其法人格。这样的立场称作准则主义(→专栏7-1)。

▶▶▶ 专栏7-1 准则主义与核准主义

相比于准则主义,公司只有在得到主管机关核准的情况下才成立的,称为核准主义。即,由国家进行裁量,决定是否允许成立公司。随着经济的发展,公司的成立从核准主义转向准则主义已是国际潮流。日本明治23年《商法》采用核准主义,明治32年《商法》改为准则主义。

2 发起设立和募集设立

股份公司的设立分为发起设立和募集设立两种方式。发起设立是指设立公司时,发起人认购全部或者部分股份(设立时发行的股份。25条1款1项);募集设立是指发起人认购设立时发行的部分股份,剩余部分对外募集认购人(同款2项)。由于募集设立存在保护募集股份认购人的诸多规定,实务中,发起设立占据压倒性多数(多数情况是,拟向一般公众募集出资的,首先采取发起设立的方式设立公司,公司成立后采取募集发行股份等方式募集出资)。采取发起设立方式的,设立手续通常仅需一天,而募集设立最低需要4—5天,通常需要两周左右时间(江头60页)。需要注意的是,后述需要接受检查员调查的,设立时间会相应延长。

第2节 发起人

■1 意义

发起人即策划设立公司的人。但是,在法律上,只有作为发起人在公司章程上签名或者签字盖章(以电文数据制作章程的,为电子签名)的人方可成为发起人(参照26条)。未作为发起人在公司章程上签名的人,即便事实上为设立公司事宜倾尽全力的,也不是法律上的发起人(大判大正3.3.12民录20辑168页),某些场合下,其仅承担疑似发起人的责任(参照103条4款)。发起人在设立公司时必须认购一股以上的股份(25条2款),若不认购将导致公司设立无效(此处存在争议),故必须在形式上做统一规定,以确定谁为发起人。

发起人可以是一人也可以是多数人,可以是自然人也可以是法人。法人作为发起人的例子,例如,某公司设立子公司,该公司为发起人,子公司成立后其成为单独股东(全资母公司)。此外,复数法人以经营共同事业为目的,共同作为发起人设立股份公司的,这样的公司实务上称为"合资公司"。

■2 发起人的作用及公司法的课题

发起人应当以善良管理人的审慎注意(参照民644条)履行设立公司事务。为了防止在设立公司事务中处于中心地位的发起人滥用权利,例如,私下使用其他发起人或者募集股份认购人(募集设立的场合)的出资获得利益(这样的行为在当时处于股份公司制度摇篮期的日本以及外国屡有发生),公司法上设置了诸多规定。例如,后述的变态设立事项以及发起人的法定责任。

■3 发起人合伙

发起人为多数人的,应当存在共同设立股份公司的合意。此合意应理解为民法上的合伙(民667条以下)之一种(大判大正7.7.10民录24辑1480

页），称为发起人合伙。

发起人合伙的目的未必仅限于设立公司，根据合伙协议（发起人全员的合意），其他事项也可以作为合伙目的。见下面的事例：

> ▶▶▶ **事例 7-1**
>
> Y1 等七人（以下称"Y1 等"）拟设立以销售煤炭等为目的的 A 股份公司，遂共同作为发起人开始设立事务。在 A 股份公司还未成立时，Y1 等共同以"A 股份公司"的名义开始经营煤炭销售业务。作为事业的一环，Y1 等以转售为目的从 X 处购入煤炭（本案的交易）。其后，A 股份公司成立，但本案的交易价款未付。X 有权对谁请求履行价款？

进行本案交易当时，既然"A 股份公司"尚未作为法人成立，则不能认为 A 股份公司向 X 承担了债务（发起人在公司成立前可以为了"设立中的公司"的利益为某些行为，但即便对该行为范围作最为广泛解释的学说，也无法将此解释为"为了设立中公司的利益"）。对本案可以这样理解：Y1 等在 A 股份公司成立前达成共同经营事业的合意，本案交易所负的债务作为合伙债务，由其成员 Y1 等负连带清偿责任［参照：事例 7-1 原型的最判昭和 35.12.9 民集 14 卷 13 号 2994 页（百选 Ap1，商判 I-15）。合伙债务原则上应当按照民法规定的按份责任加以承担（民 675 条 2 款、427 条），但以转售为目的购入物品的行为属于商行为（商 501 条 1 项），根据《商法》511 条 1 款的规定，合伙成员负连带责任］。

Y1 等的行为（公司成立前以公司名义实施营业的行为）依照 979 条 1 款应当处以罚款，但该行为与行为的私法效力应分别对待。考虑到 X 的交易安全，不能简单否定行为的私法效力。

第 3 节 发起设立

■ 1 概说

(1) 手续的概要

本节对发起设立即发起人认购设立时发行股份的全部手续进行介绍（25 条 1 款 1 项）。

发起设立时需要履行的手续包括：第一，发起人制作公司章程；第二，根据出资确定股东以及形成公司财产；第三，选举设立公司时的管理人员以及形成公司机关;第四,在公司设立的合法性上,设立时董事(根据公司不同,有时需要增加设立时监事)的调查(存在后述的变态设立事项的,加上法院选任的检查员);根据以上手续形成公司实体后,第五,设立公司登记(911条)。这样,股份公司作为法人成立(49条)。参照图表7-1。

(2)设立中的公司

股份公司设立手续进行期间(设立登记前),公司并未作为法人成立,但存在成员(发起人。募集设立的加上募集股份认购人),亦存在规约(公司章程),所以,可以说已经具备了作为社团的实体。公司成立前存在的社团(无权利能力社团之一种)称为"设立中的公司"。设立中公司的法律问题主要集中在:发起人为了设立中公司的利益实施行为的效力,在多大程度上及于成立后的公司。对此,在对设立手续进行介绍后予以详细解说。

■ 2 制作公司章程

□ 1 意义以及制作流程

(1)意义

要设立股份公司,发起人必须制作公司章程(26条1款。发起人为数人的,全员合意)。公司章程是指规定股份公司组织、运营等基本事项的自主规范。章程原则上以书面作成,也可以数据电文记录的形式制作(26条2款,会则224条)。

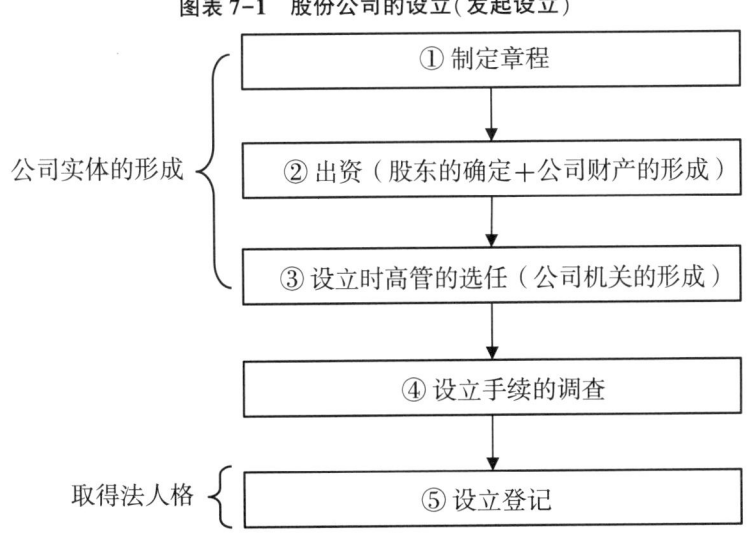

图表7-1 股份公司的设立(发起设立)

以书面形式制作公司章程的,需要全体发起人在章程上签名或者签字盖章(26条1款),以数据电文记录的形式制作的,全体发起人必须进行电子签名(同条2款,会则225条1款1项)。

发起人依26条1款制作的公司章程称为"原始章程"。

(2)公证人的认证

发起人依26条1款制作的原始章程不经公证人的认证不生效(30条1款)。这是因为,公司章程规定了绝对记载事项的,需要确保章程的合法性(公证人对含有违法条款的章程不予认证。《公证人法》26条)。

(3)公司成立前的章程变更

在发起设立阶段,公司成立前原则上不得对章程进行变更(30条2款)。若允许自由变更,则公证人认证失去意义。但是,存在例外情况(30条2款),例如,接受检查员调查后变更的(33条7款、9款),以及可发行股份总数变更的(37条1款、2款)。此外,公司成立后,也可以股东大会的特别决议进行章程变更(466条、309条2款11项)。

□ 2 章程的记载事项

(1)概说

公司章程上的记载事项大致分为:绝对记载事项、相对记载事项以及任意记载事项三种。以下按顺序说明。

(2)绝对记载事项

公司章程上必须记载此类事项,不记载会使章程本身无效(或者构成设立的无效原因)的事项,称为绝对记载事项。具体而言,以下六个事项应当记载于原始章程:

第一,目的(27条1项)。即股份公司经营的事业。实务上,多在列举复数项的事业后,最后加上"其他附带的经营"。

第二,商号(27条2项)。即公司名称。需要含有"股份公司"字样(6条2款),且不得使用容易被误认为其他类别公司的文字(同条3款。参照978条1项)。

第三,总公司所在地(27条3项)。此处的"地"是指独立的最小行政区划(市町村。如东京23区)。总公司所在地除了作为设立登记的场所(49条),还是确立各种诉讼专属管辖的依据(835条1款、848条、856条等)。此外,还作为各种资料等的设置场所(31条1款、125条1款、318条2款、371条1款、442条1款、775条1款、782条2款等)。

第四,设立时出资财产的价额或者最低额(27条4项)。对此将在出资部分介绍。

第五,发起人姓名(自然人)或者名称(法人)以及住所(27条5项)。

第六,公司可发行的股份总数。对此,不必由原始章程记载,公司成立之前全体发起人一致同意规定即可(37条1款)。已确定的,全体发起人一致同意可以变更(同条2款)。这是为了应对设立手续中的变化(例如,某个发起人准备的资金较当初想象的少)而采取的灵活应对措施。

(3)相对记载事项

相对记载事项是指可以由公司章程规定也可不由公司章程规定,且章程不规定就不生效的事项(也就是说,不得以章程以外的方法规定的事项。参照29条)。例如,股份的转让限制(107条1款1项),可不由公司章程规定,但也可以由公司章程规定,如以章程以外的方法(例如董事会决议)规定的将不被认可(107条2款1项)。因此,股份转让限制属于相对记载事项。

针对相对记载事项,公司法中有很多规定(107条2款、108条2款、123条、139条、164条1款、202条3款、309条1款2项、326条2款等。这些事项将在本书相应章节介绍)。此外,还有一些事项,公司法上虽无明文规定,但对股东利益影响重大,公司章程规定后方才有效(解释上的相对记载事项。→专栏7-2)。

作为与公司设立具有重要关系的相对记载事项,公司法还规定了变态设立事项。对此将在其他地方予以介绍。

▶▶▶ ★专栏7-2 解释上的相对记载事项

例如,股东大会上代理人的资格限制[最判昭和43.11.1民集22卷12号2402页(百选29,商判Ⅰ-76)]、关于盈余分配请求权的除斥期间(大判昭和2.8.3民集6卷484页)等,虽无法律的明文规定,但对股东权利形成重大制约,2005年《公司法》制定以前,只有以公司章程规定后方可有效。

对此,《公司法》起草者认为,不以章程规定即无效的事项应该全部由《公司法》明文规定("可以章程……进行规定"),不应当存在解释上的相对记载事项(29条:"根据此法律规定,若章程不规定即不产生效力的事项。"立案担当20页)。但是,现行法上并没有变更《公司法》制定前解释的立法踪迹,出于实际考量,也不应当认为可以公司章程以外的方法(例如董事会决议)限制上述股东权。解释上的相对记载事项从《公司法》的立法宗旨(例如,310条1款规定了保障股东以代理人行使表决权的权利)看,应当理解为非章程不得进行如此规定,这与29条的表述("根据此法律规定")并不矛盾。

(4)任意记载事项

可由公司章程记载也可不由公司章程记载,且可由章程以外的任何方法规定的事项,称为任意记载事项。例如,公司设立时的管理人员等可由公司章程规定(38条4款),也可以在公司章程以外由发起人选任(38条1款、3款,40条)。因此,公司设立时的管理人员等的规定属于任意记载事项。

任意记载事项中有公司法规定的(除38条4款外,还有32条1款、124条3款、349条3款、361条1款等)事项,即便没有法律规定,只要不违反法律规定,股份公司就可以章程任意规定有关公司组织、运营的事项(29条)。例如,定期股东大会(参照296条1款)的召集时期、公司法上未规定的职位(社长、会长、专务、常务等)、会计年度的起止时间(计则59条2款)等有关公司业务执行的决策,可由董事决定(董事会设置公司为董事会。362条2款1项、348条2款),实务中多在公司章程中进行规定。在章程中规定的主要意义在于,变更以上事项需要股东大会的特别决议,也就是说,单凭董事(会)将无法进行变更(466条、309条2款11项)。

□3 公司章程的公开

公司章程在公司成立前应当置备于发起人确定的场所,公司成立后置备于总公司以及分公司(31条1款)。发起人有权在公司营业时间内随时请求阅览章程、章程副本或者手抄本(同条2款、4款)。有母公司的,母公司股东亦有权经法院认可后请求查阅(同条3款)。

▶▶▶ 专栏7-3 章程的实例、章程模板

公司法上,有权请求阅览公司章程的主体限于公司股东以及债权人(有母公司的,加上母公司股东。31条2款—4款)。在东京证券交易所(东证)上市的公司,其章程通过东证官网主页内的"东证上市公司信息中心"向公众开放阅览。此外,全国株恳联合会为了方便公司及其相关人员查阅及利用,向公众公开了附解说的章程模板[全株恳章程模板。全国株恳联合会(2006)第Ⅰ章]。读者可以任选一家上市公司,看一看

章程中记载了哪些事项,该事项属于绝对记载事项、相对记载事项还是任意记载事项。

■ 3 出资(股东的确定以及公司财产的形成)

(1)意义

发起人制定公司章程以后,接下来需要履行出资义务以确定股东以及形成公司的财产(32条—37条)。出资是指向股份公司给付货币或者其他财产,以换取公司交付股份的行为。以货币以外的财产出资的,称为实物出资。实物出资的,公司法规定了保护公司成立后的其他股东以及债权人利益的特别措施(28条1项、33条),此部分后述。

(2)设立时发行股份的认购

(a)概说

发起人应当确定如下事项:第一,向哪个发起人分配多少股份;第二,发起人向公司缴纳相应的出资额;第三,有关成立后公司的实收资本以及资本公积金的事项(32条1款)。以上事项可由公司章程规定,也可在章程以外经全体发起人同意确定(32条1款)。拟设立发行类别股公司的,需要确定发行股份的内容(同条2款)。

接受股份公司应发行股份的配股并承担向公司出资义务的行为,称为认购,实施认购行为的人称为认购(认股)人。在发起设立上,能成为设立时发行股份认股人的仅限于发起人(25条1款1项),且各个发起人必须认购一股以上股份(25条2款)。

(b)认购的无效、撤销之限制

认购不得以心里保留或者虚伪表示为由主张无效(51条1款)。公司成立以后,发起人不得以重大误解、欺诈或者胁迫为由撤销认购的意思表示(同条2款)。与公司成立后募集股份发行等(211条)一样,这样规定是为了保持法律关系的稳定性。

★(c)以他人名义认购股份

设立股份公司时,以发起人(A)的名义但由别人(B)认购设立时发行的股份且出资的,与募集设立(最判昭和42.11.17民集21卷9号2448页→专栏6-10)一样,公司成立时的股东为实际认购人B(东京高判令和元11.20金判1584号26页)。这样解释有其合理之处:发起人A没有认购股份(违反25

条 2 款)构成公司设立的无效事由,但 B 认购股份并完成出资,就不构成设立的重大瑕疵,当然也不构成设立无效[松元(2019)92 页。实际上,即便构成设立无效事由,公司成立后经过 2 年,设立确定有效。828 条 1 款 1 项]。

> ▶▶▶ 专栏 7-4 权利股的转让
>
> 设立公司时的认股人负有向设立中的公司履行出资的义务,同时有权成为成立后公司的股东。该权利(称为"权利股")与债权等通常的权利一样,可以意思表示(合同)向第三人转让,但转让不得对抗成立后的公司(35 条)。认股人履行出资义务后,公司成立前转让权利股的亦同。其实,转让只是"不得对抗"公司,成立后的公司当然可以认可权利股的转让,将受让人作为股东对待[コンメ(2)52 页(铃木千佳子)。参照:铃木、竹内 82 页注 2]。

(3)出资的履行

发起人在认购设立公司时发行的股份后,以货币出资的,应当及时向公司缴纳全部出资;以实物出资的,应当及时向公司给付用于出资的财产(34 条 1 款)。

为了确保股款的缴纳,出资应当在发起人确定的出资保管金融机构(银行、信托公司及其他类似机构。会则 7 条)进行(34 条 2 款。向发起人在该金融机构开设的发起人名义账户预存资金)。公司在进行设立登记时,需要在登记申请书上附上验资证明(证明已缴纳出资的书面材料。商登 47 条 2 款 5 项)。发起设立的,可以使用在该出资保管机构开立账户的对账单复印件等[平成 18.3.1 民商 782 号通达第 2 部第 1、2(3),别册商事 297 号 31 页。2005 年《公司法》制定前存在的股款保管证明制度,在发起设立上被废除。→专栏 7-5]。

> ▶▶▶ ★专栏 7-5 发起设立中股款保管证明制度的废除
>
> 2005 年《公司法》制定前,不论发起设立还是募集设立,出资保管机构都有义务向发起人交付股款保管证明(已收到相应金额并保管的书面证明材料),且交付该证明的出资保管金融机构不得以该证明与事实不符或者存在限制返还出资的合意(发起人与银行之间通谋虚假出资的合意)为由,对抗成立后的公司(保管证明责任。2005 年修改前《商法》189 条)。例如,出资保管金融机构在公司成立前将保管的资金返还给发起人的,

> 该机构在公司成立后仍然负有向公司返还该笔出资的义务（最判昭和37.3.2民集16卷3号423页）。但是，银行等机构考虑到保管证明责任的风险，会慎重决定是否出具证明，结果将妨碍公司设立的进程。因此，公司法上要求的股款保管证明仅限于募集设立，发起设立上该制度被废除。最终，采取发起设立方式设立公司，发起人可以在公司成立前抽回出资，以支付设立登记的印花税（28条4项，会则5条4项）等［论点解说5页，逐条(1)316页(吉田正之)］。

(4)失权手续

发起人不履行缴纳出资义务的，其他发起人应当规定一个期间（最短两周。36条2款）进行催告（同条1款）。发起人在该期间届满之前仍不履行出资的，将丧失成为设立时股东的权利（同条3款）。此之谓"失权手续"。

当某个发起人仅对部分股份失权的，只要其满足公司设立时出资财产最低限额的条件（27条4项），经全体发起人同意，可以变更32条1款的规定（减少该失权发起人相应的股份数量或者股款），继续完成设立程序。但是，某个发起人认购的全部股份失权的，将与发起人在公司设立时至少认购一股的规定（25条2款）相抵触，此时，将无法进行设立程序。对于后者，公司要么责令该发起人履行至少一股的出资（可依民414条强制履行），要么将该发起人排除在外，另行制定公司章程（参照26条、27条5项）以及经公证人认证（30条）重新开始设立手续。

(5)虚假出资——银行借贷虚假出资与第三人借贷虚假出资

(a)概说

在设立股份公司时，有的发起人并未准备好必要的资金，而是采取虚假出资的方式。具体而言，主要存在以下两种行为。

(b)银行借贷虚假出资

所谓银行借贷虚假出资，是指发起人与出资保管金融机构的内部职员通谋，做出伪装出资的行为［日文表述为"預合い"。最决昭和35.6.21刑集14卷8号981页，最判昭和42.12.14刑集21卷10号1369页（百选Ap44，商判Ⅰ-191）］。典型的例子如：发起人与出资保管金融机构的内部职员之间达成合意，发起人从出资保管金融机构借贷进行股款缴纳，在该借款清偿之前，成立后的公司（通常该发起人自身就任公司代表董事）不请求返还该笔资金（限制返还的合意），但适用情形并不限于此（→专栏7-6）。若不对银行借贷虚假出资加以限制的话,会有害于公司债权人(相信公司有相应的营业资金),故《公司法》设置了专门罪名(965 条。银行借贷虚假出资罪),以遏制这种行为。此外,银行借贷虚假出资的效力参照:专栏 7-6。

(c)第三人借贷虚假出资

所谓第三人借贷虚假出资,是指发起人向第三人借贷用于出资的资金,当其在公司成立并就任代表董事后即行取出该笔资金,用于偿还前述借贷债务的行为(日文表述为"見せ金")。判例认为,这样的行为虽满足出资的形式要求,但公司的营业资金并未得到实质性保证,不构成有效的出资[最判昭和 38.12.6 民集 17 卷 12 号 1633 页(百选 7,商判Ⅰ-19)]。

(d)虚假出资时的法律措施

发起人以第三人借贷虚假出资及其他方法虚假出资(包括货币出资与实物出资),不被认定为有效出资的,该发起人负有重新履行有效出资的义务。公司成立后,该发起人负有向成立后的公司支付相应股款(实物出资的,为出资财产。但成立后的公司请求该发起人支付相当于出资财产金额的,为该金额的货币)的义务(52 条之二 1 款)。参与虚假出资的其他发起人或者设立时的董事负连带支付义务(52 条之二 2 款、3 款),可以证明履行职务时未怠于审慎注意的,予以免责(同条 2 款但书)。该发起人在支付完毕之前,不得行使作为股东的权利(52 条之二 4 款),但受让该股份者除了恶意或者重大过失,有权行使股东权(同条 5 款)。

以上规定是 2014 年《公司法》修改时,为了明确虚假出资法律关系而创设的,募集设立时发行募集股份以及公司成立后发行股份也遵循同样的规则。

▶▶▶ ★专栏 7-6　银行借贷虚假出资的效力

关于银行借贷虚假出资的效力,学界存在争议[有效说参照:论点解说 29 页,江头、门口(2008)278 页(山口和宏)。无效说参照:神田 55 页,逐条(1)314 页(吉田正之)等],对此,应该视行为类型进行具体考察。如前文(b)所示,①发起人从出资保管金融机构借款缴纳出资,但约定在偿还之前,成立后的公司不取出该笔资金(限制返还的合意)的,缴纳出资本身有效,但限制返还的合意无效,发起人负有向出资保管金融机构返还之义务。相反,如果将上述行为解释为无效的话[募集设立的依据为 64 条。发起设立的场合,因限制返还的合意属于可罚性行为

(965条),应当解释为违反公序良俗(90条)而无效],则出资保管金融机构即便保管出资,但将该出资返还给成立后的公司缺乏法律依据,最终可能阻碍公司财产的充实。

但是,银行借贷虚假出资的行为样态并不限于①所列的行为,②发起人与出资保管金融机构的内部职员通谋,从该机构借贷以缴纳股款,公司成立后即行将该笔资金取出以充抵前述借款(作为第三人借贷虚假出资判例介绍的前引最判昭和38.12.6,属于发起人从出资保管金融机构借款的事例,若存在通谋,则构成银行借贷虚假出资。此外,出资保管金融机构通过第三人向发起人提供借款的事例,参照:最决昭和35.6.21)。在②的场合,既然股款已经不在出资保管金融机构处保存,由于发起设立阶段欠缺出资保管金融机构的保管证明责任规定(64条),责令公司向该机构返还出资会面临困难。此时,可以适用关于第三人借贷虚假出资的判例法理,将履行出资行为解释为无效后,追究发起人的出资义务(52条之二1款)以及其他发起人及设立时董事等的出资担保责任(同条2款),以确保成立后的公司资金(募集设立的场合,将出资行为解释为无效,因出资保管金融机构交付了保管证明,故可以认定其承担64条所规定的责任。此时,出资保管金融机构与发起人等构成不真正连带债务关系)。

不管怎样,在探讨这个问题时不能过于粗犷,如"银行借贷虚假出资属于刑事处罚范围,故出资行为当然无效"等观点并不可取。应当区分出资行为有效抑或无效,在此基础上分别基于各自的法律效果进行解释。

■ 4　设立时管理人员等的选任以及设立手续的调查

(1)设立时管理人员等的选任

(a)选任

发起人应当在出资手续履行完成后及时选任设立时的董事(38条1款,参照2款)。拟设立的股份公司设置董事以外的管理人员的[监事、会计参与、会计监察人,需要以章程规定(326条2款)]并选任相应的人员(38条3款)。设置董事会或者监事会的,需要选任相应的设立时董事或者设立时监事(39条1款、2款)。设立时管理人员等的欠缺事由准用公司成立后相应人员的欠缺事由(同条4款)。

设立时的管理人员等可以公司章程进行规定(38条4款),公司章程未规定的,以发起人表决权的过半数决定(40条1款、5款)。发起人原则上每股享有一个表决权(40条2款),公司章程对表决权有特别约定的,从其约定(40条2款但书、3款,41条)。

拟设立的公司为董事会设置公司的,设立时的董事应当选举设立时代表董事(47条);拟设立的公司为提名委员会等设置公司的,需要选举设立时委员、设立时执行董事以及设立时代表执行董事(48条)。选举由设立时董事的过半数决定(47条3款、48条3款)。

(b)地位

公司成立前的设立时董事,以及监事设置公司的设立时监事,仅有权调查设立手续的适当性与正确性(设立公司事务权限专属于发起人)。除此以外的设立时管理人员等在公司成立前无任何职务权限。

(c)解任、解聘

设立时管理人员等的解任可在公司成立前,以发起人表决权的过半数(设立时监事为三分之二以上)通过(42条、43条1款。参照:43条2款—5款,44条,45条)。设立时董事选举的设立时代表董事以及设立时委员等,可以设立时董事的过半数进行解聘(47条2款、3款,48条2款、3款)。

(2)设立手续的调查

设立时董事以及监事设置公司的设立时监事,除了在就任后及时调查出资是否履行完毕,还应当调查设立手续是否违法或者违反公司章程(46条1款3项、4项)。实物出资省略检查员调查的,还需要调查该实物出资财产价额是否与实物相符(同款1项、2项)。据调查,存在违法、违反公司章程或者不当事项的,应当将此情况通知发起人(46条2款)。这是为了敦促发起人采取纠正措施。

5 变态设立事项

(1)意义

所谓变态设立事项,是指依28条,需要以公司章程进行规定的事项("变态"源于德语"qualifiziert"的日文翻译,原为"特殊"之意)。这些事项本身属于设立公司所必须或者有益的行为,但若被滥用会危及成立后公司的财产基础,有害于股东或者公司债权人的利益,故不以公司章程予以规定则不发生效力(属于相对记载事项的一种),原则上需要法院选任的检查员进行调查(33条),以保证这些事项的适当性与正确性。具体而言,变态设立事项包括以下(2)—(5)四种情形：

(2)实物出资(28条1项)

实物出资是指货币出资以外的财产出资。发起人持有公司需要的特定财产(例如,对公司经营不可或缺的知识产权)的,若设立时将该财产出资给公司,则成立后的公司可以及时将该财产用于公司经营,对社会有益。另一方面,实物出资财产被过大评价的,会危害其他出资人(成立后的公司股东)或者与成立后的公司进行交易的人(公司债权人)的利益。看下面事例：

▶▶▶ **事例7-2**
A、B、C三人合意共同设立甲股份公司,并成为发起人。A和B各自以货币出资1亿日元,C将其所有的时价仅为1000万日元的不动产作价1亿日元出资。A、B、C各自认购1000股设立时发行的股份。

在这个事例中,C实际上的出资额仅为其他发起人的十分之一,但由于虚报了出资财产价值,受领的股份数与A、B相同。股东的权利(股东大会表决权以及盈余分配的受领权等)原则上基于其持有的股份数,故此A、B的利益受损。此外,股份公司的资本额取决于股东的出资额(445条1款、2款),资本额以登记方式公示(911条3款5项),记载公司持有资产价额的资产负债表(435条2款)也是公告的对象(440条1款)。因此,过大评价出资财产的话,公司债权人可能会因相信公司具有相应财产而与之交易,最终利益受损。

因此,以实物出资的,应当在公司章程中确定出资者的姓名、名称,出资财产及其价额,发配给出资者的设立时发行的股份数(发行类别股的,为类别及数量。28条1项)。同时,原则上应当接受检查员的调查。这样的规制是资本充实原则的体现,即相当于资本金的财产必须实际出资到公司(资本充实原则的意义存在争议,见专栏6-11)。

(3)受让财产(28条2项)

受让财产是指发起人为了设立中公司的利益,与第三人之间签订的以公司成立为停止条件的受让特定财产的协议。当成立后的公司进行经营需要特定的财产时,如与该财产的所有人之间存在受让财产协议,则成立后的公司可以顺利开展事业。与实物出资不同,受让财产可以在与发起人以外的财产所有人之间进行。

但是,如果受让财产被过大评价,则成立后的公司的财产基础将受到威胁，进而危害到股东以及公司债权人的利益，也可能被用于规避实物出资。因此，为受让财产的，与实物出资一样，公司章程上需要记载受让财产及其价额以及转让人的姓名、名称，且原则上需要接受检查员的调查（33条，28条2项）。此外，同项使用了"受让"这个词，但受让财产除广泛包括买卖、交换、承包等取得财产协议外，还包括租赁合同[东京高判昭和37.1.27下民13卷1号86页，コンメ(1)313页（江头宪治郎）]。

（4）发起人的报酬及其他特别利益（28条3项）

发起人为了设立公司执行设立事务，在公司成立后（取得法人格）从公司领取报酬无可厚非。但是，如果发起人的报酬过高，则成立后的公司的财产基础将受到威胁，进而危害到股东以及公司债权人的利益。因此，发起人的报酬需要在公司章程上记载，并接受检查员的调查。即便名义上不是报酬，但给予发起人特别利益的（例如，从成立后的公司以低息得到融资的权利），也需要以公司章程进行规定（28条3项）。

（5）设立费用（28条4项）

设立费用是指为了执行设立公司事务所需的必要费用。例如，租赁事务所的租金、执行设立事务雇佣员工的报酬、创立大会的费用（限于募集设立）、33条10款3项规定的律师等证明费用。发起人支付以上费用的，有权向成立后的公司求偿（参照：民650条关于委任事务的处理费用规定）。但若不对求偿进行限制的话，成立后的公司可能因支出过大的设立费用而有损自身的财产基础。因此，设立费用（总额）需要在公司章程中记载，并接受检查员的调查（33条）。需要注意的是，在设立费用当中，以下项目的金额为定型化金额，不存在被滥用的风险，故即使公司章程不予记载，发起人也可以支付费用后请求成立后的公司负担。即，第一，公司章程的认证手续费；第二，章程所需的印花税；第三，支付给出资保管金融机构的手续费、报酬；第四，检查员的报酬；第五，设立登记的印花税（28条4项，会则5条）。

（6）检查员的调查

（a）检查员的选任

存在变态设立事项的，发起人应当在公证人认证章程（30条1款）后，及时申请法院选任检查员调查该事项（33条1款）。法院除了因申请不合法应予驳回的情形，必须选任检查员（33条2款）。检查员通常从律师中进行选任。其报酬由法院决定，由成立后的公司负担（33条3款）。

（b）调查以及变更决定

检查员对变态设立事项进行必要的调查并向法院报告（同条4款—6

款)。接受报告的法院认为变态设立事项不当的,应当裁定予以变更(同条7款)。例如,实物出资财产(28条1项)价额较实际价格明显过高的,需要变更其价额(降低),相应的,对实物出资人的配发股份数做相应减少。变更的裁定以公司非讼程序进行(868条以下。例如,应当听取陈述的人,见870条1款3项)。对裁定不服的发起人有权即时提起上诉(872条4项)。

变态设立事项被变更的,发起人在该变更裁定确定后一周以内,有权撤销自己认购股份的意思表示(33条8款),这是为了避免发起人受到不测损害,因为该发起人是以变态设立事项为前提参加到公司设立中的[在规定的表述上,可以认为任何发起人都有此权利(论点解说24页)。但是,也有意见认为,权利人应当限定为事关自己的变态设立事项被变更的发起人。江头88页注3]。此时,可以经全体发起人同意进行变更章程手续,废止前述被变更事项。

(c)检查员调查的免除

有意见认为,检查员调查是为了保护成立后公司的股东以及债权人利益而设的制度,因调查手续需要花费时间和费用,出资人会有意采取规避行为,这样最终导致对实物出资以及受让财产制度的利用减少,反而对公司财产的充实不利。因此,对于某些实物出资以及受让财产,可以免除检查员的调查(1990年《商法》修改时新规定的,免除范围在其后的修改中得以扩大)。现行《公司法》中,符合下列情形的,不需要检查员的调查(33条10款):第一,章程规定的实物出资或者受让财产的价额未超过500万日元的(少额免除。33条10款1项);第二,出资的目的财产为上市公司股份等具有市场价格的有价证券,章程规定的价额未超过其市场价格的(有价证券免除。同款2项,会则6条);第三,章程规定的出资目的财产的价额经律师、律师法人、律师·外国法事务律师共同法人、注册会计师、监察法人、注册税务师或税务师事务所(本章称"律师等")证明的(目的财产为不动产的,为该证明以及不动产鉴定士的鉴定评价。33条10款3项。失格事由见同条11款),不需要检查员的调查。

(7)公司章程未规定的变态设立事项的效力

(a)原则

公司章程未规定变态设立事项的,该事项不发生效力(28条)。例如,若章程未规定发起人的报酬(同条3项),则发起人不得向成立后的公司请求任何报酬。发起人支出的设立费用(同条4项),也只能在章程规定的金额范围内向成立后的公司求偿(但是,28条4项括号书,会则5条规定的设立费用除外,这些费用可以向公司求偿)。

(b)受让财产的场合

解释上存在争议的,是公司章程未规定时受让财产的效力。判例认为,公司章程中未记载的受让财产是绝对无效的,即使成立后的公司追认也无法变为有效,且无效主张不限于成立后的公司,转让人一方也有权主张(最判昭和 28.12.3 民集 7 卷 12 号 1299 页)。

实际上,对于公司章程未规定的受让财产而言,成立后的公司也可能想取得该财产。按照判例的立场,此时,成立后的公司处于应当与对方(该财产的所有人)重新签订合同以取得该财产[该财产属于适用事后设立规定(467条 1 款 5 项、309 条 2 款 11 项)那样重要的场合的话,需要股东大会特别决议的承认。即便达不到前述程度,属于受让重要财产的,需要董事决议予以承认(362 条 4 款 1 项)]。需要注意的是,此时,如果对方改变主意不做回应的话,成立后的公司将无法取得该财产。学说中有意见认为,这样的结论显然不是理想的结果,章程未规定的受让财产并非绝对无效,而是类似于无权代理,经成立后的公司追认后生效(铃木、竹内 62 页)。笔者认为,受让财产的规定在于保护成立后的公司利益,没有必要保护签订受让财产协议后改变主意的相对方之利益,故应当支持学说的立场(此时,该财产的重要性应当类推适用 467 条 1 款 5 项或者 362 条 4 款 1 项,追认需要股东大会或者董事会的承认)。

(c)基于诚实信用原则*的例外

判例认为,公司章程中未记载的受让财产是绝对无效的,但存在特殊事由的除外。看下面的事例:

> ▶▶▶ **事例 7-3**
>
> Y 股份公司的发起人 A 与 X 签订受让财产协议,约定受让 X 所有的工厂以及制品、原材料,但未记载于公司章程。其后 Y 股份公司成立,A 就任代表董事。Y 公司在受让的工厂继续营业,销售受让的制品并消费了受让的原材料,并向 X 清偿部分受让价款。然而,由于经营不善,剩余价款的支付出现困难,Y 公司遂与 X 之间达成延期支付的合意,但最终 Y 公司还是停止了经营。X 请求支付剩余价款,Y 公司主

---

* 日文表述为"信义则"。——译者注

> 张受让协议无效,其没有义务支付剩余价款(受让财产协议签订后经过9年)。

上面的事例来源于最判昭和 61.9.11 判时 1215 号 125 页(百选 5,商判Ⅰ-17)。法院认为,要求以公司章程规定受让财产,是为了广泛保护股东、债权人等公司利益相关者的利益,故章程没有记载的话,"与任何人的关系皆为无效","即便成立后的公司予以追认……也难以认定为有效"。另一方面,考虑到 Y 公司已经清偿了部分价款,销售了受让的制品并消费了原材料,且在协议签订后经过 9 年才主张无效等情况,Y 公司基于诚实信用原则,存在不得主张无效的"特殊事由",故认可 X 的请求。此外,关于公司章程未记载受让财产的效力,有的学说主张认可由成立后的公司进行追认。则在本案中,该学说在结论上与法院判决结论相同,即 Y 公司部分履行债务视为对受让协议的追认(参照:民 125 条 1 项)。

▶▶▶ ★专栏 7-7　不接受检查员调查的受让财产之效力

受让财产在公司章程上记载,但没有接受调查员调查的行为之效力,截至目前还没有判例,对此学说的解释存在分歧[主张有效说的见论点解说 20 页;主张无效说的见コンメ(1)316 页(江头宪治郎)]。实际上,此时,公司在申请设立登记时将无法添加"检查员调查"(商登 47 条 2 款 3 项 1 号)一项,故设立登记申请被驳回。因此,公司成立后关于受让财产效力之争,通常是不存在的。

6　设立登记、股份公司的成立

(1)设立登记

根据上述设立手续,股份公司实体形成以后,应当在其总公司所在地进行设立登记(911 条 1 款)。设立登记申请不是由发起人实施,而是成立后的公司代表人[设立时代表董事(47 条 1 款)或者设立时代表执行董事(48 条 1 款 3 项)]实施(商登 47 条 1 款)。登记人员依据附件材料,审查设立公司的准则是否得以履行(发现违法情形的,驳回登记申请。参照:商登 24 条 9 项)。公司在申请设立登记时必须缴纳印花税[资本额的千分之七或者 15 万日元中金额较高者。登录许可税法别表第一(二十四)(一)第 1 号]。

设立登记中登记有关股份公司各种事项(911条3款)。任何人都可以在支付手续费后,请求登记机关交付登记事项证明书(商登10条)。

(2)股份公司的成立

股份公司经设立登记成立(取得法人格。49条)。发起人在公司成立时成为股东(50条1款)。此外,设立时的董事及其他管理人员等各自取得成立后公司的相应资格。

★第4节 募集设立

■1 意义

募集设立,是指发起人认购设立时发行的部分股份,剩余部分以对外募集的方式发行的设立股份公司的手续(25条1款2项。募集设立的,各个发起人必须认购一股以上股份,这与发起设立无区别)。在募集设立中,募集认股人时发行的股份称为设立时募集股份(58条1款)。以募集设立方式设立公司的,需要全体发起人同意(57条2款)。下面,将围绕与发起设立的不同之处进行解说。

面向多数人募集发行的,除了金额较少等某些场合,需要适用《金融商品交易法》的信息披露规定(金商4条)。具体而言,需要提交有价证券申请书以及向募集对象交付招股说明书(金商15条等。→专栏6-2)。

■2 制作章程、认证、变更

在募集设立中,制作公司章程以及认证手续与发起设立没有区别(25条1款2项,26条—31条)。存在变态设立事项的,应当记载于章程,原则上应当接受检查员的调查,这与发起设立一样(25条1款2项、28条、33条)。但是,变更章程的,在设立时募集股份的缴纳股款日期或者缴纳期间的首日以后,发起人不得进行章程的变更[95条。对比发起设立的规定(30条2款)]。因为,此时变更公司章程不能仅仅由发起人实施,还必须由设立时募集股份的认购人(设立时的股东)组成的创立大会以决议形式做出。

■3 设立时发行股份的认购人

(1)募集决定

在募集设立上,发起人除了28条规定的有关设立时发行股份的事项,还需要针对设立时募集股份的有关事项(58条)做出决定(全体发起人同意。58条2款)。每次募集时,募集条件必须均等(同条3款。募集分成数次的,可以不同条件进行募集)。

在设立时募集股份上,只承认货币出资(58条1款2项、3项,59条1款4项,63条等条文只规定了以"货币"缴纳出资)。因实物出资伴随着后述的不足额填补责任等特别责任,故仅发起人可以采取这种形式。

(2)募集手续(募集事项的通知、申请、分配)

发起人应当向拟申请认购股份者通知有关设立以及募集条件的各种事项(59条1款,会则8条)。拟申请认购股份者向发起人交付记载规定事项的书面材料(59条3款。得到发起人承诺的,可以数据电文的方式进行申请。同条4款)。发起人从申请人中确定拟分配股份者及其分配的股份数(60条1款)。至于分配给哪个认股人多少股份,由发起人自行决定(分配自由原则)。发起人应当在缴纳股款日或者缴纳期间的首日之前,通知该申请人分配的股份数(同条2款)。

以上的通知、申请以及分配之规定(59条、60条),在申请人签订了全额认购协议时不适用(61条)。因为,申请人在协议交涉过程中,需要知悉公司披露的重要信息。

(3)认股人的地位

接受分配或者签订全额认购协议者成为设立时募集股份的认股人(62条)。与发起设立一样,成为设立时募集股份认股人的权利(权利股)之转让不得对抗成立后的公司(出资履行前为63条2款。出资履行后类推适用50条2款)。在认购股份上,与发起人认购一样,存在无效、撤销的限制(102条5款、6款)。

设立时募集股份的认股人享有章程的阅览等权利(102条1款)。

4 缴纳股款

(1)出资保管证明

设立时募集股份的认股人应当在发起人规定的缴纳股款日期或者缴纳期间内(58条1款3项),在规定的出资保管金融机构(59条4项)进行缴纳(63条1款)。在募集设立上,为了确认缴纳的事实,需要出资保管金融机构出具的出资保管证明(64条1款)。出具保管证明的金融机构不得以证明记载事项与事实不符(实际没有缴纳,或者公司成立前已返还给发起人等)或者出资返还限制之合意(银行借贷虚假出资)对抗公司,应当在公司成立后向其返还保管的出资(保管证明责任。同条 2 款)。保管证明责任以前适用于发起设立和募集设立，2005 年制定《公司法》时，为了促进设立手续的便捷性，发起设立上废止了该责任(→专栏 7-5)，但募集设立上为了保护一般投资者的利益，该责任存续。

实际上，保管证明责任仅在出资保管金融机构恶意的场合才发生(东京高判昭和 48.1.17 高民 26 卷 1 号 1 页。有学说认为，善意但有过失的也发生此责任)。例如，公司成立后，以出资系第三人借贷虚假出资为由主张无效的，善意的出资保管金融机构并不承担责任。

(2)当然失权

(a)原则

设立时募集股份的认购人未在发起人规定的缴纳日期或者缴纳期间内(58 条 1 款 3 项)完成出资的，无需发起人那样的失权手续(36 条)，当然失权(63 条 3 款)。出现失权者时，已经出资部分与发起人的出资额加起来之合计额达到出资额最低限度的(27 条 4 项)，已经出资的募集股份将作为公司成立时发行的股份(打切发行)，公司设立手续可以续行。

(b)虚假出资的例外

需要注意的是，募集设立时存在虚假出资，不被认定为有效出资的，为了保护因相信公司财产得以充实的其他设立时募集股份的认股人以及成立后的公司债权人的合理期待，实施该虚假出资的认股人对成立后的公司承担支付相当于虚假出资金额的义务(102 条之二 1 款)。此外，参与虚假出资的发起人或者设立时董事也应当与该认股人承担连带责任，但可以证明履行职务时未怠于谨慎注意的，予以免责(103 条 2 款)。该认股人在完成出资缴纳义务前，不得行使作为股东的权利(102 条 3 款)。相反，完成支付则可以行使股东权。因此，虚假出资不适用当然失权的规定，而应当解释为，设立时募集股份的认股人以成为成立后公司的股东为前提)。需要注意的是，为了保护股份交易安全，该股份的受让人只要不存在恶意或者重大过失，就可以行使股东权(102 条 4 款)。这与公司成立后募集发行股份等时虚假出资的情形(209 条 2 款、3 款，213 条之二，213 条之三)相同。

■ 5 创立大会、设立时董事等的选任、设立手续的调查

(1)意义

创立大会是指在募集手续过程中召开的由设立时股东(履行出资的发起人以及缴纳出资的认股人。65 条 1 款)组成的会议体。发起人应当于缴纳

股款日期或者缴纳期间的最后一日后及时召集创立大会(65条1款)。发起人认为有必要的,可随时召集创立大会(同条2款)。

(2)手续以及权限

(a)创立大会的手续

创立大会的召集、议事程序以及表决方法适用与股东大会(295条。参照本书第4章第2节)同样的规定(67条—83条)。需要注意的是,创立大会的决议必须由有权行使表决权的设立时股东表决权的过半数,且出席股东表决权的三分之二以上多数通过[73条1款。涉及某些章程变更的,需要与成立后的公司决议(309条3款1项、4款,110条)取得平衡,此时需要更为严格的要件(73条2款、3款)]。

(b)创立大会的权限

创立大会上,只要与设立公司有关的事项均可决议(66条)。实际上,并非与设立相关的任何事项都可表决,原则上,发起人在召集创立大会时规定为创立大会目的(议题)的事项(67条1款2项)才可表决(73条4款)。因为,事先通知大会议题(68条1款、4款)可以给予设立时股东以判断是否出席大会以及进行准备的机会。但是,关于变更公司章程以及设立废止,发起人不列为议题的也可进行表决(73条4款但书)。因为,这些事项即使发起人有意回避也大概率面临表决(例如,通过变更章程,废止或者缩小对发起人有利的变态设立事项),设立时股东当然会预想到在创立大会上就以上事项进行表决。

(3)创立大会上应当进行的事项

(a)关于设立事项的报告

发起人应当在创立大会上报告关于公司设立的事项(87条1款)。存在变态设立事项的,应当向大会提交检查员的调查报告(33条4款)或者代之以律师等的证明(33条10款3项、87条2款)。

(b)设立时董事等的选任

在募集设立中,设立时董事等(根据拟设立公司设置的机关不同,还包括设立时监事、设立时会计参与、设立时会计监察人)的选任应当由创立大会决议通过(88条)。创立大会上也可以对以上董事等进行解任(91条)。

(c)设立时董事等的调查、报告

设立时董事(拟设立的公司设置监事的,还包括设立时监事)与发起设立的场合一样,需要对设立手续进行调查(93条1款)。需要注意的是,调查结果不是向发起人报告,而应当向创立大会报告(同条2款)。设立时董事或者设立时监事的全部或者部分是发起人的,创立大会可以另行选任调查员(94条)。

(4)章程的变更、设立的废止

(a)变态设立事项的变更及其他章程的变更

创立大会可以决议变更公司章程(96条)。例如,设立时股东认为变态设立事项不当的,可以变更公司章程以废止或者缩小该事项。需要注意的是,此时,在创立大会上对该变更决议持反对意见的设立时股东,可以在决议后两周以内撤销认购股份的意思表示(97条)。这是因为,该设立时股东是以该变态设立事项为前提认购股份的,这部分股东的合理期待应当受到保护。

创立大会也可对变态设立事项以外的事项进行章程变更。与发起设立(30条2款)不同,可变更的事由没有特殊限制。因为,发起人制定的章程内容与设立时股东的多数意思不一致的,公司成立前当然可以修改。公司的可发行股份数未在章程上规定的,公司成立前需要变更章程予以规定(98条)。

(b)设立的废止

创立大会有权决议废止公司设立(66条。参照:72条3款、73条4款但书)。创立大会决议废止设立公司的,公司不成立。

▶▶▶ 专栏7-8 类别创立大会

拟设立的股份公司为发行类别股的公司的,若成立后的公司需要进行类别股东大会决议而在公司成立前进行表决的,应当进行相应的设立时类别股东大会决议(90条、92条、99条—101条)。

(5)创立大会决议瑕疵之诉

创立大会的决议程序或者内容存在违法等情形对决议产生瑕疵的,设立时董事等可以诉讼撤销决议或者主张确认决议无效或不存在(830条、831条)。这些诉讼制度的旨趣以及程序等详细情况与股东大会决议瑕疵之诉相同。

■ 6 设立登记、股份公司成立

募集设立应当在总公司所在地进行设立登记(911条),股份公司成立(25条1款2项、49条)。公司成立时,发起人成为履行出资的设立时发起股东(50条1款),设立时募集股份的认购人成为履行出资的设立时股东(102条2款)。

第5节 设立中的公司

1 意义以及问题所在

(1)意义

股份公司经设立登记后始作为法人成立(49条)。实际上,公司成立前发起人制作的公司章程对成立后的公司有效,公司成立前受让财产的,成立后的公司取得该目的财产。简单地说,公司成立前实施的行为效果及于成立后的公司。"设立中的公司"这个概念原来是德国学者为了说明以上现象而提出的。根据这个学说,公司在作为法人成立以前,是作为以发起人(募集设立的场合,加上设立时募集股份的认购人)为成员组成的团体(无权利能力社团的一种)而存在的,称为"设立中的公司"。经过设立公司登记(49条、911条),设立中的公司在保持实质同一性的同时成为股份公司。因此,发起人为了设立中公司的利益实施的行为之效果,归属于成立后的公司(→图表7-2)。

图表7-2 设立中的公司

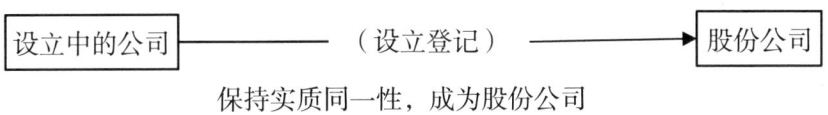

保持实质同一性,成为股份公司

(2)关于设立中的公司的解释问题

设立中的公司的行为效力之争,主要集中在公司成立前,发起人为了设立中公司的利益,其行为的边界(发起人的权限)。典型的行为类型有以下几种:①设立公司本身所必要的行为;②事实上(或者经济上)必要的行为;③为了公司成立后顺利开展事业的准备行为(开业准备行为);④营业行为。学说大致分为几种意见:第一,发起人仅可实施①的行为;第二,可实施①②的行为;第三,可实施①②③的行为[学说的详细情况参照:コンメ(1)265—268页(江头宪治郎)]。以下为了便于说明,按照①、④、③、②的顺序,分别检讨发起人行为的效力。

■ 2　设立公司本身所必要的行为

设立公司本身所必要的行为（又称"以成立公司本身为目的之行为"），是指制作公司章程以及分配股份等设立公司所必需的法律上的行为。发起人为了设立中公司的利益实施的以上行为，公司法既然有规定，当然有效。本来，"设立中的公司"这个概念就是为了说明以上现象而创设的。

■ 3　营业行为

发起人不得为了设立中公司的利益，实施成立后的公司所预定的营业行为（例如，以销售商品为目的的公司，实施商品销售），这点没有争议。因为，根据公司法相关规定，股份公司只有在经过确定股东、充实公司财产、形成公司机关等一系列设立手续后，法律才认可其成立。在履行这些手续前，若认可设立中的公司自由开展营业活动，则丧失法律规定的意义。此外，公司法对成立前以公司名义开展营业活动的行为处以罚款（979条1款）。

如前所述，发起人实施了事实上的营业行为（如销售商品等）的，其行为并非为了设立中公司的利益，而是为了其自身利益的（发起人为多数人的，其合意实施的行为归属于发起人合伙），相对方可以请求发起人履行合同，而非请求成立后的公司（前引最判昭和35.12.9）。

■ 4　开业准备行为

（1）意义

学说上，对发起人为了设立中公司的利益实施的行为效力存在争议的，主要是上述的开业准备行为。例如，公司成立前，为了今后开展事业而提前雇佣员工，或者开展宣传广告活动等。前述的受让财产也属于事先取得成立后公司的经营财产，属于开业准备行为的一种。

（2）开业准备行为是否归属于成立后的公司

公司法上规定了受让财产的手续（28条2项、33条），那么只要按照法律规定行事，其效果归属于成立后的公司，此当无异议。问题是，除此以外的开业准备行为的效果是什么。看下面事例：

▶▶▶ 事例7-4

　　Y作为发起人计划设立B股份公司，在B公司成立前，其以B公司

> 代表董事自称并实际实施了营业活动。Y为了宣传B公司的事业活动,以"B股份公司代表董事Y"的名义与职业棒球组织X签订了举办棒球赛事的合同。X系在相信B股份公司已存在且Y为代表董事的情况下与之签订的合同。X依约举办了棒球赛事,但成立后的B公司以及Y未依约支付报酬。X可以请求谁履行怎样的义务?

首先,X是否可以请求成立后的B公司支付本案的报酬?判例认为,公司在设立过程中,"除了设立公司本身所必要的行为以外,发起人实施的开业准备行为不在此列,但原始章程记载且满足其他严格法定要件的受让财产除外"(最判昭和38.12.24民集17卷12号1744页)。据此,事例7-4中的合同(营业宣传活动的一环,属于开业准备行为)效果不能归属于B公司,故X不得请求B公司支付报酬。不可否认的是,相信与B公司所签合同有效的X利益受损。因此,判例认为,应当类推适用关于无权代理人责任的《民法》117条1款,判决Y向X支付本案报酬[最判昭和33.10.24民集12卷14号3228页(百选4,商判Ⅰ-16)]。

支持判例立场的意见认为,上述行为不在公司法的预设范围之内(例如,受让财产需要记载于章程并经检查员调查。28条2项、33条),若允许发起人实施上述行为,则可能造成过剩的债务负担,危及成立后公司的财产基础。对此,有部分意见认为,受让财产以外的开业准备行为应当类推适用受让财产的规定,发起人在严格履行前述手续的基础上,可以为了设立中公司的利益实施以上行为[百选4解说(久保田光昭)]。但是,受让财产以外的开业准备行为类型众多,检查员如何判断其适正性存疑(江头76页注13),且公司成立后也可以实施开业准备行为(若不接受检查员调查,设立手续在极短时间内即可完成),特意为了设立中公司的利益实施前述行为的必要性不大。故应当支持判例的立场。

实际上,公司成立后,当成立后的公司以实际行动表明认可开业准备行为的(例如,部分履行契约债务,或者接受合同相对方清偿),可以认为成立后的公司与该相对方之间重新签订了与前合同相同内容的合同(默示),成立后的公司承担成立前的债务(参照:东京高判平成元.5.23金法1252号24页)。

▶▶▶ **专栏 7-9　发起人实施权限外行为的效果**

按照判例的立场，受让财产以外的开业准备行为属于发起人权限外的行为，则如事例 7-4 所示，发起人假装公司业已成立，以成立后的公司代表名义进行交易的，合同相对方可以类推适用《民法》117 条 1 款的规定，追究发起人的合同责任（前引最判昭和 33.10.24）。

对此，如果发起人以"设立中的 B 股份公司发起人 Y"的名义进行交易的，其法律效果如何？此时，有意见认为，发起人为了设立中公司的利益实施行为，合同相对方是知道的，且（判例已明确，发起人无权实施开业准备行为）相对方对发起人没有权限存在恶意，根据《民法》117 条 2 款 1 项的规定，相对方不得追究发起人的责任。但是，此时，只要不存在特殊事由，即发起人与相对方之间达成共识：该行为的效果归属于成立后的公司而非发起人，则该行为可以解释为发起人为了自身利益所为（"设立中的 B 股份公司发起人 Y"并非系为了设立中公司的利益，仅仅是表明职务而已），相对方可以追究发起人的个人责任。因为，法律上无法期待合同相对方熟知有关发起人权限的细微法律解释内容，则按照上面的解释立场，相对方无法对任何人追究责任，结果反而会形成对发起人权限外行为的助长之势。对于设立公司事实上必要的行为，即使取以上立场（发起人不得为了设立中公司的利益实施前述行为），也应当做如上解释。

5　为设立公司所必要的行为

为设立公司所必要的行为，是指为了开展设立事务而在事实上（非法律上）视为必要的行为。例如，租赁事务所、雇佣事务人员、募集设立时委托广告代理商发布募集广告等。关于这些行为，当发起人以自己的名义（自己为合同当事人）实施，为此支出的费用作为设立费用（28 条 4 项）记载于公司章程以及经检查员调查（33 条）的，当然可以向成立后的公司求偿。解释上存在争议的是，发起人以设立中公司的名义实施上述行为，由此带来的行为效果（债权、债务）是否直接归属于成立后的公司？

关于这一点，旧判例认为，可以将此作为设立费用，在满足变态设立事项规定的额度内由成立后的公司负担［大判昭和 2.7.4 民集 6 卷 428 页（百选 6，商判Ⅰ-18）］。有的学说支持此立场（论点解说 4 页）。但是，取此立场的话,例如,公司章程记载设立费用为 500 万日元的,发起人为了设立中公司的利益向复数相对方负担了 1000 万日元债务时,成立后的公司向谁承担多少债务,就成了复杂的法律问题。因此,有学说认为,发起人为了设立公司实施的事实上必要的行为,一般可以解释为为了设立中公司所实施的行为,在此基础上,成立后的公司负担的债务额超过章程规定的经检查员调查的设立费用的,超过部分可由公司向发起人求偿。公司法上关于设立费用的规定仅限于成立后的公司与发起人之间的费用分担,而并非制约发起人对外的行为。

最近,有力学说认为,将设立公司事实上必要的行为解释为发起人权限的话,会危及成立后公司的财产基础。发起人即便是要为了履行设立事务实施事实上必要的行为,也不得为了设立中公司的利益为之[コンメ(1)321 页(江头宪治郎),事例 75 页(松井秀征)]。

■ **6　总结**

如上,发起人为了设立中公司的利益可以实施的行为范围,有诸多不明确之处,最近,有力学说主张应当限制其行为范围。因此,从预防法学的观点出发,发起人可以在短时间内设立股份公司,而控制设立公司过程中的债务负担行为是明智的[特别是发起设立,设立手续只需要几天时间,则无论是开业准备行为还是为设立公司事实上必要的行为,很难想象出发起人为了设立中公司的利益进行交易的必要性。参见论究 Unit07(冢本英巨、松井秀征)]。

第 6 节　设立责任

■ **1　概说**

公司法为了保护成立后公司的债权人以及设立时募集股份的认股人(公司成立后为股东)利益,对从事设立事务的发起人等规定了一定的民事责任及刑事责任。民事责任分为公司成立时的责任与公司不成立时的责任,本节仅就前者进行介绍(后者在第 8 节介绍)。

■ **2　对成立后公司的责任**

(1)任务懈怠责任

发起人、设立时董事或者设立时监事在履行职务时怠于审慎注意的,对成立后的公司承担损害赔偿责任(任务懈怠责任。53条1款)。复数人承担责任的,为连带债务(54条)。

(2)出资相关责任

(a)概说

法律在设立出资上,为了保护其他出资人以及与成立后的公司进行交易者的利益,规定了特别责任。

(b)虚假出资责任

发起人或者设立时募集股份的认股人虚假出资的,应当向成立后的公司支付虚假出资部分的金额(52条之二1款、102条之二1款)。参与虚假出资的发起人或者设立时董事等无法证明没有怠于谨慎注意的,承担连带支付责任(52条之二2款、103条2款)。以上责任已在本书相应章节做出介绍。

(c)实物出资财产等的不足额填补责任

设立公司时以实物出资或者受让财产的,原则上必须接受检查员的调查(33条),在满足一定要件(如价额为少额。同条10款各项)的情况下,可以省略检查员的调查。但是,当实物出资财产的客观价格明显低于章程记载或者记录的价额的,发起人或者设立时董事有义务向公司支付相应的差额部分(不足额填补责任。52条1款。经检查员调查的,不产生此责任。同条2款1项)。发起设立的,当前述人员证明履行职务时未怠于谨慎注意的,不承担责任(同款2项);募集设立的,前述人员即便证明履行职务时未怠于谨慎注意的也不得免责(103条1款),这是为了保护设立时募集股份认股人的利益而特别设置的严格责任。

获得律师等的证明而省略检查员调查的(33条10款3项),做出该证明者亦承担不足额填补责任,若证明履行职务时未怠于谨慎注意的,免除责任(52条3款。与发起人或者设立时董事不同,募集设立中不适用无过失责任)。

(3)责任的免除

在(1)(2)介绍的责任之中,发起人、设立时董事以及设立时监事的责任在未得到全体股东同意的情况下,将不得被免除(55条)。证明人的责任(实物出资财产等的证明。52条3款)不受此限,可以作为公司成立后的一个执行事务,由业务执行机关决定(362条2款1项等)免除。

(4)股东代表诉讼

成立后的公司股东有权代表公司追究发起人、设立时董事以及设立时监事的责任(847条1款)。

■ 3 对第三人责任

发起人、设立时董事或者设立时监事在履行职务上存在恶意或者重大过失,赔偿由此给第三人造成的损失(对第三人责任,53条2款)。例如,发起人在募集认股人(公司成立后的,为设立时股东)时存在欺诈行为的,赔偿该认股人由此造成的损失(大判昭和8.12.28法律新闻3677号7页)。复数人基于此规定承担责任的,为连带债务(54条)。

■ 4 疑似发起人的责任

在公司募集设立的过程中,在募集广告或者其他相关书面或电子记录上记载或记录自己的姓名或名称以及表示赞助设立者,虽不是发起人(只要不在章程中作为发起人署名或者签字盖章的,就不是法律上的发起人),但承担与发起人同样的责任(103条4款)。这是为了保护募集股东的信赖利益。

第7节 设立的无效

■ 1 意义

股份公司经登记成立,但其设立不满足法律规定的要件的,可能导致设立无效。但是,公司一旦成立,会在交易相对方之间产生多重法律关系,若按照民法的一般原则,则不满足法定要件的设立自始无效,且任何人随时都可主张的话,法律关系将失去稳定性。此外,民事判决的确定效力原则上仅及于当事人或者其继承人(民诉115条1款),若适用该原则判断设立效力的话,则可能出现公司设立在与某些当事人之间无效,而在与其他人之间有效的情况,法律关系变得错综复杂。

因此,公司法出于法律关系的稳定性考虑,规定:第一,设立无效只能由某些当事人在公司成立之日起两年内以诉讼进行主张(828条1款1项);第二,设立无效的判决即便确定,其效力也只能面向将来发生(溯及效力的否定。839条);第三,无效判决对诉讼当事人以外的第三人也发生效力(对世效力。838条),以实现法律关系的划一处理。

设立无效之诉为公司组织行为无效之诉的一种(→图表2-4)。

■ 2 设立的无效事由

至于哪些事由导致公司设立无效,并无法律的明文规定,实践中依赖于解释[包括以下列举事由以外的事由。参照：コンメ(19)119—122页(舩津浩司)]。一般认为，设立手续瑕疵中的重大瑕疵可以构成无效事由。具体而言，包括：第一，欠缺公司章程的绝对记载事项(27条)。第二，无相应的出资财产(同条4项)而完成公司设立登记。实际上，在第二种场合，公司成立后，发起股东或者其他股东等利害关系人在未出资范围内补足出资的，出资瑕疵将被救济，公司设立不认定为无效。第三，当存在发起人一股也没有认购的情况时(违反25条2款)，原则上构成设立无效事由，但以发起人名义而由他人认购且已实际出资时，不构成重大瑕疵，将不构成设立无效。

■ 3 无效之诉的手续

设立无效仅可在公司成立之日(设立登记之日。49条)起两年内以诉讼进行主张(828条1款1项)。此诉讼仅有公司的股东等(股东、董事、监事、执行董事或者清算人)才可以提起(同条2款1项)。公司设立虽存在无效事由，但股东等在起诉期间内未提起无效之诉的，设立确定有效。无效之诉中，被告为公司(834条1项)。关于诉讼的专属管辖(总公司所在地的地方法院。835条)、担保提供命令(836条)、辩论的必要性合并(837条)，与其他公司组织诉讼遵循同样的程序规定。

■ 4 肯定判决的效果

肯定设立无效之诉的确定判决(无效判决)对第三人亦有效(对世效力。838条)，这是为了实现法律关系的划一处理。无效判决仅面向将来生效(溯及效力的否定。839条)。此时，与有效成立的公司被解散一样，需要进入清算程序(475条2项)。清算终了，公司的法人格消灭。

> ▶▶▶ **专栏7-10 公司的不存在**
> 股份公司经设立登记成立，即便设立手续存在瑕疵，为了实现法律关系的稳定性，公司法原则上仅以设立无效之诉否定公司的存在。另一方面，虽进行了设立登记，但设立手续的瑕疵严重，甚至作为公司的实体都不存在的，可以不经设立无效之诉，任何人用任何方法都可以随时主张公司不存在。例如，在募集设立阶段，发起人的署名系伪造致章程无效；缴纳出资基本上全额为银行借贷虚假出资而无效；不召开创立大会(仅制作会议记录)；不选任设立时董事等(东京高判昭和36.11.29下民12卷11号2848页)。

第8节 公司的不成立

着手设立公司但因某些原因未至设立登记即中途夭折的,称为公司的不成立。在公司未成立这点上,与设立无效不同。

股份公司不成立的,发起人连带对设立公司实施的相关行为承担责任(56条)。此责任为无过失责任。例如,设立时募集股份的认股人已履行出资的,发起人应当返还此笔资金。此外,章程的认证手续费等为设立公司支出的费用,由发起人全额负担(同条)。

第 8 章
章程的变更

- 第 1 节　概说
- 第 2 节　章程变更的手续

本章介绍章程的变更。

第1节 概说

章程是股份公司的最高自主规范。章程在股份公司设立时由发起人制作而成(26条)。章程置备于总公司以及分公司,供股东以及公司债权人阅览等(31条)。

股份公司成立后,可以股东大会决议变更章程(466条)。

第2节 章程变更的手续

■ 1 原则

变更章程对股东利益带来重大影响,故原则上需要股东大会的特别决议通过(466条、309条2款11项)。

股东大会决议直接产生变更章程的效力。业务执行机关应当根据该决议改写章程的记载内容(章程以数据电文形式记录的,为该记录的修正),但改写等不是变更章程的生效要件[份额公司参照:大判大正5.10.14民录22辑1849页。コンメ(12)6—7页(笠原武郎)]。

■ 2 章程变更手续的特别规定

(1)手续要件的加重

某些章程变更需要采取比股东大会特别决议更为严格的手续要件。此部分已经在相应章节进行了介绍("股份的转让限制、附回购条款""股东大会特别决议以外,需要类别股东大会决议的场合"以及"不同股东不同待遇的规定")。

(2)手续要件的放宽

某些章程变更不经股东大会的特别决议即可实施。

（a）单位股份数的减少、废止

股份公司可以经董事决定（设置董事会的,为董事会决议）减少单位股份数（188条）或者废止单位股份制度（195条1款）。这样的变更将使以往不满单位股的股东恢复其作为股东应有的权利,故可依简易程序进行。

（b）股份拆分时可发行股份总数的增加

股份公司在进行股份拆分（183条）时,可在拆分比例的限度内,不经变更章程所需的股东大会特别决议即可增加可发行股份总数[37条1款。184条2款。同（a）一样,不设置董事会的公司由董事决定；设置董事会的公司为董事会决议。コンメ（4）165页（山本为三郎）]。此规定的旨趣前面已述。

第 9 章
收购、经营者集中、重组

- 第 1 节 收购、经营者集中、重组的意义和方式
- 第 2 节 股份收购
- 第 3 节 公司重组——合并、分立、股份交换、股份转移以及股份交付
- 第 4 节 营业的转让等
- 第 5 节 恶意收购与防御措施

本章将对股份公司的收购、经营者集中、重组等经济行为涉及的公司法规定予以介绍。首先，论述收购、经营者集中、重组的意义以及经济功能（第1节），其次，介绍实施这些行为的法律上的手法，即股份的取得（第2节）、公司重组（第3节）以及营业转让等（第4节）。最后，对日本最近出现的恶意收购与防御措施进行检讨（第5节）。

第1节 收购、经营者集中、重组的意义和方式

1 收购

(1) 意义

股份公司可以将日常经营活动中获得的利益进行再投资，或者慢慢扩大其经营规模，也可以承继其他公司（或者采取公司以外组织形态的企业）全部或者部分营业，或者通过合并或取得股份等手段，取得该其他公司（企业），一举扩大事业范围。这样的取得营业或者公司（企业）的行为称为收购（营业收购、企业收购）。

▶▶▶ 专栏9-1 收购、经营者集中、重组、M&A

"收购"这个词并不是法律用语，而是经济用语或者日常用语。后述的"经营者集中"以及"重组"也如此（需要注意的是，"公司重组"是专指本章第3节介绍的特定的公司法上的诸行为）。故此，收购、经营者集中、重组并没有明确的定义，本章介绍的是最为标准的意思。英语表述为：Merger, Acquisition and Restructuring，简称为 M,A&R，省略最后的字母后为 M&A。日本 M&A 的件数以及金额的推移参照图表9-1。

收购旨在迅速扩大经营规模以及通过整合事业获得协同效应（→专栏9-2）。此外，还存在通过变更股东构成（持股向特定人集中）以提高企业价值的制度，例如，上市公司的 MBO（Management Buy out）以及全资子公司化（→专栏9-18）等。

▶▶▶ **专栏 9-2　收购、经营者集中与协同效应**

　　实施收购、经营者集中后,企业价值(企业将来产生的自由现金流的折现现有价值)通常会较实施前各当事公司企业价值的单纯合计额有所增加。这得益于事业整合带来的经营资源的节约(整合或者废止竞争客源的店铺、共有办公系统等)以及一方当事公司使用另一方的经营资源(商业秘密、人才等)产生的收益。这样,因收购、经营者集中带来的企业价值的增大称为"协同效应"。在收购中,多存在向目标公司股东支付超额费用(收购价格与从前股价的差额)的现象[井上(2009)],这是因为,收购人即便支付如此高额的费用,仍然可以期待本次收购产生足够的利润。实际上,现实中也有为数不少的失败例子,收购、经营者集中不仅未如收购人所愿,反而拉低企业价值(负的协同效应)。此时,有时会实施重组,即将整合的事业进行再次分割。这种现象常见于企业因非效率的多元化导致经营不善,作为经营再建的一环,将部分保有事业分割或者转让出去。日本收购、经营者集中(M&A)的目的以及现状参照:宫岛(2007),特别是其第 1 章(蚁川靖浩、宫岛英昭)。

图表 9-1　日本 M&A 的件数及金额的推移

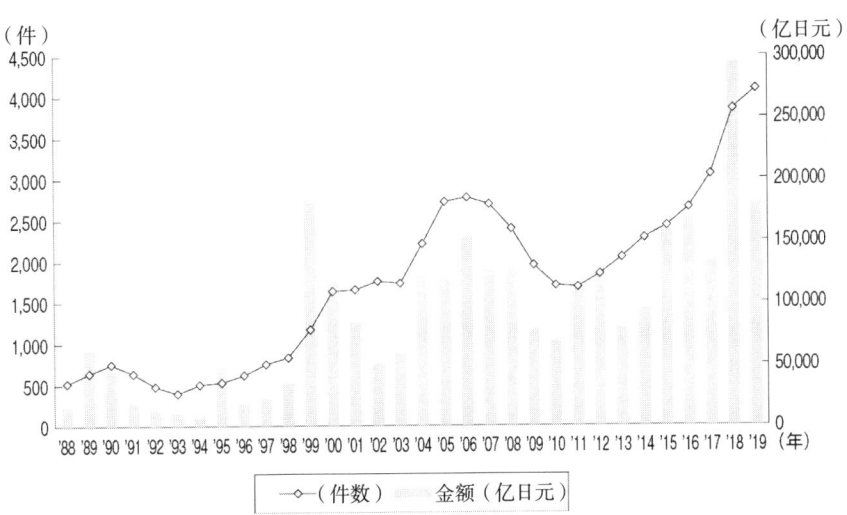

　　* 出自:レコフ"MARR"2018 年 2 月号 19 页,2020 年 10 月号 13 页,2022 年 9 月号 13 页。"MARR"对 M&A 的定义为:以有效利用既有的经营资源为目的,转移企业及事业的经营权。大致相当于本章第 1 节的"收购"与"经营者集中"的合体。

（2）收购的方式

收购可以如下的诸多方法进行。本章的介绍中，基本上被收购企业都是以股份公司为前提，称为"目标公司"（Target Company）。收购一方的企业（不限于公司）称为"收购方"（Acquirer）。收购方为公司的，也称为"收购公司"。

①收购人取得目标公司股份的方法。具体而言有如下几种：ⅰ从目标公司股东处取得股份的方法；ⅱ通过认购股份（199条）从目标公司取得股份的方法；ⅲ公司法上的股份交付方式，以收购公司的股份作为对价完成目标公司的子公司化；ⅳ以公司法上的现金收购或者股份交换，取得目标公司全部股份的方法等。

②收购公司与目标公司合并的方法。在此，两当事公司成为同一法人是其特征。

③收购方以吸收分立的方式承继目标公司事业的全部或者一部分，或者以受让事业的方式取得。这种方式并非收购目标公司自身，而是收购其保有的事业。

（3）友好收购与恶意收购

收购的大部分都是基于收购方与目标公司双方管理层（代表董事等）的合意进行的，称为"友好收购"。但是，在收购当中，特别是从目标公司股东处受让股份的方式［→（2）①ⅰ］，不经目标公司管理层同意也可以进行收购。收购方在目标公司管理层反对的情况下仍然试图收购的，称为恶意收购。以往在日本，以上市公司为对象的恶意收购几乎看不到，随着相互持股的减少以及机构投资者持股的增加等背景的出现（→专栏3-1），最近恶意收购的案例也开始零星出现［内田等（2021），田中（2019b）］。针对恶意收购，目标公司董事会采取何种对抗措施（收购防御措施），是公司法的一个重要课题。但现实中，恶意收购要么无法进行尽职调查（无法得到目标公司的同意→专栏9-3），要么即使收购成功也会招致目标公司职工的反对，以取得股份方式进行收购的，基本上都是在得到目标公司管理层同意的基础上进行的友好收购。

▶▶▶ **专栏9-3　尽职调查和声明保证条款**

在企业收购中，首先，收购方在签订保密协议的基础上，取得目标公司的财务状况及其他相关信息，在此基础上确定初步的收购价格，制作基本合意书。其次，收购方雇佣专家对目标公司进行实地调查（尽职调查),以此阶段获得的信息为基础,进一步进行价格交涉,签订最终协议(合并协议或者股份转让协议等)。履行最终协议完成收购的,称为"交割")。

实际上,尽职调查通常仅在短时间内且在得到目标公司配合的范围内实施,时常会发生收购方无法确信目标公司提供之信息是否真实的问题。因此,目标公司的主要股东等多向收购方做出约定,声明并保证对于目标公司的某些事项,其向收购方提供的信息真实且准确,如果违反,则对收购方因此蒙受的损失进行补偿(这样的协议条款称为"声明保证条款")。违反声明保证条款的目标公司股东(股份转让协议的卖方)被责令承担责任的事例,参照:东京地判平成18.1.17判时1920号136页(商判Ⅰ-190)。

包括尽职调查和声明保证条款在内的企业收购的全过程解说,参照:コンメ(17)215—234页(三苫裕);土岐、边见(2014)第7章[久保文吾、柗田由贵、石井妙子;藤田(2018);森·滨田松本法律事务所(2022)第1部第3章]。

■ 2 经营者集中

两个公司合并的,从经济上以及社会观念上看,通常是规模大或者收益力强的当事公司"收购"另一公司。但是,当规模或者收益力相当的两个公司合并时,与其说谁收购谁,不如说当两个公司处于对等地位时,如何看待二者的结合。后者的场合,通常用"经营者集中"的表述取代"收购"。实际上,公司法上两者都属于合并,但经济学上区分收购与经营者集中的意义,在于税务处理上的不同(→专栏9-33)。经营者集中除了公司合并以外,还可以共同股份转移(设立共同持股公司)的方式进行。本书所称的"经营者集中",包含了收购与经营者集中在内。

■ 3 重组

公司转让部分事业给他人,或者设立子公司后将部分事业转移至该子公司,或者调整企业集团内部的事业领域等,以各种方式变更其事业构造的,称为重组。重组可以公司分立或者营业转让等方式进行(基于这些行为将事业转移至其他公司的同时,从对方的角度看构成收购)。"重组"一词用于多种场合，多用于包含收购、经营者集中在内的场合。

> ▶▶▶ ★专栏9-4　交易保护条款（Deal Protection）
> 要实现对公司的收购、经营者集中、重组，双方当事公司需要花费诸多时间与费用。因此，当事公司为了避免交易不成立而枉费时间与费用，有时会设计某些措施[例如，双方约定：拒绝交易的当事公司支付相对方一定的解约金（Break up Fee）]。这样的措施称为交易保护条款（Deal Protection）。在最决平成 16.8.30 民集 58 卷 6 号 1736 页（百选 94，商判 I-189）案件中，双方在企业收购的基本合意书中约定：当事公司双方为了签订最终协议而付诸努力，同时，合意书签订后两年以内，不与第三人之间签订或者提供与基本合意书的目的相抵触的协议或者交易信息（独占交涉条款）。这也是一种交易保护条款。最高法院认可了该案件中独占交涉条款的法律拘束力，但对基于同条款申请阻止协议的临时处分，以缺乏保全必要性（民保 23 条 2 款）为由予以否定。
> 交易保护条款有利于顺利实现 M&A 并保护两当事公司股东的利益，但同时，当事公司股东则因不得不履行协议而可能丧失其他有利的交易机会。此外，觉察到恶意收购威胁的公司管理层，与友好收购人之间签订强有力的交易保护条款的，可能发生利益冲突的问题。在美国，在一般性地承认交易保护条款有效性的同时，对于有害于股东利益的过剩的交易保护条款，则以条款无效的形式加以一定的限制。这样的做法值得日本参照。例如，对于公司重组以及转让全部或部分重要营业等需要目标公司股东大会承认的 M&A，根据交易保护条款的约定，收购的承认决议被股东大会否决的，目标公司应当向收购人支付解约金。但该金额过高的，等于实际上强制目标公司股东承认该 M&A。因此，这样的 M&A 违反了公司法的宗旨（是否通过 M&A 应当由股东决定），应当解释为无效。关于交易保护条款的法律问题，参照：手冢（2004）；白井（2013a）527—532 页；田中（2014a）。

第 2 节　股份收购

■ 1　概说

收购股份公司的一个方法是取得该公司（目标公司）的股份。可以取得目标公司全部已发行股份,也可以取得部分股份,只要这部分股份足以控制该公司,就可以称为"收购"。取得股份有以下几种方法:①受让目标公司股东的股份;②认购目标公司发行股份(199条以下);③利用公司法上的现金收购制度[此外,还有利用公司重组(股份交换或者股份交付)进行收购的方法,将在第3节介绍]。

①基本上以前面介绍的股份转让的方式进行。需要注意的是,以取得上市公司股份的方式进行收购的,多以要约收购的方式进行,某些场合还会强制进行。要约收购不仅受公司法规制,还受到《金融商品交易法》的制约(金商27条之二以下),鉴于收购方法的重要性,本节予以介绍(→■2)。②已在本书第6章第2节进行了介绍,本节仅对涉及收购的相关问题做出介绍(→■3)。之后介绍③的方法(→■4)。最后,论述收购目标公司董事的义务。

■ 2 要约收购

(1)概要

以取得上市公司股份的方式进行收购的,多利用要约收购(Tender-Offer Bid/Takeover Bid:TOB。参照:金商27条之二6款的定义。日本要约收购的实际状况→图表9-2)。所谓股份的要约收购,是指通过公告(要约收购开始公告)从目标公司不特定的多数股东处购买股票的行为(参照:金商27条之2第6款)。要约收购可以以取得目标公司已发行全部股票为目的,也可以在事先发布的要约收购开始公告规定的预定购买数量的限度内购买(部分要约收购。参照:金商27条之十三4款2项)。但是,要约收购后购买者的持股比例(参照:金商27条之二8款。以表决权为基准计算)达到三分之二以上时,必须收购余下的全部股票(参照:金商27条之十三4款,金商令14条之二之二)。这是因为,持股向特定人集中,则剩余股票的流动性降低,会有损剩余少数股东的利益,故有必要保障目标公司股东卖出全部股票的机会。

要约收购人应当按照事先规定的购买条件,从有意出售股票的目标公司股东处进行收购。部分要约收购的,当目标公司股东承诺出售的股票数超过预定收购的股票数的,收购人应当按比例进行收购(商27条之十三5款)。"按照承诺出售的顺序进行收购"这种收购方式会给目标公司股东带来压力(逼迫其尽快出售,称为"强压性"),法律不予允许。为了确保股东的平等,要约收购期间,要约收购人不得以要约收购以外的形式买入被收购公司股票(另行收购的禁止。金商27条之五)。

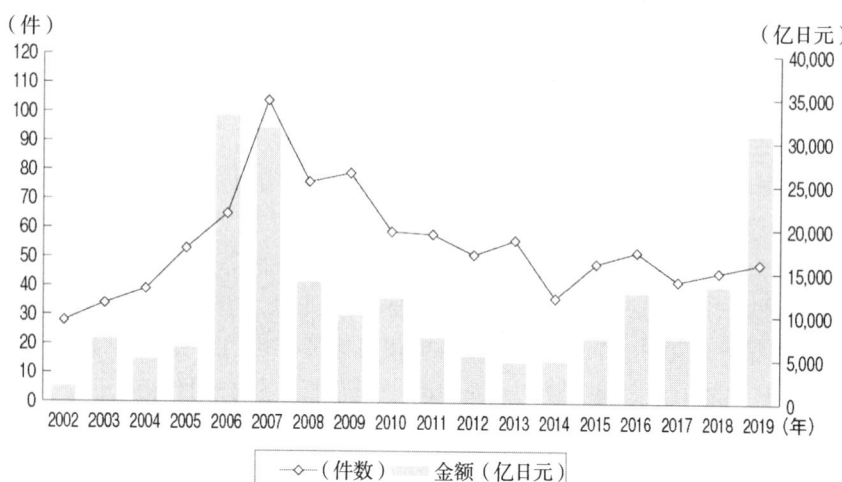

图表 9-2　日本申请公开收购的件数及金额的推移

出自:レコフ"MARR"2018 年 2 月号 32 页,2020 年 10 月号 26 页,2022 年 9 月号 26 页。发行公司实施的公开收购(本公司股份的公开收购。金商 27 条之二十二 2 款以下)除外。

(2)要约收购的信息披露

为了向目标公司股东提供必要的信息,法律规定,收购人应当在要约收购开始公告以及要约收购报告书上披露某些信息(金商 27 条之三)。对此,目标公司必须将记载针对收购的意见(赞同,否定或者保留意见)的书面材料(表明意见报告书)提交给监管机关,以供公众阅览(金商 27 条之十)。目标公司可以在"表明意见报告书"上对收购人进行质询(同条 2 款 1 项)。此时,收购人必须在一定期间内提交"答复质询报告书"(同条 11 款)。

(3)必须进行要约收购的场合

收购人在交易所市场(东京证券交易所等金融商品交易所开设的市场。参照:金商 2 条 17 款)外购买有义务提交有价证券报告书的股份公司(上市公司全部为此类型。参照:金商 24 条 1 款 1 项)的股票的,①购买后收购人的持股比例超过 5%的,应当进行要约收购(金商 27 条之二 1 款 1 项)。但是,从极少数人处(根据金商令 6 条之二 3 款,为 10 人以下)购买的,不在此限(金商 27 条之二 1 款 1 项)。需要注意的是,此时,②购买后收购人的持股比例超过三分之一的,应当进行要约收购(金商 27 条之二 1 款 2 项)。因为,收购人认为可以大概率取得目标公司控制权的,可能会仅向特定股东(从前的大股东)高价收购其股份,而这样的行为为法律所禁止,故公司法针对目标公司的一般股东,保障其平等出售股份的机会。

相比于场外交易,收购人在交易所市场购买股票的,原则上没有必要进行要约收购(例外情况参照:金商27条之二1款3项以下)。因此,在日本,收购特别是恶意收购,有很多是在交易所金融商品市场上以大量买进股票的方式进行的[例如,最决令和3.11.18资料版商事453号94页(东京机械制造所事件);东京高决平成17.3.23判时1899号56页(百选97,商判Ⅰ-66,日本放送事件);东京地决平成16.6.1判时1873号159页(百选20,商判Ⅰ-58,宫入阀门事件)→专栏9-5]。

要约收购除了用于事业公司收购其他事业公司(特别是上市公司),还常用于管理层收购上市公司(MBO→专栏9-6)。日本要约收购制度以及实际利用状况参照:田中、森·滨田松本法律事务所(2016)。

▶▶▶ **专栏9-5　强制要约收购制度的是与非**

在交易所金融商品市场上大量买进股票,原则上是自由的,这有利于实现收购的快速与低价。但是,另一方面,从目标公司股东的角度看,无法保证均等的出售机会(获得溢价的机会),且容易引起企业价值的毁损。当目标公司股东获知有来路不明的投资者大量买进公司股票时,与其成为被支配公司的少数派股东,不如趁早在市场上出售持有的股份(逼迫目标公司股东出售股份的收购手段,称为"强压性")。因此,有可能造成企业价值受损的收购反而难以成功。出于以上理由,有意见认为,对于足以控制目标公司的大量买进,应当以要约收购的方式进行(强制要约收购制度。欧盟各国采取的规制)。参照:田中(2012)407—448页;要约收购的旨趣、目的,参照:饭田(2015)。

▶▶▶ **专栏9-6　MBO(Management Buyout)、公正性担保措施**

(1)何为MBO?

公司的管理层(有时为员工)收购该公司(或者公司事业的一部分)的交易称为MBO(日本的实际利用状况→图表9-3)。特别是近年来,上市公司的管理层从投资公司(基金)获得资金设立收购公司,进而取得该上市公司全部股份的MBO类型比较盛行。在上市公司的MBO中,首先,以要约收购的方式尽可能多地取得目标公司股份,之后实施现金收购,取得目标公司的全部股份(这样的手法称为"两阶段收购"→专栏 9-9)。实践中多采取以下方式,即收购公司以目标公司资产做抵押借入收购资金,收购成功后进行吸收合并,即以目标公司为存续公司,注销收购公司,由目标公司继承收购公司的债务[这样的收购方式称为 LBO(Leveraged Buyout),即杠杆收购]。通过 MBO,目标公司的股份集中于熟悉公司业务的管理层与投资公司,在得到股东支持的情况下,管理层可以进行大胆的改革,同时股东对管理层的监督也更易实现。关于 MBO 的目的以及方式,参照:土岐、边见[(2014)136—144 页(渡边和之)]。

(2)关于 MBO 的课题、公正性担保措施

实际上,MBO 也存在疑问。当熟知公司内情的管理层有意选择股市低谷期(更为极端的,故意泄露悲观信息使股价下跌)进行收购的,一般股东的利益可能受损。实践中,存在如下案例:实施 MBO 的目标公司董事违反义务被追责事例[大阪高判平成 27.10.29 判时 2285 号 117 页(百选 Ap28,商判Ⅰ-153,シャルレ事件)];在取得股份、确定收购价格上,确定的价格超过实际的收购价格事例[最决平成 21.5.29 金判 1326 号 35 页(商判Ⅰ-40,レックス・ホールディングス事件)]。

实践中,为了去除这样的疑问,通常会采取以下措施:第一,设置以目标公司外部董事、外部监事等独立于管理层的人员组成的特别委员会(也称独立委员会或者第三人委员会),确认交易条件的公正性;第二,聘请独立的第三方评估机构,制作目标公司的股份价值计算书,以此为基础确定收购价格;第三,获得第三方评估机构出具的交易价格公正意见(Fairness Opinion);第四,调查是否存在提供优于管理层收购条件的候补收购人并予以检讨(市场调查);第五,以目标公司中无利害关系股东表决权的过半数同意为 MBO 的成立条件(MOM)。以上措施实务中称为"公正性担保措施"[论究 Unit09(内田修平)]。日本经济产业省于 2019 年 6 月发布了"确保存在利益冲突的 M&A 公正性的实务指南"[公正 M&A 指南。经济产业省(2019)]。"指南"系在已经发布的关于 MBO 的报告书[企业价值研究会(2007)]以及指南[经济产业省(2007)]内容基础上发展而来。参照:藤田(2020),内田等(2022)。

是否在有效实施公正性担保措施的基础上确定交易价格,是判断 M&A 过程中目标公司董事是否违反勤勉、忠实义务的参考因素,也是法院确定目标公司股份价格(179 条之八、182 条之五、786 条)时的重要考虑因素。

日本 MBO 的实证研究,参见:川本(2022)。

图表 9-3 MBO 件数及金额的推移

出自：レコフ"MARR"2018 年 2 月号 33 页，2020 年 10 月号 27 页，2022 年 9 月号 27 页。

■ 3 以第三人定向增资进行的收购

公众公司原则上可以在章程规定的可发行股份总数（37 条 3 款、113 条 3 款）的限度内，以董事会决议募集发行股份（201 条 1 款、199 条）。因此，在日本，收购人通过认购目标公司发行股份等（第三人定向增资）的方式实现收购的不在少数。这种方式可以仅以董事会决议实现快速收购，当目标公司急需经营资金时尤其有效。相反地，当公司处于特定人的支配之下做出重大决定时，目标公司的股东往往无法参与决策，或者无法获得以其他方式（例如，要约收购）进行收购时可以获得的收益（→专栏 9-2）。并且，当公司存在控制权争夺时进行第三人定向增资的，有时可能涉及管理层为维持、确保控制权而发行股份的问题。

因此，2014 年《公司法》修改时规定，公众公司发行募集股份等时，发行后认购人的表决权比例超过二分之一的，持有十分之一以上表决权的股东发出反对通知时，该发行原则上必须经股东大会决议（普通决议）通过（206 条之二）。

▶▶▶ ★专栏9-7　第三人定向增资与交易所的规制

上市公司实施的第三人定向增资会影响公司控制权的,除了本节所述的公司法规制,还需要受交易所规则的限制。即,上市公司增发的股份达到表决权的25%以上,或者增资将带来表决权的变动时,法律要求公司征求某些独立地位者(外部董事以及外部监事)的意见,或者以股东大会决议确认股东的意思(东证·有价证券上市规则432条)。此外,还要求公司公开包括出资缴纳金额的计算根据等在内的某些信息[同施行规则402条之二。东证规定的解说参照:渡边(2010)。规则实施状况参照:VM92—101页(后藤元)]。

4　现金收购

□1　概说

(1)意义

现金收购,是指收购人不经股份公司股东的个别同意即以货币为对价取得该公司(目标公司)全部股份的行为。

现金收购系与拟持续投资公司的股东意思相悖,具有将该股东从目标公司排挤出去的一面(因此,英文称为 Squeeze Out,日文又称"排除")。2005年《公司法》制定以前,普遍认为这样的排除股东方式是不当的,故下面介绍的现金收购的大多数方法都不被认可。但是,现金收购在经营政策上也存在诸多合理性(→专栏9-8),一律禁止并不可取。因此,现行公司法在完善了阻止请求权、股份取得价格的决定制度以及信息披露等保护目标公司股东利益的制度体系后,允许现金收购的存在。

▶▶▶ 专栏9-8　现金收购的需求

收购人有时并不满足于取得足以控制目标公司的股份,其很多情况下希望取得目标公司的全部已发行股份。例如,上市公司 MBO 是以通过将持股集中于管理层与投资公司进而提高企业价值为目的的收购,故收购成立后剩余的少数派股东并不在预想当中。此外,在 MBO 以外的交易中也存在一定的需求,例如,为了回避目标公司剩余的少数派股东而带来的利益冲突问题(→专栏4-45),或者规避维持目标公司上市而支出的费用(金商法以及交易所规则规定的信息披露费用等)。此时,如目标公司为上市公司,存在诸多股东的,取得全体股东出售股份的同意于现实中是不可能的。在这些领域,就产生现金收购的需求。

(2)现金收购的方式

现行《公司法》上,现金收购有以下方式:①得到目标公司股东大会的特别决议承认实施的;②收购人持有目标公司全体股东十分之九以上表决权,不经目标公司股东大会决议即可实施的。①中,分为以货币为对价的股份交换(略式以外的)、股份的合并以及取得附全部回购条款的类别股;②中,分为以货币为对价的略式股份交换以及特别控制股东实施的股份等出售请求(→图表 9-4)。其中,以货币为对价的股份交换在本章第 3 节予以介绍,这里介绍除此以外的其他方式。

图表 9-4 现金收购的方式

经目标公司股东大会特别决议	不经目标公司股东大会特别决议 [注1]
以货币为对价的股份交换(略式以外的)(2 三十一)	以货币为对价的略式股份交换(2 三十一、784①)
股份合并(180)	特别控股股东的股份等出售请求(179)
取得附全部回购条款类别股(171)	

[注1]仅限于收购人持有目标公司全体股东表决权十分之九以上的场合适用。

▶▶▶ 专栏 9-9　两阶段式收购及其方式

收购人拟取得上市的目标公司全部股份的,首先,通过要约收购,取得足以控制目标公司的股份;其后,通过实施现金收购,取得目标公司全部股份。这样的两个阶段的交易称为"两阶段式收购"。收购人为上市公司且股份具有流通性的,多数情况下交易不以货币进行,而是以收购公司的股份为对价(Stock Out)。日本 2006 年 12 月至 2013 年年末期间实施的要约收购共 416 件中,有 244 件(58.7%)是要约收购后实施现金收购完成的,有 62 件(14.9%)是以实施 Stock Out 完成的[田中、森·滨田松本法律事务所(2016)293 页(森田果)]。

这样的两阶段式收购上,如果现金收购价格低于要约收购价格的话,会导致目标公司股东虽然对收购价格不满意,但担心自己在做出决定前要约收购已成立,结果不得不对要约收购进行回应[这样的收购方式具有"强压性"。→专栏9-5。数字でわかる9章(饭田秀聪)]。鉴于此,实务中通常在要约收购时公开表明:要约收购成立后,预定以相同金额实施现金收购,且实际上通常也是按照相同金额实施的。现金收购缺乏正当理由,未达到要约收购价格的,应当根据股份的价格决定手续(172条、179条之八、182条之五、786条等)对股东进行保护(→专栏9-26)。

□ 2 以股东大会决议实施的现金收购

(1)股份的合并

股份的合并(180条)亦被用作调整投资单位的手段,通过扩大分母,调整股份合并的比例。例如,收购人拟通过要约收购,取得目标公司已发行股份100万股中的80万股,剩余的20万股由要约收购以外的一般股东持有。此时,目标公司进行股份合并,将20万股合并为一股(合并的比例为二十万分之一),则目标公司股东(除收购人外)持有的股份全部为不满一股的小数。经过小数处理手续(235条、234条2款—4款),目标公司将相当于小数合计额的股份经法院许可进行出售,收购人购买全部股份并将价款交付于收购人以外的股东,现金收购得以实现。目标公司进行股份合并的,需要股东大会的特别决议(180条2款、309条2款4项)。

2014年《公司法》修改前,因股份合并不存在反对股东的股份回购请求权等制度,对股东的保护不充分,实务上将股份合并用于现金收购的并不多。2014年《公司法》修改后,法律完善了股东保护的程序,将股份合并用于现金收购的成为普遍现象。

(2)取得附全部回购条款的类别股

现金收购也可以取得附全部回购条款的类别股的方式进行(171条)。根据(1)所举的例子(收购人取得目标公司已发行股份100万股中的80万股,目标公司之前非类别股发行公司),①目标公司决定变更公司章程(466条),发行两种以上的股份(称为类别股发行公司),且②变更公司章程,将全部已发行股份变更为附全部回购条款的类别股,然后,③为取得附全部回购条款的类别股而召开股东大会进行决议(171条、309条2款3项),在回购对价上,设置为"附全部回购条款的类别股20万股置换(公司新发行的)其他类别股份一股",则目标公司收购人以外股东持有的股份全部为不满一股的小数。④按照小数处理的手续(234条1款2项),目标公司将相当于小数合计额的股份经法院许可出售给收购人(234条2款),价款交付于收购人以外的股东,现金收购得以实现。通常,①②③所需的股东大会决议或者类别股东大会决议(实施②的章程变更,需要股东大会决议。111条2款1项、324条2款1项)在同一天进行。2014年《公司法》修改前,这种方式为现金收购的主流。

取得附全部回购条款的类别股需要履行与股份合并同样的股东保护手续(反对股东的价格决定申请、阻止请求权、事前事后的信息披露)。

(3)现金收购的效力之争

在股份合并以及取得附全部回购条款的类别股的效力上,并不存在特别的诉讼制度(参照828条)。因此,以这些方式进行的现金收购的效力之争,适用相应的决议瑕疵诉讼制度。例如,适用股份合并的股东大会决议(180条2款)或者取得附全部回购条款类别股的一系列的股东大会、类别股东大会决议[(2)①②③]效力瑕疵诉讼。此外,2014年《公司法》修改时明文规定:决议撤销之诉可由因撤销决议而恢复股东地位者(典型为被现金收购的股东)提起(831条1款)。将已发行股份变更为附全部回购条款类别股所需的类别股东大会决议[(2)②]因召集手续违法[基准日设定公告(124条3款)的不履行]而被撤销的事例,参照:东京高判平成27.3.12金判1469号58页(百选Ap13,商判Ⅰ-83,アムスク事件)。此外,现金收购目的的不当性或者对价的显著不当性是否构成决议撤销事由,参照:专栏9-10。

现金收购的目标公司其后被其他公司吸收合并消灭的,被现金收购的股东为了恢复股东地位,需要在提起现金收购股东大会决议撤销之诉的同时,提起吸收合并无效之诉[不与后者合并提起诉讼的,前面的诉讼将被驳回。大阪地判平成24.6.29判夕1390号309页(商判Ⅰ-183)]。

□ 3 不经股东大会决议的现金收购——特别控制股东的股份等出售请求

(1)概说

(a)意义

持有股份公司(目标公司)全部股东表决权九成(公司章程规定超过此比例的,为该比例)以上者(特别控制股东),有权请求目标公司其他股东(出售股东)出售其持有的全部股份(出售股份。179条)。目标公司发行新股预约权的,特别控制股东亦有权请求出售该部分新股预约权(发行附新股预约权公司债的,包括该公司债部分。同条2款、3款)。此称为"特别控制股东的股份等出售请求"。出售股东以及出售新股预约权者合称"出售股东等"(179条之四1款1项)。

(b)制度的旨趣

收购人持有目标公司绝大部分表决权的,目标公司股东大会决议的趋势已定,为了现金收购而需要股东大会决议的必要性较小。而且,实施现金收购的(两阶段收购中的)第二阶段行为,需要召集股东大会,则从要约收购完成到实行现金收购之间需要花费时间,这期间股东处于不稳定的地位,目标公司股东即便不满足收购价格也不得不对要约收购进行回应(收购具有"强压性")。→专栏9-5)。

作为不经股东大会决议而实施的现金收购方式,以往存在以货币为对价的略式股份交换(784条),但由于税制上的原因,这种方式鲜有被利用(→专栏9-15、9-13)。2014年《公司法》修改时创设了股份等出售请求,根据该制度规定,特别控制股东可以不经目标公司股东大会决议,直接收购目标公司全部股份。

(c)本制度的利用者

本制度的利用者(特别控制股东)不限于公司,自然人以及公司以外的法人亦可利用(179条1款)。此外,在计算表决权比例时,可以将利用者持有的股份公司及其他法人(特别控制股东全资子法人)的表决权加算在内(同款)。

(2)出售请求的方式

特别控制股东为股份等出售请求的,必须在确定某些事项后通知目标公司,取得目标公司的承认。前述事项包括:作为对价交付的现金额或者其计算方法、取得出售股份的日期等("取得日"。179条之二、179条之三)。目标公司设置董事会的,上述承认需要董事会的决议(179条之三3款)。目标公司董事勤勉履职,判断出售请求是否符合目标公司股东的利益,做出是否承认的决定。

目标公司在做出承认决定后,特别控制股东撤回出售请求的,需要得到目标公司的承认。

(3)对出售股东等的信息披露

(a)对出售股东等的通知

目标公司应当在取得日的二十日前,向出售股东等发出有关出售请求事项的通知(179条之四1款)。这样规定的目的在于,给予出售股东等行使权利的机会,即向其通知出售请求事项,有必要的,行使下文(4)介绍的权利。鉴于剥夺股东地位事宜的严重性,公众公司向出售股东发出的通知不得以公告代替(同条2款。向出售新股预约权人以及登记质权人发出的通知可以公告代替)。需要注意的是,按照《转账法》规定(转账161条2款)必须以公告(非通知)向股东发出通知的转账股份发行公司,通知方式为公告。

(b)事前披露

与其他方式实施现金收购(171条之二、182条之二)的情形一样,目标公司应当进行事前披露(将有关股份等出售请求事项置备于总公司,以供出售股东等阅览。179条之五、会则33条之七)。

(4)出售股东等的保护

(a)交易价格决定的申请

出售股东等自取得日的二十日前至取得日的前一天,有权申请法院对其持有的出售股份等的价格做出决定(179条之八)。与以其他方式实施现金收购之情形(172条、182条之四、182条之五)一样,法律认可少数股东因现金收购价格的公正性发生争议时诉诸裁判。

需要注意的是,判例认为,向出售股东等发出通知或者公告后受让出售股份等的人,不得申请法院决定交易价格[最决平成29.8.30民集71卷6号1000页(商判Ⅰ-43)]。申请法院决定交易价格制度的目的在于通过通知或者公告,向此时点目标公司的股东提供申请适正价格的机会,但以通知或者公告确定出售股份后,受让该股份者并不在同制度的预定保护范围内。但是,判例的立场也存有疑问:179条之八并未对申请决定价格的适格要件做出特别的规定,则一方认为出售价格低于适正价格,为了获得实际利益而申请法院决定出售价格之行为,并无特别的不当[田中(2018)61—62页]。

(b)阻止请求权

出售股份请求违反、目标公司违反(向出售股东)通知或者事前披露的规定,或者特别控制股东确定的出售对价明显不当,可能给出售股东利益带来影响时,出售股东有权请求特别控制股东停止取得全部出售股份(179条之七1款)。与附全部回购条款类别股的全部收购(171条之三)以及股份合并的阻止(182条之三)不同,出售对价的显著不当性也构成阻止事由。这是为了在略式公司重组(784条之二2项、796条之二2项)之间取得平衡。

（5）出售股份等的取得

（a）取得的生效

特别控制股东于取得日全部取得出售股份等（179条之九1款）。出售股份等附带转让限制的，视为目标公司承认转让（同条2款）。

（b）事后的信息披露

目标公司应当于取得日后及时进行事后信息披露，此披露与以其他方法实施现金收购之场合（173条之二、182条之六）相同（179条之十，会则33条之八）。

（6）出售股份等的全部取得无效

（a）概说

出售股份等的全部取得无效，可以自取得日开始的六个月内（非公众公司为一年以内），仅以诉讼的方式进行主张（出售股份等的全部取得无效之诉。846条之二1款）。非公众公司起诉期间延长的理由在于，相比于公众公司，非公众公司的利害关系人较少，相比于保护法的稳定性，应当优先保护出售股东等的利益（立案担当2014年191页）。因出售股份等的全部取得不是目标公司的行为，故不属于有关公司组织无效之诉的一种，但适用同样的程序规定（846条之二—846条之九）。出售股份等的全部取得无效的确定判决仅面向将来生效（846条之八），且具有对世效力（846条之七）。

（b）无效原因

至于何种事由构成取得无效的原因，法律并无明文的规定，属于解释问题。一般论上，取得股份的手续瑕疵中，只有重大瑕疵才构成无效原因。例如，取得者欠缺表决权要件（179条1款）或者欠缺目标公司董事会的承认决议（179条之三3款）。

取得对价的不当性（相比于股份的公正价格而言过低）原则上通过交易价格决定手续（179条之八）解决即可，不构成无效原因；但对价显著不当的，为了抑制这种状况，应当解释为构成无效原因。对价的显著不当性也属于取得的阻止事由（179条之七1款3项），通常，对于在临时处分手续（民保23条2款）中处理的阻止请求，很难期待会对对价的相当性进行充分的审理，故应当为事后的无效主张留有余地。除了排除少数派股东，不具有正当事业目的的行为是否构成无效原因，则存在争议（→专栏9-10）。

▶▶▶ ★**专栏 9-10　现金收购与正当的事业目的**

　　现金收购多用于公司收购(→专栏 9-8),但也有用于与收购无关的场合,即股东之间存在对立冲突,多数派股东以排挤少数派股东为目的进行收购。学说上,对于这样的排挤目的以外、不具有正当事业目的的现金收购,在股份合并以及全部取得附全部回购条款类别股的场合,特别利害关系人(以排挤少数派股东为目的的多数派股东)行使表决权通过的决议显著不当的(以下称"不当决议"),构成决议撤销事由(831 条 1 款 3 项。决议被撤销,行为无效)。此外,经特别控制股东请求出售而取得股份的,也可能构成取得的无效原因(参照美国判例法做出的判决)。

　　实际上,东京地判平成 22.9.6 判夕 1334 号 117 页［驳回撤销请求(请求撤销附全部回购条款类别股的回购决议)］中,公司法认可公正价格前提下的现金收购,仅以排除少数派股东为目的不能构成 831 条 1 款 3 项的决议撤销事由(参照:札幌地判令和 3.6.11 金判 1624 号 24 页)。作为董事的多数派股东以逃避少数派股东追究责任为由实施现金收购,法院认可构成以不当目的排除少数派股东的,所作的决议将作为不当决议予以撤销［京都地判令和 3.1.29(平成 30(ワ)第 156 号 LEX/DB25569079］认为,即便存在这样的不当目的,但公司为了从企业集团接受经济援助具有正当性,结论上不构成不当决议)。对此,学说上的有力意见认为,多数派股东单方实施现金收购以消除股东间对立的做法,并非理想的制度,故应当对排除少数派股东进行限制［笠原(2022)50 页(除了份额公司中将少数股东除名,以消除股东间对立为直接目的的现金收购显属不当)］。

■ 5　目标公司董事的义务

(1)谋求股东共同利益的义务

　　公司法上,董事承担勤勉、忠实义务的对象是公司(330 条,355 条,民 644 条),股东并不是该义务的对象。但是,谋求营利法人(公司)的利益,也意味着谋求其成员(股东)的利益。

　　这样的股东利益,基本上通过董事为公司利益勤勉尽责得以实现(公司提高利润则股东受益)。实际上,目标公司董事在要约收购、现金收购或者公司重组等围绕收购对价与收购人进行交涉的场合,董事的履职行为并不经由公司而直接影响到股东的利益。此时,董事为了谋求股东的共同利益,应当尽善良管理人的审慎注意义务,在收购对价及其他收购条件上与收购人进行交涉(维护股东共同利益义务)。当董事因恶意或者重大过失违反此义务,致使收购价格低于公正的股价而收购成立的,根据429条1款,董事应当对股东承担损害赔偿责任[结论上否定责任但承认了该义务的判决,参照:东京高判平成25.4.17判时2190号96页(百选52,商判Ⅰ-152,レックス・ホールディングス事件)]。同判决认为,董事向股东披露一定的适正信息也构成勤勉义务的内容,在本案中,董事违反了该义务(结论上,因对股东未产生损害,故否定了责任)。

(2)对目标公司的责任

目标公司董事违反包含(1)的义务在内的勤勉、忠实义务,致使目标公司产生损害的,对目标公司承担任务懈怠责任(423条1款)。大阪高判平成27.10.29判时2285号117页(百选Ap28,商判Ⅰ-153,香罗奈事件)中,在实施上市公司的MBO(→专栏9-6)时,经营者(董事兼法定代表人)为了降低收购对价,不当介入到价格决定机制中,被法院认定为违反任务懈怠责任(该介入行为被内部通报发现,公司对此进行调查而支出的费用被认定为公司的损害)。

▶▶▶ ★专栏9-11　目标公司董事义务的内容

　　目标公司董事负有谋求股东共同利益的义务,但该义务的界限存在争议。有意见认为,目标公司董事有义务为股东争取最好的收购价格(美国判例法理的"Revlon义务"),在前引东京高判平成25.4.17事件中,日本应在采用此法理的基础上,肯定董事违反义务[饭田(2012a)98—99页]。实际上,对董事课以如此严格的义务,可能导致因责任过重而引发M&A交易萎缩,并且,要求董事不考虑公司员工及其他利益相关人的利益而专注于股东利益采取行动,对照日本的实务操作以及社会规范,具有多大现实性还存在探讨的余地。另外,同判决认可的适正信息披露义务,因披露义务的信息范围不明确,可能造成董事的畏惧心理[前引大阪高判平成27.10.29变更了原判决(判决违反了适正信息披露义务),否定了董事违反义务]。如此,董事对股东义务的内容、程度还存在诸多不明确之处,今后将寄希望于裁判、学说的发展。关于目标公司董事义务与责任的详细论述,参照:田中(2016);森・滨田松本法律事务所(2022)第1部第6章第3节。

第3节 公司重组——合并、分立、股份交换、股份转移以及股份交付

《公司法》第五编第二章至第五章规定了合并(吸收合并、新设合并)、分立(吸收分立、新设分立)、股份交换、股份转移以及股份交付。本书称以上行为为"公司重组"。本节在论述各个行为的意义和基本法律效果后(→■1),介绍公司重组的手续(→■2)。最后,介绍公司重组无效之诉(→■3)。

▶▶▶ **专栏9-12 公司重组的用语**

公司法上并没有"公司重组"这个词语。根据文献,除了本节介绍的行为,第4节介绍的营业转让等(467条)也包含在"公司重组"中。但本书仅将有关公司组织诉讼对象的行为(参照:828条1款7项~12项)称为"公司重组",不包含营业转让等。

■1 公司重组的意义

□1 概说

公司重组(股份交付除外)大致分为两类:第一,一方当事公司的权利义务或者发行的股份由重组前存在的其他公司承继(本书称为"承继型公司重组");第二,设立新公司,将权利义务或者股份转移于该公司(本书称为"新设型公司重组")。承继型公司重组里又包括吸收合并、吸收分立、股份交换;新设型公司重组里又包括新设合并、新设分立、股份转移。此外,股份交付作为一种略微特殊的公司重组,当事公司从其他公司的股东处承继股份,而该其他公司并不成为股份交付的当事公司(→图表9-5,专栏9-13)。

▶▶▶ ★**专栏9-13 公司重组手段的多样化**

在日本,很长时间之内,公司可实施的重组仅限于合并,1999年《商法》修改时创设了股份交换与股份转移制度。公司合并乃当事公司合并为一个公司,在各公司的薪资体系需要统一以及一方当事公司存在账外债务的情况下,另一方当事公司可能会被迫承继以上风险。如适用股份交换或者共同股份转移,则可回避这些问题,故上述两种方式被广泛用于企业收购与经营者集中。2000年《商法》修改时创设了公司分立制度。

公司分立与营业转让不同,其优势在于,无须债权人承诺即可将公司债务转由其他公司承继,广泛适用于业务收购、重组、业务合作(设立合资公司等)。并且,2019年《公司法》修改时创设了股份交付制度,即,股份公司以其他股份公司为子公司(与股份交换不同,非全资子公司亦可)的制度。

图表9-5 公司重组的种类

	承继型重组	新设型重组
合并	吸收合并(2条27项)	新设合并(2条28项)
分立	吸收分立(2条29项)	新设分立(2条30项)
股份交换、股份转移	股份交换(2条31项)	股份转移(2条32项)

* 特殊类型:股份交付(2条32号之二)

股份公司以外的公司(份额公司)也可以实施公司重组,但份额公司由于需求不足以及可能导致法律关系过度复杂等因素,可利用的重组类型有限(→图表11-2)。本章仅以股份公司为论述对象(新设型公司重组的,设立公司也为股份公司)。因此,本章中称为"公司"的,专指股份公司。公司法中使用的严密用法诸如"吸收合并存续股份公司""股份交换全资母股份公司"等,本章适当使用"存续公司""(股份交换)全资母公司"等一般惯用的简称代替。

▶▶▶ 专栏9-14 《公司法》第五编规定的体例

根据《公司法》第五编的起草方针,在控制条文数量的同时最小限度地适用"准用"条款,故本编将复数的公司重组手续规定在一起,对不适应这种体例的读者而言可能难以理解。但是,第五编的体例规定是合理的:首先,同编第二章至第四章(第一章为组织形式变更)中,分别针对合并、分立、股份交换、股份转移、股份交付,规定了应当以协议或者计划予以确定的内容以及基本的法律效果。第五章规定了公司重组的手续,其中,第二节规定了承继型公司重组的手续,第三节规定了新设型公司重组的手续(第一节为组织形式变更手续)。在此基础上,各节的第一款针对转移权利义务或者发行股份的一方当事公司(消灭公司等)的手续进行了规定,各节的第二款针对承继权利义务或者股份一方公司(存续公司等或者设立公司)的手续进行了规定。最后,第四节规定了略微特殊的公司重组——股份交付手续。本节的介绍顺序也尽量按公司法规定的顺序展开。一方面,这样可以省略大量重复的介绍,另一方面,有利于在比较各种重组手续时介绍彼此之间的区别。

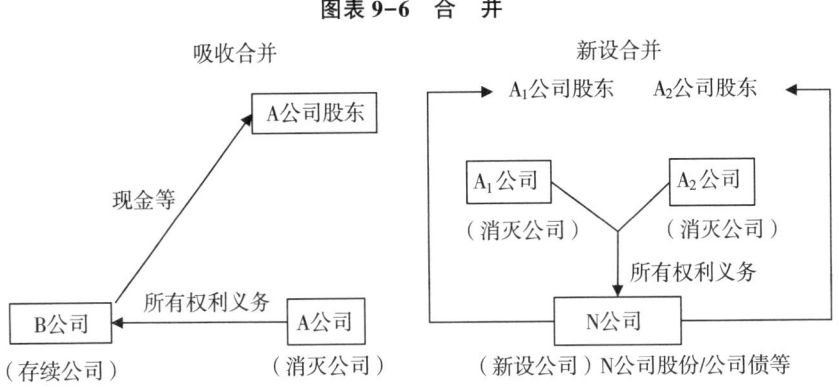

图表 9-6 合 并

□2 合并

(1)意义

所谓合并,是指两个以上公司合为一个公司的行为(→图表9-6)。其中,当事公司之一(存续公司)合并后继续存续并承继合并后消灭的其他当事公司(消灭公司)所有权利义务的,称为吸收合并(2条27项);所有当事公司合并后消灭,其所有权利义务由合并后新设立的公司承继的,称为新设合并(2条28项)。新设合并因存在需要重新取得营业许可等诸多不便,实务中多使用吸收合并。

股份公司要实施合并,需要当事公司之间签订合并协议(748条、749条、753条),合并协议原则上需要各当事公司股东大会的承认。

(2)合并的法律效果

吸收合并于合并协议规定的生效日期[749条1款6项(可合意变更。790条1款)]生效;新设合并于设立登记(922条)确定的公司成立日期(49条、754条1款)生效,消灭公司的所有权利义务由存续公司或者设立公司概括性承继(一般承继。750条1款、754条1款)。以合并协议或者存续公司股东大会等形式,约定不继承消灭公司的全部或者部分债务的,无效(大判大正 6.9.26 民录23辑1498页)。消灭公司解散(471条4项),不进入清算程序即消灭(参照475条1项)。

消灭公司的股东依照合并协议规定,从存续公司或者设立公司取得对价(合并对价)。吸收合并中,合并对价的种类并无法律上的限制[只要是货币等(货币及其他财产。151条)即可](749条1款2项、750条3款→专栏9-15)。相比之下,新设合并的对价除了设立公司发行的股份,限于设立公司发行的公司债等(公司债以及新股预约权。746条1款7项4号,753条1款6—9项,754条2款、3款)。因为,不发行股份新设公司就不存在股东,且新设公司没有除此以外可以交付的财产。

> ▶▶▶ **专栏9-15　公司重组对价的柔性化**
>
> 公司法制定前(2005年修改前《商法》时代),合并的对价原则上限于存续公司发行的股份,此外,还可以在合并比例调整目的限度内交付货币(合并交付金)。为了对应少数派股东的现金收购等各种需求,2005年制定《公司法》时规定,承继型公司重组的对价可以重组协议自由约定(对价的柔性化)。相应的,股份回购请求权的收购价格改为"公正的价格",消灭公司等的股东可以公平地获得公司重组带来的企业价值溢价[对价的柔性化经过参照:田中(2006)]。实际上,以往的现金收购并非采用以货币为对价的公司重组形式,而多采用本章第2节■4介绍的方法。因为,以货币为对价的公司重组在税务上作为非适格公司重组(→专栏9-33),目标公司需要重新评估其保有资产,评估收益将被课税(法税62条1款、62条之九),这些对目标公司是不利的。根据日本2017年税制改革,以货币为对价的合并以及股份交换在一定场合下可认定为适格公司重组,评估收益课税得以免除(2017年修改后法税2条12项之八,12项之十七→专栏9-33)。鉴于此,利用以货币为对价的股份交换形式实施的现金收购今后可能增加[冢本、田中(2017)]。
>
> 在新设型公司重组(新设合并、新设分立、股份转移)中,消灭公司等的股东受领的对价除了新设公司的股份,限于设立公司发行的公司债等(公司债以及新股预约权,746条7项4号。参照:753条1款6项、8项,763条1款6项、8项,773条1款5项、7项)。这是因为,新设公司需要存在股东,且新设公司刚成立,没有用于交付对价的其他财产。2019年创设的股份交付制度系为方便以股份为对价的公司收购,股份交付母公司的股份必须包含在部分对价当中(774条之三1款3项。剩余部分可为其他财产)。

□3　公司分立

(1)意义

公司分立,是指某个公司(分立公司)事业的全部或者部分权利义务由其他公司承继的行为(→图表9-7)。公司分立中,现存的当事公司(承继公司)承继分立公司权利义务的,称为吸收合并(2条29项);由公司分立新设的公司(新设公司)承继分立公司权利义务的,称为新设分立(同条30项)。公司分立灵活用于事业收购以及企业集团重组等场合[《公司法》制定前,公司分立的对象需要为分立公司的"全部或者部分营业",有批判意见认为,"营业"的范围并不明确,会有损法律的稳定性。现行法下,如果属于"(分立公司)事业的全部或者部分权利义务",即便其本身不属于"事业",仍然可以成为公司分立的对象。参照立案担当181—182页]。

股份公司要进行吸收分立,当事公司(分立公司和承继公司)之间需要签订吸收分立协议(757条、758条),原则上需要各当事公司的股东大会承认。股份公司要进行新设分立,需要制定新设分立计划(762条、763条),原则上需要各当事公司的股东大会承认。两家以上公司也有可能成为分立公司(共同新设分立),此时,各方应当共同制作新设分立计划(762条2款),原则上需要各当事公司的股东大会承认。共同新设分立用于通过设立合资公司进行业务合作等场合。

(2)公司分立的法律效果

(a)遵照分立协议或者分立计划的权利义务的承继

吸收分立于分立协议约定的生效日期[758条7项(可以合意变更。790条1款)]生效;新设分立于设立公司的设立登记(924条)确立的成立日期(49条、764条1款)生效。承继公司或者新设公司遵照吸收分立协议或者新设分立计划,承继分立公司的权利义务(759条1款、764条1款→专栏9-16)。免责性承继分立公司的权利义务或者继承分立公司协议上的地位的,不需要债权人或者合同相对方的承认(实际上,可以通过债权人异议程序实现保护)。这是对民法一般原则(民472条2款3款、539条之二)的修正,同时也是为了顺利开展事业收购或者重组而创设的公司分立的最为重要的特征。另一方面,滥用该制度损害债权人利益的风险也很大,例如,经营不善的分立公司将不盈利业务分割出去,转移给新设公司等。因此,公司分立比其他类型的公司重组更为重视债权人的保护。

图表9-7 公司分立

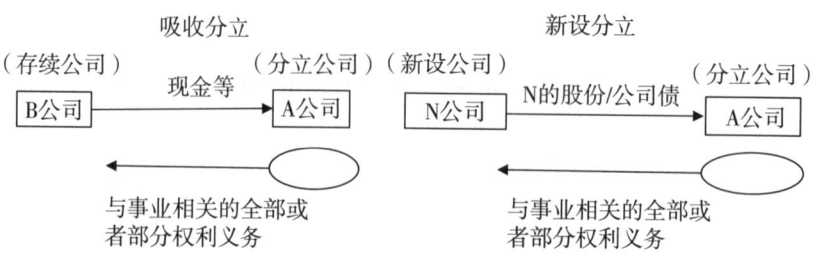

> ▶▶▶ ★**专栏9-16 公司分立中权利义务承继的法律性质**
>
> 　　分立公司的权利义务中,吸收分立协议或者新设分立计划(以下,本专栏中称为"吸收分立协议等")约定的由承继公司或者新设公司(以下,本专栏中称为"承继公司等")承继的权利义务,基于公司分立的生效而由承继公司等承继(759条1款、764条1款),不需要个别权利义务的转移行为。因此,有意见认为,"公司分立发生的权利义务的承继为一般承继(或者概括承继)"〔江头929页注3、原田(2000)63页〕。但是,在继承或者公司合并等一般承继中,被继承人死亡或者消灭,被继承人的全部权利义务当然由继承人承继。而在公司分立中,作为被继承人的分立公司在公司分立后仍然存续,分立公司权利义务中哪些由承继公司等继承,由吸收分立协议等确定。如上,以公司分立形式承继权利义务,与以继承或者公司合并形式在基本点上存在差异,故将公司分立与继承或者合并同样称为"一般承继"并不合适(神田409页)。
>
> 　　《公司法》上有若干条文规定了"一般承继",但解释上均不应包含公司分立在内。例如,174条规定,限制转让股份以一般承继方式被承继的,公司章程规定的转让限制将不被适用(不需要136条以下的承认手续),此时,若公司章程规定了前述事项,限制转让股份的发行公司就可请求承继人出售其限制转让的股份。但是,继承或者公司合并的情形下,因被继承人死亡或者消灭,假使上述限制转让股份的承继需要履行136条以下的承认手续,就会产生这样的法律问题:发行公司不承认承继时,谁来行使作为股东的权利? 相比而言,以公司分立承继限制转让股份的,发行公司不承认承继时,分立公司行使作为股东的权利,并不会产生特殊的法律问题。此外,公司分立中继承了限制转让股份的承继公司等,可能是被发

行公司其他股东不欢迎的人,这与以交易等形式转让限制转让股份的场合一样,而公司分立制度并未预先设置保护发行公司的程序。因此,以公司分立的形式承继限制转让股份的,应当由公司章程对股份转让限制做出规定,174 条的"一般承继"里不应包含公司分立在内[相泽(2009)17 页、野泽(2018)41 页、田中(2019a)。反对意见:江头 235 页]。转让股份公司以外的团体份额时需要团体或其成员承认的,其中以公司分立的形式承继该份额的,需要该团体或其成员进行承认[关于《中小企业等协同组合法》上的合伙份额,参照:大阪地判平成 29.8.9 金判 1533 号 50 页,田中(2019a)]。

133 条 2 款规定,股东名册名义变更请求原则上必须由取得股份者和股东名册上的股东(名义股东)或者其"一般承继人"共同为之。但是,公司分立的股份承继若不进行名义变更就不能对抗发行公司(130 条),此时的名义变更请求必须依照 133 条 2 款规定,原则上与名义股东共同为之[否则,可能发生虚假的(以公司分立继承了股份)名义变更请求]。此时,若承继公司等承继的股份未完成名义变更即转让给他人,该他人(受让人)与(无法向发行公司主张股东地位的)承继公司等共同请求变更股东名册(而非与名义股东),就缺乏合理性。因此,同款规定的"一般承继人"里不应包含公司分立的承继公司等(对 260 条 2 款或者 691 条 2 款的"一般承继人"也作同样解释)。

(b)分立对价的交付

承继公司或者新设公司向分立公司交付对价(分立对价),以代替权利义务的承继(→专栏 9-17)。与吸收合并一样,吸收分立对价的种类由吸收分立协议自由约定(758 条 4 项、759 条 8 款)。相比而言,新设分立的对价限于设立公司发行的股份以及公司债等(763 条 1 款 6 项—9 项、764 条 8 款 9 款)。

▶▶▶ **专栏 9-17　《公司法》下的"人的分立"**

《公司法》制定前(2005 年修改前《商法》时代),公司分立的种类包括:分立公司受让承继公司或者新设公司发行的全部股份(修改前的《商法》时代,公司重组的对价基本上只有股份→专栏 9-15)之"物的分立",以及分立公司股东直接受让该股份的全部或者一部分的"人的分立"(→图表 9-8)。与分红必须为货币形式的修改前《商法》时代不同,《公司法》允许实物分配(参照 454 条 4 款),故人的分立符合"以股份为对价的物的分立+分立公司受让之股份的分配"即可。因此,分立对价应该限于分立公司受领之对价,公司法上应废止人的分立。实际上,分立公司依照吸收分立协议或者新设分立计划的约定,在公司分立发生效力的同时,可将作为分立对价受领的承继公司或新设公司的股份,作为盈余分配或者附全部回购条款类别股的回购对价交付于股东(758条8项、763条1款12项)。此时,需要经过债权人异议程序,而不适用可分配盈余额限制(792条、812条)。据此,2005年修改前《商法》时代的"人的分立"制度实质上被维持下来。

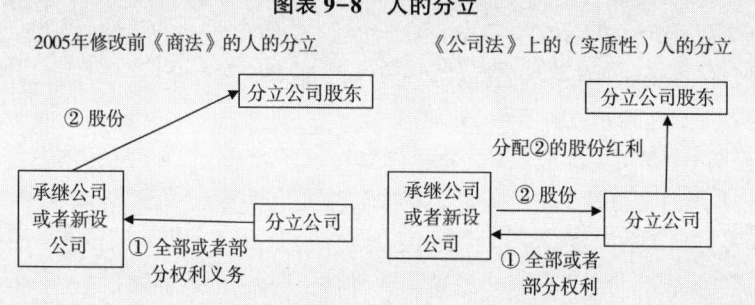

图表 9-8 人的分立

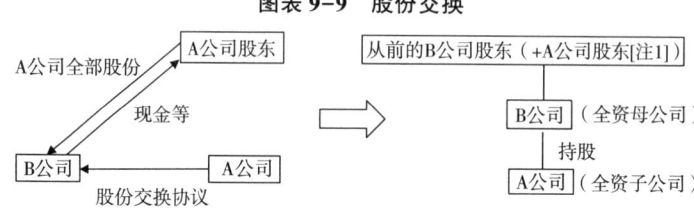

图表 9-9 股份交换

[注1]仅限于作为股份交换对价而交付B公司股份之场合

□ 4 股份交换*

(1) 意义

股份交换,是指某股份公司(股份交换全资子公司)的全部已发行股份

---

* 日文原文为"株式交換",我国学者在介绍该制度时多采直译方式,译为"股份交换"。参见:[日]神田秀树:《日本公司法中的股份交换与股份转移制度》,朱大明译,载《清华法学》2015年第5期,第6页以下。虽然我国实务中存在类似概念如"换股并购",但鉴于两个概念之间的内涵与外延未必完全吻合,且我国现行《公司法》中并未规定此制度,本书亦采直译方式,译为"股份交换"。——译者注

由其他公司(股份交换全资母公司)取得的行为(2条31项→图表9-9)。股份公司要实施股份交换,当事公司之间需要签订股份交换协议(767条、768条),原则上需要各当事公司的股东大会承认。

受让某公司的全部已发行股份,尤其是在上市公司存在诸多股东的情况下是极为困难的。在这点上,如果得到股东大会的多数决承认,就可取得包括反对股东持有股份在内的全部股份。故股份交换作为完全收购(全资子公司化)的手段被广为利用(→专栏9-18)。以货币为对价的股份交换用于现金收购(→专栏9-15)。

(2)股份交换的法律效果

股份交换于股份交换协议确定的生效日期[768条1款6项(可以合意变更。790条1款)]发生效力,股份交换全资母公司取得股份交换全资子公司的全部已发行股份(769条1款、2款)。股份交换全资子公司的股东受领作为对价的货币等(768条1款2项、3项,769条3款)。

▶▶▶ **专栏9-18　上市公司的全资子公司化、公正性担保措施**

在日本,母公司(2条4项)通过将其子公司(2条3项)的部分股份出售给一般投资者的形式实现子公司上市的情形屡屡可见(子公司上市)。因此,存在母公司的上市公司为数不少。截至2020年8月14日的统计数据,在东京证券交易所上市的公司中,354家公司(9.6%)存在母公司。其中,293家公司(8.0%)的母公司也为上市公司(母子上市公司)。另外,存在控股股东(除母公司外,还有持过半数表决权的股东,包括自然人)的上市公司达到635家(17.3%)。参见东京证券交易所(2021)8页。母公司通过将本公司管理人员、员工选任为子公司的董事、监事,可以实现对子公司管理层的监视、监督,这对子公司少数派股东也是有益的。但另一方面,母公司与子公司之间的不公正交易可能会损害子公司乃至其少数派股东的利益(→专栏4-45);母公司与子公司经营范围重合的,也可能对子公司扩大业务范围造成障碍。因此,近年来,母公司利用股份交换或者现金收购,实现上市子公司的全资子公司化(100%子公司化)事例逐年增加,母子上市公司的件数则逐年减少[西山(2022)]。

实际上,如上市子公司的全资子公司化那样,在控股股东与被控制(从属)公司之间的M&A交易中,存在控股股东单方决定对自己有利的交易条件的风险。因此，实务中，在控股股东与从属公司之间的 M&A 交易中，为了保护少数派股东的利益，多采用与 MBO 同样的公正性担保措施［→专栏 9-6(2)］。控股股东与从属公司之间的 M&A 交易的法律问题见后述。

图表 9-10　股份转移

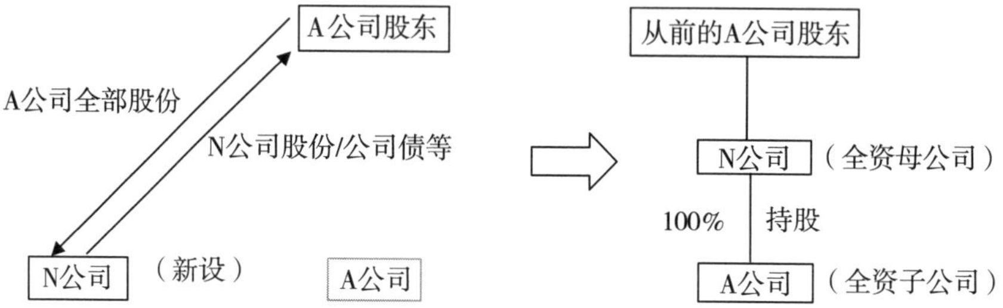

5　股份转移

(1) 意义

股份转移，是指一个或者一个以上股份公司（股份转移全资子公司）的全部已发行股份由新设立的股份公司（股份转移设立全资母公司）取得的行为（2 条 32 项→图表 9-10）。股份公司实施股份转移的，需要制作股份转移计划（772 条、773 条），原则上需要得到股东大会的承认。两个以上公司可以共同实施股份转移（共同股份转移）。此时，需要共同制作股份转移计划（772 条 2 款），原则上需要经过各公司的股东大会承认。

股份转移用于成立控股公司（→专栏 9-19），也多用于两个以上公司实施共同股份转移，各个公司共同成为新设的控股公司（股份转移设立全资母公司）的全资子公司，以此实现经营者集中。

▶▶▶ **专栏 9-19　控股公司**

不直接经营事业，而是通过持有、控制其他公司股份实现利润的公司，称为"纯粹控股公司"或者"控股公司"（本公司直接经营事业的同时，以持有、控制其他公司股份为目的的公司，称为"事业控股公司"。单纯称"控股公司"时，多指"纯粹控股公司"）。纯粹控股公司关系到财阀控制的复活，二战后相当长一段时间内被《反垄断法》禁止，1997 年得以解禁。控股公司可以实现统一指挥下的效率化集团经营,在金融业为首的诸多产业上广为利用。

(2)股份转移的法律效果

股份转移自股份转移设立全资母公司进行设立登记(925条)成立之日起生效,股份转移设立全资母公司全部取得股份转移全资子公司的已发行股份(49条、774条1款)。股份转移全资子公司的股东按照股份转移计划的约定,受领股份转移设立全资母公司发行的股份以及公司债等(731款5项—8项,774条2款、3款)。

□ 6　股份交付

(1)意义

股份交付,是指某股份公司(股份交付母公司。774条之三1款1项)为将其他股份公司(股份交付子公司。同项)作为其子公司,受让股份交付子公司的股份,作为该股份的对价,向该股份转让人交付股份交付母公司的股份之行为(2条32项之二→图表9-11,专栏9-20)。此处的"子公司",限于2条3项、《公司法施行规则》3条1款规定的"子公司"中,符合同条3款1项的情形(持有过半数表决权。2条32项之二,会则4条之二)。这是为了方便判断股份交付是否可行而设置的规定。

实施股份交付,股份交付母公司必须制作股份交付计划(774条之二、774条之三)。在股份交付计划中,必须约定股份交付母公司受让的股份交付子公司股份数量的下限(774条之三1款2项)。此下限需要在结果上达到足以使股份交付子公司成为股份交付母公司的子公司所需的股份数量(同条2款)。在股份交付计划中可以约定股份交付的对价,对价的一部分必须作为股份交付母公司的股份(同条1款3项。其余部分可作为其他财产。同款5项)。

股份交付计划原则上必须经股份交付母公司股东大会特别决议的承认(816条之三、309条2款12项)。相比而言,股份交付子公司并非股份交付的当事公司,不需要股东大会承认及采取其他公司重组手续。在股份交付中,股份交付子公司的各个股东通过与股份交付母公司之间达成的转让股份合意,将其持有的股份交付给股份交付母公司。未达成转让合意的股份交付子公司股东持有的股份,股份交付母公司无法取得。这点与股份交换存在重大区别,股份交换的场合,全资母公司取得包含反对股东持有股份在内的所有股份。

图表 9-11　股份交付

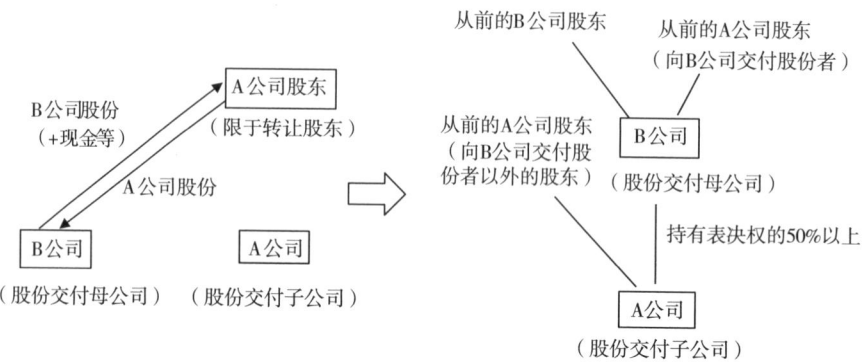

▶▶▶ **专栏 9-20　股份交付制度的创设**

　　股份交付是 2019 年《公司法》修改时创设的新型公司重组形式,是收购公司以本公司股份作为对价实施的目标公司子公司化(与股份交换不同,非全资子公司亦可)的手续。

　　以收购公司的股份为对价的收购,还可以由目标公司股东以其持有股份向收购公司实物出资,以收购公司向该股东发行公司股份的形式进行。需要注意的是,第一,该种出资原则上需要接受检查员的调查(207条);第二,因可能产生财产价额填补责任,该种出资可能成为实务中的障碍,实务中利用率不高[根据《产业竞争力强化法》的特例措施规定,原则上可以规避此等公司法上的限制,但需要主务大臣的计划认定。越智(2018)]。

　　股份交付中,作为收购公司的股份交付母公司受到重组手续规定的限制,但实物出资则不受前述限制,故以股份为对价的收购更易实施。实际上,股份交付要普及,在股份交付的股份转让环节上,需要设置转让收益课税的递延措施(→专栏 9-33)。

(2) 股份交付的法律效果

　　股份交付自股份交付计划确定的生效日期(774 条之三 1 款 11 项。可变更。816 条之九)生效,股份交付母公司取得股份交付子公司的股份(774 条之十一 1 款。股份交付子公司给付至股份交付母公司的股份数以达到股份交付计划确定的下限为前提。否则,不得进行股份交付。参照:同条 5 款 3

项)。股份交付子公司的股东之中,对股份交付母公司为给付者,按照股份交付计划的约定,成为股份交付母公司的股东(同条 2 款。存在其他股份交付对价的,取得其对价。参照:同条 3 款)。除此以外的股份交付子公司股东在股份交付后仍为股份交付子公司的股东。

2 公司重组的手续

1 概说

股份公司要进行公司重组,需要签订重组协议或者制作重组计划,原则上需要得到股东大会特别决议的承认。同时,根据重组的种类不同,需要特别考虑公司股东、新股预约权人、债权人等利害关系人的利益而履行某些手续。并且,需要对以上利害关系人进行信息披露。本部分将对这些手续进行解说(继承型公司重组手续的概略见图表 9-12)。此外,股东、新股预约权人、债权人相关手续的顺序在所不问(也有可能同时进行)。例如,先进行债权人、新股预约权人保护的手续后,再在股东大会决议后马上使公司重组发生效力。

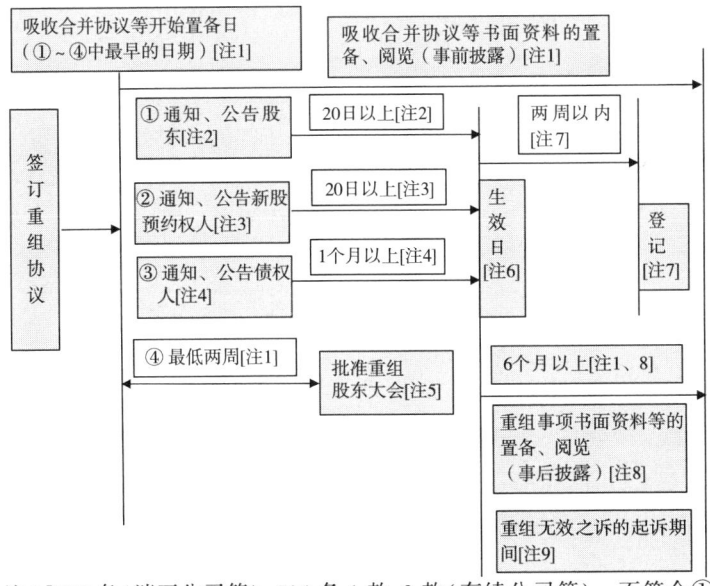

图表 9-12 重组的程序流程(承继型重组)

[注1]782 条(消灭公司等),794 条 1 款、2 款(存续公司等)。不符合①~④任一条件的,为重组协议签订之日经过两周的日期(782 条 5 款 5 项)。吸收合并消灭公司的置备期间为至生效之日(此后消灭)。

[注2]785 条 3 款、4 款(消灭公司等),797 条 3 款、4 款(存续公司等)。

[注3]787条3款、4款(消灭公司等)。存续公司等不需要。

[注4]789条2款、3款(消灭公司等),799条2款、3款(存续公司等)。

[注5]783条(消灭公司等),795条(存续公司等)。不需要批准的,见784条、796条。

[注6]750条(吸收合并),759条(存续公司等),769条(换股收购)。

[注7]921条(吸收合并),923条(吸收分立)。不存在换股收购登记。

[注8]791条(吸收分立公司、换股收购全资子公司),801条(存续公司等)。吸收合并消灭公司不需要(已消灭)。

[注9]828条1款7项9号、11号。

(参考)新设型重组的场合,自规定之日起两周以内进行新设公司的设立登记(922条,924条,925条),登记之日重组生效(49条,754条,764条,774条)。另,①的通知、公告日程有所差别(806条3款、4款)。其他程序流程与承继型重组相同。股份交付的场合,需要进行重组手续的仅为股份交付母公司(816条之二—816条之十)。

另外,在股份交付中,只有股份交付母公司成为当事公司,需要履行以下□2—□8介绍的重组手续(774条之二—774条之三,816条之二—816条之十),股份交付子公司不需要履行公司重组的手续。股份交付子公司的股东只要不申请转让股份并成为股份交付子公司股份的转让人,其地位就不发生变化,就没有必要履行股东大会承认以及反对股东股份收购请求等股东保护的手续,且股份交付子公司的财产状况不会在股份交付前后发生变动(仅发生股东构成的变化),故亦无采取保护债权人手续的必要。在股份交付中,股份交付子公司的各个股东与股份交付母公司之间,进行股份交付子公司股份转让的要约与承诺(分配)以及股份的给付(774条之四—774条之十)。这些股份交付所特有的手续将在□9中予以介绍。

在以下的介绍中,根据《公司法》的文言表现,将公司重组中转移权利义务及其发行股份一方的公司(公司合并的消灭公司,公司分立的分立公司,股份交换、股份转移的全资子公司)统称为"消灭公司等"(参照:782条1款、803条1款);将继承型公司重组中继承权利义务以及股份的公司(吸收合并的存续公司、吸收分立的承继公司、股份交换全资子公司)统称为"存续公司等"(参照:794条1款);将新设型公司重组中新设立的公司称为"设立公司"(参照:814条1款)。

□2 公司重组协议的签订或者重组计划的制定

(1)重组协议、重组计划的内容

股份公司要进行公司重组,需要根据重组的种类,由当事公司之间签订重组协议(合并协议、吸收分立协议、股份交换协议),或者制定重组计划(新设分立计划、股份转移计划、股份交付计划)。

应当在重组协议或者重组计划(以下有时将二者合称为"重组协议、计划")中规定的事项,公司法上有所规定(→图表9-13)。其概要如下:第一,当事公司的商号、住所(股份交付计划的场合,为股份交付母公司的商号、

图表 9-13 重组协议或者重组计划中应当规定的事项

	吸收合并协议(749条1款)	新设合并协议(753条1款)	吸收分立协议(758条)	新设分立协议(763条1款)	股份交换协议(768条1款)	股份转移计划(773条1款)	股份交付计划(774条之三1款)	备注
①当事公司的商号、住所	1项	1项	1项		1项		1项	股份交付计划的场合为股份交付子公司的商号、住所。其他重组计划不需要
②重组对价的种类、内容及其分配事项	2-3项	6-9项	4项	6-9项	2-3项	5-8项	3-6项	公司分立的,无需"分配"事项
③实收资本、公积金相关事项	2项(一)	6项	4项(一)	6项	2项(一)	5项	3项	承继型重组中,仅限作为对价交付存续公司等的股份之场合
④生效日	6项		7项		6项		11项	仅限承继型重组
⑤新设公司章程规定的事项/设立时董事的姓名[注1]/设立时董事以外的设立时管理人员、会计监察人的姓名、名称		2-5项		1-4项		1-4项		仅限新设型重组
⑥新股预约权的处分事项	4-5项	10-11项	5-6项	10-11项	4-5项	9-10项	7-9项	
⑦自分立公司承继的权利义务事项			2-3项	5项				仅限公司分立
⑧向分立公司股东交付分立对价的规定			8项	12项				仅限公司分立
⑨股份交付母公司受让的股份交付子公司的股份数下限							2项	仅限股份交付
⑩股份交付子公司股份等转让申请日期							10项	仅限股份交付

[注1] 新设公司为审计等委员会设置公司的,设立时董事必须跟审计等委员和除此以外的董事进行区别规定(753条2款、763条2款、773条2款)。

住所,除此以外的公司重组不需要);第二,公司重组的对价之种类、内容及其分配事项(在公司分立中,无需关于分配的事项);第三,作为重组对价而发行股份的,由于发行公司的资本金以及公积金增加,相关事项也需规定(具体如何增加依据会计准则,参照:专栏9-32);第四,在继承型公司重组或者股份交付中的生效日期;第五,在新设型公司重组中,设立公司的目的、商号、总公司所在地、可发行股份总数(章程的绝对记载事项)以及其他设立公司章程规定的事项,公司设立时的董事姓名,公司设立时董事以外的管理人员、会计监察人(如有)姓名或者名称;第六,消灭公司等发行新股预约权时,其相关的处理事项。

在此基础上,在公司分立中,第七,承继公司或者设立公司从分立公司处继承权利义务的相关事项;第八,分立公司将作为分立对价交付的承继公司或者设立公司的股份,作为盈余分配或者附全部回购条款类别股的回购对价交付于股东时,其内容的约定(关于"人的分立"的约定)。在股份交付中,第九,股份交付母公司受让的股份交付子公司股份数量的下限;以及第十,股份交付子公司股份的转让申请日期。关于"第九"情形的下限,如前所述,必须设定足以使股份交付子公司成为股份交付母公司的子公司的持股数量。

根据公司法应当规定的事项而没有规定的,构成重组无效的原因(参照:828条1款7项—13项)。

不论对于何种公司重组,最为重要的就是第二项,即重组对价事项。若对价的内容无法满足各当事公司股东的诉求(对价过高或过低),则重组可能无法得到各个当事公司股东大会的同意。此外,也可能发生多数反对股东请求公司回购股份,或者事后否认重组效力的情形。下面对公司重组对价的相关事项做进一步的介绍。

(2)公司重组对价的种类、内容

继承型公司重组(吸收合并、吸收分立、股份交换)的对价由重组协议自由约定[只要是货币等(货币及其他财产。151条1款括号书)即可。749条1款2项、758条4项、768条1款2项→专栏9-15]。存续公司等存在母公司的,可以交付母公司股份作为对价(也称"三角合并""三角股份交换"等)。在此目的限度内,存续公司等可无视135条的规定(禁止子公司取得母公司股份)而径直取得母公司的股份(800条)。

相对而言,新设型公司重组(新设合并、新设分立、股份转移)的对价,除了设立公司的股份,限于设立公司发行的公司债等(公司债以及新股预约权。746条1款7项4号,753条1款6项、8项,773条1款5项、7项→专栏9-15)。

股份交付制度旨在实现便利地以股份为对价收购公司(子公司)(→专栏9-20),故交付给股份交付子公司股东的部分对价必须为股份交付母公司的股份(774条之三1款3项),其余部分可以为其他财产(货币等。同款5项)。

(3)关于公司重组对价分配的事项

(a)合并、股份交换、股份转移、股份交付的场合

在公司分立以外的重组(合并、股份交换、股份转移、股份交付)中,公司法规定了公司重组的对价如何分配给消灭公司等的股东(股份交付的场合,为股份交付子公司股东中转让公司股份者。749条1款3项,753条1款7项、9项,768条1款3项,773条1款6项、8项,774条之三1款4项、6项)。这个规定要求对价的分配必须对应消灭公司等的股东持有之股份数[749条3款,753条4款、5款,768条3款,773条4款、5款,774条之三4款、5款。例外情况是:合并的消灭公司持有的自有股份、存续公司等持有的消灭公司股份、股份交换全资母公司持有的股份交换全资子公司股份,不适用对价的分配。749条1款3项、753条1款7项、768条1款3项。规定的旨趣参见:藤田(2004)106—112页]。例如,"吸收合并消灭公司的股东持有的股份,每股分配存续公司两股股份外加货币10日元"。规定只有持股达到一定数量的股东才可受领对价的,法律当然不予认可,规定"持股10股以内的每股10日元,超过10股的每股5日元"的,属于不按持股数量进行比例分配,法律同样不予认可。实际上,对应持股数的分配要求旨在保护股东的利益,如全体股东一致同意,也可以采取不同的处理方式。

消灭公司等或者股份交付子公司为发行类别股公司的,可以针对不同的股份类别规定不同的分配方式(749条2款,753条3款、5款,768条2款,773条3款、5款,774条之三3款、5款)。

(b)公司分立的场合

在公司分立中,因只有分立公司受领对价,故不需要规定对股东分配对价之事宜。需要注意的是,即便在公司分立中,分立公司有时将作为分立对价受领的承继公司或者设立公司的股份,在公司分立的同时,以盈余分配等形式分配给股东(758条8项、763条1款12项。所谓"人的分立"。→专栏9-17)。此时,适用盈余分配的相关规则(454条3款、171条2款)。可见,法律还是要求按照股份数进行比例分配。

☐ 3 公司重组的事前披露

涉及公司重组的各当事公司应当于一定期间内(原则上自重组生效日开

始后6个月内。合并的消灭公司截至生效日）将记载或者记录重组事项的书面或者电子数据记录置于总公司，以供股东及债权人（含新股预约权人）阅览（事前披露。782条、794条、803条、816条之二。→图表9-12）。这是为了给予相关人员进行判断的机会：对股东而言，是否承认该重组（→□4）以及行使股份回购请求权（→□5）或者阻止请求权（→□6）；对新股预约权人而言，是否行使新股预约权收购请求权（→□7）；对债权人而言，是否对该重组提出异议（→□8）。

披露事项由《公司法》《公司法施行规则》予以规定（782条1款、794条1款、803条1款、816条之二1款，会则182条—184条、191条—193条、204条—206条、213条之二）。各公司重组共同的披露事项如：第一，重组协议、计划的内容；第二，重组对价相当性事项；第三，约定新股预约权的，其相当性事项；第四，关于财务报表等事项；第五，当事公司的预期债务履行事项（→专栏9-29）。其中，第二项中的记载事项由各公司自行判断，但上市公司需要在征求第三人（股价评估机构，如审计法人、投资银行等）意见的基础上，记入决定重组条件等的事项。此外，基于公司重组对价的柔性化，包括外国公司股份等在内的各种财产也可以交付给消灭公司等的股东[以外国公司股份为对价的实例，参照谷川、清水（2008）]。第六，在公司合并和股份交换中，作为重组对价"应当参考的事项"，要求对对价内容事项做详细的披露（会则182条1款2项、4项，184条1款2项、4款）；第七，以上事项存在变更的，其变更内容也需要披露（会则182条1款6项等）。

□4 股东大会的承认

(1)原则

公司重组因对当事公司的股东利益带来重大影响，故原则上需要以各当事公司的股东大会决议（原则上为特别决议）承认重组协议、计划（783条1款、795条1款、804条1款、816条之三1款）。属于类别股发行公司的，需要类别股东大会的承认（参照322条1款7项—14项）。

(2)无须股东大会承认的场合

(a)简易重组

即便是公司重组，从当事公司的规模看，其对股东利益的影响很小时，不需要股东大会的承认（称为"简易公司重组"）。简易公司重组分为以下两类：

第一，在承继型公司重组或者股份交付中，存续公司等或者股份交付母公司交付的对价额为该公司净资产额的20%以下（可以章程降低）的，不需要该公司股东大会的承认(796条2款、816条之四1款)。但是,(ⅰ)当产生后述的"差损"(→专栏9-21)时,大概率需要让股东进行判断,此时需要得到股东大会的承认(796条2款但书、795条2款、816条之四1款但书、816条之三2款)。(ⅱ)当存续公司等或者股份交付母公司为非公众公司,重组对价为交付该公司发行的限制转让股份时,根据非公众公司发行股份需要经股东大会特别决议的原则(199条2款),股东大会决议不得省略(796条2款但书、1款但书,816条之四1款但书)。根据第一类情形不需要召开股东大会,但一定期间内表明反对意思的股东达到一定比例的(其要件由会则197条、213条之六规定,也就是说,若召开股东大会,反对意见足以使承认决议被否决的场合),必须召开股东大会(796条3款、816条之四2款)。

第二,分立公司因公司分立承继或者由设立公司承继的资产额,为该分立公司总资产额的20%以下(可以章程降低)的,不需要得到该分立公司的股东大会承认(简易分立。784条2款、805条)。此时,与第一类情形不同,不存在因反对股东人数众多而召开股东大会的规定[主要考虑与营业的部分转让(相同要件下排除营业转让等规定的适用,467条1款2项括号书)规制之间取得平衡]。

(b)略式重组

在进行承继型公司重组的场合,一方当事公司持有另一方当事公司90%以上表决权的(此时,该一方当事公司称为"特别控股公司"。参照:468条1款),不需要另一方当事公司股东大会的承认(784条1款、796条1款)。此种场合称为"略式重组"。因为,此时股东大会的趋势已定,召开股东大会已无必要。

(3)股东大会上的披露

(a)召集程序上的披露

股东大会在承认重组协议或者重组计划时,需要向股东提供用于判断的必要信息,故法律规定了某些信息披露的事项。也就是说,需要以书面通知召开股东大会的公司(299条2款),必须将承认议案记载于召集通知上(299条4款、298条1款5项、会则63条7项9—16号);采取书面投票、电子投票的公司,在股东大会参考资料中,需要公开披露进行重组的理由及内容概要,以及□3中介绍的事前披露事项的内容概要等(301条、302条,会则86—91条之二)。

(b)发生特别说明义务的场合

第一,在承继型公司重组中,存续公司等或者股份交付母公司产生"差损"的,应当在股东大会上对此进行说明(795条2款、816条之三2款。"差损"的意思见专栏9-21)。第二,作为公司重组的承继财产,存续公司等取得本公司股份的(参照:155条11项、12项),也需要履行同样的说明义务(795条3款)。

> ▶▶▶ ★专栏9-21 "差损"的意思以及资不抵债公司的重组
>
> 在承继型公司重组或者股份交付上,存续公司等或者股份交付母公司产生"差损"是指:第一,吸收合并、吸收分立带来的承继负债额超过承继资产额(795条2款1项、会则195条);第二,公司重组取得的财产额(吸收合并、吸收分立的场合,为承继资产额与承继负债额之间的差额;股份交换、股份交付的场合,为取得的股份金额)低于作为对价交付的财产额(795条2款2项、3项,会则195条;816条之三2款,会则213条之四)。
>
> 例如,在吸收合并中,消灭公司资产的账面合计金额(资产负债表上表示的金额)低于负债的账面合计金额的(此状态称为"资不抵债"),当存续公司按照账面金额继受消灭公司的资产、负债时(共同支配之下的交易做如此的会计处理→专栏9-32),就产生了前述第一种情形下的"差损"。但是,即便如此,将承继资产的持续企业价值(公司运用该承继资产产生的预期税后现金流)用DCF法进行评价的话,有时其会超过承继负债额。这样的情形下公司重组不存在争议。公司法以这样的重组可行性作为前提,并出于保护股东利益考量,规定对差损进行说明后,重组事项经股东大会表决通过。
>
> 但是,对承继资产的持续企业价值进行评价后,其价值仍低于承继负债额的(这样的状态称为"实质性资不抵债"),则公司重组能否实施存在解释上的争议。但是,母公司为了维持自己的影响力,有时会采取吸收合并的方式,将实质性资不抵债的子公司合并到母公司。在解释上,这样的公司重组也是可行的(江头909页注5,神田395页。→专栏9-29)。

(4)承认决议的要件

(a)原则

股东大会上表决通过重组协议或者重组计划的,原则上需要以特别决议的形式做出(309条2款12项)。

★(b)承认决议要件加重的场合

作为合并、股份交换、股份转移的对价,第一,公众公司的股东受让限制转让股份等(参照:783条3款,会则186条)时,需要得到股东大会特殊决议的承认(309条3款2项、3项);第二,股东受让"份额等"(参照:783条2款、会则185条)时,需要全体股东的同意(783条2款、804条2款)。需要注意的是,发行类别股的公司中,某个类别股的股东受让限制转让股份等或者份额等时,需要该类别股股东大会的特殊决议通过,或者该类别股全体股东的同意(783条3款、4款,804条3款),而普通股东大会的承认决议以特别决议做出即可[注意:309条3款不适用于类别股发行公司(同款主文第一括号书)]。

□5 反对股东的股份回购请求权

(1)概说

反对公司重组的股东(反对股东)有权请求公司以公正的价格收购自己持有的股份(反对股东的股份回购请求权。785条、797条、806条、816条之六)。这是因为,对于公司重组这样本质上改变公司基础的行为而言,需要股东以多数决做出决定;对于反对股东而言,应当保障其以公正的价格转让股份进而退出公司的机会[最决平成23.4.19民集65卷3号1311页(百选84、商判Ⅰ-176,乐天对TBS事件)]。

但是,以下场合例外:第一,公司重组得到全体股东同意的(785条1款1项、806条1款1项)。此时,不存在反对股东。第二,简易公司重组不需要股东大会承认的(785条1款2项、797条1款但书、806条1款2项、816条之六1款但书)。此时,对股东利益的影响是轻微的。

(2)反对股东的范围

有权行使回购请求权的"反对股东"如下:

(a)公司重组需要股东大会承认的场合

此时,于该股东大会之前将反对重组的意思通知公司,且在该股东大会上实际行使反对表决权的股东,为"反对股东"(785条2款1项1号、797条2款1项1号、806条2款1项、816条之六2款1项1号)。公司法要求股东事先提出反对通知,是为了让公司事先对股份回购请求权的行使可能性进行预测,根据不同场合给予公司中止重组的机会。需要注意的是,在该股东大会上无法行使表决权的股东,无须实施以上行为即构成"反对股东"(785条2款1项2号、797条2款1项2号、806条2款2项、816条之六2款1项2号)。具体而言,包括限制表决权股份(108条1款3项)的股东,该股东大会基准日（124条）后、股东大会召开日之前成为股东者［附全部回购条款类别股的回购价格决定申请（172条）案件，参照：东京地决平成25.7.31资料版商事358号148页（商判Ⅰ-42）］等。

(b)公司重组不需要股东大会承认的场合（略式公司重组）

此时，所有股东为"反对股东"。需要注意的是，在特别支配公司中，主导该重组的主体只能是特别支配公司，故特别支配公司反对公司重组实际上是不存在的，这属于例外情形（785条2款2项、797条2款2项）。

(3)请求回购的程序

(a)权利的行使

在承继型公司重组或者股份交付中，股份回购请求权应当于生效之日二十日前至生效前一日（785条5款、797条5款、816条之六5款）行使；在新设型公司重组中，股份回购请求权应当于806条3款、4款规定的通知、公告之日起二十日以内（806条5款）行使。关于保障股东行使股份回购请求权机会的通知、公告要求，参照：785条3款、4款，797条3款、4款，806条3款、4款，816条之六3款、4款。反对股东一旦行使请求权，则无公司同意不得撤回（785条7款、797条7款、806条7款、816条之六7款）。这是为了防止股东采取机会主义行动，即姑且请求公司进行收购，待股价上涨后撤回申请。为了防止股东请求公司收购后再于市场上出售股份，公司法规定了如下措施：第一，发行股票公司的股东请求公司收购其股份的，必须将股票交于公司（785条6款、797条6款、806条6款、816条之六6款）；第二，股东请求公司收购其转账股份时，对于该股份，必须申请将公司开立的收购账户作为转出账户（转账155条）；第三，既非发行股票公司的股份也非转账股份发行公司的股份，反对股东在请求公司收购后可能转让该股份。此时，该股份的受让人不得请求公司变更股东名册（133条、785条9款、797条9款、806条9款、816条之六9款）。

(b)收购价格的裁定

回购价格由当事人之间协商确定，协商无法达成一致的，由当事人申请，法院裁定"公正的价格"（786条、798条、807条、816条之七）。"公正的价格"的确定方法将于(4)以下进行详细介绍。一定期间内不申请价格裁定的，反对股东可以撤回收购请求（786条3款、798条3款、807条3款、816条之七3款）。公司重组生效后也可撤回，公司返还股份。但是，合并的消灭公司或者股份交换全资子公司的反对股东行使股份回购请求权，在合并或者股份交换生效后申请撤回的，股份自身无法返还，该反对股东可以受领相当于股份价格的货币。案例见东京高判平成28.7.6金判1497号26页[商判Ⅰ-176,评析(2)]。

公司在价格裁定做出之前,也必须在规定日期以后支付利息(786条4款、798条4款、807条4款、816条之七4款),这是为了防止公司不当拖延程序。同时,这也会诱发围绕利息的收购股份之风险,故公司在价格裁定做出之前,可以支付自己认可为公正的价格。公司支付该金额后,法院的裁定超过该金额的,该部分金额的利息公司将免予支付(参照:民492条)。

(c)股份回购的生效

基于股份回购请求权进行的股份收购,于公司重组生效之日发生效力(786条6款、798条6款、807条6款、816条之七6款)。

(4)关于价格裁定的法律问题——概说

在股份价格的裁定程序中,法院应当基于合理的裁量,对请求回购的股份的"公正的价格"做出裁定[最决平成23.4.19民集65卷3号1311页(百选84、商判Ⅰ-176,乐天对TBS事件)]。以下介绍有关"公正的价格"裁定的主要论点。

在以公司重组以外的方法实施"现金收购"时的股份价格裁定程序(172条、179条之八、182条之五)中,因其属于保护少数派股东利益而设的制度,故法院应当裁定"公正的价格"[参照:最决平成21.5.29金判1326号35页(商判Ⅰ-40,レックス·ホールディングス事件)田原法官的补充意见]。以下介绍不限于公司重组中反对股东行使股份回购请求权的情形,还包括"现金收购"时的股份价格裁定。

(5)价格裁定的基准日

股票价格时时刻刻发生变动,因此,在哪个时点计算"公正的价格"(价格裁定的基准日)就成为问题。

首先,公司重组中反对股东行使股份回购请求权的,判例认为,在法律关系上,因请求回购而成立买卖合同,故请求回购之日为价格裁定的基准日[最决平成23.4.19民集65卷3号1311页(百选84,商判Ⅰ-176,乐天对TBS事件);最决平成23.4.26判时2120号126页(商判Ⅰ-177,インテリジエンス事件)]。2014年《公司法》修改时创设了"因股份合并而成为小数的股份回购请求"的规定(182条之四),预测判例亦做同样的解释。

其次,取得附全部回购条款类别股的,判例认为,应当以取得之日(171条1款3项、173条1款)作为价格裁定的基准日[最决平成21.5.29金判1326号35页(商判Ⅰ-40,レックス·ホールディングス事件)中,最高法

院维持了以取得之日作为价格裁定基准日的原裁定]。此时,基于全部回购的股东大会决议,股份于回购之日确定取得,这与反对股东行使股份回购请求权在解释上存在不同:后者因申请对回购价格的裁定(172条1款)成立新的买卖合同,而前者不产生这样的法律关系。至于2014年《公司法》修改时创设的"关于出售股份等的出售价格裁定(179条之八)基准日",目前还没有判例。

判例的立场如上所述,但基准日的设定旨在防止少数派股东采取投机行为(根据股票市场价格的变动,请求公司回购或申请法院裁定回购价格,或者在股票市场上出售),法院在裁定价格时应当考虑这点[事例(田中亘),参照:田中(2018)59—61页]。

(6)"公正的价格"的计算方法

(a)概说

2005年修改前的《商法》规定,公司重组中股东请求回购股份的,该股份的回购价格为"若不存在承认重组的股东大会决议,则该股份应有的公正价格"(以下称"应有价格")。对此,《公司法》仅表述为"公正的价格"。这样规定的理由在于,当公司重组通过产生协同效果(→专栏9-2)等增加企业价值时,应当保障反对股东公正地分配到增加的企业价值。实际上,公司重组未使企业价值得到增加的(特别是企业价值减少的),公正地分配减少的企业价值部分不构成"公正的价格",此时,与修改前《商法》时代一样,反对股东有权请求公司以"应有价格"回购其股份。

因此,所谓"公正的价格"是指:第一,当公司重组带来企业价值增长时,若重组系以公正的条件实施,且该增加的部分在各个当事公司的股东之间公正分配,则基准日股份持有的价值即为"公正的价格"[以下称"公正分配价格"。最决平成24.2.29民集66卷3号1784页(百选85,商判Ⅰ-178,テクモ事件)];第二,公司重组不产生企业价值增加的,则为基准日的"应有价格"[最决平成23.4.19民集65卷3号1311页(百选84,商判Ⅰ-176,乐天对TBS事件);最决平成23.4.26判时2120号126页(商判Ⅰ-177,インテリジエンス事件)]。此外,判断企业价值是否增加,不能完全依赖结论,而应以产生重组的决策时的合理判断为基准[田中(2014c)224页]。以公司重组以外的方法实施"现金收购"的,法院应当裁定的价格也应当作同样解释(→专栏9-22)。

▶▶▶ ★**专栏 9-22　公司重组或者现金收购作为系列交易（两段式收购）之一部分的场合**

作为申请法院裁定价格之原因的公司法上的行为（公司重组或者现金收购），其作为两段式收购（→专栏9-9）中的第二阶段行为，企业价值的增加乃一系列交易的结果，其中哪些属于第一阶段的公开收购所产生，哪些属于第二阶段的公司法上的行为所产生，实际上无法区分。因此，根据一系列交易（非部分公司法上的行为）是否产生企业价值的增加，第一，产生企业价值增加，将该增加的部分公正分配给股东的，基准日股份持有的价值为"公正的价格"［基于两段式收购实施的 MBO，参照：最决平成 21.5.29 金判 1326 号 35 页（商判Ⅰ-40，レックス・ホールディングス事件）田原法官的补充意见］；第二，未产生企业价值增加的，以一系列交易整体未发生（一系列交易中，并非第二阶段的公司法上的行为未发生）时的股份价值作为"公正的价格"［田中（2014c）217—219 页］。

实际上，不管是公司重组还是现金收购，抑或是包含这些行为在内的一系列交易（→专栏 9-22。本部分将这些合称为"M&A 交易"），这些行为中是否产生了企业价值的增加，增加的场合下，将该增加部分向当事公司股东怎样分配才算公正，并不是容易决定的事情。法院在裁定时如果进行独自判断，可能损害价格裁定的预测可能性，使 M&A 交易陷于萎缩。因此，在价格裁定的程序上，法院会区分场合进行裁定［田中（2014c）］，即：第一，M&A 交易在相互独立的（无利害关系）当事人之间进行的场合；第二，如 MBO（→专栏 9-6）、母子公司间重组那样，相互之间难言独立（有利害关系）的当事人之间进行的场合。

（b）独立当事人之间交易的场合

M&A 交易在独立当事人之间进行的，很难想象各当事公司的董事在签订协议时不顾公司及其股东利益，且由股东会表决通过。因此，在独立当事人之间进行的 M&A 交易，只要不存在影响当事公司进行判断的特殊事由，例如，股东大会在承认该项交易时出现了不实的信息披露等，法院通常会以该 M&A 交易增加了当事公司的企业价值，且该增加部分以公正的条件向股东分配为前提，裁定出"公正的价格"。其结果是，只要不存在特殊的事由，法院将以基准日股份现实具有的价值作为"公正的价格"（最决平成 24.2.

29→专栏 9-23)。上市公司股份基准日的价值,原则上根据市场股价计算(前引最决平成 23.4.19)。非上市公司不存在市场股价的,根据本书第 3 章第 1 节■9 介绍的方法进行计算。

当存在"特殊的事由"时,法院应当区别(a)中的两种不同情况,以独自计算的公正分配价格或者"应有价格"作为"公正的价格"。

▶▶▶ ★专栏 9-23　独立当事公司间 M&A 交易的"公正的价格"

前引最决平成 24.2.29(以下,本专栏称为"本裁定")属于相互之间没有特别的资本关系(独立)的上市公司之间共同转移股份之事例。原裁定认为,股份转移比例公开后,当事公司的股价下落导致股份转移比例不公正,遂裁定以股份转移计划公开前的市场价格为基础计算的"应有价格"作为"公正的价格"。对此,本裁定认为,股份转移比例是否公正,原则上应当尊重各当事公司董事以及股东的判断,遂驳回原裁定。本裁定发回重审后的上诉审认为,应当以股份转移比例公正为前提,以请求回购股份之日(裁定价格的基准日)的股票市场价格作为"公正的价格"(东京高决平成 25.2.28 判夕 1393 号 239 页)。

本裁定对于 M&A 交易产生的企业价值增加部分如何分配给各个当事公司股东的问题,原则上尊重当事公司自身的判断;至于 M&A 交易是否产生了企业价值增加,并未明确是否尊重当事公司自身的判断。即便如此,在独立当事人之间的 M&A 交易中,通常不存在董事、股东故意毁损本公司企业价值的动机,故只要不存在特殊的事由,法院通常以 M&A 交易产生了企业价值的增加为前提,裁定"公正的价格"[田中(2014c)226 页,事例 414-415 页(田中亘)]。

(c)存在利害关系的当事人之间交易的场合

如 MBO 以及母子公司之间重组那样,当事人之间存在利害关系而难言独立的,从利益冲突的角度看,不否认存在 M&A 交易对一方当事公司(其股东)不利的情形。例如,目标公司管理层或者母公司为收购人的,其可能通过收买目标公司董事,以不利于目标公司股东的条件完成收购。在实务中,为了保证此类交易的公正性,通常采取公正性担保措施[也称"利益冲突排除措施"。论究 Unit09(白井正和、内田修平)→专栏 9-18],例如,由外部董事以及外部有识之士组成特别委员会("独立委员会",也称"第三人委员会"),对交易条件的公正性进行审查(根据场合不同,有时也审查与收购人之间的交涉);根据中立的股价评估机构(注册会计师、监察法人以及投资银行等)的评估报告,决定交易的条件。

因此,法院首先应当审查这些公正性担保措施是否实际发挥作用,进而判断该交易是否以相当于独立当事人之间交易所需的公正的手续进行。如果该交易被认为履行了公正的手续,则与(b)同样,只要不存在特殊的事由,就应当以实际进行的 M&A 交易为前提形成的基准日股份价值,作为"公正的价格"[最决平成 28.7.1 民集 70 卷 6 号 1445 页(百选 86,商判 I-41,ジュピターテレコム事件),东京高决平成 28.3.28 金判 1491 号 32 页,大阪地决平成 29.1.18 金判 1520 号 56 页]。

▶▶▶ ★专栏9-24 利害关系当事人之间交易的手续公正性审查

东京地决平成 21.9.18 金判 1329 号 45 页(サイバード事件)属于以要约收购和以取得附全部回购条款类别股的现金收购相结合的两段式收购方法实施的 MBO,该 MBO 被认定为以公正的手续进行,当事人之间合意达成的 MBO 价格(要约收购价格,且与因现金收购支付给剩余少数股东的预定价格等额)为"公正的价格"。但是,本案中,特别委员会从设置开始仅仅 12 天的短期内承认该项交易,公司采取的公正性担保措施之实效性存有疑点,法院应当进行慎重的判断[Tanaka(2011),pp. 19-20。上诉审东京高决平成 22.10.27 资料版商事 322 号 174 页中认为,本案"难言完全不存在利益冲突关系",将交易价格较要约收购价格提高了若干(从 6 万日元提高到 6 万 1360 日元)]。关于法院判断手续的公正性时应当考量的要素,参照白井(2013b)182—186 页。

存在利害关系的 M&A 交易未被认定为以公正的手续进行的(包括公司未提出充分的证据,法院无法进行判断的情形),法院应当区分上述(a)中的两种情况,以独自计算的公正分配价格或者应有价格作为"公正的价格"。在东京高决平成 20.9.12 金判 1301 号 28 页(白选 89,レックス・ホールディングス事件)中,MBO 未被认定为以公正的手续进行的,法院将以独自的方法(MBO 公开前 6 个月的市场股价加上 20% 的溢价)计算的公正分配价格作为"公正的价格"[最决平成 21.5.29 金判 1326 号 35 页(商判 I-40,レックス・ホールディングス事件)肯定了同裁定]。此外,最决平成 23.4.26 判时 2120 号 126 页(商判 I-177,インテリジエンス事件)中,母子公司间的股份交换未被认定为以公正的手续进行,法院以市场股价的下跌为由,认定股份

交换毁损了企业价值，遂以独自计算的应有价格作为"公正的价格"[饭田(2012b)30 页注 10。→专栏 9-25]。相同立场的案件参照：东京高决令和 2.10.6[令和 2(ラ)LEX/DB25566835]。在计算应有价格上利用市场股价的情况参照专栏 9-25。

▶▶▶ 专栏 9-25　使用市场股价计算"应有价格"

对于上市公司股票，法院应当以独自计算的"应有价格"作为"公正的价格"的，因法院需要计算不受 M&A 交易影响的该股票的价值，故参照 M&A 交易计划公布前该股票的市场价格是合理的。但是，股票的市场价格即便没有 M&A 交易，在计划公布日到价格裁定基准日之间的期间内，也会因经济动向及其他 M&A 交易以外的价格变动因素的影响而发生变动。因此，要计算基准日当日的应有价格，就需要在以计划公布前的市场价格为基础的同时，进行某些补正，即反映从计划公布前到基准日期间内市场整体的股价变动（TOPIX 等股价指标的变化率）的补正（此时，将参照过往的股价，运用回归分析手法进行推定，即 TOPIX 等变动百分之一时，该股票的市场价格平均变动百分之几）。东京高决平成 22.10.19 判夕 1341 号 186 页（百选 Ap38，インテリジエンス事件）中，法院就实际上进行了这样的"补正"，裁定了股票的应有价格。同裁定以基准日的解释有误为由被驳回（前引最决平成 23.4.26），但以股票的市场价格为基础，进行上述"补正"进而计算出应有价格的手法，最高法院也认可其合理性（参照：前引最决平成 23.4.26）。运用回归分析进行补正的手法及其问题点，参照：数字でわかる 298—302 页（森田果）。

▶▶▶ ★专栏 9-26　两段式收购和"公正的价格"

在两段式收购（→专栏 9-9）中，少数派股东因第二阶段之公司法上的行为（股份交换或者现金收购）受领的对价额，通常设定为与要约收购等额（参照：前引最判平成 28.7.1 的事例）。但是，如果此对价设定为低于要约收购价格，且该价格在要约收购时点为目标公司股东所预想到（关注），则股东有可能被迫对要约收购做出回应（二十世纪八十年代的美国实际上发生过这样的收购，称为"强压性两段式收购"）。为了防止这样的问题发生，反对第二阶段交易的反对股东的回购价格，只要不存在特殊的事由，不得低于要约收购价格["公正的价格"与要约收购价格

等额。参照:东京地决平成21.3.31判夕1296号118页(日興コーディアルグループ事件)]。

需要注意的是,两段式收购之第二阶段的行为系以收购公司发行的股份为对价的股份交换,且股份交换比例(如前引东京地决平成21.3.31所示,并非随股份交换全资母公司股票市价的变动而变动)被裁定为固定比例的,根据股份交换比例裁定时点上的全资母公司的股票市价,若法院裁定:交付给全资子公司股东的全资母公司股份价格与要约收购价格等额的话,其后,至裁定价格基准日(股份回购请求之日)之前,全资母公司股份的市场价格下跌,导致基准日全资子公司股份市场价格低于要约收购价格的,只要认定包括股份交换在内的两段式收购经过公证的手续,法院就可将该市场价格裁定为"公正的价格"[大阪地决平常24.4.27判时2172号122页(三洋电机事件)]。因为,全资母公司股份的市场价格在基准日之前时跌时涨,如此解释也不构成要约收购的强压性[白井(2014)116页]。

(7)少数派折扣,缺少变现性的可否

(a)少数派折扣

在价格裁定手续上,有意见主张,反对股东持有的股份属于少数派股份,应当进行相应的减价(折扣)处理。事实上,因少数派股东与多数派股东处于对立的立场而容易受到不公对待,故少数派股份相比于多数派股份,其股价反映前述风险,以较低(每股)价格交易的并不为怪。但是,法院如何计算股份的价值,属于少数派股东救济的规范性问题,不能因为少数派股份事实上存在折扣,就直接在价格裁定上予以折扣。特别是在股份回购请求上,若公司可以低价回购反对股东(反映少数派股份的风险)的股份,则少数派股东的风险升高,经营公司的多数派股东因此获益,结果助长不当经营,故不应当认可上述主张[否定少数派折扣的案例参照:东京高决平成22.5.24金判1345号12页(加奈宝事件)]。

(b)缺少变现性

在裁定非上市公司的股份价格上,有意见认为,非上市股份没有流通性(不存在股票市场,欲出售时无法出售),应当在价格上反映这种情况,进行价格折扣(称为"缺少变现性")。判例认为,股份回购请求制度的宗旨在于保障反对股东获得"公正的价格",故不应当因股份缺少变现性而予以折扣

[最决平成27.3.26民集69卷2号365页(百选88,商判Ⅰ-38)。前引东京高决平成22.5.24采相同立场],对此也存在不同意见(→专栏9-27)。

> ▶▶▶ ★专栏9-27 "缺少变现性"的是与非
>
> 　　如果少数派股份存在前述(a)所述的风险而较多数派股份难以出售的话,则在价格裁定手续上,少数派股份反映前述风险而较多数派股份折扣更多,实质上属于变形的"缺少变现性",基于(a)所述的理由,应当认可缺少变现性的折扣。实际上,不管是少数派股份还是多数派股份,因二者都缺少流通性而价值较低时,法院否定缺少变现性折扣,实际上等于过高评价被请求回购的少数派股份,结果使少数派股东不当获益(其结果助长了不必要的股份回购请求)。前引最决平成27.3.26 若在后者(多数派股份)的情形下也否认缺少变现性折扣,将是不合理的[江头(2012)67页,田中(2017)116—126页。有研究表明,在以非上市公司为对象实施的M&A交易中,以"缺少变现性"为由平均折扣30%。山本等(2016)]。前引最决平成27.3.26事例中,鉴定人以附加规模溢价(基于小规模公司考量而适用高折扣率)的形式,实质上实施了缺少变现性折扣,这应当理解为禁止实施双重"缺少变现性"[星(2016)109页,百选90解说(饭田秀聪),论究U-nit10(吉村一男)]。

★(8)计划公布后的股东

　　在有的案例中,在公司公布重组计划后取得股份的人请求公司回购股份,"公正的价格"为不超过取得该股份的价格(东京地决昭和58.10.11下民34卷9-12号968页)。但是,取得者判定计划公布后形成的股票市场价格低于"公正的价格",以取得其差额为目的取得该股份的,该行为自身并不构成滥用,故不支持同案例的立场[裁定回购价格高于股票取得价格的事例,参照:大阪高决平成21.9.1判夕1316号219页(サンスター事件)]。

□6　公司重组的阻止

　　公司重组违反法令或者公司章程,可能对股东利益造成损害的,股东有权请求公司停止该重组(公司重组的阻止请求权。784条之二1项、796条之二1项、805条之二、816条之五。但是,对股东利益影响较小的简易重组,股东没有阻止请求权)。略式重组的阻止事由,除了违反法令或者公司章程,还需要满足重组对价的显著不当性(784条之二2项、796条之二2项)。

在略式以外的公司重组中,阻止事由之所以不要求满足重组对价的显著不当性,是考虑到对价已得到股东大会的承认,对价不当性的问题原则上仅在反对股东的股份回购请求权手续中解决即可,并无必要阻止重组本身。

需要注意的是,母子公司之间重组等的场合,当事公司一方(假设为A公司)在另一方公司(假设为B公司)的股东大会上行使表决权,以对B公司股东显著不当的对价通过重组决议的,B公司股东因特别利害关系人行使表决权通过明显不当的决议,有权请求撤销该股东大会的决议(831条1款3项)。因此,B公司股东在撤销判决确定前,可以该决议撤销诉讼以及该重组的阻止请求诉讼(欠缺股东大会决议。784条之二1项、796条之二1项、805条之二)的双方作为本案,请求法院实施阻止该重组的临时处分(民保23条2款→专栏9-28)。

▶▶▶ ★**专栏9-28　公司重组的阻止**

2014年修改前的《公司法》中,只有略式公司重组规定了阻止请求权(修改前784条2款、796条2款)。这是因为,略式重组不经股东大会决议(因此,股东也无法提起决议瑕疵诉讼),法律规定了替代性的股东保护措施。另一方面,略式以外的公司重组并无明文规定,股东是否可以提起阻止请求,对此学说存在不同见解。

2014年《公司法》规定了略式以外的公司重组的阻止请求权,在对价的显著不当性上,由于法院难以在重组生效之前的短时间内进行审理,故其不构成阻止事由。另外,作为阻止事由的法令违反不包含董事违反忠实义务、勤勉义务[若包含在内,则法院审查违反义务时就不得不审查对价的不当性。岩原(2012)9页]。需要注意的是,立法的规定并非意味着特别利害关系人行使表决权致使公司重组以显著不当的对价被通过时(《公司法》2014年修改前,有力见解认为此时应当承认阻止请求权)也无法行使阻止请求权,此时,根据本书所述的法律构成,股东可以申请阻止的临时处分[田中(2014b)27—28页]。实际上,即便采取这样的解释,股东大会决议之前是否可以请求阻止重组同样留有悬念。关于公司重组阻止事由的解释问题,参照:松中(2015)198—211页。

□7　公司重组和新股预约权人

(1)概说

公司重组的消灭公司等发行新股预约权(含附新股预约权公司债)

的,该新股预约权如何处理,以下分类型进行说明。

(2)公司合并的场合

因公司合并而消灭的公司发行的新股预约权,随公司合并生效而与其发行公司(消灭公司)一起消灭(750条4款、754条4款)。因此,在合并协议中,有必要约定替代该新股预约权而向新股预约权人交付之对价的种类、内容及其比例(749条1款4项、5项,753条1款10项、11项。参照:750条5款、754条5款)。实际上,协议内容可能对新股预约权人不利,故新股预约权人有权请求消灭公司以公正的价格收购其持有的新股预约权(新股预约权收购请求权。787条1款1项、808条1款1项。附新股预约权公司债参照:前述各条2款)。但是,新股预约权人按照实现约定的条件(参照:236条1款8项1号)受领存续公司或者新设公司的新股预约权的,不得请求收购(787条1款1项、808条1款1项)。

(3)公司分立的场合

与公司合并的消灭公司不同,分立公司在公司分立后依然存续,故分立公司发行的新股预约权也仍然存续。此时,不存在新股预约权收购请求权(下一段介绍的场合除外)。实际上,分立公司可以在吸收分立协议或者新设分立计划中约定,以承继公司或者新设公司发行的新股预约权替代分立公司的新股预约权,交付给分立公司的新股预约权人(附新股预约权公司债的,公司债部分一同承继。758条5项、6项,763条1款10项、11项。参照:759条9款、764条11款)。此时,新股预约权人享有新股预约权收购请求权(787条1款2项1号、808条1款2项1号)。需要注意的是,交付条件与事先约定的条件(236条1款8项2号、3号)一致的,股东不得请求收购,这与公司合并的场合一样(787条1款2项、808条1款2项)。

公司分立时事先对新股预约权做出约定,由承继公司或者新设公司交付其发行的新股预约权以替代分立公司的新股预约权,而吸收分立协议或者新设分立计划中对此未作处理的,新股预约权人享有新股预约权收购请求权(787条1款2项2号、808条1款2项2号)。

(4)股份交换、股份转移的场合

股份交换、股份转移的全资子公司发行的新股预约权也可以存续于全资子公司,与公司分立一样,若股份交换协议或者股份转移计划做出约定,则可以交付股份交换全资母公司或者股份转移全资母公司发行的新股预约权,以取代全资子公司的新股预约权(附新股预约权公司债的,公司债部分一同承继。768条1款4项、5项,769条4款、5款,773条1款9项、10项,774条4

款5款)。在股份交换、股份转移的场合,上述约定具有合理性,因为存在行使存续于全资子公司的新股预约权而产生子公司的少数派股东不符合实施股份交换、股份转移的目的的情况。新股预约权人行使收购请求权的,与公司分立的场合相同(787条1款3项、808条1款3项)。

(5)新股预约权收购请求的程序

新股预约权人行使收购请求权的,为了保障其行使权利的机会,消灭公司等应当向新股预约权人通知必要的事项,或者代之以公告(787条3款、4款、808条3款、4款)。收购请求权的行使以及收购价格的裁定等,与股份回购请求权遵循同样的规律(787条5款—10款、788条、808条5款—10款、809条)。

(6)股份交付的场合

股份交付子公司发行新股预约权的,可以在股份交付计划中约定,由股份交付母公司将该新股预约权与股份交付子公司股份一同受让(774条之三1款7项—9项)。存在这样约定的,股份交付子公司的新股预约权人可自行判断是否向股份交付母公司申请转让该新股预约权。在股份交付的情形下,未经新股预约权人的个别同意,其持有的新股预约权不会被股份交付母公司取得,新股预约权的内容也不会被变更,故不存在新股预约权收购请求制度。

□ 8 公司重组与债权人

(1)概说

公司重组对当事公司债权人施加的影响因重组的种类不同而存在相当差异,公司法上设置了相应的规制。

(2)公司合并的场合

在公司合并中,消灭公司的所有权利义务由存续公司或者新设公司概括性承继。因此,合并一方的财务状况恶化,另一方债权人的债权回收可能性降低,其利益可能受到损害。因此,公司法规定,公司合并的,当事公司的债权人有权对该合并提出异议(债权人异议手续。789条1款1项、799条1款1项、810条1款1项)。

为了保障债权人提出异议的机会,当事公司应当就有关合并的某些事项以及债权人在一定期间内(一个月以上)提出异议的事项在政府公报上进行公告,且对已知的债权人分别进行催告(789条2款、799条2款、810条2款、会则188条、199条、208条)。但是,公告系以政府公报以外,由章程规定的新闻日报或者电子公告形式进行的,对已知债权人的前述催告可以省略

(789条3款、799条3款、810条3款)。

在规定的期间内未提出异议的债权人,视为承认合并(789条4款、799条4款、810条4款)。对于提出异议的债权人,公司应当清偿或提供相当的担保,或者以清偿为目的信托相应的财产。但是,合并不会损害债权人利益的,不在此限(789条5款、799条5款、810条5款)。例如,与财务状况健全的公司进行合并,该合并不会导致债权的回收可能性恶化(合并不会损害债权人利益的事例,参照:东京地判平成27.1.26商事2074号70页)。

(3)公司分立的场合

(a)概说

在公司分立中,基于吸收分立协议或者新设分立计划的约定,分立公司的全部或部分权利义务转移至承继公司或新设公司(759条1款、764条1款)。因此,利用公司分立损害债权人利益的风险很大,例如,经营不善的公司将盈利状况不佳的部门的权利义务(或者相反,将优良部门的权利义务)分立转移给新设公司等。另一方面,为了营业收购、公司重组的顺利进行,利用公司分立的现实需求也不能否认。因此,公司法在对某些债权人设置债权人异议程序的同时,以某些场合下当事公司承担连带责任的形式,取得债权人与公司、股东之间利益调整的平衡。此外,对于损害分立公司债权人利益的公司分立,法律规定了诈害行为撤销权以及直接请求等措施。根据案件的具体情况,也可以适用诚实信用原则(民1条2款)保护债权人的利益[最决平成29.12.19民集71卷10号2592页(百选90,商判Ⅰ-185)]。

(b)债权人异议程序

有权对公司分立提出异议的债权人包括以下人员:

第一,公司分立的债权人之中,分立后无法向分立公司请求履行债务者(789条1款2项、810条1款2项)。当分立公司的债务由承继公司或者新设公司免责性承继时,对债权人的利益影响较大,故该债权人有权提出异议。相反,若公司分立后债权人(以下称"剩余债权人")仍可向分立公司请求履行债务的,则不得提出异议(但是,后面第二的场合除外)。这与公司转让个别资产或者全部或部分营业时,转让公司的债权人无权提出异议的情况相同。实际上,分立公司明知损害剩余债权人利益而实施公司分立的,债权人可以得到后述(d)的保护。

第二,分立公司向其股东分配作为分立对价的承继公司、新设公司股份时的分立公司的债权人(789条1款2项第2括号书、810条1款2项第2括号书)。此时,向股东进行分配将导致分立公司的资产减少,故剩余债权人有权提出异议。相应的,向该股东的分配可以不遵循公司法上的可分配盈余额限制(792条、812条)。这实质上是在公司法之下维持了2005年修改前《商法》上的"人的分立"制度(→专栏9-17)。

第三,承继公司的债权人(799条1款2项)。吸收分立的承继公司在依照吸收分立协议约定承继分立公司的权利义务这点上,与公司合并时的存续公司类似,故债权人有权提出异议。

债权人异议程序的具体内容与公司合并相同。向已知债权人发出的个别催告,可以由政府公报、章程规定的新闻日报以及电子公告代替,这点与公司合并基本相同(2004年《商法》修改前,公司分立时不得省略个别催告,同年修改后与公司合并一样,可以省略)。需要注意的是,公司分立时的侵权行为债权人(符合上述两种情况之一)对公司分立提出异议的,对该债权人的个别催告不得省略(789条3款括号书、810条3款括号书)。这是因为,要求侵权行为债权人确认债权公告不现实,且其无法采取如合同债权人的自卫措施(例如,根据事先的协议,未经债权人同意的公司分立将丧失期限利益;与信用差的公司不进行交易等)。

债权人未提出异议的,视为其承认公司分立;相反,对提出异议的债权人,公司应当采取清偿债务、提供担保或者设定信托等措施。需要注意的是,公司分立不会侵害债权人利益的,不在此限,这与公司合并相同(789条4款、5款,799条4款、5款,810条4款、5款)。

应当向债权人发出个别催告而未发出的,构成公司重组的无效事由。在无效之诉的诉讼期间内未起诉致使公司分立未被确认无效的,该债权人可以受到(c)的保护。

(c)对未个别催告债权人的连带责任

债权人有权对公司分立提出异议而公司未向该债权人发出个别催告(789条2款、810条2款)的,该债权人有权向(依照吸收分立协议、新设分立计划规定,不应承担债务的)公司请求履行债务。即,该公司为分立公司的,以分立生效之日所有的财产价额为限履行债务;该公司为承继公司或者新设公司的,以承继的财产价额为限(759条3款、764条3款)履行债务(连带债务的追及),而不问该债权人是否知悉公司分立的事实。

但是,公司分立登载于政府公报、新闻日报或者进行电子公告的,因对除侵权行为债权人外债权人的个别催告可以省略(789条3款、810条3款),此时,有权以未收到个别催告为由追究公司连带责任的,仅限于分立公司的侵权行为债权人(759条2款、3款,764条2款、3款)。

▶▶▶ **专栏 9-29　公司分立中的"履行债务的预期"**

2005 年修改前的《商法》中,作为公司分立的一个事先披露事项,需要将公司分立后各当事公司承担债务的"履行预期及其理由"予以披露(2005 年修改前《商法》374 条之二 1 款 3 项、374 条之十八 1 款 3 项)。对于此规定,解释认为,连履行债务的预期都没有的公司分立,其自身无法实施,即便实施也会构成分立的无效原因(名古屋地判平成 16.10.29 判时 1881 号 122 页)。对此,公司法及其实施规则将事前披露事项改为"关于履行债务预期的事项"(782 条 1 款、794 条 1 款、803 条 1 款,会则 183 条 6 项、192 条 7 项、205 条 7 项。相同事项构成公司分立以外的公司重组的披露事项。会则 182 条 1 款 5 项等)。对于这样的变化,《公司法》立法负责人解释,为了保证公司分立的法律稳定性,不将没有债务履行预期作为公司分立的无效事由(立案担当省令 137 页)。

作为现行法解释的立场,即便公司分立不要求债务履行预期,当公司明知侵害债权人利益而为公司分立的,债权人可以援引后述的直接请求权(→d)、《民法》424 条的诈害行为撤销权,根据场合不同还可以灵活运用法人格否认的法理寻求保护(→专栏 9-30)。

图表 9-14　公司分立对分立公司剩余债权人不利的情形

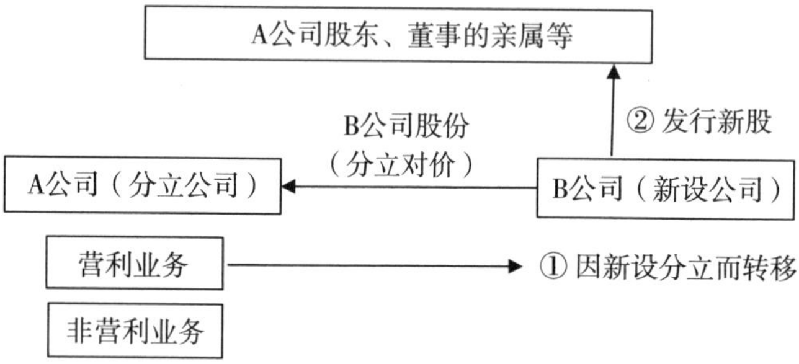

```
                  ┌─────────────────────┐
                  │ A公司股东、董事的亲属等 │
                  └─────────────────────┘
                                 ↑
                  B公司股份        ② 发行新股
                 （分立对价）
      ┌──────────────┐         ┌──────────────┐
      │ A公司（分立公司）│←────────│ B公司（新设公司）│
      └──────────────┘         └──────────────┘
      ┌──────────┐
      │ 营利业务   │────────→ ① 因新设分立而转移
      └──────────┘
      ┌──────────┐
      │ 非营利业务 │
      └──────────┘
```

*　参照:内田博久「倒産状態において行われる会社分割の問題点」金法 1902 号 54 頁(2010)、黒木和彰=川口珠青「濫用的な会社分割をめぐる問題点」金法 1902 号 63 頁(2010)。

(d)针对欺诈性公司分立的措施

分立公司明知侵害债权人利益而为公司分立的(欺诈性公司分立),剩余债权人可以请求新设公司或者承继公司在其承继财产的价额范围内履行债务(直接请求权。759 条 4 款、764 条 4 款)。但是,在吸收分立上,承继公司为善意的,不在此限。这是2014年《公司法》修改时新设的制度,背景在于欺诈性公司分立的频发(→专栏9-30)。

▶▶▶ **专栏9-30　针对欺诈性公司分立的措施**

　　有关公司分立的法律规制意在使公司分立更为顺畅,例如,2004年《商法》修改时实现了个别催告的省略,2005年制定《公司法》时规定了无须履行债务的预期等(→专栏9-29)。然而,在管制得以放松的同时,也发生了因公司分立损害债权人利益的情况。

　　具体而言,陷入资不抵债的股份公司(A公司),①将优良部门的权利义务以新设分立的方式转移至新设公司(B公司),却将不营利的营业部门留在A公司;②A公司的股东、董事或者其亲属等受让B公司发行的股份,B公司实质上继续经营同一营业,而A公司的债权人只能从未转移至B公司的零星资产中受偿(→图表9-14)。

　　因此,判例认为,如此损害剩余债权人利益的公司分立构成《民法》424条的诈害行为撤销权的对象[最判平成24.10.12民集66卷10号3311页(百选91,商判Ⅰ-186)]。针对这个判例,有质疑意见认为,这与公司法上公司分立的无效(只能依据828条1款主张无效之诉)相矛盾(同款9项、10项)。但是,诈害行为撤销权并非全部否定公司分立的效力,而是仅限于剩余债权人主张因公司分立而转移的财产之返还或者请求赔偿该财产的价格,这样的话,其与828条1款并不冲突。另外,在图表9-14的事例中,也有法院判决认为,适用公司法人格否认的法理,否定A、B公司之间法人格的差异,允许A公司的剩余债权人向B公司直接行使请求权(东京地判平成24.7.23金判1414号45页)。

　　有意见指出,对剩余债权人的保护不应当仅仅依靠诈害行为撤销权这样的一般法理,公司法上也应当设置专门的规定。立法机关接受了这个建议,在2004年《商法》修改中设立了剩余债权人针对欺诈性公司分立的直接请求权。此处修改并非否定修改前剩余债权人享有的权利,修改后,剩余债权人仍可行使诈害行为撤销权[岩原(2012)4页,14页注48]。

　　2004年《商法》修改后,何种情况下公司分立构成"损害"(759条4款、764条4款)剩余债权人的利益,就成了主要的解释问题。基本上,公司分立前后剩余债权人期待的清偿额是否减少,构成判断的主要因素[田中(2013)24—28页]。学说的议论参照:论究Unit11(得津晶)。

需要注意的是，剩余债权人有权对公司分立提出异议的，其可以通过债权人异议程序获得救济，故不享有直接请求权(759条5款、764条5款)。直接请求权的行使期间与诈害行为撤销权遵循同样的规律(759条6款、764条6款)。

分立公司进入倒产程序的，剩余债权人将无法行使直接请求权(759条7款、764条7款)。因为，此时，分立公司的债权人保护将专门依赖对承继公司或者新设公司的否认权[破160条以下、民再127条以下、会更86条以下。否认事例参照：东京高判平成24.6.20判夕1388号366页(商判Ⅰ-187)]。

★(e)人的分立与否认

在东京地判平成28.5.26金判1495号41页(商判Ⅰ-188)中，法院认为，在所谓"人的分立"中(将作为分立对价的承继公司、新设公司股份交付于分立公司股东)，分立对价的交付(实物分配)不得因倒产程序而被否认。理由在于，人的分立中，债权人的保护应当以债权人异议程序来实现。但是，即使公司法上存在债权人保护的规定，也没有理由排除公司法以外的债权人保护规则的适用(2014年修改中创设了直接请求权，但并不意味着排除适用诈害行为撤销权→专栏9-30)。何况现行法上的债权人异议程序可以省略个别催告，即便对其实效性存有疑问，也应当承认否认权(倒产程序开始前为诈害行为撤销权)的行使[原(2017)5—6页]。

▶▶▶ 专栏9-31　公司分立与劳动者

分立公司与劳动者之间的雇佣合同(劳动合同)也可以基于吸收分立协议、新设分立计划的约定，不经由各个劳动者的同意而转移至承继公司、新设公司(758条2项、759条1款、763条1款5项、764条1款)。分立公司的劳动者作为工资债权的债权人，可以对公司分立提出异议，但受到的保护仅限于已发生且未支付的工资债权，对劳动者的保护未必充分。一般而言，劳动者对继续雇佣的期待得到法律一定程度的尊重(参照：《劳动合同法》16条)，但在公司分立上，这种期待权不体现在债权人异议程序的保护上[コンメ(18)175页(伊藤寿英)]。

因此，关于公司分立时的劳动者保护，法律设置了"关于公司分立时劳动合同等承继等的法律"(《劳动合同承继法》)的特别规定。同法规定，第一，劳动者"主要从事"的业务因公司分立而转移至承继公司或者新设公司(承继公司等)，吸收分立协议或者新设分立计划(分立协议等)

中未约定该劳动者的劳动合同由承继公司等承继的,该劳动者有权提出异议,提出异议的,该劳动者的劳动合同转移至承继公司等(同法2条1款1项、4条);相反,第二,即使不属于第一种情况,分立协议等约定了该劳动者的劳动合同由承继公司等承继的,劳动者有权在一定期间内提出异议,提出异议的,该劳动者的劳动合同不转移至承继公司等(留在分立公司。同法2条1款2项、5条)。

同法还规定,分立公司承担获得劳动者理解与协助的努力义务(同法7条)。2000年《商法》等修改附则5条1款时规定了分立公司承担与劳动者进行协商的义务(所谓的"5条协议")。如果没有就计划将其劳动合同转给继承公司等的特定劳动者进行"5条协议"的协商,或者分立公司的说明或协议内容显著不充分的,该劳动者可以不经公司分立无效之诉,直接对自己的劳动合同效力提起诉讼[最判平成22.7.12民集64卷5号1333页(百选92,商判Ⅰ-184,日本IBM事件),东京地判平成29.3.28劳动判例1164号71页(エイボン・プロダクツ事件。因"5条协议"的内容显著不充分,劳动合同承继的效力被否定)]。

(4)股份交换、股份转移的场合

在股份交换、股份转移中,相比于其他的重组形式,债权人利益受到损害的情形是有限的。例如,股份交换是以股份交换全资母公司发行的股份为对价,首先,股份交换全资子公司仅仅是股东发生了替换,其财产状况不变。其次,股份交换全资母公司以新发行的股份为对价,取得股份交换全资子公司的股份(资产增加,债务不增加),对股份交换全资母公司的债权人而言有益,不需要以债权人异议程序进行保护。

因此,在股份交换、股份转移中,债权人有权提出异议的情形限于下面三种:

第一,以股份交换全资母公司股份(类似的股份包含会则198条规定的股份在内)以外的财产作为股份交换对价的,股份交换全资母公司的债权人有权提出异议(799条1款3项)。这是因为,对价过高可能使股份交换全资母公司的财产状况恶化。

第二,根据股份交换协议的约定,股份交换全资子公司发行的附新股预约权公司债由股份交换全资母公司承继的(768条1款4项),因股份交换全资母公司的货币债务增加,股份交换全资母公司的债权人有权提出异议(799

条 1 款 3 项)。

第三,第二种情况下,该附新股预约权公司债由股份交换全资母公司免责性受领,则该附新股预约权公司债的债权人有权提出异议(789 条 1 款 3 项)。根据股份转移计划的约定,股份转移全资子公司发行的附新股预约权公司债由股份转移设立全资子公司承继的,遵循同样的规律(810 条 1 款 3 项)。

债权人异议程序的内容与公司合并一样。

(5)股份交付的场合

在股份交付中,作为受让股份交付子公司的股份或者新股预约权的对价(参照:774 条之三 1 款 7 项),股份交付母公司以本公司股份(类似的股份包含会则 198 条规定的股份在内)以外的财产为交付的,股份交付母公司的债权人有权提出异议(816 条之八 1 款)。理由与股份交换一样,对价过高可能使股份交付母公司的财产状况恶化。

债权人异议程序的内容与公司合并一样(816 条之八)。

▢ 9 股份交付中股份交付子公司股份的受让

(1)概说

在股份交付中,只有股份交付母公司适用▢2—▢8 介绍的公司重组手续,股份交付子公司并非股份交付的当事公司,故不适用重组手续。在股份交付中,股份交付子公司的各个股东与股份交付母公司之间基于股份转让的合意(转让的要约及分配),完成股份交付子公司股份向股份交付母公司的给付。

(2)股份交付子公司股份的转让申请及分配

具体而言,首先,股份交付母公司应当向拟转让股份的股份交付子公司股东发出通知,载明股份交付母公司的商号以及股份交付计划的内容等事项(774 条之四 1 款,会则 179 条之二。但是,根据《金融商品交易法》需要交付招股说明书的,无须通知。774 条之四 4 款)。接到该通知的股份交付子公司的股东自行判断是否对持有的股份申请转让(同条 2 款)。已为申请者称为"申请人"。同条 5 款)。未申请转让的,股份交付子公司股东持有的股份将无法由股份交付母公司取得。

申请转让的股份数量达不到股份交付计划规定的最低限度(774 条之三 1 款 2 项)的,不得实施股份交付(774 条之十)。

申请转让的股份数量达到下限以上的,股份交付母公司在受让的合计股份数量不低于下限的范围内,确定受让申请人及相应的股份数量(分配的确定),向受让人发出受让通知(774条之五)。与发行募集股份等同样,分配的方法由股份交付母公司自行决定。但是,股份交付子公司有义务提交有价证券报告书的,以股份交付的方式取得股份交付子公司股份,应当遵循要约收购的规则(参照:金商27条之二1款1项、2项)。因此,股份交付母公司需要根据申请的股份数量,采取按份比例的方式受让各个申请人的股份(金商27条之十三5款)。

股份交付子公司股份的转让申请以及分配的意思表示与发行募集股份等同样,存在无效或者撤销的限制(774条之八)。股份交付子公司股东拟转让(股份交付母公司受让的)股份交付子公司全部股份的,不适用申请以及分配的相关规则(774条之四、774条之五、774条之六。与发行募集股份等情形下的全额认购协议特则旨趣相同)。

(3)股份交付子公司股份的给付

接受股份交付母公司受让通知者成为股份交付子公司股份的转让人,负有将其股份给付股份交付母公司的义务(774条之七。给付的股份数量达不到下限的,股份交付不生效。774条之十一5款3项)。股份交付子公司股份为限制转让股的,股份交付母公司要取得该股份,与通常的股份转让取得一样,需要得到股份交付子公司的承认(136—139条)。

☐ 10 公司重组的效力

(1)生效与登记

承继型公司重组或者股份交付在重组协议或者股份交付计划确定的生效日期(可变更。790条、816条之九)生效;新设型公司重组以新设公司成立之日(设立登记之日)生效。

在承继型公司重组中,吸收合并、吸收分立需要在生效后一定期间内进行吸收合并登记(921条)或者吸收分立登记(923条),但这些登记并非吸收合并、吸收分立的生效要件。股份交换以及股份交付并不存在特别的登记。实际上,作为股份交换或者股份交付的对价而由股份交换全资母公司或者股份交付母公司新发行股份的,由于注册资本或者已发行股份总数增加,故需要进行相应的变更登记(915条、911条3款5项、9项)。

(2)公司重组与对抗问题

(a)合并与对抗问题

在吸收合并中,合并生效之日消灭公司解散,但在吸收合并登记(921条)之前,消灭公司在外观上继续存在,且存在代表人(911条3款14项、23项3号)。因此,在生效日后、登记之前,可能发生消灭公司的代表人将公司的不动产卖于第三人（假设为X）的情况。为了应对这种情况，因吸收合并致使消灭公司解散的，非在吸收合并登记之后不得对抗第三人（750条2款）。因此，上面的设例中，向X让与不动产有效。

在上面的设例中，在X进行该不动产所有权转移登记前，存续公司若进行（合并的）所有权转移登记（参照：《不动产登记法》63条2款），则X的所有权取得似乎无法对抗存续公司（参照：民177条），实则不然。吸收合并的存续公司概括性承继消灭公司的权利义务，其中包括对X的所有权登记转移义务。这样的一般承继人不属于对抗问题上的"第三人"（民177条、178条、467条等。继承人的问题参照：大判大正15.4.30民集5卷344页），X不经登记就可对抗存续公司。这点上，与消灭公司的代表人在吸收合并生效日期前让与不动产，其后产生合并效力的情形一样，X与存续公司之间不存在对抗问题，X不经登记就可对抗存续公司的所有权转移。

（b）公司分立与对抗问题

公司分立中，分立公司在公司分立后仍然存续，故不存在如吸收合并那样的对抗问题（750条2款）。此外，即便进行了公司分立登记（923条、924条），并不意味着承继公司、新设公司可以基于因分立取得的权利对抗第三人，还需要具备相应的对抗要件（民177条、178条、467条等）。因为，公司分立登记仅可知悉公司分立的事实，至于哪些权利发生何种承继，第三人无从得知。例如，基于吸收分立协议约定由承继公司继承的不动产，在公司分立后由分立公司让与第三人的，属于不动产的双重让与问题（民177条），承继公司与第三人之间的优劣关系取决于该不动产的所有权转移登记的先后（立案担当190页）。

（c）股份交换、股份转移、股份交付与对抗问题

股份交换、股份转移、股份交付中，仅（全资）子公司的股东构成发生变动，公司财产并不发生变动，故不产生对抗问题。

（3）公司重组的事后披露

公司重组生效后，当事公司应当及时将记载（或记录）重组的某些事项编制书面材料（或者数据电文），自重组生效之日起6个月置备于总公司，供股东、债权人（含新股预约权人）阅览等（事后披露。791条、801条、811条、815条、816条之十，会则189—201条、209—213条、213条之九—213条之十）。在公司分立中，非债权人（未被拖欠工资的劳动者等）也可能受到影响，故"利害关系人"也享有阅览等请求权（791条3款、801条5款、811条3款、815条5款）。这样规定的目的在于，除了通过事后披露间接地担保重组手续的适当履行，还可

以为股东、债权人判断是否提起重组无效之诉提供资料。

▶▶▶ ★专栏9-32　公司重组的会计处理

公司重组的会计处理除了432条1款、445条5款(委任)之公司会计规则的各项规定(8条、11条、35—42条、45—52条),企业会计准则委员会的"关于经营者集中的会计准则""关于事业分离等的会计准则"以及关于这些准则的适用指南也进行了详细的规定(公司有义务遵行《公认会计惯例》431条规定)。此处以收购、经营者集中实施重组的会计处理为限,介绍其基本的思路[详细情况参照:西村あさひ法律事务所(2019)第11章第2节]。

基本的方法为"购买法",即一方当事公司取得(收购)另一方当事公司时进行的会计处理。以存续公司吸收合并消灭公司为例,消灭公司的资产在重估(合并时的时价)后被存续公司承继,合并对价的时价与消灭公司(重估后的)资产、负债之间的差额记入"商誉"。存续公司发行股份作为合并对价的,仅该股份的时价相当额使存续公司的实收资本或者资本公积金额增加。

相比而言,第一,共同支配之下的交易(母子公司间等同一企业集团内部的公司重组)以及第二,形成共同支配企业(以共同新设分立的形式设立合资企业)的场合下,难言一方当事公司新取得(收购)另一方当事公司。因此,此时(以合并为例)消灭公司的资产、负债除了按照从前的账面价格被存续公司承继,消灭公司账面上的实收资本、准备金、公积金额也基本上由存续公司承继。2008年的会计准则修改前,除上述两种情况外,当重组的当事公司规模无大的差异、难以确定一方取得(收购)另一方的,资产由存续公司按照账面承继,此称为"权益结合法"。但是,国际上的会计准则趋势是废除(上述两种情况以外)"权益结合法",日本也顺应了这一趋势。

▶▶▶ ★专栏9-33　公司重组的税务

(a)公司层面的课税

在税制上,公司重组分为满足税务上适格要件的重组(适格公司重组)与除此之外的重组(非适格公司重组),分别对应不同的处理方式

[详细参照:西村あさひ法律事务所(2019)第11章第1节,森·滨田松本法律事务所(2022)第1部第2章第3节]。

在非适格公司重组上,税务上进行与会计上的"购买法"同样的处理方式。即,对于由存续公司等承继的消灭公司等的资产,先进行重新评估,评估收益作为课税对象(法税62条、62条之九)。相对而言,适格公司重组时,由于消灭公司的资产按照账面价格由存续公司承继,故不进行评估收益课税(法税62条之二、62条之三)。

构成适格公司重组的情形包括:第一,企业集团内部重组,或者第二,为了经营共同事业的公司重组。尤其是第二个情形,税务上构成适格公司重组的同时,企业会计上适用"购买法"(→专栏9-32),而税务与会计之间的处理方式是不同的。2017年税制修改前,以交付存续公司等股份以外的财产(例如货币)作为公司重组对价的,当然构成非适格公司重组,对消灭公司等的财产进行评估收益课税。这也成为规避以现金收购为货币对价而进行公司重组的重要原因(→专栏9-15)。根据2017年的税制修改,以货币为对价的吸收合并或者股份交换,该吸收合并或者股份交换前,吸收合并存续公司或者股份交换全资母公司持有吸收合并消灭公司或者股份交换全资子公司已发行股份的三分之二以上的,将被认定为适格公司重组(法税2条12项之八、12项之十七)。因此,今后以货币为对价的股份交换形式进行现金收购的利用将会增加。参照:冢本、田中(2017)。

(b)股东层面的课税

在公司重组中,向消灭公司等的股东交付的对价仅为存续公司等或者新设公司的股份的,股东从前持有的消灭公司等的股份账面价额,将被作为对价交付的股份账面价额承继,让与损益课税将递延。另一方面,以除此以外的财产为对价的,视为股东以时价转让消灭公司等的股份,进行让与损益课税(参照:法税61条之二、法人税法施行令119条)。股份交付的场合,当股份交付子公司股东受领的对价的80%以上为股份交付母公司股份的时候,该部分股份的课税将递延(租税特别措施法37条之十三之三、66条之二)。

3 公司重组无效之诉

□ 1 意义

当■2介绍的公司重组手续存在瑕疵的时候,本来重组应当无效。但是,公司重组事实上已经进行,以此为前提展开的法律关系不断累加,若对事后的无效主张不加限制,恐有害法律关系的稳定性。此外,若公司重组在某些人之间无效,而在另一部分人之间有效的话,法律关系将趋于复杂化。因此,公司法规定,公司重组的无效仅得以诉讼的形式主张,(828条1款7项—13项),同时限制起诉期间以及起诉权人,且否定溯及效力,以此维护法律关系的稳定。另外,通过赋予无效判决以对世效力,实现法律关系的整齐划一。

□ 2 手续

公司重组的无效之诉可以由下列人员提起:第一,公司重组生效之日当事公司的股东、董事、监事、执行董事或者清算人(总称为"股东等");第二,当事公司或者(新设型公司重组的)新设公司(现在的)股东等或者不承认公司重组的债权人以及破产管理人(828条2款7项—13项)。例如,以货币为对价的吸收合并或者股份交换,因前述行为实施现金收购的消灭公司或者股份交换全资子公司股东,可以根据第一种情形提起无效之诉。在公司重组的生效之日前取得当事公司股份,但未完成股东名册变更的人,无法向当事公司主张股东地位(130条),故不构成无效之诉的适格原告[名古屋地一宫支判平成20.3.26金判1297号75页(百选Ap39,商判Ⅰ-29)]。股份交付的场合,作为当事公司的股份交付母公司中,除了符合上述两种情况的主体,因股份交付让与股份交付子公司股份或者新股预约权等的主体,有权提起无效之诉(828条2款13项)。

上述第二种情形所称的"不承认公司重组的债权人",是指具有承认或者不承认公司重组之选择权的债权人,即有权对公司重组提出异议的债权人(789条1款、799条1款、810条1款、816条之八1款)之中,不承认公司重组的债权人。也就是说,无权对公司重组提出异议的债权人不包含在有权主体之内(东京高判平成23.1.26金判1363号30页)。实际上,无权对公司重组提出异议的债权人也可以得到无效之诉以外制度的保护(特别是关于欺诈性公司分立)。

有权对公司重组提出异议的债权人不对正当履行的债权人异议程序提出异议的,视为其对重组的承认(789条4款、799条4款、810条4款、816条之八4款),其不得对重组提起无效之诉。相反,债权人异议程序存在瑕疵的

（例如,应当而未向债权人发出催告、公告）,法律否认承认的拟制,债权人有权提起无效之诉（同时,债权人异议程序未适正履行构成无效之诉的请求事由）。

无效之诉的起诉期间为公司重组生效之日起6个月以内(828条1款7项—13项)。被告为公司(834条7项—12项之二)。专属管辖、担保提供命令、辩论等的合并、原告败诉时存在恶意或者重大过失时的赔偿责任,与其他有关公司组织诉讼(828条1款各项)同样(835条—837条、846条)。

☐ 3　无效原因

(1)概说

何种事由构成公司重组的无效事由,法律并无明文的规定,属于解释的范畴。作为一般论,公司重组手续瑕疵之中,属于重大瑕疵的,构成重组的无效原因。例如,公司重组协议、计划中,欠缺必要记载事项（大判昭和19.8.25民集23卷524页）或者意思表示瑕疵导致的无效[名古屋地判平成19.11.21金判1294号60页(商判Ⅰ-182)]；承认公司重组的股东大会决议的不存在、无效、撤销（→专栏9-34）;不践行债权人异议程序;公司重组信息披露的不完备（神户地尼崎支判平成27.2.6金判1468号58页）等。

▶▶▶ 专栏9-34　决议撤销之诉与公司重组无效之诉的关系

一般而言,即便股东大会决议存在可撤销事由(831条1款),只要撤销判决未予确定,决议仍为有效。但是,承认公司重组的股东大会决议存在可撤销事由的,若撤销判决在确定之前不构成重组的无效事由的话,则会错过提起无效之诉的诉讼期间。因此,多数说认为,当承认公司重组的决议存在可撤销事由时,可不必经过该决议的撤销判决,直接作为公司重组的无效事由进行主张。以此解释为前提,公司重组生效后,承认该重组的股东大会决议的瑕疵应当仅作为公司重组无效之诉进行主张,原告在提起决议撤销之诉后公司重组生效的,原告应当将前诉变更为公司重组无效之诉(民诉143条)。也就是说,决议撤销之诉被公司重组无效之诉所"吸收"[类型别Ⅱ726页、江头、门口(2008)392页（佐佐木宗启）。与此不同的见解（并存说）参照：得津(2020)]。以"吸收说"为前提产生的论点亦存在问题,即其与撤销之诉的起诉期间(3个月。831条1款)之间的关系。大多数学说认为,应当重视该规定的旨趣,在公司重组无效之诉上,可将决议撤销事由作为公司重组无效之诉的无效事由进行主张的,限于决议后3个月以内(类型别Ⅱ727页)。针对此主张,也存在不同见解,认为应当尊重条文(828条1款7项—13项),在公司重组生效后6个月以内主张即可[江头、门口(2008)393页(佐佐木)]。

(2)公司重组条件(公司重组对价)的不公正

判例认为,即便公司重组的条件不公正(尤其是重组对价过高或者过低),其自身也不构成公司重组的无效事由[东京高判平成2.1.31资料版商事77号193页(驳回上诉。最判平成5.10.5资料版商事116号196页)(百选89,商判Ⅰ-181)]。理由在于,若将不易判断的对价之不公正作为重组的无效事由,会有损法律关系的稳定。其实,此判例法理应当承认例外。思考以下事例:

▶▶▶ **事例9-1**
持有S公司全部已发行股份(表决权)三分之二以上的P公司拟吸收合并S公司,作为合并对价,拟以之前S公司每股股价的半价交付相应的货币。此举遭到S公司其他股东的反对,但S公司的股东大会表决通过并得以实行。S公司的其他股东可否主张该吸收合并无效?

在以上事例中,因特别利害关系人(P公司)行使表决权,导致明显不当的公司重组条件被通过。此事由构成股东大会决议的可撤销事由(831条1款3项),当公司重组生效后,构成该重组的无效事由(决议撤销之诉在重组生效后被无效之诉"吸收"。→专栏9-34)。在上例中,判例也并未否定无效之诉的主张。当公司重组的一方当事公司支配另一方时,可能存在为了支配公司利益而对少数派股东不利的重组条件,故法院应当严格审查公司重组条件的公正性。

另一方面,当公司重组的当事公司之间相互独立时,通过当事公司之间的交涉,可以确定较为公正的重组条件,故法院不宜以重组无效的形式进行事后干涉,否则会有损法的稳定性。因此,此时,股东应当基于股份回购请求权以及追究董事及其他高管责任等法律手段进行救济,公司重组条件的不公正自身不能构成公司重组的无效事由。实际上,股东在进行表决时,董事提供了不实信息的,属于决议方式违法或者明显不公正(831条1款1项),构成决议的撤销事由(公司重组生效后构成无效事由)。

▶▶▶ **专栏 9-35　公司重组条件的不公正与对管理人员等的责任追究**
　　董事及其他管理人员怠于履行职责,以不公正的条件实施公司重组,致使一方当事公司股东利益受损的,股东以何种方法追究管理人员等的责任,应当分场合考察。例如,以存续公司股份为对价进行的吸收合并中,即使合并条件(合并比例)对消灭公司股东有利(对存续公司股东不利),因存续公司仅发行股份而不流出财产,公司本身并未产生损失,故存续公司股东不得以管理人员的任务懈怠责任(423 条)为由提起代表诉讼(847 条)来追责[大阪地判平成 12.5.31 判时 1742 号 141 页(商判 I -179)]。此时,存续公司股东应当根据 429 条规定,以其持股比例被稀释为由,请求管理人员等赔偿由此造成的损失。在共同股份转移的场合,股份转移比例不公正的亦作同解[东京地判平成 23.9.29 判时 2138 号 134 页(百选 Ap29,商判 I -180。从判决结论上看,在股份转移比例的决定上,董事没有违反勤勉注意义务,故驳回基于 429 条 1 款的诉讼请求)]。相比之下,以货币为对价的吸收合并中,当对价过高时,存续公司的财产过度流出,应当解释为产生了损害。此时,存续公司股东可以基于代表诉讼进行责任追究(尚无判例)。在后者的情形中,是否允许股东依据 429 条追究管理人员责任,关系到"间接损害"认定上股东是否属于同款的"第三人"的解释问题(→专栏 4-79)。
　　相比于以上情形,向吸收合并的消灭公司股东交付的合并对价(股份、货币都可)过低的,消灭公司股东可以基于 429 条规定,追究消灭公司管理人员的责任(此时,因消灭公司并未产生损害,故不得依据代表诉讼进行追责)。向股份交付的全资子公司股东交付的对价过低的,也作同样解释。

□4　无效判决的效果
(1)对世效力
公司重组无效判决确定的,该判决效力及于第三人(838 条)。
(2)溯及效力的否定、无效判决确定后的法律关系
(a)溯及效力的否定
公司重组无效的确定判决仅面向将来发生效力(839 条)。因此,例如,即使股份转移的无效判决确定以后,新设公司的成立也不得被溯及否

定,无效判决确定前新设公司实施的行为(取得权利以及负担债务等)有效。

(b)无效判决的法律关系

无效判决确定以后,根据重组的类型不同,法律关系的处理也存在差别:

第一,公司合并的无效判决确定以后,消灭公司复活,作为合并对价交付的股份或者新股预约权(面向将来)无效,新设合并的公司解散(839条)。因合并转移的权利义务,在现存的范围内归还合并前的当事公司。合并后,无效判决确定前存续公司或者新设公司负担的债务成为合并当事公司的连带债务(834条1款1项、2项),取得的财产为当事公司共有(同条2款)。此时,各当事公司的债务分担份额以及权利的共有份额,按照843条3款、4款决定。

第二,公司分立的无效判决确定以后,因公司分立承继的权利义务,在现存的范围内归还分立公司。作为分立对价交付的股份或者新股预约权无效,新设分立的设立公司解散(839条)。公司分立后,承继公司、设立公司于无效判决确定前负担的债务或者取得的财产,在承继公司的场合,属于分立公司与承继公司的连带债务或者共有(834条1款3项、2款);在设立公司的场合,归分立公司负担或者所有(共同新设分立的话,属于各个分立公司的连带债务或者共有。同条1款3项、2款)。

第三,股份交换、股份转移的无效判决确定以后,作为对价发行的股份或者新股预约权无效(839条),股份转移设立全资母公司解散(同条),依照清算程序进行清算(475条3项)。作为股份交换、股份转移的对价而交付股份交换全资母公司(844条所称的"旧全资子公司")股份的,旧全资母公司向判决确定时的旧全资母公司股东交付旧全资子公司股份(844条)。以其他财产作为对价交付的,可以向受领该对价者(股份交换、股份转移时的旧全资子公司股东)交付(返还)相应的旧全资子公司股份。旧全资母公司已经将旧全资子公司股份转让的,只能以货币进行补偿。

第四,股份交付的无效判决确定以后,作为对价交付的股份交付母公司("旧股份交付母公司")的股份(新股预约权作为对价的亦同)无效(839条)。旧股份交付母公司应当向无效判决确定时的该旧股份交付母公司的股东返还股份交付时受领的股份交付子公司股份(844条之二1款)。

第4节　营业*的转让等

■1　概说

并购与重组除了公司法上的公司重组,有时还以营业转让或者受让等交易行为的形式开展。公司法在股份公司实施的这些行为当中,对其中某些重要的事项,原则上要求通过股东大会的特别决议(467条1款1项—4项,309条2款11项),且赋予反对股东以股份回购请求权(469条),以图保护股东的利益。此外,467条1款1项—4项所列的行为称为"营业转让等"(468条1款)。以下将以全部或者部分重要营业的转让(467条1款1项、2项)为中心,介绍营业转让等的意义以及相关的规制(■2—■4)。对事后设立(467条1款5项。不属于营业转让等)也予以介绍(■5)。关于营业转让时的公司法总则的规范将在此介绍(■6)。

■2　全部或者部分重要营业的转让

(1) 概说

营业的转让,是指作为公司的交易行为,将"营业"转让给他人的行为。公司法规定,股份公司在转让其全部或者部分重要营业的时候,鉴于对股东利益带来重大影响,原则上要求通过股东大会的特别决议(467条1款1项、2项,309条2款11项)。

需要强调的是,此处所称的转让"营业"行为,并非公司法上的特别行为,而仅为概括性的通常交易行为而已,即对于转让公司所有的有关该营业的权利、义务,权利转让给相对方(营业的受让人),义务(债务)由相对方受让。因此,根据民法的原则,相对方免责性受让转让公司的债务时,需要得到债权人的同意(民472条3款);当权利转让存在对抗要件时(民177条、178条、467条等),受让人不具备对抗要件则不得对抗第三人。

营业转让的对价通常为货币,但并不限于此,例如,相对方发行的股份或者份额均可(相对方若为股份公司,则受实物出资规定限制)。

---

*　日文原著表述为"事业"。——译者注

▶▶▶ **专栏 9-36　营业与事业**

公司法将商法时代规定的"营业"转让修改为"事业"转让（467条以下）。这是因为，商人的每个商号对应一个"营业"，而只有一个商号的公司所从事的营业总体称为"事业"，区别于单个"营业"，但本质上仅仅是用语的整理而已（立案担当139页）。因规制的实质没有发生变化，故关于公司法修改前"营业转让"的判例，可以直接适用于公司法时代的"营业转让"*。

(2)"营业"的意思

某个行为要作为营业转让受到公司法的规制，就需要拟转让的对象财产具有作为"营业"的实质，则该"营业"的意思就成为问题。此外，公司法要求转让"部分"重要营业时需要股东大会的承认（467条1款2项）。例如，从事食品营业和服装营业的公司，只将食品营业部分转让出去，则"部分"也必须具备"营业"的实质（存在后述的反对说）。看下面的事例：

▶▶▶ **事例 9-2**

X股份公司以木材加工与销售为主要目的而设立，现因经营不善，几年来营业一直处于休止状态。X公司的代表董事A在未得到股东大会承认的情况下，将木材加工厂的土地、建筑物、机器、工具等所有物品转让给Y公司。对于上述土地、建筑物，Y公司计划用于本公司之前经营的其他营业；而对于机器、工具，考虑到X公司处理困难遂一起收购，受让后并无使用的预期。X公司后以未得到股东大会同意为由主张该转让无效，请求Y公司返还转让的财产。X公司的主张能否得到支持？

以上事例的判例原型是最大判昭和40.9.22民集19卷6号1600页（百选82，商法百选15，商判Ⅰ-174），2005年修改前《商法》245条所称的"营业转让"，与同法24条以下所称的"营业转让"（相当于《公司法》21条以下的"营业转让"）同义，具体为以下意思（如专栏9-36所述，本判决兼具《公司法》467条的"营业转让"之意思。因此，以下判决中的"营业"可替换为"事业"

---

*　日语原文为"事業の譲渡"。——译者注

来表述）：*

第一，为了一定的营业目的而组织起来的、作为有机整体而发挥作用的全部或者部分重要财产（包括客户关系等具有经济价值的某些事实关系）的转让；第二，转让公司将以此财产进行的营业活动转让于受让人；第三，转让公司因此在法律上当然负有2005年修改前《商法》25条（相当于《公司法》21条）规定的竞业禁止义务。

根据最高法院的判决，事例9-2中营业休止的公司即使转让全部财产，也很难构成为了一定的营业目的而"组织起来的、作为有机整体而发挥作用"的财产转让（无非是集中个别财产的转让），且受让人也并未受让营业活动，故不需要股东大会的承认[作为处分重要财产行为（362条4款1项），需要董事会的承认。但是，欠缺董事会决议的，善意、无过失的相对方可以主张转让有效]。对此，有意见认为，这样处理会有失对股东的保护，即便是个别财产，当其具有极其重要的价值时，仍可构成"部分重要营业"（最高法院判决的少数意见）。但是，这种意见距离"营业"的表述过远，作为解释论一般得不到支持。

也有学说认为，最高法院判决三种情形中的任意一种均可构成某种交易属于"营业转让"的不可或缺的要件。但是，第三种情形的说理部分可以理解为：467条规定的营业转让与21条以下的"营业转让"为同一意思，故转让营业的转让公司即便没有明示的合同，亦适用21条承担竞业禁止义务，除此以外，不应将负担该义务解释为转让营业的要件[商法百选15解说（藤田友敬）]。如果将竞业禁止义务理解为467条的营业转让之要件的话，从本判决的立场看，其构成21条以下的营业转让要件，但同条的竞业禁止义务仅是营业转让的效果，则围绕条文的适用关系产生循环[田中（2010）286页]。总之，仅仅负担竞业禁止义务并不导致转让公司的目的（27条1项）本身发生变更，股东的利益也不产生决定性差异，故第三种情形不是营业转让的要件。

相比于此，将第一种和第二种情形解释为营业转让的要件，是迄今为止判例的立场。尤其是第二种情形，是否承继了营业活动是构成营业转让的决定性标志（例如，受让人受让了高尔夫球场的所有财产，但未接手该球场的会员，而是重新募集会员的，法院否认了营业转让性，参照：旭川地判平成7.8.31判时1569号115页。承继了员工以及客户关系的，法院承认了营业转让性，参照：东京地判平成27.10.2金判1480号44页）。对此，有力见解认

---

* 考虑中文的语境与表达习惯，译文不做此区分，一律使用"营业"进行表述。——译者注

为,无须第二种情形,仅满足第一种情形的要件即可[竹内(1976)159页等]。但是,此见解很难明确何为"为了一定的营业目的而组织起来的、作为有机整体而发挥作用的"财产,故而可能有损交易的安全。

▶▶▶ **专栏9-37　未得到股东大会承认的营业转让**

判例认为,公司未得到股东大会承认即转让全部或者部分重要营业的,该转让与所有人之间的关系均为无效[不问相对方善意、恶意与否,对主张者也无特别的限制。最判昭和61.9.11判时1215号125页(百选5,商判Ⅰ-17)]。无效的主张权人(尤其是营业转让的相对方)不受限制,是为了保证相对方不至于处于不稳定的地位。实际上,一方当事人于营业转让后经过较长期间才主张无效的,基于诚实信用原则,该主张不被认可(同判决)。

相比而言,学说上的有力见解认为,即便欠缺必要的股东大会决议,只要相对方不存在恶意或者重大过失,转让方不得主张无效(铃木、竹内249页注8)。这是因为,判断是否构成营业转让(尤其是"部分重要"营业)并非易事,法律需要保证交易的安全。但是,现行法之下,交易的安全可以基于简易营业转让制度得到相当程度的保障。或者说,对于不构成简易营业转让要件的重要规模交易,是否通过股东大会决议应当由相对方进行确认,这并非不合理。

(3)简易营业转让

转让资产的账面价额为转让公司资产总额的20%以下(公司章程降低比例的,以此比例为准)的,即使该转让构成"部分重要营业",也不适用467条以下的规定(467条1款2项但书。此要件与简易分立的要件属于平行关系)。也就是说,无须股东大会承认,反对股东也没有股份回购请求权。制度的宗旨是,究竟何为部分"重要"的营业,其判断未必容易,故一定规模以下的交易可以一律排除适用467条以下的规定,以此实现交易的效率并保证交易相对方的安全。

▶▶▶ **专栏9-38　营业转让与公司分立的比较**

股份公司向其他公司转让全部或者部分重要营业,与以公司分立的方式将有关营业的全部或者部分权利义务转移至其他公司具有经济上的类似效果。并且,两者原则上均需要股东大会的特别决议表决通过,且赋予反对股东以股份回购请求权。但是,两者之间亦存在如下区别:第一,营业转让的对象(从用语的定义)为"营业",而公司分立的对象一般不必要求具有营业的实质。第二,在营业转让上,因相对方免责性受让转让公司的债务,故需要得到债权人的同意(民472条2款、3款),而公司分立不需要这样的个别同意,依据吸收分立协议或者新设分立计划的记载即可完成债务以及契约上地位的移转(759条1款、764条1款)。另一方面,公司分立需要进行营业转让所不要求的债权人异议手续,在一定场合还会产生法定的连带责任。第三,公司分立的无效仅可以公司分立无效之诉提起,而营业转让无此限制,只要存在无效主张的利益,任何人均可主张无效(有时需要受到诚实信用原则的制约。→专栏9-37)。第四,营业转让的相对方(受让人)不必为公司,而公司分立的相对方(承继公司)必须为公司(2条29项)。作为当事公司,应当在综合比较以上制度差异的基础上,根据具体情况选择有利的并购方式。

■3 有关营业转让等的其他行为

(1)重要子公司股份的转让

股份公司转让全部或者部分子公司股份或者份额的,除了具备以下两个条件中任意一个,即第一,转让的股份或者份额的账面价额不超过股份公司资产总额20%时,或者第二,该转让后,股份公司持有该子公司表决权的半数以上时,需要股东大会的特别决议(467条1款2项之二)。因为,放弃重要子公司的支配权,与公司亲自转让全部或者部分重要营业具有同样的经济效果,需要遵守与此相同的规制。

(2)受让其他公司的全部营业

股份公司受让其他公司(含外国公司)的全部营业时,在结果上,受让包括转让公司账外债务在内的全部债务的可能性极高(假使双方明示约定了"不受让账外债务",受让人仍承担22条、23条责任的风险),其立场接近于吸收合并中的存续公司,故原则上需要股东大会的特别决议通过(467条1款3项、309条2款11项)。

(3)全部营业的租赁等

股份公司进行全部营业的租赁、全部营业的委托经营、与他人共享/共担营业上的全部损益及其他类似契约行为时,与转让全部或者部分重要营业一样,因对股东利益带来重大影响,故原则上需要股东大会的特别决议表决通过(467条1款4项、309条2款11项)。

4 对营业转让等的规制

(1)股东大会的承认及例外

股份公司实施营业转让等(实施467条1款1项—4项的行为。468条1款)时,在该行为生效日前,必须得到股东大会的特别决议通过[467条1款(参照2款)、309条2款11项]。

但是,第一,营业转让等的相对方为转让公司的特别支配公司的(持有全体股东表决权90%以上),因决议的趋势已定,故不需要股东大会的特别决议通过(简易营业转让等。468条1款)。或者第二,受让其他公司全部营业的,作为受让对价交付的财产的账面价额不超过受让公司纯资产额的20%(以公司章程降低比例的,以此比例为准)时,对受让公司股东利益影响较小,无须股东大会的特别决议通过(简易营业受让。同条2款)。第二个要件与承继型公司重组的存续公司等无须股东大会决议之要件(简易公司重组。796条2款)属于平行关系。一定期间内可行使否决权的股东表示反对的,必须召开股东大会(468条3款),这与简易公司重组的场合相同。

(2)反对股东的股份回购请求权

(a)原则

股份公司实施营业转让等时,反对股东有权请求公司回购股份(469条、470条)。制度的宗旨、内容与公司重组时反对股东的股份回购请求权相同。

(b)例外

第一,在营业的全部转让中,股东大会承认该转让的同时决议解散公司的(471条3项),转让公司的反对股东不享有股份回购请求权(469条1款1项)。这是因为,公司解散、清算后,股东将以分配剩余财产的形式参与分配,但也存在转让对价不公正的情形,故否定股份回购请求权存在疑问。第二,简易营业受让的场合,因对受让公司股东的影响较小,故反对股东不享有股份回购请求权(同款2项)。

5 事后设立

依据公司法的程序(25条以下)成立的股份公司在成立后两年以内,取得公司成立前存在的财产(持续性用于公司营业,例如取得工厂用地)时(事后设立),必须通过股东大会的特别决议承认(467条1款5项、309条2款11项)。但是,作为对价交付的财产的账面价额不超过受让公司纯资产额的20%(可以公司章程降低)的,不在此限(467条1款5项但书)。

这样规定的目的在于,若公司在设立过程中取得此类财产,需要受到包括受让财产记载于公司章程(28条2项)等规定的制约,而公司成立后即行取得该财产又构成规避法律,故法律设置此制度。与营业转让等不同的是,反对股东不享有股份回购请求权(→专栏9-39)。

> ▶▶▶ ★**专栏9-39 事后设立与检查员调查**
>
> 在1990年《商法》修改后至2005年《公司法》制定前,事后设立与受让财产同样(参照33条)需要接受检查员的调查。但是,有的公司为了规避法律,从他人手里收购成立后两年的休眠公司并向该公司提供财产以应付调查。也有意见指出,法律要求检查员进行调查,会妨碍成立后的公司及时受让重要财产。因此,公司法不再要求事后设立时的检查员调查。

■ 6 营业转让时的法律关系

□ 1 概说

公司法第一编第四章规定了公司(不限于股份公司)之间进行营业转让的法律关系的若干事项(21条—23条之二)。此外,一方当事人为公司、另一方当事人为公司以外的商人的,根据24条规定,应当适用《商法》17条—18条之二的规定(关于公司以外的商人之间营业转让的规定),规定的内容与公司法基本一致。本部分以公司间转让营业为主要对象,对相关的规定进行介绍。

□ 2 转让公司的竞业禁止义务

(1)意义

转让其营业的公司(转让公司)在当事人没有特别意思表示的情况下,在同一或者相邻的市町村区域内,于转让后20年内不得从事与转让的营业相同的营业(竞业,竞业禁止义务。21条4款)。这是因为,若允许转让公司在营业转让后自由竞业,受让公司的客户资源(其中多为转让公司的客户资源)可能被抢夺,给受让公司带来损失。故一定期间、区域内禁止竞业,通常基于双方当事人的意思表示。

这个规定属于任意法规,可以根据当事人之间的意思表示(特约)减轻或者排除,也可以加重。在变化频繁的现代经济社会中,竞业禁止义务构成对转让营业后转让公司展开业务的强力制约,实务上通过特别约定排除该义务的事例不在少数。

(2)竞业禁止义务的边界

转让公司的竞业禁止义务可以通过特别约定,较21条1款的内容加重,但即便如此,也不得约定竞业禁止义务的期间自转让之日起超过30年(21条2款)。因为,约定过长期间会限制竞争,最终损害消费者的利益。

(3)不正当竞业的禁止

除了21条1款、2款,转让公司不得以不正当竞争的目的进行竞业(不正当竞争)行为(同条3款)。例如,转让公司使交易的相对方误信,自己将继续经营已转让的营业[田中(2010)301页]。不正当竞争禁止的期间可以超过21条1款、2款规定的期间。即便当事人之间特别约定转让公司可以从事竞业行为,解释上,其仍然承担不得从事不正当竞业的义务[实际上,双方以特约的形式明确约定排除不正当竞争义务的,应当解释为有效。田中(2010)301页]。

□ 3 因转让公司营业产生的债权、债务规则

(1)概说

在营业转让上,转让公司持有的债权之中,哪些由受让公司取得,或者转让公司所负的债务中,哪些由受让公司承担,原则上取决于营业转让协议的内容[此外,根据民法的一般原则,免责性债务受让需要得到债权人的同意(民472条3款),即便受让公司同意承担债务,若没有该债务的债权人同意,转让公司不得免责]。

因此,双方当事人可以约定,因转让公司的营业产生的全部债务由受让公司承担(承认此协议的事例参照:札幌地判平成24.12.18金判1424号56页)。相反,也可以约定不承担所有债务,或者只承担部分债务。但是,下列情形中,公司法设置了针对债权人或者债务人信赖保护的规定。

(2)续用商号时的法律关系

(a)受让公司的商号续用责任

在营业转让中,受让公司继续使用转让公司商号的,受让公司即使依照营业转让协议不负担债务,也要清偿转让公司营业产生的债务[续用商号责任。22条1款。此外,公司与商个人不同,其商号无法随营业转让一起转让

给他人（对比商15条1款），故此处的"续用商号"是指受让公司以变更章程（27条2项、466条）的形式，将自己的商号变更为转让公司从前使用的商号］。

续用商号的，转让公司的债权人可能无法知悉发生营业转让的事实，而将受让公司与转让公司视为同一主体。即便知悉，通常也会认为受让公司承继了转让公司的全部营业（包括债务），故存在保护其信赖利益的需要｛关于本规定的宗旨存在各种学说［コンメ（1）210—212页，北村雅史］，本部分基于判例、多数说的理解。从这个宗旨出发，当债权人知道受让公司实际上未承担债务时，该债权人将不得使用本规定。东京地判昭和49.12.9判时778号96页｝。不采取营业转让而是实物出资（最判昭和47.3.2民集26卷2号138页），或者基于公司分立承继债务的［最判平成20.6.10判时2014号150页（百选Ap40，商判Ⅰ-10）］，也类推适用本规定。

受让公司并未使用与转让公司从前使用的完全同一的商号，但社会观念上认为是同一的场合，适用本规定［案例参见：コンメ（1）213—215页（北村雅史）。最判昭和38.3.1民集17卷2号280页（商法百选17，商判Ⅰ-8）中，某公司从"合资会社米安商店"受让营业后，使用"合资会社新米安商店"的商号开展营业，原判决认可了两者社会观念上的同一性，肯定了受让公司的责任。而最高法院认为，"新"字在交易的社会观念上并非承继性的字句，应当理解为不承继旧公司债务的意思，遂否定了受让公司的责任］。

本规定在受让公司续用转让公司商号以外的营业上的名称时也可发生类推适用。在最判平成16.2.20民集58卷2号367页（商法百选18，商判Ⅰ-9）中，某公司从预付金会员制高尔夫俱乐部的运营公司处受让营业，并续用了高尔夫球场的名称（"某某乡村俱乐部"，与公司的商号不同）。此时，会员有理由相信，转让公司的债务由该受让公司承担，故类推适用22条1款，受让公司向会员承担返还预付金债务（受让公司使用转让公司的商标作为商号，且使用与转让公司相同名称的商标的，类推适用22条1款的事例参照：东京地判平成31.1.29金判1566号45页。公司分立时承担同种责任的判例，参照：前引最判平成20.6.10）。

(b) 不产生商号续用责任的情形

受让公司在受让营业后，及时在总公司所在地进行不承担转让公司债务清偿责任之登记的（商等31条），不产生商号续用责任（22条2款前段）。转让公司以及受让公司在受让营业后，及时将此意思表示向第三人（债权人）发出通知的，对该第三人同样不产生商号续用责任（同款后段）。因为,这些情形下缺乏保护债权人信赖利益的必要。

(c)转让公司的责任

即便受让公司承担转让公司的债务,但转让公司自身在未获债权人同意的情况下,原则上不得免责。例外地,受让公司承担商号续用责任的,债权人在营业转让后两年内未发出请求或者请求预告的,此期间经过后转让公司的责任消灭(22条3款)。本规定系基于续用商号时债权人有权对受让公司主张责任的基本认识之上,但转让公司免除本应承担的债务缺乏足够的理由,本规定的合理性存在疑问[关于本规定旨趣的议论,见コンメ(1)217—218页(北村)]。

(d)对受让公司清偿的免责

受让公司续用转让公司商号的,转让公司营业债权的债务人通常会认为受让公司与转让公司为同一主体,或者受让公司全部受让转让公司的营业债权。此时,债务人向受让公司清偿的,即使受让公司实际上并未从转让公司受让该债权,只要清偿人善意且不存在重大过失,即构成有效清偿(22条4款)。

(3)受让公司的债务承担广告

受让公司不续用转让公司的商号,在发出承担转让公司营业产生之债务的广告时,转让公司的债权人有权请求受让公司清偿债务(23条1款)。与商号续用责任同样,这是为了保护债权人的信赖利益。此时,债权人在发出广告后两年内未发出请求或者请求预告的,此期间经过后转让公司的责任消灭(同条2款)。同款的宗旨与续用商号的规定(22条3款)一样,存在不明确之处。

▶▶▶ **专栏9-40　债务承担的用语**

广告中虽然没有"承担债务"这样的用语,但使用了社会观念上足以使债权人相信受让公司将承担债务的表现方式的,适用23条1款的规定(最判昭和29.10.7民集8卷10号1795页)。同判例中,"受让铁路及其沿线巴士的营业"这样的广告用语,包含了承担该营业产生的债务的意思,法院肯定了受让公司的责任。另一方面,最判昭和36.10.13民集15卷9号2320页(商法百选20,商判Ⅰ-11)中,A公司、B公司、C公司(旧三公司)废止营业,成立新公司(Y公司)从事与旧三公司同样的营业,新公司向从前的交易客户发出通知信函。最高法院认为,此仅为单纯的通知信函,不包含 Y 公司承担旧三公司债务的意思,遂否定了受让公司的责任。如此,究竟何为债务承担的广告,法院判决并不明确[案例参照:商法百选20解说(铃木隆元)]。为了规避法律风险,建议受让公司不承担转让公司债务时,在广告或者通知信函上明确记载其意思表示。

(4)欺诈性营业转让的规制

转让公司明知会损害剩余债权人(受让公司不予承继之债务的债权人)利益而转让营业的(欺诈性营业转让),剩余债权人有权在承继的财产价额限度内,请求受让公司履行该部分债务(23 条之二 1 款)。但受让公司为善意的,不在此限(同款但书)。

2014 年《公司法》修改时,针对欺诈性公司分立创设了剩余债权人的直接请求权(→专栏 9-30),同时在营业转让上创设了同样宗旨的规定。对可行使请求权的期间(同条 2 款)、转让公司进入法定倒产程序时无法行使请求权等方面,设置了与欺诈性公司分立情形下相同的规定。

第 5 节 恶意收购与防御措施

■ 1 概说

(1)恶意收购的意思与经济功能

本节中,将围绕恶意收购与防御措施问题进行解说。所谓恶意收购,是指未得到目标公司管理层认同而进行的收购。也就是说,对管理层而言的"恶意"收购,并非对目标公司及其股东也是恶意。不仅如此,恶意收购对目标公司及其股东(或者更为宽泛的社会整体)而言存在益处[参照:柳川(2006)62—65 页]:第一,收购可以使公司经营状况得到改善。当目标公司经营出现问题且股价低迷时,收购者取得目标公司控制权,实现管理层的更替进而改善公司经营业绩,于目标公司及其股东而言大有益处。

第二个好处是对公司经营的规范效果。若股价低迷导致恶意收购,公司的经营者就会有动力有效经营公司进而提升股价。尤其是对上市公司而言,某种程度上普遍面临恶意收购的威胁,则此种威胁可能成为维持高效的股份公司制度所不可或缺的因素。如前所述,股东无法以合同形式确定自己的投资收益,取而代之的,其可通过选举、解聘董事等方式控制公司经营,这是股份公司的基本构造。但是,在股份分散的上市公司,单个股东并无积极参与公司经营的动机("合理的无关心"→专栏1-7)。因此,为了使股东的控制权发挥作用,有必要将平时分散持有的股份在某些时候集中到特定人手里,以便实际行使控制权。若非如此,控制权就如同纸上画饼,股份对公司经营者而言就成了"不必返还的借款"。在公司经营中若持续无视股东的利益,可能导致无人投资,从长远看,股份公司制度将无法维持。

(2)恶意收购的问题点与防御措施

但是,恶意收购并非都对目标公司有利。举个极端的例子,从前日本存在这类人:大量收购上市公司的股份,利用其影响力兴风作浪,最终将收购的股份以高价卖给该公司及其管理人员等[此类人称为"绿邮(Greenmailer)"。例如,最判平成18.4.10民集60卷4号1273页(百选12,商判Ⅰ-131,蛇之目缝纫工业事件),参照:大阪地判平成2.5.2金判849号9页事例]。为了阻止这样的滥用性收购,目标公司董事会可以采取一定的措施(防御措施)。此外,有意见认为,是否构成滥用性收购尚不明确的,在一定目的的限度内(为了使目标公司股东可以适当判断是否回应该收购),董事会可以采取一定的措施。

近来,日本国内随着恶意收购的经验积累,学说围绕防御措施的可容忍限度展开诸多议论。由于本节无法做到介绍全部内容,故仅将该问题的案例以及上市公司实际使用的防御措施予以介绍,并简单说明问题点。有兴趣的读者可先行阅读引用的案例以及文献,再开始学习。

2 董事会采取防御措施的案例

(1)概说

本部分介绍的案例,即针对恶意收购,目标公司董事会可以在多大程度上以自己的判断行使防御措施。

(2)日本放送事件裁定

▶▶▶ **事例9-3**

X公司意图收购Y上市公司,遂在市场上收购了同公司已发行股份的约三分之一,并持续跟进收购。此时,Y公司董事会做出决议,向同属一个企业集团的A公司发行新股预约权,该新股预约权若全部行使,将达到Y公司全部表决权的半数以上。X公司遂请求法院对该新

> 股预约权进行停止发行的临时处分(247条、民保23条2款)。对此,Y公司主张:X公司收购成功后拟开展的营业计划缺乏现实性,且Y公司的员工以及主要客户表示反对,故X公司实现收购会使Y公司的企业价值受到毁损,A公司收购成功则会提升Y公司的企业价值。

事例9-3的原型是东京高决平成17.3.23判时1899号56页(百选97,商判Ⅰ-66,日本放送事件),在现行《公司法》之下,拟发行的新股预约权占发行公司全部表决权的半数以上的,需要股东大会的决议(244条之二),但本案在当时没有这个规定。对于本案,东京高级法院基本上沿用了以往的判例法理之"主要目的规则",即,"在发生公司经营控制权之争的场合,为了维持、确保经营控制权而发行新股预约权的,原则上应当作为不公正发行,承认权利人的发行阻止请求"。此外,该新股预约权的发行系以变更股东构成[拟使支持现任管理层的特定第三人(A公司)取得控制权]为主要目的,即使Y公司管理层相信该第三人(A公司)的经营方针比恶意收购人更为合理,也构成控制权的维持与确保之目的。因为,"选举谁为经营者,以怎样的经营方针开展经营,应当通过股东大会选举董事,以资本多数决来实现"。

需要注意的是,本裁定认为,"从保护全体股东利益的观点出发,当具有使该新股预约权发行正当化的特殊情节时,具体而言,当公司释明并举证证明恶意收购人并非真诚地以合理经营公司为目的,公司因恶意收购人取得控制权而带来无法挽回的损失的",不得阻止该新股预约权的发行,即承认主要目的规则存在例外情形。但是,法院将此例外情形限制在相当狭窄的范围内。也就是说,本裁定中,对于Y公司主张的发行新股预约权正当化的情形(→事例9-3),法院认为,这些都属于"只能归于股东以及股票交易市场的经营判断及评价","在司法程序中由法院进行判断并不恰当",最终以"主张自身不适当"为由驳回诉请(法院责令处以停止的临时处分)。可以说,本裁定体现出的思路,即控制权之争的归属原则上由股东决定这一思路,形成了其后法院裁判的基调[董事会决议采取的防御措施被责令停止之事例,参照:东京高决平成20.5.12判夕1282号273页(ピコイ事件)]。

▶▶▶ **专栏9-41　日本放送事件裁定的"四个类型"**

日本放送事件裁定呈现的是为维持、确保控制权而发行新股预约权被例外地认定为合法的"特殊事由"之具体事例(所谓的"四个类型")。

这四个类型是指：收购人①单纯以抬高股价继而高价卖给公司的相关人员为目的（典型的如"Greenmailer"）；②将目标公司的知识产权以及商业秘密等转移至己方为目的；③以目标公司资产为收购人的债务提供担保或者作为清偿原资的挪用目的；④短暂控制公司经营，变卖处分公司暂不用于经营的高额资产等，将变卖资金用于临时的高额利润分配。但是，以上四个类型中，③的类型，即以目标公司资产为担保筹措收购资金的融资方式（LBO，常用于 MBO。→专栏 9-6）以及④的类型，即处分闲散资金分配给股东的行为，可能被解释为具有经济合理性。因此，为了不妨碍收购的效率性，四个类型应当做合理的限缩解释［藤田（2005）5—6 页，田中（2012）122—132 页］。

(3) 日本技术开发事件裁定

在日本放送事件裁定中，法院严格限制了以董事会的判断阻止收购的防御措施，但并未否定董事会以其他有限的目的行使防御措施。在做出同裁定的大约四个月后，东京地决平成 17.7.29 判时 1909 号 87 页（日本技术开发事件裁定）做出裁定，"发生企业经营控制权之争的，究竟是由现管理层还是恶意收购人经营公司，应由股东做出判断"，"对于（目标公司）董事会而言，其应当向股东提供正确的信息，并有权为了获取可供判断的正确信息，要求恶意收购人提供经营计划的提案以及任意设定相当的检讨期间，对于不回应合理要求的收购人……从保护全体股东利益的观点出发，容许董事会采取相当的手段"。本案中，收购人未回应提供信息等要求，目标公司董事会遂采取措施对抗已经开始的公开收购，董事会决议通过的股份分割（起到拖延公开收购实现的效果）被认定为合法。

本裁定沿袭了控制权之争最终由股东决定的原则立场，同时，若以供股东进行判断为目的要求对方提供信息以及确保检讨期间，董事会可以采取"相当"的防御措施。本裁定与同年 5 月经济产业省企业价值研究会发布的"企业价值报告书"以及经济产业省、法务省发布的"收购防卫指南"（→专栏 9-42）一道，起到了督促上市公司导入事前警告型防御措施的效果。

▶▶▶ **专栏 9-42　企业价值研究会和收购防御措施**

日本经济产业省主办的企业价值研究会于 2005 年 5 月公布了"企业价值报告书"，报告书中整理了有关收购防御措施的思路，并体现了基本立场:从维持、提高企业价值的立场,可以承认一定的防御措施之合理性[企业价值研究会(2005)]。此外,同日发布的经济产业省、法务省共同编制的"关于确保或者提高企业价值、股东共同利益的收购防御措施指南"(收购防御指南)认为,使用附差别性行使条件的新股预约权进行收购防御是合法的[经济产业省、法务省(2005)]。需要说明的是,上述文书均不具有法律拘束力,但对上市公司导入防御措施带来了一定的影响。其后,企业价值研究会于2008年6月重新编制了报告书,报告书中沿用了以往的案例,对容许的防御措施阐述了见解[企业价值研究会(2008)]。

3 事前警告型防御措施

(1) 概要

所谓事前警告型防御措施,是指公司事前公布以下内容,即要求拟收购(多定义为:取得目标公司20%以上股份,或者采取公开收购的方式)已导入防御措施公司(目标公司)的收购人,提供包括收购后的事业计划在内的一定信息,以及确保目标公司董事会用于探讨该提案、必要时向股东提供代替案所需的期间(一般为60日到90日);如果收购人不践行上述手续仍试图收购的,公司可以采取无偿发行差别性内容的新股预约权(277条以下)等对抗措施(因并非在导入、公布时无偿发行,而只是发出警告,在将来有可能实行这一措施,故称"事前警告型")。

这里,"差别性内容的新股预约权"是指只有收购人以外的股东才可以行使的条件(差别性行使条件),或者发行公司仅以收购人以外的股东为对象,以普通股份为对价取得该新股预约权(差别性取得条款)。收购人只要具备股东身份就可以要求分配该新股预约权,但无法行使也无法取得。特定人行使或者取得前述新股预约权,收购人会因目标公司发行新股而导致其持股比例下降,收购变得困难,还会因股份稀释蒙受经济损失。

▶▶▶ 专栏9-43　美国的"股权方案"和事前警告型防御措施

无偿发行差别性内容的新股预约权这一防御措施,系美国众多上市公司引进的防御措施"股权方案"(通称"毒丸")的日本版。但是在美国,公司引入"股权方案"时,新股预约权实际上向全体股东无偿发行,其后股份转让时,新股预约权也随着股份一起转移。但在日本《公司法》上,新股预约权无法随股份一起转移(《公司法》上不认可的股份转让受到限制)。因此,如美国那样,导入防御措施时向全体股东无偿发行新股预约权的话,一旦出现恶意收购,此时的股东与新股预约权人之间将出现脱节,该新股预约权的行使将会使收购人以外的股东蒙受损失[基于此理由,东京高决平成 17.6.15 判时 1900 号 156 页(百选 Ap42,商判Ⅰ-68,ニレコ事件)阻止了以配股形式发行新股预约权]。因此,将实际无偿分配新股预约权的时点延期至发动防御措施时而非导入防御措施之时,可以避免给收购人以外的股东带来损失,事前警告型防御措施因此得以普及。

(2)事前警告型防御措施的问题点和提高其合理性的措施

从公布的防御措施目的看来,事前警告型防御措施并非以导入公司的董事会判断来阻止收购本身,而是为了让股东正确判断收购的正当性,要求收购人提供必要信息以及确保一定的检讨期间。因此,当收购人提供了必要的信息等时,原则上不得发动防御措施,是否回应收购由股东自身做出判断[需要注意的是,此时,收购条件对比目标公司的"根本价值"而言不充分,或者收购有损目标公司利益相关人价值的,发动防御措施的不在少数。田中(2012)213 页]。

实际上,即便是以上的目的,无偿发行差别性内容的新股预约权是否有违股东平等原则(109 条 1 款)?即便抛开此点,也会有以下疑问:第一,若收购至少是以公开收购形式进行的话,信息提供与检讨期间的确保是否已经因公开收购规制而实现?第二,要求收购人"亮底牌"提供经营计划是否合适?第三,董事会无休止地要求收购人提供信息,其结果会不会剥夺股东的判断机会[实际上发生过这样结果的事例,参照:田中(2012)350 页注 67—69 页]?第四,以取得目标公司全部股份为目的的收购,收购后公司如何经营并非公司股东所关心(收购价格才是重要的),此时要求收购人提供经营计划等有无必要?

不管怎样,事前警告型防御措施存在董事会肆意发动的风险,为了解决这一问题,实务中多由外部董事、外部监事或者外部有识之士组成特别委员会(也称独立委员会、第三人委员会。其并非公司法上的机关,而是由目标公司董事会决议创设的任意咨询机关),防御措施的发动基于同委员会的意见实施(→专栏9-44)。另外,导入防御措施时以变更公司章程、将防御措施作为股东大会决议事项,或者以"劝告的决议"形式得到股东大会的同意,同时防御措施的有效期间为1至3年,期间届满需要再次得到股东大会的同意。

截至2021年7月末,占日本全体上市公司7.1%的270家公司导入了防御措施(截至2011年7月末为521家)。因防御措施会有损经营者的决策判断,故反对导入或继续实施防御措施议案的股东以机构投资者为中心呈增加趋势,相应的,近年采用防御措施的公司数量呈减少趋势[茂木等(2021)14—15页]。防御措施导入公司以及股东(投资人)对防御措施的想法的调查研究参照:田中(2015)270—275页。

▶▶▶ **专栏9-44　收购防御措施、独立外部董事、特别委员会**

在美国的上市公司中,董事会的半数以上通常为独立于经营者的外部董事(→专栏4-37)。因此,公司引进防御措施未必是为了阻止恶意收购,而是作为与收购人进行交涉的手段(作为不发动防御措施的条件,收购人以较高价格收购等),以维护股东的利益(也有反对的评价)。对此也有观点认为,日本上市公司的董事大多数出自公司内部(社内董事→专栏4-33),针对恶意收购,他们不管条件如何都存在抵抗的倾向。设置特别委员会就是为了应对这样的悬念,但委员未必是公司法上承担义务与责任的公司要员(董事、监事),他们是否会真正为了公司与股东的利益进行判断,其间的动机值得怀疑,并且,委员的人选亦容易受到管理层意见的影响。

■ 4　获得股东大会同意发动的对抗措施的合法性——富留得客沙司事件

(1)事实概要

最决平成19.8.7民集61卷5号2215页(百选98,商判Ⅰ-67,富留得客沙司事件)(以下简称"本案""本裁定")中,收购人(X)通过其关联公司以目标公司(Y公司)为对象开始公开收购,Y公司拟采取对抗措施,无偿发行差别性新股预约权,法院认定合法[停止发行的临时处分申请被驳回。关于无偿发行差别性新股预约权,法院类推适用新股预约权的发行停止规定(247条),是本案自一审以来法院一直认可的]。本案同本书前面介绍的事前警告型防御措施相比,具有以下的特殊性:

第一,本案中Y公司并未采用事前警告型防御措施,公开收购开始后才在未事先预告的情况下决定无偿发行新股预约权。第二,关于本案的新股预约权,分配给X及其关联人(X关联人)以外的股东的部分,Y公司以普通股份为对价予以回收;而分配给X关联人的份额,则是规定由Y公司以货币为对价进行回收。并且,其对价额是以X关联公司自身设定的公开收购价格为基准决定的。因此,本案的新股预约权无偿发行即便导致X的持股比例下降,对X也不带来经济上的损失。第三,本案的新股预约权无偿发行系由Y公司的股东大会特别决议通过,且得到全部表决权八成以上(X关联人以外股东表决权的九成以上)赞成通过。

(2)最高法院裁定

日本最高法院针对差别性内容的新股预约权的无偿发行,一方面承认这关系到股东平等原则(109条1款)的制度宗旨,另一方面认为:"伴随着特定股东取得经营控制权……公司的企业价值受到毁损,公司的利益以及股东的共同利益受到损害的,为了防止这种情况出现而对该股东进行差别对待的,只要该处理方式不违反衡平理念,不缺乏相当性,就不能直接认定为违反同原则的宗旨。"在此之上,判断"特定股东取得经营控制权"是否构成"企业价值受到毁损","最终应当由公司利益的归属主体——股东自身进行判断",只要不存在股东大会的程序欠缺适当性,或者作为判断前提的事实不存在或虚假等重大瑕疵的情况,就应当尊重股东的判断。并且,本案的新股预约权无偿发行得到了X关联人以外的绝大多数股东的赞成,程序不存在重大瑕疵,故应当尊重股东的判断,且公司对X关联人给予了经济补偿,因此,不能认定该处理方式欠缺相当性,不构成对股东平等原则的违反[否定了显著不公正(247条2项)的主张]。

(3)本裁定的评价与遗留的课题

(a)本裁定的整理

对于目标公司为了对抗恶意收购而采取的无偿发行差别性新股预约权的措施,本裁定认为,①此措施系为了防止目标公司的企业价值受到毁损以及股东共同利益受到损害而为的(通常称为发动对抗措施的"必要性"要件),②只要不欠缺相当性("相当性"要件),则不违反股东平等原则(109条1款),不构成"显著不公正"的方法(247条2项),应认定为合法。并且,发动对抗措施时得到股东大会承认(至少是收购人以外绝大多数股东的赞成)的,①的要件会得到法院的认可。本裁定后,在目标公司仅以董事会决议无偿发行差别性新股预约权的案件中,有的法院加强对①的要件的举证责任,最后认定对抗措施违法[东京高决平成20.5.12判夕1282号273页(ピコイ事件)]。"控制权之争最终由股东决定"这个日本放送事件裁定所提示的原则,被最高法院判例所接受。

(b)"控制权之争最终由股东决定"原则的妥当性

如何评价包括本裁定在内的防御措施的相关案例,在此之上,是否支持"控制权之争最终由股东决定"原则,就成为一个重要的分水岭。笔者支持这个原则[田中(2012)380—383页。参照:饭田(2020)]。因为,尤其是对于那些股权分散的上市公司,存在被恶意收购的可能性,为了提高企业的经营效率以及增加公司制度的效率性,"控制权之争最终由股东决定"原则具有极为重要的意义。

当然,恶意收购并不总是带来企业价值的提升。收购人也有可能过于相信自己的经营能力而实施收购,结果使企业价值受到毁损。此外,在股东以外的利害关系人与公司之间的契约并不完备的现实世界中,以减少利害关系人(例如,公司员工)的份额而增加股东份额为目的实施恶意收购的可能性至少在理论上是成立的。但是,恶意收购究竟属于提升企业价值的"好的收购",还是收购人的过于自信或者以转移利害关系人利益为目的的"坏的收购",法院在审查时是极其困难的。结果,目标公司管理层或者董事会将所有的恶意收购视为"坏的收购"而拟发动防御措施,而法院亦极有可能对此进行追认。从这点上看,控制权之争最终应由股东决定,而仅以董事会的判断阻止恶意收购的对抗措施,原则上(日本放送事件中"特殊的情形"除外)应当被禁止。

(c)防御措施正当化的理由

实际上,如果控制权之争最终交由股东进行判断的话,则收购方尝试恶意收购之初,由目标公司各个股东自行决定是否出售所持股份即可,法律没有必要对防御措施以及由此发动的对抗措施进行判断。但是,这样的说法未必靠得住。

如前所述(→专栏9-5),收购方在市场上集中收购目标公司股份,若目标公司股东认为该收购将毁损企业的价值,为了避免作为少数股东留在公司而利益受损,这些股东更倾向于出售所持股份(强压性)。如本案中,以公开收购的方式进行恶意收购的,公开收购完成后,不同意收购的股东将作为少数股东留在公司,同样产生强压性的问题。这些问题本来应通过强化公开收购规制来处理[田中(2012)407—448页],但在相关法律未修改之前,应当允许公司采取必要且一定范围内的防御措施,以解决强压性的问题。

具体而言,如本案中,经过股东大会同意而发动对抗措施的防御措施,这种类型至少在理论上可以保证控制权之争最终由目标公司股东进行合理的判断[田中(2012)248—250页]。若目标公司股东认为恶意收购将毁损公司的企业价值,则可以赞成公司发动对抗措施,以防止恶意收购的实现。相反,目标公司股东若相信收购会带来企业价值的提升,则反对发动对抗措施即可。

(d)遗留的课题

如果获得股东大会承认而发动防御措施认定为合法的话,则可能会助长目标公司董事及管理层的相互持股以及做安定股东工作的气焰。现在,本案从 X 开始取得 Y 公司股份之时起,Y 公司的相互持股开始增加[胥、田中(2009)(田中(2012)第 8 章)]。对于对抗措施的必要性,法院并非当然地尊重"股东的判断",而应当对其判断过程以及内容的合理性进行一定的审查[田中(2022)92—93页]。此外,(本案并非如此)恶意收购系以目标公司的全部股份为对象进行的公开收购,且预先告知公开收购完成后,所有剩余股份将以公开收购相同价格回购(现金收购)的,基本上不产生强压性的问题。对于这样的恶意收购,找不到允许发动对抗措施的理由(有意见认为,此时,为了保证股东的信息获取以及思考时间,应当允许采取一定的防御措施。笔者不同意这样的主张)。

(e)向收购人进行补偿的问题

另一个由本案引发的问题是,要承认防御措施的"相当性",是否必须对收购人进行经济补偿?如果补偿有必要的话,可能会助长以补偿为目的的股份被大量收购[田中(2012)261—264页]。因此,在本案以后的收购防御实务中,恶意收购人撤回公开收购的,目标公司可以中止差别性新股预约权的无偿发行;即使收购人不撤回公开收购致使目标公司无偿发行差别性新股预约权的,只要收购人将对目标公司的持股比例降低到一定比例以下,仍然可以行使新股预约权,这样目标公司就可以不予直接补偿,收购人也可以避免经济损失[太田等(2020)]。

■ 5 富留得客沙司事件后的案例展开

(1)重视"股东的意思"的案例

近年来(2021年以后),作为对恶意收购采取对抗措施而无偿发行差别性新股预约权的合法性问题,先后出现了一系列的法院判决。这些判决无一例外地围绕"控制权之争最终由股东决定"原则,在判断对抗措施的合法性时,重视是否基于股东的意思[下列案例的详细分析参见:久保田

(2022)]。

在富士兴产事件中,针对恶意的公开收购,目标公司董事会得到公司股东大会劝告的决议(决议要适用普通决议)后无偿发行差别性新股预约权,法院认定为合法(东京高决令和 3.8.10 金判 1630 号 16 页);在日邦产业事件中,收购人在市场公开收购目标公司 10% 的股份,目标公司得到股东大会劝告的决议(普通决议)后引入事前警告型防御措施,请求收购人提供相关信息以及保证股东回应收购的时间,但收购人拒绝并开始公开收购(部分公开收购),目标公司董事会遂发动对抗措施,无偿发行差别性新股预约权。该案中,法院认为,是否发动对抗措施取决于目标公司"股东的意思",遂认定为合法(名古屋高决令和 3.4.22 资料版商事 446 号 130 页)。这些裁定在防御措施实务上值得肯定。因为,收购人若撤回公开收购,可避免因对抗措施中止带来的收购人持股稀释化损失。承认对抗措施的相当性,可以避免诱发以补偿为目的的收购。

此外,在日本亚洲集团事件中,针对收购人拟在市场上进行的恶意收购,目标公司董事会引入事前警告型防御措施,并以此发动对抗措施,仅以董事会决议的方式无偿发行差别性新股预约权。对此,法院认为,目标公司发动对抗措施并未考虑过获取公司股东大会的通过,对抗措施系以维持、确保管理层的经营控制权为主要目的,属于显著不公正(247 条 2 项)的行为,遂作出责令停止的临时处分(东京高决令和 3.4.23 资料版商事 446 号 154 页)。可以说,该案反映了法院的立场,即非基于"股东的意思"而发动的对抗措施应当受到严格限制。

(2)针对市场收购的 MOM 决议对抗

实际上,恶意收购系以收购市面上流通股票的形式进行的,要发动对抗措施通常需要获得股东大会的同意。则存在一种可能性,即在召开股东大会的基准日(124 条 1 款)前,收购人试图通过持续购买市面上流通的目标公司股票,以达到阻止股东大会决议成立的目的。如前所述(→专栏 9-5),当股东认为市场收购将毁损目标公司的企业价值时,其反而具有抛售股票的倾向。此时,如果法院不认可目标公司在一定范围内发动对抗措施,则收购一旦完成,目标公司的企业价值大概率受到毁损。

在东京机械制作所事件中,针对收购人收购市面上流通股票的行为,目标公司以董事会决议的形式引入了事前警告型防御措施,但收购人并未遵守提供信息以及确保回应时间的规则,继续在市面上进行收购。当收购人取得超过目标公司三分之一表决权时,目标公司召开临时股东大会,通过了"收购人及其相关人员以及目标公司董事及其相关人员除外的出席股东表决权的过半数决议"[实务上称为 Majority of Minority(MOM)决议],并拟无偿发行差别性新股预约权。法院认定该行为合法[东京高决令和 3.11.9 资料版商事 453 号 98 页(最决令和 3.11.18 资料版商事 453 号 94 页维持)]。结合前段提示的市场收购的问题点,应当支持该裁定。需要注意的是,基于 MOM 决议的对抗措施被经营者用于自保的风险也很大,则法律允许的对抗措施的范围以及司法审查的方法等,应当检讨的课题很多[田中(2022)90—93 页]。

(3)欠缺相当性的对抗措施

发动对抗措施即便基于股东大会决议,当对抗措施的相当性不被认可时,法律将不认可其合法性。尤其是作为对抗措施的无偿发行差别性新股预约权,不仅收购人,其相关人员通常也属于"非适格者"而无法取得或者行使新股预约权。当目标公司随意认定"非适格者"时,该对抗措施的相当性可能被否定[大阪高决令和 4.7.21 资料版商事 461 号 143 页(三星事件。最决令和 4.7.28 资料版商事 461 号 143 页维持。法院认为,目标公司股东仅在股东大会上反对发动对抗措施议案而被列为非适格者不当,遂否定了对抗措施的相当性,责令处以停止的临时处分)]。

(4)结语

收购防御措施具有防止毁损企业价值的制度优势,但另一方面,其消极的一面也不容忽视:防御措施除了有损公司经营效果,还会剥夺股东出售股份的机会。因此,应在多大范围内予以承认,是个困难的法律问题。此外,对于市场收购等应当采取的收购手段,相比于防御措施,更应当强化公开收购的相关规制,需要进行立法论上的探讨[田中(2022)93 页]。

总之,防御措施的认可界限,并非公司法的字面解释可以决定,而是需要进行政策判断,即在多大程度上重视恶意收购的规制效果。需要强调的是,政策判断的妥当性必须经过对现实世界的不断观察才能得以确定。

第 10 章
解散、清算、倒产

- 第 1 节　解散
- 第 2 节　清算(普通清算)
- 第 3 节　倒产

本章将对股份公司解散以及清算的程序进行介绍。此外,对股份公司有关倒产的法律制度进行简单介绍。

第1节 解散

■ 1 意义

所谓解散,是指构成股份公司法人格消灭原因的事由。实际上,公司的法人格并不随解散而直接消灭,原则上需要在解散后进行清算程序,在清算终了后才正式消灭(不进行清算的情形在后面详述)。

■ 2 解散事由

(1)概说

出现怎样的事由股份公司便会解散,471条有专门规定。大致分为两种情况:第一,广义上的基于股东多数意思的解散(章程存续期间届满、发生章程规定的解散事由、股东大会决议、公司合并);第二,除此以外的解散(开始破产裁定、解散判决、解散命令)。

(2)发生章程规定的解散事由

章程规定了股份公司存续期间的,期间届满公司解散(471条1项)。此外,章程规定了解散事由的(因某人死亡而解散),发生该事由公司解散(同条2项)。

(3)股东大会的特别决议

股东大会做出解散决议的,股份公司解散(471条3项)。股份公司是否存续,基本上依其成员即股东的多数意思,因解散对股东利益带来重大影响,故需要股东大会的特别决议(309条2款11项)。

> ▶▶▶ ★专栏10-1 解散和不当劳动行为
> 股东以真实废止营业的意思做出解散决议的,即使员工或者工会反对,因解散不存在违法或者无效情形,伴随着解散的解雇也不应受到解

雇权滥用法理(《劳动合同法》16条)的限制(大阪高判平成15.11.13劳动判例886号75页)。但是,现实中存在一种情况:股份公司的母公司等以解散工会为目的解散该股份公司(旧公司),旧公司的营业由新设的子公司继承,新公司重新雇佣除旧公司工会会员以外的员工。此时,不少法院的案例认为,此系因不当劳动行为滥用公司法人格,应当适用法人格否认的法理,承认旧公司工会会员对新公司具有雇佣合同上的地位[大阪地决平成6.8.5劳动判例668号48页;名古屋地一宫止判平成26.4.11判时2238号115页。参照:コンメ(1)105页(后藤元)]。

(4)合并

作为消灭公司与其他公司合并的,股份公司解散(471条4项)。

(5)破产

法院裁定开始破产程序(破15条、30条)的,股份公司解散(471条5项)。

(6)解散命令

解散命令,是指股份公司的设立系基于某些不当目的,为了确保公益而不认可该公司存续的,经法务大臣或者利害关系人的申请,法院命令该公司解散的制度(824条1款)。股份公司因解散命令而解散(471条6项)。

(7)解散判决

(a)意义

解散判决,是指当存在某些事由时,经股东请求(股份公司解散之诉),法院责令股份公司解散的制度(471条6项、833条)。相比于解散命令以确保公益为目的,解散判决则是以保护股东利益为主要目的。

(b)要件

股份公司解散之诉只有经全体股东表决权的十分之一(可以章程降低)以上股东或者持已发行股份十分之一(可以章程降低)以上股份的股东才可以提起(833条1款)。

解散判决需要满足以下两种情形之一,且被认定为"不得已"的事由[除了解散,不存在打破问题状况的公正且相当的手段。份额公司的解散请求(833条2款)判例参照:最判昭和61.3.13民集40卷2号229页(百选79,商判Ⅰ-195)]:

第一,公司经营发生严重困难,产生难以恢复的损失,或者可能产生前述损失时(同款1项)。典型的情形如:各执50%股份的两名(派)股东产生对立,无法选出新的董事,公司正常运营难以为继[东京地判平成元。7.18 判时1349号148页(商判Ⅰ-175);东京高判平成3.10.31金判899号8页;东京地判令和元。8.30 判夕1469号249页]。此时,除解散公司外找不到其他解决措施,构成"不得已"的事由。

第二,管理或者处分公司财产显著不当,危及公司存立时(同款2项)。例如,董事与其他股东对立而拒绝从事经营活动(大阪地判昭和57.5.12判时1058号122页)。因该董事持有50%以上表决权,故无法变更董事,属于"不得已"的事由(前引大阪地判昭和57.5.12)。

▶▶▶ **专栏10-2　被排除在公司经营之外的少数派股东保护及其自卫措施**

尤其是在非公众公司中,很多情况下股东自身担任董事或者其他管理人员,其获得营业活动利益不是通过盈余分配,而多采取管理人员薪酬的方式。因为,利润分配来自支付法人税后的公司利润,而管理人员薪酬可以作为公司的费用而减少公司的课税所得,在税务上是有利的。在这样的公司中,少数派股东一旦与多数派股东对立进而失去管理人员地位,其几乎无法从公司经营活动中获得任何利益。由于非公众公司的股份缺乏流通性,少数派股东退出公司也不容易。如此,当多数派股东控制下的公司经营比较顺利时,满足上述两个要件比较困难。因此,在学说当中,有立法论主张,为了保护被排除出公司经营的少数派股东,可以赋予少数派股东请求公司以公正的价格收购其持有股份的制度[包括以往学说的介绍,参见:久保田、汤原(2021)43—44页]。但是,赋予股东这样的权利,可能会因公司财产的流失而危及公司事业的存续,故如何确定股份收购请求权的要件就成为课题(有学说认为,要保护少数派股东的利益,无须特别设置要件,只需一般性赋予其股份回购请求权即可[浜田(1974)370页],但考虑到以上风险,难以同意该观点)。在现行法之下,拟向公司出资成为少数派股东的人,可以考虑某些场合下与多数派股东之间签订股份回购的股东间协议(→专栏1-8)等自卫措施[具体的协议条款参照:棚濑、米盛(2017)10—11页]。

(c)程序

解散股份公司之诉的被告是公司(834条20项)。诉讼管辖以及移送

(835条)、担保提供命令(836条)、辩论的必要合并(837条)遵循有关公司组织之诉的共同规定。解散判决确定后,股份公司解散(471条6项)。命令解散的确定判决具有对世效力(838条)。

> ▶▶▶ ★专栏10-3　股东参加的解散之诉
>
> 　　公司股东提起解散股份公司之诉的,其他股东可以作为共同原告参加到该诉讼(共同诉讼)中,主张、举证存在解散公司的事由(民诉52条1款)。相反,如果股东主张、举证不存在解散公司的事由,也可以作为共同被告参加到被告公司一方[与通常的辅助参加不同(民诉453条),可以为与被参加人的诉讼行为相抵触的行为]。此外,即便解散判决确定后,其他股东也可以作为与诉讼结果具有固有利益者,以独立当事人的身份(民诉47条1款)参加到解散之诉中,同时可提起再审(民诉338条)。股份公司(代表)与解散之诉的原告股东私下串通,让其不对(不存在)解散事由进行主张、举证,待解散判决确定后,其他股东因无法获知正在诉讼的信息而被剥夺主张权利的机会的,法院认可其构成《民事诉讼法》338条1款3项(欠缺程序保障)的再审事由(请求对发行新股无效之诉进行再审→专栏6-20)。判例认为,根据独立当事人参加的一般原则,其他股东应当将解散之诉当事人中的至少一方作为被告提起独立的请求(最判平成26.7.10判时2237号42页。至于何为"独立的请求",本判决并未明确,应当是将公司作为被告的股东地位确认请求)。

3　休眠公司的"视为解散"

有时股份公司并未实际经营却不解散,公司登记上显示存在。倘若这样没有实际经营的公司大量存在,有损社会对登记制度的信赖,故《公司法》规定,自最后登记之日起经过12年的公司(休眠),不在政府公报上公告(法务大臣未废止营业的备案),且不在一定期间内进行申告或者登记时,视为该公司解散(472条)。12年的期间是基于股份公司至少10年进行一回登记[董事任期延长至10年(法律允许的最长期间)的非公众公司的管理人员就任、退任登记。332条2款、911条3款13项、915条1款]而考量的。

■ 4 解散后的股份公司的存续

股份公司基于章程规定事由或者股东大会决议（471条1项—3项）解散，或者依据472条视为解散的，在清算终了之前（视为解散的，限于视为解散后3年以内），根据股东大会的特别决议，可以使公司存续（复归至不解散状态。473条、309条2款11项）。合并、破产程序开始裁定、解散命令或者解散判决构成解散事由的，不适用473条。此时，即便公司的多数派股东不希望公司解散，承认公司存续也缺乏合理性。

第2节 清算（普通清算）

■ 1 概说

（1）意义

股份公司解散的，除了合并或者破产，需要根据《公司法》的规定进行清算[475条1项]。此外，也有基于解散以外的事由进行清算的情形（同条2项）→专栏10-4]。所谓清算，是指对已解散公司的法律关系进行收尾的程序。具体而言，包括终结公司现有业务、变现公司财产、回收债权以及清偿债务、向股东分配剩余财产等（参照481条）。

> ▶▶▶ **专栏10-4 解散后不按《公司法》进行清算、解散以外的清算**
>
> （a）解散后不按《公司法》进行清算的情形
>
> 合并后的消灭公司不进行清算（475条1项）。消灭公司因合并生效而当然消灭，一切权利义务由存续公司或者新设公司继承。股份公司进入破产程序后，法院选任的破产管理人（破74条1款）基于《破产法》的规定从事的清算事务，不按《公司法》进行清算。需要注意的是，破产程序未终结而因同时破产废止（破216条）等事由终了的，必须按照《公司法》的规定进行清算（475条1项）。
>
> （b）解散以外的清算情形
>
> 股份公司设立无效之诉的判决确定后，该公司的设立面向将来无效（839条），其结果与公司解散一样，需要进入清算程序（475条2项）。股份转移无效之诉的确认判决下的新设公司适用同样的规则（475条3项）。

（2）清算的种类

清算分为普通清算（475条以下）和特别清算（510条以下）。

普通清算适用于以公司财产就可以完全履行债务的场合。相反，股份公司资不抵债（以公司财产无法完全履行债务。参照：510条2项）或者有可能资不抵债的，应当适用特别清算或者破产程序，在法院的严格监督下进行清算。此时，清算人负有申报义务（484条1款、511条2款）。

在本节中，专门介绍普通清算的程序。特别清算将作为清算型倒产程序的一个类型，在下一节中介绍。

（3）清算股份公司的权利能力

（a）概说

进行清算的股份公司（清算股份公司）仅在清算的目的范围内享有权利能力（476条）。因此，原则上新的营业上的交易不被允许。但是，履行已签的合同或者为了履行该合同而有必要签订新的合同（为了履行解散前接受的订单而进货）的，属于履行现有义务（481条1项）的行为，法律上允许[コンメ（12）187页（畠田公明）]。此外，作为一种清算方式拟转让公司营业的，为了防止营业价值贬损而有必要继续营业，为此进行的必要交易也被允许（大阪地判昭和35.1.14下民11卷1号15页）。为了回报公司高管的付出，以股东大会决议的形式向其支付退职慰劳金，也被认定为是清算目的范围内的行为（大判大正2.7.9民录19辑619页）。

清算人为了清算股份公司实施的清算目的范围以外的行为，该行为的效果不归属于清算股份公司（最判昭和42.12.15判时505号61页）。

（b）公司重组的限制

清算股份公司不得实施以自己为存续公司的合并（474条1项）或者成为吸收分立的承继公司（同条2项）。因为，概括性承继其他公司的权利义务很难构成清算目的范围内的行为。此外，也不得成为股份交换、股份转移的当事公司（509条1款3项）。相反，清算股份公司可以实施以自己为消灭公司的合并或者基于营业转让、公司分立，将营业、资金由他人承继。有时这是最为合理的清算方式。

■ 2　清算股份公司的机关

□ 1　清算人、清算人会

（1）意义

清算人是指为了清算股份公司从事清算事务的人。清算股份公司必须设置一个或者两个以上清算人(477条1款)。

(2)就任

原则上,发生开始清算事由之时的董事就任清算人(478条1款1项),也可以公司章程或者股东大会决议重新选任清算人(同款2项、3项)。基于以上规定无法确定适格清算人的,根据利害关系人申请,由法院选任清算人(同条2款)。

以解散判决或者解散命令解散公司的(471条6项),将不依据上述规定,而是由法院根据利害关系人申请或由法务大臣依职权选任清算人(478条3款)。因为,此时,无法期待由多数派股东选任的清算人公正履行清算事务。

清算人的不适格事由与董事相同(478条8款、331条1款)。

(3)清算人和清算股份公司的关系

清算人和清算股份公司的关系适用委任的规定(478条8款、330条)。清算人的报酬等由公司章程或者股东大会决定(482条4款、361条)。但是,法院选任清算人的,由法院决定报酬(485条)。

(4)清算人的义务与责任

清算人对清算股份公司负有勤勉义务(478条8款、330条,民644条)与忠实义务(482条4款、355条)。竞业与利益冲突交易上与董事遵循同样的规定(482条4款、356条、489条8款、365条)。因于履行责任而向清算股份公司承担的损害赔偿责任(486条)以及第三人责任(487条),与管理人员(423条、429条)的规定相同(另参照有关连带责任的488条)。

(5)退任

清算人的任期并非法定,故只要公司章程或者股东大会决议未规定任期,其地位持续至清算终了或者委任终了事由发生为止(478条8款、330条,民651条、653条)。

清算人可随时辞任(478条8款、330条,民651条1款)。解任可以股东大会决议(普通决议)为之(479条1款)。与管理人员解任之诉(854条)一样,在清算人上也存在少数股东解任之诉制度(479条2款)。

当清算人不足法定人数时,其处理方法与董事的相关制度相同(479条4款、346条1款—3款)。

(6)清算人会

清算股份公司基于公司章程规定,可以设置清算人会(477条2款)。清算人会相当于清算开始前的股份公司董事会,但清算原因发生时设置了董事会的公司并不当然是清算人会设置公司,若公司章程未规定设置清算人会,则不设置亦可。公众公司没有义务设置清算人会(对比327条1款1项)。鉴于清算股份公司的业务受限,其机关设计上不做严格限制,由股东任意选择。需要注意的是,设置监事会的公司必须设置清算人会(477条3款)。

清算人会设置公司的清算人必须为三人以上(478条8款、331条5款)。清算人会的职务权限以及运作与董事会遵循相同的规定(489条、490条)。

(7)清算股份公司的业务执行方式

清算股份公司的业务(清算事务)执行方式因分清算人会设置公司与非清算人会设置公司而有所不同。其区别对应清算开始前的董事会设置公司与非董事会设置公司之间的区别。

具体而言,非清算人会设置公司原则上由各个清算人执行清算股份公司业务(482条1款),对外代表清算股份公司(483条1款)。但可规定由特定的清算人作为代表清算人。同条3款)。业务的决定除了公司章程另有规定,由清算人的半数以上通过(482条2款);除了某些重要事项,也可以将决定权委任给特定的清算人(同条3款)。

而清算人会设置公司中,由清算人会选任的代表清算人对外代表公司(489条3款、483条1款)。执行业务由代表清算人及其他业务执行清算人(由清算人会设置公司选定)实施(489条7款)。清算人会在决定公司业务执行的同时,也监督清算人执行职务(489条2款1项、2项)。此外,除了某些重要事项,业务执行的决策权限可以委任给特定的清算人(代表清算人等。同条6款)。

□2 其他机关

(1)股东大会

清算股份公司也存在股东大会。公司法上,在将董事等(董事、董事会、代表董事)视为清算人等的基础上(例如,清算人作为股东大会召集权人。296条3款),有关股东大会的规定[《公司法》第二编第四章第一节(295条以下)]继续适用(491条)。

(2)监事

发生开始清算的原因之时为公众公司或者大公司的,需要设置监事(477条4款)。因为,在公众公司或者大公司中,围绕清算股份公司的利害关系人类型多样且人数众多,需要设置监督清算人执行职务的机关。除此以外的场合,是否设置监事由各公司自行选择(同条2款)。

之前(清算程序开始前)在章程中设置监事的公司,清算程序开始后章程规定继续适用(立案担当145—146页),由从前的监事履行职务[コンメ(12)185页(畠田公明)]。之前是委员会型公司的清算股份公司依477条4款必须设置监事的,由从前的审计(等)委员成为监事(同条5款、6款)。

与清算人一样,监事不适用任期的规定(336条、480条2款),在清算终了或者任期终止事由发生之前,其地位得以持续。

清算股份公司监事的职责为监督清算人执行职务(491条、381条)。

(3)监事会

清算股份公司可以基于章程规定设置监事会(477条2款)。有关监事会的构成、职务权限以及运营,在董事等视为清算人等的基础上,适用清算开始前的规定(491条)。

(4)其他机关

清算股份公司不得设置董事、董事会、会计参与、会计监察人、审计等委员会以及提名委员会等(根据477条7款,包含326条的《公司法》第四章第二节的适用被排除)。因为,原属董事、董事会担任的公司运营、管理的职责,在清算股份公司中由清算人、清算人会担任。至于其他机关,因清算股份公司系以清算为目的,故不需要复杂的机关构造。有关委员会型公司的特则,参照:477条5款、6款。

发生清算开始原因时的审计等委员会设置公司或者提名委员会等设置公司,基于477条4款必须设置监事的,监察等委员或者作为监察委员的董事自动成为监事(同条5款、6款)。

3 清算事务

(1)概说

清算人执行清算事务,应当调查清算股份公司的财务状况,了结公司现有事务,变现财产,回收债权以及清偿债务,将剩余财产分配给股东(481条)。下面将按顺序介绍。

(2)调查财产状况

清算人应当在就任后不迟延地对清算股份公司的财产状况进行调查,制作清算原因发生之日的财产目录以及资产负债表,并通过股东大会决议(492条)。

清算人还应当制作各清算事务年度的资产负债表以及事务报告及其附属明细表(494条。设置监事的公司需要接受监事的监督。495条),并通过定期股东大会决议(497条)。资产负债表等应当置备于总公司,供股东以及债权人阅览(496 条)。

（3）了结现有事务

所谓了结现有事务,是指对股份公司的业务进行收尾,包括终止与交易相对方之间的持续性合同以及与员工之间的雇佣关系。如前所述,若属于了结现有事务的目的范围,则清算股份公司也可实施营业上的交易。

（4）变现财产

清算人必须对清算股份公司的财产进行变现(481 条虽未明示,但要进行债务清偿和分配剩余财产的话,财产变现是必不可少的,故当然包含在清算事务之中)。

（5）回收债权

清算人应当回收清算股份公司的债权(481 条 2 项)。当然,对于未到清偿期限的债权,若债务人不同意期满前清偿,则只能等待清偿期的到来。

（6）清偿债务

清算人应当清偿清算股份公司的债务(481 条 2 项)。在公司财产作为责任财产的股份公司(参照 104 条),为了保障全体债权人接受公平清偿的机会,法律要求采取下列手续:

清算股份公司于清算开始原因产生后,应当于不小于两个月的期间(申报债权期间)内及时在政府公报上向债权人发出申报债权的公告,且应当对已知债权人进行个别催告(499 条 1 款)。该公告中应当注明:不在申报期间内申报债权的,将被排除出清算程序(同条 2 款)。

清算股份公司在债权申报期间内,除了得到法院许可(500 条 2 款),不得进行债务清偿(同条 1 款前段),这是为了保障全体债权人的公平清偿。实际上,这并非免除清算股份公司的债务不履行责任(500 条 1 款后段,民 415 条),也并不妨碍债权人对清算股份公司的财产申请强制执行、接受清偿的权利[大判大正 7.4.20 民录 24 辑 751 页,コンメ(12)273 页(川岛いづみ)]。

债权申报期间经过后,清算股份公司应当对已申报的债权(对公司而言为债务)进行全部清偿(对于金额不确定的债权的处理,参照 501 条)。

在债权申报期间内未申报债权的债权人(已知债权人除外),将被排除在清算程序外(503 条 1 款)。这些债权人只能在尚未分配的剩余财产范围内请求清偿(503 条 2 款。参照 3 款)。

（7）分配剩余财产

清算股份公司在清偿公司债务后尚有剩余财产的,将对股东进行分配(剩余财产的分配。504 条)。原则上,剩余财产应当在清偿公司债务后进行分配,当诉讼进行中需要为将来债务保留必要的金额时,不在此限(502条)。剩余财产的分配需要根据各个股东所持股份的内容以及数量进行分配(504条2款、3款)。需要注意的是,在非公众公司中,可以基于公司章程对不同股东规定不同的剩余财产分配方案(109条2款、105条1款2项)。经全体股东同意做出前述不同分配方案的,将视同公司章程作出规定(109条2款),公司应当依照此规定进行剩余财产的分配(东京地判平成27.9.7金判1492号50页对此做出肯定判决)。

清算股份公司不得以剩余财产分配以外的方法(盈余分配或者有偿回购公司股份)向股东分配剩余财产(509条1款1项、2项)。

■4 清算的终了

(1)决算报告

在■3介绍的清算事务终了时,清算人必须及时制作决算报告,并通过股东大会决议(507条)。除了清算人存在不正当行为(隐瞒怠于履行职务的事实)的情形,该决议具有免除清算人怠于履行职责(486条)的效果(507条4款)。

(2)清算终了

随着清算事务结束以及股东大会通过决算报告(507条3款),清算终了了,股份公司的法人格消灭(最判昭和59.2.24刑集38卷4号1287页。无须进行后述的清算终了登记)。

清算终了时,应当在通过股东大会决议之日起两周以内,在总公司所在地进行清算终了登记(929条1项)。与设立登记具有创设性效力(设立登记后公司成立。49条)不同,清算终了登记仅为将已生效事项进行公示而已。因此,实际上公司清算未终了的(清算事务或者决算报告的承认未了结),即便进行了清算终了的登记,公司的法人格也并不消灭[大判大正5.3.17民录22辑364页、前引最判昭和59.2.24(因决算报告的承认未终了导致法人格未消灭事例)]。

(3)账簿资料的保存

清算人(或者根据利害关系人申请由法院选任的人)应当于清算终了登记之日起10年,保存清算股份公司的账簿以及有关其营业及清算的重要资料(账簿资料。508条)。这是为了防止日后对清算程序的合法性等发生纠纷而设的。与会计核算报表等(442条)不同,《公司法》并未对这些账簿资料的阅览等请求予以规定。判例认为,即便是利害关系人(已清算公司的股东等)也无权请求阅览等(最判平成16.10.4民集58卷7号1771页)。

第 3 节 倒产

■ 1 概说

(1) 意义

所谓倒产,是指债务人无法偿还自身债务的经济状态(相比于法律用语,更多用于日常用语以及经济用语)。*下面,先介绍股份公司在陷入倒产状态时会发生什么样的问题,之后明确法律上的倒产程序对解决这些问题起到哪些作用[以下议论的详情参照:田中(2009)116—123 页]。

(2) 倒产状态的股份公司产生的问题

股份公司即便处于倒产状态,也不会直接废止公司的营业。只要公司营业产生的自由现金流的折现现有价值(持续经营价值)超过公司营业废止时处分保有资产实现的价值(清算价值),继续营业便符合效率性的观点。

但是,法律如果不对处于倒产状态的公司进行一定的制度安排,则可能无法发挥该公司的潜在价值。例如,公司债权人拟先于其他债权人回收债权而强制执行公司财产,结果本来持续营业会产生极高价值的公司被逼到清算的境地(经济学上称这种现象为"囚徒困境")。此外,因持续经营价值低于清算价值,公司进行清算最为合理,本来有秩序的清算(将公司财产尽量以高价卖给第三人等)可以实现较高的清算价值,但强制执行这样无序处分财产的行为,可能仅能实现较低的清算价值。再者,即使债权人不行使以上权利,但公司以倒产状态继续顺利营业一般比较困难。交易相对方以及公司员工会担心无法回收交易价款或者无法得到工资而避免与公司签订合同。

(3) 个别债务重组**

为了规避以上问题,处于(或者濒临)倒产状态的公司可以与债权人进行交涉,延缓债权(对公司而言为债务)的期限,或者放弃部分债权或实现债权的股份化(债转股交易→专栏 6-12)。对于债权人而言,当这些措施可能

---

* 日本现行破产法体系由四部分组成:《民事再生法》作为重整程序的一般法,《公司更生法》作为重整程序的特别法;《破产法》作为破产清算程序的一般法;《公司法》中规定了特别清算程序。以上日本破产法律体系俗称"倒产四法"。参见刘颖:《日本的个人破产免责制度及其借镜》,《经贸法律评论》2020 年第 5 期,第 62 页;李曙光:《我国破产重整制度的多维解构及其改进》,《法学评论》2022 年第 3 期,第 103 页。在体系上,我国《企业破产法》上的"破产"一词无法涵盖日本现行破产法律体系,故本文沿用日本法的表述,直译为"倒产"。——译者注

** 日本法上称为"私的整理"。——译者注

比直接回收债权得到更多利益时,大多会同意这些措施。如此,处于倒产状态的公司,得到各个债权人的同意,实现事业再建或者有序清算的行为,称为个别债务重组(此时,无偿取得现有股东股份的不在少数)。因进行个别债务重组使公司摆脱倒产状态,成功实现事业再建的例子不在少数[实例参照:田中(2009)115页]。但是,当个别债权人期待其他债权人延缓债权或者放弃债权等,而自己却不愿做出让步的时候(经济学上把这种行为叫作"搭便车"),试图以个别债务重组的方式进行事业再建将举步维艰。

(4)法的倒产程序

(a)宗旨

因此,为了使处于或者濒临倒产状态的公司重建事业,使无法重建的公司进入有秩序的清算程序,法律上预备了各种法的倒产程序(也称法的整理→图表10-1)。在法的倒产程序中,为了防止前述的"囚徒困境",债权人个别行使权利将被禁止(但是,实现担保权在更生程序以外的倒产程序中原则上不被禁止,故规制的详细内容因程序不同而有所差异)。在法的倒产程序中,特别清算程序、再生程序以及更生程序承认以债权人的多数决变更部分(反对)债权人的权利内容(部分放弃债权或者延缓期限等)。这是为了防止部分债权人"搭便车",以便顺利进行清算或者实现公司重建。

图表10-1 法的倒产程序

	特别清算	破产程序	再生程序	更生程序
分类	清算型		重建型	
准据法	《公司法》(第二编第九章第二节)	《破产法》	《民事再生法》	《公司更生法》
程序的利用主体	股份公司	所有债务人	所有债务人	股份公司
程序的基本构造	DIP型	管财型	DIP型	管财型
以多数决变更权利的手段	协议	无	再生计划	更生计划
每年适用的件数[注1]	298	7343	256	3

[注1] 每年适用的件数:为2015—2021年7年间的平均件数(仅限企业倒产)。
出自:每年适用的件数参照:帝国データバンク(2018)6页;同(2021)6页;同(2022)6页。

(b)程序的种类

法的倒产程序大体分为以清算为目的的程序(特别清算、破产程序)和以事业重建为目的的程序(再生程序、更生程序)。特别清算与更生程序只有股份公司可以利用,破产程序和再生程序原则上包括自然人在内的所有债务人均可利用。在特别清算与再生程序中,原则上债务人自身(债务人为股份公司的,其董事及清算人)继续享有财产的管理处分权[称为 DIP(Debtor-In-Possession)型倒产程序];在破产程序和更生程序中,法院选任的管理人享有债务人财产的管理处分权(称为"管财型")。各个程序的基本特征以及年平均利用件数如图表10-1所示。

特别清算以外的法的倒产程序不由《公司法》而是由特别法律进行规定,《公司法》里规定的特别清算实际上也属于倒产法的领域,详细介绍请参照针对倒产法的解说书籍。以下将对这些程序的概要以及与《公司法》有特别关联的问题(董事、股东的地位等)进行简单解说。

■ 2 清算型倒产程序

□ 1 特别清算

(1)意义

所谓特别清算,是指存在①显著阻碍清算股份公司实施清算的情况,或者②可能存在资不抵债(公司财产不足以全额清偿其债务的状态。510条2项)的情形,在法院的监督下进行的特别清算程序(510条)。

▶▶▶ **专栏10-5 特别清算的特征及其利用情形**

> 特别清算与后述的破产程序一样,属于清算型倒产程序之一种,其特征为:原则上由之前的清算人执行清算事务、基于债权人多数决达成的协议(563条以下)进行清偿等。当多数债权人同意基于协议变更权利的,特别清算较之必须选任破产管理人的破产程序而言,可以实现廉价、快捷的清算。另一方面,由于债权人不信任清算人等(清算人原则上由从前的董事担任,则使公司陷入倒产的董事很难获得债权人的信任)导致协议无法成立的,则只能适用破产程序[关于特别清算的利用状况,参照:多比罗等(2021)]。

(2)特别清算的概要

(a)特别清算的开始

清算股份公司的债权人、清算人、监事或者股东有权申请开始特别清算(511条1款)。当清算股份公司可能存在资不抵债的情形时,清算人有义务申请特别清算(同条2款)。

相关人员申请特别清算的,法院认可存在(1)中①或者②的事由时,除了514条各项所列事由,命令开始特别清算(514条)。除外事由如:大规模债权人反对特别清算、预期协议无法成立,这些事由相当于无法预期清算终结(514条2项),申请将被驳回[コンメ(13)31页(松下淳一)]。

(b)个别权利行使的禁止

开始特别清算的命令下达后,强制执行等个别的权利行使将被禁止(515条)。这是为了防止发生"囚徒困境",保障有序清算从而实现较高清算价值,且不得申请开始破产程序(515条1款)。理由在于,以相对简易的程序(特别清算)就可以实现清算的,应当确保其优先于破产程序(无法推进特别清算的,将移至破产程序。参照:574条)。

需要注意的是,禁止行使个别权利,原则上不及于担保权。担保权的行使可在限定的要件之下,经向法院申请,在一定期间内中止(516条)。

(c)清算人的义务、法院的监督

特别清算程序开始后,原则上由从前的清算人继续执行清算事务。但在特别清算程序中,清算人对清算股份公司以及股东负有公平且诚实地履行清算事务的义务(公平、诚实义务。523条)。特别清算需要在法院的监督下进行(519条)。法院对清算股份公司行使以下监督权限:提出财产目录等(521条),调查命令(522条),清算人的解任、选任(524条),薪酬等的决定(526条),清算股份公司实施某些重要行为的许可(535条、536条)等。

(d)协议

进入特别清算的清算股份公司通常无法以公司财产清偿全部债务。因此,清算股份公司除了申请减免债务,还可以向债权人会议(债权人的会议体。546条—562条)申请(563条)签订协议变更债权人的权利,在得到债权人的多数决同意(567条)以及法院许可(569条)后,前述权利(包括反对协议的债权人之权利)的变更发生法律效力(570条、571条)。在公司法的规定上,也可以不基于协议,清算股份公司按照债权额的比例进行清偿(537条)。此时,剩余债权额若不全部清偿或者放弃,清算程序就无法终结[コンメ(13)10页(松下淳一)],为了使特别清算成功完结,协议实际上是不可或缺的。另外,享有一般先取特权及其他一般优先权的债权通常不包含在协议的对象债权(协议债权)里(515条3款)。协议对协议债权人享有的担保权不产生影响(571条2款)。因为,要变更一般优先债权或者担保权的内容,按照私法的一般原则,需要各个权利人的同意。

基于协议变更的权利之内容,原则上在协议债权人之间必须平等(565条)。

(e)特别清算的终了

特别清算完成或者已无特别清算之必要时(公司有充裕的正资产可进行普通清算的),经清算人等申请,法院裁定终结特别清算(573条)。另一方面,预期无法签订协议、预期无法履行协议或者特别清算有违债权人通常利益的,符合开始破产程序要件的,法院应当裁定开始破产程序(574条)。

□2 破产

(1)意义

破产程序是《破产法》规定的程序,指当债务人处于支付不能(清偿期内某个债务一般性地无法清偿)或者资不抵债状态时,由法院选任的破产管理人在法院的监督之下实施清算的程序(参照:破1条)。

(2)程序的概要

(a)程序的开始

当公司出现破产程序开始原因(支付不能或者资不抵债,后者限于法人。破15条、16条)时,经债务人或者债权人申请,法院裁定进入破产程序(破18条、30条)。债务人为股份公司的,其董事也有资格申请进入破产程序(破19条1款2项。因其他董事反对,公司无法做出申请破产的意思决定时,各个董事均可单独提出申请)。

▶▶▶ 专栏10-6 有关清算公司破产的规定

在普通清算程序中,当清算公司明显资不抵债时,清算人必须及时申请进入破产程序(484条1款)。但是,清算人已经申请进入特别清算程序的(511条),只要可以预见特别清算终结,就不构成违反破产申请义务[コンメ(13)18页(松下淳一)]。申请重建型倒产程序亦然(民再22条,会更18条)。清算公司进入破产程序的,破产管理人接管清算人的事务,清算人的任务完毕(484条2款)。破产管理人有权取回在清算程序中已经分配给债权人或者股东的份额(同条3款),按照《破产法》的规定重新进行财产分配。

(b)个别权利行使的禁止

法院裁定进入破产程序后,强制执行等个别权利将无法行使(破42条。在破产程序开始前也可做出中止命令。破24条)。但是,担保权的行使不受影响(一般而言,破产程序中,担保权被排除,此之谓"别除权"。破2条9款、

65条)。

(c)破产管理人的清算事务执行

破产程序开始后,法院将选任破产管理人(破74条1款。通常从律师中选任)。破产财团[须为破产人的财产且构成破产程序对象的财产(破2条14款)。破产人为公司及其他法人的,基本上其全部财产构成破产财团]的管理处分权专属于破产管理人(破78条1款)。破产管理人应当为了一般债权人的利益,对属于破产财团的财产进行变现,向已登记(破111条)债权(破产程序中称为"破产债权")人以其持有的破产债权的内容、金额进行平等清偿(分配。破193条、194条)。

(d)程序的终了

破产管理人变现财产并向债权人分配完毕以后,法院裁定终结破产程序(破220条1款)。破产人为公司及其他法人的,破产程序终结后法人格消灭(破35条)。实际上,破产程序中途受挫的情形也很多。例如,因破产财产不足以支付破产费用,法院裁定终结破产程序[破216条1款(同时破产废止)、破217条1款(异时破产废止)]。此时,破产公司必须按照《公司法》的规定进行清算[475条1项。コンメ(12)165—166页(出口正义)]。因为,当公司或多或少剩余一些财产时,应当将这些财产变现并向债权人进行清偿。

(3)破产与董事、股东的地位

(a)董事的地位

民法上,委任者破产构成委任关系的终止事由(民653条2项),但股份公司破产不适用这一规定,董事在实施公司组织的相关行为限度内,其地位得以维持(→专栏4-32)。

(b)股东的地位

股东地位在破产程序开始后不变(破产程序终结、公司法人格消灭的同时,股东地位丧失)。实际上,破产公司在向债权人清偿债务以后,通常不存在可向股东分配的剩余财产,且破产程序中公司财产的管理处分权专属于破产管理人(破78条1款),故股东的地位几乎没有实际意义。

判例认为,在破产程序中,股东无法提起代表诉讼(847条。东京地判平成12.1.27金判1120号58页)。如前所述,破产公司的股东地位并无实际意义,缺乏承认其起诉权利的必要性;加上法院选任的破产管理人怠于起诉的可能性很小,以上判例的立场应当得到支持。股东提起代表诉讼后公司进入破产程序的,破产管理人有权继续该诉讼(前引东京地判平成12.1.27)。

3 重建型倒产程序

□ 1 再生程序

(1) 意义

所谓再生程序(民再2条4项),乃《民事再生法》规定的程序,是指处于困境(倒产或者濒临倒产的状态)的债务人在得到多数债权人同意、且通过法院许可的再生计划变更债务内容等,实现其事业再生的程序(参照:民再1条)。

(2) 再生程序的概要

(a) 程序的开始

在①可能出现债务人进入破产程序的原因事实(破15条、16条),或者②债务人正常营业但无法按期履行债务时,经债务人或者债权人的申请,由法院裁定进入再生程序(民再21条、33条。程序的驳回事由见:民再25条)。

(b) 个别权利行使的禁止等

进入再生程序后,债务人原则上不允许(再生程序中称为"再生债务人")不按后述的再生计划进行债务清偿(民再85条1款)。债权人(再生程序中称为"再生债权人"。民再84条1款)也不得个别行使权利,如强制执行等(民再39条1款。在程序开始前也可作为保全措施中止个别权利行使。民再26条、27条)。需要注意的是,担保权的行使可在一定要件之下有条件地中止(民再31条1款)。进入再生程序后,破产程序以及特别清算程序将中止、失效(民再39条1款)。这是因为,只要再生程序存在事业重建的预期,就应当优先推行再生程序。

(c) DIP 型程序

再生程序开始后,再生债务人原则上继续其业务,并有权管理处分其财产(DIP 型程序。民再38条1款)。再生债务人为股份公司的,其董事、董事会继续管理、运营公司。这是因为,尤其是中小规模的公司,为了重建事业,发挥从前的董事(经营者)的营业、技术能力等尤为重要;再者,董事即便申请进入再生程序也不会当然失去其地位,维持其董事地位有助于激励其尽早着手进行再生程序。

再生债务人对债权人负有公平、诚实义务(民再38条2款),在法院以及法院选任的监督委员(民再54条。同条1款规定,法院在"认为有必要时"可以选任监督委员,但实务中几乎无一例外都进行了选任。通常从富有经验的律师中选任)的监督下(民再41条、54条2款、59条等)进行业务重建。当存在再生债务人管理财产失当等特别事由时,法院下发管理命令,将程序转移至管理型程序中(民再 64 条)。

(d)基于再生计划的权利变更

再生债务人必须在法院规定期限内制作并提交再生计划方案(民再 163 条 1 款。再生债权人也可以提交再生计划方案。同条 2 款)。再生计划方案一经债权人会议多数赞成通过(民再 172 条之三)且法院确认生效(民再 174 条、176 条),包括反对者在内的所有再生债权人的权利都将因再生计划的规定而变更(民再 177 条 1 款)。但是,一般优先债权(民再 122 条)以及担保权(民再 53 条、177 条 2 款)不因再生计划而变更。

(e)再生计划的执行

再生计划通过法院的认可裁定后,再生债务人必须立即执行(民再 186 条 1 款)。

(f)再生程序的终了

选任了监督委员的,再生计划执行完毕或者法院的认可裁定确定之日起经过 3 年,法院根据申请或者依职权裁定终结再生程序[民再 188 条 2 款。未选任监督委员的,再生计划认可裁定确定后,法院马上裁定终结程序(同条 1 款),但实务上这样的情形几乎不存在]。相反,再生困难的,再生计划认可前(民再 191 条)或者认可后(民再 194 条),法院可裁定废止再生程序,再生程序不经终结裁定直接终了。

对于民事再生程序的实证研究参照:山本、山本(2014)。

(3)民事再生与股东的地位

股份公司进入再生程序后,股东的地位原则上得以维持。

但是,再生债务人为股份公司的(以下称"再生公司"),一边寻求以再生计划方案变更再生债权(放弃部分债权或者延期),一边维持其股东的地位,则该再生计划方案很难获得再生债权人的赞同,也很难出现愿意出资的投资人(→专栏 10-7。若现有股东继续持股,则出资人只能获得事业重建部分利益)。并且,这也将助长公司过度的冒险行为。

因此,《民事再生法》规定,当再生公司资不抵债时,基于再生计划,可以不经股东同意而变更其权利(民再 154 条 3 款、166 条 2 款)。此时,再生公司基于再生计划,非公众公司可以不经股东大会特别决议(199 条 2 款、309 条 2 款 5 项)发行募集股份等(民再 154 条 4 款、166 条之二)。并且,再生公司资不抵债且为了公司事业的继续有必要转让公司营业等时,可以经法院许可,不经股东大会特别决议而直接进行营业转让等(民再 43 条)。

▶▶▶ 专栏10-7　再生程序中股东地位的实际情况

在实际的再生程序中,再生公司全部无偿取得现有股东所持股份后,招募新的投资人或者将公司全部营业转让给投资人后解散、清算,现有股东失去全部股东地位的不在少数。实际上,再生公司的多数为中小规模企业,除了现有股东很难找到事业的继承人,故现有股东(创业股东兼经营者或其一族的居多)维持其地位的情况也很多。一项以2000年到2010年申请的再生事件为对象进行的实证研究表明,在调查对象事件中,获得再生计划认可的256件案例中,现有股东地位发生变动(大部分为消灭)的有91件(35.5%),未发生变动的为165件(64.5%)。从较近的年度看,存在现有股东全部丧失其地位的倾向[山本、山本(2014)228—235页(田中亘)]。

□ 2　更生程序

(1)意义

更生程序,是《公司更生法》规定的程序,指对处于困境的股份公司,通过更生计划的制定、实行等,适当调整债权人、股东及其他利害关系人的关系,以实现其事业的持续更生之程序(会更1条)。与再生程序一样,更生程序为重建型倒产程序之一,属于管理型程序;担保权人以及股东也当然参与程序当中,属于比较强力的程序。另一方面,更生程序需要费用和时间,主要用于上市公司等大规模股份公司的重建。

(2)更生程序的概要

(a)程序的开始

当①股份公司出现破产开始原因的事实,或者②若清偿履行期内的债务将会对公司持续经营带来显著障碍的,经该股份公司或者满足一定要件的债权人或股东申请,法院裁定进入更生程序(会更17条、41条1款)。

(b)个别权利行使等的中止

法院裁定进入更生程序后,股份公司(更生程序中称为"更生公司")将无法清偿债务(会更47条1款),债权人也不得行使诸如强制执行等个别权利(会更50条。在程序开始前也可作为保全措施中止个别权利行使。会更24条、25条)。与其他倒产程序不同,担保权的行使被禁止(会更50条1款、24条1款2项、25条)。进入更生程序后,其他倒产程序中止(会更50条1款)。并且,发行募集股份等有关公司组织的行为将被禁止(会更45条)。

这些行为必须在更生程序中依据更生计划执行。

(c)管理型程序

进入更生程序后,更生公司的事业经营以及管理处分财产的权利专属于由法院选任的管理人(会更67条1款、72条1款。实务中,多由倒产经验丰富的律师与投资人派遣的管理人员共同担任管理人)。从前的董事继续维持其地位,但丧失公司财产的管理处分权限。因此,更生公司实施有关公司财产的法律行为,诸如通过代表董事与第三人签订合同等,在与更生程序的关系上,公司不得主张其效力(会更54条1款)。

(d)基于更生计划的权利变更等

管理人必须在法院规定期间内制作并提交更生计划方案(会更184条1款。债权人以及股东也可提交更生计划方案。同条2款)。更生计划方案中除了规定针对更生公司的权利变更条款及其他法定事项(会更167条1款)等,还可就有关更生的必要事项进行广泛规定(同条2款)。担保权人(更生程序中称为"更生担保权人"。会更2条10款)以及股东权利也属于依更生程序变更的对象(会更167条1款1项)。此外,发行募集股份等以及公司重组等有关公司组织的行为,也可以更生计划方案进行规定(会更174条—183条)。

更生计划方案需要通过关系人会议的表决。关系人会议的表决由不同种类的权利人[更生担保权人、更生债权人(无担保债权人)、股东]进行分组表决(会更196条1款、168条1款)。但是,更生公司资不抵债的,股东不享有表决权(会更166条2款)。更生计划方案在关系人会议通过表决、被法院裁定认可(会更199条1款、2款)后,产生作为更生计划的效力(会更201条),更生公司权利人的权利基于更生计划的规定发生变更(会更203条1款)。在实务中,公司根据更生计划全部无偿取得现有股东所持股份后,接受新的投资进行重建的居多。

(e)更生计划的执行

更生计划被法院裁定认可后,管理人应当迅速开始执行更生计划(会更209条1款)。更生计划规定的行为,不经《公司法》上的必要程序(股东大会以及董事会决议)也可执行(会更210条—225条)。

(f)更生程序的终了

当①更生计划执行完毕,②未发生不履行且已履行金钱债权的三分之二以上,或者③更生计划的执行被认定属实的,法院根据管理人的申请或者依职权,裁定终结更生程序(会更239条1款)。相反,更生发生困难的,更生程序在更生计划认可前(会更236条)或者认可后(会更241条),以法院的更生程序终止裁定而终了。

第三编
份额公司、国际公司法

第11章 份额公司、组织形式变更

第12章 外国公司、国际公司法

第11章
份额公司、组织形式变更

- 第1节　份额公司
- 第2节　组织形式变更

本章将介绍份额公司(第1节)。此外,介绍股份公司与份额公司之间的组织形式变更程序(第2节)。

第1节 份额公司

■1 意义以及特征

公司法除了股份公司,还规定了无限公司、两合公司以及合同公司这三种公司类型(2条1项→图表11-1)。这三种公司统称为份额公司(575条1款)。

图表11-1 份额公司的种类

份额公司的种类	无限公司	两合公司	合同公司
社员	无限责任社员	无限责任社员 + 有限责任社员	有限责任社员

份额公司的成员称为"社员"。份额公司的社员中,分为对公司债务承担无限责任的无限责任社员和仅以出资额为限承担责任的有限责任社员(576条1款5项、580条)。其中,无限公司的全体社员均承担无限责任(576条2款);两合公司中,一部分社员承担无限责任,其他社员承担有限责任(同条3款);合同公司的全体社员均为有限责任社员(同条4款)。份额公司根据种类不同,在商号中必须注明"无限公司""两合公司""合同公司"字样(6条2款。参照3款)。

由于份额公司对资本担保的不充分(尤其是存在退出制度)以及成员与经营机构之间未分离(社员自身兼任业务)等原因,比起股份公司,其更接近于民法上的合伙。此外,与股份公司相比,份额公司较少受到强行法规的制约,章程自治范围广也是其一个特征。

▶▶▶ **专栏11-1 份额公司的利用状况**

　　三种类型的份额公司中,无限公司、两合公司是1890年旧《商法》时代就存在的公司形态。相比而言,合同公司是参考在美国快速普及的LLC(Limited Liability Company),于2005年制定《公司法》时创设的公司形态。在合同公司制度制定过程中,有意见认为,应当采用与美国LLC同样的渗透式税务(不课法人税,将公司利润视为社员自身所得而仅向社员课税),但最终未能实现,采用了与股份公司相同的法人课税。

　　股份公司制度经过多年发展,现已成为适于中小规模的非公众型企业利用的企业形态,而份额公司在日本的利用并不多(利用数量见专栏1-2)。实际上,对于较少受到强行法规制约的份额公司而言,公司的运营、管理框架尽可能由成员自身决定,是其一大优势[江头(2011)]。因此,份额公司除了用于由比较少数的成员亲自经营的非公众型企业,还用于大企业的子公司或者投资基金的组织形态[藤濑(2008)21—26页。利用实例见:VM2—7页。包含利用实态在内的合同公司的解说参见:森本(2019)]。

2 设立

(1)制作章程

(a)概说

　　设立份额公司,应当由拟成为社员者制作公司章程,且全员在章程上署名或者签字盖章(575条1款。章程可以数据电文的形式制作,此时需要电子署名。同条2款,会则225条1款10项)。

　　份额公司的章程应当记载、记录下列事项:①目的,②商号,③总公司所在地,④社员姓名或者名称以及住所地,⑤社员责任(有限责任社员或者无限责任社员)的区别,⑥社员出资的目的(应当出资之物)以及出资的价额(应当出资之金额)或者评价的基准(576条1款)。

　　有关社员的事项(④⑤⑥)必须以章程进行规定,这是份额公司与股份公司之间的重大不同。关于⑤,应当根据拟设立的份额公司种类进行规定(576条2款—4款)。关于⑥,有限责任社员的出资目的与股份公司相同,限于货币等(货币及其他财产。151条1项、576条1款6项)。对于无限责任社员而言,则没有诸如此类的限制,可以以劳务(执行份额公司的业务)或者信用(对公司债务承担责任)进行出资。

(b)其他事项

除了以上的绝对记载事项,份额公司的章程中还可以记载、记录:依《公司法》未在章程中规定将不产生效力的事项(相对记载事项),以及其他不违反《公司法》的事项(任意记载事项。577条)。

(2)出资的履行

在全体社员为有限责任的合同公司中,为了保护公司债权人的利益,拟成为社员者必须在制作公司章程后、公司设立登记前,全额履行出资义务[全额出资原则,578条。与股份公司(34条1款、63条1款)相同]。在无限公司以及两合公司中,则无此类规定,未履行全部或者部分出资的,依然允许公司成立。此时,各个社员有义务对成立后的无限公司、两合公司承担未履行部分的出资义务。

与股份公司不同,份额公司无须对变态设立事项(实物出资等)规定检查员调查(33条)。

(3)份额公司的成立

份额公司经其总公司所在地的设立登记而成立(579条)。关于登记事项,参照:912条(无限公司)、913条(两合公司)、914条(合同公司)。

(4)设立的无效、撤销

(a)设立的无效

当份额公司的设立程序存在瑕疵时,其设立无效可在公司成立之日起两年以内,(仅)以诉讼的方式进行主张(设立无效之诉。828条1款1项)。有权提起诉讼者为已设立公司的社员等(社员或者清算人。同条2款1项)。被告为公司(834条1项)。设立无效之诉遵循公司组织之诉的共通程序规定(835条—837条)。无效判决具有对世效力(838条),仅面向未来有效(839条)。

(b)设立的撤销

份额公司规定了股份公司所没有的制度,即在某些场合下,以诉讼撤销公司的设立(设立撤销之诉)。具体而言,①社员基于《民法》及其他规定(民96条等)撤销设立公司的意思表示的,该社员可以在份额公司成立之日起两年以内,提起公司设立的撤销之诉(832条1项)。②社员明知损害债权人利益而设立份额公司时(例如,无清偿债务能力的债务人以其所有财产实物出资的),该债权人可以提起设立撤销之诉(同条2项。民424条规定的诈害行为撤销的特则。最判昭和39.1.23民集18卷1号87页)。

(c) 份额公司的存续

份额公司的设立无效或者撤销之诉被法院以判决确认的,该无效或者撤销的原因仅在于部分社员的(例如,负有全额出资义务的合同公司的部分社员不出资,或者某个社员的意思表示被撤销的),经其他社员全员同意,可以使该份额公司继续存续(845条)。此时,存在该原因的社员视为退出(同条)。

■ **3 社员**

□ **1 社员的责任**

(1) 社员责任的内容

(a) 概说

份额公司处于倒产状态的,具体而言,①以其财产无法完全清偿债务(资不抵债),或者②对该份额公司的强制执行未奏效(除了该公司有清偿债务能力且被证明强制执行不存在障碍的情形)的,社员连带承担公司的债务(580条1款)。

无限责任社员在上述要件的基础上,对公司债权人承担连带责任。相比而言,有限责任社员的责任以其出资额(576条1款6项。已经出资的价额除外)为限(580条2款)。在两合公司,由于未采用全额出资原则,故存在有限责任社员未履行出资的可能。此时,当两合公司陷入倒产状态(580条1款各项规定的状态)时,该有限责任社员以其未履行出资额为限,对公司债权人直接承担580条1款的清偿责任(如此,虽为有限责任,但对公司债权人承担直接责任的,称为"直接有限责任")。

与股份公司同样采用全额出资原则的合同公司,各个社员在成为社员之前必须履行全额出资义务(578条、604条3款)。因此,在合同公司中,只要遵守《公司法》的规定,社员就无须对公司债权人直接承担580条1款的清偿责任(与股份公司一样,此为间接有限责任)。这仅仅是因为,若合同公司倒产,社员需要承担其出资价值丧失带来的损失。

(b) 附随性

社员的责任对公司债务具有附随性。例如,公司债务因时效消灭的,社员的责任也随之消灭(大判昭和3.10.19民集7卷801页)。份额公司可主张的抗辩(同时履行抗辩权等),社员也可主张(581条)。

(2) 社员的责任变更

(a) 有限责任、无限责任之间的变更

社员的有限责任、无限责任为章程记载事项(576条1款5项),因此,通过变更章程(原则上需要全体社员的同意,637条),也可实现责任形式的变更(其结果是,份额公司的类别发生变更)。实际上,社员责任的内容关涉公司债权人的利益,为了调整相关人员的利害关系,法律设置了如下规定:

第一,有限责任社员变更为无限责任社员的,前者对成为无限责任社员前产生的公司债务承担无限责任(583条1款)。

第二,无限责任社员变更为有限责任社员的,在变更登记(913条6项、915条1款)前产生的公司债务,由无限责任社员承担责任(583条3款)。但是,此责任对该登记后两年以内未请求或者未预告请求的债权人消灭(同条4款)。

(b)出资价额的变更

各个社员的应出资金额(出资价额)属于章程记载事项(576条1款6项),故通过变更章程(637条)可以变更社员的出资额。实际上,两合公司的有限责任社员在未履行出资范围内,对公司债权人承担直接责任(580条1款、2款),若该有限责任社员的出资额减少,则该社员对公司债权人的责任随之减少,公司债权人利益受损。因此,对于出资额减少登记(913条7项、915条1款)前产生的公司债务,该有限责任社员在从前的责任范围内,对公司债权人承担责任(583条2款)。但是,此责任对该登记后两年以内未请求或者未预告请求的债权人消灭(同条4款)。

(3)误认行为的责任

有限责任社员误认自己为无限责任社员,或者非社员误认自己为社员等,使交易相对方产生误认之行为的,《公司法》规定了相应的责任(588条、589条)。

□2 份额及其转让

(1)意义

份额公司社员的地位称为份额。

(2)份额的转让

社员要转让其全部或者部分份额的,需要其余全部社员的同意(585条1款)。这是因为,份额公司通常将社员间的信赖关系作为重要的存在基础。但是,不执行业务的有限责任公司社员转让其份额的,仅需执行业务社员的全员同意即可(585条2款。参照:同条3款)。

以上规定属于任意法规,并不妨碍公司章程进行特别的约定(585条4款)。例如,若有其他社员的多数决同意,就可转让份额;相反,不执行业务的有限责任社员转让份额,需要其他社员全员的同意。

(3) 转让份额后的法律关系

(a) 转让份额的社员

社员转让其全部份额的,将丧失份额公司社员的地位。需要注意的是,份额转让登记(912条5项、913条5项、915条1款)前产生的公司债务,该社员在从前的责任范围内承担清偿责任(580条、586条1款)。但是,此责任对该登记后两年以内未请求或者未预告请求的债权人消灭(同条2款)。

(b) 受让份额的社员

份额的受让人继承社员的地位。转让社员负有未履行出资义务的,受让人承继该义务(论点解说573页)。

(4) 自有份额的取得

份额公司不得受让自有的份额(587条1款)。相比于股份公司在严格的程序规制之下允许受让自有股份,份额公司则不存在这样的需求。此外,份额公司有时会以受让以外的理由取得自有份额[例如,法人社员被其他公司吸收合并,合并后的公司章程规定,由该其他公司继承法人社员的份额时(618条1款),份额公司自身又吸收合并了该其他公司的]。此时,该份额因混同而消灭(587条2款)。与股份公司不同,份额公司不得保有自有份额)。

4 管理

(1) 原则

份额公司原则上由社员亲自管理、运营(执行业务的决定以及执行业务)公司。也就是说,只要公司章程没有另行的规定,各个社员负责执行份额公司的业务(590条1款)。只要章程没有另行规定,执行业务的决定由社员的半数以上(而非份额的半数以上)通过(同条2款)。需要注意的是,日常业务(日常的交易行为等)若无其他社员表示异议,各个社员均可单独决定并执行(同条3款)。

(2) 章程规定了执行业务社员的场合

份额公司可以章程规定执行业务的社员。此时,执行业务的决定原则上由执行业务社员的半数以上通过(日常业务可以单独决定、执行。591条1款)。但是,经理的选任、解任鉴于其重要性,若章程没有另行规定,则需要全体社员(包括不执行业务的社员)的半数以上通过(591条2款)。

执行业务社员无正当事由不得辞去业务执行人的地位(591条4款),若存在正当理由,原则上经其他社员全员一致同意可以解任(591条5款),但这并不妨碍章程进行特别的约定(例如,随时以社员的多数决解任。同条6款)。

章程规定了执行业务社员的,不执行业务的社员享有公司业务以及财产状况的调查权(592条1款)。此权利可以章程进行特别规定,但不得限制社员于营业年度终了时或者发生重要事由(怀疑执行业务社员存在不正当行为的情形)时进行调查的权利(同条2款)。

(3)对执行业务社员的规定

(a)概说

以下介绍的有关执行业务社员的规定,公司章程未做规定的,适用于所有社员(参照:590条1款)。

(b)义务与责任

执行业务社员负有以善良管理人的注意履行职务(593条1款)、遵守法令与公司章程、为了公司利益忠实尽责的义务(同条2款)。此外,执行业务社员承担竞业禁止义务(594条)以及遵守利益冲突交易的相关规定(595条),当其怠于履行职责时,除了对公司承担损害赔偿责任(596条),存在恶意或者重大过失的,对第三人承担责任(597条)。

(c)代表诉讼

社员有权代位公司提起诉讼(社员代表诉讼),追究执行业务社员的责任(602条)。

(d)法人成为执行业务社员的场合

法人也可成为份额公司执行业务的社员。此时,该法人应当选任执行业务人员(业务执行人。通常从该法人的理事、董事以及使用人中选任),并将该人员的姓名、住所通知其他社员(598条1款)。(b)介绍的义务以及责任之规定准用于业务执行人(同条2款)。

(e)代表社员

原则上,执行业务社员各自代表份额公司(成为代表社员,509条1款、2款),但公司章程可以从执行业务社员中确定代表社员(同条3款)。此时,其他执行业务社员不得成为代表社员。代表社员有权行使所有关于份额公司业务的裁判上以及裁判外的行为(同条4款。份额公司与其代表社员间的诉讼见601条)。公司章程等对代表社员权限的限制不得对抗善意第三人(599条5款)。代表社员履行职务时实施侵权行为的,公司也承担损害赔偿责任(600条)。关于代表社员的登记事宜,参照:912条6项、7项,913条8项、9项,914条7项、8项。

(f)业务执行权、代表权消灭的诉讼等

执行业务社员存在除名事由(859条规定的各项事由),或者在其明显不胜任时,份额公司有权基于该社员以外社员的过半数决议,以诉讼请求消灭该社员的业务执行权或者代表权(860条。参照:861条2项、862条)。满足《民事保全法》23条2款(规定临时地位的临时处分)要件的,份额公司有权以上述请求为本案,申请法院对该社员的停止执行职务以及选任职务代理人进行临时处分(民保56条)。职务代理人的权限参照:603条。

▶▶▶ **专栏 11-2　执行业务社员的薪酬**

与盈余分配(621条1款)不同,份额公司可以以执行业务社员的履行职务行为为对价支付其薪酬。与董事薪酬(361条)不同,法律并未规定薪酬确定方法。为了防止确定薪酬的随意性,作为一种利益冲突交易,若公司章程未作规定,需要其他社员的过半数同意[595条1款1项。江头(2011)251页]。

(4)其他机关

除了上述规定,份额公司的运营、管理方法由各公司章程自治决定。监事、会计监察人等监察机关的设置,法律上也未做硬性规定。

5　会计核算等

□ 1　份额公司的会计

份额公司的会计核算遵从公认的企业会计惯例(公认会计惯例。614条)。

份额公司应当及时编制正确的会计账簿,并在一定期间内予以保存(615条。参照:616条)。此外,应在每个会计年度编制财务报表(617条2款、3款,计则71条1款),并在一定期间内予以保存(同条4款),以供社员(合同公司包括债权人)阅览等(618条、625条。参照:619条)。

与股份公司不同,份额公司无须进行会计核算公告(440条)。

□ 2　盈余分配

(1)概说

盈余分配,是指份额公司将相当于获得利润额的财产分配给社员。原则上,社员有权随时请求公司分配利润(621条1款。各个社员针对公司利润中自己所占比例部分,有权随时请求公司分配。论点解说594页)。但是,公司可以章程规定利润分配方法及其他关于利润分配的事项(同条2款)。例如,仅以社员份额的过半数决定分配利润的,社员方可请求公司进行分配(与股份公司规则相同);或者限制请求利润分配的时期以及次数。

(2)社员损益分配的比例

各个社员的损益分配的比例(向各个社员分配的公司利润或者损失的比例)可由公司章程自由规定,章程无特别规定时,按照各个社员的出资额确定(622条1款)。利润分配的比例与损失分配的比例可以不一致。一方(利润分配比例)以公司章程进行规定,而另一方(损失分配比例)未做规定的,两者推定为一致(同条2款)。

(3)超过利润额的盈余分配责任

(a)概说

盈余分配应当在份额公司的利润(623条1款,计则163条。大致意味着份额公司现在内部留存的利润额)范围内进行。那么,超过利润额进行盈余分配时的法律效果,因公司种类不同而有所差异。

(b)无限公司的场合

无限公司超过利润额分配盈余,通常并不进行特别规定,基于社员责任的规定(580条1款、596条)进行处理(立案担当省令166页)。

(c)两合公司的场合

两合公司超过利润额分配盈余,对于无限责任社员,通常不进行特别的规定(与无限公司相同);对于接受分配的有限责任社员,应当向公司连带支付(返还)受领的金额(不限于超过分配额的部分。立案担当163页。623条1款)。此时,在该有限责任社员对公司债权人进行清偿的限额(580条2款)基础上,加算该社员超过利润额受领部分的金额(扣除已对公司履行623条1款规定的支付义务部分。623条2款)。也就是说,对于违法接受的盈余分配部分,有限责任社员负有向公司债权人直接清偿的责任。

(d)合同公司的场合

合同公司全体社员均为有限责任社员,为了保护公司债权人的利益,与股份公司一样,需要遵守可分配盈余额限制(财源规制)。

具体而言,合同公司分配给社员的货币等账面价额(盈余额)超过公司盈余额的,不得进行盈余分配(628条)。违反同条规定进行分配(违法分配)的,除了接受违法分配的社员对该受领的分配额承担连带责任(623条1款),执行违法分配的业务执行社员也与接受分配的社员承担连带责任(629条1款)。但是,后者证明其未怠于履行职责时免责(同款但书)。履行了同款责任的业务执行社员基于民法的一般性原则,可以向接受分配的社员求偿,但不得对善意的社员进行求偿(630条1款)。此外,公司债权人也有权向社员直接追究责任(同条2款)。

业务执行社员的629条1款的责任可在违法分配之日的公司利润额的限度内,经全体社员同意免除(同条2款但书。超过公司利润额的盈余分配责任,出于保护公司债权人考虑,禁止免除。同款本文)。此外,合同公司于盈余分配会计年度的最后一日产生亏损的,执行该盈余分配职务的业务执行社员承担亏损填补责任(证明未怠于履行职责的可以免责,631条1款)。此责任经全体社员同意可以免除(同条2款)。

□ 3 返还出资

(1) 概说

(a) 意义

返还出资,是指份额公司向其社员返还全部或者部分已经作为出资缴纳或给付的货币等的行为(624条)。社员接受返还出资也不丧失其社员的地位(这与社员退出公司时的返还出资不同)。

社员原则上可随时请求公司返还其全部或者部分出资(624条1款。合同公司例外)。但是,公司章程可以规定返还出资的请求方法及其他有关返还出资的事项(同条2款)。例如,社员未经其他社员过半数同意不得请求返还出资。

(b) 返还出资与出资价额之间的关系

社员即便接受返还出资,其出资价额(章程记载事项,576条1款6项)也不必然减少(合同公司是个例外)。因此,社员接受了返还出资,该返还的金额将使该社员的未履行出资义务相应增加[公司请求社员履行出资义务的,该社员必须履行。两合公司的有限责任社员对公司债权人责任的限额(580条2款)也相应增加]。对于社员接受返还的出资,如果该社员不想承担出资义务的话,则应当在返还出资的同时修改公司章程(637条),减少该社员的出资额。

(2) 合同公司的特则

合同公司的全部社员为有限责任,为了保护公司债权人,返还出资需要遵守以下规定:

合同公司社员不经变更公司章程(原则上需要全体社员同意,637条)便减少其出资额的(576条1款6项),不得向公司请求返还出资(632条1款)。

合同公司返还给社员的货币等账面价额超过623条1款规定的出资减

少额与返还当日盈余额(与股份公司的盈余额大致同义,626 条 4 款、计则 164 条)之中较小的金额的,不得向社员返还出资(632 条 2 款)。合同公司为了返还出资,可以减少注册资本额使盈余额相应增加(626 条),但减少资本额与股份公司一样(449 条),需要经过债权人异议程序(627 条)。

合同公司违反 632 条规定向社员返还出资的,将产生接受该出资的社员以及业务执行社员的责任(633 条、634 条)。

□ 4　社员的债权人的权利

(1)查封份额的效力

社员的债权人(非公司债权人,而是社员个人的债权人)有权申请强制执行,对社员的份额进行查封(权利执行的一种,民执 167 条)。对社员份额的查封效力及于该社员的利润分配请求权(621 条 3 款)、返还出资请求权(624 条 3 款)以及退出时的份额返还请求权[611 条 7 款。参照:下文(2)]。

(2)强制退出时的份额返还

查封了社员份额的债权人有权强制该社员从公司退出(强制退出),从退出公司返还的财产中满足其债权(609 条、611 条 7 款,民执 167 条、155 条)。此时,查封债权人应当在强制退出的六个月前,向份额公司以及该社员发出退出预告(609 条 1 款后段)。强制退出生效之前,该社员清偿了债权[包括提存清偿金额。最判昭和 49.12.20 判时 768 号 101 页(百选 76、商判Ⅰ-194)],或者提供了相当的担保时,退出预告失效(609 条 2 款)。此处所称的"提供了相当的担保",是指社员与查封债权人之间签订担保协议,而社员仅仅申请向债权人提供担保并不能使退出预告失效(前引最判昭和 49.12.20)。

■ 6　社员的加入以及退出

□ 1　社员的加入

(1)社员加入的方式

份额公司可以加入新社员(604 条 1 款)。此时,应当在公司章程中规定①新加入社员的姓名、名称以及住所;②有限责任、无限责任的区别;③该社员的全部出资目的以及出资额或者评价的基准(576 条 1 款 4 项—6 项)。变更公司章程的,原则上需要全体社员的同意(637 条)。

拟加入合同公司的人,在向公司履行出资完毕后方可成为公司的社员(全额出资原则,604 条 3 款。与股份公司相同)。无限公司以及两合公司不存在全额出资原则,针对该社员进行章程变更的,该人成为社员(604 条 2 款)。

(2) 新入社员的责任

份额公司成立后加入的社员,对加入前公司的债务承担对公司债权人的清偿责任(580条、605条)。

□2 社员的退出

(1) 概说

份额公司的社员满足一定要件的,可以从公司退出(任意退出,606条)。此外,发生法定事由的,也可以退出(法定退出,607条)。社员退出的,视为与该社员有关的章程规定事项(576条1款4项—6项)发生变更(废止,610条)。社员退出时,其出资份额将以部分公司财产的形式返还给该社员(611条)。

(2) 任意退出

(a) 存续期间不确定时的退出

份额公司的存续期间不确定的,或者章程规定公司的存续期间为社员终生的,各个社员可以在营业年度终了时退出(需要提前六个月预告退出,606条1款),但不妨碍章程做出另行规定(606条2款)。

(b) 不得已的事由退出的

社员发生不得已的事由时可随时退出(606条3款),此规定为强行法规,旨在保障社员最低限度的退出机会。例如,与其他社员之间对公司的经营方针意见对立,多次提起诉讼导致彼此丧失信赖关系的,可以认定为"不得已的事由"[东京高判平成22.2.24登记情报591号124页(准用本条的司法书士法人事件)]。

(3) 法定退出

除了任意退出,发生下列事由的,社员退出:①发生章程规定的事由;②全部社员的同意;③该社员死亡;④法人社员因合并被消灭;⑤该社员进入破产程序的裁定;⑥法人社员解散;⑦该社员接受开始监护的审判;⑧除名(以上参照607条1款);⑨被份额的查封债权人强制退出公司(609条);⑩因该社员的原因公司设立无效或被撤销后,其他社员决定继续设立的(845条)。

需要注意的是,对于⑤⑥⑦,可以章程规定发生该事由的,社员不退出(607条2款)。对于③④,可以章程规定该社员的一般继承人(继承人或者合并存续法人)继承其份额(608条)。此时,将不发生退出时的出资份额之返还(611条1款但书)。

(4) 除名诉讼

社员不履行作为社员的重要义务,例如,不履行出资义务,或者执行业务存在不端行为的,公司有权基于该社员(对象社员)以外社员的半数以上决议,以诉讼请求对该社员进行除名(859条)。社员为两人以上的份额公司中,基于其中一名社员的意思即可提起其他社员的除名诉讼(东京地判令和3.11.29金判1641号50页)。除名诉讼的被告为对象社员(861条1项)。除名判决确定后,该社员退出。

□ 3　退出的法律效果

(1)退出时的份额返还

(a)概说

退出社员有权接受公司作为份额返还的财产(611条1款。但未履行出资的除外→专栏11-3)。应返还的金额根据退出时公司的财产状况而定(611条2款)。份额公司的财产价值并非其账面价值,而必须以企业的持续经营价值(以公司持续经营为前提,尽量有利于全部转让时的价额。名古屋高判昭和55.5.20判时975号110页)进行评估(名古屋高判昭和62.9.29判时1264号128页)。返还的份额不问社员的出资种类,可以货币进行返还(611条3款)。无限责任社员退出时,因公司资不抵债返还金额为负的,若章程没有特别规定,退出的无限责任社员对公司负有支付义务(最判令和元.12.24民集73卷5号457页)。

因除名退出的社员有权接受出资份额的返还(作为此时的特则,见611条5款、6款),但可以章程排除其权利(东京高判昭和40.9.28下民16卷9号1465页)。

社员的债权人从出资份额返还中获得清偿的方法,参照:前文□4(2)。

▶▶▶ ★专栏11-3　未履行出资社员的退出与出资义务、份额返还请求权

判例认为,在未采取全额出资原则的无限公司与两合公司中,未到出资履行期限的社员退出的,其出资义务消灭的同时,不发生退出时的份额返还请求权[最判昭和62.1.22判时1223号136页(百选77,商判Ⅰ-196)]。对此,有反对学说认为,未到出资履行期限的社员也作为社员对公司债权人承担责任(580条),故应当承认其份额返还请求权。根据反对说的主张,退出社员享有份额返还请求权的同时,其退出公司后仍然对公司负有出资义务[参照:百选81解说(大和正史)]。因返还的份额以退出时公司财产的价值为基准进行确定,若公司运营良好利润增

加的话,返还的出资额也随之升高,故采取反对说较判例对退出社员更为有利(公司出现损失则反之)。判例并未禁止以公司章程进行不同的规定,从预防纠纷的角度出发,应当以章程对此进行明确规定。

(b)合同公司的特则

在全部社员为有限责任的合同公司,为了保护公司债权人,法律对社员退出时的份额返还进行了一定的限制。因返还份额向社员交付的货币等账面价额超过返还之日公司的盈余额(626条4款,计则164条)的,该份额返还需要经过债权人异议程序[635条。此外,返还出资还可以通过减少注册资本增加盈余金(626条1款)的方式实现,但此时也需要经过债权人异议程序,627条]。合同公司违反此规则返还出资份额的,除了接受返还的社员,负责的业务执行社员也要承担责任(636条。当业务执行社员证明其未怠于履行职责时,可以免责。同条1款但书)。

(2)退出社员的责任

退出社员对退出登记(参照:912条5项、913条5项、915条1款)前发生的公司债务,在从前的责任范围内(参照:580条)继续承担责任(612条1款)。但是,对于该登记后两年以内未进行请求或者预告请求的债权人,此责任消灭(同条2款)。

■ 7　公司债的发行

份额公司也可发行公司债。《公司法》第四编(676条以下)适用于全部公司类型。

■ 8　章程变更、份额公司种类的变更

(1)章程变更

份额公司变更章程,若章程无特别规定,需要得到全体社员的同意(637条。例外:585条3款、610条)。

(2)份额公司种类的变更

因变更章程带来新社员的加入,或者社员的有限责任、无限责任发生变更,有时会导致份额公司种类的变更(638条)。例如,无限公司通过变更章程加入有限责任社员,该无限公司当然变更为两合公司(同条1款1项)。此时,对应变更后的份额公司的种类,需要变更公司的商号(576条1款2项,参

照：6条2款、3款)。

■ 9 公司重组、营业转让等

□ 1 公司重组(合并、分立、股份交换、股份转移)

(1)概说

份额公司可与其他份额公司或者股份公司之间进行一定的重组(→图表11-2)。

(2)合并

所有种类的份额公司都可作为消灭公司或者存续公司，与其他公司进行合并(2条27项、28项，751条—752条，755条—756条)，也可作为新设合并的新设公司(2条28项，755条1款2项)。

份额公司成为合并的消灭公司的，若公司章程没有特别规定，合并协议需要全体社员的同意(793条1款1项、813条1款1项)。相比而言，份额公司成为合并的存续公司的，向消灭公司的股东或者社员交付本公司的社员份额时，因合并导致新社员的加入，若公司章程无特别规定，需要全体社员的同意(802条1款1项)。交付社员份额以外的合并对价(例如，货币)的，若公司章程无特别规定，需要社员以过半数决定(有业务执行社员的，业务执行社员的过半数决定。590条2款、591条1款)。

图表11-2 适用各类重组的公司类型

吸收合并（2条27项）
  消灭公司：所有类型的公司
  存续公司：所有类型的公司
新设合并（2条28项）
  消灭公司：所有类型的公司
  新设公司：所有类型的公司
吸收分立（2条29项）
  分立公司：<u>股份公司、合同公司</u>
  承继公司：所有类型的公司
新设分立（2条30项）
  分立公司：<u>股份公司、合同公司</u>
  新设公司：所有类型的公司

股份交换（2条31项）
  股份交换全资子公司：<u>仅限股份公司</u>
  股份交换全资母公司：<u>股份公司、合同公司</u>
股份转移（2条32项）
  转移股份的公司（股份转移全资子公司）：<u>仅限股份公司</u>
  股份转移新设全资母公司：<u>仅限股份公司</u>
股份交付（2条32项之二）
  股份交付母公司：<u>仅限股份公司</u>
  股份交付子公司：<u>仅限股份公司</u>

(3) 公司分立

合同公司可以成为公司分立的分立公司(2条29项、30项)。无限公司、两合公司不能成为分立公司的理由在于,若承认之,分立后的公司债务将由承继公司、新设公司继承,则如何处理无限责任社员的责任便成为难题(立案担当183页)。另一方面,分立的承继公司、新设公司可以是所有种类的份额公司(2条29项、30项,760条,761条,765条,766条)。

合同公司在进行公司分立时,其营业相关的全部权利义务由其他公司承继,这与合并的消灭公司在实质上是一样的,故只要章程没有特别规定,需要全体社员的同意(793条1款2项、813条1款2项)。份额公司成为公司分立的承继公司,向分立公司的社员或者股东交付本公司的社员份额时,也需要全体社员的同意(802条1款2项)。除此以外的公司分立决定,若公司章程无特别规定,由社员(有业务执行社员的为业务执行社员)的过半数决定(590条2款、591条1款)。

(4) 股份交换、股份转移

合同公司可以成为股份交换的全资母公司(2条31项、770条、771条)。但是,份额公司不能成为股份交换、股份转移的当事公司(无实际利益。立案担当183页)。

合同公司以本公司的社员份额为对价,向全资子公司为交付的,若公司章程无特别规定,需要全体社员的同意(802条1款3项)。除此以外的股份交换,章程无特别规定的,需要社员(有业务执行社员的为业务执行社员)的过半数决定(590条2款、591条2款)。

(5) 股份交付

股份交付,是指股份公司以其股份为对价,将其他股份公司作为其子公司而创设的制度(→专栏9-20)。因此,份额公司无法利用此制度(参照:2条32项之二)。

(6) 公司重组的程序

公司重组需要债权人异议程序的,准用股份公司的相关规定(793条2款、802条2款、813条2款)。但是,《公司法》上不特别设置如股份公司那样(782条、794条、801条等)的事前、事后披露制度。

□ 2　营业转让等

份额公司进行营业转让等(参照:468条1款)时,《公司法》并不设置股份公司那样的特别规定(467条—470条)。因此,原则上与普通的业务执行一样,以社员(有业务执行社员的为业务执行社员)的过半数决定即可通过

(590条2款、591条1款)。但是,转让全部营业的,应当参照合并的消灭公司规定(793条1款1项),需要全体社员的同意[江头(2011)256页注7]。

■ 10 解散、清算

□ 1 解散

(1)概说

(a)解散事由

份额公司以下列事由解散(641条):①章程规定的存续期间届满;②发生章程规定的解散事由;③全体社员的同意;④欠缺社员(无社员);⑤成为合并的消灭公司;⑥法院裁定进入破产程序;⑦解散命令(824条);⑧解散判决(833条)。

(b)份额公司的继续

因(a)当中的①②③的事由解散的,在清算终了之前,以全部或者部分社员的同意,可以继续份额公司的营业(642条1款)。不同意继续的社员则可退出(同条2款)。

(2)解散判决

份额公司社员有权在出现不得已的事由时,以诉讼请求解散公司(833条2款)。"不得已的事由"除了社员间对立导致公司业务执行困难的情形,执行业务的多数派社员不公正且利己的行为使少数派社员恒常处于不利局面,而没有解散公司以外的其他破解手段的,也被认定为"不得已的事由"[最判昭和61.3.13民集40卷2号229页(百选79,商判Ⅰ-195)]。

"其他的破解手段"需要满足公正且相当的要件。不能因为少数派社员存在退出公司、请求返还出资份额的选择(606条3款、611条),就认为存在其他破解手段而不予承认解散请求。理由在于,要实现返还出资份额,需要经过重重困难与漫长的时间,强迫长期遭受多数派社员迫害的少数派社员采取这一选项,是不相当且不公正的(前引最判昭和61.3.13。无限公司的全部财产被用于多数派社员设立的其他公司,该其他公司支付给无限公司的租金也被用于抵税以及发放高管人员薪酬,结果公司处于几无利润的状态,法院支持了少数派社员的解散请求)。

□ 2 清算

(1)概说

份额公司解散的,原则上必须进行清算(因合并或者裁定破产而解散的除外,644条1项)。份额公司设立无效之诉(828条1款1项)或者设立撤销之诉(832条)的判决确定的,也同样必须清算(644条2项、3项)。

清算程序的规定与股份公司一样(646条—667条)。此外,关于社员的剩余财产分配比例,公司章程若无特别规定,按照出资比例进行分配(666条)。

(2)任意清算

无限公司或者两合公司因641条1项至3项的事由[□1(1)(a)①②③]而解散的,可以不按照《公司法》规定的清算程序,由公司章程或者全体社员同意确定的方法处分剩余财产(668条)。例如,将某些财产直接分配给特定的社员等。这被称为"任意清算"。需要注意的是,为了保护公司债权人的利益不被损害,任意清算需要经过债权人异议程序(670条)。任意清算自2005年《公司法》修改前的《商法》时代开始,仅适用于无限公司与两合公司,《公司法》创设的合同公司不适用(立案担当168页)。

第2节 组织形式变更

■ 1 意义

所谓组织形式变更,是指公司变更其组织形式,其法人格保持不变的同时成为其他类型的公司。具体而言,①股份公司变更为份额公司(无限公司、两合公司或者合同公司);②份额公司(无限公司、两合公司或者合同公司)变更为股份公司(2条26项)。此外,无限公司、两合公司、合同公司之间的变更仅为份额公司种类的变更,不属于组织形式变更。

■ 2 组织形式变更的程序

(1)组织形式变更计划的制作、通过

公司变更组织形式的,需要制作组织形式变更计划(743条),在生效日前,股份公司必须得到全体股东的同意(776条1款),份额公司必须得到全体社员的同意(781条1款。但章程可做另行规定)。组织形式变更计划中应当规定的事项,参照:744条、746条。

(2)债权人异议程序等

组织形式变更必须经过债权人异议程序(779条、781条2款)。拟进行组织形式变更的股份公司发行新股预约权的,新股预约权人有权请求公司以公正的价格收购自己持有的新股预约权(777条)。因变更组织形式需要全体股东的同意,故不存在反对股东的股份回购请求制度。

股份公司变更为份额公司的,需要履行一定的信息披露义务(775条)。

(3)生效

组织形式变更于生效日期(744条1款9项、746条1款9项)发生效力,股份公司变更为份额公司,份额公司变更为股份公司(745条1款、747条1款)。

■ 3 组织形式变更的无效

组织形式变更程序存在瑕疵的,当事人可自组织形式变更之日起六个月内,以组织形式变更无效之诉进行主张(828条1款6项)。该诉讼的原告限于同条2款6项规定的主体。被告为变更后的公司(834条6项)。无效判决一经确定,公司面向将来恢复至变更前的状态(无溯及力,839条)。组织形式变更无效之诉的确定判决具有对世效力(838条)。

第 12 章
外国公司、国际公司法

- 第 1 节　外国公司
- 第 2 节　国际公司法
- 第 3 节　日本《公司法》对外国公司的规定

在本章中，将介绍有关外国公司以及国际公司法的法律规定。

第1节 外国公司

■1 意义

外国公司，是指依据外国法律设立的法人及其他外国团体，与公司同类或者类似的组织(2条2项)。

《公司法》上单称"公司"的，仅指依照日本法设立的股份公司、无限公司、两合公司以及合同公司(2条1项)，不包含外国公司。但条文明示包含外国公司的除外(135条2款1项等)。

■2 外国公司的认可

依据外国法律设立的法人(外国法人)，在日本国内承认其具有法人格(权利能力)的，称为"认可"。对于非营利性的外国法人，除了国家以及行政区划(市町村等)，无特别法律或者条约的不予认可(民35条1款)；当外国法人为外国公司时，则当然予以认可(同款。认可自身无需特别程序)。这是基于促进贸易及其他国际性经济活动的考量。

第2节 国际公司法

■1 概说

随着经济活动的国际化，外国公司成为法律问题当事人的事例或者日本公司成为具有涉外(国际性)性质的法律问题当事人的事例开始增加。如此，规范以公司(以下，本节中的"公司"不仅指日本的公司，也包含外国公司)为中心的涉外法律关系的法，称为"国际公司法"。要正确理解国际公司法的诸多问题，有必要学习国际私法的知识[神前等(2019)]。本书不涉及国际公司法的详细论点，只简单介绍基本思路与问题点[详细论点的检讨参照：コンメ(19)5—19页(森下哲朗)；2004年私法学会报告(国际公司法)商事法务1706号所收的"论考"部分]。

■ 2 具有涉外性质的公司法上的纠纷解决规则

□ 1 概说

一般而言,具有涉外性质的私人之间的纠纷在日本法院提起诉讼的,法院首先需要适用法院地的国际私法(冲突法),根据法律问题的性质不同,决定适用哪个国家的法律(准据法)。其次,根据以上规则确定日本法为准据法的,法院应当适用相关日本法(民法、商法及其他私法规定)的规定来解决纠纷(相比于冲突法,此处的解决纠纷适用的法律称为"实体法")。如果适用冲突法确定外国法为解决该问题的准据法的,法院应当适用该外国的实体法来解决纠纷。

如此,关于涉外性质的私人之间的纠纷,经过两个阶段,即①适用冲突法确定准据法,②适用准据法国家的实体法,实现纠纷的解决(但也存在不适用此原则的情况,见后文叙述)。

对于具有涉外性质的私人之间的公司法上的纠纷,原则上适用以上规则。以下将区分适用冲突法选择准据法与作为实体法适用公司法两个场合,介绍若干法律上的论点。

□ 2 关于冲突法的适用(选择准据法)

(1)概说

在日本,存在一部明文规定国际私法(冲突法)的法律,即《关于法适用的通则法》(以下简称《通则法》)。实际上,公司法上的诸多问题在《通则法》里并未无明文规定,适用哪个国家的准据法存在不同解释。

(2)应当适用从属法的法律问题

在国际私法上,①有关公司法人格(有无、取得以及消灭)的法律问题(例如,经过合法的设立程序后是否可以取得法人格),以及②有关公司内部组织的问题(应当设置的机关以及机关的权限,股东权利以及高级管理人员等的义务、责任的内容),一般适用公司的从属法[藤田(2000)9页]。这里所说的"从属法",是指在比较法上,存在以公司设立时准据国家的法律为该公司的从属法的立场(设立准据法主义)与以公司营业中心地所属国家的法律为该公司从属法的立场(营业中心所在地法主义)。日本的国际私法采取设立准据法主义的立场[最判昭和50.7.15民集29卷6号1061页,早川(2004)22页→专栏12-1]。

因此,例如,依A国法设立的外国公司,即便其以A国以外国家(含日本)为营业中心所在地,公司法人格的有无、取得以及消灭等问题,以及公司内部组织的相关问题,应当适用 A 国法进行判断。

> ▶▶▶ ★专栏12-1　公司的从属法以及法律问题的定性
>
> 　　在日本,并不存在将公司的从属法作为设立准据法的明文规定。但是,根据821条,外国公司即使将总公司设在日本,或者以在日本进行营业为目的,只要依据设立准据法设立,就具有法人格,只是为了防止滥用,规定了同条2款的责任。也就是说,关于公司的从属法,可以理解为以设立准据法主义为前提。
>
> 　　需要注意的是,根据法律问题的不同,有时很难明确从属法的适用问题(本文的①②)。例如,是否应当否认某公司法人格的问题,因其属于法人格之有无的问题(本文①的问题),应当依据从属法(设立准据法)进行判断。但是,在适用法人格否认的法理的问题事例中,有的问题争点属于契约义务负担主体的问题[公司抑或代表人个人。例如,参照:最判昭和44.2.27民集23卷2号511页(百选3,商判Ⅰ-4)(非涉外性质的事件)]。在这些事例中,作为契约成立、效力问题,应当适用《通则法》7条、8条确定准据法(根据《通则法》7条、8条确定契约准据法的案例,参照:东京地判平成22.9.30判时2097号77页)。
>
> 　　这样,在决定某个事件中争议的法律问题性质(称为"法律问题的定性")时,不能只着眼于国内法的概念设定(日本适用法人格否认的事例,其他国家有的作为合同法或者侵权责任法处理),而应当结合纠纷的实际情况,从国际私法上的观点来决定。这也不限于从属法的问题,可以一般性地适用于国际私法上的法律问题定性上[神前等(2019)32—37页]。
>
> 　　关于某个法律问题是否应当适用从属法的问题,以及公司从属法的相关问题的探讨,参照:藤田(2000)。

(3)其他法律问题

有关公司的涉外私人之间的法律问题且属于(2)中①或者②以外的问题,并不当然适用从属法,而需要根据该法律问题的性质,依据国际私法(有《通则法》明文规定的适用该规定,没有明文规定的依解释)的规则来确定适用哪个国家的法为准据法。

例如,针对公司董事在外国签订合同,该公司是否承担责任的问题,应当适用哪个国家的法律呢？对此，存在不同的学说：①适用该公司的设立准据法；②适用该合同的行为地法；③适用该合同的准据法(参照：《通则法》7条、8条)；④设立准据法与行为地法中可以确定责任的，以此为准(江头1031页注3)。

□3　关于实体法的适用

(1)《公司法》的解释

对于具有涉外性质的公司法上的问题，假设适用冲突法，确定日本法为准据法。此时，该法律问题应当适用日本《公司法》的规定(实体法)，但日本《公司法》原则上以日本的公司为原型而制定，在适用于外国公司时，有必要针对该规定的宗旨进行适当的解释。

例如，(根据日本法设立的)股份公司的监事在外国子公司兼任某个职务是否可行？公司高级管理人员(监事)兼任何种职务，属于公司内部组织问题，应当适用设立准据法(日本法)。因此，应当适用335条2款，监事不得兼任子公司(含外国公司。参照：会则3条1款以及会则2条3款2项的"公司等"的定义)的董事、执行董事以及使用人。实际上，这里所称的"董事""执行董事"都是指日本《公司法》上的职务，子公司为外国公司的，就产生如何匹配的问题。对此，若将335条2款的宗旨理解为保证监事对业务执行机关的独立性的话，在该外国公司中，执行业务者(决定以及执行者)就属于同款规定的"董事"或者"执行董事"(例如，如是美国公司，则相当于Director或者Officer)。

(2)《公司法》以外的法律之适用

有关外国公司法律问题的准据法确定为日本法的，其实体法有时可能适用公司法以外的法律。由于该法律可能只预定适用于日本的公司，这时，若该法律无特别规定，则外国公司将被视为与日本同种的公司或者最为类似的公司，而适用该法律的规定(823条)。

3　绝对性强行法规

如■2所述，对于具有涉外性质的私人之间的纠纷，原则上经过两个阶段，即①适用冲突法确定准据法，②适用准据法国家的实体法，实现纠纷的解决。但是，此原则存在例外情况：

首先需要确认的是，■2介绍的规则属于调整私人间法律问题的法规(私法)，并不对应公法(例如，《刑法》、《行政法》、《竞争法》、《金融商品交易法》等规则)。关于这些属于公法的法规，需要个别探讨其效力所及的地理范围，在此效力范围内，无须探讨适用何种准据法，而当然适用该法规[关于法规效力所及地理范围,有的如《刑法》的明文规定(《刑法》1条—4条之二),无明文规定的,结合具体法规的宗旨,依解释确定效力的地理范围。早川(2004)22页]。

实际上,在规范私人间法律问题而通常被归类到私法的法规之中,有的具有与公法相同的公益保护目的,故在该法规的效力所及地理范围内,不必探讨如何适用准据法,而当然适用该法规。这样的法规称为"绝对性强行法规"[早川(2004)22—23页]。例如,以外国法为准据法的劳动合同,有的法院适用日本的《劳动工会法》,判决解雇无效(东京地判昭和40.4.26劳民集16卷2号308页),这可以理解为:将劳动法的规定作为绝对性强行法规。

在公司法的规定中,也存在以保护公益为目的的绝对性强行法规。对于这些法规,可从该法规的宗旨出发,确定其效力所及的地理范围,在效力所及范围内,无须探讨适用何种准据法,而当然适用该法规。例如,后文第3节介绍的针对外国公司的各种规制[在日本的代表人(817条)、登记(818条、933条)、公告(819条)、疑似外国公司(821条等)],系以保护在日居住者的公益目的而做的规定,满足该规定要件的外国公司当然适用[コンメ(19)18页(森下哲朗)],无须探讨代表人以及登记等法律问题的准据法。

实际上,由于公司法上未明文规定哪些属于绝对性强行法规,故某个规定属于绝对性强行法规,还是作为通常的私法上的规定,只有适用冲突法规范确定日本法为准据法时才能适用,解释上存在争议(→专栏12-2)。

▶▶▶ ★专栏12-2 是否为绝对性强行法规的事例——公司债管理人的强制设置

关于日本公司发行公司债,存在两种不同见解:第一种见解,根据公司债发行协议,以日本法为准据法的,有义务设置公司债管理人。第二种见解,只要是在日本发行的公司债,不论公司债发行协议约定的准据法为何,都有义务设置公司债管理人[→专栏6-29(b)]。两种见解争议的核心在于:公司债管理人的强制设置规定仅适用于以国际私法确定日本法为准据法的场合,还是该规定属于保护日本投资者公益目的的强行法规,在其效力所及范围(从保护日本投资者的目的出发,限于日本国内发行的公司债)内,不论准据法为何都当然适用。参照:コンメ(19)17页(森下哲朗)。

第3节　日本《公司法》对外国公司的规定

■ 1　概说

如前所述,在日本法上,外国公司只要依据其本国法合法设立,日本就承认其法人格。外国公司的内部组织适用设立准据法,原则上可以不依从日本《公司法》。

但是,在日本《公司法》上,针对外国公司尤其是在日本从事持续性交易的外国公司,主要从保护交易相对方的立场进行了一定的规制。

■ 2　针对在日本从事持续交易的外国公司的规制

（1）驻日代表人的规定

外国公司拟在日本进行持续交易的,必须确定驻日代表人(817条1款),其中一人以上必须在日本有住所(同款后段)。该外国公司在日本没有营业处的,以驻日代表人的住所确定登记管辖(933条1款)以及普通裁判籍(民诉4条5款)。

外国公司的驻日代表人对外国公司的在日业务享有一切裁判上及裁判外的权限(817条2款),外国公司不得对此进行限制以对抗善意第三人(同条3款)。此外,代表人在行使职权中因侵权行为致使第三人受到损害的,外国公司亦承担损害赔偿责任(同条4款)。

业已进行登记的外国公司,其在日本具有住所的驻日代表人拟全员退任时,必须经过债权人异议程序(820条)。这是为了防止外国公司丧失了普通裁判籍(民诉4条5款)而留下日本国内的债务。

（2）外国公司的登记

外国公司在进行外国公司登记之前,不得在日本从事持续交易(818条1款)。违反此规定进行交易者(外国公司的代表人等),对交易相对方承担连带责任(同条2款。罚金制裁参照:979条2款)。这样规定的目的在于,未登记的公司实际情况不明,交易相对方要么基于错误的信赖,要么难以追究其责任。对未登记而进行持续交易者追究责任,可以在保护交易相对方利益的同时,间接促进登记。

判断是否属于持续交易,相比于交易次数,更应重视其是否作为持续营业活动的一环(基于一定的计划,作为企业性活动)进行了交易(江头983页

注2)。作为认可818条2款责任的案例,参照:东京地判平成29.2.20[平成27(ワ)第1625号]2017WLJPCA01108004(某外国公司以在日本低利借贷后在外国高利放贷赚取利差为业,其在日本国内设置信息服务中心并安排员工对应顾客的咨询。法院认为,其在日本拥有40名以上员工,属于在日本进行持续交易)。在日本不设营业处或者代理店,但通过互联网等、以日本顾客为对象进行持续营业活动的,需要进行外国公司登记[江头、中村(2021)96页(金子圭太、石川祐);コンメ(19)24页(森下哲朗)。关于海外大型IT公司进行外国公司登记的情况,参见:日经(2022)]。

关于外国公司登记,在日本设置营业处的,在其营业处所在地进行登记;未设置的,在其代表人的住所地(933条1款)进行登记。登记事项除了该外国公司的设立准据法,驻日代表人的姓名、住所等以及外国公司的特有事项,参照日本同类或者最为类似公司的登记事项(同条2款)。

(3)公告

进行了登记的外国公司且与股份公司同类或者最为类似的商事组织,根据法务省令等规定,必须对相当于资产负债表的财务报表进行公告(819条,会则214条)。

(4)外国公司禁止持续交易等命令

当外国公司符合一定的要件,如其营业基于非法目的[与股份公司解散命令要件(824条1款各项)大致相同]时,法院有权基于法务大臣或者利害关系人的申请,做出禁止外国公司在日本进行持续交易或者封锁在日营业处的命令(827条1款)。

(5)在日外国公司财产的清算

外国公司因违反827条1款规定被禁止进行持续交易,或者主动中止在日的持续交易的,法院有权基于法务大臣或利害关系人的申请或者基于职权,责令对外国公司的全部财产进行清算(822条1款)。此时,由法院选任的清算人进行清算(同条2款)。除了性质上不允许的场合,准用股份公司关于清算的规定(同条3款)。

3 疑似外国公司

(1)意义

疑似外国公司,是指在日本设置总公司,或者以在日本进行营业为主要目的的外国公司[821条1款。此处的"总公司"并非公司章程上的总公司,而是指统括公司营业的营业处(实质上的总公司)]。

(2)在日持续交易的禁止

疑似外国公司既然为外国公司,只要依该外国的设立准据法设立,日本也同样承认其法人格。但是,疑似外国公司禁止在日本从事持续交易(821条1款)。违反此规定进行交易者(疑似外国公司的代表人等)对相对方承担连带责任(同条2款。罚金制裁参照:979条2款)。这是为了防止依外国法设立的公司一边在日本从事经营,一边又采取行动规避日本法。

▶▶▶ 专栏 12-3　针对疑似外国公司的规定

2005年《公司法》制定以前,疑似外国公司即便依外国法设立,也需要与日本公司遵守相同的规定(2005年修改前《商法》482条)。并且,这里的"相同的规定"之中,也包含公司设立的规定。因此,疑似外国公司若非基于日本法设立,其法人格就不被认可(大判大正7.12.16民录24辑2326号)。问题是,如果否认法人格,法律关系会变得不稳定。若单为实现交易相对方的保护,则没有必要要求疑似外国公司与日本公司遵循完全相同的规定。因此,2005年制定《公司法》时修改了上述规则,仅规定疑似外国公司不得在日本进行持续交易,违反规定进行交易的不否认法人格,为保护交易相对方,行为人需要与疑似外国公司一道承担连带责任。

卷末附录

■ 1　自主规制、劝告等

1. 东京证券交易所（东证）"公司治理准则"（2015 年 6 月 1 日制定，2018 年 6 月 1 日修改，2021 年 6 月 11 日再次修改）

公司治理准则的对应状况以及制定、修改等资料，可从日本交易所集团官网下载。http://www.jpx.co.jp/equities/listing/cg/

2. 日本版管理守则（"负责任的机构投资者"的各项原则——通过投资与对话促进企业持续性成长）（2014 年 2 月 26 日策定，2017 年 5 月 29 日改订，2020 年 3 月 24 日再次改订）

可从下列金融厅官网下载。表示接受该守则的机关也一并公开。http://www.fsa.go.jp/singi/stewardship/

3. 东证·有价证券上市规程

可从登载日本交易所集团章程等各项规则的下列官网下载。印刷体收于《证券六法》（新日本法规）。http://jpx.gr.info/

4. 日本证券业协会"关于处理第三人定向增资的指南"（2010 年 4 月 1 日）

（1）会员［上市股票的发行公司（外国公司除外）］在日本以第三人定向增资［指披露企业内容等的内阁府令 19 条 2 款 1 项（12）规定的方法］的方式发行股票（包括处分自有股份，下同）的，该发行公司需要遵守以下事项：

① 实缴股款须高于董事会决议发行股票的前一天的股价（董事会决议前一天没有交易的，为距离该前一天最近一天的股价）乘以 0.9 后所得的金额。但是，可以综合考虑前述日期之前的股价或者交易状况，以该决议日期为基准前推一段合理期间（最长六个月），算出自该日期至决议前一天的平

均股价，实缴股款须高于该股价乘以 0.9 后所得的金额。

② 发行股票乃基于《公司法》规定并经股东大会特别决议的，不适用本指南。

（2）会员按照 1.(1)但书的规定确定实缴股款金额的，发行公司应合理披露其理由。

※日本证券业协会官网：https://www.jsda.or.jp/about/kisoku/files/c0301.pdf

■ 2　关于公司的信息

1. 东证上市公司信息服务

可随时浏览东证上市公司的章程、股东大会召集通知、交易所规则等披露信息。http://www.jpx.co.jp/listing/co-search/index.html

2. 公司治理信息服务

可浏览东证上市公司提交至东证的"公司治理报告书"。通过上述报告书编制的检索服务，可以阅览各家公司的机关设计、股东构成以及外部董事人数等各种公司治理信息。http://www.jpx.co.jp/listing/cg-search/index.html

3. EDINET

可阅览金融商品交易法上的披露资料（有价证券报告书、要约收购备案表等）。http://disclosurez2.edinet-fsa.go.jp/

4. 登记信息提供服务

可阅览公司的登记信息（此网站收费）。http://www1.touki.or.jp/gateway.html

5. 公告相关

（1）官方报纸

自发刊之日起三十日以内，可无偿浏览国立印刷局官网内容。http://kan-pou.npb.go.jp

（2）电子公告

法务省电子公告系统中，可检索实施电子公告的公司。http://e-koukoku.moj.go.jp

事项索引

英文

CG 准则 ·········· 133
CP ·········· 463
CSR ·········· 235
DIP 型程序 ·········· 624
D&O 保险 ·········· 323
LBO ·········· 528
MBO ·········· 197
MM 理论 ·········· 403
MOM(Majority of Minorities) ·········· 528
Web 披露 ·········· 144
Web 修正 ·········· 354
Revlon 义务 ·········· 538

あ行

积极行动者 ·········· 139
银行借贷虚假出资 ·········· 491
安定股东 ·········· 607
按份比例 ·········· 579

い行

委员会 ·········· 122
委员会型公司 ·········· 127
意见陈述权 ·········· 255
表明意见报告书 ·········· 526
一元说 ·········· 248
临时董事 ·········· 193
一人公司 ·········· 28
一般承继 ·········· 541
一般公认企业会计惯例 ·········· 331
委任 ·········· 38
委任状 ·········· 158
　　——劝诱 ·········· 160
　　——参考资料 ·········· 160
　　——用纸 ·········· 160
表决权
　　——征集规则 ·········· 161
　　——征集战 ·········· 104
违法行为等停止请求权(股东发起) ·········· 259
激励薪酬 ·········· 224

う行

打切发行 ·········· 426
诉的利益 ·········· 180
营业成本 ·········· 337
营业总利润 ·········· 337
营业收入 ·········· 337
追加出售方的议案变更请求权 ·········· 363

出售股份 …………………………… 62
　　——等的全部取得无效之诉 … 536
　　——等的出售价格裁定申请 … 107
出售股东 ……………………………… 533
出售股东等 …………………………… 62

え行

营业所 ………………………………… 337
营业利润金额 ………………………… 337
营利 …………………………………… 5
　　——企业 ……………………… 5
　　——目的 ……………………… 59
股权薪酬 ……………………………… 224
代理问题 ……………………………… 16

お行

为自己打算 …………………………… 223
期权理论 ……………………………… 226
母公司 ………………………………… 43
母公司社员 …………………………… 62
母公司等 ……………………………… 43

か行

开业准备行为 ………………………… 506
会计 …………………………………… 252
会计监察 ……………………………… 266
会计监察限定监事 …………………… 260
会计监察人 …………………………… 266
会计监察报告 ………………………… 268
会计准则 ……………………………… 331
会计参与 ……………………………… 252
会计参与报告 ………………………… 254
会计账簿 ……………………………… 398
会计账簿等阅览等请求 ……………… 398
　　——的拒绝事由 ……………… 399

　　——的理由 …………………… 399
外国公司 ……………………………… 656
　　——的登记 …………………… 661
外国法人 ……………………………… 656
外国债券 ……………………………… 461
解散（股份公司）……………………… 662
解散（份额公司）……………………… 662
解散判决 ……………………………… 612
解散命令 ……………………………… 612
公司 …………………………………… 1
　　——的机会 …………………… 246
　　——的使用人 ………………… 36
　　——的登记 …………………… 39
　　——的不成立 ………………… 513
　　——的不存在 ………………… 512
公司计算规则 ………………………… 378
公司债权人 …………………………… 17
　　——的直接请求权 …………… 574
有关公司组织的行为 ………………… 631
公司诉讼 ……………………………… 47
公司提案 ……………………………… 146
公司等 ………………………………… 43
公司基础变更 ………………………… 137
公司经营控制权争议 ………………… 409
公司组织之诉 ………………………… 49
公司组织行为 ………………………… 49
　　——的无效之诉 ……………… 49
公司非讼 ……………………………… 48
公司分立 ……………………………… 651
公司法 ………………………………… 1
公司法会计 …………………………… 331
公司法施行规则 ……………………… 22
公司法施行令 ………………………… 23
解聘 …………………………………… 200
指定收购人请求（限制转让股份）…… 89

承销方式	471
解任	200
无法挽回的损失	314
外部融资	402
定额薪酬	223
确认诉讼	180
确认利益	181
隐藏的盈余分配	382
贷方	334
瑕疵连锁	182
合并	539
合并协议	541
合并对价	542
加入	646
加入者（股份转账制度）	105
股票	
股票丧失登录制度	96
股票发行公司	99
股票不持有制度	95
股份	97
——的共有	111
——自由转让原则（自由转让性）	87
——转让限制	87
以章程限制股份转让	88
——让与担保	109
——分割	113
——合并	115
——相互持股	152
股份转移	539
股份转移计划	548
股份公司	5
公司与其董事之间存在诉讼	209
董事与公司间交易所负的债务	303
股份公司解散之诉	613
股份公司的成立	499
股份回购请求权	65
——反对股东的股份回购请求权	65
股份薪酬	225
股份价值计算书	528
股份交换	539
股份交换协议	547
股份交付	549
——母公司	549
——计划	549
——子公司	549
股份交付信托	226
股份质押	107
股份投资信托	112
新股预约权	224
无偿配股	118
股东	55
——全员同意	295
——追究责任等之诉	295
——个别承诺的数据电文提供制度	144
——有限责任	221
不同股东不同待遇	516
维护股东共同利益的义务	317
股东间协议	614
股东间的公平	360
股东权的缩减	64
股东权益	387
所有者权益变动表	337
股东大会	134
——会议记录	385
——的召集	139
——召集权人	140
——召集通知	143

——特殊决议	559	审计委员会	287
——特别决议	169	管财型	624
——特别决议部分免除责任	298	破产管理人	192
		监察机关	127
——普通决议	168	监察基准	269
股东大会决议撤销之诉	173	审计等委员	270
股东大会决议瑕疵诉讼	172	审计等委员会	270
股东大会决议不存在确认之诉	179	审计等委员会审计报告	275
股东大会决议无效确认之诉	180	审计等委员会设置公司	270
股东大会检查员	171	审计等委员董事	272
股东大会参考资料	154	——的任期	273
股东大会决议	15	监察等特例法	24
股东代表诉讼	297	审计报告	260
股东提案权	146	监察法人	126
股东等	56	监事	254
购买本公司股份	360	——的违法行为等停止请求权	259
股东平等原则	603	——之间以协议确定	257
股东名册	99	——的兼任限制	256
——阅览等请求	61	——对选任议案的同意权、提案权	255
——名义变更	100		
股东有限责任的原则	67	——的任期	256
股东利益最大化原则	233	监事会	262
股东配股	408	监事会审计报告	352
借贷	403	监事设置公司	254
借方	334	监视义务	293
临时处分	184	间接金融	404
规定临时地位的临时处分	184	间接交付方式	225
先行支付	66	间接损害	316
简易重组	556	间接交易	219
简易营业受让	593	间接有限责任	639
简易分立	557	全资母公司	46
关系人会议(更生程序)	632	全资母公司等	46
劝告表决	138	全资子公司	46
监察	265	全资子公司化	547
审计委员	281		

事项索引　671

全资子公司等 …………… 46	基于客观资料得出的相对合理的
监督 ………………………… 202	计算方法 ………………… 414
监督委员 …………………… 629	现金收购 …………………… 530
监督纠正权 ………………… 61	追究原有股东责任之诉 …… 310
官方报纸 …………………… 335	吸收合并 …………………… 541
管理命令 …………………… 630	吸收分立 …………………… 543
关联公司 …………………… 351	吸收分立协议 ……………… 543
	旧《商法》 ………………… 23

き行

议案 ………………………… 142	休眠公司 …………………… 615
——的要领 …………… 147	强压性 ……………………… 525
机关 ………………………… 122	强压性两段式收购 ………… 566
机构投资者 ………………… 58	共益权 ……………………… 59
面向机构投资者的电子投票平台…… 158	竞业禁止义务（转让公司）…… 594
企业 ………………………… 5	竞业禁止义务（董事）…… 216
企业会计基准委员会 ……… 427	强行法规 …………………… 18
企业会计准则 ……………… 331	强制减损 …………………… 347
企业价值 …………………… 83	强制退出 …………………… 646
企业间信用 ………………… 404	业绩联动型薪酬 …………… 224
企业集团 …………………… 245	竞争原理 …………………… 284
企业治理 …………………… 132	协议 ………………………… 626
表决权的不统一行使 ……… 161	协议债权 …………………… 626
表决票 ……………………… 154	共同股份转移 ……………… 523
表决权拘束协议 …………… 162	共同新设分立 ……………… 543
表决权信托 ………………… 114	共同诉讼参加 ……………… 306
限制表决权股份 …………… 559	业务 ………………………… 201
表决权比例 ………………… 152	——的决定 …………… 201
弃权 ………………………… 154	——的执行 …………… 185
疑似外国公司 ……………… 662	不执行业务的有限责任公司社员 …… 640
股份稀释带来的经济损失 … 408	执行业务社员 ……………… 641
基准日 ……………………… 416	公司业务以及财产状况的调查权 …… 642
议题的提案 ………………… 146	业务监察 …………………… 254
基本合意书 ………………… 522	业务执行机关 ……………… 127
记名式 ……………………… 455	请求消灭该社员的业务执行权
记名公司债 ………………… 467	或者代表权 ……………… 643
	业务执行人 ………………… 384

业务执行董事	36
业务执行的决策	185
虚假记载等的责任	322
参与度	251
附否决权股	76
规范效果	598
金商法会计	331
金融商品交易法	54

く行

合伙协议	484
合伙财产	11
结转盈余公积金	393
递延资产	348
集团内部治理体系	245
交割	523

け行

经营	279
——与监督的分离	284
——的监督	283
——的基本方针	279
经营控制权之争	415
经营者	208
管理层	15
独立于管理层	195
经营判断原则	236
计算说、财务核算	216
财务报表等的承认	355
财务报表等阅览等请求	60
形式上的总公司	33
形式意义上的公司法	22
经常性利润	337
形成诉讼	440
存续	616

持续企业价值	396
持续交易	661
任职消极要件(会计监察人)	267
决议撤销事由	173
决议撤销判决	177
表决的省略(董事会)	205
经营者集中	523
决算	352
决算公告	355
决算报告	622
弥补亏损	393
亏损填补责任	386
事后的亏损填补责任	386
折旧	345
折旧费用	345
检查员	171
——的选任	315
——调查的免除	497
检查员选任请求权	315
减资	388
原始章程	486
减损	234
实物出资	422
实物分配	359
了结现有事务	621
券面额说	424
权利股	490
权利义务的继续	193
权利行使价额	446
权利行使期间	446
权利能力	29

こ行

公众公司	9
要约收购	525

要约收购开始公告	525
要约收购报告书	526
公众型公司	9
公众大公司	129
交换交易	340
广义的业务执行	185
公告	42
账户管理机关	105
账户转账	104
两合公司	4
公证人的认证	486
扣除科目	345
成员	4
公正M&A指南	528
更生公司	631
更生计划	631
更生计划案	471
公正性担保措施	527
更生担保权人	632
更生程序	631
裁定终结更生程序	632
更生程序终止裁定	632
公认会计惯例	643
公正价格	562
公正分配价格	562
合同公司	21
注册会计师	252
公平、诚实义务	626
合资公司	20
公募	411
公募债	411
公募增资	411
无限公司	21
效率性	18
合理的无关心	599

生效日	117
子公司	43
子公司上市	547
子公司等	46
国际财务报告准则	332
国际公司法	656
国际私法	657
5条协议	577
个别股东通知	107
个别催告	390
财务报表附注	337
企业治理准则	153
短期融资券	463
遵循或解释守则	133

さ行

财源规制	368
债权人异议程序	390
债权人会议	477
回收债权	621
申报债权期间	621
非财产权请求之诉	305
变现财产	621
受让财产	495
财产目录	620
最终全资母公司等	46
多重代表诉讼	310
上一会计期末的留存收益总额	376
再审之诉	309
再生计划	629
再生计划案	471
再生债权人	629
再生债务人	629
再生程序	629
裁定终结再生程序	630

裁定废止再生程序	630
最低责任限度额	297
细分化的等额单位	56
重组	523
债务	424
——的股份化	424
——履行	33
——履行预期	574
——承担广告	597
财务危机	395
财务上的特约	465
财务报表	334
资不抵债	395
裁量驳回制度	178
诈害行为撤销	638
欺诈性公司分立	574
欺诈性营业转让	598
差额说	473
优先购买权	92
指示	109
可持续性	235
无偿发行差别性内容的新股预约权	602
非参加型优先股	77
余额承销	411
计算方式	291
剩余权人	69
剩余财产	32
——分配请求权	59

し行

自益权	59
时价	85
营业	28
——转让	588
事业类型	216
营业行为	506
营业转让等	588
会计年度	73
会计年度期末	135
事业报告	144
事后披露	62
库存股	357
——的注销	367
——的处理	367
处分自有股份的不存在事由	422
自有新股预约权	457
事后设立	593
追加出售方的议案变更请求权	363
股份回购	360
自己的计算	44
事后的亏损填补责任	386
资产	346
事实上的主宰者	217
事实上的董事	322
有关时事的日报	42
市场股价	83
通过市场交易等收购	363
事前披露	535
事前警告型防御措施	602
实现原则	344
失权手续	491
执行官	291
——报告义务	203
执行管理人员	128
对执行官等违法行为的停止权	289
实质股东	113
实质资不抵债	396
实质上的总公司	33
实质意义上的公司法	22

实质同一性	505	——的强制设置	199
实质所有人	69	公司债	460
实体法	657	——的管理	466
私的整理	623	——的种类	466
分公司	33	——的偿还	467
股份溢价	433	公司债管理委托协议	470
控股股东	46	不设置管理人的公司债	468
伴随控制权变动的募集股份的发行等	419	公司债管理人	468
		——的法定权限	470
精力集中义务	37	——的约定权限	472
支付不能	627	公司债管理辅助人	475
私法	187	公司债协议	477
私募债	461	公司债券	461
资本	12	公司债的债权人会议	477
——维持	12	——的决议	479
资本维持原则	369	——特别决议	479
资本金	370	事关公司债的债权人利益的事项	478
减少注册资本额	388	公司债存根簿	466
减资无效之诉	391	公司债发行公司	460
资本充实原则	422	社团法人	4
资本公积金	335	收益	4
资本公积	335	收益还原法	85
资本多数决制度	16	职工持股制度	92
资本交易	340	集体行为问题	19
资本不变原则	370	住所	33
提名委员会	287	囚徒困境	623
提名委员会等	287	从属法	657
提名委员会等设置公司	282	授权股份制度	412
——任期(执行官)	292	出资的价额	637
审计等委员以外的董事的任期	274	返还出资	12
排挤	530	虚假出资	427
社员	4	取得原值	346
社员代表诉讼	642	历史成本	346
外部监事	263	附回购条款股	74
外部董事	194	附回购请求权股	74

回购额的设定	361	盈余公积的其他处分	392
主要目的规则	433	盈余公积转入资本或者资本公积	392
类别股份	72	利润分配	4
类别股发行公司	71	接受盈余分配的权利	59
类别股东大会	77	利润分配等	4
准据法	461	将来效力	441
净资产	85	业务执行人	384
净资产额法	85	停止的临时处分	184
纯粹持股公司	311	职务代理人	194
准则主义	482	除斥期间	360
准备金	349	除名	537
减少股本溢价	391	书面表决	171
商业登记的消极效力	40	书面交付请求权	145
商业登记的积极效力	40	书面投票	153
商业簿	39	所有和经营分离	67
常务监事	263	分期发行	464
承继公司(公司分立)	543	日记账	352
承继型公司重组	539	新股发行	436
继受取得	56	新股发行不存在	442
商号	33	新股发行无效之诉	436
商行为	32	新股认购权	441
商号续用责任	595	新股预约权	446
上市公司	5	——的行使	457
少数股东权	60	——行使条件	449
少数派折扣	567	——的取得	457
限制转让股份	93	——的转让限制	455
——的转让承认	88	——的内容	448
商人	32	新股预约权收购请求权	570
使用人	36	新股预约权登记簿	454
使用人兼董事	188	新股预约权证券	449
商法	23	附新股预约权公司债	447
常务	194	附新股预约权公司债券	447
消灭公司等	540	新股预约权发行不存在之诉	460
公积金	369	新股预约权发行无效之诉	459
公积金额	388	新股预约权无偿配股	411

新设型公司重组	539
新设合并	541
新设分立	543
新设分立计划	543
信托	112
信赖权利	237

す行

维持现状条款	93
日本版管理守则	139
新股预约权	446

せ行

正式雇员	4
正规的会计准则	338
政策性持股	152
清算（股份公司）	
——目的范围	617
清算价值	623
清算股份公司	617
清算终了登记	622
清算事务	620
清算人	617
清算人会	617
正当的事业目的	537
正当理由	40
税法	23
税务会计	331
责任限定契约	297
责任限制（管理人员等）	20
责任调查委员会	260
责任追究等之诉	60
绝对记载事项	486
绝对性强行法规	659
说明义务	166

设立	
——登记	499
——废止	503
为设立公司所必要的行为	508
新设公司	307
设立时股东	502
设立时代表董事	10
设立时董事	8
设立时募集股份	500
设立准据法主义	657
设立中公司	505
设立手续	482
设立撤销之诉	638
设立费用	496
设立无效之诉	511
善意且无重大过失	444
全员出席股东大会	182
全额出资原则	638
勤勉义务	215
选举	200
选任	200
附全部回购条款类别股	75
——的全部回购	169
停止全部回购行为	75

そ行

股东大会提案董事	384
总会屋	167
全体股东通知	107
总分类账	340
增减资	390
相互持股的表决权限制	151
增资	57
全额认购协议	419
相对记载事项	487

相对无效说(利益冲突交易) ········ 221	资产负债表 ·························· 334
相应事项的理由(董事的薪酬等) ··· 226	目标公司(收购) ···················· 522
创立大会 ···························· 502	退职慰劳金 ························· 228
溯及效力的否定 ···················· 511	对世效力 ···························· 177
滥用诉权 ····························· 65	第三人责任 ························· 316
公司重组 ···························· 539	对内的业务执行 ···················· 185
——的会计处理 ··············· 581	代表 ·································· 207
——的阻止请求权 ············ 568	代表权的滥用 ······················ 211
——的税务 ····················· 581	首席执行官 ························· 283
重组计划 ···························· 552	代表人 ································· 9
重组协议 ···························· 552	代表社员 ···························· 642
重组对价相当性 ···················· 556	公司债代表人 ······················ 478
组织形式变更计划 ················· 653	代表清算人 ························· 619
组织形式变更无效之诉 ············ 654	代表诉讼 ···························· 297
诉讼告知 ···························· 307	代表董事 ······························· 9
其他资本公积 ······················ 372	证明代理权的文书 ················· 157
其他盈余公积 ······················ 372	代理商 ································ 39
软法 ································· 132	共同出售权 ························· 363
利润表 ······························ 335	多重代表诉讼 ······················ 310
损益交易 ···························· 340	场外市场 ···························· 364
损益分配的比例 ···················· 644	场内市场 ···························· 364
损失	短期公司债 ························· 463
——处理 ······················· 393	单位股制度 ························· 119
存续公司等 ························· 551	不满单位股份的回购请求权 ······· 120
	单独股东权 ·························· 63
た行	附担保公司债 ······················ 463
	附担保的公司债信托法 ············ 463
大公司 ······························ 129	担保提供命令 ······················ 443
对外的业务执行 ···················· 185	担保的受托公司 ···················· 463
对价的柔性化 ······················ 542	
对价的显著不当性 ················· 533	**ち行**
对抗措施 ···························· 522	
第三人配股发行 ···················· 450	忠实义务 ···························· 232
第三人定向增资配股 ··············· 411	账簿资料的保存 ···················· 622
答复质询报告书 ···················· 526	直接融资 ···························· 404
退出(份额公司) ···················· 647	直接交付方式 ······················ 225

直接请求权(公司分立)	574
直接损害	316
直接损害限定说	317
直接交易	218
直接有限责任	639

つ行

普通清算	616
通常可以预想到的防止不端行为的管理体制	243
通知	39
通谋认股人	444

て行

公司章程	485
基于章程规定的部分免除董事等责任	298
以章程限制股份转让	87
变更公司章程	14
章程自治	18
定期股东大会	135
冲突法	657
折现现金流法	84
折扣	84
提诉懈怠可能性	301
提诉请求	304
适格公司重组	542
适正信息披露义务	538
恶意收购	598
程序性动议	165
尽职调查	522
附新股预约权公司债	447
电子公告	42
电子署名	205
数据电文提供措施	144

数据电文记录	158
数据电文形式	144
电子投票	157

と行

登记	39
动议	147
当期净损益金额	337
登记董事	321
倒产	623
倒产法制	23
当然失权	425
登记质	108
登记让与担保	109
独占交涉条款	524
特定责任	297
特定认股人	418
特别有利的金额(有利发行)	430
独任制	260
特别委员会	604
特别决议	71
特别控股公司	557
特别控制股东	553
——实施的股份等出售请求	533
特别清算	617
开始特别清算的命令	626
申请特别清算	626
裁定终结特别清算	627
特别损益	337
独立性确保措施	255
独立当事人参加	615
特例有限公司	24
董事	186
事实上的董事	322
董事解任之诉	192

董事的任期 …………………… 191
董事会 ………………………… 185
　　——规则 ………………… 201
　　——会议记录 …………… 265
　　——决议 ………………… 36
有瑕疵的董事会决议 ………… 205
表决的省略 …………………… 278
董事会的召集 ………………… 265
召集权人 ……………………… 140
董事会的承认 ………………… 216
法定决议事项 ………………… 478
董事会提案董事 ……………… 384
董事会设置公司 ……………… 10
董事会上的表决权约束协议 … 207
交易（会计）………………… 338
交易所金融商品市场 ………… 527
交易保护条款 ………………… 524

な行

商号出借 ……………………… 35
内部审计部门 ………………… 243
内部组织 ……………………… 44
内部通报制度 ………………… 243
内部治理体系 ………………… 243
内部留存 ……………………… 86
内容的纲要（类别股份）…… 72
应有价格 ……………………… 562

に行

二元说 ………………………… 248
两阶段式收购 ………………… 531
驻日代表人 …………………… 661
日本版管理守则 ……………… 139
任意监察 ……………………… 266
任意清算 ……………………… 653

任意退出 ……………………… 647
任意盈余公积 ………………… 393
任意记载事项 ………………… 488
任意提名委员会 ……………… 209
任意薪酬委员会 ……………… 228
外国公司的认可 ……………… 256
任务懈怠责任 ………………… 294
　　——的免除、限定 ……… 294
　　——的部分免除 ………… 297

の行

商誉 …………………………… 348

は行

收购 …………………………… 520
收购公司 ……………………… 103
收购人 ………………………… 13
收购防御措施 ………………… 522
分配还原方式 ………………… 85
交易性有价证券 ……………… 347
破产管理人 …………………… 627
破产债权 ……………………… 628
破产财产 ……………………… 628
破产程序 ……………………… 627
裁定终结破产程序 …………… 628
渗透式税务 …………………… 637
购买法 ………………………… 581
公开发行规制 ………………… 404
可发行股份总数 ……………… 367
发生原则 ……………………… 529
支付认购金额 ………………… 465
缴纳金额 ……………………… 414
股款保管证明 ………………… 490
出资保管机构 ………………… 453
反对股东的股份回购请求权 … 65

销售费用以及管理费用 ………… 337

ひ行

准备金 ………… 349
认购 ………… 419
认购(认股)人 ………… 500
非业务执行董事等 ………… 198
非货币薪酬 ………… 225
非公众公司 ………… 9
非公众型公司 ………… 9
非讼 ………… 47
非适格公司重组 ………… 581
一股一表决权原则 ………… 150
否认权 ………… 576
非分离型 ………… 448
费用 ………… 344
评价・换算差额等 ………… 375
表见经理 ………… 37
表见首席执行官 ………… 293
表见代表董事 ………… 293
费用收入配比原则 ………… 348
费用等的请求 ………… 291
声明保证条款 ………… 522
缺少变现性 ………… 567

ふ行

不定额薪酬 ………… 224
不完备 ………… 70
复式记账 ………… 328
不公正发行 ………… 433
负债 ………… 68
附随性 ………… 639
不正当竞争的目的 ………… 595
不正当目的 ………… 34
不设置债 ………… 468

不足额填补责任 ………… 423
附属明细表 ………… 350
公司的不存在 ………… 512
股东大会决议不存在确认之诉 …… 179
处分自有股份不存在 ………… 442
新股发行不存在 ………… 442
新股预约权发行的不存在确认
　之诉 ………… 460
董事会决议不存在 ………… 207
普通股 ………… 72
邀标定价方式 ………… 416
不当劳动行为 ………… 612
部分要约收购 ………… 525
侵权行为债权人 ………… 17
转账股份 ………… 105
转账机关 ………… 105
转账账簿 ………… 105
转账公司债 ………… 467
转账新股预约权 ………… 456
转账制度 ………… 104
转账法 ………… 23
自由现金流 ………… 83
超额费用 ………… 521
比例分配解决法 ………… 474
分立公司 ………… 543
分立对价 ………… 545
可分配额 ………… 330
可分配额规制 ………… 357
核算可分配利润 ………… 330
分离型 ………… 448

へ行

别除权 ………… 627
另行收购的禁止 ………… 525
变更登记 ………… 39

变态设立事项 …………… 494

ほ行

防御措施 …………………… 598
概括性代理权 ……………… 36
法源 ………………………… 22
报告的省略 ………………… 205
报告义务 …………………… 203
报告请求、业务财产状况调查权
　（监事）………………… 258
薪酬委员会 ………………… 290
薪酬等的决定方针 ………… 227
"报偿责任"原理 …………… 212
法人格 ……………………… 11
法人格否认法理 …………… 30
法定类别股东大会 ………… 77
法定退出 …………………… 647
法的整理 …………………… 624
法的倒产程序 ……………… 624
关于法适用的通则法 ……… 657
法律关系的稳定 …………… 172
法律关系的划一处理 ……… 172
法律问题的定性 …………… 658
法令遵守义务 ……………… 238
账面资不抵债 ……………… 395
保管证明责任 ……………… 490
募集 ………………………… 405
募集股份的发行 …………… 405
募集股份的发行等 ………… 405
募集股份发行等的阻止请求权 … 430
请求阻止该募股股份的发行 … 430
募集事项 …………………… 412
募集自有股份的处分 ……… 436
募集公司债的发行 ………… 464
募集新股预约权的发行 …… 449

募集设立 …………………… 500
谨慎原则 …………………… 346
补偿协议 …………………… 323
辅助参加 …………………… 306
　——的利益 ……………… 306
发起设立 …………………… 482
发起人 ……………………… 483
　——的权限 ……………… 505
发起人合伙 ………………… 483
发起人等 …………………… 312
总公司 ……………………… 33

ま行

市场调查 …………………… 528

み行

第三人借贷虚假出资 ……… 491
视为解散 …………………… 615
小型公开收购 ……………… 316
民事再生法 ………………… 23
民事合伙 …………………… 6

む行

无表决权股 ………………… 73
无记名式 …………………… 454
无记名公司债 ……………… 467
无记名新股预约权 ………… 456
无限责任 …………………… 14
无限责任社员 ……………… 636

め行

名义 ………………………… 216
名义变更 …………………… 94
名义股东 …………………… 94
名义董事 …………………… 321

主银行	404
核准主义	482

も行

申请(募集股份的认购)	420
认购出资保证金	452
公司的目的	7
为实现公司目的所必要的行为	29
招股说明书	405
相互持股	152
控股公司	548
持股比例	8
份额	635
——返还	646
对社员的份额进行查封	646
份额公司	635
——种类的变更	649
权益法	351
监督模式	202
道德风险	234

や行

管理人员	128
管理人员等	128
管理人员等赔偿责任保险合同	323
"不得已"的事由	613

ゆ行

有价证券	96
有价证券报告书	153
有限公司法	24
有限责任社员	636
友好收购	522
融资	401
优先股	72
有担原则	463
诱导法	338
有利发行	409
申请转让	362
欧元债券	461

よ行

"平行调动"规制	198
四倍规制	413

ら行

附权发行	441

り行

利润	372
利润额	644
利益提供的禁止	81
法定盈余公积	372
盈余公积	392
利益冲突交易	219
——的承认	219
盈余分配	357
不打算履行的交易	320
附息票	467
风险路径	269
略式营业转让等	
略式质	108
略式让与担保	109
略式重组	557
两损害包含说	317
临时股东大会	135
临时财务报表	351
临时决算	351
临时决算日	351

る行

比照类似公司方式 ………… 85
累积型优先股 ………… 73
累积投票 ………… 169

れ行

劣后性 ………… 68
合并财务报表 ………… 351
连带债务的追及 ………… 573

ろ行

劳动合同承继法 ………… 576
劳动法制 ………… 23

わ行

配股 ………… 77
自由分配原则 ………… 420
折现率 ………… 83

译后记

自2018年6月开始着手翻译田中亘教授的《公司法》，到2023年11月正式交稿，不知不觉间已然经过5年有余。在这5年里，由于日本《公司法》的局部修改以及重要实务判例的更新，田中亘教授的《公司法》也从最初的第一版发行到第四版。2023年2月出版的《公司法（第四版）》全面反映了日本《公司法》的最新立法以及判例发展状况，称之为日本"最新《公司法》教科书"并不为过。

至于翻译本书的动机，在今天看来多少有些年少冲动的意味。我于2015年回国任教，彼时由于对国内学术研究的方向与习惯不甚了解，发表论文屡屡碰壁，遂逐渐萌生退意。但我总得给多年的留学生涯一个交代，也给学界留下一点哪怕微不足道的财富。我将这个想法说给吉林大学的蔡立东教授，蔡教授建议我放下包袱，潜心翻译一本日本公司法的著作。国内出版的日本公司法的译著并不多，且大多年代较为久远，系统介绍最新立法并深入总结各个领域理论与实务最前沿的译本更是凤毛麟角。

日本公司法对我国公司立法现代化的影响，从我国2005年《公司法》修订的立法资料中可见一斑。遗憾的是，立法者以及学界对日本公司法的借鉴及研究多从具体制度入手，时常因缺乏体系性理解而导致对具体制度的误读与误导。因此，一部既体系严密又能反映日本公司法各个领域理论与实务最前沿的著作就显得尤为珍贵。田中亘教授的《公司法》就符合这样的期待。本书在日本现行《公司法》条文体系的基础上，按照总论（绪论、公司法总则）——股份公司（股份与股东，机关，会计核算，融资，公司设立，章程变更，收购，经营者集中，重组，解散，清算，倒产）——份额公司、国际公司法的顺序，对日本现行《公司法》的条文体系展开解说。本书最大的亮点，是在各个具体主题后面附上专栏，对该领域的理论、判例以及实务发展的最新动态作出详细的整理与提示。从本书的整体表述可以看出，田中亘教授意在以通俗易懂的语言，对原本晦涩生硬的组织法做深入浅出的讲解。正因如此，本书的语言虽平易近人但绝不浅显，读者既能全面了解日本公司法的整体知识体系，又能领略到理论以及实务前沿的无限风光。

翻译作品追求的境界是"信、达、雅"。个人理解，"信"，是指准确把握原著的概念以及作者欲表达的思想；"达"，则是指表达通顺，符合读者母国的语言表达习惯。于我而言，"信"是译者应当坚守的基本底线，"达"是译者竭尽全力追求的效果，而"雅"基本上不敢奢求。日文作品的一个显著特点是，它与我国共用汉字，但彼此之间的意思、内涵乃至意境往往不尽相同，这也给翻译工作带来了不小的挑战。例如，日本《公司法》第五编第二章到第五章规定了公司合并、分立、分割等一系列行为，日本教学上称这些行为为"組織再編"。但"組織再編"这一表述在日本《公司法》中并不存在，我国《公司法》中也不存在这样的表述。实务中存在类似的概念，如"并购""兼并重组"等，但均无法与日本法上的概念完全吻合。从日本法的概念看，这一行为包括两方面内容：第一，一方当事公司的权利与义务或者发行的股份由重组前存在的其他公司承继；第二，设立新公司，将权利与义务或者股份转移于该公司。基于目的论的视角，"組織再編"旨在通过一系列行为，最终达到以权利义务或者股份的方式重组公司的目的。因此，将"組織再編"译为"公司重组"较为适宜。文中类似这样的用语比比皆是，在此不一一列举。

在翻译本书的过程中我得到了诸多前辈以及同人的鼎力相助。在我对研究前景感到一片迷茫之时，蔡立东教授指点迷津，让我重拾热情继续前行。刘文科先生在专业领域给予我诸多有益的建议，本书能顺利出版得益于刘文科先生的多方斡旋，在此深表感谢。大连大学闫肃教授在会计专业领域给予我诸多专业意见与建议，使我得以完成对本书第五章"会计核算"的翻译工作，在此表示谢忱。出版方北京大学出版社杨玉洁主任和任翔宇编辑对本书的出版给予大力支持与帮助，感谢杨女士和任先生的辛勤付出。在本书长达五年的翻译过程中，由于工作调动，我的家庭经历了搬迁和适应新生活的过程，各种杂事让我一度产生了放弃的念头。妻子王欣鼓励我不要气馁，在生活上给予我极大的帮助，并以高度的专业性给予我图表制作上的技术支持，借此机会表达深深的谢意。因为你们，让我忘记背后，努力向前。

本书译稿历经五年才得以完成，还要感谢田中亘教授的莫大信任。因为这份信任，让我在忙碌的生活中不敢懈怠，利用所有可以支配的时间倾情投入翻译工作。出于对原著的尊重，我力图全面、准确地还原原著的表述与思想，但限于本人有限的专业素养以及文字功力，译文中表达不畅甚至错误之处在所难免，敬请各位读者批评指正。

继《民法典》成功颁布后，我国民商法领域的大事件当属 2023 年年底的《公司法》修订了。本次修订中，我国引进了诸多域外的新制度，而这些制度在日本《公司法》中已然经过多年的理论批判与判例积累。相信田中亘教授的这本书可以为我国公司法未来的发展提供参考。我也坚信，随着我国公司法理论以及实务的积累，势必对日本乃至世界的公司法提供有益的中国经验与方向指引。

王万旭
2025 年 5 月于大黑山脚下研究室

会 社 法（第四版）